譯註 藥山詩賦

역주 譯註 약산시부 藥山詩賦 2

呂運弼

누각 앞의 황금빛 버들은
본래 낭군을 위하여 심은 것이네.
낭군이 가시자 말을 매지 않으니
고요하여 꾀꼬리들만 오네.

樓前金色柳 本意爲郎栽
郎遊不繫馬 寂寂小鶯來

도서출판 월인

•범례•

1. 작품 번호

각 작품에는 고유번호를 부여하여 다른 작품과 구별되도록 하며, 이 번호는 색인 등의 작업에 활용한다. 부여 형식은 다음과 같다.

'**-**-**'

여기에서 맨 앞의 숫자는 『약산만고(藥山漫稿)』의 권의 번호, 두 번째의 숫자는 『약산만고』의 권별 작품의 일련번호, 마지막의 숫자는 큰 제목 아래 소제목을 가진 작품에서 소제목의 일련번호를 나타낸다. 따라서 마지막 숫자는 특별한 경우에만 부여되었다. 예컨대 '02-02는 『약산만고』 권2의 두 번째 작품임을 나타내고, '02-50-01'은 권2의 <경도팔경(京都八景)> 중 첫 번째 작품인 <기전산하(畿甸山河)>임을 나타낸다. 그리고 타인의 차운시가 부기되어 있는 경우에는 괄호를 표시하여 해당 작품과 같은 번호를 부여하였다. 예, (02-15) <차운시를 붙임(附次韻)>

2. 작품 제목

작품 제목은 번역문을 먼저 드러내 보이되 마지막의 구두점은 찍지 않았으며, 원시 제목은 행을 바꾸어 실었다.

예, <진나라를 읊다>
<咏秦>

그리고 번역시의 제목은 대개 완전한 문장 형식(예, <진나라를 읊다>)이나 명사형 구문(예, <서경의 유야랑>)을 원칙으로 하였으나, 필요한 경우에는 부사형 구문(예, <느낌이 있어>, <손님을 마주하여> 등)을 사용하기도 하였다.

3. 작품 수

한 제목에 1수의 작품이 있는 경우에는 별도로 작품 수를 표시하지 않았다.

같은 제목에 2수 이상의 작품이 있는 경우, 원시에 몇 수라고 표시되어 있을 때에는 그대로 표시하였다.

예, <유화동절구. 15수>
<榴花洞絶句十五首>

그리고 같은 제목에 2수 이상의 작품이 있는데도 그 수가 제목에 표시되지 않은 경우에는 제목의 번역문 끝에 '(3수)'와 같이 표시하였다.

예, <유거잡영>(8수)
<幽居雜詠>

4. 글자 크기

작품 제목은 12포인트의 진한 글자, 본문은 10.3포인트의 보통 글자, 주석은 8.5포인트, 인용문은 9.3포인트의 보통 글자를 사용하였다. 다만 『약산만고』의 작품 제목이나 본문에 실린 세주(細註)는 다같이 * 표시를 한 다음 9.3포인트의 작은 글자로 표시하였다.

5. 번역문과 원시의 배치

번역문은 한시 1구를 1행으로 번역하고, 원시는 2구를 1행으로 배치하되, 번역문과 원시 사이에는 1행의 공백을 두었다.

6. 한자어의 표기

번역문의 한자어는 한자표기가 필요한 경우, '한자(漢字)', '대한민국(大韓

民國)'과 같이 한글을 노출하고 한자는 ( ) 속에 표기하였다. 그러나 주석에서는 '漢字', '大韓民國'과 같이 한자를 직접 노출시켰다.

7. 연도의 표시

연도는 연호(年號)·묘호(廟號) 등을 노출시키고 서기는 ( )에 넣어 '태종 2년(1402)', '갑오년(1894)' 등과 같이 표시하였다.

8. 주요 약호의 표시

책 표시 : 『 』 예, 『논어(論語)』
편목 표시 : 「 」 『논어(論語)』「학이(學而)」
작품 표시 : < > <행로난(行路難)>

9. 작품의 통계

역주시의 목차 뒤에 그 책에 수록된 <권별 수록 작품 통계표>를 실어 작품의 시체별 현황을 한 눈에 살펴볼 수 있도록 하였다. 다만 1제 아래 시체가 다른 시 두 수 이상이 있을 경우, 제수는 첫째 수의 시체를 따랐다.

목차

'그렇다면 그대는 기른 말과 간 병기를 가지고 기다리는 것이오?'라고 말하기에, '그럴 것 없소. 장차 스스로 항복할 뜻일 것이오.' 하였더니, '군사가 곧음은 씩씩함이고, 굽음은 노회함이오.' 하였다. 오래지 않아서 국로가 과연 하무를 물리고 큰 규모로 출병하는데, 성채를 겁략하려는 것 같았다. 약산이 마침 손님과 잔치를 하며 이야기를 하고 있노라니까, 거의 이른바 군영 안에 빗발치듯이 날아온 화살 가운데 술통을 맞춘 것도 있었지만, 약산은 담소하며 움직이지 않았다. 군사가 물러간 뒤에 약산이 웃으면서 말하기를, '국로가 곧 스스로 올 것이다.'라고 하였다. 지난번에는 국로가 틈 사이로 한 작은 포기를 엿보기에 내가 모호를 잡은 자에게 명하여 먼저 그 차양을 없앴으니, 곧 이른바 매화는 파릉교 옆에 있지 않고 매화는 고산 안에 있지 않다는 것이 이것이다. 이에 국로가 비로소 아득히 넓은 들판을 바라보고 천 그루와 만 포기가 있음을 알았으니, 지난번과 비교해 보면 관중의 표변이 또한 훌륭하다. 그러나 다만 그렇게 천 그루와 만 포기가 있는 것만 알고, 천 그루와 만 포기가 한 뿌리임은 알지 못한다. 그 외로운 성을 차양으로 삼았으니, 고성을 며칠 안에 빼앗으면 그 차양 또한 오래가지 못할 것이다. 아! 도적이 주인을 미워하여, 나의 매조미쌀을 훔치고 나의 좋은 쌀을 다툰다. 그 가지와 잎임을 알면서도, 그 뿌리를 공격하고자 하여, 그가 스스로 헤아리지 못함이 많이 보이더니, 알맞게도 그로 인하여 사람을 보내어 포로가 되게 하였다. 그러나 내가 한 화살을 더 보내지 않은 것은 싸우지 않고 남을 굴복시키고자 함이다. 마침내 먹을 갈아 방패로 삼고 국로에게 격문을 보낸다(2수)(藥山再桃菊老, 菊老偃旗息鼓, 曠日無聲. 或曰, '其自守者乎?' 曰, '非也. 是誘我也. 其出, 將如脫兎也.' 曰, '然則子其秣馬厲兵以待之乎?' 曰, '毋庸. 將自服志.' 曰. '師直爲壯, 曲爲老,' 未幾, 菊老果銜枚大出, 若刦寨者. 藥山方與客燕語, 殆所謂雨射營中, 中酒樽者, 藥山談笑不動. 師旣退, 藥山笑曰, '菊老將自來矣.' 向也菊老從隙中窺一小枝, 故吾命執蝨弧者, 先撤其藩蔀, 卽所謂梅不在灞橋邊, 梅不在孤山裏者是已. 於是乎菊老始望見廣莫野, 知有千樹萬楂, 較向者管中之豹, 亦大矣. 然但知其千

부록 (제1부)

부록 (제2부)

•권별 수록 작품 통계표•

* 권4 수록 작품

詩體 \ 區分			題數	首數	備考
근체시	절구	5언	4	11	
		7언	12	19	국포의 차운시 3제 3수 포함
	율시	5언	10	16	
		7언	37	45	
고체시	5언		3	23	
	7언		8	9	국포의 차운시 3제 3수 포함
합계			74	123	

* 권5 수록 작품

詩體 \ 區分			題數	首數	備考
근체시	절구	5언			
		7언			
	율시	5언			
		7언			
고체시	7언		1	1	
	잡언		27	27	
합계			28	28	

약산만고 권지사
藥山漫稿卷之四

시
詩

04-01 능행[1)]
04-01 陵幸

황제(黃帝)[2)]의 의관(衣冠)을 교산(喬山)[3)]에 장사지냈더니
빽빽하게 푸른[4)] 상서로운 기운이 네 계절에 이어졌다네.
옥우경루(玉宇瓊樓)[5)]에서 내려 준 서리와 이슬에 젖으니
순(舜)[6)]의 효성이 더욱 간절해져서 국과 담장[7)]에서 그리워하셨네.

---

1) 陵幸(行)은 임금이 先祖의 陵에 幸行함이다.
2) 黃帝는 중국의 신화적 임금인 三皇의 하나로 軒轅氏·有熊氏라고도 하며, 文字·曆法·武器를 처음으로 만들고 算法·律呂를 정하였다고 한다.
3) 喬山은 중국 陝西省에 있는 산으로 신화적 임금인 黃帝를 장자지냈다는 곳이다.
4) 鬱葱은 초목의 푸른빛이 무성함이다.
5) 玉宇瓊樓는 신선이 산다는 하늘의 궁전이다.,
6) 虞舜은 중국 고대의 신화적 임금으로 성은 姚, 이름은 重華이며, 有虞氏 부락의 추장이었는데, 堯임금에게서 禪讓받아 善治했으며, 堯와 함께 유가의 이상적 聖君으로 추앙되었다. 그는 매우 효성스러워서, 아버지 瞽瞍가 後妻에게 미혹되어 이복동생인 象만

문소무목(文昭武穆)8)으로 이어진 스무 분의 능묘에
해마다 가시도록 종백(宗伯)9)이 청하네.
어리석은 백성이 벼를 심어 임금님이 다니시는 길을 침범하니
어도(御道)가 어찌 숫돌처럼 평평할 수 있으랴?
임금님께서는 차마 백성이 하늘로 여기는 것10)을 손상치 못하고
태사(太史)11)로 하여금 다시 점쳐서 좋은 날12)로 기약하게 하시네.
사방의 들판에 이미 누런 구름13)이 나타나니
남자들은 기쁘게14) 소리치고 여자들은 눈썹이 펴지네.
산의 그윽한 곳에서는 땅땅15) 도끼소리를 내며 나무를 베어
장차 길의 양쪽16)에서 횃불17)을 올릴 감으로 삼게 하네.

을 아끼고 자신을 박대하였으나, 묵묵히 농사짓고 물고기를 잡으면서 효성을 다함으로써 아버지로 하여금 감복하여 잘못을 고치게 하였다고 한다.

7) 羹墻은 국그릇과 담장으로『後漢書』<李固傳>의 "요임금이 죽은 뒤에 순임금이 3년 동안 그를 앙모하여 앉아 있으면 담장에서 요를 보고, 밥을 먹으면 국에서 요를 보았다.(昔堯殂之後, 舜仰慕三年, 坐則見堯於墻, 食則覩堯於羹.)"라는 글에서 유래하여, 前賢을 추념하거나 성현을 앙모함을 비유한다.

8) 文昭武穆은 宗廟에 神主를 모시는 位次인 左昭右穆을 가리키는데, 昭穆의 제도는 周代에 들어와서 禮樂이 정비되면서 구체화된 것이다. 주대의 종묘의 위차에서 文王의 아들을 昭, 武王의 아들을 穆이라 하여, 원래는 문왕의 자손이 많음을 뜻하였으나, 후대에는 제왕의 자손이 번성함을 일컫는 말로 쓰였다. 조선조의 종묘의 위차는 始祖廟를 중앙에 두고, 그 아래로 왼쪽을 昭, 오른쪽을 穆으로 하여 父子의 신주를 번갈아 두었다.

9) 宗伯은 禮部尙書·禮曹判書의 별칭이다.

10) 民天은 백성이 하늘처럼 귀중하게 여기는 것이라는 뜻으로 糧食을 가리키는데,『史記』<酈食其列傳>에 "王者는 백성을 하늘로 여기고, 백성은 식량을 하늘로 여긴다.(王者以民人爲天, 而民人以食爲天.)"라는 글이 있다.

11) 太史는 조선시대에 天文·曆數·測候·刻漏 등의 일을 맡아보던 관서인 觀象監의 관리를 가리키는데, 관서의 별칭이 太史局인 데서 유래한다.

12) 涓吉은 吉日을 가림이다.

13) 黃雲은 누런 구름으로 넓은 벌판에 보리나 벼가 누렇게 익은 모습을 비유한다.

14) 欣欣은 기뻐하는 모양이다.

15) 丁丁은 의성어로 도끼로 나무를 찍는 소리, 바둑을 두는 소리, 말뚝을 박는 소리 등을 형용한다.

16) 夾道는 길의 양쪽, 도로의 좌우이다.

17) 火城은 제왕이 朝會를 받을 때에 儀仗用으로 세우던 횃불이다.

이를 전해듣고 새로 횃불을 올리지 말라고 명하시니
나무꾼은 도끼를 던지고 구불구불하게[18] 가 버렸다네.
푸른 끈이 드리워진 어연(御輦)의 길[19]은 동문(東門)[20]을 향하는데
옥 같은 이슬은 먼지를 없애고 금풍(金風)[21]은 시워하게 불어오네.
누각(漏刻)[22]이 다한 천문(天門)[23]에서는 방울소리[24]가 들리고
옥계단에서는 신선의 의장대(儀仗隊)[25]가 화려하게[26] 인도하네.
천관(千官)[27]이 엄숙히 도열하고 칠교(七校)[28]는 천천히 따르는데
상서로운 구름은 교룡기(蛟龍旗)[29]를 둘러싸고 가네.
백수(白叟)[30]와 황동(黃童)[31]은 길 왼쪽을 옹위하면서
'우리 임금님께서 질병이 없으시니 우리 마음이 편안합니다' 하네.
지난봄에 식량이 없어 진죽(賑粥)[32]을 먹던 때에는
오늘 아침에 위의를 뵐 것을 생각하지 못하였으리.[33]
살아서 위의(威儀)[34]를 본 것이 누구의 덕분인가?
성덕이 하늘과 같음에 감격의 눈물을 흘리네.

---

18) 委蛇(위이)는 구불구불 가는 모양이다.
19) 輦路는 輦道와 같은 말로 제왕의 수레가 다니는 길이다.
20) 東門은 도성의 동쪽정문으로 興仁之門을 가리킨다.
21) 金風은 五行에서 金이 가을에 속하는 데서 생긴 말로 가을바람을 가리킨다.
22) 漏刻은 물시계의 하나로 가는 구멍에서 새어 떨어지는 물의 양을 漏壺 속에 세운 漏箭의 눈금으로 읽어서 時刻을 알게 되어 있었던 장치이다.
23) 天門은 하늘의 문으로 흔히 대궐의 문을 비유한다.
24) 瑯(琅)璫은 방울 · 풍경, 또는 쇠붙이나 옥 따위가 부딪혀서 나는 소리이다.
25) 仙仗은 신선의 儀仗으로 제왕의 의장을 비유한다.
26) 葳蕤는 화려한 모양, 아름다운 모양이다.
27) 千官은 百官과 같은 말로 모든 관리이다.
28) 七校는 漢代에 두었던 中壘 · 屯騎 · 步兵 · 越騎 · 長水 · 射聲(석성) · 虎賁 등 일곱 校尉에 속한 武官으로 군대의 장교의 총칭이다.
29) 蛟龍旗는 龍旗와 같은 말로 제왕의 儀仗의 하나이다.
30) 白叟는 백발의 늙은이이다.
31) 黃童은 어린아이이다.
32) 賑粥은 이재민 · 빈민을 賑恤하려고 제공하는 죽이다.
33) 不圖는 미리 생각하지 못함, 또는 꾀하지 않음이다.
34) 威儀는 기거동작이 엄정하여 禮法에 합당함이다.

黃帝衣冠葬喬山　佳氣欝葱連四時
玉宇瓊樓有霜露　舜孝益切羹墻思
文昭武穆二十陵　宗伯年年請所之
愚民種禾侵御道　御道那得平如砥
君王不忍傷民天　太史改筮涓吉期
四野黃雲已登塲　男聲欣欣女展眉
丁丁伐木山之幽　夾道將作火城資
傳聞新令罷植炬　樵子擲斧行委蛇
青繩輦路向東門　玉露洗塵金風吹
漏盡天門響琅璫　玉階仙仗引葳蕤
千官儼列七校徐　霱雲行繞蛟龍旗
白叟黃童擁路左　吾王無疾吾心夷
去春無食食賑粥　不圖今朝見威儀
生見威儀是誰力　聖德如天感淚垂

04-02 근별리[35)]

04-02 近別離

'가까이 이별하여 왔나니
가까워서 은한(銀漢)[36)]의 물 가에 있는 옥우(玉宇)[37)]의 옆이랍니다.
반짝거리는[38)] 은한이 옥우를 가리고 있으니

---

35) <近別離>는 樂府 雜曲歌辭인 南朝 江淹의 <古別離>에 기원을 둔 樂府詩題로 같은 제목의 沈佺期·李益·孟郊·白居易의 의작이 이어졌으며, <長別離>(吳邁遠), <遠別離>(李白), <久別離>, <潛別離>(이상 白居易) 등도 같은 부류이다. 시체는 일정하지 않으며, 우리나라에는 成俔의 <遠別離>가 있었다.

36) 銀漢은 雲漢과 같은 말로 은하수이다.

37) 玉宇는 옥으로 만든 집으로 天帝의 宮闕이나 아름다운 殿閣을 가리킨다.

38) 盈盈은 맑고 투명한 모양, 반짝반짝 빛나는 모양이다. <古詩十九首> 중 <迢迢牽牛星>에 "반짝거리는 한 물을 사이에 두고, 묵묵히 한 마디의 말도 하지 못하네.(盈盈一水

쌍성(雙星)[39]은 묵묵히[40] 멀리 서로 바라보기만 하지요.
멀리 헤어진다 해도 어찌할 수 없지만
가까이 헤어지고서도 늘 서로 그리워합니다.
장신궁(長信宮)[41]에는 가을바람이 그치지 않으니[42]
차가운 마음[43]이 옥처럼 빛남을 부질없이 스스로 느낍니다.
꽃 같은 궁녀 삼천명이
자태가 적합한들 끝내 알아 줄 이가 누구이겠습니까?
임금님의 은총은 바뀌지 않건만 저의 얼굴은 바뀌고
해와 달이 서쪽으로 달리니 낮과 밤이 교체됩니다.
해는 밝디밝게 저의 마음을 비추는데
달이 빛남[44]은 어느 때에나 그치겠습니까?
하늘에는 구름이 언덕처럼 솟아오르고
약수(弱水)[45]는 아득히 구만리나 된답니다.
멀리 헤어져도 어찌할 수 없지만
가까이 헤어졌다고 어찌 생각이 그치겠습니까?
은한이 맑고도 얕다고 말씀하시지 마소서.
치마를 걷고 발을 적심을 저는 부끄러워한답니다.'

近別離　　　近在銀漢之浦玉宇之傍
銀漢盈盈玉宇隔　雙星脉脉遙相望

間, 脈脈不得語)"라는 구절이 있다.
39) 雙星은 牽牛星과 織女星이다.
40) 脈脈(脉脉)은 말없이 잠잠한 모양이다.
41) 長信宮은 漢代에 太皇太后가 거처하던 궁궐로 태황태후나 황후의 거처를 대유한다.
42) 嫋嫋(요뇨)는 끊임이 없는 모양이다.
43) 氷心은 얼음처럼 차고 깨끗한 마음이다.
44) 耿耿은 밝은 모양. 빛나는 모양이다.
45) 弱水는 『書經』·『山海經』 등에 나오는 仙境을 둘러싼 강으로 새털도 가라앉을 만큼 부력이 약하다고 한다.

遠別離無奈何　近別離長相思
秋風嫋嫋長信宮　玉暎氷心空自知
如花宮女三千人　畢竟當熊知是誰
君恩不改妾顔改　日月西馳晝夜敓
日明明兮照妾心　月耿耿兮何時掇
白雲在天丘陵出　弱水茫茫九萬里
遠別離無奈何　近別離心何已
莫道銀漢淸且淺　褰裳濡足妾所耻

04-03 제석[46]에 파산[47]에 이르러 분묘를 살피고서, 이튿날 출발할 때까지 잠들지 못하고, 시절을 돌이켜보면서[48] 느낌을 적다

04-03 除夕到坡山展墓, 明發不寐, 撫時志感

첫 번째 즐거움[49]을 지닌 당시에는 온갖 일이 여유로웠기에
명절[50]이 되면 술병과 등불 사이에서 윷놀이[51]를 하였다네.
새처럼 날아가는 세월은 지금 어디에 있는가?
닭이 없는 빈 골짜기에는 밤 또한 깜깜하네.
막 떠나려고 잔디를 밟아 보니 무릎을 에워싸려고 하는데
가령 와서 잣나무를 붙잡은들[52] 어찌 얼굴을 볼 수 있으랴?

---

46) 除夕은 除夜와 같은 말로 선달 그믐날 밤이다.
47) 坡山은 지금의 경기도 坡州郡 지역에 두었던 牧인 坡州의 별칭이다.
48) 撫時는 撫時感事와 같은 말로 시절을 돌이켜보며 사물에 대하여 느낌이다.
49) 一樂은 孟子가 『孟子』 「盡心 上」에서 말한 君子三樂 가운데 첫 번째 즐거움으로 부모가 다 살아 계시고 형제가 무고하여 맛보는 즐거움을 가리킨다.
50) 節序는 節氣, 또는 절기의 순서이다.
51) 樗蒲는 백제시대에 내기로 하던 놀이의 하나로 다섯 개의 木片을 던져서 여섯 개의 말[馬]로 승부를 결정하던 것이었는데, 여기에서는 윷놀이를 가리킨다.
52) 攀栢(柏)은 잣나무를 붙잡음으로, 西晉의 王裒가 文帝에게 살해된 아버지 儀를 그리워

노복의 소홀과 태만53)을 꾸짖고서 도리어 너희들54)에게 부끄러워함은 내가 몸소 잠깐 다녀감이 오히려 나았을 것이기 때문이네.

一樂當年萬事閑　楞蒲節序酒燈間
飛光如鳥今安在　空谷無鷄夜亦頑
臨去步莎疑繞膝　縱來攀栢豈承顔
責奴踈慢還慚汝　猶勝吾身乍往還

＊ 묘를 지키는 노복이 나무를 돌봄을 게을리 하였기에, 꾸짖고서 느낌이 생겼다.
＊ 守奴慢於養木, 故責之而有感.

04-04 선응55) · 자순56) · 대이57) · 사회58) · 원박59)과 나란히 말을

하여 묘소 옆의 잣나무를 붙들고 슬피 울자 눈물이 닿은 나무가 말라죽었다는 고사에서 유래하여, 세상을 떠난 부모를 그리워함을 비유한다.

53) 踈慢은 소홀하고 태만함이다.
54) 汝는 24세에 요절한 長子 大觀(1711~1734)을 가리킨 듯하다.
55) 善應은 조선 후기의 문신 姜必慶(1680~?)의 자로 본관은 晉州, 호는 獻窩이다. 증광문과에 병과로 급제하여 교리 · 부수찬 · 필선 등을 거쳐 동지사 서장관으로 청나라에 다녀왔다. 보덕 · 집의 · 장령 등을 거쳐 집의로 있을 때에 臺臣의 직무를 다하지 못함을 자책하여 사퇴하면서 언로를 열어야 한다고 상소하였다. 1730년에 소론 일파의 죄에 연좌되어 오래 禁錮당하다가 좌의정 宋寅明의 건의로 해금되어, 첨지중추부사 · 오위장을 역임하였다.
56) 子淳은 조선 후기의 문신 姜樸(1690~1742)의 자이다. 본관은 晉州, 호는 菊圃, 부친은 碩勛이며, 백부 碩蕃에게 입양되었다. 숙종 41년(1715) 식년문과에 을과로 급제하여 홍문관 정자가 되었으나 戚臣 閔鎭遠 · 魚有龜 등을 탄핵한 일로 安州에 유배되었다가, 곧 풀려나서 경종 3년에 弘文錄에 뽑히고 수찬 · 부교리를 지냈다. 다시 수찬이 되어 尹志述을 탄핵하다가 파직당했으나, 같은 해에 丁未換局으로 소론이 집권하자 기용되어 교리 · 咸從府使 · 掌隷院判決使 등을 역임하였다. 약산의 절친한 벗이었고, 약산과 함께 蔡彭胤 · 吳尙濂 등 南人詩脈을 계승한 시인으로 평가받았으며, 저서로 『菊圃集』 · 『菊圃瑣錄』 등을 남겼다. 부인 李氏의 外祖가 吳始謙이므로 약산과는 외가쪽으로 姻戚이 된다.
57) 大而는 조선 후기의 문신 洪景輔(1692~1745)의 자이다. 본관은 豊山, 호는 蒼厓, 重夏의 아들이다. 1723년 증광문과에 병과로 급제하여 정언 · 부수찬을 거쳐, 대사간 · 온성

타고 봉은사[60])로 나가서 함도회[61])를 하면서 함께 읊다. 2수[62])

04-04 與善應·子淳·大而·士恢·元博聯騎出奉恩寺, 爲含桃會, 同賦. 二首

한양(漢陽)의 맑은 산천에는 푸른 기운이 왕성한데[63])

말을 나란히 타고 나는 듯이 도성의 동쪽문을 나왔네.

갑제(甲第)[64])들은 안개와 놀 속에 해마다 갇혀 있는데

고기잡이 마을에는 느릅나무와 버드나무가 곳곳에 똑 같이 있네.

부사·우승지가 되었다. 전라도관찰사를 거쳐 冬至副使로 청나라에 다녀와서 대사헌으로 있을 때 인재등용에 무능한 대신들을 강하게 비판하였다. 병조참판·대사헌·경기감사를 역임한 뒤 대사간을 지냈다. 시호는 忠獻이다.

58) 士恢는 조선 후기의 문신 權基彦(1694~1754)의 자로 본관은 安東, 호는 竹塢이다. 영조 3년(1727) 증광문과에 병과 제13명으로 등제하여 지평·정언·장령·사서·필선과 任實縣監을 지냈다.

59) 元博은 조선 후기의 문신 李載厚(1698~?)의 자로 본관은 驪興, 호는 是庵, 星湖 李瀷의 족친이다. 경종 3년에 생원시·진사시에 급제하고 영조 3년(1727) 증광문과에 갑과 제3명으로 등제하여 정언을 지냈다. 『星湖集』 권5에 <次元博韻>, <族人元博正言錄示金剛詩, 步其韻, 五首>, 『菊圃集』 권6에 <是庵李正言載厚宅泡會>가 있다.

60) 奉恩寺는 서울 강남구 三成洞 修道山에 있는 절인데, 원래 신라 원성왕 10년(794)에 緣會國師가 창건하여 見性寺라 하였는데, 연산군 4년(1498)에 貞顯王后가 宣陵[成宗陵]을 위하여 중창하고 개칭하였으며, 명종 17년(1562)에 지금의 자리로 옮겼다. 병자호란 때 불탄 것을 숙종 때 중건하였다.

61) 含桃會는 櫻桃會와 같은 말로 진사시에 급제한 것을 축하하여 앵두가 익을 때에 벗들과 가지는 연회인데, 『與猶堂全書』 제1집 권1의 <陪家君出豆毛浦, 睦佐郎萬中亦至, 同赴苕川, 廣州尹爲送管絃一部, 舟中次睦丈韻>이라는 시에 "음악이 막 즐겁게 일어나니, 지난날에 앵두를 머금은 일이 기억나네.(絲竹欣初起, 櫻桃憶舊含.)"라는 구절이 있고, 그 주석에서 "옛날부터 진사가 되면 앵도회를 가졌다.(古進士有櫻桃會.)"라고 하였다.

62) 姜樸의 『菊圃集』 권5 <閏月二十七日, 與諸君出奉恩寺, 爲含桃會唱酬>의 본문 뒤에는 "선응·오영백·이문오·홍대이·권사회·이원박 및 나 일곱 사람이 함께 갔는데, 정릉랑 오계응이 會主였다.(善應·吳永伯·李文五·洪大而·權士恢·李元博及余七人同行, 靖陵郎吳季膺爲主.)"라는 협주가 붙어 있는데, 文五는 李鳳齡(1690~1756)의 자이고, 季膺은 이 책에는 季應으로 나타나는 약산의 아우 弼運의 자이다.

63) 鬱葱은 鬱鬱蔥蔥의 준말로 기운이 왕성한 모양, 초목이 푸르고 무성한 모양이다.

64) 甲第는 甲觀과 같은 말로 잘 지은 큰 저택이다.

별을 쬐는 해오라비와 자는 갈매기도 아름다운 경치[65]를 아는데
능가(菱歌)[66]와 나무꾼의 노래는 가벼운 바람에 떠오르네.
절의 스님이 우리가 함도(含桃)[67]의 모임을 가짐을 알고
푸른 숲 속에서 대바구니[68]를 들고 나오네.

清漢山川氣欝葱　聯騎飛出郭門東
烟霞甲第年年鎖　楡柳漁村處處同
晒鷺眠鷗分媚景　菱歌樵唱泛輕風
寺僧知我含桃會　提出筠籠翠藹中

큰 쟁반[69]에는 파와 버무린 가늘게 썬 눈 같은 회가 가득하니
바위의 서쪽과 절의 동쪽에서 멋대로[70] 흥겨워하네.
지난날의 분규는 날이 갈수록 달라지는데
이 놀이의 쓸쓸함[71]은 해를 걸러서 같네.
앵두가 열린 울타리에는 해가 맑게 빛나고[72]
울금(鬱金)[73]이 자라는 원림(園林)[74]에는 바람이 살랑거리네.[75]

65) 媚景은 아름다운 풍경, 봄의 경치이다.
66) 菱歌는 采菱歌의 준말로 마름을 따며 부르는 노래인데, 南朝 宋 鮑照가 지은 樂府 淸商曲辭 <采菱歌> 이래로 같은 시제의 작품이 무수하게 지어졌다.
67) 含桃는 櫻桃의 별칭이다.
68) 筠籠은 대로 얽은 바구니다.
69) 氷盤은 큰 瓷器 쟁반이다.
70) 隨는 뜻대로 하는 것이다.
71) 寥廓은 도량이 넓고 성격이 활달함, 쓸쓸함, 적적함이다.
72) 暉暉는 해가 빨갛게 타는 모양, 맑게 빛나는 모양이다.
73) 薝蔔(첨복)은 梵語 campaka의 音譯으로 瞻蔔伽・旃波迦・瞻波라고도 하고, 한자어로는 鬱金, 고유어로는 심황이라고 하며, 불교와 함께 우리나라에 들어온 식물이다. 새앙과에 딸린 여러해살이풀로 열대지방이 원산지이며, 뿌리줄기는 止血劑・健胃劑로 쓰이고 말린 뿌리줄기의 가루는 물감으로 쓰인다.
74) 園林은 뜰의 숲이다.
75) 澹澹은 바람이 부는 모양, 평온하고 조용한 모양이다.

선루(禪樓)에 잠시 앉아 있노라니 참으로 매우 상쾌한데
강을 지나가는 이슬비는 오다가 그쳤다 하네.

氷盤雪膾細調葱　隨興巖西與寺東
往事糾紛隨日化　玆遊寥廓隔年同
櫻桃籬落暉暉日　薝蔔林園澹澹風
小坐禪樓眞一快　過江微雨有無中

04-05 돌아가는 길에 압구정[76]에 올라 대이의 시에 차운하다
04-05 歸路登狎鷗亭, 次大而

끝없이 이어지는[77] 한강(漢江)[78]은 멈추게 할 수 없는데
녹음 속의 빈 누각에서는 풍령(風鈴)[79]이 저절로 울리네.
앵무새의 노래는 미인[80]의 무덤을 아는 듯한데
갈매기의 꿈은 상국(相國)[81]의 정자에 자취가 없네.
긴 난간이 끝난 데서 산악의 형세가 반으로 나뉘고[82]
강의 중간의 푸른 물 위에는 저녁해가 머물러 있네.
고기잡이 늙은이는 크게 웃으며 턱을 괴고 앉아서
나를 안개 속 낚시터로 불러 녹령(綠醽)[83]을 권하네.

---

76) 狎鷗亭은 조선 전기의 勳臣 韓明澮가 豆毛浦[지금의 용산구 한남1동] 건너편의 한강변에 지었던 정자이다.
77) 悠悠는 끝없이 이어지는 모양이다.
78) 漢江은 강원도 태백산맥에서 발원하여 강원도・충청부도・서울시・경기도를 거쳐 서해로 흘러 들어가는 강으로 유로연장은 480여km이다.
79) 風鈴은 風磬과 같은 말로 집의 처마 끝에 달아 놓은 경쇠이다.
80) 嬋娟은 자태가 아름다운 모양으로 흔히 미인을 가리킨다.
81) 相國은 宰相이다.
82) 平分은 반으로 나눔, 공평하게 나눔이다.
83) 綠醽은 西晉 左思의 <吳都賦>에 나오는 술 이름으로 흔히 좋은 술을 가리킨다.

江漢悠悠不可停　綠陰虛閣自風鈴
鸎歌似識嬋妍塚　鷗夢無痕相國亭
岳勢平分脩檻盡　夕陽留與半江靑
漁翁大笑支頤坐　喚我烟磯勸綠醽

* 한명회[84]의 옛날 자취를 물었더니, 다만 집 뒤에 기생의 집만 있다고 하였다.
* 問韓明澮舊跡, 惟有宅後妓塚云.

04-06 담장 밖 밭의 보리가 비가 온 뒤에 크게 풍작[85]이 되다
04-06 墻外有麥田, 雨後斗熟

약립(篛笠)[86]을 쓰고 바라보니 오건(烏犍)[87]이 좋거니와
성시(城市)[88]의 농공(農功)[89]이 또한 매우 기이하다네.
푸른 물결[90]은 나지막한 피리소리 속에서 높고 낮은데
누런 구름[91]은 저녁햇빛 아래에서 깊고 얕네.

---

84) 韓明澮(1415～1487)는 조선 전기의 勳臣으로 본관은 淸州, 자는 子濬, 호는 狎鷗亭·四友堂, 시호는 忠成, 睿宗妃·成宗妃의 부친이다. 敬德宮直이 된 직후부터 首陽大君를 섬기다가 端宗 원년(1453)의 癸酉靖難에 공을 세워 靖難功臣 1등에 오르고 司僕寺少尹이 되었다. 세조 즉위 후 左副承旨·右承旨를 거쳐 단종 복위운동을 좌절시킨 공으로 도승지가 되었고, 이조판서·병조판서·四道體察使를 거쳐 上黨府院君에 봉해졌다. 우의정·좌의정에 이어 영의정이 되었다가 병으로 물러났고, 李施愛의 역모에 연루된 혐의로 구금됐다가 풀려났으며, 예종 1년에 영의정에 복직하였다. 예종의 상중에는 院相으로 庶政을 결재했고, 성종 5년에는 압구정에서 明使를 사사로이 접대한 일로 탄핵받아 삭탈 관직되었다. 세조의 묘정에 배향되고, 甲子士禍 때에 부관참시 되었다가 중종반정 후 신원되었다.
85) 斗熟은 大熟과 같은 말로 큰 풍년이다.
86) 篛(篛)笠은 弱竹의 잎이나 대오리로 결어 만든 삿갓이다.
87) 烏犍은 去勢한 소로 農牛의 범칭이다.
88) 城市는 도회지·도시이다.
89) 農功은 농사일이다.
90) 綠浪은 바람에 흔들리는 푸른 농작물을 비유한다.
91) 黃雲은 넓은 벌판에 보리·벼 등의 곡식이 누렇게 익은 모습을 비유한다.

우천(雨天)에 쓸쓸히 일한 것을 다시 거두어들이노라니
참새는 짹짹거리면서[92] 남의 것을 스스로 가지네.[93]
고생하는 늙은 농사꾼은 배를 두드릴[94] 것을 생각할 뿐
자신이 그림을 아우른 시에 들어갈 것이야 어찌 알랴?

烏犍篛笠望中宜　城市農功又一奇
綠浪高低微籟下　黃雲深淺夕陽時
雨天寂寂功還斂　鳥雀啾啾物自私
辛苦田翁思鼓腹　豈知身入畫兼詩

04-07 유거
04-07 幽居

그윽한 거처에서 사물의 이치를 가까이 하기에
한 번 배회하는 사이에 부딪히는 것에도 느꺼워하네.
노란 부리[95]는 태어나서 자라면 가고
붉은 꽃은 열매를 맺으면 오네.
건곤은 원래 큰 자[96]요
세월은 또한 깊은 술잔이네.
당부하노니 춘대(春臺)[97]의 일에
오늘의 현인[98]들께서는 힘쓰시라.

---

92) 啾啾는 벌레·새·짐승 등이 우는 소리이다.
93) 自私는 사사로이 소유함, 또는 자신의 이익만을 꾀함이다.
94) 鼓腹은 배불리 먹고 기뻐서 배를 두드림으로 포식함을 비유한다.
95) 黃口는 새끼새의 노란 부리로 대개 새끼새를 비유한다.
96) 大度는 큰 자[尺]로 도량이 큼을 비유한다.
97) 春臺는 봄날에 올라 勝景을 바라보는 곳이다.
98) 時賢은 당시의 현인이다.

幽居近物理　感遇一徘徊
黃口生成去　紅英結實來
乾坤元大度　歲月且深盃
珍重春臺事　時賢爾勉哉

04-08 <강한시>에 보운하여 보여 준 서주[99] 조아중[100]에게 사례 드리다
04-08 謝西州曺雅仲步示江漢詩

도성 안에 살 때에는 아중(雅仲)을 잊었다가
강해(江海)로 간 뒤에야 비로소 그리워하네.
얼굴을 아는 사람이 수없이 많건만
그대의 미목(眉目)[101]이 유독 삼삼하네.[102]
수풀과 연못에서 서로 함께 함이 늦어졌는데
물고기와 새를 담박하게 시로 짓네.
예로부터 재주가 이와 같은 이가
건곤에 많이 있는지 의심할 만하네.

城居忘雅仲　江海始思之
無數知人面　森然獨子眉

99) 西州는 충청도 舒川군의 옛 이름인데, 여기에서는 曺夏望의 호로 쓰였다.
100) 雅仲은 조선 후기의 문신 曺夏望(1682～1747)의 자로 본관은 昌寧, 호는 西州이다. 진사시에 급제하여 童蒙敎官·공조좌랑·宜寧縣令 등을 거쳐, 정시문과에 장원급제한 뒤 승지·대사간을 지냈고, 江陵府使로 나가 鏡浦臺를 중수하고 그 상량문으로 격찬받았다. 承文院副提調를 거쳐 寧越府使로 나갔다가 병으로 사퇴하였고, 『西州集』을 남겼다. 少論으로 尹拯의 제문에서 宋時烈을 비난한 것이 문제가 되어 哲宗 때 문집이 毁板당하였다.
101) 眉目은 눈썹과 눈으로 얼굴·용모를 비유한다.
102) 森然은 森森과 같은 말로 잊히지 않고 눈 앞에 떠올라 또렷함이다.

林塘相與晩　魚鳥澹爲詩
終古才如此　乾坤莽可疑

04-09 비가 온 뒤의 강변길에서
04-09 雨後江路

깊이 들어앉아 삶[103]이 뜻에 맞지 않아
녹음 속으로 말을 타고 가네.
만고에 강물은 흐르는데
지난밤에는 안개비가 자욱하였네.
희미한 빛 속에서 물고기와 새들이 어울리고
빼어난 기운[104]은 땅에서 하늘로 통하네.
비낀 해 너머에서 낚싯줄을 걷으며
어렴풋이[105] 보이는 이는 어디에 사는 늙은이인가?

深居意不愜　騎馬綠陰中
萬古江流水　前宵烟雨濛
幽光魚鳥合　秀氣地天通
捲釣斜陽外　依依何處翁

04-10 비가 내린 뒤에 물이 불어나는 것을 구경하다
04-10 雨後觀漲

들을 삼키고 산을 품을 듯이 물결이 소용돌이치는데[106]

---

103) 深居는 바깥사람과 접촉하지 않고 蟄居함이다.
104) 秀氣는 빼어난 기운이다.
105) 依依는 희미한 모양, 어렴풋한 모양이다.

바라보노라니 은빛의 집[107]이 점점 높은 봉우리[108]로 변하네.
여섯 정신(丁神)[109]이 뇌공(雷公)[110]의 북을 울려 두렵게 하고[111]
만명의 갑병(甲兵)[112]이 눈빛의 창을 잡고 내달리네.[113]
천지를 몰아낼 듯이 기세가 혼돈(渾沌)한데
어룡을 타고 가서 어떻게 하고자 하는가?
칠원(漆園)[114]의 점치던 늙은이[115]의 허황한 말[116]이 통쾌하거니와[117]
나의 유람과 견준다면 과연 어느 것이 나을까?

呑野涵山袞袞波　望中銀屋漸嵯峨
六丁震疊雷公鼓　萬甲崩騰雪色戈
天地驅來渾氣勢　魚龍乘去欲如何
漆園枚叟空言快　持比吾遊果孰多

---

106) 袞袞은 물이 빙빙 돌며 소용돌이치는 모양, 끊임없이 이어지는 모양이다.
107) 銀屋은 은빛의 집으로 높이 솟구치는 흰 물결을 비유하는데, 李白의 <司馬将軍歌>에 "강의 흰 물결은 은빛집과 같은데, 몸은 하괴에 자리한 옥장에 거처하네.(江中白浪如銀屋, 身居玉帳臨河魁.)"라는 연이 있다.
108) 嵯峨는 산이 우뚝 솟은 모양, 산의 돌이 울쑥불쑥한 모양이다.
109) 六丁은 도교에서 말하는 六丁[丁丑・丁卯・丁巳・丁未・丁酉・丁亥]의 神將으로 흔히 雷電과 함께 나타난다고 한다.
110) 雷公은 우레를 맡은 신이다.
111) 震疊은 두렵게 함, 또는 깜짝 놀람이다.
112) 甲兵은 무장한 군사이다.
113) 崩騰은 내달림, 세차게 흐름, 용솟음침이다.
114) 漆園은 戰國時代의 道家思想家인 莊子가 벼슬살이를 하였다는 지명으로 흔히 장자의 별칭으로 쓰인다.
115) 枚叟는 枚卜하는 늙은이인데, 枚卜은 일일이 점침, 또는 길흉을 점침이다.
116) 空言은 빈말로 실제와 맞지 않는 헛된 말을 가리킨다.
117) 이 구절은『莊子』「秋水」의 "가을물이 때로는 불어나서 온 시냇물이 黃河로 쏟아지는데, 큰 줄기의 성대함이 양쪽 물 가 사이에 있는 소와 말을 분별할 수 없을 정도였다. 이에 河伯이 흔연히 절로 기뻐하여 천하의 美觀이 모두 자기에게 달린 줄 알고, 물을 따라 동쪽으로 가다가 北海에 이르러 동쪽을 바라보니 물의 끝이 보이지 않았다.(秋水時至, 百川灌河, 涇流之大, 兩涘渚涯之間, 不辨牛馬. 於是焉, 河伯欣然自喜, 以天下之美, 為盡在已, 順流而東行, 至於北海, 東面而視, 不見水端.)"라는 대목을 가리킨 듯하다.

04-11 서장관[118]으로 연경[119]에 가는 신교리[120] * 치근[121]이다. 를 송별하다. 3수
04-11 送申校理 * 致謹. 以書狀赴燕三首

아득한 연경(燕京)과 계주(薊州)[122]를 바라보노라면
산하는 만고의 빛이리.
머나먼[123] 동해(東海)[124]의 신하이니
저물녘이 되면 감정이 얼마나 망극하랴?

燕薊望蒼然　山河萬古色
搖搖東海臣　日暮情何極

요동(遼東)[125]의 하늘은 푸른빛이 다하지 않고
계주의 물은 서리보다 희리.
더위 속의 여정으로 살쩍은 근심스러운 빛을 띨 텐데
더욱이 이곳에는 가을바람[126]이 불고 있음에랴?

---

118) 書狀官은 옛날의 使行職의 하나로 正使·副使와 함께 三使로 불리었고, 주로 사행 중의 사건을 기록하여 임금에 보고하는 임무를 담당하였으며, 정4품에서 6품 사이의 관원이 임명되었고, 일행과 짐을 싣고 가는 말을 점검하는 行臺御史의 임무를 겸하였으므로 '행대'라고도 하였다.
119) 燕京은 淸나라의 首都로 지금의 北京이다.
120) 校理는 홍문관의 정5품 관직이다.
121) 申致謹(1694~1738)은 조선 후기의 문신으로 본관은 平山, 자는 幼言이다. 증광문과에 병과로 급제하여 검열·수찬·교리·지평을 거쳐, 陳奏兼謝恩使의 서장관으로 청나라에 다녀왔다. 사후에 凶言酬酢之說에 연루되어 교리직을 추탈당하였다가 우의정 金相福의 상소에 의하여 직첩을 환급받았다.
122) 薊州는 중국 北京 인근에 있던 縣, 또는 薊州鎭으로 明代에는 九邊의 하나로 山海關에서 居庸關에 이르는 지역을 관할하였다.
123) 搖搖는 먼 모양이다.
124) 東海는 우리나라의 별칭이다.
125) 遼東은 遼河의 동쪽으로 지금의 중국 遼寧省 동남쪽 지역을 가리킨다.

遼天青未了　薊水白於霜
炎程愁鬂色　此地又淸商

묵재(默齋)[127] 할아버지께서 주(周)나라[128]를 보러 가실 때에
현옹(玄翁)[129]께서 권면하는 말[130]을 주셨네.
백년 뒤에 또 이렇게 송별하게 되니
두 집안의 후손들은 감개에 젖는다네.

默祖觀周日　玄翁有贈言
百年還此別　感慨兩家孫

04-12 회지가 부쳐 준 시에 차운하다
04-12 次晦之見寄

---

126) 淸商은 서늘한 바람으로 가을바람을 가리킨다.
127) 默齋는 조선 중기의 문신 吳百齡(1560~1633)의 호로 자는 德耉이다. 1594년에 별시문과에 병과로 급제하여 정언·응교·사인 등을 거쳐, 광해군 때에 동부승지가 되어 福川君에 봉해졌으며, 千秋使로 明나라에 다녀왔다. 여러 참판을 거쳐 1618년에 폐모 논의를 위한 庭請에 참여하지 않았다가 파직되어 은거하였다. 인조반정 후에 형조참판에 기용된 데 이어, 도승지·대사간·이조참판·대사성 등을 역임하였다. 李适의 난 때에 호종한 공으로 승진하여 이조판서를 지냈다.
128) 周는 殷나라에 이어 성립된 중국의 고대왕조로 文王의 뒤를 이은 武王이 은의 폭군 紂를 몰아내고 건국하였으며, 약 B.C.1100년부터 B.C. 256년까지 존속하였는데, 여기에서는 明나라를 가리킨다.
129) 玄翁은 조선 중기의 문신 申欽(1566~1628)의 호로 본관은 平山, 자는 敬叔, 다른 호는 象村이다. 문과에 급제하여 학유·감찰·병조좌랑을 거쳐 임진왜란 때에 三道巡邊使 申砬을 따라 鳥嶺戰鬪에 참가한 데 이어, 體察使 鄭澈의 종사관이 되었다. 광해군 즉위 후 대사헌으로 세자책봉주청사로 명나라에 다녀왔다. 宣祖로부터 永昌大君의 보필을 遺命받은 七臣의 1인이었으므로 癸丑獄事 때 유배되었다. 인조반정 후 우의정이 되었고, 정묘호란 때에는 세자를 호종하고 돌아가서 영의정에 올랐다. 시호는 文貞이며, 『象村集』을 남겼다.
130) 贈言은 좋은 말로 상대방을 권면하는 것으로 흔히 송별할 때에 쓰인다.

저 장혜(杖鞋)[131]와 함께 누구가 멀리 갔던가?
함께 처마를 돌며 봄빛을 찾았다네.
눈길은 두 왕업(王業)과 패업(覇業)[132]을 무시하고
마음은 일천인(一千人)을 자부하네.
이렇게 병(瓶) 속[133]의 세월이 긴데
저렇게 부채 밖의 먼지를 따르네.
만리나 되는 먼 여정[134]을 뜻하는
그대의 우뚝한[135] 장신(長身)을 떠올리네.

鞋杖夫誰遠　巡簷共索春
眼母[136]雙王覇　心自一千人
永此壺中日　從他扇外塵
脩程萬里意　突兀爾長身

04-13 적지[137]의 노래
04-13 赤池歌

---

131) 杖鞋는 지팡이와 가죽신으로 노인·웃어른을 경칭할 때 쓰이는 비유이며, 杖屨라고도 한다.
132) 王覇는 王業과 霸業의 합칭으로 帝王의 사업과 覇者의 사업이다.
133) 壺中은 壺中天·壺中地의 준말로 『後漢書』 권82 下 <費長房傳>의 다음 고사에서 유래하여 별천지를 비유한다. 汝南人인 費長房은 시장의 掾吏였는데, 시장에서 약을 파는 한 노인이 가게 입구에 병을 하나 걸어두고는, 시장이 파하면 그 속으로 들어갔다. 시장의 사람들은 보지 못하였으나, 長房만이 다락 위에서 보고 기이하게 여겨, 가서 재배하고 酒脯를 대접하였다. 長房의 뜻이 신선에 있음을 알고 노인이 다음날 오라고 하기에, 가서 함께 병 속에 들어갔더니, 엄숙하고 우아한 玉堂에 맛있는 술과 좋은 안주가 넘치기에 함께 마시고 나왔다.
134) 脩程은 먼 道程·旅程이다.
135) 突兀은 우뚝 솟은 모습이다.
136) 원전의 '母'는 의미맥락과 對仗으로 보아 '毋'의 착오인 듯하다.
137) 赤池는 함경도 慶興府治 남쪽 10리에 있었던 못으로 둘레가 몇 리에 이르고, 북쪽으로 두만강에 연접해 있으며, 度祖가 검은 용을 쏜 못이라고 전해진다.

우연히 새로 간행된 『삼연집(三淵集)』[138]을 보니 <적지가>[139]가 있는데, 바로 도조(度祖)[140]의 사적[141]을 읊은 것이다. 그 문사가 썩 괴위[142]하지는 않음을 아쉽게 여겨, 드디어 옆에 있는 사람에게 붓을 적시게 하여 되는 대로 지어[143] 입으로 불렀다.[144]

偶閱新行三淵集, 有赤池歌, 卽度祖射龍事. 惜其詞不甚瑰偉. 遂倩傍人濡筆, 漫興口呼.

---

138) 『三淵集』은 조선 후기 문인・학자인 金昌翕(1563~1722)의 문집이다. 그는 본관은 安東, 자는 子益, 호는 三淵, 시호는 文康, 영의정 壽恒의 셋째아들이다. 李端相에게 수학하였고, 진사시에만 급제하고 문과에는 응거하지 않았으며, 掌樂院主簿에 임명되었으나 취임하지 않았다. 숙종 5년(1689) 己巳換局으로 부친이 珍島의 配所에서 사사되자 형 昌集・昌協과 함께 강원도 永平에 은거하며 시작과 학문에 힘썼고, 경종 즉위 후 執義・進善에 제수되었으나 모두 사양하였으며, 辛壬士禍로 창집이 사사되자 지병이 악화되어 죽었다. 性理學에 뛰어나 창협과 함께 이름을 떨치면서 心性論 시비에서 湖論을 취한 형과 달리 洛論을 지지하였고, 시문에도 빼어나서 당대시단의 宗匠으로 불리었다. 사후에 이조판서에 추증되고, 숙종의 廟庭에 배향되었으며, 楊州의 石室書院, 蔚珍의 新溪祠, 江陵의 湖海亭影堂 등에서 제향되었다. 『三淵集』・『瀋陽日記』 등을 남겼다.

139) <赤池歌>는 『三淵集』 권13에 실려 있는 度祖의 赤池故事를 제재로 한 52구로 이루어진 7언고시로, 64세이던 숙종 42년(1716) 2월~4월에 함경도 지역을 유람할 때에 지은 작품이다.

140) 度祖는 朝鮮의 太祖 李成桂의 조부 李椿(?~1342)의 봉호이다. 본관은 全州, 초명은 善來, 千戶 行里의 넷째 아들이다. 아버지가 元나라에서 받은 千戶職을 계승하고 孛顔帖木兒라는 몽고식 이름을 받았다. 朴氏와 결혼하여 塔思不花와 태조의 부친인 子春을, 雙城摠管의 딸 趙氏와 재혼하여 完者不花를 낳았고, 사후에 자춘이 습직하였다. 태조 3년(1394)에 四祖를 추존할 때 度王이라 하였다가 뒤에 도조로 격상시켰다.

141) 度祖의 사적은 『太祖實錄』의 總敍를 비롯하여 <龍飛御天歌> 제22장, 洪良浩의 <射龍臺記>(『耳溪集』 권13) 등에 기록되어 있는 다음 전설을 가리킨다. 도조의 꿈에 어떤 사람이 아뢰기를, "저는 백룡으로 지금 아무 곳에 사는데, 흑룡이 저의 거처를 빼앗고자 하기에, 공께서 구원해 주시기를 청합니다." 하였다. 도조가 꿈을 깨고 나서 심상하게 여겨 이상하게 생각하지 않았다. 또 꿈에 백룡이 다시 나타나서 간청하여 말하기를, "공께서는 왜 저의 말을 유의하지 않으셨습니까?" 하고, 또한 그 날짜까지 말하였다. 도조가 비로소 이상하게 여겨 기약한 날에 활과 화살을 가지고 가서 보니, 구름과 안개가 자욱한 가운데 백룡과 흑룡이 한창 못 속에서 싸우고 있었다. 도조가 흑룡에게 화살 하나를 쏘니 죽어서 못에 잠기었다. 뒷날에 꿈에 백룡이 와서 사례하고 말하기를, "공의 큰 慶事가 장차 자손에게 있을 것입니다." 하였다.

142) 瑰偉는 용모・재주・사업・文詞 등이 아름답고 기이함이다.

143) 漫興은 고심하거나 가다듬지 않고 즉흥적으로 시를 짓는 일을 가리킨다.

144) 口呼는 口占과 같은 말로 즉석에서 입으로 불러 시를 지음이다.

'사람의 싸움을 용은 돌아보지 않았거늘
용의 싸움을 어찌 나에게 아뢰었던가?
채찍의 길이가 용의 배에도 미치지 못하기에
꿈에 용과 말하고는 깬 뒤에 가지 않았다네.
날아다니는 새가 사람에게 의지하면 사람 또한 사랑하거늘
하물며 네가 삼백 가지 인충(鱗虫)[145] 가운데 으뜸임에랴?'
작혈궁(鵲血弓)[146]에 시위를 얹으면[147] 활에 위력이 있기에
신인(神人)께서 메고 나가시자 귀신 또한 사라졌네.[148]
악어가 조용해지고 자라가 잠자니 경면(鏡面)[149]처럼 잠잠하였는데
신령의 뜻은 아득하고 구름만 늘어서[150] 있었네.
물 속에 문득 기이한 빛이 완연하더니
천둥과 벼락을 끼고 두 마리 용이 나왔네.
날리는 물망울이 거꾸로 사십리나 솟아오르고
삼천 자나 되는 성난 파도가 일어났다네.
왼쪽을 바라보니 다갈색이요 오른쪽은 먹빛과 같았으니
바로 황지(潢池)[151]로 진(晉)[152]의 성채를 겁박함이었네.[153]

---

145) 鱗虫은 魚類·爬虫類 등 비늘이나 딱딱한 껍데기를 가진 동물이다.
146) 鵲血은 좋은 활이다.
147) 調弓은 활시위를 얹음, 시위를 걸어놓은 활이다.
148) 辟易(피역)은 사라짐·소실됨이다.
149) 鏡面은 거울의 표면이다.
150) 脉脉(脈脈)은 끊임없이 이어진 모양이다.
151) 潢池는 연못으로 좁은 땅을 비유하는데, 여기에서는 潢池弄兵을 가리킨다. 황지농병은 좁은 땅에서 군사를 일으킴인데, 『漢書』「循吏傳」 <龔遂>에 渤海郡에 흉년이 들어 도적이 일어나자 宣帝가 龔遂를 태수로 삼고 잘 다스릴 방도를 묻자, 龔遂가 "바닷가가 너무 멀어서 성스러운 교화에 젖지 못하고, 그 백성들이 배고픔과 추위에 괴로운데도 관리들이 구휼하지 않기 때문에, 폐하의 적자로 하여금 좁은 땅에서 폐하의 군대를 일으키게 한 것입니다.(海瀕遐遠, 不霑聖化, 其民困於飢寒而吏不恤, 故使陛下赤子, 盜弄陛下之兵於潢池中耳.)"라고 한 데서 유래하여, 군사를 동원하여 반란을 일으킴을 비유한다.
152) 晋은 266년에 司馬炎이 魏를 이어서 세운 나라인데, 304년에 흉노의 劉淵이 漢王을 칭하며 西晉에 반기를 든 이래로 420년에 劉裕의 宋에 의해 東晉이 망할 때까지 무수히

그렇지 않다면 흑아군(黑鵝軍)[154]과 호소병(縞素兵)[155]이

깃발과 북으로 서로 맞서며 빛을 쏘아댄 것이리.

공공(共工)[156]의 머리가 하늘의 기둥에 닿은 것은 장관이 아니요

큰 고래가 푸른 바다의 물결을 헤침[157]은 참으로 작은 연극이리.

천오(天吳)[158]와 해약(海若)[159]은 모두 달아나서 숨고

산야의 늙은이와 시골의 백성은 감히 보지 못하였네.

큰 산기슭에 바람과 우레가 요란해도 정신이 양양하여[160]

우뚝 서서[161] 크게 노래하며[162] 도마뱀과 땅거미[163]를 보듯이 하였네.

병사들을 유인하여 흩어지고 모이게 하며 적의 형편을 엿보면서

구름 끝에서 구부정하게 등뼈를 드러내었네.

성내어 현갑(玄甲)[164]을 펼치며 그 틈으로 들어가서

유성(流星)이 표적을 맞추듯이 하니 그 소리가 부지직 하였네.[165]

夷狄이나 백성에 의한 반란을 겪은 바 있었다.

153) 無乃는 '…이 아닌가?', '…이 아니겠는가?'의 뜻으로 완곡한 추측을 나타낸다.

154) 黑鵝軍은 춘추시대 魯나라 昭公 21년 11월에 망명하였던 宋나라의 공자 城이 거느린 군대와 송의 권신인 華氏의 군대가 싸울 때에 공자의 軍陣인 鸛陣과 鵝陣 가운데 아진의 군대를 가리킨다.

155) 縞素兵은 흰 명주로 된 옷을 입은 병사라는 뜻으로, 漢王 劉邦이 巴蜀에서 項羽의 군대를 칠 때에 항우가 楚의 義帝를 죽인 것을 기화로 發喪하여 군사들을 흰 명주로 만든 상복을 입힌 일에 연유하여 생긴 말이다.

156) 共工은 『書經』「舜典」에서 堯임금 때에 舜임금에게 쫓겨나거나 죽음을 당하였다고 한 四凶 가운데 한 사람인데, 『淮南子』「天文訓」에서는 "옛날에 공공과 전욱이 황제가 되기를 다투다가 노하여 부주산에 부딪혀 하늘의 기둥이 부러지고 땅을 맨 바가 끊어졌다.(昔者共工與顓頊爭爲帝 怒而觸不周之山, 天柱折, 地維絶.)"라고 하였다.

157) 跋浪은 물결을 헤침, 밟음이다.

158) 天吳는 『山海經』「海外東經」에 나오는 朝陽의 골짜기에 있었던 水神으로, 사람의 얼굴에 머리가 여덟 개이고 호랑이의 몸에 꼬리가 열 개라고 하는데, 옛날에 흔히 그 모습을 옷감에 繡로 놓았다.

159) 海若은 楚辭 <遠游>에 나오는 전설적인 海神이다.

160) 揚揚은 만족하는 모양, 뽐내는 모양이다.

161) 玉立은 우뚝 솟음, 우뚝함이다.

162) 高歌는 큰 소리로 노래함, 그렇게 부르는 노래이다.

163) 蜥蜴(석탕)은 도마뱀과 땅거미이다.

164) 玄甲은 동물의 검은 껍질이나 비늘이다.

번개에 부서지고 우레에 죽으니 산이 무너지는 듯하고
구름이 무너지고 안개가 나뉘니 땅이 갈라지는 듯하였네.
부서지고 잘린 갈기를 감히 들어올리지 못하고
꿈틀거리며 열 길이나 되는 물 속으로 떨어졌네.
싸움에 이기고 나서 흰 수염을 하늘에 높이 치켜올리니
명명(冥冥)[166]이 사람에 감동하매 낙책(諾責)[167]도 없었네.
바람과 구름이 길이 굴택(窟宅)[168]을 높이 보호하니
만고에 적지(赤池)는 물결이 일도록[169] 크게 샘솟으리.
나는 이 이야기를 듣고 매우 기절(奇絶)하다[170]고 부르짖었거니와
더욱이[171] 못에 가면 심백(心魄)[172]이 장쾌해지리.
용이여, 절대로 하늘의 공적[173]으로 자기가 보답받지 말지니[174]
누인적덕(累仁積德)[175]에 말미암아 왕업(王業)[176]이 열렸다네.
아, 성조(聖祖)[177]께서 화살 세 개를 얻으신 곳은
바로 숙신(肅愼)[178]에 있었던 옛집[179]이었도다.
아, 첫째 화살은 당시에 못의 용을 쏜 것이요

---

165) 砉(획)은 파열・절단되는 소리, 찢어지거나 빨리 움직일 때 나는 소리 등을 나타내는 의성어이다.
166) 冥冥은 高遠한 모양, 아득한 모양으로 멀리 보이는 하늘을 가리킨다.
167) 諾責은 승낙한 말을 이행하지 않아 문책당함이다.
168) 窟宅은 神靈의 거처이다.
169) 澎湃는 물결이 서로 부딪힘이다.
170) 奇絶은 매우 기묘함이다.
171) 何況은 '더욱이, 더구나'이다.
172) 心魄은 精神・氣魄이다.
173) 貪天은 貪天之功의 준말로 하늘이 이룬 功을 자신의 공적으로 돌리는 것으로, 남의 공로를 가로챔을 비유하기도 한다.
174) 且莫은 '절대로 ~하지 말라'[千萬不要]를 뜻한다.
175) 累仁積德은 인자한 일을 많이 베풀고 덕행을 쌓음이다.
176) 王迹(蹟)은 帝王의 功業이다.
177) 聖祖는 제왕의 선조로 흔히 개국한 군주를 가리키는데, 여기에서는 度祖를 가리킨다.
178) 肅愼은 고대에 함경도 지역에 있었던 나라 이름인데, 여기에서는 함경도를 가리킨다.
179) 遺宅은 남아 있는 옛집, 전에 살던 집이다.

아, 둘째 화살은 태조께서 몹시 성내어[180] 정국(定國)하신[181] 것이네. 아, 셋째 화살은 우리 신손[182]께서 천시를 기다리도록 남기신 것이니 북쪽으로 천랑성(天狼星)[183]을 쏘아 사막[184]을 안정시키시라.

人鬪龍不覿　　龍鬪胡我白
鞭長不及龍之腹　　夢與龍語覺莫適
飛鳥依人人亦憐　　矧爾三百鱗虫伯
鵠血調弓弓有威　　神人帶出鬼辟易
鼉靜黿睡鏡面平　　靈意蒼茫雲脉脉
宛在中流忽異色　　霹靂挾出龍二隻
飛沫倒射四十里　　怒濤起立三千尺
左望如茶[185]右如墨　　無乃潢[186]池刦晉柵
不然黑鵝軍縞素兵　　旗鼓相當光注射
共工頭觸天柱非壯觀　　長鯨跋浪滄溟眞小劇
天吳海若皆走藏　　野老村氓不敢脈
風雷大麓神揚揚　　玉立高歌覗蜥蜴
誘兵開合伺敵便　　雲邊揭出穹窿脊
玄甲怒張八有間　　流星應的其聲砉
電碎雷死若山崩　　雲陷霧裂如地坼

180) 赫怒는 몹시 성을 냄이다.
181) 定國은 나라를 안정시킴이다.
182) 神孫은 신의 자손으로 보통 군주의 후손을 가리킨다.
183) 天狼은 물개자리에 속한 매우 밝은 恒星으로, 보통 침략을 관장한다고 하여 잔혹한 침략자를 비유한다.
184) 沙磧은 沙場과 같은 말로 사막을 가리킨다.
185) 奎章閣本 原典 匡郭 위의 '茶는 荼인 듯하다.(茶恐荼)'라는 교정기록은 씀바귀[荼]의 잎이 푸른빛이고 꽃이 노란빛인 점에서 수용하기 어렵다.
186) 奎章閣本 原典의 匡郭 위의 '潢은 黃인 듯하다.(潢恐黃)'라는 교정기록은 의미맥락으로 보아 수용하기 어렵다.

殘髻敗鬣不敢掀　十丈蜿蜒水心擲
戰勝霜髯拂天高　感人冥冥無諸責
風雲長護窟宅尊　澎湃蕩潏萬古赤
我聞此語叫奇絶　何況臨池壯心魄
龍乎且莫貪天爲己報　累仁積德開王迹
嗚呼聖祖得三矢　乃於肅愼之遺宅
嗚呼一矢兮當日射淵龍　嗚呼二矢兮太祖定國斯怒赫
嗚呼三矢兮遺我神孫待天時　北射天狼靜沙磧

04-14 산해관[187]의 노래 * 서를 둔다.
04-14 山海關歌 * 幷序.

약포자가 한 방을 깨끗이 쓸고 향을 사르고 말없이 앉아 있을 때 손님이 와서 진속(塵俗)의 말을 하면 문득 눈을 감고 졸지만, 경전을 말하고, 사서를 말하며, 옛날의 일사(逸史)[188]를 말하고, 산수와 풍월을 말하면, 이연(犁然)히[189] 기뻐한다. 손님 가운데 어린아이 때에 대명(大明)의 유민(流民)을 만난 적이 있는 이가 나의 집에 묵으면서, 갑신년[190]의 일을 매우 자세히 말하였는데, 아직도 그 중 한두 가지를 기억한다. 오삼계(吳三桂)[191]가 오랑캐에게 구제해 주기를 요구하자, 오랑캐의

---

187) 山海關은 지금의 중국 河北省 북동쪽의 秦皇島市[옛 臨楡縣]에 있던 군사상의 요충지로서, 발해만에 인접한 곳이자 만리장성이 시작되는 부근에 있었던 관문이다. 이름은 明代에 山海衛를 설치하면서 생겼으며, 明末에는 淸軍과 접전이 벌어지기도 했던 곳이다.
188) 逸史는 正史에 오르지 않은 史蹟이다.
189) 犁然은 자득하는 모양이다.
190) 甲申年은 崇禎 17년이자 順治[淸 世祖의 연호] 1년인 1644년으로 명의 수도인 북경이 李自成軍에 함락되어 마지막 임금인 毅宗이 자결한 데 이어, 吳三桂軍과 연합한 淸軍이 이자성을 몰아내고 북경을 점령한 해이다.
191) 吳三桂(1612~1678)는 明末淸初의 장수로 江蘇省 高郵 출신이다. 부친의 후광으로 都督指揮에 오르고 平西伯에 봉해졌으며, 摠兵으로 山海關을 지키다가 李自成이 북경을 점령하자 청나라에 항복하여, 청군을 이끌고 이자성의 군대를 물리침으로써 平西王에 봉해졌다. 雲南에 근거를 두고 병력을 장악하고 있다가, 康熙 2년(1673)에 三藩의 난을 주도하고 大周의 황제를 자칭하다가 병사하였다.

군장(君長)[192]이 쫓아내니 산해관에 이르렀으나, 군대를 멈추게 하고 선뜻 들어가지 않았다. 삼계의 사자(使者)가 서너 번 이르러도 오랑캐가 여전히 허락하지 않았다. 조금 자나서[193] 삼계가 오자, 오랑캐가 "반드시 모두 군중(軍中)에서 체발[194]해야 한다. 또 성의 한 모퉁이를 허무는 일을 지금 할 수 있겠는가?"라고 말하니, 삼계가 허락하였다. 오랑캐가 왼손으로 삼계의 두발을 잡고 오른손으로 칼을 뽑아 체발하고, 드디어 성 안에 전하여 알렸다. 오래지 않아[195] 천만 남자들의 상투가 허공을 덮었다가 성 밖으로 떨어지니, 삼계의 군사가 이미 체발한 것을 알았다. 또 성을 허물고자 하니 성이 견고하여 허물 수 없었는데, 반도 허물지 못하였을 때에 오랑캐가 병사들을 이끌고 성에 들어가서, 베로 된 장막을 백리에 이르도록 치고 오랑캐의 병마를 숨겼다. 이튿날 아침[196]에 유적(流賊)[197]이 싸움을 걸기에 곧 장막을 트니, 노군(虜軍)의 진용(陣容)이 매우 성대함에 유적이 크게 놀랐다. 삼계가 세력을 합쳐서 도적을 치기를 청하니, 오랑캐가 "장군이 앞장서고, 내가 뒤를 이을 것을 청하오."라고 말하였다. 삼계가 여러 번 청하였으나 이루지 못하자, 마침내 홀로 군사를 이끌고 나갔다. 오랑캐가 삼계를 보내고 난 뒤에 등상(鐙床)[198]에 조용히 앉아서[199] 군중에 명령을 내려 말하기를, "먼저 움직이는 자는 참한다."라고 하였다. 눈을 크게 뜨고[200] 멀리 바라보니, 두 줄기[201]의 먼지가 일어나서 하늘에 닿

---

192) 虜長은 오랑캐의 君長인데, 여기에서는 황제인 世祖가 아니라 對明戰의 統兵인 睿親王을 가리킨 듯하다. 청 太祖 奴爾哈赤의 제14자로 이름이 다르곤(多爾袞)인 그는 1637년에 九王으로 불리면서 조선을 정벌한 뒤 昭顯世子 등 인질을 데리고 철수했고, 1638년에는 명의 정벌에 앞장섰으며, 1643년 6세에 즉위한 世祖를 보좌하여 섭정이 되었다. 1644년에 淸의 統兵으로 北京을 함락시킨 공로로 攝政王에 봉해졌고, 시호는 睿親王이다.

193) 有頃은 시간이 조금 지남, 오래지 않음을 뜻한다.

194) 薙髮은 머리털을 바싹 깎는 것인데, 여기에서는 만주족의 薙頭辮髮을 가리킨다. 청 世祖가 1644년에 薙剃頭辮髮令을 내림에 따라, 중국의 남성들은 12~3세가 되면 나머지 부분은 삭발하고 後頭部의 두발만 길게 길러서 세 가닥으로 땋아 등 뒤로 늘어뜨렸다.

195) 未幾는 시간이 얼마 되지 않음, 오래지 않음을 뜻한다.

196) 詰朝는 이튿날 아침, 또는 이른 아침이다.

197) 流賊은 곳곳을 떠돌며 노략질하는 도둑떼인데, 여기에서는 明末에 농민반란군을 일으켜 수도 北京을 점령한 李自成(1606~1645)의 군대를 가리킨다.

198) 鐙床은 등자처럼 생긴 榻床이라는 뜻으로 胡床을 가리키는데, 간편하게 접을 수 있도록 윗부분을 노끈으로 얽어 만든 의자로, 대개 관원이 하인에게 갖고 다니게 하거나 사찰에서 승려들이 사용하였으며, 繩床・交床이라고도 하였다.

199) 凝坐는 조용히 앉아 있음이다.

200) 瞪目은 눈을 크게 뜸, 멍하게 바라봄이다.

으면서 아래위로 나뉘었다가 합쳐지기에, 삼계와 도적의 싸움이 바야흐로 한창인 것을 알았다. 얼마 뒤에[202] 먼지 한 줄기가 조금 작아지자 도적이 쇠약해진 것을 알았다. 이에 뛰어 일어나서 말에 올라 채를 당겨 북을 치자, 천병만마가 한 덩어리처럼 움직여서 동쪽으로 달리고 서쪽으로 부딪히매 유적이 다 허물어지고 쌓인 시체가 들에 꽉 찼으니, 교활한 오랑캐의 용병이 이와 같았다. 삼계의 어긋나고[203] 망녕됨[204]으로는 유적도 제압할 수 없었거늘 오랑캐를 제압할 수 있었겠는가? 삼계가 참으로 좌양옥(左良玉)[205]과 합력하여 주씨(朱氏)[206]를 세워 도적을 칠 수 있었다면, 성취하지 못하는[207] 일이 없었을[208] 것이다. 대명(大明)이 망한 것은 사람이 중독되어 갑자기 죽은 것과 같으니, 천하의 인심이 떠나지 않았는데도 도적이 떼지어 살았던 탓에 하루의 계책도 없었다. 삼계와 양옥으로 하여금 왼쪽에서 이끌고 오른쪽에서 거느려서 천하의 의로운 명성을 고무시키게 하였더라면, 명나라를 부흥시키는 것은 날짜를 가리키면서[209] 기다릴 수 있었을 것이다. 그 망하고 흥함은 곧 국가 안의 일에 연관될 뿐이었으니, 오랑캐가 어찌 간여하였으랴? 삼계가 관문을 열고 오랑캐를 맞이하지 않았다면, 관문 안이 비록 어지러웠더라도 오랑캐가 어떻게 날아서 관문을 넘어갔겠는가? 자성에게 천하를 잃었을 때에는 삼계와 양옥의 군대로 치더라도 남음이 있었지만, 오랑캐에게 천하를 잃은 뒤에는 모든 천하의 호걸들이 도모하더라도 부족하였다. 황조를 멸망시킨 것은 자성이 아니라 바로 삼계이니, 그 죄는 주살을 당하도도 남을 만하다. 아! 사서에 그 자세함이 빠져 있기에 혹시 야사에서 징험될까 하였더니, 손이 들은 것이 생생하기[210]가 그림과 같아서 사관이 언급하지 않은 바이므로, 사람으로 하여금 성난 머리털이 일어서게 한

201) 道는 사물의 숫자를 헤아리는 단위로 줄기·가닥·조각 등을 가리킨다.
202) 頃之는 '얼마 뒤, 오래지 않아'의 뜻이다.
203) 齟齬는 위아래의 이가 서로 잘 맞지 않음으로 사물이 어긋남을 비유한다.
204) 顚妄은 미치고 망녕됨이다.
205) 左良玉(1599~1645)은 明末의 장수로 昌平督治 侯恂의 부장으로 있다가 張憲忠·李自成의 봉기군을 진압하여 大帥로 승진하였고, 명이 망한 뒤에는 福王 밑에서 侯爵이 되어 嶺南에서 군대를 통솔하였으며, 南明의 집권자 馬士英 등을 치려고 군사를 일으켰다가 九江에서 병사하였다.
206) 朱氏는 명나라 황실의 宗姓이다.
207) 不濟는 성취하지 못함이다.
208) 蔑은 없음이다.
209) 指日은 날짜를 가리킨다는 뜻으로 기일이 멀지 않음을 가리킨다.
210) 生色은 광채를 더함, 산뜻하고 생동감이 있음이다.

다. 마침내 붓을 잡고 <산해관가>를 지어 뒷날의 군왕의 경계가 되게 한다.

藥圃子淨掃一室, 焚香默坐, 客到爲塵俗語, 輒閉眼睡, 有談經談史, 談古逸事, 談山水風月, 則犂然喜. 客有道兒時遇大明遺民寓我者, 說甲申事甚詳, 尙記其一二. 吳三桂求救於虜, 虜長驅至山海關, 止軍不肯入. 三桂使三四至, 虜猶不許. 有頃三桂至, 虜曰, “必盡薙軍中髮. 且毁城一角, 方可?” 三桂許之. 虜左手執三桂頭髻, 右手拔劒薙之, 遂傳告城中. 未幾, 千萬男髻蔽空而墮城外, 知三桂軍已薙髮矣. 又毁城, 城堅不可毁, 毁未半, 虜引兵入城, 設布障百里. 藏虜兵馬. 詰朝, 流賊挑戰, 卽決障, 虜軍容甚盛, 流賊大驚. 三桂請合勢攻賊, 虜曰, “將軍先. 吾請後繼.” 三桂屢請不獲, 遂獨提師出, 虜旣送三桂, 凝坐鐙床, 令軍中曰, “先動者斬.” 瞪目遠望, 有塵二道起接天, 上下開合, 知三桂與賊戰方酣. 頃之, 塵一道少靡, 知賊衰. 乃躍起上馬, 援枹鼓之, 千兵萬馬, 如一塊流轉, 東馳西突, 流賊爛盡, 積尸遍野, 流血成川, 黠虜用兵如此. 以三桂齟齬顚妄, 不能制流賊而能制虜乎? 三桂誠能與左良玉合, 立朱氏以討賊, 蔑不濟矣. 大明之亡, 如人中毒暴死, 天下人心未去, 盜賊羣居, 無終日之計, 使三桂良·玉左提右挈, 以鼓天下之義聲, 明之興, 指日可待. 其亡其興, 乃關內家事, 虜何與焉? 三桂不開關迎虜, 關內雖亂, 虜何以飛度關哉? 失天下於自成, 以三桂·良玉討之而有餘. 失天下於虜, 擧天下之豪傑圖之而不足. 滅皇朝者非自成, 乃三桂也, 其罪可勝誅哉? 噫! 史失其詳, 或徵之野, 以客所聞, 生色如畫, 史氏所不及, 令人怒髮起立. 遂援筆作山海關歌, 以爲後王之戒云.

산해관(山海關)의 성채는 만고에 웅장하여
말갈족(靺鞨族)[211]은 바라보고서 화살[212]을 날리지 못하였다네.
앞 사람은 관문을 설치하여 오랑캐를 방어하고자 하였거늘
뒷 사람은 관문을 열어 도리어 오랑캐를 맞이하였네.
오랑캐의 추장은 멋대로 날뛰어[213] 기개가 앞설 이가 없었건만[214]
여기에 이르자 머뭇거리면서[215] 창자를 채운 듯이 하였네.

211) 靺鞨은 옛날에 한반도 북방의 滿洲地域에서 거주하던 족속의 이름으로 肅愼·挹婁·勿吉·女眞으로도 불리었다.
212) 飛羽는 빠르게 날아가는 화살이다.
213) 憑陵은 제멋대로 날뜀이다.
214) 無前은 앞을 가로막는 상대가 없음, 맞설 만한 상대가 없음이다.
215) 遲廻는 머뭇거리며 결정하지 못함이다.

오랑캐의 칼이 봄철의 파처럼 머리털을 자를 때에
삼계(三桂)는 장막 밑에서 꽁무니를 쳐들고 머리를 숙였네.
수만 개의 상투를 성 안에서 성 밖으로 던지니
지는 잎과 날리는 공처럼 수없이 떨어졌네.
성 안에서는 한인(漢人)들이 통곡하는 소리가 하늘에 가득하고[216]
성 밖에서는 청인(淸人)들이 다투어 손뼉을 쳤다네.[217]
문득 수각(獸角)[218]이 무너지고 홍요(虹腰)[219]가 잘리며
땅이 꺼지고 산이 무너지니 성난 천둥과 우레와 같았네.
백리나 되는 오문(吳門)[220]의 명주의 빛[221]으로 가려서
오랑캐의 기병을 숨기니 아무도 볼 수 없었네.
적군이 와서 싸움을 걸자 비로소 장막을 텄는데
검은 갈가마귀와 긴 구름이 부오(部伍)[222] 위를 가로질렀네.
붉은 투구와 흰 창이 아침해를 받아 빛나고
사막에 가득한 차가운 빛에 머리카락이 곤두섰다네.[223]
유적(流賊)들이 여진(女眞)[224]의 내침(來侵)에 놀라서 절규하니
용기를 북돋우는[225] 소리는 사라지고 모두 다리를 떨었네.

---

216) 沸天은 소리가 하늘에 가득 참이다.
217) 拊手는 손뼉을 치는 것으로 기뻐하거나 놀람을 형용한다.
218) 獸角은 짐승의 뿔로 성곽을 비유한다.
219) 紅腰는 무지개의 중간으로 다리의 중간을 비유한다.
220) 吳門은 춘추시대 吳나라의 도성의 문인 閶門, 또는 蘇州나 그 일대의 별칭인데, 여기에서는 명주·비단의 명산지를 비유한다.
221) 練色은 명주의 빛, 또는 흰 빛이다.
222) 部伍는 군대의 편제단위인 部曲과 行伍의 합칭으로 部隊·軍隊를 가리킨다.
223) 森竪는 놀라거나 두려워서 머리카락이 곤두섬이다.
224) 女眞은 옛날에 한반도 북방의 滿洲地域에서 거주하던 족속의 이름으로 肅愼·挹婁·勿吉·靺鞨로도 불리었다.
225) 賈勇은 용기를 판다는 뜻으로 용기를 북돋움, 용기를 한껏 발휘하게 함인데, 『春秋左氏傳』 成公 2년조의 다음 고사에서 유래한다. 齊나라의 高固가 晋나라의 군대에 돌입하여 적병들을 생포하고 돌아와서 보루를 돌아다니면서 "용감해지고 싶은 사람은 나의 남은 용기를 사라.(欲勇者, 賈余餘勇.)"라고 하였다.

교활한 오랑캐가 전해진 비결[226]대로 더먹머리[227]를 묶게 하고
손을 소매에 넣은 채 두 호랑이를 시험삼아 관찰하고자 하였네.
병사들을 산처럼 주둔시켜[228] 움직이지 못하게 하고서
호상(胡床)[229]에 버티고 앉아서 큰 깃발을 세우게 하였네.
사나운 새[230]가 장차 공격하려고 일부러 날개를 접고서는
백리(百里)의 초원[231]에서 가을터럭을 살피듯이 하였네.
아득히[232] 넓은 초원에서 무엇을 보았던가?
두 줄기 사나운 먼지가 하늘[233]에 닿았다네.
고래들이 큰 바다에서 싸우니 물보라[234]가 높이 솟고
용들이 넓은 하늘에서 싸우니 검은 안개가 모였네.
아래위로 날아오르니 기세가 한창임을 알고
참담하게[235] 엉키니 힘을 다해 버팀을 알았네.
잠깐 사이에 문득 한쪽이 쇠약해졌음이 보이자 말자
몸을 날려 말에 올라 북을 크게 쳤네.
크고 빠른 북소리가 산하를 진동(震動)시키는 가운데
만 필의 말이 똑 같은 걸음으로 풍우처럼 달렸네.
처녀와 달아나는 토끼[236]가 참으로 좋은 비유이니

226) 傳訣은 전해지는 秘訣, 비결을 전함이다.
227) 豎子는 僮僕, 또는 남을 업신여겨 부르는 '어린놈, 풋내기' 등과 같은 말인데, 여기에서는 오삼계를 가리킨다.
228) 按兵은 군대의 행진을 멈춤, 군대를 주둔시킴이다
229) 胡床(牀)은 접을 수 있는 간편한 의자로 交牀이라고도 한다.
230) 鷙鳥는 猛禽이다.
231) 平莽은 평탄하고 넓은 초원이다.
232) 漠漠은 끝없이 넓은 모양이다.
233) 玉宇는 하늘이다.
234) 浪花는 파도끼리 부딪혀서 생기는 물보라나 물거품이다.
235) 慘憺은 비참하고 처량함, 서글픔이다.
236) 處女脫兎의 비유는 『孫子』「九地」의 "처음에는 처녀가 적군의 집 문을 열듯이 하고, 나중에는 토끼가 달아나듯이 해야 적이 버티지 못한다.(始如處女敵人開户, 後如脫兎, 敵不及拒.)"라는 글을 가리킨다.

오랑캐란 어떤 놈들이기에 이와 같은[237] 병법을 지녔던가?
동쪽과 서쪽에서 차고 밟으면서 도적들을 다 죽이니
짓밟은 창자와 디딘 피가 들판에 가득하였네.
아! 적을 다 죽인 것을 통쾌하다고 일컫지 말라.
결국[238] 천지를 건 한 판의 도박이었다네.[239]
적미군(赤眉軍)[240]과 황소(黃巢)[241]는 쉬 쳐서 없앴지만[242]
융적(戎狄)[243]과 시랑(豺狼)[244]은 믿어서는 안 될 것이었네.
강[245]과 무[246]와 미[247]와 노[248]는 또 검증된 바 없는 것들이라
덕이 무왕(武王)[249]과 다른 이는 모두 모욕을 당하였네.[250]

---

237) 乃爾는 '이와 같이, 이처럼'의 뜻이다.
238) 公然은 '결국, 마침내'의 뜻이다.
239) 天地一擲賭는 乾坤一擲·一擲賭乾坤을 변용한 표현으로, 천하를 걸어 놓고 한 번 승부를 겨룸을 뜻하는데, 韓愈의 7언절구 <過鴻溝>의 전·결구에 "누가 군왕에게 말머리를 돌리라고 권하는가? 참으로 건곤을 걸고 한 번 던진 뜻을 이루어야 하거늘.(誰勸君王回馬首? 眞成一擲賭乾坤.)"이란 구절이 있다.
240) 赤眉는 前漢 말에 王莽이 세운 新나라에 반기를 든 농민봉기군으로 눈썹에 漢을 상징하는 붉은 칠을 하였기 때문에 붙은 이름이다. 여성인 呂母와 樊崇의 연합군이 산동 일대에서 세력을 얻고 나서 長安을 함락시키고 新朝를 무너뜨렸으나, 後漢의 시조 劉秀의 군사에 패하여 세력을 잃었다.
241) 黃巢(?~884)는 唐末의 농민반란군을 이끌었던 장수로 乾符 2년(875)에 난을 일으켜 먼저 起義한 王仙芝의 군대와 연합하였고, 왕선지의 사후 영수에 추대되었다. 낙양을 함락시킨 데 이어 장안에 진입하여 僖宗을 몰아내고 즉위하여 국호를 大齊라 하였다. 장안에서 철수한 이듬해인 884년 관군에게 대패하였고, 자신마저 죽음으로써 세력을 잃었으나, 당 왕조에 심대한 타격을 가하였다.
242) 撲滅은 쳐서 없앰이다.,
243) 戎狄은 중국 서쪽의 이민족인 戎族과 북쪽의 이민족인 狄族 합칭으로, 흔히 漢族이 오랑캐를 가리킬 때 쓰는 말이다.
244) 豺狼은 승냥이와 이리로, 흔히 흉포한 사람을 비유한다.
245) 羌族은 중국의 甘肅·青海·四川 일대에 살던 유목민족으로 西羌이라고도 하였다.
246) 髳族은 중국의 남서쪽 지역에 살던 소수민족이다.
247) 微는 『書經』「周書」 <牧誓>에 나오는 나라 이름으로 四川省 巴縣에 있었다.
248) 盧는 『書經』「周書」 <牧誓>에 나오는 나라 이름으로 湖北省 南漳縣의 북쪽에 있었다.
249) 武王은 周나라의 건립자로 성은 姬, 이름은 發이며, 文王의 아들이다. 부친의 자리를 이어받아 周族을 다스리는 영수가 되어, 민생을 풍족하게 하고 군사력을 키운 뒤에 牧野의 전투에서 殷의 紂王을 물리치고 주나라를 일으켰다.

주(周)는 외(隗)251)와 적(狄)에 의지하고 진(晉)은 거란252)에 의지하였으니
지나간 자취가 거울과 같아 알아낼253) 수 있다네.
오삼계는 머리털을 뽑히더라도 죄를 사면받기254) 어렵나니
도둑을 이끌어 방에 들여 도둑이 주인이 되게 하였네.
아! 제왕은 자기의 집에서 살기를 좋아하지만
임시로 거처하는255) 가난뱅이256)는 담장을 수리하지 않는다네.
만리장성(萬里長城)은 허공에 높다란데257)
서호(西湖)258)는 언제나 운무(雲霧)259)를 토해내리.
성벽 위의 밝은 달을 누가 차마 보랴?
성 위의 갈대피리 소리는 매우 구슬프리.260)
성을 지키는 이들은 천추만세(千秋萬世)261)토록
화(華)와 이(夷)262)의 큰 문호를 잘 지켜야263) 하리.264)

---

250) 이 구절은 武王이 殷나라의 紂王을 치러 나가기 전에서 異民族인 庸・蜀・羌・髳・微・盧・彭・濮族에게 훈시하여 승복시켰음을 가리키고자 한 것이다.
251) 隗는 춘추시대에 湖北省 秭歸縣 동쪽에 있었던 나라 이름이다.
252) 契丹은 5세기 중엽부터 내몽골의 시라무렌(Siramuren)江 유역에 나타나 살던 유목민족으로 몽골계와 퉁구스계의 혼혈종족이다. 926년에 발해를 멸망시키고 화북의 燕雲 16州를 획득하였으며, 947년에 국호를 遼로 개칭한 다음 계속 남진정책을 펴다가, 12세기 초 金나라의 성장으로 말미암아 세력이 약화되어 다시 부족 상태로 분열하였다.
253) 看取는 看破와 같은 말로 알아냄을 뜻하는데, 取・破는 助字이다.
254) 贖罪는 재물을 비치거나 공을 세워 지은 죄를 면함이다.
255) 居停은 잠시 거처하는 곳이다.
256) 窶子(구자)는 가난뱅이이다.
257) 突兀은 높은 모양이다.
258) 西湖는 북경 서북쪽에 있는 호수로 昆明湖라고도 한다.
259) 雲氣는 雲霧, 또는 안개이다.
260) 哀怨은 슬픔과 원한이다.
261) 千秋萬世는 천년과 만년으로 아주 오랜 세월을 가리킨다.
262) 華夷는 中華와 夷狄으로 중국과 오랑캐를 가리킨다.
263) 珍重은 몸을 소중하게 여겨 잘 보호함이다.
264) 약산의 문인인 채제공의 <山海關歌>(『樊巖集』 권13) 역시 이 작품과 비슷한 제재를 다룬 26구로 이루어진 장편이어서 참고가 된다.

山海關城壯萬古　靺鞨望之無飛羽
前人設關欲防虜　後人開關反迎虜
虜酋憑陵氣無前　到此遅廻疑滿肚
虜劒截髮如春葱　三桂尻高帳下頫
城中萬髻擲城外　落葉飛毬墮無數
城中漢人哭沸天　城外淸人手爭拊
獸角忽摧虹腰截　地踢山崩霹靂怒
吳門練色百里障　藏得胡騎人莫覩
敵來挑戰始決障　黑鴉長雲亘部伍
紅兜雪戟耀朝日　滿磧寒光髮森竪
流賊驚叫女眞來　賈勇聲絶皆戰股
猾虜傳訣舘竪子　袖手欲觀試兩虎
按兵如山不可動　牢坐胡床大旗樹
鷙鳥將擊故歛翼　百里秋毫睇平莽
平莽漠漠何所睇　兩道狂塵際玉宇
鯨鬩大海浪花高　龍鬪長空黑霧聚
飛騰上下驗氣酣　凝結慘憺知力拄
須臾乍見一邊靡　飛身上馬大擊鼓
鼓聲砰急山河震　萬馬一足騰風雨
處女脫兎眞善喩　何物胡兒乃爾武
東西蹴踏賊殺盡　蹈腸履血滿野土
嗚呼賊殺盡莫稱快　天地公然一擲賭
赤眉黃巢易撲滅　戎狄豺狼不可怙
羌擊微盧且莫證　德非武王皆受侮
周依隗狄晉契丹　前轍如鏡可看取
擢桂之髮罪難贖　引盜入室盜作主
嗚呼帝王好家居　窶子居停不修堵

萬里長城虛突兀　西湖雲氣何時吐
城頭明月誰忍看　城上蘆笳哀怨苦.
千秋萬世守城者　珍重華夷大門戶

04-15 김도정[265] * 홍권이다. 의 만사
04-15 金都正 * 弘權. 挽

북쪽의 산에서는 뭇 학이 수없이 날건만
한 마리만은 흰 날개를 접고 날지 못하네.
하늘이 준 나이와 덕망에 인작(人爵)[266]이 따르니
존귀함에 이른[267] 것이 셋이요 복은 다섯 가지였다네.[268]
가군(家君)[269]께서 진솔회(眞率會)[270]에서 공을 만나셨는데
만년이라 어찌 서로 담주(談麈)[271]를 휘두를 수 있었으랴?
순료(醇醪)[272]에 취하여 가득한 울분을 하늘[273]로 드러내실 때에는
온 자리에 봄바람이 따뜻하게[274] 펴졌다네.

---

265) 都正은 조선시대 宗親府·敦寧府·訓練院 소속의 정3품 당상관직이다.
266) 人爵은 天爵의 상대어로 사람이 부여한 작위이다.
267) 達尊은 모든 사람이 존귀하게 여기는 것으로, 『孟子』「公孫丑 下」의 "천하에는 존귀함에 이른 것이 세 가지가 있으니 벼슬이 그 하나요, 나이가 그 하나이며, 덕이 그 하나이다. 조정에서는 벼슬만 한 것이 없고, 鄕黨에서는 나이만 한 것이 없으며, 세상을 돕고 백성을 기르는 데에는 덕만 한 것이 없다.(天下有達尊三, 爵一齒一德一. 朝廷莫如爵, 鄕黨莫如齒, 輔世長民莫如德.)"라는 글에서 유래한다.
268) 五福은 다섯 가지 복으로 壽·富·康寧·攸好德·考終命, 또는 壽·富·貴·康寧·子孫衆多를 가리킨다.
269) 家君은 남에게 자기 아버지를 일컬을 때 쓰이는 호칭이다.
270) 眞率會는 北宋의 재상 司馬光(1019~1086)이 은퇴하고 洛陽에 있을 때에 덕망 있는 사람들과 가졌던 소박한 모임의 이름이다.
271) 談麈(담주)는 고라니의 꼬리털로 만든 먼지떨이로, 西晉의 王澄이 어떤 이에게 보낸 서신에서 "胡彦國이 훌륭한 언론을 뱉아냄은 끊임없이 쏟아지는 톱밥과 같으니, 참으로 후진들의 領袖가 될 만하다."라고 한 데서 유래하여 淸談이나 말이 유창함을 비유한다.
272) 醇醪는 맛이 진하고 좋은 술이다.
273) 玄顔은 하늘이다.

공 또한 무리 속에서 눈길[275]을 기울이셨기에
누항(陋巷)[276]에 오셔서[277] 향기를 토해내셨네.
나는 마침 빗자루를 잡음[278]이 어긋나서
자기(紫氣)[279]를 띤 신선의 풍모를 보지 못함을 안타까워하였네.
고을을 맡은[280] 때에는 가마[281]로 모시고 가서 봉양하셨는데
삼부(三釜)[282]의 지위였으니 봉양이 어떠하였으랴?
비홍산(飛鴻山)[283] 밑에서는 까마귀[284]가 먹이를 먹이고
비홍정(飛鴻亭) 앞에서는 길들여진 꿩[285]이 젖을 주리.
까마귀가 먹이를 먹이고 꿩이 젖을 줌은 모습[286]이 다르지만
철쭉 옆에서 슬피 울 때에는 어찌 그리 괴로워하였던가?[287]
채의(彩衣)[288]와 동부(銅符)[289]가 앙상한 가시[290]로 변하였건만
우면(牛眠)[291]은 다만 봄구경을 하는[292] 언덕에 있다네.

---

274) 和煦는 봄날씨가 화창하고 따뜻함, 또는 따뜻한 봄날씨이다.
275) 眄睞는 주위를 돌아봄, 둘러봄이다.
276) 陋巷은 누추한 거리로 자신의 집에 대한 謙稱이다.
277) 光臨은 빈객이 오는 것에 대한 敬辭이다.
278) 操拔篲는 빗자루를 잡음으로 젊은이가 尊長을 옆에서 모심을 비유한다.
279) 紫氣는 자줏빛의 상서로운 기운이다.
280) 專城은 한 성을 오로지 다스린다는 뜻으로 地方守令을 가리킨다.
281) 肩輿는 두 사람이 앞뒤에서 메는 가마로 轎子·藍輿라고도 한다.
282) 三釜는 한 사람이 한 달 동안 먹을 수 있는 양식으로 적은 봉록을 비유한다.
283) 飛鴻山은 지금의 충청남도 夫餘市 鴻山面에 있는 산을 가리킨 듯한데, 葬地이기 때문에 언급하였을 것이다.
284) 孝烏는 孝鳥와 같은 말로 새끼가 자라서 어미에게 먹이를 물어다 먹인다고 하여 붙여진 까마귀의 별칭인데, 여기에서는 친상중인 상주를 가리키는 말인 효자를 비유한다.
285) 馴翟은 馴雉와 같은 말로 길들여진 꿩인데, 後漢의 관리 魯恭이 인정을 베풀자 감화가 꿩에도 미쳤다는 일화에서 유래하여 교화된 백성을 비유한다.
286) 物色은 형상·용모이다.
287) 一何는, '어찌 그리·그 얼마나', 또는 '한결같이'이다.
288) 彩衣는 색동옷으로 春秋時代 楚나라의 賢人인 老萊子가 70세에 색동옷을 입고 어린애 장난을 하여 부모를 위안하였다는 데서 유래하여 부모를 효성으로 봉양함을 비유한다.
289) 銅符는 銅符魚의 준말로 옛날에 군사를 동원할 때 쓰이던 구리로 만든 호랑이 모양으로 된 兵符로 銅虎符라고도 하며, 흔히 官印을 비유한다.
290) 欒棘은 앙상해진 가시로 부모의 상을 당하여 몹시 슬퍼함을 비유한다.

동향(桐鄕)[293]의 부로들이 우빈(虞殯)[294]의 노래로 장송(葬送)하니
하나하나의 솔과 개오동[295]이 풍수(風樹)[296]의 눈물로 화답하네.
서로 경계하여 소나무와 개오동나무를 베지 말지니
오늘의 소련(少連)[297]이 지난날의 소부(召父)[298]라네.
낙사(洛社)[299]에 봄이 돌아오자 꽃이 필 조짐이 생기니
꽃밭 너머에서는 작은 수레들이 이미 옛날처럼 모여드네.
가군께서 꽃을 마주하면서 그리워하시는 듯하였으니
소자가 이를 적음은 참으로 그 덕우(德宇)[300] 때문이라네.

北山羣鶴飛無數　一鶴不飛斂玉羽
天與年德人爵隨　達尊者三其福五

---

291) 牛眠은 소가 자는 곳으로, 西晉의 재상 陶侃이 부친상을 당하였을 때 어떤 노인이 이른 대로 소가 자고 있는 언덕에 아버지를 장사지낸 뒤에 큰 벼슬을 하게 되었다는 고사에서 유래하여, 좋은 墓地를 비유한다.

292) 行春은 봄경치를 유람함이다.

293) 桐鄕은 중국 安徽省에 있던 지명으로 桐城縣의 북쪽에 있었으며, 춘추시대의 桐國, 漢代의 朱邑인데, 여기에서는 桐鄕遺愛를 가리키고자 언급되었다. 동향유애는 인애를 베푼 관리가 죽은 뒤에 백성이 공경을 표함을 뜻하는데, 前漢의 朱邑이 桐鄕의 嗇夫로 있을 때 청렴하고 공평하게 다스렸더니, 사후에 그곳 백성들이 사당을 세우고 歲時마다 제사를 지냈다는 고사에서 유래한다.

294) 虞殯은 장례를 치를 때에 亡者를 추도하는 시가이다.

295) 松楸는 묘지 둘레에 심는 소나무와 개오동나무로 묘지를 비유한다.

296) 風樹는 風樹之嘆의 준말로 부모의 사후에 불효를 뉘우치는 탄식인데, 『韓詩外傳』·『孔子家語』의 "나무는 고요하고자 하지만 바람이 그치지 않고, 자식은 봉양하고자 하지만 어버이가 기다리지 않는다.(樹欲靜而風不止, 子欲養而親不待.)"라는 구절에서 유래한다.

297) 少連은 孔子가 거상을 잘 하였다고 칭찬한 東夷人의 이름으로, 『禮記』「雜記 下」에 "소련과 대련은 거상을 잘 하였으니, 사흘 동안 게을리 하지 않았고, 석달 동안 해이하지 않았으며, 일년 동안 슬퍼하였고, 삼년 동안 근심하였으니, 동이의 아들이다.(少連大連善居喪, 三日不怠, 三月不解, 期悲哀, 三年憂, 東夷之子也.)"라는 공자의 말이 있다.

298) 召父는 前漢의 循吏 召信臣의 별칭으로, 그가 南陽太守로 있을 때에 선정을 베푼 탓에 그곳 백성들이 부모에 비겨 칭송한 고사에서 유래한다.

299) 洛社는 洛陽의 마을로 漢陽의 마을을 비유하는데, 社는 옛날의 지방행정의 단위로 사방 六里의 마을이다.

300) 德宇는 덕택과 은혜로 감싸 줌이다.

家君遇公眞欒會　何相得晩揮談麈
醇醪盎欝玄顔發　一座春風布和煦
公亦衆中屬眄睞　陋巷光臨蘭氣吐
小子適違操拔犨　紫氣仙風恨未覩
肩輿往就專城養　養之維何列三釜
飛鴻山下孝烏哺　飛鴻亭前馴翟乳
烏哺翟乳物色異　躑躅哀鳴一何苦
彩衣銅符化欒棘　牛眠只在行春塢
桐鄕父老虞歌送　一一松楸和淚樹
相戒松楸勿剪伐　今之少連昔召父
洛社春還花意動　花外小車已千古
家君對花若有思　小子志之眞德宇

04-16 새로 호주301)를 세운 일로 서장관302)의 왕명을 받들어 연경에 가는 임성방303) 학사를 송별하다
04-16 送任學士聖方以新胡主立, 奉書狀命赴燕

학사의 시를 넣는 비단주머니304)는 오래고 아름다운 것인데
이번 행차에 지니고 가서 큰 산천을 갈무리하시리.

---

301) 胡主는 胡族의 임금인데, 여기에서는 淸나라의 제6대 황제인 高宗, 즉 1735년부터 1796년까지 재위하였던 乾隆帝를 가리킨다.

302) 書狀官은 옛날의 使行職의 하나로 正使・副使와 함께 三使로 불리었고, 주로 사행 중의 사건을 기록하여 임금에 보고하는 임무를 담당하였으며, 정4품에서 6품 사이의 관원이 임명되었고, 일행과 짐을 싣고 가는 말을 점검하는 行臺御史의 임무를 겸하여 '행대'라고도 하였다.

303) 任聖方은 조선 후기의 문신으로 1735년에 서장관이 되어 청나라에 다녀왔고 谷山府使를 지냈다.

304) 錦囊은 비단으로 만든 자루인데, 中唐의 李賀가 아침마다 弱馬를 타고 어린 종 奚奴에게 오래 된 비단자루를 지고 따르게 하고서, 시를 얻을 때마다 적어서 거기에 넣었다는 고사에서 유래하여, 詩稿를 담는 그릇을 가리킨다.

아득한 사겁(沙刦)[305]에서 여러 날이 얼마이랴?
엉성한[306] 궁려(穹廬)[307]에서는 소년으로 변하시리.
용해(榕海)[308]의 전달되는 봉화는 수자리에서 명멸하고[309]
계문(薊門)[310]의 무성한 꽃밭[311]에서는 하늘 밑에서 취하고 깨시리.
돌아와서 몰래 묶어[312] 두기를 꾀하지 마실지니
지난날 강연(講筵)[313]의 연촉[314] 앞에서는 펴라고 재촉하셨다네.

學士詩囊古錦姸　此行將貯大山川
茫茫沙刦何多日　草草穹廬換少年
榕海烽傳明滅戍　薊門花暗醉醒天
歸來密勿綢繆策　蓮燭催宣舊講筵

04-17 결성[315]의 사군 허중약을 송별하다. 결성은 갈조[316]가 나온 일로 혁파되어 보령[317]에 붙여졌다가, 지금 비로소 다시 설치되었는데, 홍주의 사군은 곧 중약의 형님[318]이며, 결성

305) 沙刦(劫)은 恒河[갠지스강]의 모래알처럼 무수한 劫數로 매우 오랜 시간을 가리킨다.
306) 草草는 거칠고 엉성함, 또는 보잘것없고 초라한 모양이다.
307) 穹廬는 옛날에 유목민족이 살던 천막이다.
308) 榕海는 중국 남동쪽의 변방인 福建省 福州의 별칭이다.
309) 明滅은 빛이 깜박거림, 또는 나타났다 사라졌다 함이다.
310) 薊門은 중국 北京城의 서남쪽에 있던 관문으로, 德勝門의 서쪽에 있는 土城關이 그 遺址라고 하며, 薊丘라고도 하였는데, 여기에서는 淸의 수도인 燕京을 가리킨다.
311) 暗花는 무성한 꽃이다.
312) 綢繆는 단단하게 얽어맨 모양이다.
313) 講筵은 經筵과 같은 말로 제왕에게 학문을 강의하던 자리이다.
314) 蓮燭은 연꽃 모양으로 만든 밀초로 蓮炬라고도 한다.
315) 潔城은 지금의 충청남도 洪州市 결성면 지역에 두었던 현으로 結城이라고도 하였다.
316) 盍朝(갈조)는 밤에 울면서 날이 새기를 기다리는 새로 원래의 이름은 盍旦이었는데, 李太祖의 改名인 旦을 避諱하고자 조선시대에 이렇게 불렀다. 이 새가 출현하였다고 廢縣되었다는 일도 태조의 휘와 연관되었을 것으로 보인다.
317) 保寧은 지금의 충청남도 保寧郡 지역에 두었던 縣이다.
318) 元方은 後漢 陳紀의 자인데, 자가 季方인 아우 諶과 함께 덕행이 뛰어났던 데서 유래하

과 홍주[319]는 이웃한 고을이다

04-17 送潔城使君許仲若. 潔城以盍朝出, 革附保寧, 今始復設, 洪州使君, 卽仲若之元方, 而潔與洪隣也

날카로운 무기[320]로 조가(朝歌)[321]를 범함을 꺼리지 말 일이거늘
묵자(墨子)[322]는 왜 좁은 고을 앞에서 수레를 돌렸던가?[323]
잘못 붙여졌다가 새로 나뉨은 산업이 빈약하기 때문이요
어둡게 막혔다가[324] 다시 열린 것은 관아가 묵었기 때문이리.
왕교(王喬)[325]의 오리는 할미새와 나란히 낢을 부끄러워하였고
반현(潘縣)[326]의 복숭아[327]는 화초와 함께 심은 것이 아니었네.
비록 대략 경주(瓊州)와 뇌주(雷州)[328]에 견줄 만하지만

여 두 형제가 똑같이 훌륭하거나 우열을 가리기 어려움을 비유하는 元方季方이란 말이 생겼다.

319) 洪州는 지금의 충청남도 洪州市 지역에 두었던 牧이다.

320) 利器는 날카로운 연장이다.

321) 朝歌는 漢代 河南省 淇縣의 縣治로 殷末에 원래 沫邑이었던 것을 이렇게 고쳐 수도로 삼았고, 周代에도 衛나라의 수도였다가 한대에 현이 되었다.

322) 墨子는 전국시대 宋나라의 사상가인 墨翟의 존칭이다. 墨家思想의 창시자로 兼愛와 戰爭排擊을 주창하였고, 城을 잘 지켜 攻城에 능한 楚나라의 장수 公輸般의 군대를 물리침으로써 墨守라는 말이 생기게 하였다.

323) 廻車는 수레를 돌림인데, 『史記』 <雛陽傳>에 "현의 이름이 승모라 하여 증자는 들어가지 않았고, 읍의 이름이 조가라 하여 묵자는 수레를 돌렸다.(縣名勝母曾子不入, 邑號朝歌而墨子廻車.)"라는 글이 있다.

324) 鴻濛은 宇宙가 열리기 전의 혼돈상태로 어두운 모양을 형용한다.

325) 王喬는 後漢 河東人으로 成帝 때 尙書令를 지내고, 明帝 때에 葉縣의 令이 되었다. 그가 현령으로 있을 때에 매월 朔望마다 입조하였는데, 수레나 말이 없이 두 마리의 집오리가 날아오는 것만 보이기에, 그물로 오리를 잡아 보니 한 짝의 신발만 있었다고 한다.

326) 潘縣은 河南省 河陽縣의 별칭인데, 西晉의 문인 潘岳이 현령을 지낸 데서 생긴 이름이다.

327) 潘縣桃는 河陽一縣花와 같은 말로 西晉의 문인 潘岳이 河陽縣令이 되어 고을에 桃李를 널리 심은 일을 가리킨다.

328) 瓊雷는 瓊州와 雷州의 합칭인데, 瓊州는 唐代에 둔 州로 지금의 海南省의 해변지역을 관할하였고, 明代에는 府로 승격되어 海南島까지 포함하였으며, 雷州는 唐代 이래로 廣東省 海康縣을 州治로 하여 雷州半島까지 관할하였다.

물결 너머에 있는 밝은 달빛은 또한 멀다네.

休嫌利器試朝歌　邑陋寧廻墨子車
贅附新分貧産業　鴻濛再闢舊官衙
王喬鳧愧聯飛鶴　潘縣桃非並蔕花
縱有瓊雷差可比　隔波明月亦云遐

04-18 봄날에 느낌이 있어
04-18 春日有感

봄이 와도 산을 바라볼 수 없거늘
먼 데서 빛나니[329] 더욱 슬퍼할 만하네.
새가 날아올라도 서로 잊고
꽃이 피어도 홀로 보네.
올해에도 다시 한식이 지나가는데
이승에서 또 무엇을 바라는가?
열다섯 살 먹은 이는 어느 집의 아들인가?
꽃을 따는[330] 검은 살쩍이 참하네.

春山不可望　窅暎轉堪悲
鳥起相忘裏　花開獨見時
今年又寒食　此世更何期
三五誰家子　褰芳綠鬢宜

329) 窅映(暎)은 멀리 비춤, 먼 데서 빛남이다.
330) 褰芳은 采芳과 같은 말로 꽃을 땀이다.

04-19 손님을 마주하여
04-19 對客

약간 흐린[331] 낮의 옥동(玉洞)[332]에는
신선의 화목이 단정하네.
새는 하나하나 버드나무에서 울고
나비는 쌍쌍이 하늘로 날아오르네.
고운 구름과 노을은 움직이지 않는데
마주한 손님과 주인은 얽매임이 없네.[333]
어느 곳엔들 봄경치가 없으랴?
조용한 집도 봄날이라 아낄 만하네.

輕陰玉洞晝　花木儼神仙
一一禽啼柳　雙雙蝶上天
雲霞嬌不動　賓主對翛然
何處無春色　幽居春可憐

04-20 봄비가 자욱히 내리자[334] 꽃을 보고 싶은 마음이 생기려 하여 바로 원박[335]을 생각하였더니, 원박이 보내온 서신에 이미 온 식구를 데리고 하향할 계획을 결정하였다고 하였기에, 서글퍼하며 붓을 잡고 그의 떠남을 송별하다[336]

331) 輕陰은 약간 흐림, 또는 엷은 그림자이다.
332) 玉洞은 神仙·隱者가 사는 곳이다.
333) 翛然(소연)은 얽매이지 않는 모양이다.
334) 霏微는 눈과 비가 자욱하거나 어두운 모양이다.
335) 元博은 조선 후기의 문신 李載厚(1698~?)의 자로 본관은 驪興, 호는 是庵, 星湖 李瀷의 족친이다. 경종 3년에 생원시·진사시에 급제하고 영조 3년(1727) 증광문과에 갑과 제3명으로 등제하여 정언을 지냈다. 『星湖集』 권5에 <次元博韻>, <族人元博正言錄示金剛詩, 步其韻, 五首>가 있다.

04-20 春雨霏微, 花心欲動, 正思元博, 元博書來, 已定盡室下鄉之計, 悵然援筆以送其行

나는 봄철의 나무의 향기로움337)을 사랑하는데
성에 들어가면 꽃이 너무 번화하고 성을 나가는 일은 드무네.
나는 손님과 벗이 들를 것을 생각하지만
서울에 사는 이는 적고 향리에 사는 이가 많다네.
나는 성 안에 들어가지도 않고 향리에 살지도 않기에
꽃을 보는 일과 벗을 사귀는 일이 둘 다 쓸쓸하네.
손이 오더라도 반드시 늘 집에 가득할 것은 없고
꽃을 보더라도 반드시 구맥(九陌)338)을 다 찾을 것은 없네.
유령(庾嶺)339)의 꽃 밑에서는 원박(元博)이 제일인데
서로 바라보며 웃노라면 마음에 허물이 없어진다네.340)
해마다 꽃을 마주하기를 늘 이와 같이 하였는데
그대에게 묻노니 나를 버리고 장차 어디로 가려고 하는가?
이제부터는 꽃이 있어도 말할 사람이 없어졌으니
우는 새와 아지랑이341)를 모두 바라보기만342) 하겠네.

---

336) 姜樸의 『菊圃集』 권6에 5언절구 <李元博率其女還楊寓, 口號以贈>이 실려 있는데, "그대의 딸은 내 아들의 아내였는데, 그대는 지금 딸을 데리고 돌아가네.(君女吾兒婦, 君今將女歸.)"라 한 것으로 보아, 李載厚의 딸은 국포의 아들 必詩의 定婚女였던 듯하다. <祭亡子必詩文>(『국포집』 권10)에서 "將以十二月聘"이라 한 데서 혼례를 한 달 앞두고 약혼자와 사별하였음이 드러난다.

337) 芳菲는 꽃과 풀이 향기롭고 아름답거나 무성한 것이다.

338) 九貊은 아홉 갈래의 큰 길로 首都·都城을 비유한다.

339) 庾嶺은 大庾嶺의 준말로 중국 江西省 大庾縣에 있는 梅花로 유명한 산인데, 『讀史方輿紀要』 「江西」 <重險>에 따르면 盛唐의 재상 張九齡이 이곳에 새 길을 뚫을 때 매화를 심었기 때문에 梅嶺이라고도 하였다.

340) 莫逆은 허물이 없음으로 서로 意氣投合하여 情誼가 깊음을 비유한다.

341) 遊絲는 아지랑이이다.

342) 脈脈(脉脉)은 응시하는 모양이다.

어찌하면 도원(桃源)[343]의 골짜기 안에 천 그루를 심어서
백년 동안 그대와 함께 골짜기를 하나씩 나누어 가지랴?
구름과 같은 수레와 말을 내가 어찌 부러워하랴?
쪽배[344]에 그대를 실을 테니 놓지지 마시게나.[345]
흥을 타서 배를 저으면 달빛 속에 붉게 흘러가서
파도 속에 흩어져 백 명의 원박이 되리.
원박이 백 명이라도 나는 많음을 싫어하지 않을 터이거늘
한 원박이 이 세상에서 배척함[346]이 어찌 그리 야박한가?
아, 원박이여! 나를 빼고 누구와 함께 돌아가려고 하는가?
잠깐 술통 앞을 떠났더니 꽃비가 날리네.

我愛春樹之芳非　入城花繁出城稀
我思賓友之經過　住京人少住鄉多
我不入城不住鄉　花事交遊兩蕭索
有客不必常滿堂　看花不必窮九陌
庾嶺花下一元博　相視而笑心莫逆
年年對花長如此　問君舍我將安適
從今有花無誰語　啼鳥遊絲俱脉脉
安得桃源洞裏栽千樹　與君百年分一壑
如雲車馬吾豈羨　扁舟載君不落莫
乘興扣枻紅流月　波心散作百元博
百元博吾不厭其多　一元博此世排擯一何薄

343) 桃源은 桃花源의 준말로 東晋 陶潛의 <桃花源記>에 등장하는 武陵山에 있었다는 理想鄕인데, 秦의 暴政을 피해서 숨은 사람들의 후손들이 君主의 착취가 없고 풍속이 순후한 곳에서 자급자족하면서 안락한 공동생활을 하였다고 한다.
344) 扁舟는 통나무를 파서 만든 작은 배로 고유어로는 쪽배라고 한다.
345) 不落은 탈락하지 않음, 놓지 않음이다.
346) 排擯은 배척하여 물리침이다.

嗚呼元博靡吾誰與歸　少別樽前花雨飛

04-21 사옹원[347] 봉사[348]로 안산[349]의 착어소[350]에 가는 아우[351]를 송별하다. 2수
04-21 送舍弟以司饔奉事, 往安山捉魚所, 二首

이월이면 호량(濠梁)[352]에서 물고기가 점점 살찌는데
또 곡우(穀雨)[353]인 어젯밤에는 비가 부슬부슬 내렸다네.
해문(海門)[354]의 꽃과 버들이 어두운[355] 곳에서는
어부가 벼슬아치를 영접하고 해질녘에 돌아가리.

二月濠梁魚漸肥　前宵穀雨又霏霏
海門花柳冥濛裏　漁父迎官日暮歸

비린내가 나는 소반에서는 눈빛회가 하늘[356]을 비추는데

---

347) 司饔院은 조선시대에 임금의 식사와 대궐 안의 식사공급에 관한 일을 맡아보던 관서이다.
348) 奉事는 조선시대의 敦寧府 · 奉常寺 · 司饔院 · 內醫院 · 軍器寺 등의 여러 관서에 두었던 종8품 관직이다.
349) 安山은 지금의 경기도 安山市 지역에 두었던 郡이다.
350) 捉魚所는 대궐에 進上할 물고기를 잡는 漁場이다.
351) 舍弟는 家弟와 같은 말로 자기의 아우에 대한 겸칭인데, 약산의 아우는 弼運(1692～?)으로 자가 季應이며, 숙종 41년(1715) 式年進士試에 급제하여 司饔院의 直長 · 奉事를 지냈고, 병조참판을 지낸 申厚命의 딸에게 장가들었으며, 장녀가 蔡濟恭에게 출가하였다.
352) 濠梁은 魚(漁)梁과 같은 말로 물을 막아 한 곳으로 흐르게 하고서 통발을 놓아 물고기를 잡는 설비이다.
353) 穀雨는 24절기의 하나로 淸明과 立夏 사이에 들며[양력 4월 20일경], 이 무렵이 되면 봄비가 자주 내려서 백곡을 윤택하게 한다고 한다.
354) 海門은 내륙의 강이 바다로 통하는 입구이다.
355) 冥濛(蒙)은 어두운 모양, 희미한 모양이다.
356) 天門은 하늘의 문이다.

눈썹이 팔채(八彩)[357]인 분은 백성을 걱정하여 차마 들지 못하신다네.
모름지기 어부로 하여금 이런 뜻을 알게 하면
창랑(滄浪)[358]의 한 굽이에서도 임금님의 은혜에 감격하리.

猩盤雪膾暎天門　八彩憂民不忍飧
須遣漁郎知此意　滄浪一曲感君恩

04-22 연풍[359]의 사군[360] 최사집[361]에게 사례드리다. 4수
04-22 謝延豐使君崔士集四首

꿈 속에서 그대에게 시를 많이 주었는데
천편이나 되어 시어(詩語)는 기억나지 못한다네.
서신이 왔기에 급히 시를 찾았더니
시는 없이 꿈만 부쳐 보내셨구려.

夢多贈君詩　千篇不記語
書來索詩急　無詩寄夢去

구름과 놀은 마음의 지향[362]에 어울리고

---

357) 八彩는 여덟 가지 빛깔로 堯임금의 눈썹이 八彩를 띠었다는 데서 유래하여 제왕의 얼굴이나 제왕을 비유한다.
358) 滄浪은 중국의 漢水의 지류로 강을 대유한다.
359) 延豐은 지금의 충청북도 槐山郡 延豐面 지역에 두었던 縣이다.
360) 使君은 임금의 命을 받들고 외국이나 지방에 나간 使臣의 존칭이다.
361) 士集은 조선 후기의 문신 崔成大(1691～?)의 자로 본관은 全義, 호는 杜機, 정랑 守慶의 아들이다. 蔭敍로 別提가 되었다가 영조 8년(1732) 정시문과에 병과로 급제하여, 설서·지평·장령을 거쳐 대사간에 올랐다. 시문에 뛰어나서 <山有花歌>·<酸蒋歌>·<古雜曲> 등의 민요시를 남겼으며, 시 11수를 모아 엮은 『杜機詩集』이 남아 있다.
362) 心事는 志向·志趣이다.

소나무와 계수나무는 정사(政事)의 명성[363]에 맞네.
낙양(洛陽)[364]의 길에서 짤랑거리며[365]
패옥(佩玉)[366]을 울리는 이는 누구인가?

雲霞心事是　松桂政聲宜
珊珊洛陽道　珂珮問爲誰

이은(吏隱)[367]께서 누우신 깊숙한[368] 곳에는
새가 우는 송정(訟庭)[369]이 한가로우리.
꽃밭에 내리던 비가 약해지면[370]
네 고을의 산들이 와서 따른다네.

深深吏隱臥　啼鳥訟庭閑
輕約花間雨　來從四郡山

연석(燕石)[371]을 천금처럼 귀중하게 여겼다더니
개구리와 맹꽁이[372]만 밤낮으로 시끄럽네.

---

363) 政聲은 관리의 政事·政治의 명성이다.
364) 洛陽은 지금의 中國 河南省에 있던 고을로 원래 洛邑이라 하였던 곳인데, 周나라 이래로 後漢·晋·隨·後唐이 都邑地로 삼았던 곳인데, 여기에서는 漢陽을 비유한다.
365) 珊珊은 佩玉이 울리는 소리이다.
366) 珮珂는 옥돌로 만든 佩物이다.
367) 吏隱은 관직 속에 숨음으로, 직무가 한가하고 중요하지 않은 관직에 있거나, 利祿에 마음을 두지 않고 억지로 벼슬살이를 하면서 隱者처럼 처신하는 관리를 가리킨다.
368) 深深은 깊디깊어 드러나지 않는 모양이다.
369) 訟庭은 訟堂과 같은 말로 訴訟을 審理하는 곳이다
370) 輕約은 감소함, 줄어듦이다.
371) 燕石은 중국 北海의 燕山에서 나는 돌로 값어치가 없는 물건을 비유하는데, 춘추시대 宋나라의 어리석은 사람이 연산의 돌을 얻어 큰 보물로 알고 갈무리하다가 周나라의 나그네에게서 비웃음을 샀다는『太平御覽』권51의 일화에서 유래한다.
372) 蛙黽은 개구리와 맹꽁이이다.

괴롭게[373] 풍소(風騷)[374]에 힘쓰느라고
한가로이 꽃을 보며 홀로 문을 닫고 있네.

燕石千金重　蛙黽日夜喧
惆悵風騷事　閑花獨掩門

04-23 앓는 가운데 즉석에서 짓다
04-23 病中卽事

삼춘(三春)[375]을 누워서 앓느라고 떨어진 꽃이 쌓였는데도
지합(紙閤)[376]의 갈대발은 낮에도 걷지 않네.
산사(山史)[377]에는 올해에도 글이 빠지게 되었기에
어느 날짜에 제비가 돌아왔는지 쓰지 못하네.

三春卧病落花堆　紙閤蘆簾晝未開
山史今年文有闕　不書某日燕歸來

04-24 봄날에 앓다가 일어나[378] 흥취를 느껴서
04-24 春日病起感興

373) 惆悵은 실망하여 슬퍼하고 괴로워하는 것이다.
374) 風騷는 『詩經』의 「國風」과 楚辭 <離騷>의 합칭으로 시문, 훌륭한 시문을 대유한다.
375) 三春은 孟春・仲春・季春으로 봄철의 석 달이다.
376) 紙閤은 紙閣과 같은 말로 종이로 창과 벽을 바른 집이며, 청빈한 사람이 사는 집을 비유한다.
377) 山史는 산에 대한 사실・경험 등을 기록한 글이나 책으로 明 陳繼儒의 『巖棲幽事』에서 처음으로 쓰인 말인데, 金履萬(1683~1758)의 『鶴皐集』 권9에는 41판 1,500여자에 이르는 장편 山水遊記인 <山史>가 실려 있다.
378) 病起는 병이 나아서 일어남이다.

앓아누운 지 열흘 만에 기운[379]이 맑아지기에
일어나 앉으매 눈길이 닿는 것마다 괜한 시름[380]이 생겨나네.
도사가 심은 복숭아나무는 금세 볼거리[381]가 되는데
왕손이라는 풀[382]이 있음은 절로 인정에 맞네.
해 옆에서 내리는 가랑비는 구름을 희롱하는 듯한데
꽃 너머에서 나는 가벼운 우레에 새는 놀라지 않네.
한 가지 임천(林泉)[383]의 일만이 미간을 조금 펴지게 하니
십년 묵은 갓끈을 먼지가 없어지도록 씻을[384] 수 있으리.

經旬卧病氣機明　起坐閑愁觸眼生
道士種桃仍物態　王孫有草自人情
日邊微雨雲如戲　花外輕雷鳥不驚
一事林泉眉少展　無塵可濯十年纓

04-25 종일토록 찾아오는 사람[385]이 없기에, 겨우 원동[386]에게 명하여 꽃모종을 옮기고 나무를 접붙이게 하였을 뿐이지만, 느긋하게 마음에 들어서,[387] 율시 한 편을 짓다

379) 氣機는 천지가 규칙적으로 운행되는 자연스러운 기능, 또는 식물의 生氣이다.
380) 閑愁는 한가하여 생기는 시름, 또는 괜히 생기는 근심이다.
381) 物態는 사물의 형태, 또는 景物이다.
382) 王孫草는 궁궁이싹, 또는 「楚辭」 <招隱士>의 "왕손은 가더니 돌아오지 않는데, 봄풀은 생장하여 무성해졌네.(王孫遊兮不歸, 春草生兮萋萋.)"라는 구절에서 유래하여 근심을 잊게 할 만한 경치를 가리킨다.
383) 林泉은 山林과 泉石으로 흔히 은거지를 가리킨다.
384) 濯纓은 갓끈을 씻는 것으로 세속을 벗어나서 고결함을 지킴을 비유하는데, 『孟子』 「離婁 上」과 屈原의 <漁父辭>에 "창랑의 물이 맑으면 나의 갓끈을 씻을 수 있고, 창랑의 물이 흐리면 나의 발을 씻을 수 있네.(滄浪之水淸兮, 可以濯我(吾)纓, 滄浪之水濁兮, 可以濯我(吾)足.)"라는 글이 있다.
385) 剝啄은 문을 두드리는 소리의 의성어로 집에 사람이 찾아옴을 가리킨다.
386) 園僮은 庭園을 돌보는 아이종이다.
387) 適意는 마음에 듦, 만족함이다.

04-25 長日無剝啄聲, 只命園僮移花接木, 悠然適意, 仍題一律

임금님의 은혜를 갚지 못한 채 살쩍이 서리가 됨에 놀랄지언정
자각(紫閣)[388]에서 화로를 뒤적거린[389] 일을 어찌 잘못 평가하랴?
달팽이뿔[390]과 같은 건곤은 작은 은둔처[391]를 허용하는데
꾀꼬리가 우는 문항에는 넉넉한 청아함이 있네.
빈연[392]에서 산봉우리를 맞아들임은 춥고 더울 때가 따로 없는데
우도(友道)로 꽃을 재배함에서 죽음과 삶을 느끼네.
베개에 비스듬히 기대어 생각하다가[393] 도리어 홀로 웃는 것은
대개[394] 봄날의 꿈이 분명하지 않기 때문이네.

君恩未報鬓霜驚　紫閣書灰豈誤評
蝸角乾坤容小隱　鸎啼門巷有餘淸
賓筵迎峀無寒暖　友道栽花感死生
攲枕尋思還獨笑　大都春夢不分明

04-26 병이 나아 일어나자[395] 봄이 저물었기에

388) 紫閣은 고운 빛이 휘황한 전각으로 흔히 궁궐을 비유한다.
389) 書灰는 재에 글씨를 씀으로 화로의 재를 뒤적거림을 가리킨다.
390) 蝸角은 蝸角之爭의 준말로 달팽이뿔 위에서 벌이는 싸움인데, 梁의 현인인 戴晉人이 魏惠王에게 "달팽이의 왼쪽뿔에 있는 나라를 觸氏라 하고, 오른쪽 뿔에 있는 나라를 蠻氏라 합니다. 때때로 서로 땅을 다투며 싸우는데, 엎드린 시체가 수만에다 패잔병을 쫓아가서 보름 만에 돌아옵니다.(有國於蝸之左角者, 曰觸氏, 有國於蝸之右角者, 曰蠻氏. 時相與爭地而戰, 伏尸數萬, 逐北旬有五日而後反.)"라고 했다는 『莊子』「則陽」의 말에서 유래하여, 작은 일로 서로 다툼을 비유한다.
391) 小隱은 은거하는 작은 집이다.
392) 賓筵은 빈객을 초대하여 베푼 술자리, 연회자리이다.
393) 尋思는 마음을 가라앉혀 깊이 사색함이다.
394) 大都는 대개·대략이다.
395) 病起는 병이 나아 일어나는 것이다.

04-26 病起春暮

새 적삼에 가벼운 두건 차림으로 좋은 때를 검증하노라니
집 뒤 화단의 남은 꽃이 비를 맞으며 얼굴을 찡그리고 있네.
마음이 한가하니 하루가 늘 한 해와 같은데
몸이 아파도 평생 동안[396] 매번 봄을 맞이하네.
화려한 집을 짓는 제비는 염량(炎凉)[397]을 따르는 나그네요
명장(名場)[398]을 닮은 버드나무는 취몽[399] 속의 사람이네.
조용한 거처에서 물태(物態)[400]를 궁구함을 괴이히 여기지 말라.
탐내지 않아도 금방 금은(金銀)을 식별할 수 있다네.

新衫輕幘試芳辰　背塢殘花帶雨嚬
一日心閑長似歲　百年身病每當春
燕爲華屋炎凉客　柳似名場醉夢人
莫恠幽居窮物態　不貪方得識金銀

04-27 봄이 저물자 모란이 피고 짐이 매우 빠른데도 완상하러 오는 이가 없기에 처량하게 앉아[401] 회포를 느껴서
04-27 春序云暮, 牧丹開落欻忽, 無人來賞, 悄坐感懷

저무는 봄에 앓다가 일어나서 먼 곳을 바라보노라니

---

396) 百年은 평생이다.
397) 炎凉은 더위와 추위로 부귀와 빈곤, 또는 인정의 無常함을 비유한다.
398) 名場은 명사들이 모이는 곳으로 흔히 과거시험장을 가리킨다.
399) 醉夢은 술에 취한 듯하기도 하고 꿈을 꾸는 듯하기도 하여 정신이 흐리멍덩함을 가리킨다.
400) 物態는 경물・경치로 흔히 世態를 비유한다.
401) 浹月은 한 달, 한 달 동안이다.

아득한 맑은 연기 속에서는 제비가 비스듬히[402] 나네.
만나고 헤어짐에 말미암아 또 시의 권축이 늘어나거니와
슬픔과 기쁨 때문에 살쩍이 희어졌는지는[403] 묻지 마시라.
종일토록 버드나무의 빛깔에 마음을 쓰는데[404]
해마다 모란의 꽃은 꿈결처럼 스러지네.
아득한 산하에 별이 듬성듬성한 때에
노을진 옥동에는 문을 두드리는 소리가 드무네.

病起殘春望欲遐　晴烟漠漠燕斜斜
也因離合添詩卷　莫把悲歡問鬓華
終日關情楊柳色　每年如夢牧丹花
山河莽莽星辰濶　剝啄聲稀玉洞霞

04-28 백구가. 3수 * 작은 서를 둔다.
04-28 白鷗歌三首 * 幷小序.

병진년[405] 늦봄에 사제(舍弟)[406] 계응(季應)[407]이 강과 바다에 어황(漁況)을 살피러[408] 갔을 때에, 어부에게 잡힌 갈매기가 계응에게 힘입어 구제되어 죽음을 면한 일이 있었다. 계응이 그 형이 강과 바다에 대한 생각[409]을 지닌 것을 알기에,

402) 斜斜는 기울어진 모양이다.
403) 鬢(鬓)華는 희끗희끗한 살쩍이다.
404) 關情은 마음이 움직임, 관심을 가짐이다.
405) 丙辰年은 영조 12년(1736)이다.
406) 舍弟는 자기의 아우를 겸손하게 일컫는 말로 家弟라고도 한다.
407) 季應은 조선 후기의 문신 吳弼運(1692~?)의 자이다. 본관은 同福, 상순의 아들, 光運의 아우이다. 숙종 41년(1715) 式年進士試에 급제하여 司饔院의 直長·奉事을 지냈고, 병조참판을 지낸 申厚命의 딸에게 장가들었으며, 장녀가 蔡濟恭에게 출가하였다.
408) 觀魚는 漁況을 살핌인데, 04-21 <사옹원 봉사의 일로 안산의 착어소에 가는 아우를 송별하다. 2수(<送舍弟以司饔奉事, 往安山捉魚所, 二首)>로 보아, 대궐에 進上할 물고기를 잡는 漁場인 捉魚所를 살핌을 가리키는 듯하다.

마침내 심부름꾼을 달리게 하여 갈매기를 보내왔다. 나는 갈매기와 평소에 서로 친밀[410]하지만, 집의 연못[411]과 샘이 빼어남이 없어 갈매기의 성품이 편안하게 여길 곳이 아니었다. 그래서 벗 가운데 성품이 갈매기를 나처럼 좋아하고, 또 집에 연못과 샘물이 있는 이를 생각하니, 마땅히 국포(菊圃)[412]만 한 이가 없었다. 이에 갈매기를 주었더니, 국포가 과연 기뻐하면서 장차 시로 나에게 사례하겠다고 말하였다. 내가 사흘이나 기다려도 시가 이르지 않으니, 어쩌면 국포는 참으로 갈매기를 나만큼 사랑하지 않는 분일 것이다. 그 소리가 어찌 금옥(金玉)[413]이란 말인가? 나는 갈매기에 대하여 남몰래 감회를 가지고 있다. 대개 해상옹(海上翁)[414] 이래로 흔히 고인일사(高人逸士)[415]가 가까이 하는 바 되었으니, 비록 어부와 오랑캐[416]라 하더라도 감히 기러기・물오리・갈매기 무리와 같이 보지 않았으므로, 그물・활・주살의 우환이 있다는 말을 듣지 못하였다. 대개 옛날의 일이다. 이번에는 갈매기가 하루아침에 어부의 손에 들어갔으니, 어찌하여 오늘날 사람의 기심(機心)[417]은 옛 사람과 다르고, 뒷세상에 그물을 침은 앞의 세상보다 조밀하다는 말인가? 그렇지 않으

---

409) 江海之思는 강이나 바다 부근에서 은거하고자 하는 생각이다.
410) 相好는 서로 사이가 좋음, 서로 친밀함이다.
411) 池塘은 연못인데, 보통 그다지 크고 깊지 않은 못을 가리킨다.
412) 菊圃는 姜樸(1690~1742)의 호이다. 본관은 晉州, 자는 子淳, 부친은 碩勛이며, 백부 碩蕃에게 입양되었다. 숙종 41년(1715) 식년문과에 을과로 급제하여 홍문관 정자가 되어 戚臣 閔鎭遠・魚有龜 등을 탄핵한 일로 安州에 유배되었다가, 곧 풀려나서 경종 3년에 弘文錄에 뽑히고 수찬・부교리를 지냈다. 다시 수찬이 되어 尹志述을 탄핵하다가 파직당했으나, 같은 해에 정미환국으로 소론이 집권하자 기용되어 교리・咸從府使・掌隸院判決使 등을 역임하였다. 약산의 절친한 벗이었으며, 아울러 약산과 함께 蔡彭胤・吳尙濂 등 南人詩脈을 계승한 시인으로 평가받았으며, 저서로 『菊圃集』・『菊圃瑣錄』을 남겼다.
413) 金玉音은 金玉聲과 같은 말로 다른 사람의 시문에 대한 미칭이다.
414) 海上翁은 匈奴에 사신으로 갔다가 19년 동안 北海上에 억류되었다가 풀려 돌아왔던 前漢의 문신 蘇武를 가리킨다. 그는 武帝 때 흉노에 사신으로 갔다가 억류되었는데, 昭帝가 즉위하여 화친한 뒤에도 죽었다면서 그를 보내지 않자, 거짓임을 안 漢使가 "천자가 상림원에서 활을 쏘다가 기러기를 잡았더니, 다리에 帛書가 매여 있었는데, 무 등이 어떤 늪에 있다고 말했다.(天子射上林中 得雁 足有係帛書 言武等在某澤中)"라고 속여 말한 데 힘입어 송환될 수 있었다.
415) 高人逸士는 고결하고 소탈하여 명예・이익에 얽매이지 않는 사람이다.
416) 傖은 중국의 南北朝時代에 江東人들이 楚人・北方人을 멸시하여 일컫던 말이고, 儂은 吳人・越人을 멸시하여 일컫던 말이다.
417) 機心은 巧詐한 마음, 거짓되고 功利를 추구하는 마음이다.

면 갈매기가 불행하였다는 말인가? 그러나 갈매기는 계응의 은혜로 말미암아 벗어났고, 또 나와 국포를 만났기 때문에 의탁하게[418] 되었으니, 또한 갈매기의 다행스러움이다. 그리고 갈매기가 곤궁하고[419] 다급한[420] 순간에 그 주인으로 삼을 이를 잃지 않을 수 있게 함 또한 군자의 도의이니, 그것 또한 기이하도다. 그러나 갈매기는 끝까지 연못 속에 있을 동물이 아니니, 털과 날개가 자라기를 기다려 곧 강해에 놓아 주고, 나와 국포 같은 무리는 장차 뱃전을 두드리며 길게 노래하면서 가까이 하고, 갈매기로 하여금 어량(漁梁)[421]을 잊지 않게 하며, 철인과 군자로 하여금 갈매기를 거울로 삼게 해야 할 것이다. 이것이 시를 적는 까닭이다. 내가 처음에는 국포가 울기를 기다린 뒤에 따라서 화답하고자 하였으나, 국포의 시가 아직도 이르지 않으므로, 승사(勝事)[422]가 마침내 고요해질[423] 것을 두려워한다. 이에 붓을 잡고 <백구가> 3편을 지어 국포에게 받들어 드리고, 뜻을 같이 하는 수삼(數三) 군자와 더불어 이 노래를 마침으로써, 지당(池塘)의 일을 확대시키기[424]를 빈다. 다만 창애자(蒼崖子)[425]는 거마(車馬)의 먼지에 깊이 빠져서 갈매기가 어떤 새인지를 알지 못하니, 그 묘신(卯申)[426]이 좀 한가해지기를 기다려서, 또한 전달하여 보여 주고 화작을 요구함이 마땅할 것이다.

歲丙辰暮春, 舍弟季應觀魚江海之上, 有鷗爲漁人所得, 賴季應救以免. 季應知其兄有江海之思, 遂走价送鷗. 余與鷗素相好也. 然家無池塘泉水之勝, 非鷗性之所安也. 仍思朋友之中性喜鷗如我, 而又家有池水者, 宜莫如菊圃. 乃以鷗贈焉, 菊圃果喜, 謂將以詩謝我. 余待之三日, 詩不至, 豈菊圃眞喜鷗不如我耶? 何金玉其音耶? 余於鷗竊有感焉. 蓋自海上翁

418) 依歸는 依托함 · 依支함이다.
419) 顚沛는 넘어짐으로 좌절하거나 곤궁에 처함을 비유한다.
420) 倉卒은 '별안간, 갑자기, 다급히'를 뜻한다.
421) 魚(漁)梁은 물을 막아 한 곳으로 흐르게 하고서 통발을 놓아 물고기를 잡는 설비이다.
422) 勝事는 좋은 일, 훌륭한 일이다.
423) 寂寥는 고요한 모양, 쓸쓸한 모양, 텅 비어 아무것도 없음이다.
424) 張大는 확대함, 빛나게 함이다.
425) 蒼崖는 조선 후기의 문신 洪景輔(1692~1745)의 호이다. 본관은 豊山, 자는 大而, 重夏의 아들이다. 1723년 증광문과에 병과로 급제하여 정언 · 부수찬을 거쳐, 대사간 · 온성부사 · 우승지가 되었다. 전라도관찰사를 거쳐 冬至副使로 청나라에 다녀와서 대사헌으로 있을 때 인재등용에 무능한 대신들을 강하게 비판하였다. 병조참판 · 대사헌 · 경기감사를 역임한 뒤에 대사간을 지냈다. 시호는 忠獻이다.
426) 卯申은 오전 5~7시인 卯時와 오후 3~5시인 申時의 합칭으로, 벼슬아치의 근무 시간이나 출퇴근 시간을 가리킨다.

以來, 多爲高人逸士所狎, 雖漁父傖儂, 不敢以鴻鴈鳧鷺[427]輩同視, 故不聞有網羅弓弋之患者. 盖古矣. 今鷗一朝入於漁人之手, 豈今人之機心, 異於古人, 而後世網羅之設, 密於前世歟? 抑鷗之不幸歟? 然鷗從季應之惠以免, 又得吾與菊圃, 爲之依歸, 亦鷗之幸也. 而鷗在顚沛倉卒之頃, 能不失其所爲主者, 亦君子之義也, 其亦异哉. 然鷗終非池中物也, 待毛羽漸長, 將放于江海之上, 吾與菊圃輩, 將扣枻長歌而狎焉, 使鷗毋忘漁梁, 使哲人君子以鷗爲鑑. 此詩所以志也. 余初欲待菊圃鳴而後附和焉, 菊圃詩旣不至, 懼勝事遂寂寥. 乃援筆作白鷗歌三篇奉呈菊圃, 籲同與同志數三君子竟此曲, 以張大池塘之事焉. 第蒼厓子汨於車馬之塵, 不知鷗之爲何鳥焉, 待其卯申稍閑, 亦宜轉示以要.

강과 바다는 넓고[428] 크며[429]
흰 돌은 맑고[430] 환하네.[431]
길이가 한 자쯤 되는 물고기는
어찌하여 꼬리를 흔들며 뛰었던가?[432]
어떤 갈매기가 물고기 옆에서 놀았는데
서로 보면서도 서로 알지는[433] 못하였네.
어부가 어망(魚網)을 쳤더니
갈매기가 와서 물고기 대신에 잡혔네.
물고기와 갈매기가 서로 몸을 대신하니
세상의 변화가 참으로 웃을 만하네.
그물을 친 이는 갈매기를 보고 좋아하였지만
군자는 갈매기를 보고 슬퍼하였네.
탄식하며 그물을 찢고서 보니
날개가 많이 꺾이고 부러졌네.[434]

427) 규장각본의 광곽 위에 '鷺恐鷖'라고 교정되어 있다.
428) 莽은 끝없는 모양, 끝없이 넓은 모양이다.
429) 蕩蕩은 넓고 큰 모양이다.
430) 粲然은 희고 깨끗한 것, 淨潔한 것이다.
431) 離離는 환한 모양이다.
432) 簁簁(사사)는 물고기가 뛰는 모양이다.
433) 相知는 서로 마음을 알아 줌이다.

날개가 부러짐은 애석하지 않지만
덫과 그물[435]에 걸려든 것을 슬퍼하였네.
높이 나는 기러기는 원대한 뜻[436]을 품고
잠겨 있는 규룡(虯龍)[437]은 그윽한 자태[438]를 기른다네.
세상과 서로 간섭하지 않으면서
심성(心性)이 가는 바를 따르네.
물어 보노라?[439] 저들은[440]
왜[441] 서로 재액(災厄)이 되었는가를.
이에 말미암아 언덕과 어두운 곳을 삼가고
길이 험난함[442]을 잊지 말라.

江海莽蕩蕩　白石粲離離
魚兒長尺許　搖尾何篵篵
有鷗戲魚傍　相看不相知
漁父設魚網　鷗來代魚兒
魚鷗身相代　世變良可嘻
羅者見鷗喜　君子見鷗悲
歎息裂網羅　羽翮多摧隳
不惜羽翮摧　所嗟機網罹
高鴻抱遠意　潛虬養幽姿

434) 隳摧는 허물어짐, 파괴됨이다.
435) 機網은 짐승을 잡는 덫과 그물이다
436) 遠意는 원대한 뜻, 심원한 뜻, 고상한 취향이다.
437) 虯龍은 전설상의 용으로 뿔이 있다고 한다.
438) 幽姿는 그윽하고 운치 있는 姿態이다.
439) 請謝는 시험삼아 물어 봄이다.
440) 彼其(己·記)는 저, 저것, 또는 그, 그것이다.
441) 何乃는 何故이다.
442) 險巇(戲)는 험난함, 험악함이다.

不與世相干　心性隨所之
請謝彼其子　何乃相厄爲
因之戒丘冥　毋忘路險巇

신령스러운 거북은 연잎 옆에서 놀고
봉황[443]은 오동나무로 온다네.
사물의 성품은 각기 의지하는 것이 있나니
갈매기에게는 푸른 물이 그것이네.
시속(時俗)[444]이 호수와 바다를 업신여기건만
한 번 배회하였던[445] 이는 누구인가?
듣자니 그대는 기이한 새를 좋아하여
몰래 스스로 너울너울[446] 춤춘다지.
길이 머니 어찌 막히지 않으랴?
기운이 감응하면 간혹 서로 만난다네.
우연히[447] 고상한 모임[448]에서 받게 되어
그대의 연못을 채울 수 있었네.
연못 안에는 말[449]이 떠 있고[450]
연못 위에는 수양버들이 무성하네.[451]
주인께서는 갑자기 나아가지[452] 말고

443) 鳳凰은 전설상의 瑞鳥인데, 『詩經』 「大雅」 <卷阿>에 "봉황이 울음을 우네, 저 높은 언덕에서. 오동은 자라나네, 저 산의 동쪽에서.(鳳凰鳴矣, 于彼高岡. 梧桐生矣, 于彼朝陽.)"라는 구절이 있다.
444) 時俗은 당시의 풍속, 또는 세상・세속이다.
445) 旁羊(傍佯)은 徘徊함이다.
446) 蹌蹌은 춤추는 모양이다.
447) 邂逅는 우연・요행, 또는 우연히 만남이다.
448) 嘉(佳)會는 高雅한 모임이다.
449) 藻는 물 속에서 나는 민꽃식물의 통칭으로, 고유어로는 말이라고 한다.
450) 泛泛(汎汎)은 떠 있는 모양, 떠다니는 모양이다.
451) 肺肺(패패)는 무성한 모양이다.

내가 용모[453]를 가다듬기를 기다리시라.
둥근 목은 운학(雲鶴)[454]을 닮았고
흰 가슴에서는 눈서리가 반짝이네.
그대에게 감상(鑑賞)할 거리를 드리려고 애쓰려니
아득하기가 먼 강해와 같네.

蓮葉遊靈龜　梧桐來鳳凰
物性各有托　鷗鳥在滄浪
時俗薄湖海　爲誰一旁羊
聞君好奇毛　竊自儛蹌蹌
遐路豈不隔　氣感或相當
邂逅承嘉會　得充君池塘
塘中泛泛藻　塘上肺肺楊
主人勿遽前　待我整容光
圓頸像雲鶴　皓襟暎雪霜
努力供君賞　杳如江海長

어찌 뜰 안에 새가 없으랴?
이 새의 맑은 소리[455]를 찬미하네.
그대를 따르는 우익(羽翼)[456]이 되어
길이 맞설[457] 만한 짝이 되기를 바라네.
성시(城市)[458]에는 먼지가 자욱하고[459]

---

452) 遽前은 갑자기 앞으로 나아감이다.
453) 容光은 儀容・風采이다.
454) 雲鶴은 구름처럼 흰 학으로, 흔히 속되지 않고 뛰어난 기질・골격을 비유한다.
455) 淸揚은 소리가 맑고 드높음, 또는 눈동자가 맑고 또렷함이다.
456) 羽翼은 같은 무리, 한 패이다.
457) 頡頏(亢)은 우열을 다툼, 匹敵함이다.

임당(林塘)[460]에는 그윽함[461]이 분명하네.[462]
그 안에는 새가 백 가지나 있어
각각 아름다운 소리로 봄날에 아양을 떠네.
너는 노(魯)[463]나라의 원거(鶢鶋)[464]가 아니거늘[465]
왜 갑자기 와서 기숙(寄宿)하느냐?
어찌 군자를 좋아하지 않으랴?
바다를 생각하느라고 편안한 곳이 없다네.
구복(口腹)[466]이 우환거리가 되나니
화식(火食)[467]하는 이를 따르도록 힘쓰라.[468]
날개가 꺾여[469] 뜰 안에 두어지니
누가 갈매기와 오리를 분별하랴?
안개 낀 물결은 날로 멀어지고
털과 날개는 날로 쇠약해지네.
'전에 저와 짝하던 기러기와 고니[470]는

---

458) 城市는 城으로 둘러싸인 市街이다.
459) 喧喧은 성대함, 찬란함이다.
460) 林塘은 숲과 못, 또는 숲 속의 못이다.
461) 邃는 幽邃와 같은 말로 그윽하고 깊숙함이다.
462) 歷歷은 분명한 모양이다.
463) 魯나라는 지금의 山東省 지역에 있었던 周代의 제후국으로 武王의 아우 周公이 분봉받아 세웠고, 周의 제도·문화가 가장 잘 전해졌던 나라이자 孔子가 태어나고 활약한 나라인데, 전국시대 말기에 齊나라에 멸망당하였다.
464) 鶢鶋는 바닷새의 이름이다.
465) 이 구절은『莊子』「至樂」의 다음 고사에서 유래하여 상대방의 처지에 맞지 않게 대접함을 비유하는 鶢鶋金奏를 가리키고자 한 표현이다. 옛날에 鶢鶋가 魯나라 교외에 날아와 앉자, 임금이 그 새를 모셔다가 종묘에서 환영연을 베풀고, 舜임금의 九韶樂을 연주하며, 소·양·돼지의 고기 등 일등의 요리와 술로 대접하니, 새가 눈이 부시고 근심과 슬픔이 앞서 아무것도 먹고 마시지 못하다가 사흘 만에 죽고 말았다.
466) 口腹은 입과 배로 飮食, 또는 살아 갈 방도를 비유한다.
467) 火食은 음식을 불에 익혀 먹음, 또는 불에 익힌 음식이다.
468) 黽勉은 힘씀, 盡力함이다.
469) 鎩翼(살익)은 鎩翅와 같은 말로 날개가 꺾임이다.
470) 鴻鵠은 기러기와 고니로 흔히 큰 인물이나 영웅호걸을 비유하는데,『列子』「楊朱」에

하늘에 닿도록 날개를 높이 떨칩니다.
사이가 좋았음[471]을 생각하지 않고
저를 팽개치듯이[472] 버렸답니다.
사물의 본성에 이와 같음이 있음은
방황하면서[473] 뜻을 잃기 때문이지요.
고사(高士)[474]가 저잣거리[475]에서 살면
어찌 초췌해지지 않을 수 있겠습니까?
원컨대 황학(黃鶴)[476]과 짝이 되어
구름 낀 바다[477]에서 마음대로 놀고자 합니다.'

豈無園中禽　懿此含淸揚
因君爲羽翼　願言長頡頏
喧喧城市塵　歷歷林塘邃
中有禽百種　嬌聲各春媚
爾非魯鶢鶋　何爲欻來寄
豈不好君子　海思安無地
口腹以爲累　黽勉從火食
鎩翼置庭中　誰辨鷗鴨異

"신이 들으니 배를 삼킬 만한 물고기는 지류에서 놀지 않고, 기러기와 고니는 높이 날면서 더러운 못에 모이지 않는다고 합니다. 왜냐하면 그것들은 매우 높은 뜻을 지녔기 때문입니다.(臣聞之, 呑舟之魚, 不游枝流, 鴻鵠高飛, 不集汚池. 何則其極遠也.)"라는 글이 있다.

471) 交頸은 목이 엇갈린다는 뜻으로 동물의 雌雄이 사이가 좋음을 가리키며, 흔히 부부의 금슬이 좋거나 남녀의 사이가 친밀함을 비유한다.
472) 遺棄는 내버림, 팽개침이다.
473) 廻徨(違·皇)은 떠돎, 헤맴, 방황함이다.
474) 高士는 志行이 고결한 선비, 또는 은거하면서 벼슬하지 않고 修煉하는 사람이다.
475) 闤闠는 저잣거리·市街인데, 환은 저자를 둘러싼 담장이고, 궤는 저자의 문이다.
476) 黃鶴은 신선이 타고 다닌다는 누런빛의 학이다.
477) 雲海는 구름이 낀 바다, 또는 구름과 바다이다.

烟波日以遠　毛羽日以瘁
昔我鴻鵠伴　磨天振高翅
不念交頸好　棄我如遺棄
物性有如此　廻徨失志意
高士在闤闠　焉得不憔悴
願爲雙黃鶴　雲海恣遊戲

04-29 김대사성[478]의 * 상규[479]이다. 만사
04-29 金大司成 * 尙奎. 挽

만석(萬石)[480]에 이르건만 온 가족이 근신하였고
고양(高陽)[481]에 사는 모든 친족은 어질다네.
시례(詩禮)[482]는 누런 머리[483]로도 받들었고
잠홀(簪笏)[484]에는 흰 눈썹[485]을 찡그리셨네.
겉모습이 약해지자 창자는 더욱 굳세어지고[486]
옷깃을 단정히 하면 봄기운과 같으셨네.

---

478) 大司成은 고려·조선시대에 국가에서 세운 최고의 유학교육 기관인 성균관의 장관으로 정3품관이다.

479) 金尙奎(1682~1736)는 조선 후기의 문신으로 본관은 江陵, 자는 士昌이다. 증광문과에 병과로 급제하여 정언을 거쳐 홍문관·사헌부의 청요직을 두루 역임했다. 영조 초에 告訃兼奏請使의 서장관으로 청나라에 다녀왔고, 戊申亂 때에는 廣州府尹으로 남한산성을 방어하는 책임을 맡았다. 뒤에 승지·대사간을 거쳐 대사성을 다섯 차례 지냈고, 승지로 재직하다가 타계하였다.

480) 萬石은 한 집안에서 다섯 사람이 각각 이천석의 녹봉을 받음으로, 흔히 高官이 많이 배출됨, 또는 고관을 비유한다.

481) 高陽은 지금의 경기도 고양시 지역에 두었던 郡이다.

482) 詩禮는 『詩經』과 『三禮』로 유가의 경전이나 유학을 대유한다.

483) 黃髮은 누런 빛깔의 머리카락으로 늙음이나 노인을 비유한다.

484) 簪笏은 官員이 쓰는 비녀와 笏로 官職을 비유한다.

485) 白眉는 흰 눈썹으로 가장 빼어난 사람을 비유한다.

486) 鐵腸은 鐵石心腸의 준 말로 쇠와 돌처럼 견고한 마음이다.

달리는 천리마는 늘 억눌렸지만
병든 학은 도리어 생기가 있었네.[487]
명예와 이익을 먼 언덕에 오르듯이 여기시니
원망과 시기[488]가 몸에 미치지 않았네.
화락하매[489] 근밀(近密)[490]에 날아오르고
단아하여[491] 성균관(成均館)[492]의 장관이 되셨네.
선정(禪定)의 힘[493]으로 본심을 보존하더니[494]
위태로운 중병에는 손발을 살피게[495] 하셨네.
군왕께 보답하라고 여러 아우들을 면려하고
노친을 봉양함은 부인께 의탁하셨네.
후사(後嗣)는 조그만 어린아이[496]이건만
임종(臨終)[497] 때에는 부지런히 돌보았다네.[498]
둥글던 사발이 이지러진 경계가 되고 말았으니
홍균(洪勻)[499]이 좌계(左契)[500]를 어김이네.

---

487) 精神은 생기가 있음을 형용한다.
488) 嗔猜는 怨望과 猜忌이다.
489) 雍容은 화락하고 느긋함이다.
490) 近密은 가깝고 밀접함으로 임금의 측근에 있는 관직을 가리킨다.
491) 愷悌는 용모와 기상이 和樂하고 端雅한 것이다.
492) 成均館은 고려·조선시대에 수도에 둔 국립의 최고유학교육기관으로 太學·泮宮·芹宮이라고도 하였다.
493) 定力은 번뇌와 망상을 사라지게 하는 禪定의 힘인데, 禪定은 佛家語로 마음을 한 곳에 모아 고요한 경지에 듦이다.
494) 存心은 하늘로부터 부여받은 本心을 보존함인데, 『孟子』「離婁 下」의 "군자가 남과 다른 까닭은 그 본심을 보존하기 때문이다.(君子所以異於人者, 以其存心也.)"라는 말에서 유래한다.
495) 啓足은 啓手啓足의 준말로 이불을 들치고 손발의 毁傷이 있는지 살펴봄인데, 曾子의 임종에서 유래하여 죽음을 잘 맞음을 비유한다.
496) 呱呱는 어린아이의 울음소리로 어린아이·젖먹이를 가리킨다.
497) 臨終은 부모가 돌아가실 때 그 곁에 있는 일이다.
498) 盻盻는(혜혜)는 쉬지 않고 부지런히 일하는 모양이다.
499) 洪勻(鈞)은 큰 轆轤[도자기를 만들 때 쓰이는 바퀴모양의 연모]로 하늘·조물주, 또는 그 造化를 비유한다.

문득 날개가 큰 바람을 탔건만[501]
장차 조승주(照乘珠)[502]가 묻히려 하네.
지난밤에는 수성(壽星)[503]이 평온하더니
넉넉한 이슬이 하늘로부터 새로 내렸네.
늙은 봉황은 새끼를 데리고 다니는데[504]
슬픈 원숭이는 자식 때문에 우네.
성대한 의례를 보는 즈문 사람이 없고
깊은 궁궐[505]을 감동시킬 한 사람이 적네.
충성과 효도는 혼령께서 응당 빛나시건만
재능과 지략[506]은 솜씨를 펼 수 없게 되었네.
교기(交期)[507]는 비록 늘그막[508]에 맺었지만
담소하노라면 곧 천진[509]이 드러났네.
호박(琥珀)[510]과 지푸라기가 거듭 투분(投分)하였고[511]
통술로 번번이 몹시 취하였네.[512]
매번 난초는 믿을 만하다고 말씀하시고
특히 옥에 흠이 없음[513]을 공경하셨네.

---

500) 左契는 左符과 같은 말로 둘로 나눈 符節 가운데 임금이 지니는 왼쪽조각을 가리킨다.
501) 培風은 바람을 탐이다.
502) 照乘珍은 照乘珠와 같은 말로 광채가 멀리 비쳐 수레 여러 채의 앞을 볼 수 있게 하는 寶珠이다.
503) 壽星은 長壽를 상징하는 별인 南極明星의 별칭으로 南極老人星·老人星이라고도 한다.
504) 將雛는 어미새가 새끼새를 데리고 다님으로 어린 자녀를 데리고 오거나 감을 비유한다.
505) 重宸은 九重天·九重宮闕과 같은 말로 제왕이 거처하는 궁궐이다.
506) 才猷는 재능과 지략이다.
507) 交期는 交分이다.
508) 歲晏은 세밑·연말로 흔히 노년을 비유한다.
509) 天眞은 꾸밈이 없는 순진함, 또는 예속에 얽매이지 않는 품성이다.
510) 琥珀은 소나무와 측백나무의 진액이 땅 속에 오래 묻혀서 생긴 탄소·수소·산소의 화합물로 된 보배로 여겨지는 化石이다.
511) 投分은 意氣投合함이다.
512) 醇醉는 몹시 취함이다.
513) 無磷은 흠·결점이 없음이다.

위씨(韋氏)[514]의 화수회(花樹會)[515]에 눈물을 뿌리는데
한(漢)나라의 섶을 쌓음[516]은 탄식을 일으키네.
아득히 어디로 급히 빼앗아갔는가?
이웃의 피리소리가 더욱 괴롭게 하네.[517]

萬石全家謹　高陽擧族仁
禮詩黃髮奉　簪笏白眉嚬
弱貌膓逾鐵　端襟氣欲春
驥馳常按抑　鶴病更精神
名利遙登岸　嗔猜不到身
雍容翔近密　愷悌長成均
定力存心處　危痾啓足辰
酬君勉諸弟　養老托夫人
所後呱呱小　臨終盻盻頻
圓甌成缺界　左契錯洪勻
忽大培風翼　將埋照乘珍
壽星前夕宴　湛露自天新.
老鳳將雛日　哀猿哭子晨
曠千看盛禮　少一感重宸

514) 韋氏는 盛唐의 시인 岑參이 <韋員外家花樹歌>에서 좋은 벼슬을 지내는 형제들이 모여 꽃나무 밑에서 잔치를 벌인 것을 찬미한 바 있는 屯田員外郞를 지낸 이로 이름은 미상이다.

515) 花樹會는 꽃나무 밑에서 여는 모임으로 岑參의 <韋員外家花樹歌>에서 유래하여 兄弟·同姓人이 모여서 벌이는 모임·잔치를 가리킨다.

516) 積薪은 땔나무를 쌓는 것으로『漢書』<汲黯傳>의 "폐하가 여러 신하를 등용함은 땔나무를 쌓는 것과 같을 따름이어서, 뒤에 오는 사람이 윗자리를 차지합니다.(陛下用群臣如積薪耳, 後來者居上.)"라는 글에서 유래하여, 인재를 등용함에 뒤에 벼슬한 사람을 윗자리에 둠을 비유한다.

517) 悲辛은 괴롭힘이다.

忠孝魂應耿　才猷手未伸
交期雖歲晏　談笑即天眞
琥芥仍投分　樽醪輒醉醇
每言蘭可恃　尤敬玉無磷
濺淚韋花樹　輿吝漢積薪
蒼茫何奪速　隣笛更悲辛

04-30 달포[518]나 된 장마[519]가 개기[520]에 기쁨을 기록하다
04-30 浹月淫霖開霽, 志喜

개구리는 막 부뚜막과 굴뚝[521]을 드나들고
배는 산꼭대기[522]로 올라가려 하였네.
하룻밤에 신통한 솜씨[523]로 거두어들이니
즈문 산에는 맑은 빛[524]이 넉넉하네.
대지가 새는 것은 근심하지 않았는데
비로소 해와 별이 건조해졌음을 알겠네.
서늘한[525] 조짐에 매우 사례하느라고
매미는 또 굽은 난간에서 노래하네.

蛙將通竈突　舟欲到巑岏
一夕神功斂　千山霽色寬

518) 浹月은 한 달, 한 달 동안이다.
519) 淫霖은 긴 장마이다.
520) 開霽는 날씨가 갬이다.
521) 竈突은 부뚜막의 굴뚝, 또는 부뚜막과 굴뚝이다.
522) 巑岏은 산이 높고 뾰족한 모양이다.
523) 神功은 신령스러운 솜씨이다.
524) 霽色은 맑게 갠 하늘빛이다.
525) 淸凉은 서늘하고 상쾌함, 시원함이다.

不愁大地漏　始覺日星乾
多謝淸凉意　蟬吟又曲欄

04-31 조용한 거처
04-31 幽居

도성 남쪽에서 한 번 자고[526] 나자 만사가 가벼워져서
종일토록 작은 시로 꾀꼬리 울음소리에 화답하네.
염롱(簾櫳)[527]은 관직을 쉬는 이의 기분을 알 수 있게 하는데
미우(眉宇)[528]에는 아직도 오랜 벗의 정이 깊이 배어 있네.
잣나무는 삽상(颯爽)한[529] 풍뢰(風雷) 속에서 늘 늙어 가고
석류는 청명한 일월 속에서 절로 붉게 익네.
문득 용면(龍眠)[530]의 솜씨가 새어나갈 것을 근심함은
사람세상의 속된 눈을 놀라게 하기[531] 때문이라네.

一枕城南萬事輕　小詩終日答鸎聲
簾櫳可識休官氣　眉宇仍深友古情
老柏風雷長颯爽　紅榴日月自淸明
却愁漏洩龍眠手　贏得人間俗眼驚

04-32 금화[532]의 원님으로 나가는[533] 조학사[534] ＊ 명교[535])이다. 를

526) 一枕은 하나의 베개로 한 번 눕거나 잠을 비유한다.
527) 簾櫳(籠)은 窓의 발과 창문이다.
528) 眉宇는 눈썹과 이마 사이, 또는 얼굴이다.
529) 颯爽은 시원함, 서늘함이다.
530) 龍眠은 北宋의 화가 李公麟(1049~1106)의 호로 자는 伯時, 安徽省 舒城 출신이다. 縣尉・御史臺檢法 등을 역임한 뒤 만년에 고향의 龍眠山에 살면서 龍眠居士라고 자호하였다. 白描法에 의한 人物圖・鞍馬圖에 빼어났다.
531) 贏得(영득)은 어떤 결과를 불러옴이다.

송별하다
04-32 送曹學士 * 命敬. 出宰金化

봉황이 조양(朝陽)[536]의 높다란 푸른 오동나무에서 울 때에
우연히 관동(關東)[537]의 가시밭[538]에서 놀게 되었네.
바위 낭떠러지는 귀신의 도끼를 준비하여 깎아낼 텐데
구름 아래 숲은 관거(官居)[539]에서 돌아가면[540] 통하리.
산의 경치는 그대가 글을 읽도록 도와 주고
물소리는 백성으로 하여금 쟁송(爭訟)을 하지 않게 하리.
일찍이 몸소 부엌의 화로로 빚은 단약(丹藥)[541]을 바친 곳이니[542]
이번에 가면 신선이 될 연분[543]이 갈홍(葛洪)[544]보다 나아지리.

---

532) 金化는 지금의 강원도 金化郡 지역에 두었던 縣이다.
533) 出宰는 京職에 있다가 地方守令으로 나감이다.
534) 學士는 조선시대 弘文館에 속한 관리의 통칭이다.
535) 曺命敎(1687~1753)는 조선 후기의 문신으로 본관은 昌寧, 자는 彛甫, 호는 澹雲, 判決使 夏奇의 아들이다. 1719년 증광문과 병과로 급제하여 검열로 있다가 신임사화로 파직당했다. 영조 즉위 후 복직하여 노론으로서 소론을 논척하는 데 앞장섰고, 承旨·대사간·이조참의·개성유수를 지냈으며, 대사헌으로 있을 때 冬至副使로 淸에 다녀온 뒤에 호조참판·이조참판을 거쳐 예문관제학에 올랐다. 글씨에 뛰어나 楞伽寺事蹟碑·領議政崔奎瑞墓表 등을 남겼다.
536) 朝陽은 산의 동쪽인데, 『詩經』「大雅」 <卷阿>에 "봉황이 우네, 저 높은 언덕에서. 오동이 자라네, 저 산의 동쪽에서.(鳳凰鳴矣, 于彼高岡. 梧桐生矣, 于彼朝陽.)"라는 구절이 있다.
537) 關東은 大關嶺 동쪽의 江原道 지역이다.
538) 棲棘은 가시나무가 있는 곳에 삶으로 험하거나 瘠薄한 곳에 삶을 비유한다.
539) 官居는 관청, 또는 관리가 관청에 머묾이다.
540) 曲折은 굽음으로 일이 복잡하게 얽힌 내막을 비유한다.
541) 丹藥은 丹砂를 精製하여 만든 약으로 먹으면 神仙이 되거나 長生不死한다고 한다.
542) 이 구절은 金化라는 지명이 가마에 丹砂를 넣고 달여서 丹藥을 만듦을 뜻하는 鍊丹과 같은 뜻임을 표현하고자 한 것으로 보인다.
543) 仙緣은 仙因과 같은 말로 仙人과의 인연, 또는 도를 닦아 신선이 될 연분이다.
544) 葛洪(284~364)은 東晋의 道士·저술가로 자는 稚川, 自號는 抱朴子로 江蘇省 句容人이다. 南海太守 鮑玄에게서 道敎의 方術을 배운 뒤에 관직생활을 하다가 입산하여 연단술을 배우고 유교와 도교를 융합한 저작활동에 몰입하여, 『抱朴子』·『金匱藥方』·『肘後秘方』·『神仙傳』을 지었다.

鳴鳳朝陽峙碧桐　偶然棲棘戱關東
巖崖鬼斧商量削　雲樹官居曲折通
借爾讀書山色裏　使民無訟水聲中
爐丹會向親廚獻　此去仙緣勝葛洪

04-33 관아[545]의 묘에 요전[546]을 지내다
04-33 澆觀兒墓

황량한 산의 수많은 나무 사이에
장원랑(壯元郎)이 쓸쓸히 누워 있네.
살아 있는 머리털이 흰 아비가
새해에 와서 요전(澆奠)의 술잔을 뿌리네.

荒山萬木裏　寂寞壯元郎
白頭阿爺在　來奠歲時觴

04-34 주계[547]에 원님으로 나가는 조아중[548]을 송별하다 ＊ 아중은 진사[549]와 급제[550]에 모두 장원을 하였는데, <장락궁[551]이 낙성됨을 축하하

545) 觀兒는 장남인 大觀을 가리키는데, 大觀(1711～1734)은 조선 후기의 문신으로 자는 敬叔, 호는 玄溪이며, 蔡膺萬의 딸에게 장가들었다. 1732년에 정시문과에 장원으로 급제하여 병조좌랑으로 있다가 요절하였다. <亡子行狀>(『약산만고』 권20)에 따르면 분묘는 坡州 泉峴 甲坐之原에 있었다.
546) 澆奠은 땅에 술을 뿌려 제사지냄이다.
547) 朱溪는 지금의 전라북도 茂朱郡 茂朱邑 지역에 두었던 현으로 赤城이라고도 하였다.
548) 雅仲은 조선 후기의 문신 曺夏望(1682～1747)의 자로 본관은 昌寧, 호는 西州이다. 진사시에 급제하여 童蒙敎官·공조좌랑·의령현령 등을 거쳐, 정시문과에 장원급제한 뒤 승지·대사간을 지냈고, 강릉부사로 나가 鏡浦臺를 중수하고 그 상량문으로 격찬받았다. 承文院副提調를 거쳐 영월부사로 나갔다가 병으로 사퇴하였고, 『西州集』을 남겼다.
549) 進士試는 생원시와 함께 조선시대의 소과의 하나로 둘을 합하여 司馬試라고도 하였다.
550) 及第는 과거에 급제함, 또는 급제한 사람인데, 여기에서는 文科에 급제함을 가리킨다.

다>는 바로 그가 등제할 때의 표[552]이다. 주계의 다른 이름은 적성이다.

04-34 送曹雅仲出宰朱溪 * 雅仲進士及第俱壯元, 賀長樂宮成, 卽其登第表也. 朱溪一名赤城.

젊은 시절에 사단(詞壇)을 성큼성큼[553] 배회하더니[554)]
성세(聖世)를 만나자[555] 벌써 살쩍이 허옇게 되었네.
장락궁(長樂宮)이 새로 낙성될 때의 도료장(都料匠)[556]이요
곡강(曲江)[557]을 먼저 건넌 장원랑(壯元郞)이라네.
눈썹 사이에는 성에 솟은 안개기운[558]의 소득이 뜨고
정사(政事)의 안에는 시내에 뜬 복숭아꽃의 향기가 있으리.
고적(考績)[559]의 찬바람 속에서도 누각에 현판을 남기겠거니와
세 분[560] 가운데 누가 시를 짓느라고[561] 더 바빴다고 할까?[562]

詞壇濶步早旁羊　聖世遭逢鬢已蒼
長樂新成都料匠　曲江前度壯元郞
城標霞氣眉間得　溪泛桃花政裡香

---

551) 長樂宮은 漢 高帝 때에 秦의 興樂宮을 고쳐 지은 궁전으로 漢初에는 황제가 정사를 보던 곳이었으나, 惠帝 이후에는 太后의 처소로 쓰였으며, 東宮이라고도 하였는데, 여기에서는 大妃宮을 가리킨 듯하다.
552) 表는 文體의 일종으로 신하가 황제에게 陳情·賀禮를 위하여 올리는 글이다.
553) 闊步는 큰 걸음으로 당당히 걸음을 가리킨다.
554) 旁羊(傍佯)은 徘徊함이다.
555) 遭逢은 遭逢時會·遭逢際會의 준말로 좋은 때를 만남이며, 신하가 성군을 만나 뜻이 맞음을 비유한다.
556) 都料匠은 건축의 설계와 지휘를 맡은 사람, 또는 工匠의 우두머리이다.
557) 曲江은 長安[지금의 陝西省 西安市]의 남동쪽에 있던 못으로 唐代에 進士試 급제자에게 聞喜宴을 베풀었던 곳이다.
558) 霞氣는 안개기운이다.
559) 考績은 일정한 기준에 따라 관리의 治績을 심사함, 또는 그 기록이다.
560) 侯는 사대부 사이의 존칭, 또는 높은 관직에 있는 사람이다.
561) 詩課는 시의 학습, 또는 詩作이다.
562) 閒(閑)忙은 한가하고 바쁨이다.

考績寒風樓上板　三侯詩課孰閒忙

＊ 무주[563]는 시인들과 연분이 있었으니, 채희암[564]과 조후계[565]가 모두 누각 위의 현판에 시를 남겨, 물색[566]을 아중과 나누어 맡았으므로 낙구[567]에서 일렀다.

＊ 茂朱與詩人有分, 蔡希菴・趙后溪, 皆有樓上懸板, 物色分與雅仲, 故落句云.

04-35 다섯 달 동안 병을 앓노라니[568] 현암[569]이 세 차례 서신으로 문병하였고, 봄이 되자 한 번 채찍질하여 말을 타고 와서 헤어진 때의 회포를 말하며 고생을 위로해 주고서, 이틀밤을 베개를 나란히 하고는, 꽃이 필 때 광릉[570]에서 뱃

---

563) 茂朱는 지금의 전라북도 茂朱郡 지역에 두었던 都護府이다.

564) 希菴은 조선 후기의 문신 蔡彭胤(1669～1731)의 호로 본관은 平康, 자는 仲耆, 다른 호는 恩窩이다. 증광문과에 갑과로 등제하여 검열이 되고 이어서 곧 사가독서하였으며, 시로 숙종의 인정을 받아 禁中에 노닐 때에는 언제나 내시가 따라다니며 시를 베껴 올리는 등 詩名을 날렸다. 東宮官을 거쳐 정언으로 있으면서 弘文錄에 올랐으나, 李珥・成渾의 文廟黜享을 주장한 李玄齡의 상소에 동참하였다고 하여 삭제되었다. 남인이었던 탓에 甲戌換局 후에 관직을 떠나 거의 야인으로 살다가 숙종 44년(1718)에 舒川郡守로 관직에 복귀한 뒤에 대사간・도승지・예문제학 등을 거쳐 병조참판으로 있다가 타계하였다. 『希菴集』을 남겼고 『昭代風謠』의 편찬자라는 기록이 있으며, 글씨에도 빼어나서 海南의 頭輪山大花寺重創碑와 大興寺事蹟碑의 글씨가 남아 있다. 1698년경부터 寓居 詠恩窩에 서재를 열고 東壁壇詩社를 결성하여 權賁・吳光運 등 청남계 신진들에게 학문과 문사를 가르쳤다.

565) 后溪는 조선 후기의 문신 趙裕壽(1663～1741)의 호로 본관은 豊壤, 자는 毅仲이다. 생원시에 급제하여 館學儒生으로 朴世采의 伸寃을 상소하였으며, 천거로 禧陵參奉이 되고, 長興庫主簿・옥천군수・회양부사를 거쳐 장악원정・무주부사 등을 역임하고, 첨지중추부사・판결사에 이르렀으며, 시를 잘 지었다.

566) 物色은 景色・風景이다.

567) 落句는 율시의 尾聯인 제7・8구이다.

568) 淹病은 오래 병을 앓음이다.

569) 玄巖은 조선 후기의 문신 蔡膺萬(1677～?)의 호로 본관은 平康, 자는 幼言으로 蔡成胤의 아들이다. 숙종 43년(1717)에 진사시에 급제하고, 경종 3년(1723)에 증광문과에 병과로 등제하여 지평을 지냈다. 李玄紀의 딸에게 장가들었고, 樊巖 蔡濟恭의 伯父이며, 그 딸이 약산의 장남 大觀에게 출가하였다.

570) 廣陵은 경기도 廣州의 별칭이다.

놀이하자는 약속을 남기다
04-35 淹病五朔, 玄巖三度書問, 及春一鞭馳來, 敍別勞苦, 聯枕兩宵, 留約待花辰, 泛舟廣陵

호수 위의 구름과 한강변의 숲이 각기 풍연[571]을 자랑하니
늘그막의 정회가 배나 어둑해지네.
앓던 날에는 서찰을 모두 세 번이나 보냈는데
새해에는 수염과 눈썹을 또 서로 마주하네.
나아가고 물러나는[572] 덧없는 인생은 등롱[573]의 불빛 속에 있고
슬프고 즐거운 온갖 일은 새벽의 베개 옆에 있네.
숱한[574] 일을 헤아려[575] 보면 다 한 바탕 꿈이니
광릉(廣陵)에서 함께 배를 띄우는 것만 못하리.

湖雲漢樹各風烟　老去情懷倍黯然
書札三來皆病日　鬚眉相對又新年
浮生出處篝燈裏　萬事悲歡曉枕邊
多小商量渾一夢　不如同泛廣陵船

04-36 국포[576]의 아들[577]이 승관[578]에 죽었으므로,[579] 장차 영

571) 風烟은 바람과 연기로 경치・풍광을 비유한다.
572) 出處는 벼슬에 나아가고 물러남이다.
573) 篝燈은 燈籠과 같은 말로 대오리나 쇠로 살을 만들고 겉을 종이나 헝겊으로 씌우고서 안에 등불을 넣는 기구이다.
574) 多少는 매우 많음이다.
575) 商量은 잘 생각하여 헤아림, 짐작함이다.
576) 菊圃는 姜樸(1690~1742)의 호로 본관은 晋州, 자는 子淳, 호는 菊圃, 부친은 碩勛이며, 백부 碩蕃에게 입양되었다. 숙종 41년(1715) 식년문과에 을과로 급제하여 홍문관 정자가 되었으나 戚臣 閔鎭遠・魚有龜 등을 탄핵한 일로 安州에 유배되었다가, 곧 풀려나서 경종 3년에 弘文錄에 뽑히고 수찬・부교리를 지냈다. 다시 수찬이 되어 尹志述을 탄핵하다가 파직당했으나, 같은 해에 정미환국으로 소론이 집권하자 기용되어 교리・

남[580]에 가서 양자[581]를 찾는다는데, 차마 떠나지 못한다는 말이 여러 번 들리더니, 이미 결심하고 떠났다기에 시로 위로하다

04-36 菊圃有子勝冠而殁, 將往嶺南求螟兒, 不忍行者屢聞, 已決行, 詩以慰之

도성 모퉁이에 봄빛이 들어 버들가지가 실[582]과 같은데
국포 늙은이가 여윈 말[583]을 탐은 일이 슬퍼할 만하네.
가고자 하다가 가지 못하더니 마침내 스스로 갔거늘
자식이 있다가 자식이 없어졌다고 차마 자식을 찾으랴?
용추(龍湫)[584]에는 밝은 해가 세 때[585]에 움직이고
조령(鳥嶺)[586]에는 푸른 하늘이 사방에 드리워졌으리.
모름지기 가슴에 품은 회포[587]를 씻어 주려고 허튼말[588]을 하노니

咸從府使·掌隸院判決使 등을 역임하였다. 약산의 절친한 벗으로서 약산과 함께 蔡彭胤·吳尙濂 등 南人詩脈을 계승한 시인으로 평가받았으며, 『菊圃集』·『菊圃瑣錄』 등을 남겼다. 부인 李氏의 外祖가 吳始謙이어서 약산과는 외가쪽으로 인척이 된다.

577) 菊圃의 아들은 이름이 必詩, 자가 敦孝이다. <祭亡子必詩文>(『국포집』 권10)에 따르면 16세이던 丙辰年(1736)에 관례를 치렀고, 혼례를 한 달 앞둔 11월 18일에 怪疹으로 사망하였다. 국포는 이듬해에 族兄 杭의 차남 必岳을 後嗣로 삼았다. 『약산만고』 권15에 <姜必詩字敦孝序>가 실려 있다.

578) 勝冠은 冠禮를 치를 만한 나이의 成年이다.

579) 殁은 歿의 同字이다.

580) 嶺南은 鳥嶺의 남쪽이라는 뜻으로 慶尙道 지역을 가리킨다.

581) 螟兒는 螟蛉子와 같은 말로 마디충나방의 애벌레이며 養子를 비유한다.

582) 絲絲는 실처럼 매우 가는 물건을 형용한다.

583) 羸驂은 羸馬와 같은 말로 야위고 지친 말이다.

584) 龍湫는 위에 폭포가 있는 깊은 못인데, 여기에서는 聞慶의 새재[草岾] 밑의 桐華院 서북쪽 1리에 있던 못을 가리킨다. 『新增東國輿地勝覽』 권29 聞慶縣 形勝條에 따르면, 폭포의 사방과 밑이 모두 돌로 되어 있고, 못의 깊이를 알 수 없으며, 용이 하늘로 오른 곳이라고 전해진다.

585) 三時는 아침·낮·저녁의 세 때이다.

586) 鳥嶺은 충청북도 槐山郡 延豊面과 경상북도 聞慶邑 사이에 있는 고개로 고유어로는 새재라고 한다.

높은 데 오르거든 정치(情癡)[589]가 되지 않도록 삼가시게나.

城隅春色柳絲絲　菊老羸驂事可悲
欲去不去終自去　有兒無兒忍求兒
龍湫白日三時動　鳥嶺青天四望垂
須盪襟懷爲曠語　登臨愼莫作情癡

04-37 지난 가을부터 침상에 누워 지내노라니 느닷없이[590] 벌써 늦봄이 되어, 앓는 이의 회포가 무료하기에 되는 대로 읊어 스스로 풀다
04-37 自前秋伏枕, 欻已暮春, 病懷無聊, 漫吟自遣

앓은 끝에 양쪽 살쩍에는 날마다 쑥이 더해지는데
약솥을 근심스레 보노라니 묵은 불[591]이 붉네.
안저(眼底)[592]의 옛날과 지금 일은 늘 뚜렷하건만[593]
신변의 벼슬살이와 은거는 둘 다 흐리멍텅하네.[594]
봄은 바야흐로 훌쩍[595] 가벼운 녹음의 시절에 이르렀는데
사람은 저절로 느긋하게 우는 새소리 속에 있네.
버들을 묻고 꽃을 찾음[596]은 지난날의 꿈이 되어 버리고

587) 襟懷는 가슴·마음에 품은 懷抱이다.
588) 曠語는 쓸데없는 말, 헛된 말이다.
589) 情癡는 情에 눈이 먼 사람이다.
590) 欻(훌)은 '느닷없이, 돌연, 갑자기'이다.
591) 宿火는 밤 사이에 꺼지지 않고 남은 불이다.
592) 眼底는 眼中·眼前이다.
593) 的歷은 선명한 모양이다.
594) 朦朧(曚曨)은 흐릿하여 분명하지 않은 모양이다.
595) 忽忽은 빠른 모양, 또는 '갑자기'이다.
596) 問柳尋花는 訪花隨柳와 같은 말로 버들을 좇고 꽃을 찾음이며 아름다운 경물을 찾아 즐김을 비유하는데, 杜甫의 <嚴中丞枉駕見過>에 "원융의 작은 부대가 교외로 나가더

쓸쓸히 술통 하나를 놓고 동풍 속에 기대어 있네.

病餘雙鬢日添蓬　藥竈愁看宿火紅
眼底古今常的歷　身邊仕隱兩朦朧
春方忽忽輕陰際　人自悠悠啼鳥中
問柳尋花成舊夢　一樽寥落倚東風

04-38 죽은 아들[597] 좌랑[598]의 묘에 석상[599]과 화표[600]를 설치하였는데, 병으로 몸소 가서 동역하지[601] 못하고, 또 냉절[602]을 만났기에 느낌이 있어서 읊다
04-38 亡兒佐郎墓, 設石床華表, 病未能躬往董役, 又逢冷節, 感而有吟

새로 심은 가래나무가 비와 이슬에 몇 포기나 생장하였을까?
평생[603]토록 한 번 헤어진 뒤에 머리카락은 실이 되었다네.
봄날의 음기 속에 고요히[604] 한식날[605]이 돌아오니

니, 버들을 묻고 꽃을 찾아 야정에 이르네.(元戎小隊出郊坰, 問柳尋花到野亭.)"라는 연이 있다.

597) 亡兒는 죽은 아들인데, 여기에서는 약산의 장남 大觀(1711~1734)을 가리킨다. 자는 敬叔, 호는 玄溪이며, 蔡膺萬의 딸에게 장가들었다. 1732년에 정시문과에 장원으로 급제하여 병조좌랑으로 있다가 요절하였다.

598) 佐郎은 조선시대 六曹의 정6품 관직으로 행정실무를 총괄하였다.

599) 石床은 床石과 같은 말로 무덤 앞에 제물을 차리기 위하여 네모난 돌로 만들어 놓은 床이다.

600) 華表는 옛날 橋梁·宮殿·城垣·陵墓 등의 앞에 장식용으로 세운 큰 기둥으로, 대개 돌에다 무늬를 새겨 만들며, 능묘 앞의 것은 墓表라고도 한다.

601) 董役은 工事를 감독하는 것이다.

602) 冷節은 寒食日의 별칭이다.

603) 窮天은 평생·일생이다.

604) 脈脈(脉脉)은 말없이 잠잠한 모양이다.

605) 寒食은 節氣의 하나로 冬至가 지난 뒤에 105일째 되는 날인데, 양력으로는 4월 5·6일

병중(病中)의 그리움에 쓸쓸히[606] 홀로 장막을 내리네.
향기로운 풀 속에 가서 무덤을 돌보지[607] 못하고
저녁햇빛이 비칠 때에도 여전히 자식을 기다리려[608] 하네.
이제 화표를 세워 신도(神道)[609]를 나타내었으니
아마 학이 되어 돌아올 기약이 있으리.[610]

雨露新楸長幾枝　窮天一別髮絲絲
春陰脉脉爲寒食　病思荒荒獨下帷
不去掃墳芳草裏　猶疑望子夕陽時
從今華表旌神道　化鶴歸來倘有期

04-39 이판서[611] * 진망[612]이다. 의 만사. 2수
04-39 李判書 * 眞望. 挽二首

포의(褒衣)[613]를 입고 읍할[614] 때에는 기상이 소연(翛然)[615]하여

쯤에 들며, 그 전일에 나라에서는 宗廟와 陵園에 祭享을 올리고 민간에서는 조상의 무덤에 제사를 지냈다.

606) 荒荒은 쓸쓸한 모양, 어둡고 희미한 모양이다.

607) 掃墳은 무덤에 가서 벌초하고 參拜하는 것으로 拜墳·拜掃라고도 한다.

608) 望子는 倚閭·倚閭之望와 같은 말로 부모가 자식이 돌아오는 것을 마을의 문에 기대어 기다림을 가리킨다.

609) 神道는 墓道와 같은 말로 혼령이 다닌다는 무덤 앞의 길이다.

610) '化鶴歸來'는 『搜神後記』에서 漢나라 때 遼東 사람인 丁令威가 靈虛山에서 도를 배운 뒤에 학이 되어 고향으로 돌아와 城門의 華表柱에 앉았다가 어떤 소년이 활을 쏘려 하므로 날아올라 탄식하면서 하늘 높이 날아갔다고 한 일을 가리키고자 한 표현이다.

611) 判書는 조선시대 六曹의 장관으로 정2품직이다.

612) 李眞望(1672~1737)은 조선 후기의 문신으로 본관은 全州, 자는 久叔, 호는 陶雲·退雲, 영의정 景奭의 증손이다. 식년문과에 장원급제하여 지평·정언을 거쳐, 영조 1년 대사성으로 少論인 李光佐의 신원을 상소하였다. 형조판서를 거쳐 冬至使로 청나라에 다녀와서 예조판서가 되어 대제학을 겸하였다. 좌참찬으로 賓客을 겸대한 뒤에 지중추부사로 죽었다. 영조의 潛邸 때에 師傅로서 왕의 예우를 받았으며, 『陶雲遺集』을 남겼다.

613) 褒衣는 褒賞으로 내려 준 禮服, 또는 품이 넉넉한 옷이다.

고사(高士)[616]와 유림(儒林)[617]이 하나의 끈으로 합쳐졌다네.
어찌 연하(烟霞)[618]가 재상(宰相)을 포용함이 있었으랴?
끝내 풍랑이 신선에 이르시지 못하게 하였네.
명홍(冥鴻)[619]의 일월에도 군왕을 가까이 모시고
봉각(鳳閣)[620]의 문장은 부자 사이에 전해졌네.
마침내 청표(淸標)[621]로 세교를 부축함을 허락받으셨으니
성조(聖朝)의 우악(優渥)함[622]이 하늘처럼 크네.

褒衣張拱氣翛然　高士儒林合一編
耐有烟霞容宰相　了無風浪到神仙
鴻冥日月君王近　鳳閣文章父子傳
終許淸標扶世敎　聖朝優渥大如天

새봄을 갑관(甲觀)[623]에서 본 이들은 모두 위의가 풍성하였거늘
수풀 밑에서 천천히 걸어[624] 늦게 온 분은 누구였던가?
이 늙은이는 기러기의 우익(羽翼)[625]이라 낯선 손님[626]이 아니요

614) 張拱은 拱手와 같은 말로 공경하여 팔을 아래로 펴서 두 손을 맞잡음이며, 揖할 때에 수반되는 동작이다.
615) 翛然은 얽매이지 않는 모양, 초탈한 모양이다.
616) 高士는 志行이 고결한 선비, 또는 은거하면서 벼슬하지 않고 修煉하는 사람이다.
617) 儒林은 儒道를 닦는 학자 집단, 또는 유학자들의 무리로 대개 유생이나 선비를 집합적으로 가리킬 때 쓰인다.
618) 烟(煙)霞는 안개와 놀로 산수를 즐기는 기질, 隱者의 기질을 비유한다.
619) 冥鴻은 높은 하늘을 날아가는 기러기로 세상을 피해 숨어서 사는 선비를 비유하는데, 揚雄의 『法言』「問明」에 “기러기가 하늘을 높이 날면, 주살을 쏘는 사람이 얼마나 그리워하는가?(鴻飛冥冥, 弋人何慕焉?)”라는 구절이 있다.
620) 鳳閣은 唐代의 最高議政機關인 中書省의 별칭인데, 여기에서는 의정부나 홍문관・예문관・성균관 등의 館閣을 가리킨다.
621) 淸標는 풍채・재지가 빼어남, 용모가 뛰어나게 아름다움이다.
622) 優渥은 좋은 대우를 함, 또는 좋은 대우를 받음이다.
623) 甲觀은 甲第와 같은 말로 훌륭한 저택이다.
624) 于于는 천천히 걷는 모양, 또는 몸을 굽힌 모양이다.

바로 금상(今上)께서 잠룡으로 계실[627] 때의 옛 스승이시라네.
정사(政事)의 밖에서는 한가한 발걸음[628]으로 별자리를 살폈는데
조반(朝班)의 끝에서는 예스런 수염과 눈썹이 눈서리와 같으셨네.
애도의 윤음[629] 안에 임금님의 뜻[630]이 다 드러나지는 않았을 텐데
서연(書筵)[631]에 이를 때마다 특별히 사모하심이 있었다네.

甲觀新春覩盛儀　于于林下孰來遲
此翁鴻翼非生客　今上龍潛卽舊師
事外星辰閑履舃　朝端霜雪古鬚眉
宸情不盡哀綸內　每到書筵別有思

04-40 이수장[632]을 나중에 애도하다. 2수
04-40 李壽長追挽二首

이수장은 호가 정곡으로 글씨에 능하였는데, 꿈에 큰 붓으로 하늘을 쳐다보며 먹물을 뿌렸더니, 그 글씨가 크게 나아졌다. 숙묘께서 그 명성을 듣고 명하여 금가

---

625) 羽翼은 보좌함, 또는 보좌하는 사람이나 세력이다.
626) 生客은 낯선 손님, 또는 처음으로 대면하는 사람이다.
627) 龍潛은 용이 하늘에 오르기 전에 물에 잠겨 있는 것으로, 즉위하기 전의 제왕을 비유한다.
628) 履舃(이석)은 신으로 履는 창이 홑으로 된 것이고 舃은 겹으로 된 것인데, 발·발걸음·발자취를 비유한다.
629) 綸音은 君王의 명령이나 말이다.
630) 宸情은 제왕의 마음·뜻·인정이다.
631) 書筵은 조선시대에 왕세자에게 經史와 治道를 進講하는 것, 또는 그 자리이다.
632) 李壽長(1661~1733)은 조선 후기의 명필로 본관은 天安, 자는 仁叟, 호는 貞谷으로 察訪·監牧官을 지냈다. 숙종 때 寫字官이 되어 御製詩를 썼으며, 金泥로 鍾王의 法帖을 臨書하여 왕에게 절찬받았다. 淸나라 사신으로부터 '東方第一'이란 말을 들었고, 사신을 따라 일본에 가서 명성을 떨쳤다. 楷書·行書에 능하고, 東晋 王羲之의 서체에 뛰어났는데, 중국에 보내는 글씨는 그들의 요구에 따라 韓濩體로 썼다. 만년에 書學文獻을 수집·정리한 『墨池揀金』을 편찬하였다.

루로 어병에 글씨를 쓰게 하고 가탄하면서[633] 선온[634]을 내리셨다. 뒤에 사신[635]을 따라 일본과 중국에 들어가니, 글씨를 요구하는 사람이 무수하였으며, 벼슬하여 감목관[636]이 되었다.

李壽長號貞谷, 能書, 夢以鉅筆仰天揮灑, 其書大進. 肅廟聞其名, 命金書御屛, 嘉歎宣醞. 後隨使价入日本及燕京, 乞書者無數, 官爲監牧官.

옥계단 앞에서 절하면서 궁호(宮壺)[637]를 하사받을 때에
금자(金字)로 쓴 병풍은 햇빛과 같은 고운 빛을 쏘았다네.
부상(扶桑)[638]에서 딴 큰 고치[639]로 종이[640]를 만들어 제공했건만
경야(坰野)[641]를 공격하던 준마는 시내로 달려갈[642] 것을 생각하였네.
좁디좁은[643] 사람세상에서는 재주의 바탕[644]을 따지는데
넓디넓은[645] 꿈 속에서는 글씨의 천재(天才)를 펼치셨네.
끝내 낙탁(落拓)하여[646] 미관(微官)에 그쳤음을 탄식하지 마시라.
이제까지 성과 이름이 유연(幽燕)[647]에 가득하다네.

---

633) 嘉歎은 칭찬하고 감탄함이다.
634) 宣醞은 임금이 신하에게 술을 내림, 또는 그 술이다.
635) 使价는 사신이다.
636) 監牧官은 조선시대에 지방의 牧場의 일을 맡아보던 종6품직이다.
637) 宮壺는 궁궐의 술병으로 군왕이 마시는 술을 가리킨다.
638) 扶桑은『山海經』「海外東經」에서 동쪽바다의 해 돋는 곳인 湯谷에 있다고 한 큰 신령스러운 뽕나무이다.
639) 大繭은 큰 고치인데, 北宋 蘇軾의 시 <趙令晏崔白大圖幅徑三丈>에 "부상의 항아리만 한 고치로, 천녀가 운한 위에서 비단을 짠다네.(扶桑大璽如瓮盎, 天女織綃雲漢上.)"라는 구절이 있다.
640) 繭紙는 누에고치에서 뽑은 실로 만든 書畵에 쓰이는 고급용지이다.
641) 坰野는 郊外·野外이다.
642) 奔川(泉)은 渴驥奔川(泉)의 준말로 목이 마른 준마가 시내나 샘을 향하여 내달림이며, 필세가 힘차고 날아가는 듯함을 형용한다.
643) 窄窄은 狹小함, 狹窄함이다.
644) 才地는 才質이다.
645) 恢恢는 넓고 큰 모양이다.
646) 落拓은 영락하여 실의에 빠짐이다.
647) 幽燕은 幽州와 燕으로 전국시대에 燕나라였다가 나중에 幽州로 불리었기 때문에 생긴 말이며, 지금의 중국 河北省 북부와 遼寧省 일대를 가리키는데, 여기에서는 淸의 수도

宮壼[648]拜賜玉階前　金字屛風日射姸
摘繭扶桑供作紙　攻駒坰野想奔川
人間窄窄論才地　夢裡恢恢放筆天
莫歎微官終落拓　至今名姓滿幽燕

* 이 사람이 사신을 따라 일본에 가고, 또 감목관이 되었으므로, 3·4구에 난정(蘭亭)[649]의 견지[650]와 목마른 준마가 시내로 달려간다는 말을 끌어왔다.
* 此人隨槎日本, 又爲牧官, 故三四引蘭亭紙及渴驥奔川.

명성과 지위로 사람을 보는 풍속을 부끄러워할 만하나니
경홍(景洪)[651]에 견주어질 은구(銀鉤)[652]를 누가 알았던가?
좌해(左海)[653]에서는 지금 사후에 팔이 없음을 한탄하는데

인 燕京地域을 가리키고자 쓰였다.

648) 원전의 '壼'은 문맥으로 보아 '壺'의 착오이다.

649) 蘭亭은 지금의 浙江省 紹興市 남서쪽의 蘭渚山에 있는 정자로 원래 東晉의 명필 王羲之의 정자였다. 그는 永和 9년(353) 3월 3일에 謝安·支遁·孫綽 등 41인의 벗들과 이곳에 모여 잔치를 하면서 修禊(契)하고 <蘭亭集序>를 지었는데, 그 글씨가 그가 남긴 것 가운데 가장 뛰어나다고 한다.

650) 蘭亭繭紙는 王羲之의 <蘭亭集序>가 蠶繭紙에 鼠鬚筆로 쓴 것이기 때문에 생긴 말이다. <蘭亭集序>는 唐 太宗이 그 7세손 智永에게서 眞跡을 얻어 摹刻하여 皇子·近臣에게 반포하고, 진본은 자신의 무덤에 순장케 하였는데, 蘇軾은 <孫莘老求墨妙亭>에서 "난정의 견지는 소릉에 들어갔거니와, 세간에 남은 필적은 용이 날아오르는 듯하네.(蘭亭繭紙入昭陵, 世間遺跡猶龍騰.)"라고 읊은 바 있다.

651) 景洪은 조선 중기의 명필 韓濩(1543~1605)의 자로, 본관은 三和, 호는 石峯·淸沙이다. 명종 22년에 진사시에 급제한 뒤 글씨로 알려져 벼슬길에 나아가 寫字官이 되었고, 歙谷縣令·加平郡守를 지냈다. 조선 초기부터 성행하였던 趙孟頫體를 따르지 않고 王羲之體를 배워 楷書·行書·草書에 두루 능하였다. 사자관으로 국가의 중요문서와 對明외교문서를 도맡아 쓰다시피 하였고, 사신을 따라 중국에도 다녀왔으며, 사자관 특유의 서체가 창출될 만큼 영향력이 컸다고 평가받는다. 『石峯千字文』이 선조 34년(1601)에 초간된 이래 여러 차례 간행되어 널리 유포되었고, 權都元帥大捷碑·許草堂曄墓表陰·洪領相暹碑·徐花潭敬德碑·箕子廟碑 등 무수한 비문이 남아 있다.

652) 銀鉤는 은으로 만든 갈고리로 매우 아름답고 힘찬 필체를 비유하며, 흔히 草書의 별칭으로 쓰인다.

653) 左海는 渤海의 왼쪽으로 우리나라를 가리킨다.

중원에서는 전에 생시에 눈동자가 있음[654]이 늦었다네.
빛이 흐르는 필총(筆塚)[655]은 새로 나무에 둘러싸이는데
자취가 남은 묵지(墨池)[656]에서는 밤에 배가 움직이네.
후세로 하여금 정곡(貞谷)을 알게 하기를 바라거니와
사라지는 거품과 같은 덧없는 인생에 어찌 한도가 있으랴?[657]

名位看人俗可羞　銀鉤誰識景洪儔
死嗟左海今無腕　生晩中原昔有眸
筆塚流光新拱木　墨池遺迹夜移舟
要令後世知貞谷　何限浮生等滅漚

* 석봉이 중국의 사신을 만나서 탄상받은[658] 뒤에, 그 이름이 비로소 현저해졌으므로 제4구에서 일렀다.

* 石峯遇華使歎賞後, 其名始顯故第四云.

04-41 감우.[659] 19수
04-41 感遇十九首

---

654) 有眸는 눈동자가 있다는 뜻으로 안목이나 판단력이 있음을 비유한다.
655) 筆塚은 서예가가 못 쓰게 된 붓을 묻은 무덤이다.
656) 墨池는 붓과 벼루에 묻은 먹을 씻는 연못이다.
657) 何限은 '어찌 한도가 있으랴?'를 뜻한다.
658) 歎賞은 감탄하고 칭찬함이다.
659) 感遇는 부딪힌 사물에 대한 느낌으로, 初唐 陳子昻(661~702)의 <感遇三十八首>에서 유래하여, 보고들은 사물에 대한 느낌을 읊은 詠懷詩・感興詩의 제목이 된 말인데, 元 楊士弘이 엮은『唐音』권2의 진자앙의 시제 아래에는 "마음에 느낌이 있어서 말에 의탁하여 그 뜻을 펼친 것을 이른다. 또 마음으로 느끼고 눈길에 부딪혀서 마음 속에서 생겨난 감정을 말에 부친 것을 이른다.(感遇云者, 謂有感於心而寓於言以攄其意也. 又云感之於心遇之於目, 情發於中而寄於言.)"라는 주석이 붙어 있다. 이 작품은 題名・體式・詩意・表現・數首 등으로 보아 <感遇三十八首>뿐만 아니라 後漢代 無名氏作인 <古詩十九首>의 영향도 작용한 소산인 듯하다.

요대(瑤臺)[660]는 얼마나 높다란가?[661]
높은 언덕은 울창하게 우뚝하네.[662]
나에게 패옥의 우아함이 어울리고
그로 말미암아 고운 웃음[663]이 깨끗하네.
아침에는 광도(廣都)[664]에서 술을 마시며 전별하고
밤에는 왕씨(汪氏)[665]의 언덕에서 자네.
옥을 실은 전나무 배[666]가
어찌 빨리 지나가지 않으랴?
석목(析木)[667]이 가득한[668] 나루에는
낮밤으로 바람과 물결이 이네.
어찌 나의 길을 늦추지 않으랴?[669]
옷을 적신들 또 어떠랴?[670]
먼[671] 데서 너의 아름다움을 바라보면서
어쩔 줄 모르며[672] 큰 소리로 노래[673]를 부르네.
포엽(匏葉)의 노래[674]로 보내는 세월[675]이 괴롭건만

660) 瑤臺는 신선들이 사는 玉으로 만든 집, 또는 훌륭한 궁전이다.
661) 偃蹇(언착)은 높이 솟은 모양이다.
662) 嵯峨는 산이 우뚝 솟은 모양, 산의 돌이 울쑥불쑥한 모양이다.
663) 巧笑는 애교스러운 웃음, 또는 예쁘게 웃음이다.
664) 廣都는 都廣과 같은 말로 『山海經』「海內經」에 나오는 전설상의 땅 이름이다.
665) 汪氏는 중국의 서해 밖에 있다는 전설상의 나라 이름이다.
666) 檜楫(檝)은 전나무로 만든 노로 흔히 배를 가리킨다.
667) 析木은 쪼갠 나무토막으로 땔감을 가리킨다.
668) 盈盈은 가득 쌓인 모양이다.
669) 不瑕(何)는 '어찌 …하지 않으랴'라는 뜻인데, 瑕는 何의 通字이다.
670) 若何는 '어떠한가. 어찌할까, 어찌하여, 왜'의 뜻이다.
671) 迢遞는 까마득히 먼 모양이다.
672) 屛營은 두려워 어쩔 줄 모름이다.
673) 浩歌는 큰 소리로 노래를 부름, 또는 그 노래이다.
674) 匏葉은 <匏有苦葉>의 준말로 『詩經』「邶風」의 편명인데, 衛나라 宣公과 그 부인이 음란한 짓을 하는 것을 풍자한 내용이다.
675) 冉冉(苒苒)은 세월이 흐르는 모양이다.

무성한 나무676)는 언덕의 가운데677)에 있네.

瑤臺何偃蹇　高丘欝嵯峨
宜余佩玉儺　因之巧笑瑳678)
朝飮廣都餞　夕宿汪氏坡
玉馱與檜楫　豈不遄經過
盈盈析木津　日夕有風波
不暇濡余軌　漸裳又若何
迢遆望余美　屛營發浩歌
冉冉苦匏葉　靑靑在中阿

주(周)나라의 경사(京師)에서 길에서 움츠러들어679)
갈구(葛屨)680)에는 서리가 엉켜681) 있었네.
제후(諸侯)에게는 오인(五刃)682)이 있건만
천왕(天王)683)에게서는 삼혁(三革)684)이 떠났네.
창생(蒼生)은 명령을 감당하지 못하고
누벌(摟伐)685)은 날로 확장되었네.

---

676) 靑靑은 菁菁과 같은 말로 초목이 무성한 모양이다.
677) 中阿는 언덕의 가운데, 또는 산의 굽이인데, 『詩經』「小雅」 <菁菁者莪>에 “무성한 다북쑥은, 저 언덕 가운데에 있네.(菁菁者莪, 在彼中阿.)”라는 구절이 있다.
678) 원전의 ‘瑳’는 압운이나 의미맥락으로 보아, 애교스럽게 웃는 모습이나 희고 깨끗한 모양을 뜻하는 ‘瑳’의 착오인 듯하다.
679) 蹙蹙은 근심하고 불안해하는 모양, 또는 움츠리거나 오그라든 모양이다.
680) 葛屨는 칡넝쿨로 삼은 신이다.
681) 糾糾는 얽히고 설킨 모양이다.
682) 五刃은 五戎·五兵과 같은 말로 다섯 종류의 병기로 弓矢·殳·矛·戈·戟, 또는 刀·劒·矛·戟·矢이다.
683) 天王은 天子이다.
684) 三革은 세 가지 가죽으로 만든 병기로 갑옷·투구·방패, 또는 戰車·戰馬·兵士에게 입히는 갑옷이다.
685) 摟伐은 다른 나라를 끌어들여 정벌함이다.

조무(趙武)[686]와 굴건(屈建)[687]은
소병(銷兵)하였으니[688] 어찌 좋지 않은 사람이랴?[689]
군자는 그 의리를 바르게 하여
만세에 큰 제방[690]이 된다네.
『춘추(春秋)[691]에서 수평(輸平)[692]이라 폄하하였으니
성인(聖人)의 마음은 어찌 그리[693] 크신가?
멋대로 흐르는 물[694]이 천지에 가득하니
한 움큼의 흙[695]도 스스로 헤아리지 못하였네.
그래서 맹부자(孟夫子)[696]께서는
명당(明堂)[697]을 차마 허물어서는 안 된다고 하셨다네.[698]

---

686) 趙武는 춘추시대 晉나라의 大夫로 趙文子·趙孟이라고도 하며 시호는 文이다. 朔의 유복자로 태어나 程嬰·公孫杵臼의 도움으로 화를 면하고, 悼公 때에 卿이 되었으며, 平公 때에 국정을 장악하여 趙의 令尹 屈建과 휴전회맹을 성사시켰다.
687) 屈建은 춘추시대 楚나라의 대부로 자는 子木이며, 令尹으로 있을 때 趙나라의 趙武와 휴전회맹을 성사시켰다.
688) 銷兵은 무기를 녹여 없앤다는 뜻으로 전쟁을 없애거나 軍備를 감축함을 비유한다.
689) 不臧은 不良과 같은 말로 좋지 못함, 또는 좋지 못한 사람이다.
690) 大防은 큰 堤防으로 흔히 넘어서는 안 되는 원칙적인 한계를 비유한다.
691) 『春秋』는 周代의 魯나라의 史書로 年代記를 바탕으로 하여 孔子가 저술한 책인데, 隱公으로부터 哀公에 이르기까지 242년(722~481 B.C.) 동안의 사적을 다루고 있으며, 그 주석서로 『左氏傳』·『公羊傳』·『穀梁傳』이 있었다.
692) 輸平은 묵은 원한을 버리고 다시 잘 지내는 것으로 渝平이라고도 하는데, 『春秋左氏傳』 隱公 六年條에 "봄에 정나라 사람이 와서 묵은 원한을 풀고 잘 지내자고 하니, 다시 화해하였다.(春, 鄭人來輸平, 更成.)"라는 글이 있다.
693) 一何는, '어찌 그리·그 얼마나', 또는 '한결같이'이다.
694) 橫流는 물이 멋대로 흐름, 또는 氾濫함이다.
695) 捧土는 한 움큼의 흙이라는 뜻으로, 後漢 光武帝 때에 幽州牧으로 있던 朱浮가 漁陽太守의 반란을 두고, "황하 가의 사람이 한 움큼의 흙으로 孟津의 강물을 막으려고 하니 그 헤아릴 줄 모름이 많이 나타나 있다.(猶河濱之人捧土以塞孟津, 多見其不知量也.)"라고 하였다는 『後漢書』 朱浮傳의 고사에서 유래하여, 자신의 힘을 잘 모름, 또는 잘 앎을 비유한다.
696) 孟夫子는 큰 스승 孟氏라는 뜻으로 孟子를 가리키는데, 전국시대 魯나라의 사상가로 이름은 軻, 자는 子輿이고, 孔子에 버금가는 성인이라 하여 亞聖으로 불리며, 『孟子』 7편을 남겼다.

慼慼周京道　糾糾葛屨霜
五刃在諸侯　三革離天王
蒼生不堪命　摟伐日以張
趙武與屈建　銷兵豈不臧
君子正其義　萬世有大防
春秋貶輸平　聖心一何長
橫流滿天地　捧土不自量
所以孟夫子　不忍毁明堂

사철(駟驖)699)이 끄는 수레가 덜컹거릴700) 때에
천지에는 뉘엿뉘엿701) 해가 저물었다네.
동산(東山)702)에서 날마다 힘을 다하셨건만703)
제비와 참새704)는 여전히 재잘거렸네.705)

---

697) 明堂은 옛날에 제왕이 政敎를 펴고 典禮를 행하던 궁전인데, 여기에서는 魯나라의 泰山 밑에 있던 殿堂으로, 周나라의 천자가 동쪽으로 巡狩하여 제후들로부터 조회를 받던 곳이다.
698) 이 구절은 齊나라의 宣王이 孟子에게 "사람들이 나더러 명당을 헐어 버리라 하는데, 헐어야겠습니까, 말아야겠습니까?"라고 묻자, 맹자가 이르기를, "명당이란 왕자의 당이니, 왕께서 왕정을 행하시려면 헐지 마소서."라고 하였다는 『孟子』「梁惠王 下」의 글을 가리키고자 한 표현이다.
699) 駟驖은 한 수레에 메운 네 필의 구렁말[적흑색말]로, 『詩經』「秦風」의 편명이기도 한데, 秦 襄公이 田狩와 園囿에 격식을 갖춘 것을 찬양한 노래라고 한다.
700) 隣隣은 많은 수레가 가는 소리이다.
701) 崦嵫는 중국 四川省 天水縣의 서쪽에 있는 산으로 전설상의 해가 지는 곳인데, 흔히 늘그막을 비유한다.
702) 東山은 周나라 武王의 아우 周公이 어린 조카 成王의 섭정으로 있을 때에 아우인 管叔·蔡叔 등이 퍼뜨린 유언비어로 왕의 의심을 받게 되자 군사를 이끌고 갔던 곳으로 遠征한 곳을 비유하는데, 주공이 동산에서 돌아와서 군사를 위로하면서 지은 노래가 『詩經』「豳風」의 <東山>이다.
703) 匍匐은 엎드림, 기어다님으로 힘을 다함을 비유하는데, 여기에서는 匍匐之救의 준말로 救濟에 진력함을 가리킨다.
704) 燕雀은 제비와 참새로 작은 새를 대유하거나 됨됨이가 용렬한 사람을 비유한다.
705) 响响는 새가 우짖음, 또는 새가 우는 소리이다.

대청에 올라 각자 아양을 떤들
누가 선뜻 말로 깨우쳐 주었으랴?
하늘로 솟은 누각과 궁궐에서는
향기로운 안개에 싸여 노래하고 춤추었네.
그 안에 있는 빼어나게 아름다운 여자는
비단과 흰 명주로 만든 옷을 입었네.
약한 것의 고기를 강한 것이 통째로 삼킴[706]은
금수와 사람이 다 싫어한다네.
자순(子順)[707]은 마침내 베개를 높이 베고 눕고[708]
노중련(魯仲連)[709]은 동해(東海)[710]로 나아갔네.
갈대[711]로 불리는 사람도
같은 취향[712]을 지닌 이가 아니랴?

駟驖車粼粼　天地晻巀暮
山東日匍匐　燕雀尙呴呴

---

706) 呑食은 통째로 삼킴이다.
707) 子順은 전국시대 魯나라 사람으로 孔子의 6세손인 孔斌의 자인데, 魏나라의 임금에게 초빙받아 재상이 되었으나 상언한 말이 채택되지 않자, “말이 쓰이지 않는데도 관직에 있음은 시위소찬하는 것이다.(言不用居官食祿是尸位素餐矣.)”라고 말하고 병을 이유로 사직하였으며, 魏 安釐王이 천하의 高士가 누구인지 묻자, “세상에는 그런 사람이 없지만, 그래도 그에 버금가는 사람이라면 노중련일 것이다.”라고 말하였다
708) 高臥는 ‘베개를 높이 베고 눕는 것으로 세속의 누를 벗어나 내키는 대로 사는 것을 비유한다.
709) 魯仲連은 戰國時代 齊나라 사람으로 뛰어난 언변으로 각국에 다니며 분쟁을 해결하고 위난을 구제했으며, 齊의 田單이 燕의 聊城을 공격할 때 공을 세웠으나 작위를 받지 않고 떠났고, 秦에게 포위된 趙가 그의 義를 내세운 언변 덕분에 위기를 벗어나자, 趙의 平原君이 관작을 주려고 했으나 거절한 뒤 다시는 만나지 않고서, 문득 동해로 떠났다.
710) 東海는 중국의 동쪽바다인 渤海를 가리킨다.
711) 蒹葭(겸가)는 갈대로 신분이 미천한 사람을 비유한다.
712) 同趣는 정취・취향을 같이 함, 같은 정취・취향이다.

上堂各自媚　誰肯相言諭
樓闕入靑天　歌舞籠香霧
中有長姣女　被服羅與素
弱肉强呑食　禽獸且人惡
子順遂高卧　仲連東海赴
蒹葭所謂人　無乃是同趣

저 바위 위의 빽빽한 오동나무가
조양(朝陽)[713]에서 열푸르게[714] 아름답네.
가지마다 거문고와 비파를 만들 만하고
잎마다 궁상(宮商)[715] 소리를 품고 있네.
위에 있는 백 자나 되는 가지는
얌전하게 봉황을 기다리네.
봉황이 옴이 어찌 이리 늦은가?
매미가 울면 이슬이 서리로 변하리.
뿌리와 마디가 어찌 단단하지 않으랴?
창성하고 안락하지만[716] 빛이 없을까 두렵다네.
물어 보노라[717] 소년들이여
또 왜 손상시키는가?
소인배들은 향기로운 계수나무를 땔감[718]으로 쓰지만
군자들은 감당(甘棠)[719]을 귀중하게 여기네.

---

713) 朝陽은 山의 東쪽을 가리키는데, 『詩經』「大雅」<卷阿>에 "봉황이 울음을 우네, 저 높은 언덕에서. 오동은 자라나네, 저 산의 동쪽에서.(鳳凰鳴矣, 于彼高岡. 梧桐生矣, 于彼朝陽.)"라는 구절이 있다.
714) 縹靑은 연록색・담청색이다.
715) 宮商은 음률의 기본음인 宮音과 商音으로 音律을 대유한다.
716) 茂豫는 무성・창성하고 안락함이다.
717) 請謝는 시험삼아 물어 봄이다.
718) 桂薪은 계수나무 땔감으로 사치스럽고 아름다움을 비유한다.

어느 날 영륜(伶倫)[720]을 만나면
청황(青黃)[721]의 재난을 원망하지 않으리.

欝彼石上桐　縹青艷朝陽
枝枝中琴瑟　葉葉含宮商
上有百尺柯　窈窕待鳳凰
鳳來一何遲　蟬鳴露爲霜
根節豈不固　茂豫恐無光
請謝少年子　何爲又損傷
小人薪芳桂　君子重甘棠
一日遇伶倫　不怨災青黃

꽃은 빛속에서 빛나고[722]
하늘 밖의 산봉우리[723]는 우뚝하네.[724]
백여 자나 되는 쌍궐(雙闕)[725]에서는
상서로운 구름[726]이 노장(鹵仗)[727]을 받드네.
탁 트인[728] 데 늘어선 갑제(甲第)[729]들은

---

719) 甘棠은 棠梨[팥배나무]인데, 周나라의 召公이 그 밑에서 재판과 政事를 잘 처리하였으므로 소공이 죽은 뒤에 백성들이 베지 못하고 노래를 불렀던 데서 연유하여, 백성이 施政者의 덕을 앙모함을 비유한다.
720) 伶倫은 樂律을 처음으로 만들었다고 하는 黃帝 때의 樂官으로, 흔히 樂人·廣大를 대유한다.
721) 青黃은 청색과 황색으로 색칠하여 꾸밈을 비유한다.
722) 灼灼은 빛나는 모양, 아름다운 모양이다.
723) 嶂은 험준하여 병풍을 세워 놓은 것처럼 길게 이어져 있는 산이다.
724) 立立은 우뚝 솟은 모양이다.
725) 雙闕은 대궐 앞 망루의 좌우의 문으로 대궐을 가리킨다.
726) 靄雲은 상서로운 구름이다.
727) 鹵仗은 鹵簿와 같은 말로 제왕이 거둥할 때 扈從하는 儀仗隊이다.
728) 爽塏는 지세가 탁 트이고 습하지 않음이다.
729) 甲第는 甲觀과 같은 말로 훌륭한 저택이다.

모두 공로가 큰[730] 장수와 재상의 것이네.
구경하는 이들이 길을 메우는데
수레의 덮개[731]는 얼마나 펄럭이는가?[732]
왼쪽을 보면 봄볕이 생겨나고
오른쪽을 보면 물결이 이네.
음악으로 손님들을 즐겁게 하면서
백년 동안 질탕함[733]을 마음대로 하네.
쓸쓸하였던[734] 안진경(顔眞卿)[735]이여!
천자도 형편을 몰랐다네.[736]
청운의 뜻을 품은 이[737]에게 말을 부치나니
길러진다고 쓰이는 게 아니라네.[738]

灼灼雨中花　立立天外嶂

---

730) 赫赫은 눈부시게 빛나는 모양, 공로·업적이 뚜렷하고 성대한 모양이다.
731) 軒盖(蓋)는 수레의 덮개, 또는 덮개가 달린 수레로, 흔히 지위가 높고 귀한 사람을 비유한다.
732) 影飀은 나부끼어 펄럭이는 모양이다.
733) 跌蕩(宕)은 豪放하여 구속되지 않음이다.
734) 寂寂은 외롭고 쓸쓸한 모양이다.
735) 顔眞卿(709~785)은 唐나라 때의 서예가로 자는 淸臣이며, 顔師古의 5世從孫이다. 등제하여 安祿山의 난을 평정하는 데 공을 세웠고, 관직이 太子太史에 이르고 魯郡公에 봉해졌다. 德宗의 명으로 叛將 李希烈을 설득하러 갔다가 살해당하였다. 어릴 때에는 가난하여 담벽에 글씨 연습을 하였고, 褚遂良·張旭을 사사하여 남성적인 무게와 강건한 선으로 이루어진 독특한 서체인 안진경체를 이룩하였으며, 楷書에 특히 능하였다.
736) 이 구절은 顔眞卿이 가난하여 李太保에게 乞米帖[쌀을 빌려달라는 글]인 <與李太保帖>을 보낸 일을 가리키는데, 이 글에서 그는 "나는 생계를 영위함에 졸렬하여 온 집안이 죽을 먹은 지 이미 몇 달이나 되었고, 이제는 더욱이 떨어졌으니, 다만 더욱 근심으로 속이 탑니다.(拙於生事, 擧家食粥, 來已數月, 今又罄竭矣, 祇益憂煎.)"라고 하였다.
737) 青雲子는 青雲士와 같은 말로 청운의 뜻을 품은 선비를 가리킨다.
738) 이 구절은『韓非子』「顯學」의 "녹을 주어 기르는 자들은 쓸모가 없고, 쓸모가 있는 자들은 녹을 주어 기르지 않는다. 이것이 나라가 어지러워지는 원인이다.(所養者非所用, 所用者非所養. 此所以亂也.)"라는 글을 인용한 것이다.

雙闕百餘尺　靄雲捧鹵仗
爽塏列甲第　赫赫皆將相
觀者塞道路　軒盖何影颺
左顧生春陽　右顧起波浪
笙歌娛賓客　百年恣跌蕩
寂寂顔眞卿　天子不識狀
寄語靑雲子　所用非所養

온갖 바람[739]이 우주에 흩어지는데
뭇 구멍[740]이 모두 바람의 소굴[741]이네.
우환[742] 속에서 보내는 인생에
누가 실마리[743]를 잡을 수 있었던가?
여러 희씨(姬氏)[744]는 미씨(芈氏)[745]를 두려워하였는데
미씨가 쇠약해지자 진(秦)[746]나라가 더욱 사나워졌네.
진(晉)[747]나라의 근심은 난(欒)[748]과 극(郤)[749]에 있었고

---

739) 吹萬은 만 개의 구멍에서 나오는 바람이다.
740) 衆竅는 萬竅와 같은 말로 대지 위의 크고 작은 구멍이나 사람의 각종 감각기관을 가리킨다. 『莊子』「齊物論」에 "대개 대지가 내쉬는 숨결을 바람이라고 한다. 그것이 일지 않으면 그만이지만, 일면 온갖 구멍이 요란하게 울린다.(夫大塊噫氣, 其名爲風. 是唯無作, 作則萬竅怒呺.)"라는 글이 있다.
741) 風穴은 북방의 寒風이 일어난다고 하는 전설상의 동굴 이름인데, 여기에서는 바람이 생기는 소굴을 가리킨다.
742) 憂患은 걱정거리, 또는 고통과 患難이다.
743) 端倪는 실마리이다.
744) 姬는 周나라 天子의 성씨인데, 여기에서는 주나라를 가리킨다.
745) 芈(미)는 춘추시대 楚王의 성씨인데, 여기에서는 초나라를 가리킨다.
746) 秦은 중국 周나라 때의 제후국의 하나로 전국시대에는 七雄의 하나가 되었으며, 始皇帝 때인 B.C. 221년에 중국 최초로 천하를 통일하였다.
747) 晉은 周나라의 제후국의 하나로 成王의 아우 叔虞가 분봉받아 세운 나라인데, 춘추시대 말기인 B.C. 453년에 韓·趙·魏로 분국되었다.
748) 欒은 춘추시대의 晉나라의 고을 이름으로 지금의 河北省 趙縣의 북서쪽에 있었다.
749) 郤은 춘추시대의 晉나라의 고을 이름으로 지금의 山西省 沁水 하류지역에 있었다.

조(趙)[750]나라와 위(魏)[751]나라는 전철[752]이 지나쳤지.
철목(鐵木)[753]이 바야흐로 높이 뛰어오르자
남조(南朝)[754]는 금(金)[755]나라가 멸망함을 축하하였네.
군자는 자강(自强)[756]을 귀하게 여길 뿐
화(禍)의 구멍을 막으려 하지 않았네.
누가 감히 하민(下民)[757]을 업신여겨
바삐[758] 상두(桑土)[759]를 허물었던가?
저 창랑(滄浪)[760]의 물을 보라.
스스로 더럽고 깨끗한 물을 다 받아들인다네.

吹萬散宇宙　衆竅皆風穴

---

750) 趙는 춘추시대 말에 烈侯 趙籍이 晉나라를 삼분하여 세운 제후국으로 戰國七雄의 하나였다.
751) 魏는 춘추시대 말에 文侯 魏斯가 晉나라를 삼분하여 세운 제후국으로 戰國七雄의 하나였다.
752) 前轍은 앞서서 간 수레바퀴의 자국으로 과거의 착오나 교훈을 비유한다.
753) 鐵木은 鐵木眞의 준말로 元나라의 太祖 칭기즈칸[成吉思汗]의 이름인 테무진의 漢字譯이다.
754) 南朝는 남쪽의 朝廷인데, 여기에서는 北宋이 金나라에 멸망한 뒤에 세운 南宋을 가리킨다. 남송은 康王 趙構[高宗]가 1126년에 南京을 도읍으로 하여 건국하였고, 1297년 元나라에 멸망하였다.
755) 金은 女眞族의 추장 阿骨打가 1114년에 遼나라에 반기를 들고 會寧을 도읍으로 하여 세운 나라이다. 1125년에 遼를 멸하고, 이듬해 북송을 멸망시켰으며, 1214년에 開封으로 천도했다가, 1234년에 蒙古·南宋 연합군에 멸망당했다.
756) 自强은 스스로 힘써 몸과 마음을 가다듬는 것이다.
757) 下民은 下土의 백성으로 멀리 외따로 떨어져 있는 지역의 백성을 가리킨다.
758) 薄言은 몹시 바쁜 모양으로 '言'은 허자이다.
759) 桑土는 桑土綢繆(상두주무)의 준말로 새가 비가 오기 전에 뽕나무 뿌리의 껍질을 물어다 둥지를 빈틈없이 단속하는 데서 유래하여 재앙을 방지함을 비유한다.
760) 滄浪은 中國의 강 이름으로 漢水의 지류인데, 여기에서는 屈原의 <漁父辭>와 『孟子』「離婁」에 인용된 "창랑의 물이 맑으면 나의 갓끈을 씻을 수 있고, 창랑의 물이 흐리면 나의 발을 씻을 수 있네.(滄浪之水淸兮, 可以濯我纓. 滄浪之水濁兮, 可以濯我足.)"라는 노래를 가리키고자 언급하였다.

人生憂患中　端倪誰能挈
諸姬畏芈氏　芈衰秦益烈
晉憂在欒郤　趙魏甚前轍
鐵木方高躍　南朝賀金滅
君子貴自强　禍釁非所窒
下民孰敢侮　桑土薄言撤
睠彼滄浪水　自取有汚潔

잎이 마른 뽕나무[761]도 바람을 쉬 아나니[762]
음양(陰陽)의 변화가 크도다.[763]
제비와 참새[764]는 날로 쇠로해져서[765]
슬피 울면서 바닷물로 들어간다네.
화려한 집에서는 대모(玳瑁)[766]의 잔치[767]를 열어
연(燕)나라와 조(趙)나라[768]의 기생이 시중을 들게 하네.
이미 문득 주인을 바꾸었거니와
뒷사람들 또한 이와 같다네.

---

761) 枯桑은 말라죽은 뽕나무, 또는 오래 묵은 뽕나무이다.
762) 이 구절은 蔡邕의 <飮馬長城窟行>의 "말라죽은 뽕나무는 가지가 없어도 바람을 알고, 바닷물은 넓고 크지만 날씨가 추움을 아니, 군자가 멀리 감에 어찌 바람과 추위의 우환을 벗어나지 않겠는가?(枯桑無枝尚知天風, 海水廣大尚知天寒, 君子行役豈不離風寒之患乎?)"라는 구절을 점화한 표현이다.
763) 浩浩는 廣大한 모양이다.
764) 燕雀은 제비와 참새인데, 크기가 작은 데서 연유하여 신분이나 지위가 낮은 사람, 또는 됨됨이가 용렬한 사람을 비유한다.
765) 衰老는 늙어서 몸이 쇠약해짐이다.
766) 玳(瑇)瑁는 바다거북과에 속하는 열대지방의 거북의 일종으로 황갈색 등딱지에 검은 반점이 있고 광택이 나는데, 그 등딱지는 鼊甲瑇라 하여 장식용이나 약용으로 쓰인다.
767) 玳瑁筵(宴)은 화려한 잔치이다.
768) 燕趙는 전국시대의 제후국인 燕나라와 趙나라의 합칭으로 미인이 많이 나는 곳을 비유하는데, <古詩十九首>의 제12수에 "연나라와 조나라에는 가인이 많은데, 아름다운 이는 얼굴이 옥과 같다네.(燕趙多佳人, 美者顔如玉.)"라는 구절이 있다.

참으로 쇠와 돌의 굳음이 없건만
단정한 웃음769)은 어찌 그리 믿음직스러운가?
살아서는 끝까지 몸에서 향기를 풍기지만
죽은 뒤에는 나쁜 냄새를 일으키리.
고아한 거문고를 한결같이 사모한들
정이 변함770)이 어찌 그쳐지랴?
늘 질주하듯이 뜨거운 것에 붙음771)을
비웃는 이772)는 누구인가?

枯桑易天風　浩浩陰陽徙
燕雀日衰老　悲鳴入海水
華堂玳瑁筵　作使燕趙妓
忽焉已易主　後人復如此
諒無金石固　矜咳一何恃
生時竟體香　死後薌臭起
高琴一以思　撫化情何已
附熱長如騖　嗤嗤者誰子

바람이 늘 아름다운 화훼를 꺾으니
하늘에 닿는 것773)은 나쁜 나무뿐이네.
조화옹(造化翁)774)은 재주와 지혜775)를 꺼리고

769) 矜咳는 단정하고 장중한 웃음, 엄숙한 웃음이다.
770) 撫化는 사물에 따라 변화함이다.
771) 附熱은 附炎과 같은 말로 권세에 빌붙음을 비유한다.
772) 嗤嗤는 조소하는 모양이다.
773) 連雲은 구름과 맞닿는 것으로 매우 많음, 매우 高遠함을 비유한다.
774) 造化는 만물을 만들고 기르는 대자연의 이치, 또는 造物主이다.
775) 才明은 재주와 밝은 지혜이다.

인생은 용렬하고 녹록함[776]을 귀하게 여기네.
옛날에 안연(顔淵)[777]은 목숨이 짧았고
중니(仲尼)[778]는 무역[779]에 능하지 못하였네.
만고에 언덕과 들판에서는
봄풀이 누레지고 푸르러지네.
왜 사람의 세상에는
악착(鸑鷟)[780]이 전혀 오지 않는가?
비록 잠시[781]만 오지 않더라도
다만 어지럽고 흐림에 물들까 두렵네.
날마다 지저귀는[782] 백 가지 새들이
유독 어지러운 날개를 빠르게 움직이네.
그래서 소리쳐 단구(丹丘)[783]에 부치노니
어느 때에나 한 번 돌아오시려나?

風折常佳卉　連雲是惡木
造化忌才明　人生貴庸碌
顔淵昔短命　仲尼不能贖
萬古丘原上　春草黃復綠

---

776) 庸碌은 평범하고 보잘것없음이다.
777) 顔淵(521경~490경 B.C.)은 춘추시대 말기 魯나라의 학자로 이름은 回, 자는 子淵, 孔子의 제자이다. 단명하여 32세에 죽었는데, 이를 두고 공자는 "하늘이 나를 버리는구나(天喪予)"라며 슬퍼했다.
778) 仲尼는 孔子(552~479 B.C.)의 字이다. 춘추시대 魯나라의 대학자로, 이름은 丘이다. 많은 문인을 교육시키고 천하를 周遊하며 治國의 도를 설파하였고, 六經를 刪述하여 유가의 터전을 닦은 聖人이다.
779) 贖은 買賣·購買를 뜻한다.
780) 鸑鷟은 전설적인 瑞鳥인 봉황의 일종이다.
781) 須臾는 짧은 시간이다.
782) 啁啾(주추)는 새의 울음소리이다.
783) 丹丘는 신선이 산다고 하는 곳으로 밤이 낮처럼 밝다고 한다.

所以人間世　絶無來鸑鷟
縱來不須臾　惟恐染棼濁
百鳥日啁啾　羽翼紛獨遬
因聲寄丹丘　何時一來復

문에는 만리를 온 손님이 있는데
관패(冠佩)[784]가 어찌 저리 어설픈가?[785]
대청에 가득한 이들은 모두 아름다운 차림이지만
나에게는 이 사람만 마음에 드네.
어찌 그대에게 옷이 없으랴?
모시옷으로 봉양받았다네.
둥근 옷깃은 그대의 도덕을 상징하고
큰 소매는 그대의 의표(儀表)를 나타내네.
오산(吳山)[786]은 아득히 얼마나 떨어져 있는가?
진수(溱水)[787]는 전과 같이 흐르리.[788]
뜬 구름처럼 바람이 한 번 불면 사라지니
얼굴을 마주하기를 어찌 기약할 수 있으랴?
사람은 하늘과 땅 사이에 살면서
한결같은 마음으로 서로 알아줌을 귀하게 여긴다네.
바라노니 두 마리 황곡(黃鵠)[789]이 되어

---

784) 冠佩(珮)는 관원이 착용하는 冠과 佩玉이다.
785) 陸離는 뒤섞여 가지런하지 않은 모양이다.
786) 吳山은 춘추시대 吳나라 지역에 있는 산을 가리키는데, 吳氏의 시조인 季札이 오나라 사람이기 때문에 언급한 듯하다.
787) 溱水는 河南省 密縣의 북동쪽 聖水峪에서 발원하여 洧水와 합류하여 賈魯河로 흘러 들어가는 강이다.
788) 流如斯는 이와 같이 끊임없이 흐른다는 말로, 『論語』 「子罕」의 "공자께서 냇가에서 말씀하시기를 '가는 것은 이와 같아서 밤낮을 쉬지 않는구나.'라고 하였다.(子在川上曰 逝者如斯夫 不舍晝夜)"라는 글을 염두에 둔 표현이다.

팔극(八極)[790]으로 길이 따르세나.

門有萬里客　冠佩何陸離
滿堂皆美人　與余獨相宜
豈曰子無衣　紵衣以奉之
圓領象君德　大袖章君儀
吳山杳幾許　溱水流如斯
浮雲一飄失　會面安可期
人生天地間　一心貴相知
願爲雙黃鵠　八極長追隨

살아 있을 때에는 옛 사람에 미치지 못하고
죽은 뒤에는 뒷사람을 기다리지 않네.
옛 사람은 나와 마음을 같이 하고
뒷사람은 나와 정신이 통하네.
그래서 지금 사람을 만나려 하건만
지금 사람은 어찌하여 저 너머 속세에 있는가?
아내와 자식을 마주함이 답답하여[791]
송균(松筠)[792]을 그리워하며[793] 돌아보네.
봉구(蓬丘)[794]에는 우인(羽人)[795]이 있는데
순일한 기운[796]으로 청진(淸眞)을[797] 지킨다네.

---

789) 黃鵠은 한 번 날아 천리를 올라간다고 하는 신선이 타는 큰 새로 烏孫公主라고도 한다.
790) 八極은 八方과 같은 말로 아주 먼 곳의 땅, 또는 천하이다.
791) 鬱鬱은 마음이 답답하고 괴로운 모양이다.
792) 松筠은 소나무와 대나무로 지조가 곧고 굳음을 비유한다.
793) 依依는 그리워함이다.
794) 蓬丘는 三神山의 하나인 蓬萊山을 가리킨다.
795) 羽人은 날아다닌다는 전설상의 신선이다.
796) 壹氣는 元氣, 純一한 氣이다.

동쪽으로 날아가는 새에게 바라노니
날개를 나란히 하여[798] 나의 몸이 가게 해 달라.
새가 말하기를 '날개가 약한데다
넓은 영해(瀛海)[799]에는 나루터도 없답니다' 하네.
손을 흔들어[800] 새를 하직하여 보내고서
고륜(尻輪)[801]을 수리하려고 애쓰네.

生不及古人　死不待後人
古人同我心　後人通我神
乃與今人遇　今人奈隔塵
欝欝對妻子　依依顧松筠
蓬丘有羽人　壹氣葆淸眞
願因東飛鳥　附翼送我身
鳥辭羽毛弱　瀛海浩無津
揮手謝鳥去　努力理尻輪

태허(太虛)[802]가 탁약(橐籥)[803]을 부려서
산과 시내를 뭉치고 녹였네.[804]

---

797) 淸眞은 진실하고 자연스러움이다.
798) 附翼은 날개를 나란히 하여 낢, 또는 比翼鳥의 별칭이다.
799) 瀛海는 큰 바다, 大洋이다.
800) 揮手는 손을 흔듦으로 헤어짐을 비유한다.
801) 尻輪은 엉덩이를 수레로 삼음으로 마음대로 다니며 놂을 비유하는데, 『莊子』「大宗師」의 "가령 나의 엉덩이를 수레바퀴로 삼고 정신을 말로 삼는다면, 내가 그것을 탈 수 있을 테니, 어찌 다시 멍에를 맬 필요가 있겠소?(浸假而予之尻以為輪, 以神為馬, 予因而乘之, 豈更駕哉?)"라는 子輿의 말에서 유래한다.
802) 太虛는 天地의 元氣, 또는 우주만물의 근원이 되는 一氣이다.
803) 橐籥은 풀무로 조물주나 대자연을 비유하는데, 탁은 풀무의 바깥통, 약은 풀무 안의 대롱이다.
804) 融結은 녹아서 풀리고 엉켜서 뭉침이다.

즈문 산은 다투어 기이하고 빼어난데
골 골짜기는 다투어 졸졸거리며 흐르네.805)
물고기와 용은 그 아래에 있고
해와 달은 그 꼭대기806)에서 솟네.
자줏빛 놀은 허공 가운데에서 춤추고
신이한 바람은 넓어서 끝이 없네.
철인(哲人)807)은 일기(一氣)808)와 소통하기에
현묘한 이치를 알고809) 곧 기뻐하네.810)
옷의 먼지를 털고811) 낭랑하게 휘파람불며
허공을 넘어 날아다니는 신선과 함께 노네.812)
구름은 산언덕813)에서 나와서
팔연(八埏)814)을 제멋대로 오고가네.
나는 홀로 무엇을 하는 자인가?
구중(區中)815)의 인연에 매달린 뒤웅박816)이네.

---

805) 潺湲은 물이 흐르는 모양, 또는 흐르는 소리이다.
806) 巓은 산꼭대기이다.
807) 哲人은 지혜가 뛰어난 사람이다.
808) 一氣는 천지의 조화를 일으키는 만물의 元氣이다.
809) 玄對는 玄妙한 이치를 따져서 밝히는 것이다.
810) 怡然은 기뻐하는 모양, 즐거워하는 모양이다.
811) 振衣는 옷의 먼지를 터는 것으로 衣冠을 깨끗하게 하는 것인데, 『楚辭』 <漁父>에 "새로 머리를 감은 사람은 반드시 갓의 먼지를 털고, 새로 몸을 씻은 사람은 반드시 옷의 먼지를 터네.(新沐者必彈冠, 新浴者必振衣.)"라는 구절이 있다.
812) 이 구절은 北宋 蘇軾의 <赤壁賦>에 나오는 "갈댓잎 같은 배 하나를 띄워 가는 대로 맡겨서, 만 이랑의 아득한 물을 넘어간다.(縱一葦之所如, 凌萬頃之茫然.)", "날아다니는 신선을 데리고 즐겁게 노닐고, 밝은 달을 안고 길이 살다가 마치려 한다.(挾飛仙以遨遊, 抱明月而長終.)"라는 두 구절을 點化한 표현이다.
813) 陖은 陵의 古字이다.
814) 八埏은 八方의 끝이다.
815) 區中은 인세·속세이다.
816) 繫匏는 매달린 뒤웅박인데, 『論語』 「陽貨」에 나오는 "내가 어찌 뒤웅박이겠느냐? 어찌 매달린 채 먹지 않을 수 있으리요?(豈匏瓜也哉? 焉能繫而不食?)"라는 孔子의 말에서 유래하여, 은거하거나 한가하게 세월을 보냄을 비유한다.

太虛運槖籥　融結爲山川
千巖競奇秀　萬壑爭潺湲
魚龍在其下　日月生其巓
紫霞儛空中　神風浩無邊
哲人通一氣　玄對卽怡然
振衣發朗嘯　凌虛挾飛仙
雲自山隙出　來去橫八埏
余獨何爲者　繫匏區中緣

아득한 깊은 골짜기[817] 안에서
자지(紫芝)[818]의 줄기가 빛나네.[819]
한 해에 꽃이 세 번 피는데[820]
감로(甘露)[821]에 씻겨서 빛이 무성하네.
너[822]는 품부받음이 아름답고 총명한데도[823]
어찌하여 유독 이룬 것이 없는가?
희화(羲和)[824]가 파리(玻瓈)[825]를 두드리니
해[826]는 날마다 서쪽으로 기우네.
난초가 마르면 절로 향기가 없어지니

817) 玄谷은 깊숙한 골짜기이다.
818) 紫芝는 지치과에 딸린 靈芝와 비슷한 자줏빛 仙草인데, 秦末에 避亂하여 商山에 은거하였던 商山四皓가 漢 高祖의 부름에 응하지 않고 이를 먹고 살면서 <紫芝歌>를 부른 데서 유래하여 隱逸을 비유한다.
819) 煌煌은 환하게 빛나는 모양, 광채가 빛나는 모양이다.
820) 三秀는 꽃이 세 번 핀다는 뜻으로 靈芝의 별칭이다.
821) 甘露는 단 이슬로 천하가 태평할 때에 하늘이 내리는 祥瑞라고 한다.
822) 而人은 汝이다.
823) 淑靈은 아름답고 총명함이다.
824) 羲和는 태양을 실은 마차를 부린다는 御者로 해의 神이다.
825) 玻瓈(璃)는 옥의 일종인 水玉·靑玉, 또는 水晶이다.
826) 光景은 햇볕이다.

흔하디흔한 녹두(綠豆)[827]와 무엇이 다르랴?
원개(元凱)[828]가 향기로운 궁전에서 모실 때에는
공중의 별처럼 어찌 그리 밝았던가?
갱가(賡歌)[829]의 음악은 끝나지 않았다지만[830]
어찌 꼭 장생(長生)[831]을 부러워하랴?
<원유편(遠遊篇)>[832]을 슬피 읊조려 보고서
비로소 굴자(屈子)[833]의 정회를 아네.

漠漠玄谷內　煌煌紫芝莖
一年有三秀　甘露汎光榮
而人禀淑靈　胡爲獨無成
羲和敲玻璨　光景每西傾
蘭枯倘無香　何異菉葹盈
元凱侍薰殿　雲星一何明
賡歌樂未央　何必羨長生
悲吟遠遊篇　乃知屈子情

---

827) 菉葹는 綠豆이다.
828) 元凱는 賢人, 또는 才士이다.
829) 賡歌는 賡載歌의 준말로 노래를 이어서 이룸을 뜻하는데. 『書經』「虞書」 <益稷>의 "고요가 손을 모아 절하고 머리를 조아리며 큰소리로 말하기를, '유념하시어 신하들을 거느리고 일을 일으키시되 법도를 삼가 공경하시며, 일이 이루어지는가를 자주 살펴 공경하소서,'라고 하고는, 마침내 노래를 이어 이루기를, '원수께서 밝으시고, 고굉이 어지니, 모든 일이 편안할 것입니다.'라고 하였다.(皐陶拜手稽首, 颺言曰, '念哉, 率作興事, 愼乃憲欽哉, 屢省乃成欽哉.' 乃賡載歌曰, '元首明哉, 股肱良哉, 庶事康哉'.)"라는 글에서 유래한다.
830) 未央은 다하지 않음, 반이 되지 않음을 뜻한다.
831) 長生은 오래 삶, 영원히 삶이다.
832) <遠遊(游)>는 전국시대 楚나라의 문인 屈原이 지은 『楚辭』의 편명으로, 그가 너무 곧은 행실 때문에 세상에 용납받지 못하자, 仙人에 의탁하여 천지를 유력하여 가지 않은 곳이 없다는 뜻을 기술한 내용으로 되어 있다.
833) 屈子는 屈原에 대한 존칭이다.

작은 풀[834]은 그늘진 골짜기에서 생장하면서도
양춘(陽春)[835]이 되면 여전히 보답하기를 바라네.
때맞추어 내리는 비[836]가 사물에 두루 미치지 못한들
누가 감히 홍균(洪勻)[837]을 원망하랴?
구슬프게[838] <백두음(白頭吟)>[839]을 읊고는
양의(兩意)[840]를 지닌 이를 아주 끊어 버렸다네.[841]
저 두 번 시집간[842] 아낙네가
이런 의리를 어찌 말할 수 있으랴?
추성(鄒聖)[843]께서는 보복(報復)[844]을 논하면서
군주를 말하였을 뿐 신하는 말하지 않았네.

---

834) 寸草는 작은 풀, 한 포기의 풀이다.
835) 陽春은 따뜻한 봄으로 흔히 덕정이나 은택을 비유한다.
836) 時雨는 때에 맞추어 내리는 비인데, 『孟子』「盡心 上」에 "군자가 가르치는 것이 다섯 가지이니, 때에 맞추어 내리는 비가 교화함과 같은 것이 있으며, 덕을 이루는 것도 있고, 재물을 이루게 하는 것도 있으며, 물음에 대답하는 것도 있고, 그윽이 착한 일을 하는 것도 있다. 이 다섯 가지가 군자가 가르치는 것이다.(君子之所以教者五, 有如時雨化之者, 有成德者, 有達財者, 有答問者, 有私淑艾者, 此五者, 君子之所以教也.)"라는 대목이 있다.
837) 洪鈞은 도자기를 만들 때 쓰이는 바퀴모양의 연모인 큰 轆轤로서, 하늘·조물주나 그 造化를 비유한다.
838) 凄凄는 슬픔, 처참함이다.
839) <白頭吟>은 작자 미상의 古辭 이래로 鮑照·李白 등 무수한 시인이 의작했던 악부 相和歌辭로 대체로 버림받은 여인이 이별을 슬퍼한 내용으로 되어 있는데, 『西京雜記』 권3에서 前漢의 司馬相如가 茂陵의 여자를 첩으로 맞이하려 하자, 그 아내인 卓文君이 이를 지어 訣別의 뜻을 드러내니, 상여가 그만두었다고 한 것과 같이 貳心을 들어 남자와 결별하고자 하는 뜻을 노래한 경우도 있다.
840) 兩意는 貳心과 같은 말로 두 가지 마음, 또는 배반하려는 마음이다.
841) 決絶은 끊어 없앰, 아주 끊음, 영원히 헤어짐이다.
842) 再醮는 두 번째의 醮禮로 남자의 재취나 여자의 재가를 가리킨다.
843) 鄒聖은 鄒나라의 聖人으로 孟子를 가리키는데, 그는 魯나라 부근에 있던 鄒나라에서 출생하였다.
844) 報復은 怨讐를 갚음인데, 여기에서는 『孟子』「梁惠王 下」에서 齊 宣王이 周 武王이 殷 紂王을 죽인 일을 두고 신하가 임금을 시해함이 옳으냐고 물은 데 대하여, 맹자가 무왕은 仁義를 해친 一夫 紂를 주벌한 것이라고 답하여, 獨夫이기 때문에 報讐한 것으로 이해한 일을 가리킨다.

<곡풍(谷風)>[845]은 원망과 비방을 일렀고
단선(團扇)[846]의 노래에는 의심과 질투가 새로웠다네.
고루하도다, 고수(高叟)[847]가 시(詩)를 해석함이여![848]
어찌하면 진실한 애정을 얻을까?
밝은 덕[849]을 높이기에 힘쓰고
얌전하였던[850] 때를 잊지 말라.

寸草生陰谷　猶願報陽春
時雨未徧物　誰敢怨洪匀
凄凄白頭吟　决絶兩意人
彼哉再醮婦　此義安足陳
鄒聖論報復　語君不語臣
谷風謂怨誹　團扇疑妬新
固哉高叟詩　何以得情眞
努力崇明德　毋忘燕婉辰

푸른 놀을 표지(標識)로 한 석실(石室)을
거친 길에서 오래 묵은 안개가 가로지르네.

---

845) <谷風>은 『詩經』「邶風」의 편명인데, 부부의 失道를 비난한 내용의 시이다.
846) 團扇은 둥근 모양의 부채로 남자에게 버림받은 여인의 심정을 비유하는데, 악부의 <團扇歌>와 漢 成帝의 궁인 班婕妤의 <怨歌行>은 남자에게 버림받은 여인의 처지를 여름에는 사랑받다가 가을이 되면 버려지는 비단으로 만든 團扇에 비유하여 한탄한 노래들이다.
847) 高叟는 高氏 늙은이로 高子를 가리키는데, 그는 전국시대 齊나라 사람으로 孟子의 제자였다.
848) 이 구절은 高子가 『詩經』「小雅」의 <小弁>을 小人의 시라고 한 데 대하여 孟子가 "고루하도다, 고수가 시를 해석함이여!(固哉! 高叟之為詩也.)"라고 말하였다는 『孟子』「告子 下」의 글을 인용한 표현이다.
849) 明德은 밝은 덕, 훌륭한 덕이다.
850) 燕婉은 태도가 점잖고 온순함으로 부부의 금슬이 좋음을 가리킨다.

무성한 초목851)이 구름 속 소나무로 이어지고
경요(璚瑤)852)에서는 돌샘의 물로 양치질을 하네.
밤이 되자 드디어 만뢰(萬籟)853)가 고요해지니
구슬픈 휘파람소리가 푸른 하늘로 들어가네
소리가 어찌 저리 구슬픈가?
골짜기가 음산하여 고요하기854) 때문이네
물어 보노라, 휘파람부는 이가 누구인가를.
매미가 허물을 벗듯이855) 자취를 감춘856) 사람이네.
골짜기 밑에서 소문이 들려왔는데
동포(同胞)857)들이 몹시 고달프다네.858)
산 속에서 자지(紫芝)859)를 캐고 또 캐지만
먹고자 하여도 목구멍에서 내려가지 않네.
친애하는 마음860)에 우연히 이와 같아졌으니
속세의 사람에게 전하지 마시라.

青霞標石室　荒塗橫古烟
蘢蓊結雲松　璚瑤嗽石泉
萬籟夜遂靜　悲嘯入青天
音響一何悲　洞陰爲悄然
借問嘯者誰　冥跡似蛻蟬

851) 蘢蓊는 蓊鬱와 같은 말로 초목이 우거져 가림, 또는 무성한 초목이다.
852) 璚(瓊)瑤는 신선이 사는 궁전이다.
853) 萬籟는 수많은 구멍에서 나오는 소리로 자연계의 온갖 소리를 가리킨다.
854) 悄然은 고요한 모양이다.
855) 蛻蟬(세선)은 매미가 허물을 벗음으로, 흔히 사람이 해탈하여 신선이 됨을 비유한다.
856) 冥跡은 자취를 감추는 것으로 은거함을 가리킨다.
857) 同胞는 같은 부모 소생의 형제・자매이다.
858) 顚連은 몹시 고달픔, 매우 곤궁함이다.
859) 紫芝는 지치과에 딸린 靈芝와 비슷한 자줏빛 仙草이다.
860) 因心은 친애하는 마음이다.

傳聞丘壑底　同胞有顚連
採採山中芝　欲餐不下咽
因心偶如此　勿爲世人傳

끝없이[861] 넓고 큰[862] 천지에는
신의 조화가 한없이[863] 성대하네.
누가 하늘과 땅이 큼을 알랴?
황학(黃鶴)[864]이 날개를 펴고 배회하네.[865]
밤에는 서쪽에 있는 약목(若木)[866]의 꽃[867]에서 자고
아침에는 동쪽의 부상(扶桑)[868]으로 가네.
한 번 올라가면 마음대로 하여
간혹 만리에서 방황하기도 한다네.
씽씽매미[869]는 언덕에서 시끄럽고[870]
땅강아지와 개미[871]는 번잡스레[872] 바쁘네.

---

861) 莽은 끝없는 모양, 끝없이 넓은 모양이다.
862) 蕩蕩은 넓고 큰 모양이다.
863) 無方은 방향이나 장소에 제한이 없음, 닿지 않는 곳이 없음이다.
864) 黃鶴은 신선이 타고 다닌다는 누런빛의 학이다.
865) 旁羊(傍佯)은 徘徊함이다.
866) 若木은『山海經』「大荒北經」에 나오는 전설적인 나무 이름인데, 大荒 안의 衡石山 · 九陰山 · 泂(灰)野山에서 생장하는 赤樹 · 靑葉 · 赤華의 나무이다.
867) 若華는 若木의 꽃인데, 楚辭 <天問>에 "해도 뜨지 않았건만, 약화는 얼마나 빛나는가? (羲和之未揚, 若華何光?)"라는 구절이 있다.
868) 扶桑은『山海經』「海外東經」에서 동쪽바다의 해 돋는 곳인 湯谷에 있다고 한 큰 신령스러운 뽕나무이다.
869) 蟪蛄는 매밋과에 딸린 벌레로 7~9월에 나와서 아침부터 저녁까지 나무숲에서 '씽씽씽' 하고 울기 때문에 고유어로는 씽씽매미라고 한다.『莊子』「逍遙遊」에 "조균[아침에만 피어 있는 버섯]은 그믐날과 초하루를 알지 못하고, 혜고는 봄과 가을을 알지 못하니, 이는 수명이 짧기 때문이다.(朝菌不知晦朔, 蟪蛄不知春秋, 此小年也.)"라는 글이 있다.
870) 擾擾는 시끄러운 모양, 소란스러운 모양이다.
871) 螻蟻는 땅강아지와 개미로 매우 작은 생물을 대유하는데,『莊子』「列御寇」에 "땅 위에 있으면 새와 솔개의 먹이가 되고, 땅 밑에 있으면 땅강아지와 개미의 먹이가 된다.(在

소인(小人)은 수레와 말을 과시(誇示)하는데
황작(黃雀)[873]은 느릅나무와 다목[874]에 앉네.
하늘[875]에는 또 무엇이 있는가?
밤낮으로 싸라기눈과 서리를 갈무리하네.
멀리 가서 굽어보지[876] 말라.
굽어보면 슬픔과 괴로움[877]이 많으니까.

天地莽蕩蕩　神化浩無方
孰知天地大　黃鶴翅旁羊
暮宿西若華　朝遊東扶桑
一擧從心志　萬里或彷徨
擾擾蟪蛄墟　紛紛螻蟻忙
小人矜車馬　黃雀搶楡枋
蒼然復何有　日夜歸霰霜
去去勿臨睨　臨睨多惻傷

외로운 뿌리에 의탁한 난초[878]는
잡다한 풀들과 밭두렁에서 함께 자라네.
나무꾼이 어찌 난초를 알랴?
곧 가리지 않고 낫질할 듯하였네.

上爲鳥鳶食, 在下爲螻蟻食.)"라는 글이 있다.

872) 紛紛은 번잡한 모양, 어지러운 모양이다.

873) 黃雀은 참샛과에 딸린 작은 새로 麻雀·瓦雀이라고도 하며, 사람에 의지하여 사는 습성이 있고, 울음소리가 맑고 고와서 흔히 觀賞鳥로 기른다.

874) 楡枋은 느릅나무와 다목[蘇方木]으로, 흔히 좁은 곳을 비유한다.

875) 蒼然은 蒼蒼과 같은 말로 하늘을 가리킨다.

876) 臨睨는 높은 곳에서 굽어봄, 살펴봄이다.

877) 惻傷은 슬프고 괴로움이다.

878) 幽蘭은 난초이다.

군자가 보고 탄식하면서
아름다운 누대 옆으로 옮겼다네.
가지와 잎이 날로 매우 무성해지자[879]
온화한 바람[880]에 아름다운 모습[881]이 떠오르네
지금의 풍속[882]은 국향(國香)[883]을 천하게 여기니
홀로 완상함을 아는 이가 없네.
무성하여[884] 가슴과 소매에 가득하니
남아 있도록 지닐 것을 생각하네.
늦도록 향기를 아끼지 않음을
차상(嗟賞)하면서[885] 마음을 억누르네.
푸른 구름이 하늘 끝을 가로지를 때에는
아름다운 모습[886]이 또 얼마나 지극한가?

幽蘭托孤根　雜卉同其陌
薪者豈知蘭　手鎌將不擇
君子見之歎　移向瑤臺側
枝葉日峻茂　光風泛顔色
時俗賤國香　獨賞無人識
采采盈懷袖　將以遺所憶
不惜馨香晩　所嗟賞心隔

879) 峻茂는 매우 무성함이다.
880) 光風은 비가 그치고 해가 난 뒤에 부는 온화한 바람, 또는 비가 그친 뒤의 아름다운 경치이다.
881) 顔色은 아름다운 용모, 또는 빛깔이다.
882) 時俗은 당시의 풍속, 또는 세상・세속이다.
883) 國香은 한 나라에서 가장 좋은 향기라는 뜻으로 흔히 난초・매화나 名花를 가리킨다.
884) 采采는 무성하고 많은 모양이다.
885) 嗟賞은 감탄하여 칭찬함이다.
886) 嬋媛은 자태가 아름다움이다.

碧雲橫天末　嬋媛復何極

대모(玳瑁)[887]로 만든 비녀로 머리를 틀어얹고[888]
한 쌍의 명월주[889] 귀고리를 달았네.
띠를 매면서 생사를 같이 한다고 말하고
그대의 뜻이라면 하지 못할 게 없다고 하였네.[890]
그대의 뜻이 하루아침에 변하니
이렇게 달라진 얼굴빛을 마주하네.
헝클어진 머리카락은 나부끼지 않고
수대(垂帶)[891]에서 가슴을 두근거리지도 않네.
무늬를 아로새긴 박산(博山)[892]의 향로에서는
백영(百英)[893]의 연기[894]가 향기롭네.[895]
푸른 연기가 그 위에 서려서
두 마리 용이 장난하는 모양이 되기도 하네.
그대가 이제는 가슴을 열지 않으니

---

887) 玳(瑇)瑁는 바다거북과에 속하는 열대지방의 거북의 일종으로 황갈색 등딱지에 검은 반점이 있고 광택이 난다. 등딱지는 鼊甲瑇라 하여 장식용이나 약용으로 쓰인다.

888) 倭墮는 倭墮髻(와타계)의 준말로 머리카락을 이마 위에 틀어얹은 부녀자의 머리 꾸밈새이다.

889) 明月珠는 달빛처럼 광택이 영롱한 구슬, 또는 밤에도 빛나는 구슬이다.

890) 이 두 구절은 南朝 宋의 시인 鮑照의 <擬行路難十八首> 중 제8수에 나오는 "내가 그대와 처음으로 서로 만난 것은 옛날인데, 당시에는 스스로 그대의 뜻이라면 마땅히 따르겠다고 일렀네. 띠를 매면서 그대에게 말하기를 사생은 함께 하고, 좋아하고 싫어함은 서로 버려 두자고 하였네.(我昔與君始相値, 爾時自謂可君意. 結帶與君言死生, 好惡不相置.)"라는 대목에서 인용한 것이다.

891) 垂帶는 돌층계 양쪽의 작은 난간이다.

892) 博山은 중국 山東省 博山縣 동남쪽에 있는 산으로 그 모습을 본떠 만든 향로인 博山爐가 유명하다.

893) 百英은 漢 成帝의 妃 趙飛燕이 몸단장을 할 때 피웠다는 향으로 百蘊香이라고도 한다.

894) 穗(䅵)는 香䅵(穗)의 준말로 향을 태운 연기가 엉켜서 흩어지지 않는 모양이다.

895) 氤氳은 향기, 짙은 향기이다.

바람에 날리는 향기가 어디에 의지하랴?
산 속에 있는 나무의 가지는
말라 떨어져도[896] 나중에 푸르러진다네.

倭墮玳瑁簪 雙珠明月珥
結帶言死生 無不可君意
君意一朝變 對此顔色異
綢髮不云旟 垂帶不謂悸
雕文博山鑪 氤氳百英穗
靑烟盤其上 化作雙龍戱
君懷今不開 香風焉所寄
山中木有枝 搖落知後翠

지사(志士)는 산을 옮기고자[897] 하는데
소인은 기와를 깨뜨리기[898]를 좋아하네.
산을 옮기면 인자한 공적이 쌓이지만
기와를 깨뜨리면 큰 집[899]에 재앙이 생긴다네.
계두(桂蠹)[900]와 요충(蓼虫)[901]은
물성(物性)이 용서받을 수 없는 것이네.
공적이 더디면 바다의 경계가 없어지고
재앙이 빠르면 병의 물이 쏟아지네.

---

896) 搖落은 초목이 말라 떨어짐이다.
897) 移山은 산을 옮기는 것으로, 어려운 일을 곤란을 무릅쓰고 끝까지 노력하여 성취함을 비유한다.
898) 毁瓦는 毁瓦畫墁의 준말로 기와를 깨고 흙손질한 벽에 금을 그음을 뜻하며, 백해무익한 일이나 행위를 비유한다.
899) 大廈는 큰 집, 큰 건물이다.
900) 桂蠹는 계수나무에 기생하는 벌레이다
901) 蓼虫은 여뀌의 잎을 갉아먹는 벌레이다.

곡수(穀水)와 낙수(洛水)[902]는 싸움에 끼어듦[903]이 많았고
맹문(孟門)[904]은 자신의 힘을 앎[905]이 적었네.
저 동쪽으로 흐르는 물[906]을 보라.
맑든 흐리든 모두 멈추지 않네.[907]
음양의 쌓임을 부앙(俯仰)하노라면[908]
잠깐 사이에[909] 여름과 겨울이 되네.
참으로 교송(喬松)의 수명이 없어짐을
끝내 보게 될 사람은 누구일까?

志士欲移山　小人好毁瓦
移山積仁功　毁瓦灾大廈
桂蠹與蓼虫　物性非所假
功遲海無畔　灾速瓶水瀉
穀洛佐鬪衆　孟門捧土寡
瞻彼東注水　淸濁俱不舍

902) 穀洛은 周나라의 수도였던 洛陽 부근에 있는 강인 穀水와 洛水의 합칭인데, 여기에서는 周 靈王 22년, 魯 襄公 24년 등 그 홍수가 춘추시대 제후국 사이의 전쟁에 수차 중요하게 작용한 점을 가리키고자 언급하였다.

903) 佐鬪는 남의 싸움에 끼어듦이다.

904) 孟門은 중국 河南省 輝縣의 서쪽에 있는 산 이름으로 춘추시대 晉나라의 요충지인데, 여기에서는 魯 襄公 23년에 齊나라가 晉나라를 공격하여 朝歌를 취하고, 孟門으로 들어가서 大行山에 오르며, 熒庭에 성곽을 쌓은 일을 가리키고자 언급하였다.

905) 捧土는 한 움큼의 흙이라는 뜻으로, 後漢 光武帝 때에 幽州牧으로 있던 朱浮가 漁陽太守의 반란을 두고, "황하 가의 사람이 한 움큼의 흙으로 孟津의 강물을 막으려고 하니 그 헤아릴 줄 모름을 많이 볼 수 있다.(猶河濱之人捧土以塞孟津, 多見其不知量也.)"라고 하였다는 『後漢書』 朱浮傳의 고사에서 유래하여, 자신의 힘을 잘 모름, 또는 잘 앎을 비유한다.

906) 東注水는 東流水와 같은 말로 중국의 강물이 반드시 동쪽으로 흐른다는 뜻으로, 흔히 事必歸正을 비유한다.

907) 不舍(捨)는 쉬지 않음, 그치지 않음이다.

908) 俯仰은 굽어보고 쳐다봄으로 一擧一動·行動擧止, 또는 짧은 시간을 비유한다.

909) 僶勉은 잠깐 사이, 아주 짧은 시간 동안이다.

俯仰陰陽積　僶勉成冬夏
亮無喬松壽　誰見畢竟者

나그네가 탄 혼망(混莽)[910]이라는 새는
무궁향(無窮鄕)[911]을 출입한다네.
만리를 흐르는 물에 갓끈을 씻고
머리카락을 말리며[912] 대황(大荒)[913]에 서 있네.
아침해가 부상(扶桑)에서 나와서
나의 구름으로 짠 비단[914]옷을 비추네.
수많은 패물[915]은 짙은 향기[916]를 풍기고
초목은 회광(回光)[917]에 빛나네.
앞에는 만고의 세월이 멀고
뒤로는 천세의 세월이 기네.
몸은 호탕(浩蕩)하여[918] 얽매임이 없어
전수(前脩)[919]와 함께 다투네.[920]
바람 앞에서 문득 잠을 깨고[921] 보니
서쪽으로 가는 배[922]는 참으로 창량(蒼凉)하네.[923]

---

910) 混莽은 混茫(汒)과 같은 말로 천지가 나뉘기 전의 혼돈상태이다.
911) 無窮鄕은 끝이 없는 도의 경지를 지닌 영역이다.
912) 晞髮은 머리털을 햇볕에 말리는 것으로, 고결하고 탈속함을 비유한다.
913) 大荒은 아득히 먼 곳, 또는 海外로 해와 달이 뜨는 곳이라고 한다.
914) 雲錦은 구름무늬를 넣어 짠 비단이다.
915) 雜佩(珮)는 珩·璜 등을 줄에 꿴 패옥의 총칭이다.
916) 馥郁은 짙은 향기, 또는 향기가 짙음이다.
917) 回光은 해가 지기 직전에 잠시 반짝이는 빛이다.
918) 浩蕩은 규모가 웅장하거나 거대함이다.
919) 前脩(修)는 덕을 쌓은 전대의 군자·현인이다.
920) 頡頏(亢)은 우열을 다툼, 匹敵함이다.
921) 傾寤는 몸을 뒤척여 잠에서 깨어남이다.
922) 西汎은 서쪽으로 떠감으로 西日을 비유한다.
923) 蒼凉은 서늘하고 차가움, 황량하고 쓸쓸함이다.

즐겁게[924] 태화(太和)[925]를 따르면서
애오라지 길이 슬퍼하지[926] 않으리.

客乘混茫鳥　出入無窮鄕
濯纓萬里流　晞髮立大荒
暾出扶桑間　照我雲錦裳
雜佩紛馥郁　草木昭回光
前有萬古遠　後有千世長
浩蕩身無碍　前脩共頡頏
臨風忽傾寤　西汎正蒼凉
歡言剌太和　聊以不永傷

04-42 심주서[927] * 경선[928]이다. 의 만사. * 정자(正字)[929]가 되자 요절하였는데, 형이 있었으나 먼저 죽고 자녀가 없으며, 집에서 청천[930]의 불천사[931]를

---

924) 歡言은 즐거워함, 또는 즐거운 모양・기뻐하는 모양으로, '言'은 虛字이다.
925) 太和는 천지 사이의 온화한 기운이다.
926) 永傷은 오래 비통해함, 오래도록 마음이 아파함이다.
927) 注書는 조선시대 承政院의 기록을 맡은 정7품 관직으로 정원은 2명이며, 春秋館의 記事官을 겸임하여 史草의 기록과 實錄의 편찬에 참여하였다.
928) 沈景先(1700~1737?)은 조선 후기의 문신으로 본관은 풍산, 자는 士行, 泰元의 아들, 우의정 守慶의 후손이다. 영조 11년(1735) 증광시 을과에 7위로 급제하여 승문원 정자를 지냈는데, 이 시의 題註로 보아 사후에 주서로 증직된 듯하다.
929) 正字는 조선시대 교서관・홍문관・승문원의 정9품 관직이다.
930) 聽天堂은 조선 전기의 문신 沈守慶(1516~1599)의 호로 본관은 豊山, 자는 希安이다. 식년문과에 장원으로 급제하여 賜暇讀書를 거쳐 檢詳・直提學을 지냈다. 中宗陵인 靖陵을 이장할 때 경기도관찰사로 大輿를 옮길 船艙을 설치하지 않은 죄로 파직되었고, 뒤에 대사헌과 八道의 관찰사를 지내고 淸白吏에 錄選되었으며, 우의정에 오르고 기로소에 들어갔다. 1592년에 임진왜란이 일어나자 三道體察使가 되어 의병을 모집하였고, 영중추부사를 지내고 致仕하였다. 문장과 서예에 능하였으며 『聽天堂詩集』・『遣閑雜錄』을 남겼다.
931) 不遷祠는 親盡廟毁[친족의 代數가 다하여 祖廟를 없앰]하지 않고 영원히 제사를 받들도록 나라에서 허락한 神位를 모신 사당이다.

받든다. 청천은 나에게 외가쪽 선조이다.

04-42 沈注書 ＊ 景先. 挽 ＊ 爲正字早夭, 有兄先亡無子女, 家奉聽天不遷祠. 聽天於余爲外先.

『황정경(黃庭經)』[932]의 한 글자[933] 때문에 잠깐 배회하고 말았는데
바야흐로 사람세상에 올 때에는 몇 글자를 얻어서 왔던가?
박태기나무[934]와 귤숲[935]에는 조문할 곳이 없기에
청천(聽天)의 사당 밑에서 천도(天道)의 회전에 대하여 물어 보네.

黃庭一字暫徘徊　正得人間幾字來
荊樹橘林無吊處　聽天祠下問天迴

04-43 여름밤에 홀로 앉아 지어서 채서방[936]에게 보여 주다

---

932) 『黃庭經』은 도가의 경전으로 魏夫人이 전했다는 『黃帝內景經』과 王羲之가 베껴서 거위와 바꾸었다는 『黃帝外景經』 및 『黃庭遁甲緣身經』, 『黃庭玉軸經』의 네 가지가 있다.

933) 黃庭一字는 『黃庭經』의 한 글자를 잘못 읽어 人世로 유배됨을 뜻하는데, 『東坡詩集註』 권4 <芙蓉城>의 "마침내 『황정경』을 잘못 읽은 일로 죄를 입었네(竟坐誤讀黃庭經)"라는 구절의 註에서 차공[蘇轍]이 晁子止[北宋 晁公武의 자]에게서 옛날에 선인이 검은 종이에 흰 글자로 베낀 『玉字黃庭經』의 구절과 글자를 잘못 읽고서 下界에 유배되어 살았다는 말을 들었다고 하였다.

934) 荊樹는 紫荊樹의 준말로 콩과의 낙엽활엽관목이며 고유어로는 박태기나무라고 하며, 봄철에 자주색 꽃이 피며 나무껍질・목재・뿌리는 약재로 쓰인다. 漢代에 田眞 삼형제가 유산을 나누어 분가하려고 하자, 뜰 앞의 자형수가 말라죽은 일에 느낀 바 있어 분가하지 않기로 하자 나무가 다시 무성해진 데 연유하여 형제를 비유한다.

935) 橘林은 귤숲으로 형제를 비유하는데. 晩唐 許渾의 <題崔處士山居>(『丁卯詩集』 권상)에 "박태기나무에 꽃이 있으면 형제가 즐겁고, 귤숲에 열매가 없으면 형제가 바쁘다네. (荊樹有花兄弟樂, 橘林無實子孫忙.)"라는 구절이 있다.

936) 蔡郎은 약산의 姪壻인 樊巖 蔡濟恭(1720～1799)을 가리킨다. 조선 후기의 문신으로 본관은 平康, 자는 伯圭, 호는 樊巖・樊翁. 시호는 文肅, 중추부지사 膺一의 아들로 吳光運・姜樸에게 배웠다. 문신정시를 거쳐 翰林會圈에 뽑혀 史官이 되고, 부승지・대사간을 거쳐 도승지로 있을 때 세자폐위를 죽음을 무릅쓰고 막았다. 대사헌・양관제학을 거쳐 경기감사・함경감사, 병조・예조・호조의 판서 등을 역임한 뒤 동지사로 청나라

04-43 夏夜獨坐, 題示蔡郎

병마가 장난이나 하듯이 교묘하게 심해지는데[937]
사람세상의 어떤 약인들 만금이야 나가랴?[938]
나의 아홉 번 꼬임[939]을 걱정하다가 일찍이 팔이 부러졌건만[940]
그대의 한 가지 방법에 기대게 되니 이젠 마음이 편안해지네.
약한 음기[941] 속에 비가 지나가니 새로운 생기[942]가 활발해지고
고요한 밤에 하늘을 보니 쌓인 기운이 깊네.
맑은 곳에 마침 와서 말을 한 이가 누구인가?
동상(東床)[943]을 기억하며 홀로 나지막하게 읊조리네.[944]

病魔如戱巧侵尋　何藥人間抵萬金
念我九廻曾折臂　憑君一法是安心

에 다녀와서, 우빈객으로 世孫을 보도하였다. 정조 즉위 후 형조판서 겸 의금부판사로 思悼世子에게 해를 입힌 이들의 처단과 공노비의 폐단을 바로잡는 데 힘썼다. 洪國榮이 실각할 때 탄핵당하여 근교의 明德山에서 8년 동안 은거하다가, 특명으로 우의정이 되고 좌의정으로 승진하여 3년 동안 獨相으로 국정을 운영하였고, 영의정에 오른 뒤 華城築造에 진력하였다. 사후 僻派에 의해 추탈관작되었다가 나중에 신원되었다. 스승인 약산을 이은 淸南의 지도자로서 자파의 주장을 지키면서 탕평책을 뒷받침한 핵심적인 인물이다. 『樊巖集』 59권을 남겼다.

937) 侵尋은 차츰 앞으로 나아감이다.

938) 抵萬金은 만금에 해당함인데, 杜甫의 <春望>에 "봉화가 석 달이나 이어지니, 가서는 값이 만금이나 되네.(烽火連三月, 家書抵萬金.)"라는 구절이 있다.

939) 九廻는 九廻腸의 준말로 창자가 아홉 번 꼬이도록 몸부림치며 괴로워함인데, 司馬遷이 宮刑을 당한 뒤에 벗인 益州刺史 任安에게 보낸 서신인 <報任少卿書>에 자신이 말 때문에 鄕黨과 祖先께 죄를 입은 것이 괴로워 "창자가 하루에 아홉 번이나 뒤틀린다.(腸一日而九回.)"라는 구절이 있다.

940) 折臂는 팔이 부러지거나 잘림이다.

941) 嫩陰은 가벼운 陰氣이다.

942) 新機는 새로운 생기・정신이다.

943) 東床(牀)은 동쪽에 있는 침상으로 사위를 비유한다.

944) 沉吟은 낮게 읊조리며 음미함, 또는 깊이 생각함이다.

嫩陰經雨新機活　靜夜看天積氣深
清境會來誰語者　東床相憶獨沈吟

04-44 자기오영 * 아우[945]를 위하여 지었는데, 아우는 이때 번소[946]에 있었다.
04-44 磁器五咏 * 爲舍弟作, 舍弟時在燔所.

04-44-01 위의 시는 <술병>이다
04-44-01 右壺

꽃이 지고 새가 울면 가장 마음으로 허락하는 벗이요
물 가에 가고 산에 오를 때에는 또 손에 지닌다네.
밤마다 숨는 신선을 사람은 보지 못하니[947]
세상에서는 오로지 달빛만이 안다네.

落花啼鳥最心期　臨水登山亦手持
夜夜藏仙人不見　世間惟有月光知.

04-44-02 위의 시는 <술잔>이다
04-44-02 右盃

945) 舍弟는 자기의 아우를 겸손하게 일컫는 말로 家弟라고도 하는데, 여기에서는 약산의 아우 吳弼運(1692~?)을 가리킨다. 그는 자가 季應으로 숙종 41년(1715) 式年進士試에 급제하여 司饔院의 直長·奉事을 지냈고, 병조참판을 지낸 申厚命의 딸에게 장가들었으며, 장녀가 蔡濟恭에게 출가하였다.

946) 燔所는 沙器·磁器를 굽는 곳인데, 여기에서는 조선사대에 임금의 식사와 궐내의 식사 공급에 관한 일을 맡아보던 관서인 司饔院 소속의 번소를 가리킨다.

947) 이 구절은 汝南人으로 시장의 掾吏였던 費長房의 다음 고사를 가리키고자 한 것이다. 시장에서 약을 파는 한 노인이 가게 입구에 병을 하나 걸어두고는, 시장이 파하면 그 속으로 들어갔다. 시장의 사람들은 보지 못하였으나 長房만이 다락 위에서 보고 기이하게 여겨 가서 재배하고 酒脯를 대접하였다. 長房의 뜻이 신선에 있음을 안 노인이 다음날 오라고 하기에, 가서 함께 병 속에 들어갔더니, 엄숙하고 우아한 玉堂에 맛있는 술과 좋은 안주가 넘치기에 함께 마시고 나왔다. 고사를 가리키고자 한 것이다.

태화(太和)[948]의 원기가 새로 술을 발효시키니
또 이 잔에는 바닷물이 가득하네.[949]
자주 기울여도 취하지 않고 맑음을 괴상하게 여기지 말라.
하늘빛과 구름 그림자를 다 머금고 있다네.

太和元氣醱新醅　海水泓然亦此盃
莫恠頻傾淸不醉　天光雲影盡含來

04-44-03 위의 시는 <도배>[950]이다
04-44-03 右桃盃

천년 묵은 이슬[951]로 온 기운이 싸늘해지니
한 개의 신령스러운 반도는 모양이 둥글어졌네.[952]
부드러운 가지를 딴 것은 어느 신선의 손인가?
봄바람 속에 내린 이슬이 벽옥소반을 적시네.

沆瀣千年一氣寒　蟠桃靈顆摾團團
和枝摘出何仙手　露滴春風碧玉盤

04-44-04 위의 시는 <필통>이다
04-44-04 右筆筒

948) 太和는 하늘과 땅 사이의 온화한 기운이다.
949) 泓然은 물이 그득하고 깊은 모양이다.
950) 桃盃는 蟠桃盃와 같을 말로 반도의 씨처럼 생긴 큰 술잔인데, 중국 北宋 宣和年間(1119~1125)에 처음 만들어졌다.
951) 沆瀣는 신선이 마신다는 밤 사이에 내린 맑은 이슬이다.
952) 團團은 아주 둥근 모양이다.

나환묵(螺丸墨)[953]과 용미연(龍尾硯)[954]을 한 주머니에 함께 넣었거늘
누가 그 속에 두지 않고 끝이 삐져나오게[955] 하는가?
도균(陶勻)[956]에 맡겼다가 별관(別館)[957]을 열고 보니
머리가 검은 이[958]가 담장을 등지고 빽빽이 서[959] 있네.

螺丸龍尾一囊同　穎脫何人不處中
分付陶勻開別館　負墻林立黑頭公

04-44-05 위의 시는 <벼루>이다
04-44-05 右水滴

붉은 바다[960]에서 검은 구름[961]이 마르려고 할 때에
솟아나는 샘물을 이슬로 떨어지게 하는 너의 공적이 기이하네.
공중에 고여 있는 물이라 본 사람이 없건만
교묘한 효용은 바야흐로 쏟아지는 곳에서 알 수 있네.

紫海玄雲欲槁時　觱泉零露爾功奇

---

953) 螺丸墨은 螺子墨과 같은 말로 소라처럼 둥글게 만든 먹이다.
954) 龍尾硯은 龍尾石으로 만든 상품의 벼루로 중국 江西省 婺源縣에서 생산되었다.
955) 穎脫은 끝이 밖으로 뚫고나온다는 뜻으로 뛰어난 재능이 드러나 알려짐을 비유하는데, 전국시대의 說客인 毛遂가 趙나라의 公子 平原君의 식객으로 있을 때 평원군이 賢士의 처신을 비유하면서 주머니 속에 있는 송곳의 끝이 금방 드러나는 것과 같다고 하자, "내가 일찍 주머니 속에 들어갈 수 있었다면, 곧 끝이 밖으로 뚫고 나오지 그 끝만 보이지는 않았을 것입니다.(使遂蚤得處囊中 乃穎脫而出 非特其末見而已)"라고 自薦하였다는 고사에서 유래한다.
956) 陶勻(鈞)은 도자기를 만드는 데 쓰이는 돌림판이다.
957) 別館은 따로 있는 집이다.
958) 黑頭公은 머리털이 검은 이로 붓을 의인화한 별칭이다.
959) 林立은 樹木이 빽빽이 서 있는 모양이다.
960) 紫海는 전설상의 바다 이름인데, 여기에서는 벼루를 가리킨다.
961) 玄雲은 검은 구름으로 먹[墨]의 별칭이다.

虛中止水無人見　妙用方從瀉處知

04-45 이상서[962)] * 정제[963)]이다. 의 만사. 2수 * 성복[964)]이 지나고 얼마 되지 않아서 부인 또한 서거하여 같은 날에 합폄하였다.[965)]

04-45 李尙書 * 廷濟. 挽二首 * 過成服未幾, 夫人亦逝, 同日合窆.

문장과 정사에 통달한 재주라 슬픔을 다 말하지 못하거늘[966)]
탁지사(度支司)[967)]에서 끝마칠 줄이야 어찌 기대하였으랴?
사년(巳年)[968)]에는 예로부터 현신이 화액을 입었는데
진일[969)]에는 이제까지 성주의 지우를 입음이 징험되었다네.
보무(寶婺)[970)]가 바삐 따르며 기미(箕尾)[971)]로 돌아갔건만
늙은 양친은 여전히 기대어[972)] 저녁에 돌아오기를 기다리시네.

---

962) 尙書는 조선시대 六曹의 장관으로 정2품직인 判書의 별칭이다.

963) 李廷濟(1670~1737)는 조선 후기의 문신으로 본관은 富平, 자는 仲協, 호는 竹湖, 좌승지 世維의 아들이다. 춘당대문과에 병과로 급제하여 정언·지평·사간 등을 거치면서 소론으로서 李濡·金昌集 등 노론계열의 중신을 탄핵하다가 파직되었고, 충주목사에서 내직으로 북귀한 뒤에도 노론 축출에 가담하다가 삭직되었다. 경기도관찰사를 거쳐 대사헌·형조판서·호조판서 등을 역임하고 지중추부사에 이르렀으며, 시호는 孝貞이다.

964) 成服은 초상이 나서 처음으로 상복을 입음인데, 大斂한 다음날에 상복을 입으며, 옛날에는 보통 초상난 지 나흘 되는 날부터 입었다.

965) 合窆은 合葬이다.

966) 不盡은 다 말하지 못함이다.

967) 度支司는 조선시대에 戶口·貢賦·錢糧·殖貨에 관한 일을 맡아보던 관서인 戶曹의 별칭이다.

968) 巳年은 太歲에 12地支 중 巳가 들어가는 해인데, 竹湖의 몰년은 丁巳年이다.

969) 辰日은 月建에 12地支 가운데 辰이 들어가는 날이다.

970) 寶婺는 별 이름으로 女宿인 婺女星의 별칭이며, 여성의 아름다움을 비유하는데, 여기에서는 부인을 가리킨다.

971) 箕尾는 二十八宿에 속하는 별자리들인 箕宿와 尾宿의 합칭인데, 殷나라 高宗 때의 재상 傅說이 죽은 뒤에 정신이 箕宿와 尾宿 사이에 응결되었다는 고사에서 유래하여, 사람이 죽는 것을 箕尾로 돌아간다고 한다.

972) 倚는 倚閭의 준말로 마을의 문에 기댐이며, 부모가 자식이 집으로 돌아오기를 기다림

모름지기 탄식하는[973] 말 밖의 조정의 물론(物論)을 살피시라.
세 지방에 따로 타루비(墮淚碑)[974]가 있다네.

文政通才不盡悲　那期斷手度支司
巳年從古爲賢厄　辰日于今驗聖知
寶婺忙隨箕返後　老親猶倚暮歸時
須看朝論咨嗟外　別有三方墮淚碑

영이(靈輀)[975]가 떠나고 싶어서 꿈틀거리는[976] 듯한데
절반은 어머니[977]에게 묶이고 절반은 모전방석[978]에 묶여 있으리.
해와 겨루느라고 몇 번이나 부질없이 길고 짧게 애썼던가?
하늘에 보답하지[979] 못한 것이 아직도 깊고 두텁게[980] 있네.
세무(世務)에는 온 소[981]에 널리 칼날을 놀렸고[982]

을 비유한다.

973) 咨嗟는 탄식함, 찬탄함이다.

974) 墮淚碑는『北堂書鈔』와『晋書』<羊祜傳>의 다음 고사에서 유래하여 죽은 사람의 덕이 높고 명망이 무거워 백성들이 그 비석을 보고 눈물을 흘리게 하는 일을 비유한다. 西晋의 荊州都督諸軍事 羊祜가 襄陽에 주둔하다가 죽은 뒤에, 백성들이 峴山에 비석을 세우고 해마다 제사를 지냈고, 비석을 보는 이들이 모두 눈물을 흘렸으므로 그가 후임자로 추천한 杜預가 墮淚碑라고 일컬었다.

975) 靈輀는 靈柩를 실은 수레이다.

976) 連卷(拳)은 부불구불한 모양, 굽은 모양이다.

977) 萱闈는 萱堂·北堂과 같은 말로 어머니·主婦를 가리키는데, 옛날에 士大夫 집의 北半部에 主婦가 거처하면서 뜰에 원추리[萱草]를 심은 데서 생긴 말이다.

978) 細氈(旃)은 곱게 짠 毛氈인데, 여기에서는 經筵官이 앉는 모전방석을 가리킨다.

979) 酬天은 하늘에 보답함으로 임금의 은혜에 보답함을 비유한다.

980) 隆深은 깊고 두터움이다.

981) 全牛는 소의 몸뚱이 전체이다.

982) 游刃은 游刃有餘의 준말로 칼날을 자유자재로 놀림이며,『莊子』「養生主」의 다음 고사에서 유래하여 솜씨가 노련하여 여유작작함을 비유한다. 文惠君[梁의 惠王]을 위하여 소를 잡는 백정이 칼날로 고기의 결을 따라 살을 바를 때에 그 공간이 칼을 놀리고도 남을 만큼 여유가 있었고 19년을 썼는데도 새 칼과 같았으므로 문혜군이 감탄하였다.

명장(名場)[983]에서는 곧 말에 천천히 채찍질을 하셨네.
정신이 수명을 누리는 방법과 어울림을 매우 괴상하게 여기나니
바로 근심하며 애씀[984]이 고년(高年)을 줄였으리.

靈輀欲發似蜷連　半結萱闈半細纏
長短幾勞虛較日　隆深尚有未酬天
全牛世務恢游刃　萬馬名場緩着鞭
頗怪精神宜壽法　憂勤無乃折高年

04-46 새벽에 일어나서 도성 남쪽을 바라보니 등불이 밝았는데, 조금 지나자 사방에서 꾀꼬리 소리가 사방의 녹음 속에서 일어나니, 더운 기운은 퍼지기 전이라 시원한 경계가 아낄 만하였다

04-46 晨起望南城, 燈火熒然, 少頃鶯聲四起綠陰間, 暑氣未布, 淸境可愛

도성 남쪽의 큰 길은 곧기가 실과 같은데
새벽빛이 희끄무레하게[985] 수많은 버들가지를 감싸고 있네.
딱딱이[986] 소리와 까마귀 울음 속에서 관원의 횃불은 달리고
엿 사라는 소리와 사람의 말 사이에서 마을의 등불은 더디 꺼지네.
시끄러운 속세에서 말을 달린들 무슨 일을 이루랴?
서늘한 데서 꾀꼬리 소리를 듣는 것은 다만 이때이리.
느긋하게 베개를 밀치고 또 한 번 웃는 것은

983) 名場은 명사들이 모이는 곳으로 흔히 과거시험장을 가리킨다.
984) 憂勤은 근심과 근면, 또는 근심하며 부지런히 일함이다.
985) 曈朦은 먼동이 트는 모양이다.
986) 擊柝은 딱딱이를 치는 것으로 옛날에 夜警을 돌던 일을 가리킨다.

산문(山門)987)까지의 온갖 일이 다 기약이 없기 때문이라네

南城大道直如絲　曙色曈朦萬柳枝
擊柝烏啼官炬駛　賣餳人語里燈遲
囂塵走馬成何事　凉界聽鶯只此時
推枕悠然仍一笑　山門百事捴無期

04-47 밤에 앉아서. 구양수988)의 시운989)을 뽑다 * 이때 아우990)는 광릉991)에 있었다.

04-47 夜坐, 拈歐陽韻 * 時舍弟在廣陵.

용렬한 의원(醫員)992)이 남게 한 병이 칠분993)이 넘어서
느긋하게994) 죽방(竹房)995)에 누워서 서책을 읽네.996)

---

987) 山門은 무덤, 또는 무덤의 입구이다.
988) 歐陽脩(1007~1072)는 北宋의 문신으로 자는 永叔, 호는 醉翁·六一居士, 시호는 文忠이다. 范仲淹의 新政을 돕다가 폄적되었고, 뒤에 翰林學士로 『新唐書』 등 사서를 편찬하였다. 參知政事를 거쳐 太子少師로 치사했으며, 王安石의 新法을 반대하였다. 시문에 두루 능했으며, 宋代 古文運動을 주도했던 뛰어난 문장가이다. 『歐陽文忠公集』·『六一詩話』를 남겼다.
989) 歐陽脩의 원운은 『歐陽文忠公集』 권13에 실린 <景靈宮致齋>인데, 원시 제1구의 운자는 彊, 제2구의 운자는 坊으로 이 작품과 다르게 되어 있다.
990) 舍弟는 자기의 아우를 겸손하게 일컫는 말로 家弟라고도 하는데, 약산의 아우는 弼運으로 숙종 41년(1715)의 식년 진사시에 2등으로 급제하고 문음으로 출사하여 司饔院의 直長·參奉을 지냈고, 병조참판을 지낸 申厚命의 딸에게 장가들었으며, 장녀가 蔡濟恭에게 출가하였다.
991) 廣陵은 지금의 경기도 廣州市 지역에 있던 牧인 廣州의 별칭인데, 司饔院 分院이 이 곳에 있었다.
992) 庸醫는 의술이 보잘것 없는 의원이다.
993) 七分은 十分之七이다.
994) 蕭然은 여유로움이다.
995) 竹房은 주위에 대나무가 심어져 있는 집이나 방이다.
996) 散帙은 책상자를 엶으로 흔히 책을 읽음을 가리킨다.

북두성으로 흐르는 구름은 먼 곳의 경치를 보태는데
서산의 장마비는 가벼운 서늘함[997]을 촉진시키네.
군은을 입은 자각(紫閣)[998]에서는 늦도록 재에 글씨를 썼는데[999]
세사에 지친 봄날의 노파는 길게 꿈을 이야기하네.
광릉(廣陵)의 음신(音信)[1000]이 사흘 동안 끊어지니
안개 낀 교외에서 헤어진 일이 다 꿈결처럼 아련하네.[1001]

庸醫留病七分強　散帙蕭然卧竹房
北斗流雲增遠色　西山積雨進微凉
君恩紫閣書灰晚　世事春婆說夢長
三日廣陵音信阻　烟郊離夢共蒼蒼

04-48 명나라 사람의 시운을 뽑다
04-48 拈明人韻

양소(良宵)[1002]라 작은 등불 하나 걸지 않아도
깨끗한[1003] 발[1004]에는 산악의 빛이 이어지네.
별은 하나하나 오늘의 비가 그친 뒤에 나오는데
달빛은 멀고먼[1005] 옛 사람이 살기 전부터 비추었네.
사면의 하늘빛은 온통 물과 같은데

997) 微凉은 조금 서늘한 기운이다.
998) 紫閣은 고운 빛이 휘황한 전각으로 흔히 궁궐을 가리킨다.
999) 書灰는 재에 글씨를 씀으로 화로의 재를 뒤적거림을 가리킨다.
1000) 音信은 音訊·音問과 같은 말로 書信이다.
1001) 蒼蒼은 어슴푸레한 모양, 은은한 모양이다.
1002) 良宵는 아름다운 밤, 또는 정월 대보름날 밤이다.
1003) 虛白은 희고 깨끗함이다.
1004) 簾櫳은 발과 창문, 또는 발이다.
1005) 遙遙는 거리가 먼 모양, 시간이 긴 모양이다.

천촌의 어두운 기운은 모두 연기가 되네.

어찌 반드시 봉산(蓬山)[1006]과 영해(瀛海)[1007]라야 하랴?

마음에 맞으면[1008] 어디서나[1009] 시편을 지을 수 있다네.

良宵不用小燈懸　虛白簾櫳嶽色連

一一星生今雨後　遙遙月自古人前

天光四面渾如水　瞑意千村合作烟

何必蓬山與瀛海　會心隨處可詩篇

04-49 계하[1010] 소회[1011]에 날이 개기에 당나라 사람의 시운[1012]을 뽑다

04-49 季夏小晦新晴, 拈唐人韻

푸른 숲에서 낮잠이 오니 숨이 점점 희미해지는데

한여름[1013]이라 눈치 없이[1014] 오는 손님이 드무네.

더위는 금옥(金屋)[1015]에서 반희(班姬)[1016]의 부채질을 재촉하더니[1017]

1006) 蓬山은 蓬萊山의 약칭으로 동해의 동쪽에 있는 선인이 산다는 산이다.
1007) 瀛海는 瀛洲山의 별칭으로 동해의 동쪽에 있는 선인이 산다는 산이다.
1008) 會心은 마음이 맞음, 마음 속으로 깨달아 앎이다.
1009) 隨處는 到處이다.
1010) 季夏는 음력 六月의 별칭이다.
1011) 小晦는 음력으로 작은 달, 즉 29일로 된 달의 그몸날이다.
1012) 원운은 『全唐詩』 권134에 실린 李頎의 <宿瑩公禪房聞梵>인데, 胡應麟은 『詩藪』 권5에서 이 작품을 "지극히 공교로우면서도 가냘프지 않다(花宮僊梵至工而不纖)"고 하였다. 李祁(약 690?~751)는 성당의 시인으로 開元年間에 진사가 되어 新鄕縣位를 지냈고 王維·王昌齡과 교유하였으며, 7언율시에 특히 빼어나서 王維·高適·岑參과 함께 李白·杜甫 이외의 四家로 일컬어졌고, 邊塞詩·玄言詩에도 뛰어났다.
1013) 炎天은 몹시 더운 날씨, 또는 몹시 더운 여름철이다.
1014) 褦襶(내대)는 여름철에 햇빛을 가리기 위해 쓰는 갓으로 어리석고 무능함, 사리에 밝지 못함을 비유하는데, 사리에 밝지 못한 사람, 어리석은 사람을 褦襶子라 한다.
1015) 金屋은 화려하고 아름다운 집이다.
1016) 班姬는 前漢 成帝 때의 후궁인 班婕妤를 가리키는데, 그녀는 前漢 成帝의 총애를 입고

가을은 은하수에서 직녀가 베틀을 가까이 하게 하네.
오래 내리던 비[1018]는 용이 걷어서 바다로 돌아가고
흰 구름은 학과 같이 수풀을 스치며 날아가네.
새로 뜰에 옮겨심은 국화를 알뜰히[1019] 돌보면서
노포(老圃)[1020]의 삶을 다만 너에게 의지하리.

午睡青林息漸微　炎天襬襶客來稀
暑催金屋班姬扇　秋近銀河織女機
宿雨捲龍歸海去　白雲如鶴掠林飛
新移庭菊殷勤護　老圃生涯但汝依

04-50 초가을[1021]이 되어도 늦더위가 선뜻 물러가지[1022] 않기에 명나라 사람의 시운을 뽑다
04-50 新秋老炎不肯退舍, 拈明韻

신추가 되어 대화성(大火星)[1023]이 옮겨갔는데도 더욱 무더우니[1024]

첩여가 되었으나, 趙飛燕이 시기하자 화를 당할 것을 염려하여 자청하여 長信宮에서 태후를 모셨고, 성제의 사후에는 무덤을 지켰는데, 시문에 뛰어나 <怨歌行>·<自悼賦>·<搗素賦> 등의 명편을 남겼다.

1017) 班姬扇은 남자에게 버림받은 여인의 심정을 비유하는 둥근 부채를 가리키는데, 班婕妤의 <怨歌行>은 남자에게 버림받은 여인의 처지를 여름에는 사랑받다가 가을에는 버려지는 비단으로 만든 團扇에 비유하여 한탄한 노래이다.

1018) 宿雨는 간밤의 비, 또는 오래 내리는 비이다.

1019) 殷勤(慇懃)은 情誼가 간절함이다.

1020) 老圃는 경험이 많은 채소·꽃을 기르는 농사꾼이다.

1021) 新秋는 초가을이다.

1022) 退舍는 후퇴함, 물러나 피함이다.

1023) 流火는 大火星이 내려간다는 뜻으로 心宿[火聲]가 음력 칠월에 서쪽으로 옮겨감을 가리키며, 칠월의 더위가 물러가고 가을이 다가옴을 비유한다. 『詩經』「豳風」<七月>에 “칠월에 대화성이 내려가니, 구월에 옷을 주네.(七月流火, 九月授衣.)”라는 구절이 있다.

1024) 煩蒸은 무더위이다.

벽의 이끼와 처마의 곰팡이에 습기[1025]가 엉키네.
새어나온 지는 햇빛은 한 줄기의 무지개를 만들고
나지막한 어지러운 구름은 천층의 신기(蜃氣)[1026]를 누르네.
장차 혹리(酷吏)[1027]에게 모일 탐욕을 어찌하면 줄일까?
외로운 군사를 물리치고자 기운은 더욱 늘어나네.
아이는 날아다니는 반딧불을 잡아서 뜰 가에서 장난하는데
나는 도성 남쪽에서 글을 읽고자 더디 등불을 켜네.

新秋流火更煩蒸　苔壁菌簷欲暑凝
返照漏成虹一道　亂雲低壓蜃溽層
將歸酷吏饕何減　欲退孤軍氣益增
兒捕流螢庭畔戲　城南遲汝讀書燈

04-51 화교에서 즉석에서 짓다. 3수
04-51 花郊卽事三首

지붕 너머에는 푸른 산이요 버드나무 바깥에는 샘이 있는데
황새가 날고 매미가 우는 바람결에는 엷은 연기가 떠다니네.
길을 가는 사람은 간혹 망아지를 거느린 말을 타고 가는데
떠도는 백성[1028]은 흔히 원금을 초과한 돈[1029] 때문에 생긴다네.
가을빛이 비치는 좋은 밭에는 구름이 땅을 두르는데

1025) 溽曙는 한여름의 습기가 많은 무더위이다.
1026) 蜃氣는 열이나 찬 기운 때문에 大氣 속에서 빛의 굴절현상이 생겨 공중이나 땅 위에 무엇이 있는 것처럼 보이는 현상인데, 蛟龍의 일종인 蜃이 토해낸 기운 때문에 생긴 것으로 오인한 데서 생긴 말이다.
1027) 酷吏는 형벌을 남용하여 백성을 헤치는 잔혹한 官吏이다.
1028) 流戶는 타향을 떠도는 백성이다.
1029) 母錢은 本錢·元金이다.

생화(生畵)[1030]와 같은 망천(輞川)[1031] 옆에는 숲이 하늘에 떠 있네.
너는 무슨 뜻으로 난간에 기대어 길게 탄식하는가?
가을들판에 과부가 많음은 안타까워할 만하네.

屋上靑山柳外泉　鸛飛蟬語淡風烟
行人或騎將雛馬　流戶多因過毋錢
好時秋光雲匝地　輞川生畫樹浮天
憑欄長歎儂何意　寡婦秋原莽可憐

넓은 교외에는 한 줄기 엷고 짙은 노을이 떠 있는데
어떤[1032] 산골마을이 깊은 그림자에 가려져 있는가?
전가(田家)의 아이는 두드려서[1033] 참새를 몰아내는데
이웃의 늙은이는 간절하게[1034] 상마(桑麻)[1035]를 말하네.
구름이 사라진 계양(桂陽)[1036]에는 산이 처마를 가로지르고
조수가 돌아오는 회포(檜浦)[1037]에는 백사장에서 햇빛이 반짝이네.
해질녘에 밥을 먹으러[1038] 온 어부[1039]는
먼저 생선꿰미[1040]를 버드나무 옆에서 자랑하네.

長郊一抹淡濃霞　若箇山村邃樾遮

1030) 生畵는 살아 있는 그림, 싱싱한 그림이다.
1031) 輞川은 여러 물이 수레바퀴의 살처럼 모이는 시내이다.
1032) 若箇(個)는 '어디, 누구, 무엇, 어떤'이다.
1033) 椓椓(탁탁)은 사물을 두드리는 모양이다.
1034) 依依는 그리워함, 또는 간절한 모양이다.
1035) 桑麻는 뽕을 길러 누에를 먹이고 삼을 길러 옷감을 생산함이다.
1036) 桂陽은 富平府의 고려시대 이름이다.
1037) 檜浦는 경기도 지역에 있었던 포구 이름인 듯하다.
1038) 趁飯은 趁食과 같은 말로 먹이를 찾음, 생계를 도모함이다.
1039) 罛(罟)師는 漁夫이다.
1040) 穿魚는 생선꿰미이다.

椓椓田童驅鳥雀 依依隣叟語桑麻
桂陽雲盡簷橫峀 檜浦潮歸日閃沙
薄暮罛師來趁飯 穿魚先向柳邊誇

들의 풍경과 마을의 모습을 벌써 분간할 수 없음은
높은 언덕에 홀로 선 나무 위에 저녁빛이 떠 있기 때문이네.
연기 속에서는 아득히 길쌈 등불이 보이고
달빛 속에서는 쓸쓸히[1041] 벼방아 소리가 들려오네.
해오라기는 문득 전야의 늙은이를 만난 듯이 서는데
산봉우리는 거의 외로운 구름에 닿은 것처럼 머네.
오랜 병[1042]으로 고요히 사느라고[1043] 속된 생각[1044]이 다 사라졌으니
이제부터는 새와 짐승 속에서도 무리를 어지럽히지[1045] 않겠네.

野色村容稍不分 高原獨樹泛黃曛
烟中績火蒼茫見 月裏秔舂寂歷聞
立鷺忽如逢野老 遙峯幾認逗孤雲
沉痾習靜塵機盡 鳥獸從今不亂羣

04-52 김상서[1046) * 동필[1047]이다. 의 만사. 3수

1041) 寂歷은 적막함, 쓸쓸함이다.
1042) 沉(沈)痾(疴)는 痼疾病・重病이다.
1043) 習靜은 마음을 고요하고 깨끗하게 가지려고 수양하는 것으로 조용한 생활을 함을 가리킨다.
1044) 塵機는 속된 생각, 속인의 機心이다.
1045) 亂羣은 무리를 혼란시킴, 백성을 혼란시킴이다.
1046) 尙書는 조선시대 六曹의 장관으로 정2품직인 判書의 별칭이다.
1047) 金東弼(1678~1737)은 조선 후기의 문신으로 본관은 商山, 자는 子直, 호는 樂健亭이다. 春塘臺文科에 을과로 등제하여 정언・필선・수찬을 지냈고, 경종 1년 世弟를 모해한 환관 朴尙儉 등을 탄핵하여 처벌받게 했다. 대사간・승지를 역임하면서 소론 온건파로서 강경파 金一鏡을 탄핵하다가 廣州牧使로 좌천되었다. 영조 초에 도승지・한성판윤

04-52 金尙書 * 東窈. 挽三首

미우(眉宇)[1048]의 자욱한 빛이 보이고
온화하게[1049] 신발 끌던 소리가 들리네.
남들과 사귐에는 원망과 악평이 없었고
나라를 위함에는 화기와 평온을 배양하셨네.
마땅히 복록[1050]을 마음으로 납득하였지만
빛나게 영화를 채우지는 않으셨네.
중신(重宸)[1051]에서 인장(印章)을 만짐을 슬퍼하시더니
임종이 가까워져도[1052] 여전히 전형(銓衡)[1053]을 맡으셨네.

譪暎看眉宇　雍容聽履聲
與人無怨惡　爲國養和平
福祿宜心得　榮華不色盈
重宸悲弄印　臨纊尙銓衡

소매 안의 소초(疏草)[1054]는 서릿발 같은 위엄이 있었는데
충성과 용기는 참으로 어떠하였던가?

등을 지내면서 탕평에 참여했고, 戊申亂에 순무사로 출전한 공적으로 이조판서에 올랐다. 冬至正使로 淸에 다녀온 뒤 좌참찬·예조판서 등을 지냈고, 시호는 忠惠,『引接說話』를 남겼다.

1048) 眉宇는 눈썹과 이마 사이, 또는 얼굴이다.

1049) 雍容은 온화한 용모이다.

1050) 福祿은 타고난 복과 나라에서 주는 祿俸이다.

1051) 重宸은 九重天·九重宮闕과 같은 말로 제왕이 거처하는 궁궐이다.

1052) 臨纊은 코와 입에 솜을 대어 숨이 남아 있는지 확인할 때가 가까워졌다는 뜻으로 죽음이 임박함을 비유한다.

1053) 銓衡은 인재를 심사하여 선발함인데, 여기에서는 吏曹判書가 되어 문관의 인사발령을 담당하였음을 가리킨다.

1054) 疏草는 上奏文의 草稿이다.

맹금(猛禽)[1055]의 마음으로 봉황을 위하고
자비로운 칼로 마귀를 참하셨네.
물결치는 언덕에서도 바르게 명예를 온전히 하고
영겁(永劫)의 속세[1056]를 금방 미리 내다보셨네.[1057]
속세를 싫어하여 훌쩍 가셨으니
맵고 단 맛을 조화시킬 수 없게 되었네.

霜威袖中草　忠勇果如何
鷙擊心爲鳳　慈悲劒斬魔
完名波岸是　先見劫塵俄
厭世翩然去　辛甘不可和

지난해부터 올해까지
용과 뱀[1058]이 진신(搢紳)[1059]에게 재액을 주네.
누가 목가(木稼)[1060]를 만나지 않았으랴?
가장 옳은 일은 사륜(絲綸)[1061]을 움직임이었네.
모든 저잣거리[1062]에서 봄기운이 끊어지고
몇 사람의 친우에게 부엌이 춥게 하였던가?
제멋대로 함[1063]이 또한 이와 같았으니
어찌 충성스러운 신하가 일어날 수 있었으랴?

1055) 鷙擊(질격)은 쳐서 공격함, 또는 猛禽類의 별칭이다.
1056) 劫塵은 永劫의 塵世라는 뜻으로 人生世間·俗世에 해당하는 불교어이다.
1057) 先見은 장래의 일을 미리 내다봄이다.
1058) 龍蛇는 용과 뱀으로 丙辰年과 丁巳年을 가리킨다.
1059) 搢紳은 笏을 큰 띠에 꽂는 것으로 벼슬아치나 덕이 높은 이를 비유한다.
1060) 木稼는 木氷과 같은 말로 비·눈·서리 등이 나무나 풀에 붙어 얼음처럼 얼어붙는 현상이며, 고유어로는 상고대라고 한다.
1061) 絲綸은 詔勅·敎書이다.
1062) 闤闠는 市街, 또는 큰길이다.
1063) 橫流는 제멋대로 함, 또는 물이 마구 넘쳐흐름으로 動亂·災殃을 비유한다.

去歲至今歲　龍蛇厄搢紳
誰非當木稼　最是動絲綸
春絶千闤闠　炊寒幾友親
橫流又如此　那得起誠臣

04-53 밤에 오래 홀로 앉아 있노라니 설월이 창에 감돌고, 나무 그림자가 뜰에 가득해지더니, 이윽고 이웃의 닭들이 사방에서 울자, 일기1064)가 크게 신명1065)해졌으니, 인세의 빼어난 경계는 오로지 잠을 자지 않는 사람만이 알 것이다

04-53 夜久獨坐, 雪月縈窓, 樹影滿庭. 俄而鄰鷄四動, 一氣孔神. 人世勝境, 惟不寐者知之

올해로 마흔아홉 해가 끝나기에
밤에 홀로 있노라니 근심이 없는데도 근심이 있는 듯하네.
세상의 일은 누워서 듣는 바람결의 누각소리처럼 긴데
산에 비긴 맹세1066)는 읊으며 마주하는 벽의 등불처럼 약하네.
눈이 증발한 수많은 집에서는 닭의 울음소리가 들끓고
별에 이어진 성근 숲에서는 까치의 그림자가 흐르네.
누가 이러한 겨울의 달빛을 품평할 줄 알랴?
봄달보다는 곱고 가을달보다는 희다네.

1064) 一氣는 밤에 마음 속에 길러지는 專一한 기운으로 孟子의 夜氣에 해당하는 개념이다. 『孟子』「告子 上」에는 "어지럽히는 일을 되풀이하면 밤에 길러지는 기운이 보존될 수 없다. 밤에 길러지는 기운이 보존되지 않으면 금수와 다름이 멀지 않을 것이다.(牿之反覆, 則其夜氣不足以存. 夜氣不足以存, 則其違禽獸不遠矣.)"라는 글이 있는데, 이는 儒家에서 저녁에 조용히 생각하면서 産生한 良知善念을 가리킨다.

1065) 一氣孔神은 전일한 기운이 크게 神明해진다는 뜻으로, 屈原의 賦 <遠遊>에 나오는 "전일한 기운이 크게 신명해짐이여, 밤중에 보존되네.(壹氣孔神兮, 於中夜存.)"라는 구절에 유래를 둔 표현이다.

1066) 山盟은 산을 두고 하는 맹세로 길이 변하지 않겠다는 굳은 맹세를 가리킨다.

今年四十九年遒　獨夜無愁似有愁
世事卧聽風漏永　山盟吟對壁燈幽
雪蒸萬屋鷄聲沸　星絡踈林鵲影流
誰解評玆冬月色　姸於春月皎於秋

04-54 새벽의 등불을 읊다
04-54 咏曙燈

천계(天鷄)[1067]가 홰를 치면서[1068] 울어 새벽을 불러오니
세상의 뭇 동물 가운데 한가한 것이 무엇이 있으리요?
쇠잔한 등잔의 한 점 푸른 등불빛은
순(舜)[1069]과 도척(盜蹠)[1070]의 시대부터 천년 동안 늘 비춘다네.

腷膊天鷄喚曙還　世間羣動有誰閒
殘缸一點青熒色　慣照千年舜蹠間

04-55 밤에 좀도둑[1071]이 들었다고 집 안에서 위급함을 외치기[1072]에 침상에서 느낌이 있어 우연히 구점하다
04-55 偸兒夜過, 家中警號, 枕上有感偶占

1067) 天鷄는 천상의 桃都山의 桃都라는 큰 나무 위에 산다는 닭으로, 해가 떠서 이 나무를 비출 때에 울면 세상의 닭이 따라서 운다고 한다.
1068) 腷膊(픽박)은 닭이 홰를 치거나 물건이 부딪히는 소리이다.
1069) 舜은 중국 고대의 신화적 임금으로 성은 姚, 이름은 重華이다. 有虞氏 부락의 추장이었으므로 虞舜이라고 한다. 堯에게서 禪讓받아 善治했으며, 堯와 함께 유가의 이상적 聖君으로 추앙되었다.
1070) 盜跖(蹠)은 중국 春秋時代의 큰 도적으로, 孔子와 같은 때의 魯나라 사람이다. 賢人 柳下惠의 아우로 그 도당 9천명이 떼를 지어 전국을 휩쓸었다고 한다.
1071) 偸兒는 좀도둑이다.
1072) 警號는 위급하여 소리침, 또는 위급을 알리는 신호이다.

달빛이 없는 산 속의 집은 벽라(薜蘿)[1073]로 덮여 깊숙한데
안개 속에 노를 젓고 눈 속에서 말을 달리면서 금세 지나갔네.
저 놈의 진면목(眞面目)[1074]이 응당 도깨비[1075]는 아닐 텐데
세상에서 밝은 해를 볼 때가 얼마[1076]나 많으랴?

無月山窓邃薜蘿　挐烟驀雪瞥然過
渠應面目非魑魅　何限人間白日多

04-56 동짓달[1077] 스무나흗날에 매화가 처음으로 피다
04-56 至月二十四日, 梅花初開

뭇 꽃[1078]이 떨어진 뒤에 누가 함께 하는가?
바람에 흔들리면서[1079] 홀로 고고(孤高)함[1080]을 원망하지 않네.
늙은 나는 야위어서[1081] 병든 학과 같기에
밝은 달빛 속에서 우뚝 솟은[1082] 너를 짝한다네.

衆芳搖落有誰同　莫怨孤高獨倚風
老我淸癯如病鶴　亭亭伴爾月明中

1073) 薜蘿는 薜荔[마삭줄]와 女蘿로 나무와 벽을 타고 올라가는 야생풀이며, 흔히 隱者의 거처를 비유한다.
1074) 面目은 얼굴로 사물의 드러난 모습이나 상태를 비유한다.
1075) 魑魅는 사람을 해친다는 산·늪의 妖怪로 흔히 요괴·도깨비를 가리킨다.
1076) 何限은 '얼마'를 뜻한다.
1077) 至月은 음력 동짓달이다.
1078) 衆芳은 온갖 꽃이다.
1079) 倚風은 바람이 부는 대로 흔들림이다.
1080) 孤高는 홀로 우뚝 솟음으로 흔히 특출하고 고결하다고 자부함을 가리킨다.
1081) 淸癯는 몸이 야윔이다.
1082) 亭亭은 우뚝 솟은 모양, 높이 솟은 모양, 외롭게 홀로 서 있는 모양이다.

04-57 국포자[1083]는 국화는 사랑하지만 매화는 사랑하지 않는다. 하루는 창애자[1084]와 함께 와서 매화를 완상하고 시를 지어, '천지에 외로운 꽃이 있어, 추운 세모에 우뚝하게 서 있네.'[1085] 라고 하기에, 내가 그 경책[1086]을 탄상하였는데, 이튿날 아침에 국포의 사자가 와서 작은 화분의 매화 한 포기를 달라고 하였다. 손님 가운데 국포는 매화를 알지 못하니 주어서는 안 된다고 이른 이가 있기에, 내가 그 말을 써서 이윽고 시를 지어 국포를 위하여 조롱받음을 해명한다[1087]

04-57 菊圃子愛菊不愛梅. 一日, 與蒼厓子來, 賞梅題詩曰, '天地孤花在, 亭亭歲暮寒.' 余賞其警策, 明朝, 菊圃伻來乞小盆一枝, 客有謂菊圃不解梅, 不可與, 余用其言, 旣而賦詩, 爲菊圃解嘲

매화는 파교(灞橋)[1088] 옆에 있지 않고

1083) 菊圃는 姜樸(1690~1742)의 호이다. 본관은 晉州,. 자는 子淳, 부친은 碩勛이며, 백부 碩蕃에게 입양되었다. 숙종 41년(1715) 식년문과에 을과로 급제하여 홍문관 정자가 되었으나 戚臣 閔鎭遠·魚有龜 등을 탄핵한 일로 安州에 유배되었다가, 곧 풀려나서 경종 3년 弘文錄에 뽑히고 수찬·부교리를 지냈다. 다시 수찬이 되어 尹志述을 탄핵하다가 파직당했으나, 같은 해에 정미환국으로 소론이 집권하자 기용되어 교리·咸從府使·掌隷院判決使 등을 역임했다. 약산의 절친한 벗이자, 약산과 함께 蔡彭胤·吳尙濂 등 南人詩脈을 계승한 시인으로 평가받았으며, 저서로 『菊圃集』·『菊圃瑣錄』을 남겼다.

1084) 蒼崖는 洪景輔(1692~1745)의 호이다. 본관은 豊山, 자는 大而, 重夏의 아들이다. 1723년 증광문과에 병과로 급제하여 정언·부수찬을 거쳐, 대사간·온성부사·우승지가 되었다. 전라도관찰사를 거쳐 冬至副使로 청나라에 다녀와서 대사헌으로 있을 때 인재등용에 무능한 대신들을 강하게 비판하였다. 병조참판·대사헌·경기감사를 역임한 뒤 대사간을 지냈고, 시호는 忠獻이다.

1085) 『국포집』 권5에 <次題藥山梅龕>이란 제목으로 실려 있는데, 轉·結句는 "가엾어할 만함은 기나긴 눈 속에서도, 여전히 지난해에 본 것과 같음이네.(可憐永雪裏, 猶似去年看.)"로 되어 있다.

1086) 警策은 警句와 같은 말로 기발하고 세련되어 사람을 감동시키는 글귀이다.

1087) 解嘲는 남이 자신을 嘲弄함에 대하여 解明함이다.

1088) 灞橋는 灞陵橋의 준말로 灞水에 놓여 있던 다리인데, 灞水는 陝西省 藍田縣의 동쪽에서 발원하여 西南流하여 長安의 동쪽을 지나 渭水로 흘러 들어가는 강이다.

매화는 고산(孤山)[1089] 속에도 있지 않다네.
매화의 정신은 형상 바깥에 있으니
세간의 습벽(習癖)이라는 것은 어린아이의 장난일 뿐이네.
홀로 맑고 홀로 깨어 있음[1090]이 매화에 대한 품평이니
정신을 그림[1091]은 다만 삼려씨(三閭氏)[1092]에게만 있었네.
향기가 신품(神品)[1093]에 이르면 감히 이름붙일 수 없거늘
아이는 난혜(蘭蕙)[1094]라 부르고 노복은 형지(蘅芷)[1095]라 부르네.
이 밖에는 매화를 품평한 말이 만고에 없거늘
촌뜨기[1096]가 공공연하게[1097] 옥 같은 꽃을 성가시게 하네.
꽃 옆에는 찬 비가 푸르게 자욱하여[1098]
악시(惡詩)를 다 씻어내 버리니 매화의 정신이 기뻐지리.
국포자에게 매벽(梅癖)[1099]이 있음은 들리지 않았는데
이제 매벽을 지닌 이는 참으로 국포자임을 알겠네.
한 마디 말이 꽃의 뜻을 중후하게 할 수 있기에
천지에 외로운 꽃은 경경(耿耿)해[1100] 마지 않으리.

1089) 孤山은 중국 浙江省 杭州의 西湖 안에 있는 산인데, 북송의 시인으로 매화를 酷愛하여 명편 <山園小梅>를 남긴 西湖處士[孤山處士] 林逋의 은거지이다.

1090) 獨醒獨淸은 屈原의 <漁父辭>에서 "온 세상이 다 흐리지만 나만 홀로 맑고, 뭇 사람이 다 취했지만 나만 홀로 깨어 있소.(擧世皆濁我獨淸, 衆人皆醉我獨醒 是以見放.)"라고 한 말을 가리킨다.

1091) 傳神은 그림이나 시에서 대상의 형상보다는 그것이 지닌 정신과 태도를 표현함을 가리킨다.

1092) 三閭氏는 춘추시대 楚나라의 문인인 屈原을 가리키는데, 그는 초의 귀족인 昭·屈·景 三姓에 관한 일을 맡아보던 三閭大夫를 지냈다.

1093) 神品은 가장 뛰어난 品格이다.

1094) 蘭蕙는 난초와 혜초의 합칭으로 모두 군자·현인을 비유하는 향초이다.

1095) 蘅芷는 杜蘅과 白芷의 합칭으로 두형은 다년생 초본인 족두리풀, 백지는 구릿대의 뿌리인데, 모두 楚辭 <離騷>에 나오는 香草로 군자·현인을 비유한다.

1096) 傖父(夫)는 촌놈·촌뜨기이다.

1097) 公然은 조금도 꺼리는 기색이 없음, 공공연함이다.

1098) 濛濛은 가랑비가 자욱이 오는 모양, 또는 어두운 모양이다.

1099) 梅癖은 매화를 병적으로 좋아하는 버릇이다.

이튿날 아침에 요구한 것은 우언(寓言)1101)이건만
옆 사람은 화조사(花鳥使)1102)인 줄 잘못 알았네.
건보(健步)1103)가 멀리 옮겨감은 매우 흔한 일이지만
역로(驛路)에서 서로 선사하는 일이야 어찌 본뜰 만하랴?
장지화(張志和)1104)가 낚시를 드리움은 고기를 잡고자 함이 아니요
해산(海山)의 금공(琴工)은 물루(物累)1105)을 벗어났다네.
아득한 하늘에서 삼성(參星)1106)이 비스듬해지고 달이 기운 때에
우뚝하게1107) 높이 솟아1108) 있으니 정경이 아름답네.1109)
빛을 머금고 지기(知己)를 이윽히 보면서1110)
천년 동안 간직한 아름다운 얼굴을 선사하네.1111)

梅不在灞橋邊　　梅不在孤山裏
梅花精神在象外　世間癖者兒戲耳

1100) 耿耿은 마음에 잊히지 아니하여 염려스러운 모양이다.
1101) 寓言은 바로 드러내지 않고 다른 사물에 기탁하여 표현하는 말이나 글이다.
1102) 花鳥使는 唐 玄宗이 민간의 미녀를 찾아 후궁으로 데려오도록 명한 사신인데, 여기에서는 아름다운 새와 꽃을 구하러 다니는 사신을 가리킨다.
1103) 健步는 健脚과 같은 말로 길을 잘 걷는 사람이다.
1104) 張志和는 中唐 때의 문인으로 字는 子同, 初名은 龜齡, 肅宗으로부터 志和라는 이름을 下賜받았다. 16세에 明經科에 합격하여 左金吾衛錄事參軍을 지낸 뒤, 煙波釣徒로 자호하고 은거하며 산수를 벗하여 詩詞에 힘썼다. <漁父詞>가 유명하며, 저서로 『玄眞子』를 남겼다.
1105) 物累는 외물에 구속을 당함으로, 『莊子』「天道」의 "하늘의 즐거움을 아는 사람은 하늘의 원망을 받지 않고 사람들의 비난을 듣지 않으며, 외계의 사물에 방해되지도 않고, 귀신의 벌을 받지도 않는다.(故知天樂者, 無天怨, 無人非, 無物累, 無鬼責.)"라는 글에서 유래하는 말이다.
1106) 參星은 三宿와 같은 말로 二十八宿의 하나로서 오리온 성좌의 남쪽 세 별과 그 부근의 별을 가리키며, 쟁기모양을 하고 있어 犂星(여성)이라고도 한다.
1107) 亭亭은 우뚝 솟은 모양, 높이 솟은 모양, 외롭게 홀로 서 있는 모양이다.
1108) 玉立은 우뚝 솟음, 우뚝함이다.
1109) 猗靡는 부드럽고 아름다운 모양이다.
1110) 凝睇는 凝視와 같은 말로 시선을 모아 자세히 봄이다.
1111) 持贈은 가져다 줌, 가져다 선물함이다.

獨淸獨醒是梅評　傳神只有三閭氏
香到神品不敢名　兒呼蘭蕙僕蘅芷
此外評梅萬古空　傖父公然惱玉蘂
花邊凍雨靑濛濛　洗盡惡詩梅神喜
菊子不以梅癖聞　乃知梅癖眞菊子
一語能令芳意重　天地孤花耿未已
明朝乞花是寓言　傍人錯認花鳥使
健步遠移太多事　驛路相贈何足擬
志和垂釣非取魚　海山琴工超物累
參橫月落天蒼茫　亭亭玉立情猗靡
含光凝睇向知己　千載玉顔持瞻爾

04-58 내가 국포 늙은이를 위하여 조롱을 해명하였는데도, 국로가 조용히[1112] 인정하는[1113] 말이 없으니, 그가 매화를 말할 수 없음을 알겠다. 헌와[1114]가 국로의 자리에서 나의 시를 보고 절구 한 편과 작은 서를 보내왔는데, 국로가 알지 못한다고 한 말을 따지면서 나의 쓸데없는 짓[1115]을 웃고서, 드디어 매형[1116]을 위하여 분란을 해소시켰는데, 그 풍치가 청완하여 움켜쥘 만하다. 나는 매화를 알지만 국로를 반드

1112) 密爾는 안정되고 조용한 모양이다.
1113) 印可는 제자의 깨달음에 대한 스승의 인정을 뜻하는 佛敎語로 대개 認定함·同意함을 가리킨다.
1114) 獻窩는 조선 후기의 문신 姜必慶(1680~?)의 호로 본관은 晉州, 자는 善應이다. 증광문과에 병과로 급제하여 교리·부수찬·필선 등을 거쳐 동지사 서장관으로 청나라에 다녀왔다. 보덕·집의·장령 등을 거쳐 집의로 있을 때에 臺臣의 직무를 다하지 못함을 자책하여 사퇴하면서 언로를 열어야 한다고 상소하였다. 1730년에 소론 일파의 죄에 연좌되어 오래 禁錮당하다가 좌의정 宋寅明의 건의로 해금되어, 첨지중추부사·오위장을 역임하였다. 국포의 族姪이다.
1115) 多事는 쓸데없는 일, 가욋일이다.
1116) 梅兄은 매화의 미칭이다.

시 알지는 못하고, 헌와는 국로를 알지만 매화를 반드시 알지는 못하니, 조물이 허다한 장애를 설치함에 이와 같음이 있다. 마침내 운을 밟아서[1117] 삼첩[1118]을 부연하여 헌와에게 사례하고, 아울러 국포를 격로시켜 싸움을 걸게[1119] 하고자 한다(3수)

04-58 余爲菊老解嘲, 菊老密爾無印可語, 信乎其不可語梅也. 獻窩於菊老席上, 見余詩, 以一絶若小序來, 勘菊老之不解, 笑余之多事. 遂爲梅兄解紛, 其風致淸婉可掬. 余知梅而未必知菊老, 獻窩知菊老而未必知梅, 造物之許多設障, 有如是者. 遂步韵演爲三疊, 以謝獻窩, 兼欲激怒菊圃以致師

매화로 인한 송사(訟事)[1120]가 어지러움이 또한 하나의 기이한 일인데
한가한 가운데 바쁜 일이 꽃다운 자태를 성가시게 하네.
풍류에 대한 공안(公案)[1121]을 누가 판결할 수 있으랴?
고산(孤山)[1122]의 척안(隻眼)[1123]만[1124]이 알 수 있으리.

梅訟紛然也一奇　閑中忙事惱芳姿
風流公案誰能判　除是孤山隻眼知

세상에는 응당 이렇게 그림자가 기이한 것이 없을 텐데

1117) 步韻은 타인이 지은 시의 韻字를 따서 화답하는 시를 짓는 것이다.
1118) 三疊은 三首이다.
1119) 致師는 싸움을 돋우어 겲, 挑戰함이다.
1120) 訟事는 訴訟, 소송사건인데, 여기에서는 논쟁을 가리킨다.
1121) 公案은 爭訟中인 안건, 논쟁이 되고 있는 안건이다.
1122) 孤山은 북송의 시인 林逋의 별칭이다.
1123) 隻眼은 뛰어난 눈이라는 뜻으로 뛰어난 견해를 가리킨다.
1124) 除是는 '오직 …해야만'의 뜻으로 유일한 조건을 가리키거나, 반대로 '…을 제외하고는'을 뜻한다.

빙심(氷心)[1125]과 옥영(玉暎)[1126]이 세한(歲寒)[1127]의 자태라네.
국군(菊君)[1128]은 바야흐로 바보의 꿈을 꾸느라고
달이 지고 삼성(參星)[1129]이 비스듬해짐을 도무지 알지 못하네.

世上應無此影奇　氷心玉暎歲寒姿
菊君方作癡人夢　月落參橫揔不知

풍설이 치는 천지에서 독립(獨立)함[1130]이 기이한데
여름벌레가 또 누구에게 얼음 같은 자태를 말하랴?
황화에 비록 서리를 견디는[1131] 절조(節操)가 있다지만
여전히 차가운 향기를 보내옴을 나비 또한 안다네.

風雪乾坤獨立奇　夏虫誰復語氷姿
黃花縱有凌霜操　猶遣寒香蝶也知

(04-58) 국포의 시를 붙임(3수)
(04-58) 附菊圃

(04-58-01) 매화를 많이 지니고 있는 약산이 일찍이 나에게 작은 화분에 있는 한 포기를 주겠다고 하더니, 이윽고 주지 않았

1125) 氷心은 얼음과 같이 차고 깨끗한 마음이다.
1126) 玉暎(映)은 옥이 빛남이다.
1127) 歲寒은 일년 가운데 혹독하게 추운 시기이다
1128) 菊君은 국화를 의인화한 말로 국화와 국포를 아울러 가리킨다.
1129) 參星은 三宿와 같은 말로 二十八宿의 하나로서 오리온 성좌의 남쪽 세 별과 그 부근의 별을 가리키며, 쟁기 모양을 하고 있어 犁星이라고도 한다.
1130) 獨立은 홀로 우뚝 섬이다.
1131) 凌霜은 서리를 견디어 냄이다.

다. 내가 세상을 살펴보면, 인색한 사람은 대체로 꽃과 과수를 가두어 독차지하니, 지금 약산이 주지 않음이 어찌 기이하랴? 그러나 약산이 세속에 얽매임이 옳지 않거늘, 심지어 자기가 식언한 것을 싫어하여 손님을 핑계대어 말하였다. 손님을 핑계대는 것도 오히려 그 성실하지 않음을 미워하거늘, 그 말을 꾸며서 시를 지음은 더욱 옳지 않다. 내가 개연히[1132] 오래 응답하지 않으면서 천천히 생각해 보니, 약산의 과실은 진실로 사사로움과 좁음[1133]에 얽매인 것이니, 그 마음은 처음부터 사욕이 없고자 한 것이 아니다. 이제 내가 이미 그가 그러함을 알면서도 한 번 알리지도 않고 그만둔다면, 나 또한 옳지 않을 터이기에, 마침내 그가 지은 시에 화답하여 보내어, 그 사협한 뜻을 크게 소탕한다[1134]

(04-58-01) 藥山多蓄梅, 嘗許我以小盆一枝, 旣而不與. 余觀於世, 慳者類錮花果而專之, 今藥山之不與, 豈異也? 然以藥山而累於俗不可, 至惡其食言也, 而借客而爲之說. 借客而猶惡其不誠也, 而文其辭而爲之詩則又不可. 余慨然久不答, 徐而思之, 藥山之失, 固累於私狹.[1135] 而其心未始不欲无私者. 今余旣知其然矣, 不.[1136] 一告而止, 則余亦不可. 遂和其所爲詩以遺之, 恢蕩其私狹[1137]之意云爾

1132) 慨然은 義氣가 북받치어 탄식하는 모양이다.
1133) 私狹은 偏私狹小의 준말로 치우치게 사사로우며 좁음을 뜻한다.
1134) 『국포집』 권5에는 <약산에게 매화를 달라고 하는 서간으로 부치다(簡寄藥山乞梅)>라는 제목 아래 "뭇 방초가 사라진 세모에, 孤高한 마음을 가리고 피지 않네. 약산자에게 서신을 보내어, 애오라지 한 가지의 매화만 달라고 하네.(歲暮群芳歇, 孤懷曖未開. 移書藥山子. 聊乞一枝梅.)"라는 시가 나오고, 이어서 이 글을 제목으로 한 시가 실려 있다.
1135) 『국포집』 권5에는 '狹'이 없다.
1136) 『국포집』에는 '不' 앞에 '而'가 있다.
1137) 『국포집』에는 '廣其自私'로 되어 있다.

나는 노랗고 흰 국화를 사랑할 줄을 알지 못하고
또 누각의 꽃받침이 녹색[1138]인 매화를 사랑할 줄도 알지 못하네.
다만 아는 것은 매화와 국화가 공물(公物)[1139]이어서
서쪽집에서 동쪽집으로 옮길 수 있음이네.
옹졸하게[1140] 사사롭게 가두어 두고 독차지하고자 함은
속된 사람도 이르지 못할 일이라 참으로 탄식할 만하네.
약산거사는 전부터 나의 벗인데
뜰[1141]에 매화를 삼대보다[1142] 많이 지니고 있다네.
아름다운 화분에 심은 것은 꽃무늬가 은은하고
향기로운 울타리 안에 갈무리한 것은 그윽한 꽃이 늘어나네.
나부끼는 흰 나무는 밝은 별처럼 어지럽고
등불 앞과 달빛 아래에 가로놓이고 또 비스듬하네.[1143]
어제는 나에게 한 포기를 나누어주겠다고 하더니
오늘은 글을 요구하고 또 꾸중을 하시네.
아, 약산이 이젠 또 속됨을 벗어나지 못하니
나는 이 세상에서 누구에게 기대하랴?
하물며 또 군자는 한 마디 말을 무겁게 여겨야 함에랴?
말해 놓고 어기니 장차 무엇을 이르랴?
매화를 얻었다가 놓친 것을 안타까워함이 아니건만
종일토록[1144] 들어앉아 있노라니[1145] 감회가 많네.

1138) 蕚綠은 꽃받침이 녹색인 매화이다.
1139) 公物은 국가나 공공기관의 재물인데, 여기에서는 사회적으로 공유할 물건을 가리킨다.
1140) 區區는 구애됨, 융통성이 없음, 어리석고 옹졸함이다.
1141) 庭戶는 뜰과 문으로 정원을 두루 이른다.
1142) 麻는 매우 많거나 어지러움을 형용한다.
1143) 横斜는 가로로 있거나 비스듬히 있는 것으로 흔히 매화・대나무 등의 가지나 그림자를 형용한다.
1144) 彌日은 온 종일이다.
1145) 深居는 조용히 살면서 바깥사람과 접촉하지 않음이다.

나는 바라노라, 그대를 데리고 아득히 넓은[1146] 들판으로 가서
나부산[1147]과 대유령[1148]의 천 포기와 만 그루를 모아 얻기를.
손을 맞잡고[1149] 온 세상사람을 부르고
땅 모퉁이[1150]와 하늘 끝을 제한하지 않으리.
제적(鞮狄)[1151]에게도 없는 기이한 음악에 물들고
얼음과 눈도 미치지 못할 빼어난 꽃에 닿으리.
봄기운이 자욱하여[1152] 크게 하나가 됨[1153]을 도우니
외물에 얽매인 몸이 밝고 깨끗해져서 사사(私邪)[1154]가 사라지네
지난날의 하찮은 매화 한 포기를 어찌 말할 만하랴?
지나간 뒤이기에 나는 웃으며 그대를 위하여 노래하네.

我不知愛黃白菊　　又不知愛樓子萼綠之梅花
但知梅菊爲公物　　西家可以移東家
區區私閉欲專有　　俗人不達誠可嗟
藥山居士旣[1155]我友　　庭戶蓄梅多於麻

1146) 廣莫은 아득히 멀고 광활함, 끝없이 넓음이다.
1147) 羅浮山은 廣東省 博羅縣에 있는 산인데, 이곳의 매화촌은 매화로 유명하여, 蘇軾이 <再用松風亭下韻>에서 “나부산 밑의 매화촌은, 흰 눈으로 뼈를 삼고 얼음으로 혼백을 삼네.(羅浮山下梅花村, 玉雪爲骨氷爲魂.)”라고 읊은 바 있다.
1148) 大庾嶺은 중국 江西省 大庾縣에 있는 산으로 梅花로 유명한 곳인데, 『讀史方輿紀要』「江西」 <重險>에 따르면 盛唐의 재상 張九齡이 이곳에 새 길을 뚫을 때 매화를 심었기 때문에 梅嶺이라고도 하였다.
1149) 連手는 손에 손을 잡음이다.
1150) 地角은 窮僻한 지역, 또는 땅의 끝이다.
1151) 鞮狄은 옛날의 중국 서방과 북방의 이민족인데, 鞮는 북방・서방의 족속이고, 狄은 북방의 족속이다.
1152) 絪縕은 구름・연기 따위가 자욱한 모양, 또는 천지의 陰陽의 두 기운이 합쳐져서 어린 모양이다.
1153) 大同은 天地萬物이 융합하여 하나가 된다는 뜻으로, 『莊子』「在宥」의 “모습과 형체는 대동에 합치되고, 대동의 경지이므로 자기에 대한 집착이 없다.(形軀合乎大同, 大同而無己.)”라는 글에서 유래한다.
1154) 私邪는 偏僻되고 邪慝함이다.

種在瑤盆隱花文　　貯之芳檻增幽華
旖旎縞樹明星亂　　燈前月下橫復斜
昨日許我分一枝　　今日書要還見呵
烏乎藥山今復不免俗　　余於斯世誰望耶
况復君子重一言　　言而棄之將謂何
得梅失梅非所恨[1156]　　彌日深居感懷多
我欲携君同之廣莫野　　聚得羅浮大庾千柯與萬楂
連手招呼擧[1157]世人　　不限地角天之涯
薰以鞮狄所無之奇音[1158]　　襲以氷雪不如之殊葩
春氣絪縕協大同　　物累昭淨無私邪
向者區區一枝何足道　　然後我笑君爲歌

(04-58-02) 약산이 내가 성문을 닫은[1159] 것을 싫어하여 또 헌와의 말을 빌려 나를 격로시켜 싸움을 걸게 하고자 하여 절구 세 수를 지어 나에게 보냈다. 지난번에 고시가 한 역할은 오히려 재서[1160]로 수평하자는[1161] 것이라 할 수 있지만, 이제는 어깨를 드러내면서도[1162] 꾸짖는 데 가깝고, 더욱이 헌와를 억지로 끌어들여 공격하였다. 처음에는 전갑하여[1163] 오더니, 이제는 반드시 나누어 지나가면서 포위를

1155) 『국포집』에는 '旣'가 '卽'으로 되어 있다.
1156) 『국포집』에는 '恨'이 '論'으로 되어 있다.
1157) 『국포집』에는 '擧'가 '一'로 되어 있다.
1158) 『국포집』에는 '音'이 '香'으로 되어 있다.
1159) 閉壁은 성문을 닫음으로 수비만 하고 나가서 싸우지 않음을 비유한다.
1160) 載書는 盟約書이다.
1161) 輸平은 묵은 원한을 씻고 새로운 우호관계를 맺음이다.
1162) 袒은 예를 행하기 위하여 왼쪽 소매를 벗어 裼衣[석의: 갖옷 위에 덧입는 옷]를 드러냄, 또는 왼쪽 어깨를 드러냄이다.
1163) 全甲은 완전무장을 한 군사이다.

풀고자 하니, 약산의 군사는 이제 늙었도다. 다만 헌와군의 격치한[1164] 말이 매우 군세어서, 약산을 굴복시키지[1165] 못할 것을 걱정한다. 그러나 다만 매화에 걸린 일일 뿐이니, 바라건대 또한 잘 공격하는 것을 일러서는 안 될 것이다. 마침내 하는 수 없이 절구 3수를 보운하여 깃발과 북을 대신하고, 스스로 장수가 되어 임전하면서, 약산이 성루에 기대어 항복하기를 바란다(3수)

(04-58-02) 藥山惡我閉壁, 又借獻窩語, 欲激我而[1166]致師, 爲三絶以投我. 向者古詩之役, 猶可曰載書而輸平, 今則幾於袒而罵者, 况獻窩牽强之攻. 初是全甲以向, 而今必欲分過而解圍, 藥山之師, 於是乎老矣. 但獻君格致語硬重, 恐不能勘伏藥山. 而徒累梅花而已, 要亦不可謂善攻者. 遂不得已步三絶以代旗鼓, 自將而臨之, 以待藥山因壘而降云

약로의 횡사(橫辭)[1167]는 다만 기이한 데로 달릴[1168] 뿐인데
헌와군의 말의 이치는 여러 차례 맑은 자태를 뽐내네.
근래에 일종의 매화로 인한 송사가 벌어지고 있으니
또한 세상에서 알 만한 사람은 알기를 바라네.

藥老橫辭但騁奇　獻君談理累淸姿
爾來一種梅花案　且待人間知者知

차가운 그루터기를 살펴보면 기괴함이 단점이니

1164) 格致는 格物致知의 준말로 사물의 이치를 깊이 연구하여 지식을 완전하게 함이다.
1165) 勘伏은 무찔러 굴복시킴, 진압하여 굴복시킴이다.
1166) 『국포집』에는 '而' 다음에 '一'이 있다.
1167) 橫辭는 억지로 하는 말, 무리하게 하는 말이다.
1168) 騁奇는 기이함을 뽐냄, 신기함을 과시함이다.

포가(圃家)[1169]로 옮기면 반드시 자태가 나아질 수 있으리.
서호(西號)[1170]와 율리(栗里)[1171]를 구별하지 말라.
천지에 외로운 꽃을 나만 홀로 안다네.

檢到寒查短處[1172]奇　圃家移得定添姿
西湖栗里休分別　　天地孤花我獨知

깊은 집에 매화를 가두어 두고 부질없이 스스로 기이하다고 하니
눈서리 속의 자태가 사라지고 만 집이 얼마나 되랴?
각궁(角弓)[1173]과 가수(嘉樹)[1174]가 천추의 뜻이기에[1175]
그대에게 부쳐서 살펴 아시기를 바라네.

深屋囚梅漫自奇　幾家埋沒雪霜姿
角弓嘉樹千秋意　寄與君邊[1176]幸察知

1169) 圃家는 채소를 기르는 집인데, 여기에서는 菊圃의 집을 가리킨다.

1170) 西湖는 浙江省 杭州城의 서쪽에 있던 호수로 서쪽에 있기 때문에 붙은 이름인데, 경치가 수려하여 명승지로 이름이 높고, 明聖湖・錢塘湖・上湖・西子湖라고도 하며, 林逋가 은거하던 곳 부근에 있다.

1171) 栗里는 東晉의 문인 陶潛이 살던 곳으로 江西省 九江市 남쪽에 있었다.

1172) 『국포집』에는 '査'가 '槎', '處'가 '更'으로 되어 있다.

1173) 角弓은 짐승의 뿔로 장식한 强弓인데, 여기에서는 『詩經』「小雅」의 편명을 가리킨다. 『春秋左氏傳』 昭公 2년 春條에 "昭公이 향연을 베풀 때에 계무자가 <緜>의 마지막 章을 읊으니, 韓宣子는 <角弓>을 읊었다.(公享之, 季武子賦緜之卒章, 韓子賦角弓.)"라는 글이 있다.

1174) 嘉樹는 아름답고 좋은 나무로, 『春秋左氏傳』 昭公 2년조에 "향연이 끝난 뒤에 계씨의 집에서 향연을 가졌는데, 아름다운 나무가 있으니 한선자가 칭찬하였다.(既享, 宴于季氏, 有嘉樹焉, 宣子譽之.)"라는 글에서 유래하여 좋은 나무 밑에 고결한 선비가 삶을 비유한다. 魏 阮籍의 <詠懷>에 "아래에는 고사리를 꺾는 선비가 있고, 위에는 좋은 숲이 있네.(下有採薇士, 上有嘉樹林.)"라는 연이 있다.

1175) 이 구절은 『春秋左氏傳』 昭公 2년 春條에서 晉의 사신 韓宣子가 자신의 집 뜰의 아름다운 나무를 칭찬한 데 대하여, 昭公의 신하 季武子가 나무를 잘 가꾼 것은 『詩經』「小雅」의 <角弓>의 뜻을 잊지 않기 때문이라고 대답한 말을 지적하고자 한 것이다.

04-59 약산이 다시 국로를 도발하니, 국로가 깃발을 눕히고 북을 치기를 멈추고, 여러 날[1177] 동안 아무 소리가 없었다. 어떤 이가 말하기를 '그가 스스로 지키는[1178] 것인가?'라고 하기에, 말하기를 '아니다. 이는 나를 유인하는 것이다. 그가 나온다면, 틀림없이 달아나는 토끼와 같을 것이다.'라고 하였다. '그렇다면 그대는 기른 말과 간 병기[1179]를 가지고 기다리는 것이오?'라고 말하기에, '그럴 것 없소.[1180] 장차 스스로 항복할 뜻일 것이오.' 하였더니, '군사가 곧음은 씩씩함이고, 굽음은 노회함이오.' 하였다. 오래지 않아서 국로가 과연 하무를 물리고[1181] 큰 규모로 출병하는데, 성채를 겁략하려는 것 같았다. 약산이 마침 손님과 잔치를 하며 이야기를 하고[1182] 있노라니까, 거의 이른바 군영 안에 빗발치듯이 날아온[1183] 화살 가운데 술통을 맞춘 것도 있었지만, 약산은 담소하며 움직이지 않았다. 군사가 물러간 뒤에 약산이 웃으면서 말하기를, '국로가 곧 스스로 올 것이다.'라고 하였다. 지난번에는 국로가 틈 사이로 한 작은 포기를 엿보기에 내가 모호[1184]를 잡은 자에게 명하여 먼저 그 차양[1185]을 없앴으니, 곧 이른바 매화는 파릉교 옆에 있지 않

1176) 『국포집』에는 '君邊'이 '吾君'으로 되어 있다.
1177) 曠日은 시일이 걸림, 시일을 허비함이다.
1178) 自守는 행실이나 말을 스스로 조심하여 지킴이다.
1179) 秣馬厲兵은 말에게 먹이를 주고 병기를 날카롭게 갊으로, 전투할 준비를 함을 비유하며 秣馬利兵이라고도 한다.
1180) 毋庸은 '…할 필요가 없음'이다.
1181) 銜枚는 하무를 물림인데, 하무는 군사가 행진할 때 떠들지 못하도록 입에 물리는 나무 막대기이다,
1182) 燕語는 잔치를 베풀어 먹고 마시며 웃고 떠듦이다.
1183) 雨射는 빗발치는 화살이다.
1184) 蝥弧는 춘추시대 鄭나라의 莊公[鄭伯]의 旗 이름으로 軍旗를 대유한다.
1185) 藩蔀는 차양, 가리개이다.

고 매화는 고산 안에 있지 않다는 것이 이것이다. 이에 국로가 비로소 아득히 넓은 들판을 바라보고 천 그루와 만 포기가 있음을 알았으니, 지난번과 비교해 보면 관중[1186]의 표변[1187]이 또한 훌륭하다. 그러나 다만 그렇게 천 그루와 만 포기가 있는 것만 알고, 천 그루와 만 포기가 한 뿌리임은 알지 못한다. 그 외로운 성을 차양으로 삼았으니, 고성을 며칠 안에 빼앗으면 그 차양 또한 오래 가지 못할 것이다. 아! 도적이 주인을 미워하여, 나의 매조미쌀을 훔치고 나의 좋은 쌀을 다툰다. 그 가지와 잎임을 알면서도, 그 뿌리를 공격하고자 하여, 그가 스스로 헤아리지 못함이 많이 보이더니, 알맞게도 그로 인하여 사람을 보내어 포로가 되게[1188] 하였다. 그러나 내가 한 화살을 더 보내지 않은 것은 싸우지 않고 남을 굴복시키고자 함이다. 마침내 먹을 갈아 방패[1189]로 삼고 국로에게 격문[1190]을 보낸다(2수)

04-59 藥山再桃[1191]菊老, 菊老偃旗息鼓, 曠日無聲. 或曰, '其自守者乎?' 曰, '非也. 是誘我也. 其出, 將如脫兎也.' 曰, '然則子其秣馬厲兵以待之乎?' 曰, '毋庸. 將自服志.' 曰. '師直爲壯, 曲爲老,' 未幾, 菊老果銜枚大出, 若刦寨者. 藥山方與客燕語, 殆所謂雨射營中, 中酒樽者, 藥山談笑不動. 師旣退, 藥山笑曰,

1186) 管仲은 춘추시대 齊나라 사람으로 이름은 夷吾이다. 鮑叔의 천거로 재상이 되어 齊가 첫 覇者가 되게 하였다. 세금을 알맞게 거두고 인재를 고루 등용했으며, 尊王攘夷를 내세워 齊의 위상을 높였다. 저서로 『管子』를 남겼다.

1187) 豹變은 표범의 무늬처럼 아름답게 변하는 것이다.

1188) 往遺之禽은 『春秋左氏傳』 昭公 5년조에 나오는 말로 적국에 사신으로 보내어 포로가 되게 함으로써 마음을 풀어 주는 것을 가리킨다.

1189) 楯鼻는 방패의 꼭지, 손잡이이다.

1190) 檄은 옛날의 문체의 하나로 국가나 관부에서 백성을 徵召·曉喩하거나 적을 聲討하는 데 쓰였으며, 檄文·檄書·露布라고도 하였다.

1191) 원전의 '桃'는 '挑'의 착오이다.

'菊老將自來矣.' 向也菊老從隙中窺一小枝, 故吾命執蠡弧者, 先撤其藩蔀, 卽所謂梅不在灞橋邊, 梅不在孤山裏者是已. 於是乎菊老始望見廣莫野, 知有千樹萬楂, 較向者管中之豹, 亦大矣. 然但知其千樹萬楂, 而不知千樹萬楂之爲一本, 以其孤城爲之蔀也, 孤城不日拔, 則其蔀也亦不久矣. 噫! 盜憎主人, 竊我之粗而角我之精, 信其枝葉而欲攻其本根, 多見其不自量, 而適足爲往遺之禽也. 然余不以一矢相加遺者, 欲不戰以詘人也, 遂磨墨楯鼻以檄菊老

나에게 큰 매화나무가 있는데
나무 가운데 무하향(無何鄕)[1192]이라네.
위의 가지는 하늘의 기둥[1193]에 스치고
아래의 가지는 부상(扶桑)[1194]에 닿네.
만고에 부는 맑은 바람에
향기가 사방으로 풍기네.
약산자가 술 다섯 석(石)[1195]을 담은 표주박을 들고
사방에서 꽃을 만지작거리노라니 봄기운이 희미하네.[1196]
어지럽게 별을 끌어다 놓은 듯이 많이 피었는데[1197]
푸르스름한[1198] 늙은 그루는 자라의 뼈처럼 날카롭네.
큰 놈은 부열[1199]로 하여금 매실을 취할 수 있게 하였고[1200]

1192) 無何鄕은 無何有之鄕의 준말로 텅 비어 아무 것도 없는 고을이라는 뜻이며, 세속의 번거로운 일이 없는 허무자연의 낙토를 가리킨다.
1193) 天柱는 하늘을 떠받친다는 신화 속의 기둥이다.
1194) 扶桑은 『山海經』 「海外東經」에서 동쪽바다의 해 돋는 곳인 湯谷에 있다고 한 큰 신령스러운 뽕나무이다.
1195) 石은 곡식의 용량의 단위로 열 말에 해당한다.
1196) 茫茫은 희미함, 분명하지 않음이다.
1197) 繁英은 많이 피어 있는 꽃이다.
1198) 蒼然은 푸른빛이다.

작은 놈은 임포로 하여금 냄새와 향기로운 풍기게 하였네.[1201]

하손(何遜)[1202]을 어찌 감히 끝자리에 두랴?[1203]

겨우 들어갔지만[1204] 얽매이지 않고[1205] 술잔을 받들었다네.

근래에는 국로가 사람의 마음에 드나니

함께 배회하며[1206] 꽃 밑에 있기를 본뜬다네.[1207]

국로가 나[1208]에 대하여 한탄을 없애지 못함은

스스로 울타리[1209]를 쳐서 봄빛을 제한하였기 때문이네.

울타리 옆으로 기어와서[1210] 작은 것 한 포기를 달라고 하니

매화의 신이 크게 웃으매 대청이 한 번 떠들썩하였네.

만약 낙양성(洛陽城)[1211] 안에 봄빛이 가득하다면

천자만홍(千紫萬紅)[1212]이 활짝 피어 눈[1213]을 채우리.

아이들은 모두 나의 봄을 알지 못하고

1199) 傅說은 殷나라 高宗 때의 재상으로 고종의 꿈에 나타났기에 재상으로 발탁하였다고 한다.

1200) 이 구절은 高宗이 傅說에게 "내가 국을 끓이면, 너는 소금과 매실이 되라.(若作和羹, 爾惟鹽梅.)"라고 말하였다는 『書經』「商書」 <說命>의 글을 염두에 둔 것이다.

1201) 이 구절은 林逋의 <山園小梅>의 "성근 그림자는 맑은 얕은 물 가에 비껴 있고, 그윽한 향기는 희미한 달빛 속에 떠서 움직이네.(疎影橫斜水淸淺, 暗香浮動月黃昏)"라는 연을 염두에 둔 것이다.

1202) 何遜은 南朝 梁나라의 시인으로 尙書水部郞을 지냈으므로 何水部・河水曹로 불리었고, 『何水部集』을 남겼으며, 劉孝綽과 더불어 何劉로 일컬어졌다.

1203) 이 구절은 何孫이 揚州刺史의 記室參軍으로 있을 때 자사의 東閣에서 관아의 매화가 활짝 핀 것을 보고 <詠早梅>라는 시를 지어 회자되었던 일을 가리키고자 한 것이다.

1204) 劣容은 겨우 들어감이다.

1205) 浩然은 얽매이지 않는 모양, 정대하고 늠름한 모양이다.

1206) 旁羊(傍佯)은 徘徊함이다.

1207) 準擬는 그대로 본뜸, 모방함이다.

1208) 蓬心은 지식이 부족해서 사리에 통달하지 못함을 비유한 말로, 흔히 자신에 대한 겸칭으로 쓰인다.

1209) 藩離는 울타리, 한계이다.

1210) 匍匐은 김, 기어감이다.

1211) 洛陽은 지금의 中國 河南省에 있던 고을로 원래 洛邑이라 하였던 곳인데, 周나라 이래로 後漢・晋・隨・後唐의 都邑地였으므로, 흔히 都城을 대유한다.

1212) 千紫萬紅은 가지각색의 꽃이다.

1213) 眶은 눈 가, 눈 언저리이다.

한 포기를 사사롭게 가지고자 이웃집의 담장을 엿보네.
내가 마침 처마 밑에서 순찰하다가 손뼉을 치며 말하기를
'어찌 매화나무 옆에서 손과 주인의 구분이 있으랴' 하였네.
나귀를 타고 나귀를 찾으니[1214] 어찌 그리 어리석은가?
꿈에 본 사슴으로 사슴송사를 하니[1215] 어찌 그리 광망한가?
내가 그대에게 숨김이 없음을 그대는 아는가?
방[1216]에는 달빛이 가득하고 뜰에는 향기가 가득하네.
가지 끝에는 봄빛이 벌써 무르녹았는데[1217]
무엇 때문에 봄을 찾아 길에서 방황하는가?
매화가 사람을 멀리 하는 게 아니라 사람이 스스로 멀리 하니
사람이 매화와 더불어 서로 숨바꼭질[1218]을 하는 듯하네.
국로, 국로여! 참으로 가련하도다.
그대가 한창 취몽[1219] 중에 잠꼬대한들 무슨 상관이 있으랴?[1220]
술이 깨고 꿈이 깰 때를 기다리노라면
끝이 없는 눈과 달빛은 얼마나 은은한가?[1221]

1214) 騎驢覓驢는 나귀를 타고 나귀를 찾음으로 본디 자기가 지니고 있음을 깨닫지 못하고 오히려 밖에서 찾음을 비유하는데, 黃庭堅의 시 <寄黃龍淸老>에 "나귀를 타고 나귀를 찾으니 다만 우스울 뿐이요, 말로 말을 비유하니 또한 바보스럽다네.(騎驢覓驢但可笑, 以馬喩馬亦成痴.)"라는 구절이 있다.

1215) 夢鹿訟鹿은『列子』「周穆王」의 다음 고사에서 유래하여 명리와 득실을 따짐, 또는 광망하여 이익을 놓침을 비유한다. 鄭나라의 어떤 사람이 나무를 하다가 사슴을 잡아 감추어 두고는 너무 기쁜 나머지 그 장소를 잊은 채 길을 가면서 '꿈에 겪은 일인가' 하고 중얼거렸더니, 이를 엿들은 사람이 사슴을 찾아서 가지게 되자, 이를 알게 된 나무꾼이 문제삼아 송사가 벌어졌다.

1216) 龕은 작은 방이나 굴이다.

1217) 十分은 충분함, 넉넉함을 뜻한다.

1218) 迷藏은 눈을 가린 채 사람을 붙잡는 놀이, 또는 숨바꼭질이다.

1219) 醉夢은 술에 취한 듯하기도 하고 꿈을 꾸는 듯하기도 하여 정신이 흐리멍덩함을 가리킨다.

1220) 何妨은 何傷·何害와 같은 말로 아무 방해나 상관이 없음을 뜻한다.

1221) 蒼蒼은 은은한 모양, 어슴푸레한 모양이다.

허백당(虛白堂)[1222] 앞의 한 그루 매화나무를 문득 기억하거니와[1223]
천하의 청사[1224]의 영당(影堂)[1225]을 늘 크게 덮고[1226] 있었다네.

我有大梅樹　樹之無何鄕
上枝拂天桂[1227]　下枝接扶桑
淸風吹萬古　馨香動四方
藥山子盛酒五石瓢　撚花四顧春茫茫
亂摘星辰着繁英　老査蒼然鰲骨霜
大兒傅說許取實　小兒林逋敎嗅芳
何遜渠敢齒末席　浩然劣容奉壺觴
邇來菊老可人意　準擬花下同旁羊
菊老蓬心嗟未袪　自設藩籬限春光
匍匐籬邊乞小枝　梅神大笑一哄堂
有如春滿洛陽城　千紫萬紅爛盈眶
兒童不識皆我春　要私一枝窺隣墻
余適巡簷撫掌道　寧分賓主梅花傍
騎驢覓驢一何愚　夢鹿訟鹿一何狂

1222) 虛白堂은 조선 초기의 문신 成俔(1439~1504)의 당호이다. 본관은 昌寧, 자는 磬叔, 호는 慵齋이다. 등제하여 대사간 · 평안도관찰사 · 예조판서 · 대제학을 지냈다. 『악학궤범』을 편찬했고 저서로 『虛白堂集』·『風雅錄』이 있으며, 시호는 文戴이다.

1223) 이 구절은 약산이 虛白堂의 古家를 물려받은 일을 가리키는데, 『新增東國輿地勝覽』 권3의 비고편에 다음과 같이 요약될 수 있는 글이 있다. 成俔의 집이 북부 藥田峴에 있었는데 국초에 중 無學이 터를 잡아 준 곳이다. 허백당이 밤경치를 감상하며 뒷동산에 올라 시를 낭송하였는데, 손이 와서 자고 있다가 잠을 깨서 창문 틈으로 엿보다가, 신선이 내려왔다고 여겨 가 보고는 크게 웃었다고 한다. 성씨가 서로 전한 지 2백여년 뒤에는 지키지 못하였고, 나중에 吳光運의 집이 되었다.

1224) 淸士는 인품이 고결한 선비이다.

1225) 影許는 影幀을 모신 곳을 뜻하는 影堂을 가리킨 듯하다.

1226) 大庇는 크게 비호하여 줌, 널리 보살핌이다.

1227) 원전의 '桂'는 문맥으로 보아 '柱'의 착오이다.

吾無隱爾爾知否　滿龕月色滿院香
春在枝頭已十分　何事尋春路彷徨
梅不遠人人自遠　若人與梅相迷藏
菊老菊老眞可憐　君方醉夢囈何妨
待得酒醒夢覺時　無邊雪月何蒼蒼
猛省虛白堂前一樹梅　大庇天下淸士影許長

아끼는 것은 아름다운 덕성이니
그대는 나의 인색함을 웃지 마시라.
만약 천지에 아낌의 덕성이 없다고 말한다면
신령스러운 구역[1228]과 기이한 지경을 하늘이 왜 아끼겠는가?
만약 왕도(王道)[1229]에 아낌의 덕성이 없다고 말한다면
유독 명(名)과 기(器)[1230]를 임금이 왜 아끼겠는가?
만약 성인에게 아낌의 덕성이 없다고 말한다면
성(性)[1231]과 천도(天道)[1232]를 성인이 왜 아꼈겠는가?
도골(道骨)[1233]이 담박하게 되기만 한다면
꽃과 새를 응당 화산(華山)[1234]을 나누어 가지듯이[1235] 아끼리.

1228) 靈區는 신비하고 아름다운 땅, 훌륭한 구역이다.
1229) 王道는 임금이 마땅히 지켜야 할 도리이다.
1230) 名器는 名號와 器服인데, 기복은 관직의 尊卑와 貴賤의 등급을 표시하는 器物과 衣服이다.
1231) 性은 사람이 하늘로부터 부여받은 본성, 또는 사람의 선천적이고 보편적인 본성인 本然之性을 가리킨다.
1232) 天道는 하늘의 이치·뜻, 또는 자연이 순환하는 법칙이다.
1233) 道骨은 道人의 기질, 또는 道骨仙風이다.
1234) 華山은 陝西省 華陰縣에 있는 산으로 五嶽의 하나이다.
1235) 分華山은 화산을 반으로 나눔인데, 북송 때의 문신 張詠이 擧子일 때에 신선의 일을 듣기를 좋아하여, 도사 陳摶를 좇으면서 화산의 반을 나누고자 하자, 진단이 紙筆과 蜀牋을 주었더니 장영이 웃으면서, "제가 선생의 뜻을 알겠습니다. 아마 저를 시끄러운 곳으로 몰아내고 싶으시겠지요?(吾知先生之旨矣. 殆欲驅我入閙處乎?)"라고 말했다는 『蔡寬夫詩話』의 일화에서 유래한다.

영균(靈均)[1236]은 구원(九畹)[1237]의 밭에서 난초를 가꾸었는데[1238]
선뜻 꽃다운 뿌리를 저자[1239]로 옮겼다네.
원량(元亮)[1240]은 동쪽울타리 밑에서 국화를 꺾었는데
꽃을 빌려고 사립문을 두드린 이가 없었다네.
화정(和靖)[1241]은 오로지 홀로 고산(孤山)에 심었는데
어찌 속된 사람이 아름다운 가지를 잡음을 허용하였으랴?
국포는 평생 아낄 줄을 알지 못하기에
선비들이 청류와 탁류[1242]를 가리지 않고 모두 반가워하네.
그대가 화합을 귀하게 여김은 유하혜[1243]에게서 배운 것임을 아는데
두텁고 얇음은 또한 절로 청렴과 다욕[1244]과 같다네.
혹시 노(魯)나라의 남자[1245]만 못할까 걱정하노라니

1236) 靈均은 楚나라의 문인 屈原의 호인데, 『楚辭』 <離騷>에, “나의 이름은 正則이고, 나의 자는 靈均이네.(名余曰正則, 字余曰靈均.)”라는 구절이 있다.

1237) 畹은 토지면적의 단위이다.

1238) 滋蘭은 난초를 심어 가꾸는 것인데, 『楚辭』 <離騷>에 “나는 이미 九畹의 밭에서 난초를 가꾸었네.(余旣滋蘭之九畹兮.)”라는 구절이 있다.

1239) 闤闠은 저자의 문과 담장으로 저잣거리・시가를 가리킨다.

1240) 元亮은 東晉의 시인 陶潛(372~427)의 자인데, 그의 시 <음주>에 “동쪽 울타리 밑에서 국화를 따면서, 느긋하게 남산을 바라보네.(采菊東籬下, 悠然見南山.)”라는 구절이 있다.

1241) 和靖은 매화를 매우 사랑했던 北宋의 시인 林逋의 시호이다.

1242) 淸濁은 淸流와 濁流, 즉 고결하고 명망이 높은 선비와 그렇지 않은 선비의 합칭이다.

1243) 柳下惠는 춘추시대 魯나라의 大夫 展禽을 가리키는데, 柳下에 采邑을 가지고 있고 謚號가 惠인 데서 붙은 이름이다. 『孟子』 「公孫丑 上」에 “柳下惠는 더러운 임금을 부끄럽게 여기지 아니했고, 작은 관직을 낮다고 여기지 아니했다. 나아가서 자신의 현명함을 숨기지 아니하고 반드시 자기의 올바른 도리로써 일했다. 버림을 받아도 원망하지 아니하고, 곤궁하여서도 민망히 여기지 아니하였다.”, “伯夷는 도량이 좁고, 柳下惠는 태도가 불공하다. 도량이 좁고 태도가 불공함을, 군자는 취하지 아니한다.”라는 글이 있다.

1244) 廉頑은 청렴과 욕심이 많음을 뜻하는데, 『孟子』 「萬章 下」의 “그러므로 백이의 풍모를 들은 이 가운데에 욕심이 많은 사람은 청렴해지고, 의지가 나약한 사람은 뜻을 굳게 세우게 된다.(故聞伯夷之風者, 頑夫廉, 懦夫有立志.)”라는 글에서 유래한다.

1245) 魯男子는 춘추시대의 魯나라 사람인 顔叔子를 가리키는데, 여기에서는 『詩經』 「小雅」 <巷伯>의 “입을 크게 벌려, 남기성을 이루네.(哆兮侈兮, 成是南箕.)”라는 구절을 毛傳에서 풀이하면서 제시한 다음의 일화를 가리키고자 한 것이다. 홀로 살던 젊은 남자인 안숙자의 집에 이웃의 젊은 과부가 폭풍우에 집이 무너져서 피해오자 안숙자가 받아

작은 티끌[1246]이 쉽사리 매화와 국화 사이에 이르네.
국화의 성품은 고요하고 평화롭다고[1247] 함이 오히려 옳거니와
매화는 절로 높고 빼어나서 진환(塵寰)을 벗어나네.
흰 옷을 입은 가인(佳人)은 한 번 돌아보기를 아끼지만
말하지 않고 웃지 않아도 의태(意態)[1248]가 한가롭네.
눈을 살과 피부로 삼고 옥을 마음으로 삼는데
번쩍거리는[1249] 구슬이 푸른 쪽진 머리[1250]에 얽혀 있네.
향기가 담박한 술잔과 술통에는 봄빛이 물과 같은데
그림자가 비스듬한 발을 친 누각에는 달이 당긴 활과 같네.
하늘이 낸 빼어난 빛이기에 참으로 아낄 만하니
속인의 눈으로 어찌 쉽게 엿볼 수 있으랴?
그대에게 바라노라, 세모에는 밝은 덕을 높여서
서쪽나루에서 패검(佩劒)을 풀고[1251] 돌아감을 아까지 마시기를.

慳者是美德　君莫笑我慳
若說天地無慳德　靈區異境天胡慳
若說王道無慳德　惟名與器王胡慳
若說聖人無慳德　性與天道聖胡慳
除非道骨如淡成　花鳥應慳分華山
靈均滋蘭九畹內　肯許芳根移闤闠
元亮採菊東籬下　無人乞花扣柴關

들이지 않자, 부인이 柳下惠의 예를 들어 힐난하니 유하혜는 그럴 수 있었을지라도 자신을 그럴 수 없으므로 앞으로는 유하혜를 배우지 않겠노라고 말하였다.

1246) 一塵은 작은 티끌로 아주 미세한 사물을 비유한다.
1247) 恬和는 고요하고 평화로움, 기운이 화기로움이다.
1248) 意態는 기색과 자태, 표정과 태도이다.
1249) 錯落은 閃爍·閃耀와 같은 말로 번쩍번쩍 빛나는 모양이다.
1250) 翠鬟은 검푸르게 윤이 나는 쪽진 머리털이다.
1251) 解佩는 패옥을 풂, 차고 있는 물건을 풂이다.

和靖獨專孤山植　瓊枝豈容俗人攀
菊圃平生不解慳　士無淸濁皆歡顔
知君貴和學柳惠　敦薄亦自同廉頑
或恐不如魯男子　一塵易到梅菊間
菊性恬和尙云可　梅自高絶超塵寰
縞衣佳人慳一顧　不言不笑意態閒
雪爲肌膚玉爲心　錯落珠璣縈翠鬟
향담배준春似水　影斜簾閣月如彎
天生秀色眞可慳　俗眼那能容易覰
願君歲暮崇明德　不惜西津解佩還

(04-59) 지난번에는 내가 끝내 어리석고 어눌하게 약산에게 회답하였는데, 약산이 고인의 글을 읽은 사람이라고 잘못 알았기에, 마땅히 번민하면서[1252] 의리에 복종하는 뜻을 드러내었다. 얼마 뒤에 또 약산이 시 2수를 내어놓았는데, 말이 더욱 무리하여[1253] 강대한 제후가 오만하게 힘을 자부하고 견고함을 믿는 듯하였으니, 내가 또한 어찌할 수가 없었다. 그러나 약산은 지금 반성하지 않는 몸이면서도 부질없이 구설을 일삼으니, 비록 말을 자공[1254]에게서 빌리더라도, 나는 그가 더욱 내어놓을수록 더욱 군색해짐을 보게 되니, 어찌 참으로 가엾지[1255] 않겠는가? 군자가 말하기를, '벗에게 진실로 잘못이 있는데도 다 고하지 않고 멈추면 충직하지 못한 일이다.'라고 하였다. 내가 이에 더욱 곳집[1256]을

1252) 懣然은 번민함, 고민함이다.
1253) 橫은 어떤 일을 무리하게 함, 억지로 함이다.
1254) 子貢(507~420 B.C.)은 춘추시대 衛나라 출신의 학자인 端木賜의 자인데, 孔子가 자신의 제자 10명 가운데 言語에 뛰어난 사람으로 거명한 바 있다.
1255) 愍然은 불쌍하게 여기는 모양, 애처롭게 여기는 모양이다.

기울여 보답하면서, 그가 만에 하나라도 경오하기[1257]를 기대하고, 시인이 <포엽>[1258]과 <벌단>[1259]과 <탁혜>[1260]를 노래한 뜻을 알기 바란다(2수)

(04-59) 向余竟愚吶以復藥山, 繆謂藥山是[1261]讀古人書者, 見之當懣[1262]然服義. 俄而又出二詩, 語益橫, 若疆大諸侯傲然負力而[1263]恃固者, 余亦莫如之何. 然藥山今不反之身, 而徒以口爲事, 則雖假辭於子貢, 吾見其愈出而愈窘, 豈不誠愍然矣乎? 君子曰, '朋友苟有過, 不濶告而止, 非忠也.' 余於是[1264]益倒囷廩而報之, 以冀其萬一警悟, 庶幾詩人匏葉檀擇之義也

약산자는 나의 말을 들으시라.

나에게 오래 묵은 옻칠을 한 금(琴)이 있는데

진기한 재목[1265]은 용문(龍門)[1266]에서 벤 것이네.

붉은 실로 죄어 <청묘(淸廟)>[1267]의 현[1268]을 걸고

태고의 검은 빛 무늬로 장식하였네.

그대를 위해 황종궁[1269]과 대려궁[1270]의 희귀한 음악[1271]을 타니

1256) 囷廩은 囷京과 같은 말로 곳집이다.
1257) 警悟는 재빨리 깨달음, 민첩하게 이해함이다.
1258) 匏葉은 <匏有苦葉>의 준말로 『詩經』「邶風」의 편명인데, 衛나라 宣公과 그 부인이 음란한 짓을 하는 것을 풍자한 내용이다.
1259) 伐檀은 『詩經』「魏風」의 편명으로 벼슬자리에 있는 이들의 탐욕을 풍자한 내용이다.
1260) 蘀(擇)兮는 『詩經』「鄭風」의 편명으로 鄭나라의 공자 忽을 풍자한 내용이다.
1261) 『국포집』에는 '是'가 없다.
1262) 『국포집』에는 '懣'이 '憊'로 되어 있다.
1263) 『국포집』에는 '而'가 없다.
1264) 『국포집』에는 '是' 다음에 '乃'가 있다.
1265) 瓌(瑰)材는 진기한 재목으로 흔히 뛰어난 기량이나 재능을 비유한다.
1266) 龍門은 중국 四川省의 黃河의 상류에 있는 산이다.
1267) <淸廟>는 『詩經』「周頌」의 편명으로 文王을 제사하는 내용이다.
1268) 淸廟絃은 <淸廟>를 연주한 瑟을 가리키는데, 『禮記』「樂記」에 "<청묘>를 타는 슬은 붉은 줄에다 구멍으로 소리가 소통되네.(淸廟之瑟, 朱絃而疎越.)"라는 글이 있다.
1269) 黃鍾宮은 雅樂의 12율 가운데 첫 번째 율로 가장 기본이 되는 율이다.

따스한[1272] 봄바람이 그윽한 집에서 멈추네.
한 번 타면 그대의 사사롭고 속된 번민이 씻어지고
두 번 타면 그대의 담수(醰粹)한[1273] 심원(心源)이 되돌아오리.
또 나에게 이름난 술이 있는데
운뢰(雲罍)[1274]에 차서 넘실거리네.[1275]
천지의 온화한[1276] 원기로 빚어서
커다란[1277] 남두성(南斗星)[1278]의 천량(天梁)[1279]으로 폈다네.
봄비는 자욱하고[1280] 봄구름은 뜨거운데
그대를 위하여 천백의 잔에 가득하게 따르네.
동해(東海)[1281]의 가자미[1282]를 가져와서 안주[1283]로 삼을 테니
남쪽성곽에 사는 선생께서는 함께 따르기를 바라네.
한 잔 마시고 두 잔 마시노라면 가슴이 깨끗해지리니
조그만[1284] 외물과 내가 어찌 있으랴?
나의 금을 타고 그대[1285]의 술을 걸러서

1270) 大呂宮은 아악의 12율 가운데 제2율이다.
1271) 希音은 기묘한 소리이다.
1272) 習習은 微風이 따스한 모양, 바람이 자주 이는 모양이다.
1273) 醰粹(桙)는 온후함, 깨끗하고 아름다움이다.
1274) 雲罍(운뢰)는 구름무늬로 장식한 술병이다.
1275) 瀲瀲은 물이 출렁이는 모양, 물이 차서 넘치는 모양이다.
1276) 太和는 천지 사이의 온화한 기운이다.
1277) 魁建(健)은 우람하고 건장함이다.
1278) 南斗星은 北斗星의 남쪽에 있는 여섯 개의 별로 이루어진 별자리이며, 모양이 말[斗]처럼 생겨 붙은 이름이다.
1279) 天梁은 南斗星의 여섯 별 중에서 남쪽의 두 별이다.
1280) 靄靄는 무성한 모양, 자욱한 모양, 어두운 모양이다.
1281) 東海는 중국의 동쪽바다로 渤海를 가리킨다.
1282) 鰜은 가자미로 鰈이라고도 하는데, 동해에서 가자미가 많이 나기 때문에 우리나라를 鰈域이라고 부르기도 하였다.
1283) 殽는 肴의 通字이다.
1284) 區區는 작은 모양이다.
1285) 원전의 '君'은 문맥으로 보아 '我'의 착오인 듯하다.

나는 또 그대를 위하여 나의 노래를 부르나니
그 노래에 생각이 있으니 노래가 어떠한가?
골짜기 안에는 아름다운 나무[1286]가 있어서
가지마다 무성함[1287]을 토해내네.
아름다운 옥돌[1288]로 바탕을 삼고
흰 눈으로 자태를 삼네.
네 계절을 겪으면서 뒤엉킴[1289]에 마음이 괴롭지만
무성한[1290] 그윽한 향기를 끝내 스스로 지니네.
속된 사람이 깨끗하다고 칭찬함은 기뻐하는 바가 아니요
어리석은 이가 곤궁하다고 이름은 슬퍼할 바가 아니라네.
저 꽃다운 나무가 높은 땅을 차지함을 웃나니
남북과 동서로 울타리를 치지 않아서
그 아래에 지름길이 생김은 본디 스스로 허락한 것이네.
병든 풍속이 유행하니 장차 어찌하랴?
자목련(紫木蓮)[1291]과 철쭉[1292]이 다투어 입을 빌리고[1293]
허랑한 꽃과 부화한 꽃[1294]이 가는 곳을 따르네.
둑과 우리[1295]의 붉은 도마뱀[1296]은 쓸 데가 없고[1297]

1286) 嘉植은 아름다운 나무로 흔히 俊才를 비유한다.
1287) 華滋는 가지와 잎이 잘 자라서 무성함을 형용한다.
1288) 貞玉은 단단하고 아름다운 옥돌이다.
1289) 嬋媛은 뒤엉켜 이어짐이다.
1290) 菴藹(藹)는 무성한 모양이다.
1291) 辛夷는 木蓮科에 딸린 낙엽교목인 紫木蓮으로, 3·4월에 鐘 모양의 자주색 꽃이 잎보다 먼저 핀다.
1292) 躑躅은 철쭉과에 딸린 좀나무인 철쭉으로, 잎은 알꼴이고 잔털이 나며, 5월에 깔때기꼴의 꽃이 핀다.
1293) 藉口는 남의 말을 빌려서 근거를 삼음, 또는 핑계나 구실이다.
1294) 浪蘂浮花는 흔히 볼 수 있는 평범한 꽃인데, 北宋 蘇軾의 시 <次韻王廷老退居見寄二首> 중 제1수에 "허랑한 꽃과 부화한 꽃은 봄을 분별하지 못하고, 바야흐로 세한에 돌아오는 사람을 알아보네.(浪蘂浮花不辨春, 歸來方識歲寒人.)"라는 구절이 있다.
1295) 防閑은 둑과 우리로 방비하고 저지함을 가리킨다.

억지로 금지함에는 서리와 눈[1298]의 위엄을 빌리기가 어려운데
뭇 생물이 어지럽게 나뉘니 믿을 수 있는 것이 없네.
소탈한 난초의 변화는 어지럽게 이어지고[1299]
눈 앞에서 부딪히는 것은 지난날의 물건이 아닌데
외로운 거처에서 탄식하는 이는 누구인가?
오이밭에 가려면 신발을 다스린다는[1300] 말이 참으로 경계삼을 만한데
농원[1301]에서 버들가지를 꺾음이 반드시 흠이 되지는 않으리.
산에는 나무가 잇고 나무에는 가지가 있기에
느긋해지는 나의 마음을 그대는 알지 못하리.

藥山子聽我言　我有古漆琴　壞材斵龍門.
絙以朱絲淸廟絃　飾以玄暉太古文
爲君彈出黃鍾大呂之希音　春風習習停幽軒
一彈洗君私惱塵　再彈還君醇粹源
亦我有名醴　灎灎盈雲罍
釀以乾坤太和之元氣　挹以南斗天梁之建魁
春霏藹藹春雲熱　爲君滿酌千百盃
東海之鱇持作殽　南郭先生幸相陪
一飮二飮盪胷懷　物我區區安在哉

1296) 守宮은 도마뱀을 가리키는데, 늘 담장이나 벽 사이를 지키며 벌레를 잡아먹는다고 하여 붙은 이름이다.
1297) 無賴는 쓸모가 없음, 재능이 없음이다.
1298) 靑女는 서리와 눈을 관장하는 신으로 흔히 서리와 눈을 가리킨다.
1299) 委虵는 끝없이 구불구불 이어지는 모양이다.
1300) 當瓜理屨는 오이밭에 가려면 신발을 다스린다는 뜻으로, "군자는 그렇게 되기 전에 막아서, 혐의를 받는 처지에 처하지 말아야 한다. 오이밭에서는 신발끈을 고쳐매지 않고, 오얏나무 밑에서는 갓을 바르게 하지 않는다(君子防未然, 不處嫌疑間. 瓜田不納履, 李下不整冠.)"라고 읊은 魏人 曹植의 시 <君子行>을 염두에 둔 표현이다.
1301) 樊圃는 울타리가 있는 農園이다.

彈我琴湑君酒　我且爲君歌吾歌　其歌有思歌維何
中谷有嘉植　枝枝吐華滋
貞玉以爲質　皚雪以爲姿
苦心嬋媛歷四[1302]時　幽芬菴薆終自持
俗人稱潔非所喜　愚夫謂隘非所悲
笑彼芳樹高占地　南北東西不設籬　其下成蹊固自可
其流病俗將何爲　辛夷躑躅爭藉口　浪蘂浮花隨所之
防閑無賴紅守宮　禁勒難借青女威　群物猖披無可恃
蘭蕭變化紛委蛇　眼前所遇無故物　孤居嘆息者爲誰
當瓜理履誠可戒　折柳樊圃不須疵
山有木兮木有枝　此心悠悠君不知

약산 늙은이에게 당부하노니
매화나무를 사랑하지 마시라.
매화를 어찌 사랑하지 않으랴?
그대에게는 참으로 미워할 만하기 때문이네
근래의 뽕나무종기[1303]의 잘못은
바로 매화 때문이리.
근곡(芹谷)[1304]은 모든 군사를 억지로 끌어다 공격하고
화산(花山)[1305]의 한 조각 말은 고질(痼疾)인 인색을 따지네.
국로는 여전히 마음에 두지 않지만
안타까워하는 바는 그대가 잘못 감싸느라고[1306] 애씀이네.

1302) 『국포집』에는 '歷'이 '沖'으로 되어 있다.
1303) 桑癰(瘫)은 벌레가 뽕나무를 갉아먹어서 생긴 종기로 흔히 아첨하여 나라에 해를 끼치는 소인을 비유한다.
1304) 芹谷은 조선시대에 漢陽에 있던 마을 이름인데 여기에서는 姜必慶을 가리킨다.
1305) 花山은 藥峯의 별칭으로 오광운을 가리킨다.
1306) 回護는 비호함, 감쌈이다.

글의 가지와 말의 덩굴이 끝내 무슨 소용이랴?
취한 이는 취한 것을 숨기려다가 더욱 취함을 드러낸다네.
그대는 다시는 번민하지 말고
매화나무를 뽑아서 길에 버리시게나.
위수(魏收)[1307]가 졸렬함을 숨김[1308]도 이보다 지나침이 없거늘
왕도(王導)[1309]가 죄를 옮김[1310]을 두려워하지 않는구려.
그렇지 않다면 그대는 마땅히 자기를 반성해야 할지니
군자는 본래 깨닫기를 잘 함을 귀하게 여긴다네.
양씨가(楊氏家)[1311]에서는 터럭 하나를 사욕의 뿌리로 삼는 법이니
미루다가 그르치지[1312] 말고 손이 닫는 대로[1313] 뽑게나.
형인(荊人)[1314]에게는 한 병의 술이 혈맥에 장애가 되니
마음대로 쳐서 부수고 다시는 돌아보지 마시라.

1307) 魏收(506~572)는 南北朝時代 北齊의 문신으로 자는 伯起인데, 北魏·東魏·北齊 三代에 걸쳐서 太常博士·中書舍人·尙書右僕射를 지냈으며, 二十四史의 하나인 『魏書』를 편찬하였다.

1308) 拙藏은 변변하지 못한 것을 가려서 감춤을 뜻하는데, 『隋唐嘉話』·『國朝傳記』에 실린 다음 일화에서 유래한다. 梁나라의 常侍 徐陵이 北齊를 방문하였을 때 魏收의 문장이 北朝에서 빼어나다면서 그 문집을 능에게 주어 江左에 전하게 하였더니, 능이 장강을 건너다가 물에 던져 버렸다. 따르던 이가 이유를 물었더니, 능이 "내가 위공을 위해서 졸렬한 것을 감추었다.(吾爲魏公藏拙)"라고 말하였다.

1309) 王導(276~339)는 晉나라의 정치가로 자는 茂弘이며, 西晉 末에 司馬睿[元帝]를 도와 東晉을 건립하는 데 대공을 세워 丞相이 되고, 明帝·成帝 때에도 계속 승상으로 있으면서 국정을 안정시켰다.

1310) 移罪는 죄를 옮겨 남에게 덮어씌움을 뜻하는데, 여기에서는 王導가 종형 王敦이 叛하자 지친으로서 혐의가 있다면서 家屬을 거느리고 闕下에 나아가 여러 날 동안 待罪함으로써 죄를 자신에게 옮긴 일을 가리킨다.

1311) 楊家는 전국시대의 사상가로 극단적인 이기주의적 사상을 지녔던 楊朱를 가리키는데, 『孟子』「盡心 上」에 "양자는 나를 위함을 취하여 터럭 하나를 뽑아 천하를 이롭게 할 수 있더라도 하지 않았다(楊子取爲我, 拔一毛而利天下, 不爲也.)"라는 글이 있다.

1312) 遲誤는 늦어서 일을 그르침, 늦어서 장애를 가져옴이다.

1313) 信手는 손이 움직이는 대로 맡겨 둠으로, 흔히 손을 마음대로 움직임을 가리킨다.

1314) 荊人은 楚人과 같은 말로 초나라 사람, 또는 남방사람을 가리키는데, 여기에서는 옛날에 중국의 중원인들이 남방의 楚人·越人들을 야만시하여 형만이라 일컬은 뜻에서 쓴 말이다.

그런 뒤에 비로소 경계(境界)[1315]가 달라짐을 깨닫고
발로 높은 하늘[1316]을 밟으며 넓은 경지를 걸으리.
이미 형적이 없는 일에다 혐오와 기피[1317]를 두었고
또 마음이 시기와 분노를 피함을 면하지 못하였네.
동·서·남·북에서 참으로 막히지 않으면서
눈·달·바람·꽃에 나누어 기댈 수 있으리.
지난날에 편안하게 몸을 쉬었던 곳을 돌이켜보면
당초부터 위험한데도[1318] 먼지에 오염됨[1319]을 벗어나지 못하였네.
한 번 큰 소리[1320]로 웃노라니 신선이 된[1321] 듯하고
황곡(黃鵠)[1322]의 날개에 오른 하늘소[1323]처럼 편안해지리.[1324]
국로가 가서 약산이 사절(謝絶)함을 하례해야 할 일이거늘
어찌 매화나무를 거절하랴? * 국포

珍重藥山翁　勿愛梅花樹
梅花豈不愛　在君誠可惡
近者桑癰累　直以梅花故
芹谷全師攻牽強　花山片言勸吝痼
菊老猶然不置懷　所恨君勞枉回護
辭枝語蔓竟何益　醉者諱醉醉逾露
煩君莫復爾　拔梅棄諸路

1315) 境界는 狀況이나 實情이다.
1316) 曦는 해·햇빛이다.
1317) 嫌忌는 嫌惡와 忌避이다.
1318) 絫(累)瓦는 기왓장을 포개놓음으로 위험함을 비유한다.
1319) 塵汚는 먼지로 더럽혀짐이다.
1320) 呵呵는 큰 소리로 웃는 소리이다.
1321) 尸解는 몸을 남겨 두고 혼백이 빠져나가서 신선이 됨이다.
1322) 黃鵠은 한 번 날아 천리를 올라간다고 하는 신선이 타는 큰 새로 烏孫公主라고도 한다.
1323) 壤虫(蟲)은 곤충인 하늘소이다.
1324) 居然은 편안한 모양이다.

魏收藏拙無過此　王導移罪非所懼
不然君宜反之己　君子由來貴善悟
楊家一毛是私根　信手拔去莫遲誤
荊人一壺是血障　如意擊碎休回顧
然後始覺境界別　脚踏層曦廣地步
旣無形跡置忌嫌　又不容心避猜怒
東西南北眞不碍　雪月風花可分付
回視昔日安身地　粲瓦初不離塵汚
呵呵一笑同尸解　壤虫居然黃鵠羽
菊老往賀藥山謝　何以謝之梅花樹 ＊ 菊圃

＊ 국포에게 준 서간을 붙임

밤 사이에 기거[1325]가 평안하신지요?[1326] 아우는 자부(子婦)가 병이 심하여 걱정하고 번뇌하느라 경황이 없습니다마는 어떠신지요? 근일의 시통(詩筒)[1327]은 한가한 가운데 장난[1328]에서 나온 일이지만, 벗에게 힘쓰라고 책망하는 의리와 세도(世道)[1329]에 대한 은근한 당부[1330]에 대한 배려 또한 어쩔 수 없이 그 사이에 기탁하지 않을 수 없었습니다. 어제 보내온 상편(上篇)은 사람으로 하여금 매우 깨우치도록 채찍질하셨습니다마는, 자목련과 철쭉은 본래 문과 담장[1331] 밖에 있는 물건입니다. 저 집 안에 있는 키가 석 자밖에 안 되는 아이라도 모두 왕도를 귀하게 여기고 패도를 천하게 여기며[1332], 고지식한[1333] 사람을 나아가게 하고, 교활한 사람

1325) 侖侍履는 侍履의 높임말로 서간에서 부모를 모시고 사는 상대방의 안부를 물을 때 쓰였다.
1326) 珍迪은 保重·珍重과 같은 말로 서간에서 상대방의 몸이 평안한가를 묻거나 당부할 때 쓰였다.
1327) 詩筒은 시를 넣는 대나무로 만든 통이다.
1328) 雅謔은 諧謔이다.
1329) 世道는 세상의 道德·道理이다.
1330) 殷勤은 은근히 당부함, 신신당부함이다.
1331) 門牆은 대문과 담장으로 집, 또는 집 안을 가리킨다.

을 물리쳐야 함을 알 것이니, 삼공으로도 그 절개를 바꾸지[1334] 않고서, 이 사람으로 하여금 즐거워하며 늙어 가기에 족하게 합니다. 담장을 한 걸음만 나가면, 자목련과 철쭉을 따질 겨를이 없습니다마는, 여랑(女娘)[1335]의 허랑한 꽃과 합혼(合婚)[1336]의 부화한 꽃이 붉디붉고 희디희게 천태만변함이 있지 않은 적이 없기에, 마침 나이가 어린 두세 사람과 서로 마주하며 근심하고 탄식하고 있었습니다. 그대의 시가 마침 이르렀기에 모르는 사이에 밥알을 밥상 가득히 뿜었습니다.[1337] 그러나 성인[1338]의 가르침이 세 번 전해져서 장주(莊周)[1339]와 마정(磨頂)[1340]은 굳은살이 박이는 것[1341]을 종지(宗旨)로 하였고[1342], 주공(周公)[1343]과 태공(太公)[1344]은

1332) 貴王賤覇는 王道政治를 숭상하고 覇道政治를 천시함이다.

1333) 狷은 고지식함, 강직함을 뜻하는데, 여기에서는 『論語』「子路」의 "분방한 사람은 진취적이고 고지식한 사람은 하지 않는 바가 있다.(狂者進取, 狷者有所不爲.)"라는 글을 염두에 둔 말이다.

1334) 不易三公易其介는 『孟子』「盡心 上」의 "유하혜는 삼공으로도 그 절개를 바꾸지 않았다.(柳下惠不以三公易其介)"라는 구절을 변용한 표현이다.

1335) 女娘은 젊은 여자인데, 여기에서는 辛夷·紫木蓮의 별칭으로 쓰였다.

1336) 合昏은 合歡과 같은 말로 자귀나무인데, 산야에 자생하는 낙엽교목으로 여름에 담홍색의 꽃이 피며, 밤에 잎끼리 합쳐진다고 하여 合昏이라고 불리었다.

1337) 噴飯은 밥을 먹다가 웃음을 참지 못하여 밥알을 뿜어내는 것으로 매우 기뻐하거나 남을 조소함을 비유한다.

1338) 聖三傳은 세 사람이 전하자 살인자로 의심받았으나 결국 성인이 되었다는 뜻으로 『戰國策』「秦策」에 나오는 다음 일화에서 유래하여 曾子를 가리킨다. 춘추시대에 魯나라에 曾參과 같은 이름을 가진 사람이 있어 살인을 범했는데, 사람들이 그가 曾子인 줄로 잘못 알고 그 어머니를 찾아가서 "증삼이 사람을 죽였다."고 하였으나, 두 번째까지는 "내 아들은 사람을 죽일 리가 없다."고 하면서 태연하게 베를 짰지만, 세 번째 사람이 그 말을 하자, 북을 던지고 달아났다.

1339) 莊周(약 369~약 290)는 전국시대 말기의 사상가인 莊子의 본명이다. 자는 子休로 老子를 이어 도가사상을 발전시킨 학자로 老莊으로 병칭되며 『莊子』 33편을 남겼다.

1340) 磨(摩)頂은 磨頂放踵의 준말로 정수리부터 발꿈치까지 갈려서 벗겨짐으로 고생을 사양하지 않고 자신을 희생함을 비유하는데, 여기에서는 『孟子』「盡心 上」의 "묵자는 두루 사랑하기 때문에 정수리부터 발뒤꿈치까지 갈리더라도 천하에 이롭다면 한다.(墨子兼愛, 摩頂放踵利天下, 為之.)"라는 글을 뜻한 것으로 墨子를 가리킨다.

1341) 胼胝(변지)는 굳은살이 박임이다.

1342) 이 구절은 『莊子』「讓王」에서 曾子가 衛나라에 살 때에 낡은 옷을 입고 병든 몸으로 손발에 못이 박인 채 「商頌」의 시를 읊고 악기를 연주하였으므로, 천자도 신하로 삼지 못하고 제후도 벗으로 교제할 수 없었다고 찬양한 일을 가리키고자 한 것이다.

1343) 周公은 周 武王의 아우로 성은 姬, 이름은 旦이다. 무왕을 도와 殷을 멸망시켰고, 어린 조카 成王이 즉위하자 攝政으로 武康 등의 반란을 평정하였으며, 나라의 典章과 제도

제(齊)[1345]나라와 노(魯)[1346]나라의 말폐를 알고도 미리 제어하지 못하였습니다. 존덕성(尊德性)[1347]이 강좌(江左)[1348]를 돈오(頓悟)하게[1349] 하고, 도문학(道問學)[1350]이 학문을 탐구함이 막히게[1351] 하였습니다. 오직 마땅히 더욱 우리 도에 힘써서 동지들을 훈계하고[1352] 반걸음[1353] 사이에도 법도[1354]를 잃지 말게 할 따름이요, 그 유폐(流弊)[1355]를 미리 근심하고, 먼저 스스로 밝고 활달하고[1356] 넓고 큰 땅으로부터 몸을 거두어[1357] 갈라진 담[1358]과 후미진 굴뚝[1359]에 숨어서[1360] 협소하게[1361] 처신해서는 안 될 것입니다. 그러나 이는 자신의 마음을 두고 논한 것입니다. 밖으로 나가게 되면, 이른바 소광광대(昭曠廣大)라는 것이 동인(同人)[1362]의 들판에 있으며, 그 거처에 있어서는 이른바 소광광대가 한 방 안에 있으므로, 비록 한

를 정하여 잘 다스려지게 하였다. 孔子가 이상적 인물로 여겼던 성인이다.

1344) 太公은 周 文王의 師傅 呂尙의 별칭이다. 그는 渭水에서 낚시질로 소일하다가 문왕이 맞이하여 사부로 삼자, 주나라가 은나라를 멸하고 천하의 주인이 되는 데 큰 공을 세웠다. 문왕이 성을 姜으로 내렸으므로 강태공이라고도 하였다.

1345) 齊는 지금의 山東省 지역에 있었던 周代의 제후국으로 呂尙이 분봉받아 세웠으며, 전국시대 말에 秦나라에 멸망당하였다.

1346) 魯나라는 지금의 山東省 지역에 있었던 周代의 제후국으로 武王의 아우 周公이 분봉받아 세웠고, 주나라의 제도·문화가 가장 잘 전해졌던 나라이자 孔子가 태어나고 활약한 나라인데, 전국시대 말기에 齊나라에 멸망당하였다.

1347) 尊德性은 유학에서 제시하는 두 가지 수양방법의 하나로, 사람에게 선천적으로 부여된 선한 덕성을 존숭하여 보존하고자 하는 방법이다.

1348) 江左는 長江 하류의 동쪽지역으로, 지금의 江蘇省 지역에 해당하며 江東이라고도 한다.

1349) 頓悟는 갑자기 깨달음인데, 여기에서는 南宋의 陸九淵의 尊德性을 위주로 하여 '心卽理'를 추구한 학문적 경향을 가리킨다.

1350) 道問學은 유학에서 제시하는 두 가지 수양방법의 하나로, 학문을 통하여 선한 덕성을 배양하고자 하는 방법이다.

1351) 陸沉(沈)은 어리석고 고집스러워 時宜에 맞지 않음이다.

1352) 詔誡(戒)는 이끌어 훈계함이다.

1353) 跬路는 반걸음이다.

1354) 繩尺은 먹줄과 자로 法度·規矩를 비유한다.

1355) 流弊는 전부터 이어져 내려오는 폐단이다.

1356) 昭曠은 밝고 활달함이다.

1357) 收身은 몸을 거두어들임, 은퇴함이다.

1358) 隙壁은 갈라진 담이다.

1359) 突奧는 후미진 굴뚝, 또는 굴뚝과 아랫목이다.

1360) 閉藏은 감춤, 숨김이다.

1361) 狹小는 좁고 작음이다.

1362) 同人은 뜻이 같은 벗이다.

해가 다 가도록[1363] 문을 닫고 지내느라고 세상에 나와 같이 할 이가 한 사람도 없더라도, 그것이 태허(太虛)[1364]를 오고감에는 해롭지 않을 터인데, 그대[1365]는 어떻게 생각하시는지 알지 못하겠습니다.

이른바 농원에서 버들을 꺾는다는[1366] 것은 과연 도의입니다. 장차 서로 아끼는 이와 더불어 나무를 돕기에 겨를이 없고자 함은 과연 사사로운 협소함입니다. 다만 베고 뽑더라도 유쾌하지 않을 것을 두려워할 뿐이니, 오로지 성찰이 어떠한가에 달렸을 따름이겠지요. 아우는 형의 가르침을 빈 골짜기의 발자국소리로 여기고, 형께서는 비루한 말을 남의 산의 돌[1367]로 여기심이 또한 좋지 않겠습니까?

전에 말씀하신 노(魯)나라의 남자에 대한 말은 고명한 듯하여 받들겠습니다마는, 이윽고 자신을 검증하여 보니 송구스럽고 부끄러워 땀을 흘립니다. 문을 닫고 병거(屛居)하면서도[1368] 스스로 사람세상의 일은 다 살핀다고 여깁니다. 그러나 와서 도의를 말하는 손님은 아주 적건만, 문득 진속이 사람의 마음을 망친다는 뜻으로 참으로 깨우쳐 주려 하신다면, 다만 종고(鐘鼓)[1369]가 원거(爰居)[1370]를 놀라게 할 뿐만 아니라, 풍속을 쇠퇴하게 하는 강궁(强弓)[1371]도 두려워할 만하여, 어쩔 수 없이 배워서 가죽과 살갗과 같은 말을 지어서 보냈던 것입니다. 때때로 스스로 웃으면서 말하기를, "이놈이 집에서 부침함이 이와 같으니, 하물며 나가서 세상에 이바지하는 일임에랴? 아! 저 사람은 삼대(三代)[1372] 전부터 자신을 바르게 지키면

1363) 終年은 終歲와 같은 말로 한 해의 끝, 한 해를 마치는 것이다.

1364) 太虛는 天地의 元氣, 또는 우주만물의 근원이 되는 一氣이다.

1365) 高明은 고상하고 현명한 사람이라는 뜻으로 상대방에 대한 경칭이다.

1366) 折柳樊圃는 버들가지를 꺾어 채마밭의 울타리로 삼음으로 무익함을 비유하는데, 『詩經』「齊風」 <東方未明>에 "버들을 꺾어 채마밭의 울타리로 만드니, 광부도 놀라서 바라보네.(折柳樊圃, 狂夫瞿瞿.)"라는 구절이 있다.

1367) 他山之石은 다른 산의 돌이 나의 옥돌을 가는 데 쓰인다(他山之石, 可以爲錯.)라는 말의 준말로, 자기의 사업·수양에 도움이 되는 남의 언행·의견을 비유한다.

1368) 屛居는 물러나서 은거함, 또는 손님을 물리치고 홀로 사는 것이다.

1369) 鐘鼓는 종과 북으로 악기·음악을 가리킨다.

1370) 爰(鶢·鷄)居는 『莊子』「至樂」의 다음 고사에서 유래하여 상대방의 처지에 맞지 않게 대접을 받는 대상을 비유한다. 옛날에 鶢(鷄)鶋가 魯나라 교외에 날아와 앉자, 임금이 그 새를 모셔다가 종묘에서 환영연을 베풀고, 舜임금의 九韶樂을 연주하며, 소·양·돼지의 고기 등 일등의 요리와 술로 대접하니, 새가 눈이 부시고 근심과 슬픔이 앞서 아무것도 먹고 마시지 못하다가 사흘 만에 죽고 말았다.

1371) 機弩는 機械로 움직이는 强弓이다.

1372) 三代는 중국 고대의 세 왕조인 夏·殷·周를 가리킨다.

서[1373] 실천하던 사람이거늘, 어찌 그 풍습이 이에 이르렀는가?"라고 하였습니다. 시도(詩道)[1374]에서 귀하게 여기는 바는 한 사람이 노래하면 세 사람이 화창하고,[1375] 뜻을 말 밖에 두는[1376] 것이며, 직설한[1377] 것은 시가 아니고, 은미하게 풍자하면[1378] 쉬 의심받는 법입니다. 모름지기 이 때문에 서신을 보내어 매송(梅訟)의 적진(敵陣)을 깨뜨리는[1379] 음악을 삼은 것이므로, 반드시 또 시를 지을 필요는 없었겠습니다. 형의 앞뒤의 시 세 폭을 요행으로 별도의 종이에 한부 등사하여 비작(鄙作)과 폭이 이어지게 하고, 마지막으로 이 서독(書牘)을 후군(後軍)[1380]으로 삼겠습니다. 뒷날의 보는 이로 하여금 우리 무리의 교의가 꽃과 새를 가지고 노는[1381] 데 있지 않았음을 알게 하고자 함이지요. 보내 드렸던 헌십(獻什)[1382] 역시 매화축(梅花軸)[1383]에 함께 붙여 두겠습니다. 모일에 병든 약산 아우가 국포의 서안(書案) 아래 절하면서 받들어 보냅니다.

夜來令侍履, 伏惟珍廸? 弟子婦病劇憂惱, 無世況, 奈何? 近日詩筒, 出於閒事雅謔, 而朋友責勉之義, 世道殷懃之慮, 亦未嘗不寓於其間. 昨來上篇, 殊令人警策, 辛夷躑躅, 自是門牆外物也. 若門牆之內三尺之童, 皆知貴王賤覇, 進狷退愿, 不以三公易其介, 令此漢足樂以老也. 出牆一步, 則辛夷躑躅不暇論, 女娘之浪蘂, 合昏之浮花, 紅紅白白, 千態萬變,

---

1373) 直己는 자신을 마르게 지키고 아첨하지 않음이다.

1374) 詩道는 시의 올바른 정신・구칙・방법이다.

1375) 三嘆(歎)은 一唱三嘆의 준말로 周나라 文王의 종묘에서 음악을 연주할 때 한 사람이 먼저 노래를 부르면 세 사람이 그것을 和唱하는 것으로, 『禮記』 「樂記」의 "<청묘>를 탄슬은 붉은 줄에다 구멍으로 소리가 소통되며, 한 사람이 먼저 노래하면 세 사람이 화창하니, 이는 선왕의 남긴 소리가 있음이다.(淸廟之瑟, 朱絃而疏越, 壹倡而三歎, 有遺音者矣.)"라는 글에서 나오는 宗廟樂歌의 가창방법인데, 여기에서는 읽는 표준이 될 만한 典雅한 시를 가리킨다.

1376) 意在言外는 뜻이 말의 바깥에 있다는 뜻으로, 詩에 말에 나타난 것 이외의 숨은 뜻이나 흥취가 배어 있음을 가리킨다.

1377) 直說은 사실대로 말하거나 숨기지 않고 솔직하게 말하는 것이다.

1378) 微諷은 은미하게 풍자하는 것으로 완곡하게 풍자하거나 드러나지 않게 풍자하고 비유함이다.

1379) 破陣은 적진을 쳐부수는 것이다.

1380) 殿은 後軍, 또는 후군이 됨을 뜻한다.

1381) 唹哢(암롱)은 잠꼬대하고 지저귐으로 어떤 사물을 玩弄함을 비유한다.

1382) 獻什은 獻詩와 같은 말로 웃사람에게 바친 시이다.

1383) 梅花軸은 매화에 관한 시문을 적은 두루마리이다.

無不有也, 方與二三年少, 相對憂歎.

令詩適至, 不覺噴飯滿案. 然聖三傳而莊周磨頂, 宗於胼胝, 周公太公知齊魯之末弊, 而不能預爲之制. 尊德性而江左頓悟, 道問學而學究陸沉. 惟當益勉吾道, 詔誡同志, 不失繩尺於跬步間而已, 不可逆憂其流弊. 先自收身於昭曠廣大之域, 而閉藏於隙壁突奧, 以狹小之也. 然此就自家心地而論也, 其出也, 所謂昭曠廣大, 在於同人之野, 其處也, 所謂昭曠廣大, 在於一室之中, 雖終年閉戶, 世無一人同我者, 而不害其爲太虛往來也, 不審高明以爲何如.

其所謂折柳樊圃者, 果道義也. 將與相愛者助之樹不暇, 果私狹也. 惟恐剗拔之不快也, 惟在省察之如何爾. 弟以兄敎爲空谷之跫, 兄以鄙言爲他山之石, 不亦可乎?

以魯男子說, 奉似於高明, 旣而自檢, 有悚然慚汗者, 杜門屛居, 自謂盡省人間事. 而客來爲道義說者絶少, 輒以塵俗敗人意, 苟有以曉之, 不惟鍾鼓之駭爰居, 薄俗機弩可怕, 不得已學爲皮辭膚說以送之. 有時自笑曰, "此漢在家浮沉如此, 況出以供世乎?" 嗟乎! 斯民也三代所嘗直己而行者也, 何其習之至此也? 詩道所貴, 一唱三嘆, 意在言外, 直說非詩, 微諷易疑. 須以此札爲梅訟破陣樂, 不必復爲詩也. 兄什前後三幅, 幸別牋謄一本, 與鄙作連幅, 尾殿此牘. 使後之覽者, 知吾輩交誼不在於花鳥喚呼之役也. 獻什送去, 亦同粘梅花軸也. 某日, 藥山病弟拜奉菊圃案下.

04-60 정사년[1384] 납월[1385] 열엿새 입춘일[1386]에
04-60 丁巳臘月十六日立春

주렴 꼭대기에서 유금(幽禽)[1387]이 부르는 소리에 놀라 잠에서 깨어
일어나서 해진 책력을 보고서 문득 마음이 움직이네.[1388]
한 해의 빛은 눈 속에서 고요히[1389] 다하는데

1384) 丁巳年은 영조 13년(1737)이다.
1385) 臘月은 臘日이 든 달로 음력 12월을 가리키는데, 臘日은 종묘와 사직에 지내는 제사인 臘祭를 지내는 날로, 중국에서는 동지 후 세 번째 戌日이고 우리나라에서는 세 번째 未日이다.
1386) 立春은 봄이 시작된다는 뜻으로 24절기 중 첫 번째 절기를 가리크는데, 大寒과 雨水 사이에 오며 양력으로는 2월 4일이나 5일에 든다.
1387) 幽禽은 幽鳥와 같은 말로 조용한 곳에 사는 새이다.
1388) 關情은 마음이 움직임, 관심을 가짐이다.

춘심(春心)1390)은 연기 끝에서 자욱하게1391) 생겨나네.
술잔에 이르는 약한 바람 속에는 향연기1392)가 어둑하고
매화에 쏟아지는 고운 햇빛으로 작은 창이 환해지네.
동궁(彤弓)1393)을 은사받은 일이 전날의 꿈과 같은데
춘첩자1394)를 짓는 구양자(歐陽子)1395)의 살쩍에는 눈빛이 가득하네.

簾額幽禽喚睡驚　起看殘曆忽關情
雪中歲色深深盡　烟際春心漠漠生
粼酒微風香篆暗　寫梅妍日小窓明
彤弓恩賜如前夢　題帖歐陽鬢雪盈

04-61 고당1396)의 춘첩자
04-61 高堂春帖

대숲 속에서는 바둑소리가 나고 석류나무 밑에는 술통이 있는데
처마는 남산에서 생긴 빛을 받아들여 환하네.
꽃그늘 속으로 걸어가서 구장(鳩杖)1397)을 던지시더니
손수 반도(蟠桃)1398)를 따서 어린 손자에게 주시네.

1389) 深深은 고요함, 또는 깊디깊어서 드러나지 않는 모양이다.
1390) 春心은 봄철의 풍광이 일으키는 감흥이나 심정이다.
1391) 漠漠은 자욱한 모양, 아득한 모양이다.
1392) 香篆은 모양이 篆文과 같은 향, 또는 그런 모양의 향연기이다.
1393) 彤弓은 붉은 칠을 한 활로 흔히 제왕이 제후·대신에게 정벌을 전담하게 할 때 하사하던 것이다.
1394) 春帖子는 立春日에 대궐 안의 각 殿閣 기둥에 써 붙이는 柱聯인데, 대개 製述官에게 명하여 하례하는 시를 지어 올리게 하고 꽃무늬가 들어 있는 종이에 써서 붙였다.
1395) 歐陽子는 북송의 문인 歐陽脩를 가리키는데, <春帖子詞> 20수와 <春帖子詩> 6수 등 춘첩자를 많이 남긴 점으로 인해 시인을 비유하는 말로 쓰였다.
1396) 高堂은 높고 큰 집으로 父母의 처소를 가리키며, 흔히 부모를 비유한다.
1397) 鳩杖은 꼭대기에 비둘기가 새겨진 지팡이로 흔히 제왕의 하사품으로 쓰였다.
1398) 蟠桃는 仙境에 있는 복숭아로 삼천년 만에 한 번씩 꽃이 핀다고 한다.

竹裏棋聲榴下樽　南山發色納晴軒
步來花影拋鳩杖　自摘蟠桃與小孫

04-62 대문의 춘첩자
04-62 大門春帖

아침에 처마 밑에서 북극을 에워싼[1399] 상서로운 빛을 바라보노라니
빽빽하게 선 수많은 집은 문과 추녀가 아름답네.
미천한 신하는 이미 산처럼 무거운 은혜를 이고 있으니
머리 위에 어찌 반드시 채승(彩勝)[1400]을 보태랴?

拱北朝軒瑞色瞻　千家欝壘媚門檐
微臣已戴恩山重　頭上何須彩勝添

04-63 근곡[1401]에 받들어 사례하며 방옹[1402]의 <세모>[1403]에 보운하여 보여드리다. 2수
04-63 奉謝芹谷, 步示放翁歲暮韻, 二首

산창에서 『주역』을 점검하노라니 모르는 사이에 어두워지기에

1399) 拱北은 拱北極·拱辰과 같은 말로 모든 별이 북극성을 에워쌈을 뜻하며, 사방의 백성들이 임금의 德化에 歸向함을 비유한다.
1400) 彩勝은 종이·비단·금·은박 등을 잘라서 작은 깃발·사람·제비·나비 따위의 모양을 만들어 꽃나무에 걸거나 사람의 머리 위에 붙이던 장식품으로, 唐·宋代에 입춘일에 봄이 온 것을 축하하던 풍속에서 유래한다.
1401) 芹谷은 조선시대에 漢陽에 있던 마을 이름인데, 여기에서는 姜必慶을 가리킨다.
1402) 放翁은 남송의 시인 陸游(1125~1210)의 호로 자는 務觀, 浙江省 山陰人이다. 北宋이 金나라에 망할 무렵에 태어나 벼슬살이를 하면서 對金抗爭을 강력히 주장하여 시련을 겪었고, 현실주의적이고 낭만적인 애국시가를 많이 지었으며, 9,300여수의 시를 지은 남송 최고의 시인으로 『劍南詩藁』를 남겼다.
1403) 현전 『劍南詩藁』에는 같은 운자로 된 <歲暮>가 보이지 않는다.

동쪽 약란(藥欄)[1404]의 따뜻한 화로 옆에서 잠시 쉬네.
외로운 등불 속에서는 희미하게[1405] 일들이 모이고
엷은 구름 속에서는 어렴풋이[1406] 봄기운이 생겨나네.
전에 꾼 꿈은 대개[1407] 섶나무 속의 사슴[1408]이요
옛날에 놀았던 곳은 강반(强半)[1409]이 눈 위의 기러기 발자국[1410]이네.
주공(周公)[1411]은 근심하며 두려워하고[1412] 선니(宣尼)[1413]는 즐겼거늘
물어 보노라, 누가 현달하고 누가가 곤궁하였는가를.[1414]

點易山窓不覺暝　爐熏小歇藥欄東
依依事集孤燈裏　黯黯春生薄藹中
前夢大都蕉葉鹿　舊遊強半雪泥鴻
周公憂畏宣尼樂　借問誰通孰是窮

1404) 藥欄은 작약이 피어 있는 난간으로 곱게 단정한 난간이나 울타리를 비유한다.
1405) 依依는 희미한 모양, 어렴풋한 모양이다.
1406) 闇闇은 어렴풋한 모양, 감추고 드러내지 않은 모양이다.
1407) 大都는 대개 · 대략이다.
1408) 蕉(樵)鹿은 섶나무잎 속의 사슴으로 『列子』 「周穆王」에 실린 다음 고사에서 유래하여 세상의 득실이 꿈처럼 덧없음을 비유한다. 鄭나라의 어떤 사람이 나무를 하다가 사슴을 잡아 섶나무잎 속에 감추어 두고는, 너무 기쁜 나머지 그 장소를 잊은 채 길을 가면서 '꿈에 겪은 일인가' 하고 중얼거렸더니, 이를 엿들은 사람이 사슴을 찾아서 가지게 되었다.
1409) 强半은 殆半 · 過半이다.
1410) 雪泥鴻爪는 눈 위에 난 기러기의 발자국으로 일이 지난 뒤에 남은 흔적을 비유하는데, 蘇軾의 <和子由澠池懷舊>에 "사람의 삶은 가는 곳마다 무엇과 같은가? 응당 나는 기러기가 눈이 내린 진창을 밟는 것과 같으리.(人生到處知何似 應似飛鴻踏雪泥.)"라는 구절이 있다.
1411) 周公은 周나라 武王의 아우로 성은 姬, 이름은 旦이다. 무왕을 도와 은을 멸망시켰고, 어린 조카 成王이 즉위하자 攝政으로 武康 등의 반란을 평정하였으며, 나라의 典章制度를 정하여 잘 다스려지게 하였다. 孔子가 이상적 인물로 여겼던 성인이다.
1412) 憂畏는 걱정하고 두려워함이다.
1413) 宣尼는 孔子의 시호인데, 공자는 漢 平帝 元始 원년(서력기원 1)에 褒成宣尼公으로 추시되었다.
1414) 窮通은 困窮과 顯達이다.

서재에 한가하게 앉아서 손으로 두 탄환[1415]을 만지작거리노라니
마을의 북동쪽에서는 눈과 안개가 빛이 변하네.
세사는 송료(松醪)[1416]라서 깊고 얕음의 바깥에 있고
인정은 매신(梅信)[1417]이어서 있고 없는 가운데 있네.
백년[1418]의 땅은 좁아서 말을 돌리기 어렵고
만리의 하늘은 멀어서 기러기를 놓아 줄 만하네.
부군(夫君)[1419]의 평등법(平等法)[1420]에 매우 사례드림은
근래에 언덕에 올라 형궁(亨窮)[1421]을 살피게 하였기 때문이네.

閑齋手弄雙丸坐　改色雲烟巷北東
世事松醪深淺外　人情梅信有無中
百年地僻難旋馬　萬里天長可放鴻
多謝夫君平等法　爾來登岸視亨窮

* 근곡의 소서와 두 편의 시가 모두 궁통으로 마무리하였기 때문에 그 답시 또한 같아졌다.
* 芹谷小序及兩篇, 皆以窮通結之, 故其答亦然.

04-64 정사년 제석[1422]에. 2수
04-64 丁巳除夕二首

1415) 雙丸은 두 개의 탄환으로 日月·세월을 비유하는데, '手弄雙丸'은 세월을 보냄을 가리킨다.
1416) 松醪는 松津·松花를 넣어 빚은 술로 흔히 술을 가리킨다.
1417) 梅信은 매화가 피었다는 소식으로 봄소식을 비유한다.
1418) 百年은 평생이다.
1419) 夫君은 벗의 존칭이다.
1420) 平等法은 모든 중생을 차별없이 成佛케 하는 교법이다.
1421) 亨窮은 窮通과 같은 말로 궁곤과 현달이다.
1422) 除夕은 除夜와 같은 말로 섣달 그믐날 밤이다.

가령 나의 일생을 백년이 되게 한다면
이제 동쪽과 서쪽이 절반으로 나뉘는 경계선[1423]이라네.
백옥(伯玉)[1424]이 그름을 알았음[1425]을 등불 앞에서 느꺼워하고
연명(淵明)[1426]이 옳음을 깨달았음[1427]을 취한 뒤에 시로 짓네.
붉은 뱀[1428]은 바쁘게[1429] 짧은 꼬리를 남기는데
누런 여마(驪馬)[1430]는 뚜벅뚜벅[1431] 새로운 발굽을 옮기네.
누가 알랴? 머리카락과 살쩍이 서로 재촉하는 이가
창 앞에서 『주역(周易)』을 읽지만 전에는 닭을 길렀음[1432]을.

縱遣吾生百歲躋　鴻溝一半此東西
知非伯玉燈前感　覺是淵明醉後題
赤帶忽忽餘短尾　黃驪特特動新蹄

1423) 鴻溝는 중국 河南省에 있던 運河 이름으로 秦나라를 멸망시킨 뒤 漢・楚가 천하를 양분할 때 경계선으로 삼았던 곳으로, 흔히 사물의 분명한 경계선을 비유하는데, 여기에서는 내년이면 50세가 됨을 가리키고자 언급하였다.
1424) 蘧伯玉은 춘추시대 衛나라 사람으로 이름은 瑗이며 靈公 때 大夫를 지냈다.
1425) 知非는 지난날이 그릇되었음을 앎인데, 『淮南子』「原道訓」에 "거백옥은 나이 쉰 살에 49년 동안의 그릇됨을 알았다.(蘧伯玉年五十 而知四十九年之非.)"라는 글이 있다.
1426) 淵明은 東晉 말의 시인 陶潛(365~427)의 字로 다른 字는 元亮, 號는 五柳先生이다. 29세에 관직에 나갔다가 곧 사직하였고 41세에 彭澤縣令이 되었으나 두 달 만에 사직하고 전원으로 돌아가 농사를 지으면서 시를 짓는 데 힘써, 魏晉時代 최고의 시인이 되었다. 대표작으로는 <歸去來辭>・<桃花園記>・<飮酒>・<歸田園居> 등이 있고, 『陶淵明集』을 남겼다.
1427) 覺是는 옳음을 깨달음인데, 陶潛의 <歸去來辭>에 "지나간 일은 바로잡지 못할 것을 깨닫고, 앞으로 올 일은 좇을 수 있음을 알겠네. 참으로 길을 잃었지만 그것이 멀지는 않으니, 지금이 옳고 어제가 그릇되었음을 깨닫겠네.(悟已往之不諫, 知來者之可追, 實迷塗其未遠, 覺今是而昨非.)"라는 구절이 있다.
1428) 赤帶는 붉은 뱀으로 丁巳年을 가리킨다.
1429) 忽忽(悤悤)은 다급함, 몹시 급하고 바쁨이다.
1430) 黃驪는 누런빛의 驪馬로 戊午年을 가리킨다.
1431) 特特은 말발굽 소리의 의성어이다.
1432) 養鷄는 닭을 기름인데, 여기에서는 약산이 백년을 살게 되는 다음 해인 己酉年(1790)이 닭의 해임을 가리키고자 언급하였다.

誰知鬢髮相催者　讀易窓前舊養鷄

* 연명의 <사천대주시>1433)에서 이르기를, "새해가 되면 문득 쉰 살1434)이니, 나의 삶도 장차 끝나리."라고 하였다.
* 淵明斜川對酒詩曰, "開歲倏五十, 吾生行歸休."

당시에는 지기(志氣)가 어찌 그리1435) 광망(狂妄)1436)하였던가?
사람세상의 두 번째 줄에 떨어진 것을 부끄러워하네.
한기1437)와 부필1438)은 똑바로 보았기에1439) 모두 재상이 되었고
언언1440)과 복상1441)은 인색하게 허여받고도1442) 큰 문장이 되었네.
일찍이 자라1443)의 힘으로 꿋꿋하게 산을 받쳤는데

1433) 원제는 <遊斜川>이다.
1434) 『陶淵明集』의 편집자 주석에서는 이 작품의 序에서 37세 때인 辛丑年에 지었다고 했으므로 "開歲倏五日"로 고쳐야 서와 시의 어의가 서로 통할 것이라고 하였다.
1435) 一何는 '어찌 그리', '어찌 이리'이다.
1436) 狂妄은 방자하게 제멋대로 행동함이다.
1437) 韓琦는 북송의 문신으로 자는 稚圭, 相州 安陽人이다. 仁宗 초에 진사가 되어 우사간을 거쳐 추밀부사로 있을 때에 慶曆新政을 주도하다가 실패하고 자청하여 지방관으로 나갔으며, 추밀사로 복귀하여 평장사에 올라 司馬光과 함께 王安石의 신법을 반대하였다. 봉호는 魏國公, 시호는 忠獻이다.
1438) 富弼은 북송의 문신으로 자는 彦國, 河南人이다. 인종 때 추밀부사를 거쳐 평장사가 되어 文彦博과 이름을 나란히 하여 富文으로 일컬어졌고, 英宗 때 추밀사가 되어 鄭國公에 봉해졌다. 신법에 반대하여 은퇴하려 하다가 도리어 司空에 승진되고 韓國公에 봉해졌으며, 시호는 文忠이다.
1439) 平看은 平視와 같은 말로 시선을 수평으로 하여 앞을 똑바로 바라봄이다.
1440) 言偃은 춘추시대의 유학자로 자는 子游, 吳나라 태생이다. 孔門十哲의 하나로 『論語』「先進」에 "文學子游子夏"라는 孔子의 평가가 있다.
1441) 卜商은 춘추시대의 유학자로 자는 子夏, 魯나라 莒縣 출신이다. 孔門十哲의 하나로 子游와 함께 文學[학문·학술]에 뛰어났다.
1442) 慳許는 허락하여 칭찬함이 인색함인데, 여기에서는 孔子가 言偃에게 "닭을 잡는 데 어찌 소 잡는 칼을 쓰느냐?(割雞焉用牛刀?)"라고 묻고, 卜商에게 "너는 군자유가 되고, 소인유가 되지 말라.(汝爲君子儒, 無爲小人儒.)"라고 말한 일을 가리킨다.
1443) 鰲는 전설상의 신선의 거처인 鼇(鰲)山에 있다는 큰 바다거북인데, 『列子』「湯問」에 의하면 渤海 동쪽의 큰 바다 속에 있는 鰲山은 땅의 뿌리와 연결되어 있지 않아 늘 물결

부질없이 물고기의 마음으로 늘 바다를 그리워하네.
마흔아홉 해 동안 무슨 사업을 남겼던가?
거울에 비친 양쪽 살쩍의 털은 서리가 되었다네.[1444]

當年志氣一何狂　羞落人間第二行
韓富平看凡宰相　偃商慳許大文章
曾無鰲力支山健　漫有魚情慕海長
四十九年何事業　鏡毛贏得兩邊霜

04-65 처음에는 제석[1445]에 본직을 치탈당한[1446] 사람이라 군함[1447]을 가지고 나아가 정조[1448]의 기거[1449]에 참석하고자 하였으나, 정병단자[1450]가 후사[1451]에 막히고[1452] 실직[1453]이 없음에 얽매여, 무릅쓰고 나가서[1454] 반열에서 점고받을[1455] 수 없었기에, 하늘[1456]을 쳐다보다가 잠깐 감회를 쏟

에 떠다녔으므로, 西極으로 흘러갈 것을 염려한 天帝가 큰 바다거북으로 하여금 머리로 이고 있게 하여 움직이지 않게 되었다고 한다.

1444) 贏得은 나쁜 결과를 초래함, 나쁜 결과·상태로 남게 됨이다.

1445) 除夕은 除夜와 같은 말로 섣달 그믐날 밤이다.

1446) 褫鞶은 관리들의 冠帶인 鞶帶를 벗김으로 관직을 빼앗음을 비유한다.

1447) 軍銜은 군사에 관한 일을 맡아보는 벼슬의 직함인데, 약산은 영조 12년(1736) 6월에 仁顯王后에게 죄를 지은 李玄逸의 아들인 李栽를 추천한 일로 탄핵받아 삭탈관직되었다가, 이듬해 8월에 廣議에 참석하도록 파직한 사람도 서용하라는 명에 따라 趙顯命·金取魯·朴師洙 등과 함께 職牒을 돌려받았는데, 이때 1732년에 제수받은 軍職인 副摠管의 직위를 회복하였던 것으로 보인다.

1448) 正朝는 정월 초하룻날이다.

1449) 起居는 문안을 드림, 안부를 물음이다.

1450) 病單은 呈病單子의 준말로 질병으로 출사하지 못한다는 내용을 적은 單子인데, 單子는 四柱·物目·후보자의 인적사항 등을 적은 종이이다.

1451) 喉司는 왕명의 출납을 맡아보던 承政院·承旨의 별칭이다.

1452) 阻擋(攩)은 막음, 또는 막힘이다.

1453) 實職은 職事가 있는 관직이다.

1454) 冒出은 무릅쓰고 나감, 외람스럽게 나감이다.

아내다

04-65 初擬趁除夕, 褫鞶以軍銜進參正朝起居, 病單爲喉司所阻搪, 拘於實職, 不得冒出點班, 瞻望雲天, 聊寫感懷

궁원(宮苑)[1457]의 매화와 버들에도 새해의 기운이 들어가고
상서로운 기운의 맨 앞에는 선학(仙鶴)이 있네.
백전(百殿)의 문에서는 채승(彩勝)[1458]을 몰래 나누어 주고
팔방[1459]의 전(箋)[1460]은 요함(瑤函)[1461]에 넣어 높이 받드네.
추위를 없애는 검패(劒佩)[1462]는 바람에 천천히 울리고
* '명(鳴)'은 또는 '성(聲)'이라고도 한다.
봄기운이 가득한 산룡(山龍)[1463]은 햇빛 속에서 곱게 빛나네.
다만 문원(文園)[1464]에는 병이 든 사마씨(司馬氏)[1465]가 있어
시절(時節)[1466]을 만날 때마다 하늘을 갑절이나 쳐다본다네.

宮梅苑柳入新年　　　　第一仙鷄瑞氣邊

1455) 點班은 반열을 點考함·점검함으로 관원의 출석을 확인함을 가리킨다.
1456) 雲天은 높은 하늘로 흔히 조정을 비유한다.
1457) 宮苑은 궁궐의 苑囿·園林이다.
1458) 彩勝은 종이·비단·금·은박 등을 잘라서 작은 깃발·사람·제비·나비 따위의 모양을 만들어 꽃나무에 걸거나 사람의 머리 위에 붙이던 장식품으로, 唐·宋代에 입춘일에 봄이 온 것을 축하하던 풍속에서 유래한다.
1459) 八方은 東·西·南·北의 四方과 南東·北東·南西·北西의 四隅로 아주 먼 곳, 또는 천하를 가리킨다.
1460) 箋은 書札로 지방관이 새해를 맞아 군왕에게 올리는 축수의 글을 가리킨다.
1461) 瑤函은 옥으로 만든 함으로 函의 미칭이다.
1462) 劒佩는 寶劍을 장식한 佩物이다.
1463) 山龍은 산의 龍脈으로 풍수지리설에서 산봉우리들이 起伏을 이루면서 끝없이 이어진 좋은 형세를 가리키는 말이다.
1464) 文園은 孝文園의 준말로 前漢 文帝의 陵園이다.
1465) 司馬는 前漢의 문신 司馬相如를 가리키는데, 消渴病을 지병으로 지녔던 그는 孝文園令을 지냈다.
1466) 時節은 四時의 節日이다.

彩勝微分□[1467)]殿戶　　瑤函高捧八方箋
寒銷劒佩風鳴緩 ＊ 鳴一作聲.　春滿山龍日色姸
惟有文園病司馬　　每逢時節倍瞻天

04-66 송운[1468)]대사의 유고[1469)]를 읽고 나서, 권축 안의 조후계[1470)]의 시에 보운하다
04-66 閱松雲大師遺稿, 步軸中趙后溪韻

송운대사는 임진년의 난에 왜군을 깨우쳐 살륙을 그치게 하고, 의려[1471)]를 규합하여 도적을 쳐서 국가에 큰 훈로[1472)]가 있었다. 난이 평정되고 나서, 전마[1473)]를 바치고 치악산[1474)]으로 돌아갔는데, 다비[1475)]에 이르러 표충사[1476)]에서 향사[1477)]

1467) □는 원전에 글자가 결락된 자리이다.
1468) 松雲은 조선 중기의 승려 惟正(1544~1610)의 별호로 속명은 任應奎, 본관은 豐川, 자는 離幻, 별호는 四溟堂으로 密陽人이다. 13세 때 승려가 되어 직지사 信默에게서 계를 받았고, 僧科 급제를 거쳐 西山大師 休靜의 법통을 계승하였다. 鄭汝立의 역모에 연루되어 투옥되었다가 석방되었고, 임진왜란 때 승병장이 되어 휴정의 휘하에 들어갔으며, 이듬해에 僧軍都摠攝이 되어 전공을 세워 堂上官 위계를 받았다. 1594년에 왜장 加藤淸正의 진중을 3차 방문하여 적정을 살폈고, 丁酉再亂 때에도 공을 세워 中樞府同知使가 되었다. 1604년에 일본에 사신으로 가서 강화를 맺고 포로 3,500명을 이끌고 귀국하였으며, 시호는 慈通弘濟尊者이다. 밀양 表忠祠 등에서 봉향되고, 『四溟堂大師集』을 남겼다.
1469) 松雲大師遺稿는 『四溟堂大師集』 7권 전체를 가리키는지, 南鵬이 따로 간행하였다고 하는 권7의 일부인 『奮忠紓難錄』을 가리키는지 미상이다.
1470) 后溪는 조선 후기의 문신 趙裕壽(1663~1741)의 호로 본관은 豐壤, 자는 毅仲이다. 生員試에 급제한 뒤에 儒生으로서 朴世采의 伸寃을 상소하였고, 1694년 천거로 禧陵參奉이 되고, 淮陽府使・茂朱府使 등을 거쳐 判決事에 이르렀다. 詩로 이름이 있었고 『후계집』을 남겼다.
1471) 義旅는 義師와 같은 말로 정의를 내세워 일으킨 군사이다.
1472) 勳勞는 공로・공적이다.
1473) 戰馬는 훈련을 거쳐 전쟁에 쓰이는 말이다.
1474) 雉岳山은 강원도 원주시・횡성군・영월군에 걸쳐 있는 높이 1,288m의 산으로 주봉은 飛蘆峰이다.
1475) 茶毗(毘)는 승려의 시신을 화장함을 가리키는 불교어이다.
1476) 表忠祠는 임진왜란 때의 僧兵將인 休靜・惟政・處英의 충의를 추모하고자 문도들이 세운 사당이다.

되고, 치도[1478]들이 또 사리부도[1479]를 세웠으니, 또한 위인이라 이를 만하다. 곽장군[1480]·손상서·노승지가 모두 같은 마을[1481] 사람으로서 일시에 의병을 일으켰으니 또한 기이한 일이다. 그 법손[1482] 남붕[1483]상인이 유고와 조후계의 제어[1484]를 가지고 와서 매우 간절하게 시를 요구하기에, 마침내 보운하여 준다.

松雲大師, 壬辰之亂, 諭倭止殺, 糾義旅討賊, 有大勳勞於國家. 亂平, 獻戰馬歸雉岳, 及茶毗, 享祀表忠祠, 緇徒又建舍利浮屠, 可謂偉人也. 郭將軍·孫尙書·盧承旨, 皆師同閈人, 而一時倡義, 亦異事也. 其法孫南鵬上人, 持遺稿及趙后溪題語來, 求詩甚懇, 遂步韻以贈.

서산대사(西山大師)에게서 전해받은 뗏목[1485]이 남명[1486]을 진압한 것은
마침 바람과 물결[1487] 속에서 큰 고래[1488]가 발호하던[1489] 때였다네.[1490]
『능엄경(楞嚴經)』[1491]을 들은 호랑이는 살기(殺氣)를 거두고
지혜의 칼을 만난 마귀는 위령(威靈)[1492]에게 굴복하였네.
군왕의 은혜와 부처의 빚을 삼생에 다 갚고

1477) 享祀는 제사이다.
1478) 緇徒는 검은 옷을 입은 무리로 승려를 가리킨다.
1479) 浮屠는 승려의 시신을 화장하여 얻은 舍利나 유골을 넣은 탑이다.
1480) 郭將軍은 임진왜란 때의 의병장 郭再祐를 가리킨다.
1481) 同閈은 같은 마을이다.
1482) 法孫은 불법을 계승한 승려이다.
1483) 南鵬은 조선 후기의 승려로 당호는 太虛堂이다. 1738년에 상소하여 사명대사의 사당과 表忠書院을 복원시키는 데 힘썼고, 1739년에 사명당의 임진왜란과 연관된 유문을 모은 『奮忠紓難錄』을 발간하였다.
1484) 題語는 題辭와 같은 말로 책·서화 따위의 첫머리에 써 놓은 글이다.
1485) 傳筏은 전해받은 뗏목으로 스승으로부터 물려받은 法門을 비유한다.
1486) 南溟은 南海이다.
1487) 風濤는 바람과 큰 물결로 험난한 상황이나 처지를 비유한다.
1488) 巨鯨은 큰 고래로 형세가 큰 도적을 비유한다.
1489) 跋扈는 제멋대로 날뛰며 사납게 굶이다.
1490) 正値는 마침 어떤 때를 만남이다.
1491) 『楞嚴經』은 『大佛頂如來密因修證了義諸菩薩萬行首楞嚴經』의 약칭으로 『首楞嚴經』이라고도 하는데, 唐代에 印度의 승려 般剌密帝가 번역한 10권으로 이루어진 大乘의 秘密部에 속하는 책으로 心性의 본체를 밝힌 것이다.
1492) 威靈은 神靈, 또는 神靈의 威力·威光이다.

보탑(寶塔)과 운대(雲臺)[1493]를 만고에 아우르셨네.
땅에 별의 정기가 모임이 우연한 일이 아니거니
제천(諸天)[1494]이 힘을 함께 하여 비린 먼지를 쓸어내었네.[1495]

西山傳筏鎭南溟　正値風濤跋巨鯨
虎聽楞經收殺氣　魔逢慧劒伏威靈
君恩佛債三生了　寶塔雲臺萬古幷
地聚星精非偶爾　諸天同力掃塵腥

04-67 채경언[1496]과 여호[1497]에 배를 띄우기로 약속하고는 병 때문에 가지 못하였는데, 하루는 바람과 비가 사나운데도 배꽃이 뜰에 가득하기에 슬퍼하며[1498] 읊다

04-67 與蔡敬彦留驪湖泛舟之約, 病不能踐, 一日風雨作惡, 梨花滿庭, 惆悵有吟

연파(烟波)[1499]를 향한 한 꿈이 괴롭게도 어긋나고[1500] 말았는데
높이 뜬 기러기[1501]를 눈길로 송별하고서[1502] 홀로 누워 있네.
천고(千古)에 빚을 다 갚은 사람은 없건만

1493) 雲臺는 漢나라의 궁중에 있던 높은 누대로, 後漢의 明帝가 前世의 名臣을 追慕하기 위하여 鄧禹 등 장수 28명의 肖像을 그려서 걸었던 곳이다.
1494) 諸天은 불법을 수호하는 모든 天神이다.
1495) 掃塵은 먼지를 쓸어냄으로 적군을 소탕함을 비유한다.
1496) 敬彦은 조선 후기의 선비 蔡膺一(1686～?)의 자로 본관은 平康, 병마첨절제사 成胤의 아들이다. 숙종 43년(1717) 식년진사시에 1등 2위로 합격하였고, 약산의 사돈인 蔡膺萬의 아우이자 正祖 때의 영의정 蔡濟恭의 아버지이다.
1497) 驪湖는 경기도 驪州의 북쪽을 흐르는 漢江의 별칭으로 驪江·汎湖라고도 한다.
1498) 惆悵은 실망하여 슬퍼하고 괴로워함이다.
1499) 烟波는 안개가 낀 물결이다.
1500) 差池는 差遲와 같은 말로 틀림, 착오이다.
1501) 雲鴻은 하늘 높이 나는 큰 기러기로 흔히 원대한 포부를 지닌 사람을 비유한다.
1502) 目送은 작별할 때 떠나는 사람이 보이지 않을 때까지 눈길로 송별함이다.

삼춘(三春)[1503] 내내 기약한 듯이 병을 견디는 사람은 있다네.
배꽃은 옥동(玉洞)의 하늘에서 저녁에 빛나는데
버들빛은 갈대발[1504] 밖의 우중에 시(詩)에서 어둑하네.
구슬프게도 여강(驪江)의 강 가에서는 한 늙은이가
누구에게 주고자 신령스러운 구슬[1505]을 건지고 있는가?[1506]

烟波一夢苦差池　目送雲鴻獨卧時
千古無人都了債　三春有病耐如期
梨花玉洞天明夕　柳色蘆簾雨暗詩
惆悵驪江江上叟　靈珠採採欲貽誰

04-68 금평도위[1507] 박공 * 필성[1508])이다. **께서 보내신 서신이 이르렀는데, '아무개는 지난날에 세상에 드문[1509] 특수한 은전을 입었으니, 법악[1510]의 연수[1511]를 하사하여 노후[1512]를 즐기게 하시고, 또 신장[1513]을 하사하여 사치를 누리게 하셨습**

1503) 三春은 孟春·仲春·季春으로 봄철의 석 달이다.
1504) 蘆簾은 갈대로 엮은 발이다.
1505) 靈珠는 靈蛇珠의 준말로 춘추시대 漢東의 제후였던 隋侯가 상처를 입은 뱀을 치료해 주자, 뱀이 은혜를 갚고자 물어다 주었다는 夜光珠로, 흔히 아름다운 文才를 비유한다.
1506) 採採는 계속 採取함이다.
1507) 都尉는 駙馬都尉의 약칭으로 조선시대에 국왕의 嫡室公主에게 장가든 사위에게 내렸던 종1품 位號이다.
1508) 朴弼成(1652～1747)은 조선 후기의 문신으로 본관은 潘南, 자는 士弘, 호는 雪松齋, 孝宗의 사위 都正 泰長의 아들이다. 현종 3년(1662)에 효종의 딸 淑寧翁主와 결혼하여 錦平尉에 봉해졌고, 옹주는 1668년에 痘患으로 죽었다. 숙종 때 謝恩使·奏請使로 네 차례 청나라에 다녀왔고, 영조 14년(1739) 이후 두 차례 長壽를 치하하여 詩·几杖을 내렸으며, 1746년에는 寧陵都尉에 봉해졌다. 97세로 죽자 효행을 치하하여 旌門이 세워졌고, 시호는 孝靖이다.
1509) 不世는 세상에 보기 드묾, 흔하지 않음이다.
1510) 法樂은 儀式과 법도에 맞게 연주하는 正樂이다.
1511) 宴需는 잔치에 드는 물건과 비용이다.
1512) 暮景은 저녁햇볕으로 晩年·老後를 비유한다.

니다. 노신은 황송함이 죽음에 이를 듯하여[1514] 자리에서 시를 지어 송축의 정성을 부치고, 이어서 자리에 있는 여러 공속[1515]들에게 화답하라고 요구하였습니다. 우리 집사님[1516] 같은 분은 비록 참석하지 못하셨지만, 아무개가 세호[1517]의 말석에 있는 사람이니 또한 반드시 괄연하지는[1518] 않으실 것입니다. 이에 초라한 시전[1519]를 보내니, 금옥과 같은 음률을 아끼지 마시기 바랍니다 운운.'이라고 말씀하셨다. 영릉[1520]의 여섯 부마[1521] 가운데 오직 박공만 살아 계신데, 다섯 조정의 원로 가운데 한 분으로 연세가 거의 구순[1522]에 가까우시니, 매우 귀중하게 여길 만하다. 성상의 인친을 돈독하게 여기고 늙은이를 우대하시는 은혜가 보통보다 뛰어나심이 만만하여[1523], 뭇사람의 귀를 감동시키기에 넉넉함이 있다. 이에 원시에 보운하여 아껴 주시는 뜻[1524]에 보답하여 사례드린다[1525]

04-68 錦平都尉朴公 * 弼成. 抵書曰, "某頃蒙不世之殊典, 賜法樂宴需, 以娛暮景, 又賜宸章以侈之. 老臣不勝惶隕, 席上有詩, 以

1513) 宸章은 제왕이 지은 시문이다.

1514) 隕越은 죽을 죄를 지었음을 뜻하는데, 제왕에게 올리는 글에서 상투적으로 쓰이는 말이다.

1515) 公屬은 남자어른인 親屬이다.

1516) 執事는 상대에 대한 존칭이다.

1517) 世好는 世交와 같은 말로 대대로 사귀어 온 교분이다.

1518) 恝然은 전혀 관심이 없는 모양, 냉담한 모양이다.

1519) 薄牋은 초라한 詩牋이다.

1520) 寧陵은 조선조 제17대 임금인 孝宗과 仁宣王后 張氏의 능으로 원래 현재의 동구릉 자리에 있었는데, 현종 14년(1673)에 驪州로 옮겨졌다.

1521) 駙馬는 조선시대에 임금의 사위에게 주던 位號인데, 嫡室의 공주에게 장가든 이는 종1품, 庶室의 옹주에게 장가든 이는 종2품의 지위를 부여하였다.

1522) 九袠(秩)은 九旬이다.

1523) 萬萬은 차이가 매우 큼, 월등히 큼이다.

1524) 勸意는 아끼는 뜻, 사랑하는 마음이다.

1525) 庸謝는 보답함, 사례함이다.

寓頌祝之忱, 仍要在座諸公屬和. 如吾執事雖未蒙辱臨, 以某忝在世好之末, 亦必不恝然. 玆送薄牋, 幸毋吝金玉之音云云." 寧陵六駙馬, 惟朴公在焉, 五朝一老, 年廹九袠, 甚可貴重. 聖上敦親優老之恩, 出尋常萬萬, 有足以感動群聆. 玆步原韻, 庸謝勤意.

여섯 마리 봉황이 한꺼번에 날아가고 한 마리 학만 남아 있는데
규장(奎章)[1526]과 법곡(法曲)에서 특수한 은총이 빛나네.
구름 사이에 있는 은하수의 북[1527]은 여전히 수성(壽星)[1528]을 위해 울리고
누각 위의 진(秦)나라 퉁소[1529]는 아직도 달빛[1530] 속에서 들리네.
신선은 이따금 태평한 시절을 바라보는데
천지에는 화락하게[1531] 채워진 술잔이 있네.
소년이 탄 가마(珂馬)[1532]가 꽃밭 옆에 이르니
또 새로운 도위(都尉)의 풍류가 온 가문을 빛냈다네.

六鳳齊飛獨鶴存　奎章法曲煥殊恩
雲間河鼓仍星壽　樓上秦簫尙月痕
往往神仙儀聖世　熙熙天地有深樽
少年珂馬花邊至　新尉風流又一門

* 새로 간택된 부마 금성위[1533]는 바로 공의 손자이다.

1526) 奎章은 제왕의 시문이나 서화이다.
1527) 河鼓는 牽牛星의 북쪽에 위치한 별인데, 일설에는 견우성의 별칭이라고 한다.
1528) 壽星은 祝壽를 받는 사람이다.
1529) 秦簫는 秦鳳과 같은 말로 춘추시대 秦나라 穆公 때에 簫를 잘 불었던 簫史가 아내인 목공의 딸 弄玉과 함께 鳳臺에서 살다가 봉황을 따라 갔다는 고사를 가리킨다.
1530) 月痕은 달빛, 또는 달 그림자이다.
1531) 熙熙는 和樂한 모양이다.
1532) 珂馬는 화려하게 장식한 말이다.

* 新揀駙馬錦城尉, 卽公之世孫

04-69 세속의 욕불절[1534]에 제군을 데리고 산에 올라 관등하다
04-69 浴佛俗節, 携諸君上山觀燈

높은 곳에 오르노라면 몸이 늙었음에 놀라는데
태평한 시절[1535]에 눈길을 멀리 보내네.
성신(星辰)은 세계를 하나로 만들고
문장(文章)[1536]은 천지를 끝까지 채우네.
누가 늘어선[1537] 것들을 헤아릴 수 있으랴?
매우 출렁거려서[1538] 다함이 없네.[1539]
여주(驪珠)[1540]의 광채와 불상의 서기가
함께 보는 자리에서 이기려고 다투네.

登陟驚身老　昇平送目長
星辰渾世界　天地極文章
歷歷誰能數　溶溶殊未央
驪光與佛瑞　鬪勝一看場

1533) 錦城尉는 조선 후기의 문신 朴明源(1725~1790)의 位號이다. 본관은 潘南, 자는 晦甫, 호는 晩葆亭, 예조참판 師正의 아들이다. 영조 14년(1738) 제3公主인 和平翁主에게 장가들어 都尉에 봉해지고 順義大夫를 거쳐 綏祿大夫로 승진되었다. 글씨를 잘 써서 나라의 哀慶事에 10여회 金玉寶冊銘旌書官이 되고, 청나라에 3회 正使로 다녀왔으며, 시호는 忠僖이다. 정조 8년(1784)에 謝恩正使로 갈 때에는 從弟 燕巖 朴趾源이 따라갔다가 돌아와서 『열하일기』를 지었다.
1534) 浴佛節은 佛像을 씻기는 節日로 釋迦의 탄일을 가리킨다.
1535) 昇平은 太平이다.
1536) 文章은 아름답게 뒤섞인 색채와 무늬이다.
1537) 歷歷은 줄지어 늘어선 모양이다.
1538) 溶溶은 물이 성대하게 흐르는 모양이다.
1539) 未央은 다하지 않음이다.
1540) 驪珠는 驪龍의 턱 밑에서 나온다는 寶珠이다.

04-70 조이보[1541]가 그 종씨[1542]의 청탁으로 세 폭의 그림을 보내면서 화제[1543]를 요구하기에 각각 소절[1544] 한 수를 짓다 (3수)

04-70 曹彛甫以其從氏請送三幅畫求題, 各題小絶

04-70-01 첫째 그림

04-70-01 其一

비가 내리는 산의 숲 중간에 초가가 있고, 성근 울타리 옆으로 사람이 밖에서 오고 있다.
山雨茂林, 中着茅屋, 疎籬有人, 自外而來.

이내와 비가 짙게 침침한 가운데 있어도
나의 집은 내가 절로 안다네.
오늘 아침에 우연히 출타했다가 돌아오기에
다시 나의 집이 기이함을 깨닫네.

嵐雨濃陰裏　吾廬吾自知
今朝偶出返　更覺吾廬奇

04-70-02 둘째 그림

1541) 彛甫는 조선 중기의 문신 曺命敎(1687~1753)의 자이다. 본관은 昌寧, 호는 澹雲, 判決使 夏奇의 아들이다. 1719년 증광문과 병과로 급제, 검열로 있다가 신임사화로 파직당했다. 영조 즉위 후 복직하여 소론을 논척하는 데 앞장섰고, 承旨·대사간·이조참의·개성유수를 지냈으며, 대사헌으로 冬至副使가 되어 淸에 다녀온 뒤에 호조참판·이조참판을 거쳐 예문관제학에 올랐다. 글씨에 뛰어나 楞伽寺事蹟碑·領議政崔奎瑞墓表·工曹參判曺文秀碑 등에 글씨를 남겼다.
1542) 從氏는 從兄弟, 즉 4촌이다.
1543) 畵題는 그림의 여백에 적은 시문이다.
1544) 小絶은 5言絶句이다.

04-70-02 其二

높은 벼랑[1545]에 폭포가 있고, 그 밑에는 사람이 기슭의 입구에 배를 대면서, 머리를 돌려 폭포를 바라보고 있다.
懸崖瀑布, 下有人泊舟岸嘴, 回頭望瀑.

평생 강과 바다를 보던 눈으로
산의 폭포로 한 번 머리를 돌리네.
머리를 돌림이 어긋나지 않는 듯함은
쪽배[1546]를 대다가 멈추었기 때문이리.

平生江海眼　山瀑一回頭
回頭如不錯　歇泊是扁舟

04-70-03 셋째 그림
04-70-03 其三

층진 봉우리가 드러나[1547] 있고, 고목은 가지가 삐쭉삐쭉하며, 삿갓을 비스듬하게 쓴 사람이 가고 있는데, 삿갓 위쪽이 약간 검어서 비가 지나간 듯한 모습이다.
層峯刻露, 古木槎枒, 有人欹笠而行, 笠上微黑如雨過狀.

먼 곳은 밝아서 날아오르는 기운이 많은데
시든데다[1548] 또 수척한 모습이네.

1545) 懸崖는 깎아지른 듯이 높은 벼랑이다.
1546) 扁舟는 통나무를 파서 만든 작은 배로 고유어로는 쪽배라고 한다.
1547) 刻露는 산세 따위가 모조리 드러남이다.
1548) 蕭森은 草木이 시들고 쇠약한 모양이다.

비스듬하게 쓴 삿갓이 무거워 보이니
지나간 비[1549]는 어느 봉우리로부터 왔던가?

明遠多翔氣　蕭森更瘦容
欹斜篛笠重　片雨自何峯

04-71 신교리[1550) ＊ 치근[1551)이다. 의 만사
04-71 申校理 ＊ 致謹. 挽

춘몽파(春夢婆)[1552]의 한바탕 꿈에 살짝이 쓸쓸해지더니[1553]
속세에 우뚝 솟았다가[1554] 홀로 허물을 벗네.[1555]
남들은 고관(高官)을 좋아하건만 그대는 술을 마시고
세상은 시론(時論)으로 다투어도 그대는 신선을 말하였네.
푸른 물을 언덕으로 여김에 어찌 바탕이 없으랴?
밝은 날의 듣기 좋은 말[1556]에는 본래 하늘이 있다네.

1549) 片雨는 한바탕 내리는 비, 또는 局地에 내리는 비이다.

1550) 校理는 조선시대에 궁중의 經書・史籍의 관리와 문한의 처리 및 왕의 각종 자문에 응하는 일을 맡아보던 관서인 弘文館의 정5품 관직이다.

1551) 申致謹(1694～1738)은 조선 후기의 문신으로 본관은 平山, 자는 幼言이다. 증광문과에 병과로 급제하여 검열・수찬・교리・지평을 거쳐, 陳奏兼謝恩使의 서장관으로 청나라에 다녀왔으며, 집의・사간 등을 지냈다. 사후인 1755년에 凶言酬酢之說에 연루되어 교리직을 추탈당하였다가 1764년에 우의정 金相福의 상소에 의하여 직첩이 환급되었다.

1552) 春夢婆는 北宋 趙令畤의 『侯鯖錄』의 다음 고사에서 유래하여 부귀영화의 덧없음을 탄식함을 비유한다. 蘇東坡가 昌化에 좌천되었을 때 등에 큰 바가지를 지고 田野를 다니며 시를 읊고 있었는데, 나이 70세인 어떤 老婆가 동파에게 '內翰의 지난날의 부귀는 일장춘몽입니다.'라고 말하자, 동파가 옳게 여겼더니, 里人들이 그 노파를 춘몽파라고 불렀다.

1553) 蕭然은 쓸쓸함, 적막함이다.

1554) 玉立은 우뚝 솟음, 우뚝함이다.

1555) 蟬蛻는 매미가 허물을 벗음으로 세속을 초탈함을 비유하는데, 『史記』 <屈原傳>의 "매미는 흐리고 더러운 곳에서 허물을 벗고, 속세의 바깥에서 한가로이 노닌다.(蟬蛻於濁穢, 以浮游塵埃之外.)"라는 글에서 유래한다.

지난번에 현안(玄晏)[1557]을 부탁받고 저버린 일을 부끄러워하면서[1558]
옛날의 동년(同年)[1559]은 산하에서 눈물이 다 마른다네.

春婆一夢鬢蕭然　玉立塵埃獨蛻蟬
人好高官儂飮酒　世爭時論子談仙
滄流岸視寧無地　白日簧言自有天
慚負向來玄晏托　山河淚盡舊同年

* 일찍이 <금강록>을 가지고 와서 나의 말을 청하였기 때문에 결련에서 일렀다.
* 曾以金剛錄索余言故結云.

04-72 홍진사 * 명언이다. 의 만사. 5수
04-72 洪進士 * 明彦. 挽五首

어느 곳에서 이 사람[1560]을 그리워하는가?
시단(詩壇)에서 함께 가슴을 열었다네.
서로 만나서 근래에 지은 것을 물으면
반쯤 취하여 문득 나지막하게 읊조렸지.
천기(天機)[1561]가 활발함에는 손뼉을 치고
자안(字眼)[1562]에 깊음에는 머리를 흔들었네.

1556) 簧言은 피리의 혀가 떨려 소리가 남으로 듣기 좋은 말이나 남을 속이는 거짓말을 비유한다.
1557) 玄晏은 西晉의 高士 黃甫謐의 호인데, 그가 左史의 <三都賦>의 序를 지은 데서 유래하여 시문의 品評·校訂을 요청하거나 받음을 비유한다.
1558) 慚負는 부끄러워함, 또는 호의·기대를 저버림을 면구스러워함이다.
1559) 同年은 과거에 함께 급제한 사람이다.
1560) 之子는 '이 사람'이다.
1561) 天機는 천부적으로 타고난 지혜이다.
1562) 字眼은 글자에 대한 안목, 또는 詩文의 생명을 지니게 하는 핵심적 글자이다.

지금 나귀 울음소리[1563]로 송별하려니
현을 끊었기[1564]에 음악을 이루지 못하네.

何處懷之子　詩壇與展襟
相逢問近作　半醉輒微吟
鼓掌天機活　搖頭字眼深
驢鳴今送去　絃斷不成音

어느 곳에서 이 사람을 그리워하는가?
향기로운 술이 항아리에서 새로 발효되었다네.
순박하고 진실함을 세계로 삼고
넘치고 자욱하게[1565] 봄기운을 발산하였네.
깨어 있을 때에는 말을 두려워하지 않고
취한 가운데에는 눈썹을 찡그리지 않았네.
사람들이 모두 그대의 주덕(酒德)[1566]을 칭찬하였으니
어찌 우왕(禹王)이 경계했다고[1567] 삼갔으랴?[1568]

何處懷之子　香醅醱瓮新

1563) 驢鳴은 나귀의 울음소리로 벗의 죽음을 애도함을 비유하는데, 魏 文帝 曹丕가 지기인 王粲의 장례 때 고인이 좋아하였던 나귀울음 소리를 내어 애도한 데서 유래한다.
1564) 斷絃은 琴의 絃을 끊음으로 知音의 죽음에 애도를 표함을 비유하는데, 春秋時代 楚나라의 거문고의 대가인 伯牙가 자신의 음악을 잘 이해하던 벗인 鍾子期가 죽자, 知音이 사라졌음을 슬퍼하며 줄을 끊고 다시는 거문고를 연주하지 않았다는 『列子』「湯問」의 고사에서 유래한다.
1565) 盎藹는 차서 넘치고 자욱하게 무성함이다.
1566) 酒德은 술을 마셔도 흐트러지지 않는 품성이다.
1567) 禹戒는 夏의 禹王의 딸이 儀狄을 시켜 술을 빚게 하여 올렸더니 왕이 마셔 보고 맛이 달자 술을 끊으면서, "후세에 반드시 술 때문에 그 나라를 망하게 하는 자가 있을 것이다.(後世必有以酒亡其國者.)"라고 경계한 일을 가리킨다.
1568) 申申은 삼가는 모양이다.

淳眞爲世界　盎藹發陽春
言不醒時怕　眉無醉裏顰
人皆君酒德　禹戒豈申申

어느 곳에서 이 사람을 그리워하는가?
성근 발1569) 옆에서 바둑두는1570) 것을 보았다네.
기심(機心)1571)이 한 점도 없기에
기세를 겨룰1572) 때에도 눈썹 사이가 맑았네.
정위(程尉)1573)는 기이한 방법1574)을 부끄럽게 여겼고
왕량(王良)1575)은 법도대로 말을 몲을 귀하게 여겼네.
만약 그대에게 세상을 주더라도
뛰어난 수1576)를 두기를 또한 이처럼 하리.

何處懷之子　踈簾看奕碁
機心無一點　爭氣淨雙眉
程尉羞奇道　王良貴範馳

1569) 踈(疎)簾은 듬성듬성한 발이다.
1570) 奕棋(碁·棊)는 바둑, 또는 바둑을 둠이다.
1571) 機心은 교묘하게 속이는 마음, 또는 교묘하게 실리를 챙기는 마음이다.
1572) 爭氣는 힘을 다툼, 기세를 겨룸이다.
1573) 程尉는 姓이 程氏인 衛尉로 前漢 때에 東宮·長樂宮의 衛尉를 지낸 程不識을 가리키는데, 그는 성품이 강직하고 청렴하였으며, 文帝 때 李廣과 함께 변방의 태수를 맡아 흉노를 공격하러 출동할 때에 이광과 달리 군대를 엄중하고도 분명하게 통솔하였다고 한다.
1574) 奇道는 기이한 방법으로 샛길로 승리할 수 있는 비상한 계책을 비유한다.
1575) 王良은 춘추시대에 齊나라에서 말을 가장 잘 몰았던 사람인데, 『孟子』「滕文公 下」에 다음과 같은 일화가 나온다. 趙簡子가 자신의 嬖臣 奚와 함께 수레를 몰아 사냥을 하도록 하였더니 종일 한 마리의 새도 잡지 못하자, 奚가 “천하에 솜씨가 없는 장인입니다.(天下之賤工也.)”라고 보고하였지만, 다시 하기를 청하여 하루아침에 새 열 마리를 잡자 “천하에 솜씨가 뛰어난 장인입니다.(天下之良工也.)”라고 보고하였다.
1576) 高着은 바둑·장기의 최고로 뛰어난 수, 또는 그런 수를 지닌 高手이다.

倘君供世者　高着亦如斯

어느 곳에서 이 사람을 그리워하는가?
황폐한[1577] 수풀은 조용하였네.
연못의 물고기는 짝지어 몰래 어울리고[1578]
꽃밭의 새는 더욱 깊이 시름하였네.
자주 매형(梅兄)[1579]을 빌어서 가져가고
늘 석장(石丈)[1580]에 맞이해서 놀았네.
취향이 금세에 있는 바가 아니기에
옛사람들에게 물어서 찾아야 하리.

何處懷之子　翳然林木幽
淵魚知暗合　花鳥更深愁
頻乞梅兄去　長邀石丈遊
趣非今世有　質向古人求

어느 곳에서 이 사람을 그리워하는가?
명가(鳴珂)[1581]가 봉성(鳳城)[1582]에 가득하였네.
사인(詞人)[1583]은 흔히 운명이 기박하지만
수자(豎子)[1584]도 간혹 명성을 이루었다네.

1577) 翳然은 황폐함이다.
1578) 暗合은 몰래 野合함이다.
1579) 梅兄은 梅花를 의인화한 미칭이다.
1580) 石丈은 기이한 돌을 의인화한 존칭으로, 北宋의 書畵家 米芾이 無爲軍의 관아에 있는 奇石에 절하면서 이렇게 부른 데서 유래한다.
1581) 鳴珂는 현귀한 사람이 타는 말의 굴레에 장식한 옥이 울리는 소리로 지위가 높은 사람을 비유한다.
1582) 鳳城은 都城·宮城이다.
1583) 詞人은 문인·시인이다.

한림(翰林)[1585]의 집은 고요한데
상사(上舍)[1586]의 집은 쓸쓸하였네.
문장을 닦았음[1587]을 믿어 주지 않는다면
응당 또 무덤에 계수나무[1588]가 생기리.

何處懷之子　嗚珂滿鳳城
詞人多薄命　豎子或成名
寂寂翰林宅　蕭蕭上舍旌
脩文如不信　墳桂也應生

04-73 아들[1589]에게 「광무제기」[1590]를 가르치고 나서 엄광[1591]을 읊다
04-73 授兒光武紀, 咏嚴光

작별할 때에 사람들이 일시에 멍해졌음[1592]을 기억하는데

1584) 豎子는 僮僕, 또는 남을 업신여겨 부르는 '어린놈, 풋내기' 등과 같은 말이다.
1585) 翰林은 조선시대 예문관의 관료, 또는 藝文館의 정7품직 奉敎, 정8품직 待敎, 정9품직 檢閱의 범칭이다.
1586) 上舍는 고려·조선시대에 監試에 급제하고 성균관에 입학하였거나 입학 후에 일정한 과정을 거쳐 상급반에 진급한 유생이다.
1587) 脩文은 문장을 수련함, 文德을 일으킴이다.
1588) 桂樹는 桂林一枝 고사에서 유래하여 과거에 급제함을 비유하는데, 桂林一枝는 『晉書』 <郤詵傳>에서 西晉의 문신 郤詵이 賢良對策에 뽑힌 것을 두고 사람들이 천하제일이라고 칭찬하자, 그것은 계수나무 숲에서 가지 하나를 꺾은 데 불과하다고 겸양하여 말한 일화를 가리킨다.
1589) 兒는 차남 大成을 가리킨 듯한데, 蔡濟恭의 <哀吳聖集>(『樊巖集』 권4)에 따르면 자가 聖集으로 약산이 타계한 이듬해 가을에 요절하였다.
1590) 「光武帝記」는 『後漢書』 권1의 「帝記」 제1로 後漢의 건국자인 光武帝 劉秀의 本紀이다.
1591) 嚴光은 後漢의 隱士로 자는 子陵, 본래의 성은 莊이며 餘姚人이다. 어릴 때 光武帝와 같이 공부하였는데, 광무제가 즉위하자 변성명하고 숨어사는 것을 찾아서 諫議大夫를 제수하였으나 사양하고 富春山에서 은거하였다.
1592) 茫然은 멍한 모양, 멍하게 정신을 잃은 모양이다.

건곤의 어느 곳[1593]에다 낚싯배를 대었던가?
오늘 오랜 벗들이 서로 보면서 웃노라니
부춘산(富春山)[1594]의 빛은 다시 요(堯)임금의 시절과 같았다네.

別時人紀一茫然　何處乾坤着釣船
今日故人相視笑　富春山色復堯天

04-74 초나라 회왕[1595]의 손자 심[1596]은 양을 치고, 유분자[1597]는 소를 치다가, 어느날 갑자기[1598] 남에게 끌려갔으니, 어찌 기이한 재주와 원대한 책략를 지녔으랴? 아들[1599]이 사서를 읽다가 분자가 부절을 깨물어서 버렸다[1600]는 데 이르러 실소하여 마지 않기에, 드디어 절구 한 수를 지어 보여 주다

04-74 楚懷王孫心牧羊, 劉盆子牧牛, 一日爲人所拉去, 豈有奇才遠

1593) 何處는 嚴光이 낚시질하던 곳인 釣臺를 가리키는데, 옛터가 富春山 위에 있으며 嚴陵瀨라고도 한다.
1594) 富春山은 浙江省 桐廬縣에 있는 산으로 後漢의 嚴光이 은거하였던 곳이다.
1595) 懷王은 전국시대 말기 楚나라의 왕으로 威王의 아들, 성은 熊, 이름은 槐이며, 시호가 懷이다. 秦의 昭王과 혼인관계를 맺은 뒤에 屈原의 만류를 뿌리치고 회동하러 진에 갔다가 억류되어 있다가 죽었다.
1596) 心은 楚 懷王의 손자로 민간에서 양을 치고 있었는데, 秦나라를 넘어뜨리기 위하여 봉기한 項梁에 의하여 왕으로 옹립되어 項籍[項羽]에 의하여 義帝로 높여졌다가 진나라가 망한 뒤에 시해당하였다.
1597) 劉盆子는 前漢 城陽景王 章의 후손으로 王莽이 帝位를 簒奪하여 新나라를 세웠을 때에, 15세의 나이로 赤眉賊 樊崇의 추대를 받아 제위에 올라 연호를 建世라 하다가, 光武帝에게 항복하고 趙王의 郎中이 되었다.
1598) 一日은 '어느날 갑자기'이다.
1599) 兒子는 둘째아들 大成을 가리킨다.
1600) 嚙棄符는 符信을 씹어서 버림인데, 『後漢書』 권41의 <劉玄劉盆子列傳>에 분자를 樊崇 등이 추대할 때에 상장군의 부신인 서찰을 城陽景王의 후손인 劉茂가 주면서 "잘 간직하라(善藏符.)"라고 하자, "분자가 곧 깨물어 끊어서 버렸다.(即齧折棄之.)"라는 대목이 있다.

略? 兒子讀至盆子噛棄符, 失笑不已, 遂題一絶示之

영웅호걸이 대택향(大澤鄕)[1601]에서 창과 방패를 휘두르는데도[1602]
오히려 자신이 금지옥엽(金枝玉葉)[1603]임을 영광스럽게 여겼다네.[1604]
초(楚)나라와 한(漢)나라의 산하에 풀이 시든 뒤에는
소와 양을 치던[1605] 이 속에서 안왕(贋王)[1606]이 많이 나왔다네.

英豪大澤奮干戈　猶自榮觀玉葉柯
楚漢山河衰草後　牛羊口下贋王多

1601) 大澤鄕은 지금의 安徽省 宿縣의 남쪽, 蘄縣 서쪽의 小劉村에 있던 지명으로, 秦末에 陳勝・吳廣이 蜂起하였던 곳이다.
1602) 奮干戈는 방패와 창을 힘껏 휘두름으로 용감하게 싸움을 비유한다.
1603) 玉葉柯는 玉葉과 같은 말로 아름다운 꽃잎・나뭇잎을 뜻하며, 帝王家의 계보를 비유한다.
1604) 榮觀은 영광스럽게 봄, 영광스럽게 감상함이다.
1605) 牛羊口下는 소와 양의 입 밑에 있다는 뜻으로 소와 양을 침을 가리킨다.
1606) 贋王은 가짜왕이다.

약산만고 권지오
藥山漫稿卷之五

해동악부
海東樂府

05-01 태백의 단군
05-01 太伯檀

동방에는 처음에 군장(君長)[1]이 없었는데, 어떤 신인[2]이 무리 삼천명을 거느리고 태백산[3]의 박달나무 밑에 내려와서 그곳을 신시(神市)[4]라고 일렀다. 온 나라 사람들이 세워서 군주로 삼고 나라의 이름을 조선이라고 하였으니, 동쪽 변경의 바깥[5]에서 해가 뜨기 때문이었다. 『고기』[6]에서 이르기를, "요임금[7]과 나란히 무진

---

1) 君長은 君王과 같은 말로 帝王·諸侯이다.
2) 神人은 神靈한 사람이다.
3) 太伯(白)山은 白頭山의 옛 이름인데, 妙香山을 가리킨다고도 한다.
4) 神市는 天帝 桓因의 아들인 桓雄이 天符印 세 개와 무리 삼천명을 거느리고 태백산 꼭대기의 神檀樹 아래로 내려와 도읍하였던 곳으로, 단군이 平壤을 도읍지로 하여 古朝鮮을 건국하기 이전의 도읍지이다.
5) 東表는 동쪽 변경의 바깥이다.
6) 『古記』는 檀君의 事蹟을 기록한 最古의 문헌으로 『檀君古記』·『檀君本紀』라고도 한다.
7) 堯는 중국 고대의 神話的 임금으로 이름은 放勳이며, 黃帝의 후예인 陶唐氏 부락의 추장이므로 唐堯라고도 한다.

년[8]에 즉위하여 수명을 천사백팔년이나 누렸다고 한다."고 하였다. 어떤 이는 말하기를, "단씨가 대대로 이어져[9] 지낸 햇수이지, 단군(檀君)[10]의 수명이 아니다."라고 하였다. 곰이 변하여 여자가 되고, 혼인하여 아들을 낳았다고 하는 말과 같은 것에 대해서는 더욱 황탄하여[11] 함께 기록하지 않는다.

東方初無君長, 有神人率徒三千, 降于太伯山檀木下, 謂之神市, 國人立爲君, 國號朝鮮, 以東表日出之故也. 古記云, "與堯幷立於戊辰, 壽千四百八年云." 或曰, "檀氏傳世歷年之數, 非檀君之壽也." 至若熊化爲女, 昏而生子之說, 尤荒誕, 不幷記.

태백산(太白山)에는 박달나무가 푸르게 무성하였는데
심은 사람이 누구인가? 반고씨(盤古氏)[12]라네.
가지는 일천 길로 높고
향기는 삼천리 밖에서도 맡았네.
표륜(飇輪)[13]과 용마(龍馬)[14]를 타던 임금이 머물렀는데
몸에는 부상(扶桑)[15]의 고치로 만든 황금빛 오자(襖子)[16]를 입으셨네.
손으로 운한(雲漢)[17]을 잘라[18] 물줄기의 흐름을 끝낸 이가

8) 戊辰年은 B.C. 2333년이다.
9) 傳世는 자손대대로 계승함이다.
10) 檀君은 天帝 桓因의 아들인 桓雄과 熊女 사이에서 태어나서 B.C. 2333년에 阿斯達을 도읍으로 하여 古朝鮮을 건국하였다고 하는 인물로 우리 민족의 始祖로 받들어지는 신화적 존재이다.
11) 荒誕은 허황하여 믿을 수 없음이다.
12) 盤古는 천지가 개벽하던 시초에 이 세상에 나와 군림한 중국 太古의 신화상의 천자로, 죽은 뒤에 눈은 日月이 되고 혈액은 江河가 되고 毛髮은 草木이 되었다고 한다.
13) 飈(飇)輪은 飈車와 같은 말로 바람이 끈다는 神車이다.
14) 龍馬는 말의 몸에다 머리가 용의 모습을 하고 있었다는 전설상의 동물이다.
15) 扶桑은 『山海經』「海外東經」에서 동쪽바다의 해 돋는 곳인 湯谷에 있다고 한 큰 신령스러운 뽕나무이다.
16) 黃襖는 黃金襖子의 준말로 황금빛 오자를 가리키는데, 오자는 도포보다 짧고 저고리보다 긴 안감을 댄 겨울용 겉옷이다.
17) 雲漢은 銀河水이다.
18) 手抉雲漢은 손으로 은하수를 자름인데, 蘇軾의 <潮州韓文公廟碑>에 "공은 옛날에 백운향에서 용을 타고, 손으로 운한을 잘라 하늘의 문장을 나누어 받았네.(公昔騎龍白雲鄕, 手抉雲漢分天章.)"라는 글이 있다.

요(堯)[19]임금인지 순(舜)임금[20]인지 나는 듣지 못하였거늘
아득한 운해(雲海)[21] 아래에 신시(神市)를 열었다네.

鬱鬱蒼蒼太伯檀　問誰栽者盤古氏
枝聳一千仞　香聞三千里
颰輪龍馬君所止　身披扶桑黃襖子
手扶雲漢末派水　堯耶舜耶吾不聞　漠漠雲海開神市

05-02 황하의 노래
05-02 黃河歌

「악지」[22]에서는 주[23]나라 무왕[24]이 기자(箕子)[25]를 조선[26]에 봉하자, 인민들이 기뻐하고 즐거워하면서 대동강[27]을 황하[28]에 견주어 그 군주를 찬송하고 축도하

---

19) 堯는 중국 고대의 神話的 임금으로 이름은 放勛이며, 黃帝의 후예인 陶唐氏 부락의 추장이므로 唐堯라고도 한다. 유가의 이상적 聖君으로 추앙되었다.
20) 舜은 중국 고대의 신화적 임금으로 성은 姚, 이름은 重華이다. 有虞氏 부락의 추장이었으므로 虞舜이라고 한다. 堯에게서 禪讓받아 善治했으며, 유가의 이상적 聖君으로 추앙되었다.
21) 雲海는 바다처럼 널리 깔린 구름이다.
22) 「樂志」는 紀傳體 史書에서 음악의 沿革·典章制度 등을 따로 모은 기록인데, 여기에서는 『高麗史』「樂志」를 가리킨다.
23) 周는 殷나라에 이어 성립된 중국의 고대왕조로 文王의 뒤를 이은 武王이 은의 폭군 紂를 몰아내고 건국하였으며, 약 B.C. 1100년부터 B.C. 256년까지 존속하였다.
24) 武王은 周 왕실의 건립자로 성은 姬, 이름은 發이며, 文王의 아들이다. 부친의 자리를 이어받아 周族을 다스리는 영수가 되어, 민생을 풍족하게 하고 군사력을 키워 牧野 전투에서 殷의 紂王을 물리치고 주나라를 일으켰다.
25) 箕子는 중국 殷나라의 賢人으로 姓은 子, 이름은 胥餘이다. 殷왕조 말기에 王의 叔父로서 紂에게 자주 간하다가 잡히어 종이 되었으나, 殷나라가 망한 후 도망하여 箕子朝鮮을 창업하였다고 한다.
26) 朝鮮은 고대로부터 써 내려오던 우리나라의 이름으로 檀君이 阿斯達에 도읍을 정하고 국호를 檀君朝鮮이라 한 것에서 비롯된다.
27) 大同江은 平安南道 寧遠郡에서 발원하여 平壤·鎭南浦 및 黃海道 黃州 등지를 지나서 西海로 흘러들어가는 강 이름이다. 여기에서는 노래인 <대동강>을 가리키고자 언급하

였다고[29] 하였다.

樂志, 周武主封箕子于朝鮮, 人民歡悅, 以大同江比黃河, 頌禱其君.

지난날에 대동강(大同江)을 보았지만
황하(黃河)는 보지 못하였네.
하늘을 돌고 땅을 굴러서 황하가 내려오는 곳에서
흰 말을 타고 후관(冔冠)[30] 쓴 이 분[31]을 만났다네.
커다랗게[32] 넘실거리며[33] 덕택(德澤)[34]으로 적셔 주면서
천추만세(千秋萬歲)[35]토록 이처럼 흐르시라.

昔見大同江　不見黃河水
天回地轉黃河來　白馬冔冠覯之子
浩浩漾漾涵德澤　千秋萬歲流如此

05-03 성모의 사당
05-03 聖母祠

경주[36]의 서악[37]인 선도산[38]에 있다. 성모[39]는 중국 제실의 따님으로 이름이

였는데, 『高麗史』「樂志」俗樂條에 따르면, 이 노래는 周 武王이 殷의 太師 箕子를 朝鮮에 봉하여 八條의 가르침을 베푸니 인민들이 기뻐하여 대동강을 黃河에, 永明嶺을 嵩山에 비견하면서 군주를 송도하여 부른 것이다.

28) 黃河는 중국 북부에 있는 큰 강으로 青海省의 阿尼馬鄉 산맥에서 발원되어 동쪽으로 흘러 渤海로 들어가며, 길이는 4,100km이다.

29) 頌禱는 讚頌하고 祝禱함이다.

30) 冔冠은 殷나라 때에 쓰던 冠이다.

31) 之子는 '이 사람, 이 아들'을 뜻하는데, 『詩經』「豳風(빈풍)」 <九罭(구역)>에 "우리가 이 분을 만났는데, 곤의와 수상을 입으셨네.(我覯之子, 袞衣繡裳.)"라는 구절이 있다.

32) 浩浩는 광대한 모양이다.

33) 漾漾은 동요함, 흔들림, 출렁거림이다.

34) 德澤은 恩德·恩惠이다.

35) 千秋萬歲는 千年萬年이다.

사소(娑蘓)[40]였는데, 일찍이 신선의 술법을 배워 해동[41]에 와서 머물면서 오래 돌아가지 않다가, 마침내 신이 되었다. 세상에 전해지기를 혁거세(赫居世)[42]는 바로 성모가 낳은 분이라고 한다. 중국 사람의 찬[43]에, "선도산의 성모가 현인을 잉태하니 처음으로 나라를 세웠다."[44]라는 말이 있다.[45]

在慶州西岳仙桃山. 聖母中國帝室之女, 名娑蘓, 早得神仙之術, 來止海東, 久而不還, 遂爲神. 世傳, 赫居世乃聖母之所誕也. 中國人讃, 有仙桃聖母娠賢肇邦之語.

신선의 거처인 선도산(仙桃山)에는
선도의 꽃이 피었건만 밤이라 알지 못하였네.
황제의 따님은 난새[46] 한 마리를 타고 왔는데
무지개다리가 놓인 바다는 구만척이었다네.
교인(鮫人)[47]은 비단을 바치고 용은 구슬을 바쳤으니
성두(星斗)[48]와 같은 의상에는 금벽(金碧)[49]이 찬란하였네.

---

36) 慶州는 지금의 경상북도 慶州市 지역에 있던 고을 이름으로 鷄(雞)林이라고도 하였으며, 新羅의 수도였다.
37) 西岳(嶽)은 仙桃山의 이칭으로 西述·西兄·西鳶이라고도 하였다.
38) 仙桃山은 慶州의 서쪽에 있는 산으로 조선시대에는 府治의 서쪽 7리에 있었다.
39) 聖母는 女神이다.
40) 沙蘇는 『三國遺事』 권5 「感通」의 <仙桃聖好隨喜佛事>에 나오는 地仙의 이름으로 中國帝室의 딸로서 신선의 술법을 배운 뒤에 선도산에서 살다가 地仙이 되었으며, 赫居世와 閼英을 낳았다고 한다.
41) 海東은 渤海의 동쪽이라는 뜻으로 우리나라를 가리킨다.
42) 赫居世는 新羅의 시조로 姓은 朴이다.
43) 讃(贊)은 찬미하여 진술하는 글이나 말이다.
44) 肇邦은 肇國과 같은 말로 처음으로 나라를 세움이다.
45) 중국인의 찬에 "仙桃聖母娠賢肇邦"이라는 말이 있다는 것은 洪萬宗의 『海東異蹟』에도 『輿地勝覽』을 출처로 인용되어 있지만, 『新增東國輿地勝覽』에는 이런 내용이 없을 뿐만 아니라 중국의 출처도 미상이다.
46) 鸞은 仙境에 산다는 전설적인 神鳥인데, 중국의 황제가 보낸 솔개를 비유한다. 『三國遺事』 권5 「感通」의 <仙桃聖好隨喜佛事>에서는 황제가 이 새가 날아가 앉는 곳에 집을 지으라고 지시한 데 따라 沙蘇가 선도산에 머물렀다고 하였다.
47) 鮫人은 물에 산다는 전설상의 人魚인데, 『述異記』에는 "남해 안에 교인의 집이 있는데, 물고기처럼 물에 살면서 베짜기를 그치지 않으며, 울면 그 눈에서 구슬이 나온다.(南海中有鮫人室, 水居如魚, 不廢機織, 其眼泣則出珠)"라는 글이 있다.

제비의 알[50]이 거인의 발자취가 되었거니와
어둑한[51] 인도(人道)를 누가 능히 밝혔던가?
자손에게 남겨서 나라의 역년(歷年)[52]을 가리키시매
복숭아 씨앗[53]이 높다랗게[54] 하늘에 의지하여[55] 쌓였다네.

仙桃山神仙宅　仙桃花發不知夕
帝子騎來鸞一隻　虹橋架海九萬尺
鮫人獻綃龍獻璧　星斗衣裳爛金碧
玄鳥卵巨人跡　荒荒人道誰能晰
留與子孫指邦歷　夕峩峩桃核倚天積

05-04 숲 속의 닭
05-04 林中雞

신라의 탈해왕(脫解王)[56]이 밤에 금성(金城)[57] 서쪽에 있는 시림(始林)[58]의 수풀 속에서 나는 닭울음 소리를 듣고 호공(瓠公)[59]을 보내어 살피게 하였더니, 금빛의

---

48) 星斗는 별이다.
49) 金碧은 노란빛과 푸른빛으로 고운 색채를 가리킨다.
50) 玄鳥卵은 제비의 알인데, 『史記』「殷本紀」에 따르면 有娀氏의 딸 簡狄이 帝嚳의 妃가 되어 목욕하다가 발견한 玄鳥의 알을 삼키고 임신하여 商의 시조인 契을 낳았다고 한다.
51) 荒荒은 어둡고 희미한 모양이다.
52) 歷年은 여러 해가 지남, 거친 햇수이다.
53) 桃核은 복숭아의 씨앗이다.
54) 峩峩는 높다란 모양이다.
55) 倚天은 하늘에 기댐으로 매우 높음을 형용한다.
56) 脫解王은 신라의 제4대 임금으로 姓은 昔이며 吐解라고도 하였다. 재위기간은 57~80년이며, 국호를 鷄林으로 정하였고, 日本과 和親하면서 百濟·伽倻와 자주 싸움을 벌였다.
57) 金城은 신라의 시조인 赫居世王 21년(B.C. 37)에 慶州에 쌓은 王城이다. 『三國史記』「新羅本紀」1 <始祖赫居世居西干>에 "서울에 성을 쌓고 금성이라 하였다.(築京城, 號曰金城.)"라는 글이 있다.
58) 始林은 慶州의 옛 이름이다.

작은 궤가 나뭇가지에 걸려 있고, 흰 닭이 그 아래에서 울고 있었다. 왕이 궤를 취하여 보았더니 작은 사내아이가 있었다. 왕이 기뻐하면서 "하늘이 나에게 윤(胤)[60]을 보냈도다."라고 말하고, 이름하여 알지(閼智)[61]라고 하였다. 금빛의 궤에서 나왔으므로 성을 김씨라 하고, 그 숲을 이름하여 계림(雞林)이라고 하였다.

新羅脫解王夜聞金城西始林樹間有雞聲, 遣瓠公視之, 有金色小櫝掛樹枝, 白雞鳴於其下. 王取櫝視之, 有小男兒, 王喜曰, "天遣我令胤." 名曰閼智. 以出於金櫝故, 姓金氏, 名其林曰雞林.

아름다운[62] 사내아이가 금빛 궤에 있었는데
수풀의 떨기나무[63] 위에는 안개가 넓디넓었다네.[64]
떨기나무 수풀에 드디어 밤이 깊어지자
고요 속에 닭이 우는 듯한 소리가 들렸네.
닭이 욺이 어찌 그리 길었던가?
길디길고 또 끊이지 않았네.[65]
남은 음향[66]이 진한(辰韓)[67]에 가득하였는데
하룻밤의 닭울음이 천년에 이를 것을 누가 알았으랴?

---

59) 瓠公은 신라 초기의 大臣으로 본래 倭人이었는데, 허리에 박을 차고 나왔기 때문에 붙은 이름이라고 한다. 朴赫居世를 도와 신라의 창업에 공을 세워 重臣이 되고, 혁거세왕 38년(B.C. 20)에 馬韓에 사신으로 다녀왔다. 계속하여 南海王·儒理王을 섬긴 뒤 脫解王 2년(58)에 大輔에 올랐다.

60) 胤은 後嗣이다.

61) 金閼智는 신라 脫解王 때 사람으로 慶州金氏의 시조이다. 탈해왕 9년(65)에 경주 鷄林의 金櫃에서 태어났다. 태자로 책봉되었으나 사양하였으며, 그 7대손 味鄒王부터 김씨가 왕족으로 등장하였다.

62) 娟娟은 부드럽고 아름다운 모양이다.

63) 樸樕(박속)은 떨기나무, 작은 나무이다.

64) 漠漠은 끝없이 넓은 모양이다.

65) 綿綿은 끝없이 이어진 모양이다.

66) 餘音은 소리가 그치거나 거의 사라진 뒤에도 아직 남아 있는 음향이다.

67) 辰韓은 고대에 우리나라 남부지방에 있었던 나라 이름으로 馬韓·弁韓과 함께 三韓의 하나이다. 衛滿의 亂 뒤에 古朝鮮의 유민이 馬韓의 東界인 지금의 경상도 지방에 세운 나라로 12개의 소국으로 구성되어 있었고, 그 맹주는 斯盧國이었으며, 나중에 新羅에 병합되었다.

兒娟娟在金櫝　烟漠漠林樸樕
樸樕夜遂深　靜聽鷄如鳴
鷄鳴一何長　長長復綿綿
餘音滿辰韓　誰知一夜鷄聲一千年

05-05 우식곡[68)]
05-05 憂息曲

신라 눌지왕(訥祗王)[69)]의 두 아우는 이름이 복호(卜好)[70)]와 미사흔(未斯欣)[71)]인데, 오래 고구려와 왜에 볼모가 되어 있었다.[72)] 왕이 만나기를 바라서 변사(辯士)[73)] 박제상(朴堤上)[74)]을 찾아 보내어 고구려의 임금을 달래니, 고구려의 임금이 복호와 함께 돌아감을 허락하였다. 왕이 말하기를, "내가 두 아우를 좌우의 팔처럼 생각하거늘, 지금 한 팔만 얻었으니 어찌하랴?"라고 하였다. 제상이 다시 왜에 사신으로 가기를 청하며 이르기를, "왜인들은 계책으로 속일 수는 있지만 말로 타이를 수는 없으니, 거짓으로 죄를 얻어 도망하는 것처럼 해 주소서."라고 하였다. 떠날 때에 왕이 제상과 사흔의 가속을 가두었다. 왜인들이 이를 듣고 신뢰하여, 제상과 사흔

---

68) <憂息曲>은 신라 눌지왕 2년(418)에 왕이 지은 노래로 가사는 전해지지 않는데, 朴堤上이 고구려와 일본에 사신으로 가서 볼모로 잡혀 있던 왕의 아우 卜好와 未斯欣을 돌아오게 하자, 그들을 맞이하여 벌인 잔치에서 지어 부른 것이다.

69) 訥祗王은 新羅의 19대 왕이며, 姓은 金氏. 訥祗麻立干이라고도 한다. 牛車法을 제정하였으며 455년에 백제와 攻守同盟을 맺어 고구려를 공격하였다.

70) 卜好는 신라 奈勿王의 아들, 訥祗王의 아우로 寶海라고도 한다. 實聖王 11년(412)에 친선을 도모하기 위하여 고구려에 볼모로 들어갔다가 朴堤上의 노력으로 귀국하였다.

71) 未斯欣(?~433)은 奈勿王의 셋째아들, 訥祗王의 아우로 未斯欣・美海라고도 한다. 實聖王의 보복인사에 의하여 402년에 왜에 볼모로 갔다가 박제상의 노력으로 418년에 귀국하였다.

72) 내용상 '質麗'는 '質麗與倭'가 옳으므로 이렇게 새겼다.

73) 辯士는 遊說하는 사람, 말이나 변론을 잘 하는 사람이다.

74) 朴堤上은 신라 訥祗王 때의 충신으로 金堤上이라고도 한다. 시조 赫居世의 후손으로 제5대 婆娑尼師今의 5대손이며, 할아버지는 阿道葛文王, 아버지는 波珍飡 勿品이라고 하지만 신빙성이 떨어진다. 고구려에 볼모로 가 있던 王弟 卜好를 귀국하게 하였고, 일본에 사신으로 가서 볼모로 가 있던 왕제 未斯欣을 탈출시킨 뒤 체포되어 木島에 유배되었다가 살해되었다. 그 부인은 그를 기다리다가 지쳐 望夫石이 되었다고 한다.

을 향도(嚮導)[75]로 삼고자 제상과 사흔을 함께 배에 태웠다. 드디어 사흔을 송별하여 귀국시키고, 제상은 홀로 배 안에서 잤다. 왜의 임금이 화를 내며 제상을 항복시키고자 하니, 제상이 "차라리 계림의 개돼지가 될지언정 왜국의 신하가 되지는 않겠다."고 말하였다. 갈대를 베어내고 그 위를 걷게 하면서, "너는 어느 나라의 신하이냐?"라고 물으니, "계림의 신하이다."라고 말하였다. 뜨거운 쇠 위에 세우고, "너는 어느 나라의 신하이냐?"라고 물으니, "계림의 신하이다."라고 말하였다. 이에 목도(木島)[76]에서 불태워 죽였다. 왕이 이를 듣고 슬퍼하여, 사흔으로 하여금 제상의 딸을 아내로 맞이하게 하였다. 사흔이 돌아오자, 왕이 육부(六部)[77]에 명하여 교외에 나가서 맞이하게[78] 하고는 손을 잡고 함께 울었다. 술자리를 마련하여 한껏 즐기면서 <우식곡>을 지었다.

新羅訥秖王二弟, 曰卜好, 曰未斯欣, 久質麗. 王思見, 求辯士朴堤上, 往說高勾麗主, 麗主許以卜好同歸. 王曰, "我念二弟, 如左右手, 今只得一臂, 奈何?" 堤上復請使倭, 謂, "倭可以謀紿, 不可以口舌諭. 佯若得罪逃者." 及行, 王囚堤上及斯欣家屬. 倭聞而信之, 以堤上斯欣爲鄕導, 堤上與斯欣同舟. 遂送斯欣歸國, 堤上獨寢舟中. 倭主怒, 欲降堤上, 堤上曰, "寧爲雞林之犬㹠. 不爲倭國之臣子." 刈蒹葭使趍其上問曰, "汝何國之臣?" 曰, "雞林之臣." 立熱鐵上曰, "何國之臣?" 曰, "雞林之臣." 乃燒殺木島中. 王聞之哀, 使斯欣娶堤上之女. 斯欣之來, 王命六部郊迎, 握手相泣, 置酒極娛, 作憂息曲.

자주색 박태기[79]의 꽃이
바람이 불어오자 각기 흩어졌네.
한 송이 꽃은 새가 물어 왔지만
한 송이 꽃은 여전히 부상(扶桑)[80]의 가지에 걸려 있었네.

---

75) 鄕(嚮)導는 길을 안내하는 사람이다.

76) 木島는 일본의 西海道 肥前州에 있는 섬인데, 朴堤上은 이곳의 博多津 七里灘에서 죽음을 당하였다.

77) 六部는 신라시대 慶州의 행정구역인 여섯 部로 及梁部·沙梁部·漸梁部[또는 牟梁部]·漢祇(岐)部·本彼部·習比部이며, 儒理王 9년(32)에 六村을 고친 것이다.

78) 郊迎은 교외로 나가서 빈객을 맞이함이다.

79) 紫荊은 콩과의 낙엽활엽관목으로 고유어로는 박태기나무라고 하며, 봄철에 자주색 꽃이 피고, 나무껍질·목재·뿌리는 약재로 쓰인다. 漢代에 田眞의 삼형제가 유산을 나누어 분가하려 하자, 뜰 앞의 자형수가 말라죽음에 느낀 바가 있어 분가하지 않기로 하였더니, 나무가 다시 무성해진 데 연유하여 형제를 비유한다.

입에 피를 흘리던 새가 깃을 펄럭거리며
날고날아서 또 경해(鯨海)[81]의 가에 들렀네.
꽃은 날아 왔지만
새는 돌아오지 못하였네.
'꽃은 나의 근심을 그치게 하지만
새는 나의 마음을 슬프게 하네.'

紫荊花　　　　風吹各散之
一花鳥啣來　　一花猶掛扶桑枝
鳥羽翛翛口流血　飛飛又過鯨海湄
花飛來　　　　鳥不歸
花令我憂息　　鳥令我心悲

05-06 황창무[82]
05-06 黃昌舞

신라시대에 황창(黃昌)[83]이라는 사람이 있어 나이가 대략 열대여섯 살쯤이었는데, 칼춤[84]을 잘 추었다. 왕을 뵙고 "신이 임금님을 위하여 백제(百濟)의 왕을 찔러서 임금님의 원수를 갚기를 바랍니다."라고 말하였다. 백제로 들어가서 통가(通街)[85]에서 춤추니, 보는 이들이 담장과 같았다. 임금에게 알려져서 불리어 궁중에

---

80) 扶桑은 『山海經』 「海外東經」에서 동쪽바다의 해 돋는 곳인 湯谷에 있다고 한 큰 신령스러운 뽕나무인데, 여기에서는 倭國을 비유한다.
81) 鯨海는 큰 바다이다.
82) 黃昌舞는 신라시대의 화랑으로 추정되는 黃昌의 고사에 유래를 둔 것으로 전해지는 劍舞이다.
83) 黃昌郞은 신라시대의 舞童으로 劒舞에 뛰어났는데, 15・6세 때에 왕에게 백제왕을 죽이겠다고 약속하고, 백제로 들어가서 궁중에서 劒舞를 추다가 왕을 죽인 뒤 붙잡혀 죽었다. 이 소식을 들은 모친이 실명하자, 어떤 이가 그가 돌아와서 검무를 춘다고 속여서 눈이 밝아졌다고 한다.
84) 劒(劍)舞는 칼을 들고 춤을 춤, 또는 그 춤이다.

가니, 춤을 추게 하고 구경하였다. 창이 임금을 궁정에서 찔러 죽이고 나서, 마침내 좌우에 있던 이들에게 살해당하였다. 그 어머니가 듣고 눈이 멀어[86] 버렸는데, 그 어머니를 위하여 눈이 다시 밝아지기를 꾀한 사람이 있어, 어떤 사람으로 하여금 뜰에서 칼춤을 추게 하고 속여서, "창이 와서 춤을 추고 있습니다. 앞의 말은 틀린 것입니다."라고 말하니, 어머니가 놀라고 기뻐하면서 다시 눈이 밝아졌다.

羅代有黃昌者, 年可十五六, 善舞劒. 謁於王曰, "臣願爲王擊百濟王, 以報王之仇." 入百濟, 舞於通街, 觀者如堵. 聞於王, 召至宮中, 使舞而觀之. 昌擊王於庭殺之, 遂爲左右所害. 其母聞而喪明, 人有爲其母謀還明者, 令人劒舞於庭, 紿曰, "昌來舞矣. 前言誣耳." 母驚喜還明.

'신에게 칼이 있나니, 신에게 칼이 있나니
임금님의 군사 십만보다 낫습니다.'
백제의 시가(市街)에 눈서리가 펄럭일 때에
백제의 궁중에서는 피의 비가 날렸다네.
삼분(三分)된 천지를 한 번 흔들어 놀라게 하니[87]
어린아이가 우뚝하게 경경(慶卿)[88]의 빛을 빼앗았네.
'어머니여, 어머니여 눈물을 거두고 보소서.
어린 아들 황창이 칼을 들고 돌아왔답니다.'

臣有劒臣有劒　勝君十萬師
百濟市上霜雪翻　百濟宮中血雨飛
三分天地一震驚　童蹻慶卿奪光輝
母兮母兮收淚視　黃昌小兒提劒歸

85) 通街는 通衢와 같은 말로 四通八達의 큰 길이다.
86) 喪明은 孔子의 제자 子夏가 아들을 잃고 애통하여 눈이 먼 것을 비유한 말이다.
87) 震驚은 뒤흔들어서 놀라고 두렵게 함이다.
88) 慶卿은 戰國時代 衛나라의 자객 荊軻의 별칭인데, 衛나라에서는 慶卿으로, 燕나라에서는 荊卿으로 불리었다. 燕의 태자 丹의 부탁을 받고 秦始皇을 암살하려다가 실패하고 죽음을 당하였다.

05-07 말의 목을 벤 거리
05-07 斬馬巷

김유신(金庾信[89])이 아이일 때에 우연히 기녀의 집에서 잤더니, 어머니가 훈계하여 말하기를, "나는 이미 늙었기에, 밤낮으로 네가 성장해서 공로와 명성을 세워 임금님과 어버이를 영화롭게 하기를 바라거늘, 지금 도리어 음란한 기방과 술집에서 노는 것이냐?"라 하고서, 소리쳐 울어 마지 않으니, 유신이 어머니 앞에서 스스로 맹세하였다. 하루는 취하여 돌아가는 길에 말이 전의 길을 따르다가 잘못하여 기녀의 집에 이르렀다. 기녀가 한편으로는 기뻐하고 한편으로는 원망하면서, 눈물을 흘리며 나와서 맞이하니, 유신이 타고 있던 말의 목을 베고 돌아갔다.

庾信兒時, 偶宿倡家, 母戒之曰, "我已老, 日夜望汝成長, 立功名, 爲君親榮, 今乃遊戲淫房酒肆耶?" 呼泣不已, 信於母前自誓. 一日醉歸, 馬遵舊路, 誤至倡家. 倡且欣且怨, 垂泣出迎, 庾信斬所乘馬而還.

저물녘에 어머니는 문에 기대어[90] 바라보았건만
흰 말은 또 누구의 문으로 갔던가?
문 앞의 엄나무[91])에는
지난날에 말을 맨 흔적이 있었네.
문에서 맞이한 곱게 단장한[92] 아가씨는 울었는데
복사꽃 같은 얼굴에다 버들 같은 허리였다네.

---

89) 金庾信(595~673)은 新羅 文武王 때의 명장으로 본관은 金海, 金首露王의 12대손이다. 眞平王 31년(609)에 화랑이 되고, 幢主·軍主를 거쳐 善德女王 13년(644)에 上將軍에 오르고, 眞德女王 원년(647)에 반역한 毗曇·廉宗을 토벌하였다. 왕이 후사없이 죽자 金春秋를 왕으로 추대하고, 武烈王 7년(660)에 上大等이 되어 唐나라 군사와 연합하여 백제·고구려를 멸망시킨 뒤 太大角干에 승진하였으며, 사후에 興武大王에 봉해졌다. 경주의 西岳書院에 봉향되었다.

90) 倚門은 倚閭와 같은 말로 부모가 자식이 돌아오는 것을 마을의 문에 기대어 기다림을 가리킨다.

91) 刺桐은 두릅나뭇과에 딸린 갈잎큰키나무로 고유어로는 엄나무라 하며, 海桐·山芙蓉이라고도 한다.

92) 紅粧은 붉게 화장함으로 흔히 미인이나 아름다운 화초를 비유한다.

꽃다운 인연[93]은 문득 말의 머리와 함께 끊어졌으니
울면서 오추마[94]와 우희[95]와 작별하였다면[96] 어찌 남아이랴?

落日毋倚門　白馬又誰門
門前刺桐樹　昔日繫馬痕
迎門女兒啼紅粧　桃花顔面柳腰肢
芳緣忽與馬首斷　泣別騅姬豈男兒

05-08 왕께서는 가지 마소서
05-08 王毋去

신라의 진평왕(眞平王)[97]이 사냥[98]을 좋아함을 김후직(金后稷)[99]이 애써 간하였으나 따르지 않으니, 죽을 때에 세 아들에게 말하기를, "나를 사냥하러 가시는 길

93) 芳緣은 꽃향기처럼 향기롭고 아름다운 인연으로, 부부가 되거나 사랑을 맺은 인연을 가리킨다.
94) 烏騅馬는 秦末의 명장으로 漢 高祖와 천하를 다투었던 楚霸王 項羽가 타던 준마의 이름이다.
95) 虞姬는 項羽의 寵姬로 虞美人이라고도 하였다.
96) 이 구절은 項羽가 垓下에서 漢의 연합군에게 포위되었을 때 부른 <垓下歌>의 "힘은 산을 뽑고 기개는 세상을 덮지만, 때가 이롭지 못하니 오추마가 나아가지 않네. 오추마가 나아가지 않으니 어떻게 하면 좋으랴? 우여, 우여 너를 어찌하랴?(力拔山兮氣盖世, 時不利兮騅不逝. 騅不逝兮可奈何? 虞兮虞兮奈若何?)"라는 내용을 가리키고자 한 것이다.
97) 眞平王(?~632)은 신라의 제26대왕으로 성은 金氏, 이름은 白淨이며, 579년부터 632년까지 재위하였다. 아버지는 眞興王의 태자인 銅輪이며, 어머니는 立宗葛文王의 딸인 萬呼夫人[혹은 萬內夫人]이다. 작은아버지인 眞智王이 和白會議에 의하여 폐위됨에 따라 즉위하였으며, 관제를 정비하고 적극적인 외교정책을 폄으로써 독자적인 왕권을 수립하였다.
98) 田獵은 狩獵·사냥이다.
99) 金后稷은 신라 眞平王 때의 충신으로 智證王의 증손이다. 관등은 伊湌으로 진평왕 2년(580)에 兵部令이 되었다. 진평왕이 사냥을 좋아하여 정사를 돌보지 않음을 간하였지만 듣지 않자, 아들에게 죽은 뒤라도 반드시 깨우쳐 줄 수 있도록 사냥길 가에 무덤을 쓰도록 유언하였는데, 뒷날 왕이 사냥하다가 무덤에서 들리는 "가지 마시오."라는 말을 따르게 함으로써 '墓諫'의 일화를 남겼다.

옆에 묻어라."라고 하였다. 뒷날 임금이 나가서 사냥을 하노라니, "왕께서는 가지 마소서." 하는 소리가 들렸다. 왕이 돌아보고 물으니, 따르던 이가 "김후직의 무덤입니다."라고 말하였다. 왕이 눈물을 줄줄[100] 흘리고 나서, 마침내 죽을 때까지 다시는 사냥하지 않았다.

羅眞平王好田獵, 金后稷苦諫不從, 臨死謂三子曰, "瘗我於遊畋路側." 他日王出獵, 有聲曰, "王毋去." 王顧問之, 從者曰. "金后稷塚也." 王潸然流涕, 遂終身不復獵.

육비(六飛)[101]를 몰고 가서 놓은 불[102]로 건곤을 불태우면서
군왕은 대낮에도 사냥하기[103]를 좋아하였네.
'왕께서는 가지 마소서', '왕께서는 가지 마소서.'
들판의 풀 속에서 부르는 듯하였네.
'옛 사람은 주검으로 간하였지만[104]
이제 신은 무덤으로 간합니다.'
임금의 마음[105]이 구슬퍼져서[106] 수레[107]를 돌렸으니
살았을 때의 사냥을 간하는 글[108]보다 훨씬 나았다네.[109]

火焚乾坤騰六飛　白日君王好打圍
王毋去王毋去　野田草間若有喚
昔人以尸諫　今臣以塚諫
宸心惻然廻鸞輿　絶勝生前諫獵書

100) 원전의 '潸'은 문맥으로 보아 '潸'의 착오인 듯한데, 潸然은 눈물을 흘리는 모양이다.
101) 六飛는 제왕의 수레를 나는 듯이 끄는 여섯 마리의 말로 제왕의 자리나 권위를 비유한다.
102) 獵火는 사냥할 때 짐승을 몰려고 놓는 불이다.
103) 打圍는 사냥을 함인데, 사람들이 짐승을 포위하고 잡기 때문에 생긴 말이다.
104) 尸諫은 죽은 뒤에 자기의 시체를 벌여 놓게 함으로써 임금에게 간함, 또는 죽음으로써 간함이다.
105) 宸心은 君王의 마음이다.
106) 惻然은 측은하게 여기는 모양이다.
107) 鸞輿는 天子가 타는 수레이다.
108) 諫獵書는 前漢의 司馬相如가 武帝에게 사냥에 빠지지 않도록 간한 上奏文이다.
109) 絶勝은 매우 나음, 훨씬 월등함이다.

05-09 양산가[110)]
05-09 陽山歌

신라의 태종(太宗)[111)]이 김흠운(金歆運)[112)]으로 하여금 양산(陽山)[113)]에 주둔하게 하자, 백제의 군사가 밤을 틈타서 와서 습격하였다. 흠운이 말에 비스듬히 앉아 창을 잡고 기다리니, 종자가 말고삐를 잡고서 피하기를 권하며 말하였다. "도적들이 어둠 속에서 일어나거늘 지척을 분별할 수 없으니, 비록 죽더라도 아는 사람이 없을 것입니다. 더욱이 공은 왕께서 총애하시는 사위이니 나라에서 골품(骨品)[114)]이 귀한 분입니다. 도적에게 죽음을 당하심과 같은 일은 제가 부끄러워할 바입니다." 흠운이 말하기를 "대장부가 몸을 나라에 바치고서[115)], 어찌 남들이 알고 알지 못함을 헤아려 마음을 바꾸겠느냐?"라 하고, 검을 휘두르며 적진으로 돌격하다가 죽었다. 따라서 죽은 이가 세 사람으로 추도(驟徒)와 적득(狄得)과 보용(寶用)이었는데, 모두 말하기를 "저 골품이 귀한 분도 오히려 또한 죽음을 가볍게 여기거늘, 하물며 우리와 같은 사람이겠는가?"라고 하였다. 당시 사람들이 <양산가>를 지어 슬퍼하였다.

---

110) <陽山歌>는 신라시대의 작자 미상의 노래로, 太宗 2년(655)에 신라가 백제를 칠 때에 출전하였던 郎幢大監 金歆運이 백제의 陽山에서 적군의 기습을 받고 전사한 것을 사람들이 슬퍼하여 지었다고 한다.

111) 太宗(603~661)은 신라 제29대 왕으로 무열왕이라고도 하며, 654년부터 661년까지 재위하였다. 성은 金氏. 이름은 春秋, 眞智王의 손자, 伊飡 龍春[또는 龍樹]의 아들이며, 어머니는 天明夫人으로 眞平王의 딸이다. 비는 文明夫人으로 角干 金舒玄의 딸이자 金庾信의 누이동생인 文姬이다. 외교에 능하고 웅변을 잘 하여 眞德女王이 후사없이 죽자 群臣의 추대에 의하여 최초로 眞骨 출신으로 즉위하였다. 율령을 제정하여 왕권을 강화하고, 金庾信으로 하여금 백제를 공격하게 하여 멸망시켰으며, 고구려 정벌을 위하여 군사를 일으키던 도중에 죽었다.

112) 金歆運(?~655)은 신라시대의 군인으로 欽運으로 나타나기도 한다. 奈勿麻立干의 8대손으로 아버지는 迊飡 達福, 太宗의 사위이며 神文王의 장인이다. 655년에 신라가 고구려와 백제에 북쪽 변방 33성을 빼앗기자 郎幢大監으로 출전하여, 백제 땅인 陽山 밑에 진을 치고 助川城을 공략하려다가 기습을 받아 패배하자, 大舍 詮知가 후퇴하여 후일을 기약하자고 권유하는 것을 뿌리치고 싸우던 중에 죽었고, 사후에 一吉飡에 추증되었다. 사람들이 <陽山歌>를 지어 그의 죽음을 슬퍼하였다고 한다.

113) 陽山은 지금의 忠南 公州市 陽山面의 신라시대 이름이다.

114) 骨品은 신라시대에 혈통에 따라 나눈 신분제도이다.

115) 許國은 나라에 몸을 바침이다.

羅太宗使金歆運屯陽山, 百濟乘夜來襲. 歆運橫馬握槊待之, 從者控馬勸避曰, “賊起暗中, 咫尺不辨, 雖死無知者, 況公王之寵婿, 國之骨貴. 若死賊, 我之所恥. 歆運曰, ”大丈夫以身許國, 何計人之知不知而易心乎? 揮劒突陣而死. 從死者三人, 曰驟徒, 曰狄得, 曰寶用, 皆曰, “彼骨貴, 猶且輕死, 況如予者乎?” 時人作陽山歌以哀之.

진루(秦樓)[116)]의 달을 그리워하지 말라고 하셨기에
다만 싸움터에서 돌아가셨음을 알았을 뿐이네.
금병작(今幷雀)[117)]이 죽은 것을 알지 못하였거니와
예로부터 금병(金屛)에는 향골(香骨)[118)]이 없었네.
당시에 싸움터에는 고귀한 골품이 있었는데
네 귀웅(鬼雄)[119)]은 죽은 뒤에도 외롭지 않았으니
얼굴은 산 모습과 똑 같고 분노한 머리카락은 서 있었다네.
양산의 구름기운은 평온하지 않았는데
늘 천둥소리[120)]를 내며 날렵하게[121)] 말을 몰았네.

莫相思秦樓月　　但知戰場沒
不知金屛沒　　金屛從古無香骨
戰場于今有貴骨　四鬼雄兮死不孤　同一生面竪怒髮
陽山雲不平氣　　驅駕雷霆常勃勃

116) 秦樓는 춘추시대 秦나라의 穆公이 퉁소로 봉황의 소리를 잘 낸 蕭史에게 딸 弄玉[秦娥]을 시집보내고 지어 준 누각으로 鳳樓라고도 하는데, <秦樓月>(<憶秦娥>)은 이를 노래한 詞牌名이다.
117) 金屛은 금가루를 칠한 병풍인데, 여기에서는 北周의 竇毅가 병풍에 두 마리 孔雀을 그려 두고서 새의 눈에 화살을 맞춘 사람에게 혼인을 허락한 고사에서 유래하여, 사위로 선발됨을 비유하는 말로 쓰인 金屛雀을 가리킨다.
118) 香骨은 미녀의 遺骨이다.
119) 鬼雄은 귀신 중의 영웅으로 국가를 위하여 목숨을 바친 사람을 칭송하는 말이다.
120) 雷霆은 우레와 천둥이다.
121) 勃勃은 날렵한 모양, 왕성한 모양이다.

05-10 깨어진 거울이 합쳐지다[122]
05-10 破鏡合

율리(栗里)[123]에 살았던 설씨(薛氏)의 아버지가 늙그막에 방추(防秋)하러[124] 가게 되자, 딸이 자신이 대신할 수 없음을 한탄하니, 소년 가실(嘉實)이 대신하기를 바랐다. 아버지가 그가 돌아오기를 기다려 딸과 혼례를 치르기로 하고 허락하며, 거울을 쪼개어 신표로 삼았다. 말 한 필을 남겨 두고 드디어 가더니, 여섯 해가 지나도 돌아오지 않았다. 아버지가 "당초에 3년을 기한으로 삼았으니 다른 집에 시집가도 좋다."라고 말하자, 설씨가 굳게 거부하였는데, 그 날이 되어 마구간에서 말이 눈물을 흘리는 것을 보았다. 가실이 돌아왔을 때에 몸[125]이 너무 말라서[126] 설씨가 알아보지 못하자, 가실이 깨어진 거울을 보여 주니, 설씨가 드디어 길일(吉日)을 가려[127] 예식을 치렀다.

栗里薛氏父老當防秋, 女恨身不得代, 少年嘉實願代. 父許以女, 待其歸成禮, 分鏡以爲信. 留一馬遂行, 六年未還. 父曰, "始以三年爲期, 可歸他族." 薛固拒之, 日至廐見馬流涕. 及嘉實歸, 形骸枯槁, 薛不知, 嘉實示破鏡, 薛遂涓日成禮.

'거울을 쪼개어 나눔은 저의 아버님을 위한 일인데
거울이 합쳐지면 저의 지아비를 만나겠지요.
낭군님이 이미 아버님의 몸을 대신하셨거늘
제가 감히 저의 몸을 아끼겠습니까?
거울이 낭군님을 따라 다시 돌아오니
말도 저처럼 울면서 슬퍼합니다.

---

122) 破鏡合은 깨어진 거울이 합쳐진다는 뜻으로 헤어진 부부가 다시 합쳐짐을 비유하며 破鏡重合・破鏡重圓이라고도 한다.
123) 栗里는 신라시대에 慶州에 있던 마을 이름인 듯하다.
124) 防秋는 가을에 변방을 지키는 일로, 고대 중국의 서쪽・북쪽의 유목민족이 말이 살찌는 가을에 자주 변경을 침입함에 엄중하게 경계한 데서 유래한다.
125) 形骸는 사람의 몸과 뼈이다.
126) 枯槁는 草木이 말라 시듦으로 야위어서 파리한 모양을 비유한다.
127) 涓日은 吉日을 가리는 것으로 涓吉이라고도 하며, 옛날의 혼인의 六禮 가운데 한 절차이다.

오늘밤 곱게[128] 동방(洞房)[129]을 비추는 달은
낭군님이 이르신 때가 보름이라 둥글기도[130] 하네요.'

分鏡妾爲父　合鏡妾逢夫
君旣代父身　妾敢愛吾軀
鏡隨君復歸來　馬如妾啼更悲
洞房今夜娟娟月　三五團圓君到時

05-01-11 촉[131]에 조알하러[132] 간 사신
05-01-11 朝蜀槎

당나라의 명황(明皇)[133]이 촉(蜀)으로 파천하였을[134] 때에, 신라의 경덕왕(景德王)[135]이 사신을 보내어 물길로 성도(成都)[136]에 이르게 하였다. 황제가 몸소 십운시[137]를 지어 수찰[138]로 왕에게 내렸다.

---

128) 娟娟은 어여쁜 모양, 부드럽고 고운 모양이다

129) 洞房은 깊숙한 안방으로 주로 침실이나 규방을 가리킨다.

130) 團圓은 둥근 모양이다.

131) 蜀은 중국의 지명으로 지금의 四川省 지역의 별칭이다.

132) 朝謁은 신하가 임금을 뵙는 것으로 朝見이라고도 한다.

133) 明皇은 중국 唐나라의 제6대 황제 玄宗(685~762)의 謚號인 至道大聖大明孝皇帝의 약칭인데, 睿宗의 제3남으로 이름은 隆基이고 재위기간은 712년부터 756년까지이다. 전반에는 姚崇·宋璟 등 賢相을 등용하여 '開元之治'로 일컬어진 당의 전성시대를 구가했으나, 후반에는 李林甫·楊國忠 등 奸臣에게 정사를 맡기고 楊貴妃에게 빠져 실정함으로써, 天寶 14년에는 安祿山·史思明의 逆亂을 만나 蜀으로 몽진하다가 귀비를 역병의 손에 넘겼고, 제위마저 아들인 肅宗에게 물려주었다.

134) 播遷은 본거지를 잃고 떠돌아다님이다.

135) 景德王(?~765)은 신라의 제35대 왕으로 姓은 金氏, 이름은 憲英, 聖德王의 아들이며, 재위기간은 742년부터 765년까지이다. 제반제도를 唐나라에 준하여 개편하였고, 당과 교역을 활발히 하여 신라의 전성시대를 이루었으며, 불교의 중흥에도 힘써 佛國寺와 石窟庵을 창건하는 등 많은 업적을 남겼다.

136) 成都는 중국 四川省에 있던 고을 이름으로 秦漢代에는 蜀郡이었다. 蜀漢의 首都가 되면서 成都로 개칭되었고, 隋代에 폐치되었다가 唐 肅宗 때에 南京으로 개칭되면서 府로 승격되었다.

唐明皇播蜀, 羅景德王遣使水路至成都. 帝親制十韻詩, 手札賜王.

멀리 푸른 바다를 성사(星槎)[139]로 갈 때에는
푸른 하늘의 조도(鳥道)[140]처럼 위태로웠네.
하늘에서 만약 큰 것을 섬기지[141] 않는다면
어찌하여 별이 북극성(北極星)을 에워싸랴?[142]
땅에서 만약 큰 것을 섬기지 않는다면
만 번 꺾이는 강이 어디로 가랴?[143]
사신(使臣)이여, 뗏목을 타고 간 사신(使臣)이여!
하늘・땅・별・별자리・강・바다가 보호하였네.[144]
군왕께서 만약 길의 멀고 가까움을 물었다면
'해가 부상(扶桑)[145]의 첫 번째 가지에서 솟지요'라고 하였으리.
이로부터 군자의 나라를 아무도 가볍게 여기지 않았으니
사해[146]에서 달려와 위문(慰問)한[147] 남아가 몇이었던가?

---

137) 十韻詩는 열 군데에 押韻한 시, 즉 20구로 이루어진 시인데, 보통 排律이다.
138) 手札은 손수 쓴 서찰이다.
139) 星槎는 銀河를 왕래하였다는 뗏목으로 배를 가리킨다.
140) 鳥道는 새가 아니면 다닐 수 없을 만큼 험한 산길이다.
141) 事大는 작은 나라가 큰 나라를 섬기는 것으로, 『孟子』 「梁惠王 下」의 "오직 지혜로운 사람만이 작은 나라로서 큰 나라를 섬길 수 있습니다. (중략) 큰 나라로 작은 나라를 섬기는 사람은 하늘의 뜻을 즐기는 사람이고, 작은 나라로 큰 나라를 섬기는 사람은 하늘의 뜻을 두려워하는 사람입니다.(惟智者, 爲能以小事大. (中略) 以大事小者, 樂天者也, 以小事大者, 畏天者也.)"라는 대목에서 유래한다.
142) 이 구절은 뭇 별이 北極星을 에워쌈을 들어 사방의 백성이 임금의 덕화에 歸向함을 비유하는 拱辰을 표현하고자 한 것이다.
143) '萬折江何之'는 강물이 바다로 흘러 들어가는 것과 제후가 천자에게 朝謁하는 것을 똑같이 朝宗이라 함을 비유하고자 한 표현이다.
144) 護持는 보호하여 지켜 줌이다.
145) 扶桑은 『山海經』 「海外東經」에서 동쪽바다의 해 돋는 곳인 湯谷에 있다고 한 큰 신령스러운 뽕나무이다.
146) 四海는 中國의 四方에 있는 바다로 온 천하를 가리킨다.
147) 奔問은 급히 달려가서 위문함이다.

滄海星槎遠　　青天鳥道危
天若不事大　　北拱星何爲
地若不事大　　萬折江何之
使乎使乎乘槎去　天地星辰江海之所護持
君王若問道遠近　日出扶桑第一枝
從此莫輕君子國　四海奔問幾男兒

05-12 거문고
05-12 玄鶴琴

신라의 경덕왕 때에 옥보고(玉寶高)148)가 지리산(智異山)149)의 운상원(雲上院)150)에 들어가서 거문고를 쉰 해 동안 배웠는데, 스스로 새로운 곡조 서른 곡을 지어서 타니, 검은 학151)이 와서 춤을 추었다.

羅景德王時, 玉寶高入智異山雲上院, 學琴五十年, 自制新調三十曲彈之, 有玄鶴來舞.

아득한152) 신라국 시절에
지리산은 깊디깊었다네.
거문고153)로 탄 서른 곡조가
푸른 구름 속으로 깊숙히154) 퍼졌네.
구름 속에서 배회하던 검은 학이 듣고

---

148) 玉寶高는 신라 景德王 때의 거문고의 대가로 六頭品인 沙湌 恭의 아들인데, 智異山의 雲上院에서 50년 동안 연마하여 30여곡의 琴曲을 지었으며 琴道를 續命得에게 전하였다.
149) 智異山은 우리나라 남부지방을 동서로 나누는 산으로 小白山脈의 끝머리에 있고, 경상남도 咸陽·河東·山淸과 전라북도 南原, 전라남도 求禮에 걸쳐 있으며, 蟾津江과 洛東江 일부의 발원지이다.
150) 雲上院은 지금의 河東郡 花開面 七佛寺 자리에 있던 절이다.
151) 玄鶴은 검은 빛깔의 학이다.
152) 杳杳는 아득히 먼 모양이다.
153) 瑤徽는 옥으로 만든 거문고의 기러기발로 거문고의 미칭이다.
154) 愔愔은 깊숙하고 조용한 모양이다.

푸른 공중에서 돌다가 흰 느릅나무[155] 그림자로 내려왔네.
한결같이 푸르디푸른[156] 빛인 구만리[157]에서
달 밝은 밤이면 바람[158] 따라 춤추며 날아서 내려왔네.

杳杳新羅國　　深深智異山
瑤徽三十曲　　愔愔綠雲間
雲間玄鶴聞徘徊　白楡影下盤碧空
一色蒼蒼九萬里　月明飛舞下天風

05-13 만파식적
05-13 萬波息笛

신라의 신문왕(神文王)[159] 때에 동해(東海) 안에 작은 산이 떠서 왔는데, 산 위에 대나무 한 그루가 있기에 명하여 피리를 만들게 하였다. 이 피리를 불면 바람이 자고 파도가 평온해지므로, 이름하여 만파식적(萬波息笛)[160]이라고 하였다. 역대에 전해지던 보배인데, 나중에 망실되었다.

羅神文王時, 東海中有小山浮來, 山上有一竿竹, 命作笛. 吹此笛則風定波平, 號萬波息笛. 歷代傳寶, 後亡失.

용왕(龍王)이 대나무를 바치니

---

155) 白楡는 껍질이 흰 느릅나무이다.
156) 蒼蒼은 짙푸른 모양, 짙푸르게 무성한 모양이다.
157) 九萬里는 끝없이 먼 거리이다.
158) 天風은 바람이다.
159) 神文王(?~692)은 新羅 제31대왕으로 姓은 金氏, 이름은 政明[또는 明之], 文武王의 맏아들로 재위기간은 681부터 692년까지이다. 즉위 직후에 반란을 일으킨 장인 金欽突을 죽이고 왕비 김씨를 폐위하였으며, 位和府를 두어 選擧를 맡게 하였고, 九州를 정비하고 小京을 설치하였다.
160) 萬波息笛은 모든 파도를 그치게 한다는 뜻의 피리 이름으로, 神文王 초의 金欽突의 반란과 같은 정치적 불안을 안정시킨 일을 상징한 사물이다.

임금은 피리를 만들게 하였네.
피리소리가 승평(昇平)[161]의 곡조에 맞으니
사해의 고래[162]들이 감히 일어나지 못하였네.
전날 밤에 계림(鷄林)에서 비바람 소리가 나더니
피리는 누런 잎[163]을 따라 함께 사라졌다네.[164]
구름을 뚫고 멈추었던 달은 지금 어디에 있는가?
남쪽나라의 바람과 물결은 끝없이[165] 세차네.

龍王獻竹　　　君王作笛
笛中昇平曲　　四海鯨鯢不敢作
鷄林昨夜風雨聲　笛隨黃葉共零落
穿雲逗月今何處　南國風濤莽極目

05-14 월명항
05-14 月明巷

신라의 헌강왕(憲康王)[166]이 학성(鶴城)[167]에서 유람하노라니, 문득 어떤 기이한 몸에다 괴상한 복색을 차린 사람이 왕의 앞에 와서 노래하고 춤추었다. 왕을 따라 경사에 들어가서 스스로 이름하여 처용이라 하고, 달이 밝은 밤마다 시정에서 노래

161) 昇平은 太平이다.
162) 鯨鯢는 고래[鯨은 수컷, 鯢는 암컷]로 흉악한 敵이나 海賊을 비유한다.
163) 黃葉은 누렇게 시든 잎인데, 여기에서는 『高麗史』에서 崔致遠이 王建에게 보낸 글에서 "계림에는 누런 잎이요, 곡령에는 푸른 솔이네.(鷄林黃葉, 鵠嶺靑松.)"라고 하였던 일을 가리키고자 언급되었다.
164) 零落은 시들어 떨어지는 것으로 죽음·몰락·패망을 가리킨다.
165) 極目은 視力이 미치는 데까지 봄이다.
166) 憲康王(?~886)은 신라의 제49대 왕으로 姓은 金氏, 이름은 晸, 景文王의 아들이며, 재위기간은 875년부터 886년까지이다. 불교와 국학의 발전에 힘썼으며, 唐·日本과의 교섭을 꾀하였다.
167) 鶴城은 蔚山의 옛 이름이다.

하고 춤추었는데, 마침내 있는 곳을 알지 못하게 되자 신(神)으로 여겼다. 뒷사람이 그가 노래하고 춤춘 곳을 가리켜 이름하여 월명항(月明巷)이라 하였으니, 이제까지 처용무(處容舞)라 하는 것이 이에서 비롯되었다.

羅憲康王遊鶴城, 忽有一人奇形詭服, 詣王前歌舞. 從王入京, 自號處容, 每月夜歌舞於市, 竟不知所在以爲神. 後人指其歌舞處, 名爲月明巷, 至今爲處容舞者始於此.

처용이 와서 소매를 너울거리며168) 춤춘 모습은
바로 상운악(上雲樂)169)을 지은 강로(康老)170)였다네.
'순(舜)임금 조정171)의 새와 짐승172)을 본받기를 바라기에
신(臣)의 모습은 매우 괴상하고 신의 복색은 기이하답니다.
임금님을 위하여 천천히 춤추고 임금님을 위하여 노래하였으니
성덕(聖德)을 노래하고 승평(昇平)을 춤춘 것이지요.
계림에는 봄빛이 가득하고 바다에는 물결이 일지 않으며
세 시장173)과 아홉 거리174)가 모두 그림자가 아름다운지라
어느 곳의 달빛이 좋은지를 알지 못한답니다.'

處容來軒軒袖 不是上雲之康老
願效虞庭之鳥獸 臣貌甚詭臣服奇
爲君緩舞爲君歌 歌聖德舞昇平

168) 軒軒은 너울너울 춤추는 모양이다.
169) 上雲樂은 南朝 梁나라 때 老胡文康이 歌辭를 짓고 周捨가 곡을 지은 악곡 이름이다.
170) 康老는 南朝 梁나라 때 西域에서 온 神仙으로 노래와 춤에 능하였고 봉황과 사자를 잘 부렸다고 하는 文康을 가리킨다.
171) 虞庭은 虞舜 즉 舜임금의 조정이다.
172) 虞庭之鳥獸는 『書經』「虞書」 <舜典>의 舜임금의 樂官 夔가 "제가 큰 경쇠와 작은 경쇠를 두드리니, 온갖 짐승이 모두 따라서 춤추고, 모든 관부의 장관이 참으로 화합하였습니다.(予擊石拊石, 百獸率舞, 庶尹允諧.)"라고 한 말을 가리키고자 한 표현이다.
173) 三市는 『周禮』「地官」에 규정된 세 가지 시장인 朝市·大市·夕市를 가리키는데, 조시는 아침에 열리는 시장, 대시는 오후에 열리는 큰 시장, 석시는 저녁에 열리는 시장이다.
174) 九街는 都城에 있는 四通八達의 큰길로 九逵라고도 한다.

春滿雞林海不波　三市九街皆影好　不知何處月明多

05-15 상서장
05-15 上書莊

금오산(金鰲山)[175]에 있을 때에 신라의 최치원(崔致遠)[176]이 고려의 태조(太祖)[177]가 반드시 천명을 받을 것을 알고 글을 올렸는데, “계림(鷄林)[178]은 누런 잎이요, 곡령(鵠嶺)[179]은 푸른 솔이네.”라는 말이 있었다. 신라의 왕이 듣고 미워하니, 치원은 곧 가야산(伽倻山)[180]으로 들어갔다. 신라의 사람들이 그 감식[181]에 탄복하여 그 거처를 이름하여 상서장이라고 하였다.

在金鰲山, 新羅崔致遠知麗祖必受命, 上書有雞林黃葉鵠嶺靑松之語. 羅王聞而惡之, 致遠卽入伽倻山. 羅人服其鑑識, 名其居曰上書莊.

솔이 푸르다고 절대로 기뻐하지 말고[182]
잎이 누렇다고 절대로 슬퍼하지 말라.
누런 잎은 지난날에 푸르렀고

---

175) 金鰲山은 慶州의 남쪽에 있는 산으로 南山이라고도 한다.

176) 崔致遠(857～?)은 신라의 문인으로 자는 孤雲・海雲이다. 12세에 唐나라로 가서 국학에서 공부하였고, 17세에 賓貢科에 급제하여 漂水縣尉를 거쳐 侍御史內供奉에 제수되었다. 高騈의 종사관이 되어 <討黃巢檄>을 지어 이름을 날렸고, 都統巡官侍御史를 지낸 뒤 28세에 귀국하였다. 38세에 時務 십여조를 올려 阿飡이 되었으며, 뒤에 벼슬을 버리고 해인사에서 생을 마쳤다. 『桂苑筆耕集』・『孤雲集』을 남겼으며, 고려 때에 文昌侯에 추봉되고 문묘에 배향되었다.

177) 太祖(877～943)는 高麗의 첫 임금으로 성은 王氏, 본관은 開城, 자는 若天, 이름은 建, 金城太守 隆의 아들로 재위기간은 918년부터 943년까지이다. 泰封의 왕 弓裔의 휘하에서 甄萱의 군사를 격파하였고, 정벌한 지방의 구휼에 힘써 백성의 신망을 얻었다. 高麗를 세운 후, 수도를 松嶽으로 옮기고 불교를 호국신앙으로 삼았으며, 신라와 후백제를 합병하여 후삼국을 통일하였다. 시호는 神聖이다.

178) 鷄林은 慶州의 옛 이름인데, 여기에서는 新羅의 별칭이다.

179) 鵠嶺은 開京에 있는 松嶽山의 별칭으로 鵠峯이라고도 하였다.

180) 伽倻山은 지금의 慶北 星州와 慶南 陜川 사이에 있는 산이다.

181) 鑑識은 鑑定하여 識別함, 또는 그 능력이다.

182) 且莫은 ‘절대로 ~하지 말라’[千萬不要]를 뜻한다.

푸른 솔은 때가 되면 누렇게 되니까.
뜬 구름과 흐르는 물은 늘 이와 같건만,
쓸쓸한 신선의 집에서는 몇 번이나 석양을 맞았으랴?
누가 알랴? 선장의 주인이 늘 가야산에 앉아서
거문고[183)]를 타면서[184)] 푸른 하늘[185)]을 바라보면서 웃었음을.

松青且莫喜　　葉黃且莫傷
黃葉昔日青　　青松有時黃
浮雲流水長如此　　寂寂仙莊幾夕陽
誰知仙莊主人長坐伽倻山　笑撫瑤琴望蒼蒼

05-16 포석정[186)]
05-16 鮑石亭

금오산에 있는데 유상곡수(流觴曲水)[187)]의 유적이 완연하다. 신라의 경애왕(景哀王)[188)]이 비빈(妃嬪)・종척(宗戚)[189)]과 함께 이 정자에 나와서 놀면서 술자리를 마

---

183) 瑤琴은 옥으로 장식한 琴, 또는 琴의 미칭이다.
184) 撫琴은 거문고를 타는 것이다.
185) 蒼蒼은 푸른 하늘이다.
186) 鮑石亭은 慶州 南山의 서쪽에 있었던 신라시대의 君臣이 연회를 하던 정자인데, 돌을 파서 鮑魚[전복] 모양으로 낸 물길에, 산골짜기의 물을 끌어들여 흐르게 해 놓고, 사람들이 둘러앉아서 물에 띄운 잔을 들어 술을 마시면서 시를 짓고 노래를 부르며 즐겼다고 한다.
187) 流觴曲水는 여러 사람이 굽이쳐 흐르는 물에 띄워 놓은 술잔이 자기 앞에 오면 마시는 놀이인데, 삼월삼짇날에 그렇게 하면 재액을 물리친다고 믿은 옛날의 풍속에 유래한 것으로 흔히 시와 노래가 동반되었다고 한다.
188) 景哀王(?~769)은 新羅의 제55대왕으로 姓은 朴氏, 이름은 魏膺, 神德王의 아들이며, 재위기간은 924년부터 927년까지이다. 新羅 말기의 혼란한 때에 즉위하여 王建・甄萱 등의 강대한 세력에 눌려서 국가다운 면모를 유지하지 못하다가, 927년에 鮑石亭에서 연회를 하던 중 견훤의 습격을 받고 자살하였다.
189) 宗戚은 宗室과 姻戚이다.

련하여 즐기고 있을 때에, 문득 견훤(甄萱)[190]의 병사가 이르렀다는 말을 듣고, 다급하여[191] 어찌할 줄을 모르다가, 군신과 비빈이 모두 사로잡혔다.

在金鰲山流觴曲水遺跡宛然. 新羅景哀王與妃嬪宗戚, 出遊此亭, 置酒娛樂, 忽聞甄萱兵至. 倉卒不知所爲, 君臣妃嬪皆被禽.

돌전복은 꼬리가 있어도 물에서 움직이기 어려웠고[192]
금오산은 바윗돌이 있어도 하늘을 떠받칠[193] 수 없었네.
줄지은[194] 꽃은 자욱한[195] 안개 속에서 향기를 풍기고
육궁(六宮)[196]의 여인들은 신선처럼 치장하였네.
유상곡수의 즐거움은 끝나지 않았건만[197]
철기(鐵騎)[198]가 날아와서[199] 화연(華宴)[200]을 짓밟아 버렸네.
아직도 월성(月城)[201]에는 당시의 달이 떠서
길이 천추[202]의 보감(寶鑑)[203]으로 걸려 있다네.

---

190) 甄萱(867~936)은 後百濟를 세운 왕으로 성은 李氏, 阿慈介의 아들이며, 재위기간은 892년부터 935년까지이다. 신라 말기에 尙州 加恩縣에서 태어나서 西南海 지방의 방위에 공을 세워 裨將이 되었고, 眞聖女王 6년(892)에 武珍州[光州]를 점령한 뒤 完山州[지금의 全州]를 도읍으로 하여 후백제를 세웠다. 세력 확장에 힘쓰다가 맏아들 神劍과 불화를 겪던 나머지 王建에게 투항하였다.

191) 倉卒은 '별안간, 갑자기, 다급히'를 뜻한다.

192) 尾大難掉는 꼬리가 커서 흔들기 어렵다는 뜻으로, 사물의 앞이 가볍고 뒤가 무거워 제어하기 어렵거나 부하의 세력이 강대하여 윗사람의 뜻을 따르지 않음을 비유한다.

193) 柱天은 하늘을 떠받침이다.

194) 簇簇은 무더기를 이룬 모양, 빽빽하게 줄을 이룬 모양이다.

195) 濛濛은 가랑비가 자욱이 오는 모양, 또는 어두운 모양이다.

196) 六宮은 황후가 거처하는 正寢 하나와 燕寢 다섯의 합칭으로, 왕비나 왕비의 거처를 가리킨다.

197) 未央은 반이 되지 않음, 다하지 않음을 뜻한다.

198) 鐵騎는 鐵甲을 두른 말인데, 철갑은 쇳조각으로 된 미늘을 이어붙여 만든 갑옷이다.

199) 騰騰은 말이 빨리 달리는 모양, 왕성한 모양이다.

200) 華筵은 풍성한 연회·잔치자리·술자리이다.

201) 月城은 경상도 慶州의 옛 이름이다.

202) 千秋는 千年이다.

203) 寶鑑은 보배로운 거울이라는 뜻으로 달의 미칭이다.

石鮑有尾難掉水　金鰲有骨莫柱天
香霧濛濛花簇簇　六宮粧束如神仙
流觴曲水樂未央　鐵騎騰騰踏華筵
猶有月城當時月　長作千秋寶鑑懸[204)]

05-17 조룡대
05-17 釣龍臺

부소산(扶蘇山)[205)] 밑에는 한 기이한 돌이 강 가에 걸쳐져 있는데, 돌 위에는 용을 잡은 흔적이 있다. 세속에 전해지기[206)]를 소정방(蘇定方)[207)]이 백제를 치려고 강 가에 와서 건너고자 할 때에, 문득 비바람이 크게 일어나기에, 흰 말을 미끼로 삼아 낚시질하여 용 한 마리를 잡았다. 금세[208)] 맑게 개기에, 마침내 군사를 건너게 하여 쳤으므로, 강을 이름하여 백마(白馬)라 하고, 바위를 이름하여 조룡대(釣龍臺)라고 하였다.

扶蘇山下, 有一恠石跨于江渚, 石上有龍攫之跡. 諺傳蘇定方伐百濟, 臨江欲渡, 忽風雨大作, 以白馬爲餌, 釣得一龍. 須臾明霽. 遂渡師伐之, 故江曰白馬, 巖曰釣龍.

왕은 피하지 않았으나 곧 나라를 잃었고
용은 신령스럽지 못하여 부질없이 몸을 잃었네.

---

204) 이 작품은 표면상 首句入韻하지 않은 平聲先韻의 7언율시 형태로 보이지만, 下三平・下三仄을 2회 범한 점, 孤仄을 1회, 失黏을 3회 범한 점, 對仗을 함・경련이 아닌 기련에 둔 점, 첩어를 3회, '有'를 3회나 쓴 점 등과 「해동악부」에 속한 나머지 27제가 모두 7언고시 내지 잡언고시인 점으로 보아 7언고시로 보는 것이 옳다.

205) 扶蘇山은 충청남도 夫餘의 북쪽에 있는 산이다.

206) 諺傳은 俗傳과 같은 말로 세속에서 전해지는 말이나 이야기이다.

207) 蘇定方은 唐나라 高宗 때의 무장으로 이름은 烈, 定方은 자이다. 太宗 때에 농민 반란을 진압하고 突厥을 차례로 복속시켰고, 羅唐聯合軍의 大摠管이 되어 신라의 군사와 함께 顯慶 5년(660)에 백제의 泗沘城을 함락시키고, 義慈王과 태자 隆을 사로잡았다. 이듬해에 고구려의 平壤城을 공격했으나 전세가 불리해지자 철군하였다. 봉호는 邢國公, 시호는 莊이다.

208) 須臾는 수염을 한 번 잡아당길 만큼의 시간으로 짧은 시간을 비유한다.

하늘에 닿는 노한 파도로 백만군을 대적하였거늘
누가 용이 신령스럽지 않다고 일렀던가?
용이 신령스럽다면 어찌 천명에 어두울 수 있었으랴?[209]
나라와 산하를 지킴이 신하의 직분이었네.
용이 신령스럽다면 무엇 때문에 향이(香餌)[210]를 탐하였으랴?
하늘이 명령한 바를 따름이 또한 용의 덕이었네.
다만 돌 위에 꿈틀거린[211] 흔적이 남아 있어
대낮에도 이따금[212] 천둥과 번개를 일으킨다네.

王不辟兮將失國　龍不神兮徒喪身
粘天怒濤敵百萬　孰謂龍不神
龍神豈曾昧天命　衛國山河是臣職
龍神豈曾貪香餌　順天所命亦龍德
惟餘石上蜿蜒跡　往往白日雷霆作

05-18 낙화암
05-18 落花巖

조룡대(釣龍臺)[213]의 서쪽에 있다. 의자왕이 당나라 군대에게 패배하자, 궁녀들이 도망하느라고 흩어져[214] 이 바위에 올라가서, 스스로 강에 떨어졌기 때문에 이름한 것이다.

在釣龍臺西. 義慈王爲唐兵所敗, 宮女奔迸登是巖, 自墮于江, 故名之.

209) 何曾은 '무엇 때문에', 또는 '어찌 그럴 수 있으랴?'이다.
210) 香餌는 냄새가 좋은 미끼로 사람의 마음을 誘惑하는 財物 따위를 比喩한다.
211) 蜿蜒은 龍이나 뱀이 꿈틀거리며 나아가는 모양이다.
212) 往往은 '이따금, 때때로'이다.
213) 釣龍臺는 충남 부여군 白馬江에 있는 水中岩으로 唐나라 장수 蘇定方이 백제의 護國龍을 낚았다는 전설이 얽힌 바위섬이다.
214) 奔迸은 도망가서 흩어지는 것이다.

'당나라의 병사가 오고 신라의 병사가 오는 것을
깊은 궁궐에 있었던 제가 어찌 알 수 있었겠습니까.
문신이 풍족하고 무신도 풍족하였으니
나라가 기울고 성이 기울어지는 일을 제가 할 수 있었겠습니까?
녹주(綠珠)[215]라 이르고 식규(息嬀)[216]라 이르지만
그들이 죽고 그들이 산 일을 저도 안답니다.'
꽃은 해마다 동쪽으로 흐르는 물에 떨어지니
여전히 가인들이 바위에서 떨어지던 때와 같네.

唐兵來羅兵來　妾在深宮那得知
文臣足武臣足　傾國傾城我能爲
爲綠珠爲息嬀　其死其生妾知之
年年花落東流水　猶似佳人墮巖時

05-19 조천석[217]
05-19 朝天石

---

215) 綠珠는 西晋의 부호 石崇의 愛妓인데, 『晋書』 <石崇傳>에는 그 죽음의 경위가 다음과 같이 기술되어 있다. 趙王 司馬倫의 手下 孫秀가 그 미색을 탐하여 석숭에게 달라고 했으나 듣지 않자, 조왕에게 석숭을 죽이도록 권유하니, 석숭도 淮南王[司馬允]·齊王[司馬冏]과 모의하여 그들을 죽이려 하였다. 이에 조왕이 詔令에 가탁하여 石崇·潘岳 등을 잡아들이려고 무사들을 金谷園에 보냈는데, 무사들이 문에 이르렀을 때 누각 위에서 연회를 하던 석숭이 녹주에게 "내가 너 때문에 죄를 얻었다."라고 하자, 녹주가 스스로 누각 아래로 떨어져 죽었다.

216) 息嬀는 春秋時代 陳나라 息侯의 부인으로 성씨가 嬀인데, 매우 아름다웠으므로 楚 文王이 식을 멸망시키고 데리고 돌아가 아내로 삼았다. 堵敖와 成王을 낳고서도 왕에게 말을 하지 않기에 왕이 이유를 물으니, "나는 한 부인으로서 두 남편을 섬겼으니, 비록 죽지는 못하였을망정 또 무슨 할 말이 있겠습니까?(吾一夫人而事二夫, 縱不能死, 其又何言?)"라고 말하였다.

217) 朝天石은 平壤에 있는 바위이름으로, 高句麗의 始祖 東明王이 그 위에서 麒麟馬를 타고 하늘로 올라갔다고 한다.

기린굴(麒麟窟)[218]의 남쪽에 있다. 세상에 전해지기를 동명왕(東明王)[219]이 굴 안에서 기린마(騏麟馬)[220]를 길렀는데, 말을 타고 땅 속을 지나 조천석(朝天石)으로 나와서 하늘로 올라갔다고 한다. 돌 위에 말의 발자취가 있다.

在麒麟窟南. 世傳東明王養騏麟馬于窟中, 乘馬行地中, 出朝天石升天. 石上有馬跡.

한(漢)나라의 무제(武帝)[221]를 가여워할 만하나니
부질없이 신선을 좋아하고 말을 좋아하였다는 이름을 얻었네.
어찌 천자가 거둥하여[222] 구씨성(緱氏城)[223]과 바다[224]를 찾았던가?
완구(宛駒)[225]와 악마(渥馬)[226]는 다만 땅으로 다녔다네.
어찌하면 동명왕처럼 기린마를 타고서
학처럼 가볍게 날아서 푸른 하늘에 오르랴?
이끼[227]도 감히 기린마의 발자국을 침식하지 못하는데
지금도 허공 바깥에서 울음이 들리는 듯하네.
하늘 위와 땅 속에서 보았던 사람이 누구이랴?
바위에 기대어 한 번 웃노라니 큰 강은 비껴 흐르네.

---

218) 麒麟窟은 平壤 大同江의 浮碧樓 아래에 있는 窟 이름으로, 고구려 東明王이 이곳에서 麒麟馬를 타고 나와서 朝天石으로 가서 하늘로 올라갔다고 한다.

219) 東明王(B.C. 58～19)은 高句麗의 始祖로 姓은 高氏, 이름은 朱蒙, 解慕漱의 아들이며, 재위기간은 B.C. 37년부터 19년까지이다. B.C. 37년에 卒本을 도읍으로 하여 高句麗를 건국하였다.

220) 騏麟馬는 고구려의 東明王이 타고 하늘로 올라갔다고 전해지는 준마이다.

221) 武帝(B.C. 156～87)는 前漢의 제7대의 임금으로, 景帝의 아들, 이름은 徹이며, 재위기간은 B.C. 141년부터 B.C. 87년까지이다. 대학을 세우고 유교를 숭상하였으며, 外夷를 쳐서 판도를 넓히고, 衛滿朝鮮을 멸망시키고 漢四郡을 설치하였다.

222) 天遊는 천자의 거둥이다.

223) 緱氏城은 河南省 偃師縣의 緱山에 있는 성인데, 漢 武帝 元鼎 6년(B.C. 111)에 이곳에 仙人의 자취가 있다는 보고가 올라오자 무제가 親幸하였다.

224) 『後漢書』 권6 「武帝本紀」에 따르면 武帝는 東海를 4회 巡幸하였다.

225) 宛駒는 西域의 大宛에서 나는 명마로 宛馬라고도 하며, 중국의 북방에서 나는 명마·천리마를 대유한다.

226) 渥馬는 渥洼에서 나는 말인데, 渥洼는 지금의 甘肅省 西安에 있는 시내로 神馬가 났다고 전해지는 곳이다.

227) 苔蘚은 이끼이다.

可憐漢武帝　好仙好馬浪得名
尋緱訪海豈天遊　宛駒渥馬但地行
爭似東明騏驎駕　飛上靑天如鶴輕
苔蘚不敢蝕驎趾　至今如聞空外鳴
天上地中誰見者　憑巖一笑大江橫

05-20 성 위에서 배알하다
05-20 城上拜

당나라의 태종(太宗)[228]이 안시성(安市城)[229]을 공격하다가, 이기지 못하고 군사를 되돌리니,[230] 성주[231]가 성에 올라가서 절하며 하직하였다.

唐太宗攻安市城, 不克班師. 城主登城拜辭.

'신에게 죄가 있으니
육군(六軍)[232]에 대항한 것입니다.
군대란 본래 군주를 배반한 신하를 쳐야 하건만
신이 성을 지키지 못하는 것 또한 임금을 배반함이랍니다.
신의 죄를 용서하시고 군사를 되돌리는 것은

---

228) 太宗(599~649)은 唐나라의 제2대 임금으로, 이름은 世民, 高祖의 둘째아들이며, 재위 기간은 626년부터 649년까지이다. 隋나라 말엽에 병사를 일으켜 천하를 통일하여 秦王에 봉해지고, 高祖 9년에 玄武門의 변란을 일으켜 형 建成과 아우 元吉을 죽이고 태자에 책봉된 뒤 바로 즉위하여 貞觀之治를 달성하였다.

229) 安市城은 高句麗와 唐나라의 경계에 있던 山城으로 자연적으로 험준한 요새였는데, 寶藏王 4년(645)에 唐 太宗이 10만 대군을 이끌고 요동의 여러 성들을 차례로 함락시킨 뒤 이곳을 공격하였을 때, 城主 楊萬春이 軍民을 단결시켜 물리쳤다.

230) 班師는 군대를 이끌고 돌아옴, 군대가 개선함이다.

231) 城主는 한 城의 주인인데, 여기에서는 고구려 말 安市城의 성주인 楊萬春을 가리킨다. 그는 寶藏王 때의 명장으로 唐 太宗이 이 성을 공격하자 치열한 싸움 끝에 물리치고 승리하였다.

232) 六軍은 천자가 통솔하는 군대로 한 나라의 군대를 통틀어 이르거나, 唐나라의 禁軍 六軍을 가리킨다.

예절에는 없어도 의리에는 있지요.'
성 위에서 절한 일은
천고에 기이하네.

臣有罪　　　　抗六軍
軍本討臣叛君　臣不守城亦叛君
赦臣罪班六師　無於禮有於義
城上之拜　　　千古奇

05-21 살수[233]의 대첩[234]
05-21 薩水捷

수(隋)나라[235]의 군사 구십만 오천명을 을지문덕(乙支文德[236])이 막았는데, 평양에서 내호아(來護兒)[237]를 패배시키고, 살수(薩水)에서 우문술(宇文述)[238]을 패배시키니, 수나라 군사 가운데 돌아간 사람이 이천명이었다.

隋師九十萬五千, 乙支文德禦之, 敗來護兒於平壤, 敗宇文述於薩水, 隋兵還者二千.

---

233) 薩水는 평안남도와 평안북도의 경계를 흘러 서해로 들어가는 淸川江의 옛 이름이다.
234) 薩水捷은 고구려 嬰陽王 23년(612) 1월에 煬帝가 이끈 隋의 백만대군을 乙支文德이 지휘한 고구려 군사가 살수에서 대파한 싸움이다.
235) 隋나라는 무장 출신인 文帝 楊堅이 北周의 靜帝를 폐위시키고 興城을 도읍으로 하여 세운 왕조로 존속기간은 581년부터 618년까지이다. 西晉의 멸망 후 300여년 동안 지속된 南北朝時代를 종식시키고 통일왕조를 새웠으나, 두 번째 황제인 煬帝의 暴政으로 인해 唐나라에 멸망당하였다.
236) 乙支文德(?~?)은 고구려 嬰陽王 때의 名將으로 영양왕 23년(612)에 隋 煬帝의 대군을 살수에서 대파하였으며, 隋將 于仲文에게 보낸 시 <贈隋右翊衛大將軍于仲文>을 남겼다.
237) 來護兒는 隋나라의 무장으로 江都 출신이며 字는 崇善이다. 양제 때 右翊衛大将軍이 되어 수군을 이끌고 平壤城까지 진격하였다가, 고구려의 王弟 建武가 이끈 결사대에 패퇴하여 遼東으로 철수하였다.
238) 宇文述은 隋나라의 무장으로 代郡 武川人, 자는 伯通이다. 양제 때 扶餘道軍將이 되어 薩水를 건너 平壤城을 압박하다가, 乙支文德의 驕兵策에 속아 대패하여 철수하였다.

수나라 황제에게는 사고(四顧)[239]에 사람이 없어지려 하였건만
나라 밖에는 위대한 사람이 있었네.
을지자(乙支子)[240]께서는 어떤 분이었던가?
천문[241]과 지리[242]로 경륜(經綸)[243]을 쌓았다네.
수나라의 병사 백만이 천리에 피를 흘리고
패수(浿水)[244]와 살수에는 귀신이 많았네.
패수가 북쪽으로 흐르고 살수가 끊어지더라도
을지문덕의 명성은 사라질 수 없으리.

隋皇四顧欲無人　海外大有人
人爲誰乙支子　天文地理蘊經綸
隋兵百萬血千里　浿水薩水多鬼神
浿水北流薩水絶　乙支之名不可湮

05-01-22 절영도[245]의 말
05-01-22 絶影馬

견훤(甄萱)[246]이 절영도(絶影島)의 총마[247]를 고려의 태조에게 바쳤는데, 뒤에 참

239) 四顧는 사방을 둘러 봄, 또는 사방이다.
240) 乙支子는 乙支氏에 대한 존칭이다.
241) 天文은 천체의 운행과 비・바람 따위의 기상현상이다.
242) 地理는 땅이 갖추고 있는 여러 조건과 형세이다.
243) 經綸은 일을 조직적으로 계획함, 또는 그런 계획이다.
244) 浿水는 鴨綠江・大同江・禮成江의 옛 이름인데, 여기에서는 대동강을 가리킨다.
245) 絶影島는 부산에 있는 影島의 본래 이름인데, 이곳의 나라의 목장에서 기른 말이 워낙 빨리 달린 탓에 그림자가 없다는 데서 생긴 말이라고 한다.
246) 甄萱(867~936)은 後百濟를 세운 왕으로 성은 李氏, 阿慈介의 아들이며, 재위기간은 892년부터 935년까지이다. 신라 말기에 尙州 加恩縣에서 태어나서 西南海 지방의 방위에 공을 세워 裨將이 되었고, 眞聖女王 6년(892)에 武珍州[光州]를 점령한 뒤 完山州[지금의 全州]를 도읍으로 하여 후백제를 세웠다. 세력 확장에 힘쓰다가 맏아들 神劍과 불

서(讖書)[248]에 '절영도의 명마가 이르면 백제가 망한다.'라는 말이 있다는 말을 듣고 곧 뉘우쳤다. 사람을 시켜 그 말을 돌려달라고 청하자, 왕이 웃으면서 허락하였다.

甄萱献絶影島驄馬於麗祖, 後聞讖云絶影名馬至百濟亡, 乃悔之. 使人請還其馬, 王笑而許之.

'지난날에는 무슨 생각으로 말을 바치더니
지금은 무슨 생각으로 말을 돌려달라고 하는가?'
백제가 만약 망할지라도 말 때문은 아니고
고려가 만약 흥할지라도 말 때문은 아니었으리.
더벅머리[249] 견훤은 어찌 그리 어리석었던가?
하늘인들 비인(非人)[250]에게 옮길[251] 수 있었으랴?
분명히 마굿간 밖에서 기다리던 날에 끌고갔겠지만
말의 나이가 몇 년이나 더 늘어났으랴?

昔何心献馬　今何心還馬
濟若亡非馬也　麗若興非馬也
甄萱竪子一何愚　天也非人可推遷
會待外廐牽來日　馬齒加長幾箇年

05-23 창근의 거울

05-23 昌瑾鏡

왕건(王建)[252]이 꿈에 9층의 금탑이 바다 속에 서 있는 것을 보고, 스스로 그 위

화를 겪던 나머지 王建에게 투항하였다.

247) 驄馬는 흰빛과 푸른빛이 뒤섞인 말로 고유어로는 총이말이라고 한다.

248) 讖書는 미래의 길흉을 점친 예언인 讖言을 기록한 책이다.

249) 竪子는 僮僕, 또는 남을 업신여겨 부르는 '어린놈, 풋내기' 등과 같은 말이다.

250) 非人은 직무에 걸맞지 않은 사람이다.

251) 推遷은 옮겨가는 것으로 시간이 흐르면서 달라짐, 변화함을 가리킨다.

에 올라갔다. 신라의 경명왕(景明王)[253] 2년에 당나라의 장사꾼 왕창근(王昌瑾)이 신라의 저자 안에서 어떤 사람을 만났는데, 모습이 크고 아름다우며[254], 살쩍과 머리털이 희고, 머리에 옛날의 관을 썼으며, 거사(居士)[255]의 옷을 입고, 왼손에는 자완(瓷椀)[256] 세 개를 들고, 오른손에는 옛날의 거울 하나를 잡고 있었는데, 모나고 길이가 한 자쯤 되는 것이었다. 창근에게 "나의 거울을 사실 수 있습니까?"라고 말하기에, 창근이 두 말의 쌀로 샀더니, 그 사람은 거지아이들[257]과 함께 흩어져서 갔다. 창근이 그 거울을 저자에 걸어놓았는데, 햇빛이 비스듬히 비치자 희미하게[258] 읽을 수 있는 작은 글자가 있었는데, 대략 이러하였다. "세 개의 물[259] 속과 네 개의 밧줄[260] 아래에서 상제께서 진한(辰韓)[261]과 마한(馬韓)[262]에 아들을 내렸도다. 먼저 닭을 붙들고 나중에 오리를 잡으리니[263], 이는 운수가 차서 삼갑(三甲)[264]을 하나로 함을 이른다. 불법(佛法)의 우레[265]와 천신(天神)의 번개를 휘두르며 사년(巳年)에 두 용이 나타날지니, 하나는 푸른 나무[266] 속에 몸을 감추고, 하나

---

252) 王建(877~943)은 高麗를 세운 왕으로 본관은 開城이고 자는 若天이며, 金城太守 隆의 아들로 재위기간은 918~943년이다. 弓裔의 휘하에서 甄萱의 군사를 격파하였고 정벌한 지방의 救恤에도 힘써 백성의 신망을 얻었다. 고려를 세운 후, 수도를 松嶽으로 옮기고 불교를 호국신앙으로 삼았으며 신라와 후백제를 합병하여 後三國을 통일하였다.
253) 景明王(?~924)은 신라의 제54대 왕으로 姓은 朴氏, 이름은 昇英으로 神德王의 태자이며, 재위기간은 917~924년이다. 재위 중 弓裔·甄萱의 세력에 핍박에 크게 시달렸다.
254) 瓌(瑰)偉는 모습이 훤칠하고 아름다운 것이다.
255) 居士는 도교를 신봉하는 사람, 또는 출가하지 않고 수행하는 불교의 신도이다.
256) 甆椀은 瓷器로 된 주발이다.
257) 乞兒는 나이 어린 거지이다.
258) 隱隱은 희미하여 분명하지 않은 모양이다.
259) 三水는 '泰'字를 아래위로 破字한 것으로 泰封을 가리킨다.
260) 四維는 '羅'字를 아래위로 破字한 것으로 新羅를 가리킨다.
261) 辰韓은 고대에 한반도 남부에 있던 세 나라인 三韓의 하나로 경상북도를 중심으로 한 동북부 지역에 있던 12개의 소국으로 이루어져 있었으며, 4세기 중엽 진한 12국 중의 하나인 斯盧에 망하였다가 新羅에 併合되었다.
262) 馬韓은 고대에 한반도 남부에 있던 세 나라인 三韓의 하나로, 한반도 중부 이남 지역인 京畿道 일부, 忠淸道, 全羅道에 걸쳐 50여개의 소국으로 이루어져 있었으며, 뒤에 百濟에 併合되었다.
263) 操雞搏鴨은 닭을 붙들고 오리를 잡음으로 신라와 고구려를 쳐서 얻음을 비유하는데, 雞는 雞林, 鴨은 鴨綠江을 가리킨다. 여기에서는 고구려를 계승하였다고 주장한 泰封과 신라를 가리킨다.
264) 三甲은 미상이지만 三韓을 가리킨다고 보는 것이 보통이다.
265) 法雷는 佛法·法語를 우레에 비유하는 말이다.

는 검은 쇠[267]의 동쪽에서 모습을 드러낸다." 창근이 궁예(弓裔)에게 바치니, 궁예가 그 사람을 찾게 하였더니, 동주(東州)[268]의 발삽사(勃颯寺)[269]에 진성(鎭星)[270]의 소상(塑像)[271]이 있어 그 모습이 같고, 왼손에는 주발, 오른손에는 거울을 들고 있음을 보았다.

王建夢見九層金塔立海中, 自登其上. 羅景明王二年, 唐商客王昌瑾於新羅市中, 見一人, 狀皃環偉, 鬢髮皓白, 頭戴古冠, 被居士服, 以左手持三隻甆椀, 右手擎一面古鏡, 方一尺許. 謂昌瑾曰, "能買我鏡乎?" 昌瑾以二斗米買之, 其人散與乞兒去. 昌瑾懸其鏡於市, 日光斜映, 隱隱有細字可讀. 略曰, "三水中四維下, 上帝降子于辰馬. 先操雞後搏鴨, 此謂運滿一三甲. 振法雷揮神電, 於巳年中二龍見, 一則藏身青木中, 一則現形黑金東." 昌瑾獻于弓裔, 弓裔物色求之, 見東州勃颯寺, 有鎭星塑像如其狀, 左椀右鏡.

천지를 다 비추는 커다란 금경(金鏡)이 있어
모든 사물의 모습을 빽빽하게 비추었네.
현자(賢者)와 우인(愚人)이 모두 거울에 있는 대로 실행하였지만
지혜로운 이는 말하지 않고 어리석은 이는 알지 못하였네.
누가 한 작은 거울을 주었던가?
지니노라니 신라와 고려의 시운(時運)이 바뀜을 비추었다네.
예로부터 흥하고 망함에는 흔히 상서로운 조짐[272]이 있었나니
거울이여, 거울이여! 매우 신통하고 기이하였도다.

天地大金鏡　萬象森照之
愚智皆從鏡中行　智者不語愚不知

---

266) 青木은 소나무를 가리킨 것으로 王建의 출신지인 松嶽을 비유한다.
267) 黑金은 쇠[鐵]로 弓裔의 도읍지인 鐵原을 비유한다.
268) 東州는 강원도 鐵原郡의 고려시대 이름이다.
269) 勃颯寺는 강원도 通川郡 楸池嶺에 있던 절이다.
270) 鎭(塡)星은 七星 가운데 하나인 土星을 가리키는데, 칠성은 日・月・火・水・木・金・土의 일곱 별로 七曜라고도 한다.
271) 塑像은 흙으로 빚은 불상이다.
272) 符命은 하늘이 帝王이 될 사람에게 내리는 상서로운 징조이다.

誰將一小鏡　持照羅麗遞運時
自古興亡多符命　鏡乎鏡乎太神奇

05-24 성제대[273)]
05-24 聖帝帶

진평왕(眞平王)[274)] 원년에 어떤 신인[275)]이 궁정에 내려와서 말하기를, "상제[276)]께서 옥대(玉帶)를 하사하십니다."라고 하니, 왕이 꿇어앉아 받아서 모든 교묘(郊廟)[277)]의 대향(大饗)[278)]에 착용하였다. 고려의 태조가 신라의 사신 김율(金律)[279)]에게 "신라가 지닌 세 가지 보물이 장륙금상(丈六金象)[280)]과 구층탑(九層塔)[281)]과 성제대(聖帝帶)인가?"라고 물었다. 율이 성제대는 알지 못한다고 대답하니, 태조가 웃으면서 "경은 고귀한 신하이거늘 어찌하여 알지 못하는가?"라고 말하였다. 율이 부끄러워하고 돌아가서 경순왕(敬順王)[282)]에게 아뢰자, 뭇 신하에게 두루 물었으나 말하는 이가 없었다. 황룡사(皇龍寺)[283)]의 승려 가운데 나이가 아흔 살이 넘은 이가

273) 聖帝帶는 신라 眞平王 1년(579)에 상제의 사신이 왕에게 가져다 주었다는 玉帶로 天賜玉帶라고도 하며, 신라의 三寶 가운데 하나로 여겨졌다고 한다.
274) 眞平王(?~632)은 신라의 제26대 왕으로 姓은 金氏, 이름은 伯淨으로 眞興王의 손자이며, 재위기간은 579년부터 632년까지이다. 고구려의 침공에 맞서고자 隋・唐과 수교하여 고구려를 침공하였고, 관청을 신설하여 내정의 충실을 도모하였으며, 불교를 진흥시켰다.
275) 神人은 神靈한 사람이다.
276) 上帝는 하늘의 신이다.
277) 郊廟는 제왕이 천지와 조상에게 제사하는 일, 또는 그 장소인 郊宮과 宗廟이다.
278) 大饗은 제왕이 조상의 신주를 한데 모아 올리는 제사와 동서남북의 天地의 神에게 올리는 제사이다.
279) 金律은 신라 말의 관리로 阿飡을 지냈다.
280) 丈六金象은 신라의 3寶 중 하나로 키가 1丈 6尺 정도이며 몸에서 금빛을 발산하였던 佛像이다.
281) 九層塔은 신라의 3寶 중 하나로 황룡사에 있던 목조탑이다.
282) 敬順王(?~978)은 신라의 마지막 임금으로 姓은 金氏, 이름은 傅, 文星王의 6대손, 伊飡孝宗의 아들이며, 재위기간은 927년부터 935년까지이다. 재위 중 후백제의 침공과 약탈로 곤경을 치르다가 고려 태조에게 항복하였다.
283) 皇龍寺는 慶州에 있던 절로 신라 眞興王 때에 짓기 시작하여 善德女王 14년(645)에 낙성하였으며, 신라 호국신앙의 중심적 사찰이었다.

있어 말하기를, "듣자니 진평왕께서 착용하셨던 것으로 역대에 보배로 여겨, 갈무리하여 남고(南庫)에 두었습니다."라고 하였다. 드디어 창고를 열고 찾으니, 비바람이 갑자기 일어나 한낮인데도 깜깜해지기에, 길일을 가리어 재계한[284] 뒤에야 얻었다. 경순왕이 고려에 항복할 때에 고려의 태조에게 바쳤다.

眞平王元, 有神人降于庭曰, "上帝賜王帶." 王跪受, 凡郊廟大饗服之. 麗祖問羅使金律曰, "新羅有三寶, 丈六金象, 九層塔, 聖帝帶也." 律對不知聖帝, 太祖笑曰, "卿貴臣, 何以不知?" 律慙歸告敬順王, 徧問羣臣, 無言者. 有皇龍寺僧年過九十者曰, "聞眞平王所服, 歷代所寶, 藏在南庫." 遂開庫覓之, 風雨暴作, 白晝晦冥, 擇日齋戒然後得之. 敬順降高麗時, 献于麗祖.

성제대는 참된 보배가 아니고
남고(南庫)는 좋은 창고가 아니었네.
하루아침에 비바람이 일어나 한낮에도 어두워지고[285]
배를 밤에 옮겨 운학(雲壑)에 감추어도[286] 허사였네.[287]
패강(浿江)의 물도 한 줄기의 띠요
금오산(金鰲山)도 한 줄기의 띠이며
백마강(白馬江)도 한 줄기의 띠라네.
참다운 보배로 여길 띠는 덕에 갈무리되어 있나니
만세토록 간직한들 누가 흘겨보랴?[288]

聖帶非眞寶 南庫非善藏

---

284) 齋戒는 不淨한 일을 멀리하고 心身을 깨끗이 하는 것이다.
285) 冥冥은 깜깜함, 어둑한 모양이다.
286) 徙舟夜壑은 『莊子』「大宗師」의 "배를 골짜기에 감추고 산을 못에 감춘다면 단단하다고 이를 수 있다. 그러나 한밤중에 힘을 지닌 자가 짊어지고 달아나도 눈이 먼 자는 알지 못한다.(藏舟於壑, 藏山於澤, 謂之固矣. 然而夜半, 有力者負之而走, 昧者不知也.)"라는 글에서 나온 말로, 사물의 이치를 잘 알지 못하여 사물에 합당하게 갈무리하지 못함을 비유한다.
287) 荒唐은 허사가 됨, 허망한 결과가 됨이다.
288) 睥睨는 싫어하거나 깔보는 뜻으로 흘겨봄이다.

一朝風雨晝冥冥 舟徙夜壑雲荒唐
浿江水一條帶 金鰲山一條帶 白馬江一條帶
眞寶帶藏於德 萬世守之孰睥睨

05-25 문곡성289)
05-25 文曲星

고려의 강감찬(姜邯贊)290)이 태어날 때에 어떤 한 사신이 밤에 묵고 있다가, 큰 별이 시골사람의 집에 떨어지는 것을 보았다. 마음으로 기이하게 여겨 데려다 키웠으니, 이 사람이 감찬이다. 뒤에 송나라 사신이 보고서 깨닫지 못하는 사이에 내려서 절하면서, "문곡성이 오래 보이지 않더니, 지금 여기에 있도다."라고 말하였다.

高麗姜邯贊之生也, 有一使臣夜宿, 見大星隕于村人家. 心異之, 取以養之, 是爲邯贊. 後宋使見之, 不覺下拜曰, "文曲星不見久矣, 今在此."

상청(上淸)291)에서는 문곡성이요
하계(下界)292)에서는 강감찬이었네.
누가 억지로 천문(天文)을 풀이하였던가?
사람으로 볼 것이 아니라 별로 보아야 한다네.
별인지 사람인지 나는 알지 못하지만
어찌하면 다시 살아나서293) 광휘를 한 번 발산하랴?

---

289) 文曲星은 문운을 주관하는 별로 文星·文昌星이라고도 하며, 重職의 문관이나 文才가 뛰어난 사람을 비유한다.

290) 姜邯贊(948~1031)은 고려 초기의 문신·무장으로 본관은 衿州, 초명은 殷川이다. 成宗 2년(983)에 禮部試에 장원으로 급제하여 예부시랑·중추원사·이부상서 등을 거쳐, 현종 9년(1018)에 평장사로 西京留守를 겸대하였다. 그 해에 契亂의 장수 蕭排押이 10만 대군을 이끌고 침공하자, 西北面行營都統使로 상원수가 되어 도처에서 적을 무찔렀으며, 특히 龜州와 興化鎭에서 적을 대파하였다. 뒤에 문하시중에 오르고 현종의 묘정에 배향되었으며, 시호는 仁憲이다. 『樂道郊居集』·『求善集』을 남겼으나 현전하지 않는다.

291) 上淸은 上天과 같은 말로 하늘이다.

292) 下界는 地上, 人世이다.

별이여, 별이여! 상청으로 돌아간 지 칠백년이나 지났거늘
왜 다시 와서 왕업을 돕지 않으시는가?

上淸文曲星	下界姜邯贊
何人強解天文	不以人看以星看
星耶人耶吾不知	再造光輝一何煥
星乎星乎歸去上淸七百年	何不重來王業贊

05-26 백사가
05-26 百死歌

세상에 전해지는 포은[294]의 <백사가>는 충신과 지사로 하여금 천고 뒤에도 눈물을 닦게 한다. 삼가 그 성곡에 기대어 읊어서 잇는다.

世傳鄭圃隱百死歌, 使忠臣志士千古抆淚. 謹依其聲而韻之, 因結之.

'이 몸이 죽고 죽어 백번이나 죽고 나면
백골은 먼지로 잠기고 또 재는 날리리.
혼백이야 있은들 없은들
임을 향한 일편단심(一片丹心)이야 어찌 사라질 수 있으랴?'
가련하게도 천수문(天水門)[295] 앞의 시냇물은
천고 뒤에도 동쪽으로 흘러[296] 선죽교(善竹橋)[297]로 흐르네.

---

293) 再造는 다시 살려 줌, 다시 창건함이다.

294) 鄭夢周(1337~1392)는 고려 말의 문신으로 초명은 夢蘭·夢龍, 자는 達可, 호는 圃隱, 본관은 延日이다. 恭愍王 6년(1357)에 禮部試에 장원급제한 뒤, 檢閱·司成·大司成·密直提學·政堂文學을 거쳐 昌王 초에 贊成事에 올랐고, 李成桂와 함께 恭讓王을 옹립하여 佐命功臣, 守門下侍中이 되었으며, 이성계 일파의 혁명을 막으려다가 李芳遠의 문객 趙英珪에게 善竹橋에서 피살당했다.

295) 天壽門은 개성 동쪽의 天壽寺의 정문인데, 천수사는 開京의 東門인 崇仁門 부근에 있었던 절이다.

此身死復死百廻死　白骨塵沉復灰飄
黿兮有也無　　　　向君一片丹心那可銷
可憐天壽門前水　　千古東流善竹橋

05-27 여인이 삿갓을 쓰다
05-27 女戴笠

송도[298]가 망하여 사류[299]와 세족[300]이 조례(皁隷)[301]로 떨어지자, 그 집 여자들이 모두 대나무 삿갓[302]을 쓰고 길을 다녔으므로 그 얼굴을 볼 수 없었는데, 이제까지 풍습이 남아 있어 여전히 그렇게 한다.[303]

松都之亡, 簪纓世族, 降在皁隷, 其女子皆戴箬笠行路, 不得見其面, 至今遺風尙然.

'검은 머리카락[304] 위에 푸른 대삿갓을 쓴 것은
푸른 하늘을 보기가 두렵고 사람을 보기가 두렵기 때문입니다.
남들은 보고서 응당 고려의 치장이라 웃을 테지만
이제 치장이 천해진 것은 몸 또한 천해졌기 때문이지요.
금빛병풍과 수놓은 장막에서는 살지 못할지라도
비단버선이 쌓여 있건만[305] 서리와 이슬을 밟는답니다.
길에서 벼슬아치[306]를 만나면 몸을 돌리고 우니

296) 東流는 중국의 강물이 반드시 동쪽으로 흐름을 뜻하고자 한 것으로 事必歸正을 비유한다.
297) 善竹橋는 開城市 善竹洞에 있는 石橋로, 고려 태조 1년(919)에 松都의 시가지를 정비할 때 축조된 것으로 추정된다.
298) 松都는 고려의 도읍이었던 開京의 속칭으로 여기에서는 高麗를 가리킨다.
299) 簪纓은: 官員이 쓰는 비녀와 갓끈으로 士族을 가리킨다.
300) 世族은 대대로 國祿을 받는 가문이다.
301) 皁隷는 옛날의 賤役으로 관아의 구실아치나 심부름꾼을 가리킨다.
302) 箬(篛)笠은 약죽의 잎이나 대오리로 결어 만든 삿갓이다.
303) 尙然은 아직 그러함, 여전히 그러함이다.
304) 綠雲鬟은 綠鬟·雲鬟과 같은 말로 여자의 윤기 나는 검은 머리채이다.
305) 盈盈은 가득 쌓인 모양이다.
306) 冠蓋는 禮帽와 車蓋로 벼슬아치를 가리킨다.

너희 집 부형들도 전에는 이와 같았건만 하네요.'

青篛笠綠雲鬟　怕見蒼天怕人見
人見應笑高麗粧　粧賤如今身亦賤
金屛繡幙不得住　羅襪盈盈霜露履
路逢冠盖廻身泣　儂家父兄昔如此

05-28 두문동[307]
05-28 杜門洞

송도가 망하였을 때에 온 골짜기 사람이 문을 닫고 절개를 지켰기에 이름하여 두문동이라고 하였다.

松都之亡, 有一洞杜門守節, 名曰杜門洞.

저들은 문을 닫고 죽는 것만 알고
문을 열고 살 줄은 몰랐다네.
저마다 향기로운 백골을 서로 베개삼고서
길이 일월과 밝은 빛[308]을 다투었네.
깊디깊은 골짜기에는 떨어진 꽃과 향기로운 풀뿐이니
이곳에 이르면 봄바람 또한 정이 없어졌으리.[309]

渠知杜門死　不知開門生
相枕白骨箇箇香　長與日月爭光晶
落花芳草深深洞　到此春風亦不情

---

307) 杜門洞은 지금의 京畿道 開豊郡 光德面 光德山 서쪽에 있는 골짜기로 李成桂의 開國에 반대한 고려왕조의 충신들이 모여 살았다는 곳이다.
308) 光晶은 찬란한 빛, 밝게 빛남이다.
309) 不情은 무정함, 박정함이다.

발[1]
跋

국조(國朝)에는 중흥된 이래로 인재가 빽빽하였으니, 송(宋)나라와 명(明)나라의 계년(季年)인들 이와 같이 융성하였으랴? 불행히도 그 중간에 당파의 논의가 횡류(橫流)하여 이 사람을 존중하는 이는 저 사람을 거부하고[2], 갑을 칭찬하는 이는 을을 깎아내려서[3], 대체로 아무도 절충하지 못하였다. 그러나 저 백사[4] · 한음[5]의 충신(忠藎), 계곡[6] · 택당[7]의 문사, 반계[8] · 졸수[9]의 학식

---

1) 跋은 산문 문체의 하나로 書籍·詩文·書畫 따위의 뒤에 그 내용의 대강이나 관련 사항을 간단히 적은 글이다.
2) 賢否는 존중함과 거부함이다.
3) 予奪은 주고 빼앗음으로 賞과 罰, 칭찬과 깎아내림을 비유한다.
4) 白沙는 조선 중기의 문신 李恒福(1556~1618)의 호로 본관은 慶州, 자는 子常이다. 등제하여 賜暇讀書하고 戶曹參議를 거쳐, 鄭汝立의 역모를 다스린 공으로 공신이 되었으며, 承旨일 때 鄭澈의 탄핵을 받고 유배되었다. 임진왜란 때 왕을 호종한 공로로 鰲城君에 봉해지고, 병조판서로서 軍을 정비하였으며, 우의정에 오르고 부원군에 봉해졌다. 광해군 때 領議政으로서 폐모론을 반대하다가 파직되고 北邊에 유배되어 타계하였다. 『白沙集』을 남겼으며, 시호는 文忠이다.
5) 漢陰은 조선 중기의 문신 李德馨(1561~1613)의 호로 본관은 廣州, 자는 明甫이다. 등제하여 賜暇讀書하고, 31세에 大提學에 올랐다. 임란 때 명의 원병을 요청한 공으로 兵曹判書에 올랐으며, 정유재란에 명의 御史를 설복하여 서울을 방어하게 하였다. 38세에 右議政에 오르고, 體察使로 남쪽을 다스리고 돌아와서 領議政이 되었다. 1613년에 永昌大君의 사사를 반대한 일로 면직되어 龍津에 내려가서 병으로 죽었다. 『漢陰遺稿』를 남겼으며, 시호는 文翼이다.
6) 谿谷은 조선 중기의 문신 張維(1587~1638)의 호로 본관은 德水. 자는 持國이다. 등제하여 사가독서하고, 검열·주서 등을 지낸 뒤 인조반정에 가담하여 靖社功臣 2등이 되고, 대사성·대사헌 등을 역임하였다. 李适의 난에 호종한 공으로 新豊君에 봉해지고, 판서로 있던 병자호란 때에는 강화론을 주장하였고, 우의정에 제수되었으나 모친상으로 사퇴하였다. 양명학과 천문·의술 등에 능통했고, 문장에 뛰어나 四家로 꼽혔다. 『谿谷漫筆』·『鷄谷集』을 남겼고, 시호는 文忠이다.
7) 澤堂은 조선 중기의 문신 李植(1584~1647)의 호로 본관은 德水, 자는 汝固이다. 별시문과에 급제하여 說書·北評事 등을 지내고, 폐모론이 일어나자 砥平으로 낙향하여 남한강변에 澤風堂을 짓고 학문에 전념하였다. 인조반정 이후 대제학·이조참판 등을 지내고, 병자호란 때 척화파로 瀋陽에 잡혀갔다가 돌아온 뒤에 대사헌과 형조·이조·예조의 판서를 역임하였다. 문장이 뛰어나 四家로 꼽혔다. 『澤堂集』을 남겼으며, 시호는 文

은 온 나라 사람이 같은 소리로 존중하고 칭찬하여 피차와 갑을의 간격이 없었으니, 무슨 까닭인가? 그것이 지극하였기 때문이다. 그러나 이 몇 군자들은 그릇에 적합한 바가 있고, 값어치에 전공(專攻)한 바가 있었던 까닭에, 그 이른바 지극한 것에 치우치게 도달하여 각기 지극함이 없을 수 없었다. 이 세 가지를 아울러서 모두 후세에 드러내기에 넉넉한 분으로는 오직 약산 선생 오충장공만이 가까울 것이다.

공은 원릉(元陵)[10]의 초기에 벼슬살이를 하였는데, 당화(黨禍)의 치열함이 그때보다 심한 적이 없었다. 그러나 능히 깊이 빠지지 않고 따르지 않으면서, 충성으로 스스로 인주(人主)와 교결하여, 남방에 안찰사로 가서 어두움 속에서 문명을 드러내었고, 조저(朝著)[11]에 소론(疏論)[12]을 일으켜 진짜와 가짜가 섞인 사이에서 탕평[13]을 분명히 하였다. 무릎을 맞대고 강론하고 반열에서 나가서 상주함에 이르러서는, 막힘이 없고[14] 사리에 맞아[15] 임금을 이끌어 도의 요체에 이르게 하지 않음이 없었다. 평생토록 노론·소론·남인·북인으로 명성과 이록을 좇는 사람이 되지 않을 것을 스스로 맹세하고 마치셨으니, 그 이룬 바가 그 말에 어긋남이 없었다. 그가 지은 글은 중체를 다 갖추었으니, 양한[16]의 전칙(典則), 육조[17]의 농려(穠麗), 삼당(三唐)[18]의 정변(正變),

---

靖이다.

8) 磻溪는 조선 중기의 학자 柳馨遠(1622~1673)의 호로 본관은 文化, 자는 德夫이다. 외삼촌 李元鎭과 고모부 金世濂에게 배웠고, 32세에 전라도 부안군에서 은거하며 농촌생활을 체험하고 학문에 힘쓰면서 선구적 실학적 저술인 『磻溪隨錄』 26권을 남겼다.

9) 拙修齋는 조선 중기의 학자 趙聖期(1638~1689)의 호로 본관은 林川, 자는 成卿이다. 부친의 뜻에 따라 사마시에 수차 합격하였으나, 몸에 고질이 생겨 문과를 포기하고 학문에만 전심하여 성리학에 조예가 깊었으며, 소설 <彰善感義錄>과 『拙修齋集』을 남겼다.

10) 元陵은 英祖와 그 繼妃 貞純王后 金氏의 陵으로 경기도 九里市 東九洞에 있는 東九陵 중 하나인데, 여기에서는 영조를 가리킨다.

11) 朝著는 朝班·朝廷이다.

12) 疏論은 일일이 글을 지어 논함이다.

13) 蕩平은 공평함이다.

14) 條暢은 곧고 막힘이 없음, 막힘없이 잘 통함이다.

15) 剴切은 절실함, 사리에 꼭 맞음이다.

16) 兩漢은 前漢과 後漢이다.

17) 六朝는 삼국시대의 吳와 東晉, 南朝의 宋·齊·梁·陳 등 여섯 왕조로 모두 建康, 즉 南

이송(二宋)[19]의 순아(醇雅) 가운데 정화를 모두 능히 채취하여 마땅하지 않은 점이 없었다.

그 배운 바의 바름에 이르러서는 한결같이 수사(洙泗)[20]와 낙민(洛閩)[21]으로 하여, 고금의 성패와 인물의 득실과 문장의 성쇠와 조도(造道)[22]의 방법과 흥치(興治)의 술법과 구시(救時)의 직무를 환하게 깨닫도록[23] 자세히 탐구하지 않음이 없었고, 식견의 정밀하고 탁월함과 의론의 신통하고 빼어남이 우리나라는 물론이고 중주(中州)에서 바로 찾더라도 그 짝이 드물었다. 아, 어찌 그리 지극하였던가?

또 저 몇 분의 군자들은 그 시절을 만남이 그 충성을 떨치기에 넉넉하였고, 그 짝을 얻음이 그 문장을 펼치기에 넉넉하였으며, 그 한가하게 지냄이 그 학문을 궁구하기에 넉넉하였다. 만약 공에 대하여 그 시절을 말한다면 가시밭이었고, 그 짝을 말하다면 막혔으며, 그 거처를 말한다면 연곡(輦轂)[24]에서 분주하였다. 끝내 홀로 서서 외롭게 다니면서 뭇 훌륭함을 갖출 수 있었으면서도, 때때로 또 전인(前人)보다 걸출함이 있었으니, 어찌 더욱 어려울수록 더욱 귀하게 여길 만하다고 하지 않으랴? 홀로 괴이하게 여김은 저 몇 군자들만 한 명성이 이윽고 온 나라에 가득 차서[25] 사대부와 아낙네와 아이들이 칭송하고 사모하는 바가 되었던 일이다. 그러나 공께서 돌아가신 지 이미 이백 년이 지났으니, 그 위인을 아는 이가 드물고, 그 글을 아는 이는 더욱 적으며, 그 학식을 아는 이는 오늘에 이르러서는 대개 한 사람도 있지 않다. 아, 또

京을 도읍으로 한 왕조이다.

18) 三唐은 初唐·盛唐·晩唐으로 唐代를 가리킨다.

19) 二宋은 중국의 왕조인 北宋과 南宋이다.

20) 洙泗는 춘추시대 魯나라의 영토 안에 있던 강인 山東省의 洙水와 泗水의 합칭인데, 孔子가 그 지역에서 강학한 데서 유래하여 공자, 또는 儒家를 가리킨다.

21) 洛閩은 程子의 출신지인 洛陽과 朱子가 강학한 곳인 閩中의 합칭으로 程朱의 학문, 性理學을 가리킨다.

22) 造道는 도에 나아감으로 수양의 정도를 가리킨다.

23) 洞曉는 훤히 깨달아서 이해함이다.

24) 輦轂은 임금이 타는 수레로 군왕, 도성을 가리킨다.

25) 洋溢은 가득 참, 또는 널리 퍼져나감이다.

어찌 그리 가려졌던가?

공의 주손(胄孫)[26] 병서씨가 공의 유집(遺集) 가운데 전고(前稿)[27]라고 일컫는 것을 장차 영중(嶺中)에서 간행하기를 꾀하여, 긍섭에게 교정을 요구하였다. 긍섭은 공에 대하여 대개 또한 일찍이 그 일반(一斑)을 엿본 사람이다. 그 전고(全稿)를 대강 훑어보고서는, 깨어서나 잠들어서나 놀라고 감탄하기를 여러 날 하다가, 곧바로 착수하고자[28] 하였으나 이루지 못하였다. 이에 그 와실(訛失)을 대략 교정하여 주어서 간행하게 하였다. 병서씨가 또 권미에 실을 한 마디 말을 요구하였지만, 긍섭이 감히 감당할 수 없는 일이기에, 여러 차례 사양하였으나 여러 차례 분부하였다. 이에 그 몰래 높이 경모한 바를 이와 같이 참월되게 말하여, 천하후세로 하여금 사문이 끝내 가려져서는 안 된다는 것을 알게 하니, 공의 사람됨을 칭송하고 사모함이 대개 또한 그 한도가 없을 것이나.

갑자년(1924) 중춘 모일에 후학 창산[29] 조긍섭[30]이 삼가 발한다.

---

26) 胄孫은 長孫이다.

27) 前稿는 전반부의 원고라는 뜻으로 현전 『약산유고』가 50세이던 1838년까지의 글만 수합된 점을 가리킨 듯하다. 이로써 보면 그 이후 7년 동안의 작품, 또는 그것에다 본집에 실리지 않은 갈래인 書를 보탠 後稿의 초고가 있었을 것으로 추정된다. 이는 『大東詩選』 권6에 선입된 9제의 시 중 <春閨怨>·<艾倉道中記所見>·<百祥樓>를 제외한 <江浦漁火>·<採蓮曲>·<放衙>·<記景>·<泛槎亭>·<滿月臺> 등 6제가 『약산만고』에 실려 있지 않은 데서 대체로 드러나고, 自序 <漫稿引>의 "斷自五十以前賦詩文各體凡二十五卷"이라는 말과 樊巖이 지은 諡狀의 "所著經說史評詩文數十卷藏于家"라는 말에서도 방증된다. 특히 번암이 <藥山先生挽, 一百二韻>에서 "곧게 쏟아지는 연폭에는 무지개가 드리워지고, 무성한 누대의 풀은 사슴을 덮네.(淵瀑垂虹直, 臺芽覆鹿芊.)"라고 한 구절이 타계하기 직전 개성유수를 지낼 때 지은 작품인 <泛槎亭>·<滿月臺>를 가리킨 것으로 이해되어, 번암은 후고를 접하였음이 분명함을 알 수 있다. 그러나 이 이상의 후고의 존재를 알게 하는 증거는 남아 있지 않은 듯하다.

28) 執鞭은 채찍을 잡고 수레를 몲으로 미천한 일을 비유한다.

29) 昌山은 曺氏의 본관인 昌寧의 별칭이다.

30) 曺兢燮(1873~1933)은 한말의 학자로 본관은 昌寧, 자는 仲謹, 호는 深齋이다. 17세 이래로 郭鍾錫·李鍾杞·張福樞·金興洛 등에게 질의하였고, 국치 이후 두문불출하면서 학문에 힘쓰다가 이듬해 만난 부친상을 마친 뒤 鼎山에 서당을 지어 후학을 가르쳤다. 1919년 3월 <일본총독과 동포대중에게 보내는 글>을 草하다가 발각되어 17일 동안 구

國朝自中興以來, 人材蔚然, 宋明之季, 於斯爲盛. 不幸而橫黨議於其間, 賢是者否彼, 予甲者奪乙, 盖莫得以衷焉. 然若白沙漢陰之忠藎, 谿谷澤堂之文辭, 磻溪拙修之學識, 爲擧國之所同聲賢予, 而無彼是甲乙之間焉, 何也? 以其至也. 然而是數君子者, 器有所適, 値有所專, 故其所謂至者, 不能無偏造而各極焉. 若夫兼是三者而皆足以表見於後世者, 惟藥山先生吳忠章公其幾矣乎.

公仕當元陵之初, 黨禍之烈, 無甚於此時. 而能不流不倚, 以忠誠自結於人主, 使按南方則暴文明於闇昧之中, 疏論朝著則辨蕩平於眞假之際. 至於造膝之講出班之奏, 條暢剴切, 無非引君當道之要. 平生以不爲老少南北聲名利祿中人, 自矢而卒, 其所就無負於其言. 其爲文, 衆體俱備, 兩漢之典則, 六朝之穠麗, 三唐之正變, 二宋之醇雅, 悉能採掇其精英, 而無所不當焉. 至其所學之正, 一律於洙泗洛閩, 而於古今成敗, 人物得失, 文章盛衰, 造道之方, 興治之術, 救時之務, 靡不洞曉而詳究, 而識見之精卓, 議論之神儁, 未論吾邦, 卽求之中州, 罕覯其匹焉. 嗚乎何其至也?

且彼數君子者, 其遭時也, 足以奮其忠, 其得偶也, 足以宣其文, 其閒居也, 足以窮其學. 若公言其時則棘矣, 言其偶則蹇矣, 言其居則輦轂而奔走矣. 卒能特立孤詣, 以賅其衆善, 而時又有傑出於前人者, 則豈不愈難而尤可貴哉? 獨恠夫數君子者聲名, 旣已洋溢全國, 爲士夫婦孺之所誦慕. 而公則沒已二百年, 而知其人者鮮矣, 知其文者益寡矣. 若夫知其學識者, 則至今盖未有一人焉. 嗚乎又何其晦也?

公之冑孫炳序氏, 以公遺集之稱前稿者, 將謀刊於嶺中, 而求校於兢燮. 兢燮於公, 盖亦甞窺其一斑者. 及瀏覽其全稿, 則爲之驚歎寤寐者累日, 直欲爲之執鞭而不可得也. 於是爲略正其訛失而俾授之刻焉, 炳序氏又徵一言於卷尾, 兢燮不敢當也, 盖屢辭而屢命之. 乃以其竊所高景之者, 僭爲之說如此, 使天下後世, 知斯文之終不可晦, 則公之爲人所誦慕, 盖亦無有其極云.

甲子仲春日, 後學昌山曺兢燮謹跋.

속당하였고, 1928년 겨울 문인들의 요청으로 雙溪로 이거하여 龜溪書堂을 짓고 강학을 계속하다가 작고하였다. 학문·시문에 다 일가를 이루어 영남사림의 거목으로 지목되었고, 黃玹·金澤榮·李建昌 등과 교유하였으며, 『深齋集』을 남겼다.

후지
後識

아, 우리 육세조 약산 선생께서는 공정한 도리를 지니시고도 당파에 치우친 시대를 사셨으므로, 당시에 그 도를 펼치지 못하신 탓에, 도가 일찍이 드러나지 못하였다. 넓고 깊은 학문으로 고고(高古)한 문장을 드러내셨지만, 문장으로는 그 학문을 다 표현할 수 없었으므로, 학문이 처음부터 드러나지 못하였다. 선생께서는 만년에 스스로 쉰 살 이전에 지은 시문을 약간 권으로 편정(編定)하셨는데, 집에 있는 사본이 극히 정결(精潔)하여 간행에 붙일 만하였지만, 세월이 오래 지나도록 등재(登梓)하지[31] 못하였으니, 일을 치르는 역량이 미치지 못함이 개탄하고 슬퍼할 만하다.

임술년(1922) 가을에 불초와 시숙(緦叔)[32] 건상씨가 책을 받들고 조령(鳥嶺)[33]을 넘어갔으니, 대개 영중의 구가세족(舊家世族) 가운데에는 동지와 사우(士友)가 많아서, 도모할 수 있기 때문이었다. 영묘(英廟) 무신년에 안핵사(按覈使)[34]로 가셨을 때[35]에 선생께서 영남에 큰 은덕[36]이 있었으니, 영남인이 공로와 혜택에 보답할 것을 생각하는 것 또한 그 온축하신 바였다. 도착하고 나니 여러 신사(紳士) 가운데 소식을 듣고 호응하지 않는 이가 없어, 곧 도모함이 이루어질 것을 기대하였다. 그러나 비용이 많이 들고 인력이 많다가 흩어져 버려서 그것이 제대로 진척되기[37] 어려웠다.

---

31) 登梓는 上梓와 같은 말로 책을 출판함이다.
32) 緦叔은 緦麻服을 입는 숙부라는 말로 7촌 사이인 再從叔父를 가리킨다.
33) 鳥嶺은 충청북도 槐山郡 延豊面과 경상북도 聞慶邑 사이에 있는 고개로 고유어로는 새재라고 한다.
34) 按覈使는 조선 후기에 지방에서 사건이 발생하였을 때 그 처리를 위하여 파견하던 임시관직인데, 약산은 영조 5년(1729)에 嶺南按覈御史로 파견되었다.
35) 실록에서는 己酉년 1월에 慶尙道에 파견되어 慶尙監司 朴文秀가 戊申亂에 관계되었다고 고발한 李道章의 獄案을 조사하였고, 3월에 영남안핵어사로 상소하여 李栽 등 22명을 천거하며 皇極蕩平의 道를 논하였다고 하였다.
36) 大造는 큰 공로, 큰 은덕이다.
37) 就緖는 일이 두서 있게 진척됨이다.

달성의 선비 문영박(文永樸) 군은 문장을 애호하고 의리를 숭상하는 분인데, 내가 여러 차례 간절히 끌어당김에 말미암아 개연히 발원하여 일을 하셨다. 낡은 집[38]을 비워 장소를 마련하고 큰 빚을 빌려서 공인을 모집하여, 일을 시작한 지 모두 예닐곱 달 만에 총20권을 완성하였다고 알려왔으니, 어찌 빨랐다고 이르지 않을 수 있으랴? 또 만고(漫稿)라 일컬은 것은 감히 선생의 뜻을 멋대로 고칠 수 없었기 때문이며, 원본으로 판각에 붙인 것은 그 정결함을 취하고 또 비용을 덜기 위함이었다.

불초의 하찮은 학문과 얕은 식견[39]으로 어찌 감히 쓸데없이 한 마디의 말인들 덧붙이랴? 그런데도 문득 이와 같은 말을 적는 것은 문군의 의로움을 드러내기 위한 까닭이다. 우리 집안의 후예들이 뒷날에 이 분의 마음에 보답함을 군께서 선생의 뜻을 앙모하고 신뢰한 것처럼 할지는 알지 못하겠다. 그러나 내가 듣자니 영남의 사대부 가운데 논자가 말하기를, "인조(仁祖) 계해년[40] 이후에 남인이 금고에 이르지 않은 것은 완평[41]의 공로이고, 영묘 무신년 이후에 영남에서 폐지(廢枳)된[42] 사람이 나타나지 않은 것은 약산의 공훈이다."라고 하였다고 한다. 그렇다면 오늘의 문군의 뜻 또한 영중 제공(諸公)의 뜻이 밖으로 드러난 것일 따름이니, 어찌 다만 한 사람의 사사로운 은혜 때문에 구구한 감회를 말하랴? 아, 슬프도다.

---

38) 隟(隙)宇는 낡고 갈라져 비가 새는 집이다.
39) 蔑學淺識은 대수롭지 않은 학문과 얕은 식견이다.
40) 癸亥年은 仁祖 즉위년(1623)인데, 이를 언급한 것은 光海君 때에 北人으로 인하여 南人이 위축되었고, 인조반정이 西人에 의하여 이루어진 탓에 역시 남인에게 불리한 정치 상황이었으나, 즉위 초 몇 년 동안은 남인인 李元翼이 영상을 맡음으로써 숨통이 트였던 점을 지적하기 위함인 듯하다.
41) 完平은 조선 중기의 문신인 府院君 李元翼(1547~1634)의 봉호이다. 본관은 全州, 자는 公勵, 호는 梧里이며, 태종의 아들 益寧君 袳(치)의 4세손, 億載의 아들이다. 선조 2년(1569)에 문과에 급제하여 대사헌 · 호조판서 · 예조판서 · 우의정 · 영의정 등을 역임했다. 임진왜란 때에 피난길의 선조를 호종하였고, 평양 탈환에 공을 세웠다. 광해군의 폐모론에 반대하다가 洪川에 유배되었으며, 李适의 난 때에는 공주까지 인조를 호종하였다. 저서로 『梧里文集』 · 『續梧里集』 · 『梧里日記』 등을 남겼고, 인조의 묘정에 배향되었으며, 시호는 文忠이다.
42) 廢枳는 廢錮되어 막힘이다.

갑자년 4월 하순에 6세손 병서[43]가 삼가 기록한다.

於乎! 惟我六世祖藥山先生, 以公正之道, 處偏黨之時, 時有未能得伸其道, 而道未嘗不章矣. 以閎深之學, 發高古之文. 文有未能盡達其學, 而學未始不可見矣. 先生晩年, 自定五十以前所著詩文爲若干卷, 家有寫本極精, 爲可付刊, 而歷世之久, 未獲登梓, 事力之詘, 有足慨傷者.

歲壬戌秋, 不肖與緦叔建相氏, 奉冊踰嶺, 盖以嶺中多舊家世族同志士友, 可以就謀. 而英廟戊申按覈之役, 先生有大造於嶺南, 則嶺中之思報功惠, 亦其所蘊蓄也. 旣至則諸紳士莫不聞風響應, 冀亟圖成. 然費廣而多, 力衆而散, 難乎其就緖矣.

達城士人文君永樸, 好文尙義者也, 以余之屢次懇扣, 慨然發願爲之. 虛隟宇而設所, 借鉅欵而募工. 開役凡六七朔而告完捴二十卷, 亦可謂不疾而速矣. 其仍稱漫稿者, 不敢侈改先生之志也, 其用原本而付刻者, 取其精而且爲省費也.

不肖蔑學淺識, 何敢贅一言之附? 而輒書之如此者, 所以表文君之義也. 未知吾家後承, 異日圖報此君之心, 如君之所以慕用先生之意也哉. 然吾聞嶺士論者, 曰仁祖癸亥之後, 南人之不至禁錮者, 完平之力也. 英廟戊甲之後, 嶺中之不見廢枳者, 藥山之功也. 然則今日文君之志, 亦所以表見嶺中諸公之志而已, 豈但以一人之私惠, 爲區區之感而已哉? 嗚乎唏矣! 甲子四月下澣, 六世孫炳序謹識.

---

43) 吳炳序는 『承政院日記』에 高宗 38년(1901)부터 41년까지 전라북도 · 충청남도 · 충청북도 · 함경남도 觀察府의 主事를 지내면서 6품에 오르고, 1905년에 朴濟純 등 乙巳五賊의 참형을 청하는 상소를 올렸다고 한 사람과 동일인인 듯하다.

부록

제1부

1. 『대동시선』 권6 소수시[1)]
『大東詩選』 卷六 所收詩

강포[2)]의 어화[3)]
江浦漁火

긴 밤에 물고기 잡는 배의 등불이 점점이 애달픈데
별과 달에 짝하면서 싸늘한 섬에서 반짝거리네.
일시에 그림자가 어지러워지며 다투어 깜빡거림은
만경창파 옆 갈대밭에서 가을바람이 일기 때문이리.

遙夜漁燈點點愁　伴星和月耿寒洲
一時影亂爭明滅　風起蘆花萬頃秋

채련곡[4)]
採蓮曲

사람들은 마름잎과 연잎이 곱다고 말하는데
나는 또 맑은 강에서 정을 품네.
꽃 옆에는 눈썹달이 가느다랗고
잎 위에서는 눈물 같은 이슬이 쏟아지네.

---

1) 『藥山漫稿』에도 실린 <春閨怨>·<記艾倉途中所見>·<百祥樓>는 제외한다.
2) 江浦는 강, 또는 江邊이다.
3) 漁火는 漁燈과 같은 말로 물고깃배의 등불이다.
4) <採蓮曲>은 樂府 相和歌辭 중 淸商曲辭의 하나로, 宋 郭茂倩의 『樂府詩集』에 따르면 "강남에서는 연꽃을 딸 수 있나니, 연잎은 얼마나 빽빽한가?(江南可採蓮 蓮葉何田田)" 라는 구절로 시작되는 漢代의 <江南曲>에 근원을 둔 것인데, 梁 武帝의 <江南弄> 이후 <採蓮曲>·<採菱曲> 등의 제목으로 된 무수한 작품이 지어졌다.

개구리밥은 깨끗하여 닦은 듯한데
원앙은 교만하여[5] 놀라지 않네.
오래[6] 헤어져 있던 이웃집 처녀는
역풍 때문에 만남[7]을 놓쳤다네.

人道芰荷艷　江淸儂復情
花邊眉月細　葉上淚珠傾
蘋藻淨如拭　鴛鴦嬌不驚
遙遙謝隣女　風逆失逢迎

관아에서 물러나서[8]
放衙

임금님의 은덕으로 늘그막에 누대에 누워 있노라니
먼지 낀 자맥(紫陌)[9]의 좋은 일[10]로 매우 피곤하네.[11]
새벽의 호각소리[12]는 매번 궁궐에서 조회하는 꿈을 깨우는데
양관(陽關)[13]에서는 자주 사람을 전송하는 술잔을 잡네.
고요한 낮의 관아의 뜰에는 꽃에 그림자가 생기고
쌀쌀한 봄날의 옛 도읍지[14]에는 제비가 오지 않네.

---

5) 嬌는 嬌慢으로 傲慢함이다.
6) 遙遙는 거리가 먼 모양, 시간이 긴 모양, 흔들거리는 모양이다.
7) 逢迎은 영접함, 접대함, 마주 대함, 마주 대하고 만남이다.
8) 放衙는 관아에서 퇴근함이다.
9) 紫貊은 도성 교외의 길이다.
10) 勝事는 좋은 일, 훌륭한 일이다.
11) 勞勞는 매우 지친 모양이다.
12) 曙角은 새벽녘의 號角소리이다.
13) 陽關은 지금의 중국 甘肅省 敦煌縣 서남쪽에 있던 關門인데, 여기에서는 王維의 <送元二使安西>의 "勸君更進一杯酒, 西出陽關無故人."을 점화하고자 언급되었다.
14) 故國은 역사가 오랜 나라나 도읍지이다.

홀로 지키는 나의 집에 있는 길들인 학은
서리와 같은 털이 얼마나[15] 길게 펄럭거리는가?

主恩華髮臥留臺 勝事勞勞紫貊埃
曙角每驚朝闕夢 陽關頻把送人杯
公庭晝寂花生影 故國春寒燕不來
獨守吾廬馴鶴在 霜毛幾許長毰毸

경물을 기록하다
記景

누대 아래에는 수많은 집이 빽빽이 들쑥날쑥한데[16]
길 가[17]의 발[18]을 단 집은 곳곳이 비슷하네.[19]
시장 점포[20]의 금은(金銀)은 북쪽의 계문[21]으로 통하는데
아낙네의 치장[22]인 약립(篛笠)[23]은 고려를 회억하게 하네.
신령스러운 숭산(崧山)[24]의 비로 꽃밭 옆에는 무지개가 섰는데
관장하여 다스리는 이[25]의 깃발에는 버드나무 밖의 봄빛이 짙네.

---

15) 幾許는 '얼마, 몇'이다.
16) 參差는 가지런하지 않은 모양, 들쑥날쑥한 모양이다.
17) 夾路는 길 양쪽, 길 양쪽에 늘어섬이다.
18) 簾旌은 발 끝에 단 천으로 흔히 발을 가리킨다.
19) 處處疑는 곳마다 비슷함을 뜻하는데, 申欽의 『象村集』 권14 <松都>의 頷聯에 "한산한 꽃과 잔디풀은 해마다 비슷하고, 갑제의 이름난 동산은 곳곳이 닮았네.(閑花細草年年似, 甲第名園處處疑.)"라는 구절이 있다.
20) 市肆는 市場, 저자, 시내의 店鋪이다.
21) 薊門은 중국 北京城의 서남쪽에 있던 관문으로 德勝門의 서쪽에 있는 土城關이 그 遺址라고 하며 薊丘라고도 하는데, 여기에서는 淸나라의 수도인 北京을 가리킨다.
22) 閨粧은 부녀자의 치장인데, 여기에서는 고려가 망하여 士類·世族이 皁隷로 떨어지자, 그 집 여자들이 모두 대껍질로 만든 삿갓을 쓰고 다녔던 일을 가리킨다.
23) 篛(箬)笠은 대껍질로 만든 갓이다.
24) 崧山은 松嶽山의 별칭이다.

선죽교(善竹橋)[26]는 황폐해지고 문곡성(文曲星)[27]은 멀어졌는데
누가 또 이 산하의 남아였던가?

樓臺萬戶鬱參差　夾路簾旌處處疑
市肆金銀通北薊　閨粧簪笠記高麗
花邊虹帶神崧雨　柳外春濃管理旗
善竹橋荒文曲遠　山河誰復是男兒

범사정[28]
泛槎亭

무지개가 드리워지고 천둥이 다투는 가운데 설화[29]는 펄럭거리고
영추(靈湫)[30]에 통쾌하게 쏟아지는 물소리가 지축[31]을 뒤집네.
조화를 보노라면[32] 모든 것이 바로 기(氣)인데
유공(繆空)[33]의 소리를 듣노라면 본래부터 시끄러움이 없네.
구천(九天)[34]의 은한은 여전히 속세를 싫어하니[35]

---

25) 管理는 관장하여 다스림인데, 여기에서는 군대의 지휘관을 가리킨다.
26) 善竹橋는 開城市 善竹洞에 있는 石橋로, 고려 태조 1년(919)에 松都의 시가지를 정비할 때 축조된 것으로 추정되는데, 고려가 망할 때에 鄭夢周가 피살당했다고 하는 곳이다.
27) 文曲星은 文運을 주관하는 별로 文星・文昌星이라고도 하며, 重職의 문관이나 文才가 뛰어난 사람을 비유하는데, 여기에서는 고려 초기의 武將 姜邯贊을 가리킨다.『高麗史』<姜邯贊傳>에 따르면 宋나라 사신이 그를 보고 자기도 모르는 사이에 뜰 아래로 내려가 절하면서, "文曲星이 오래 보이지 않더니, 지금 이곳에 있도다.(文曲星, 不見久矣, 今在此.)"라고 말했다고 한다.
28) 泛槎亭은 개성의 朴淵瀑布 밑의 姑姆潭 옆에 있던 정자이다.
29) 雪花는 눈송이이다.
30) 靈湫는 靈物이 사는 못으로 깊은 못, 큰 못을 가리킨다.
31) 地軸은 전설상의 大地의 중심축, 또는 大地이다.
32) 看來는 관찰하여 판단함이다.
33) 繆空은 寥空과 같은 말로 텅 빈 하늘이다.
34) 九天은 높은 하늘, 하늘의 가장 높은 곳, 방위에 따라 나눈 아홉 하늘이다.
35) 이 구절은 <又望曹溪瀑>(『藥山遺稿』 권2)의 轉句에도 그대로 나온다.

종일토록 범사정에서 끝까지 말을 잊네.
물에 가거든 매우 기묘하다고[36] 외치지 말라.
늙은 용이 잠긴 곳이니 우선 근원을 찾아야[37] 하리.

虹垂霆鬪雪花翻　快倒靈湫地軸掀
造化看來渾是氣　漻空聽去本無喧
九天銀漢猶嫌俗　盡日槎亭遂忘言
莫向臨流叫奇絶　老龍潛處且尋源

만월대[38]
滿月臺

전조(前朝)[39]의 구물(舊物)인 높은[40] 산악은 있건만
수없이 많았던 인가(人家)[41]는 어디에 있는가?
대(臺)의 사슴이 낳은 새끼는 낮이 고요할 때에 울고
궁녀가 변한 나비는 봄이 온 것을 기억하네.
격구를 하던 마당[42]에서는 이따금 산운이 일어나고
기린이 살던 동산은 쓸쓸히[43] 석양이 처량하네.

---

36) 奇絶은 매우 기묘함이다.
37) 尋源은 근원을 찾는 것이다.
38) 滿月臺는 경기도 開城 松嶽山 남쪽 기슭에 있는 고려시대의 궁궐터인데, 919년에 정월에 고려 태조가 송악산 남쪽 기슭에 도읍을 정하고 궁궐을 창건한 이래로, 공민왕 10년(1361) 홍건적의 침입으로 소실될 때까지 국왕의 주된 거처였다.
39) 前朝는 바로 앞의 왕조, 앞 임금의 조정인데, 여기에서는 고려조를 가리킨다.
40) 崔嵬는 산이 높고 험한 모양, 높고 험준한 산이다.
41) 萬戶千門은 수많은 人家이다.
42) 毬庭은 擊毬를 하던 운동장으로 毬場이라고도 하였는데, 넓이는 제한이 없으나 길이는 出馬標에서 置毬標까지 약 60미터, 치구표에서 毬門까지 약 200미터로서 모두 합하여 약 300미터쯤 되었다고 한다.
43) 荒荒은 쓸쓸한 모양, 어둡고 희미한 모양이다.

오백년 동안에 무슨 사업을 남겼던가?
떨기가 쇠잔해진[44] 소나무의 모습이 잔 하나도 채우지 못하네.

前朝舊物岳崔嵬　萬戶千門安在哉
臺鹿生麑鳴晝寂　宮娥化蝶記春來
毬庭往往山雲起　鱗苑荒荒夕照哀
五百年間何事業　叢殘松色不盈杯

2. 『삼명시화』[45] 소수 시화
『三溟詩話』所收詩話

1) 영묘 초의 명가들

영묘의 초년은 시인이 많았던 때로 일컬어졌다. 청담[46] 이좌랑, 국포[47] 강

---

44) 叢殘은 자질구레함, 또는 떨기가 쇠잔함이다.
45) 『三溟詩話』는 姜浚欽(1768~1833)이 편찬한 시화집으로, 순조 10년(1810)~33년(1833)에 편찬된 것으로 추정된다. 崔致遠부터 영조 중엽까지 활약한 시인들을 대상으로 한 127則의 시화로 이루어져 있고, 17세기 후반 이후 활약한 시인들에게 큰 비중을 둔 가운데, 近畿南人 시인들을 특별히 배려하고 있으며, 약산만을 취급한 것이 2칙 있다. 편자는 본관이 晉州, 자가 百源, 호가 三溟으로 현감 世靖의 아들이며, 1793년 정시문과에 등제하여 奎章閣의 招啓文臣이 된 데 이어 정언·지평을 지냈고, 睦萬中·李基慶 등과 함께 攻西派였던 탓에 남인이면서도 僻派가 집권한 순조 때에도 부교리·서장관·遂安郡守을 거쳐 동부승지로 있다가 타계하였다. 같은 당파인 茶山의 해배를 극렬하게 반대하였는가 하면, 樊巖을 모함하였다고 공격받은 바 있으며, 다산도 그를 비난한 글을 많이 남겼다.
46) 淸潭은 조선 후기의 학자·문신 李重煥(1690~1752)의 호로 본관은 驪州, 자는 輝祖, 다른 호는 靑華山人, 震休의 아들, 李瀷의 再從孫이자 門人이다. 증광문과에 병과로 등제하여 부정자·주서·전적·병조정랑 등을 거쳐 부사과를 지냈다. 영조 즉위 후 경종 2년(1722)의 壬寅獄의 고변자인 睦虎龍에게 말을 빌려준 일로 의심받아 함께 구금되었고, 1722년에 이 일로 絶島에 유배되었다가 이듬해 풀려났으나, 사헌부의 탄핵을 받아

학사, 모헌[48] 강사서, 약산 오참판, 신절재[49] 이참판 등이 재기로 서로 아래위를 다투고, 서로 수창하였는데, 청담의 명성이 여러 분들을 크게 압도하였다.

英廟初年, 號多詩人, 如淸潭李佐郞・菊圃姜學士・慕軒姜司書・藥山吳參判・昚節齋李參判, 才氣相上下, 互相唱酬, 淸潭之名, 太掩諸子.

번암 채제공은 오약산의 조카사위이다. 소년시절에 준수한 재주가 있었는데, 약산에게 시를 배웠다.

蔡樊巖濟恭, 吳藥山之姪壻也. 少有儁才, 學詩于藥山.

다시 유배되었다. 해배된 뒤 관직에 복귀하지 못하고 전국을 유랑하면서 풍속・인심・物貨・교통 등에 대한 견문을 얻어 인문지리서인 『擇里志』를 저술함으로써 實學者의 계보에 들어갔다. 시문에 뛰어났으나 문집이 전해지지 않아 작품의 실상을 자세히 알 수 없다.

47) 菊圃는 조선 후기의 문신 姜樸(1690~1742)의 호로 본관은 晉州, 자는 子淳, 부친은 碩勛이며, 백부 碩蕃에게 입양되었다. 숙종 41년(1715) 식년문과에 을과로 급제하여 홍문관 정자가 되었으나 戚臣 閔鎭遠・魚有龜 등을 탄핵한 일로 安州에 유배되었다가, 곧 풀려나서 경종 3년에 弘文錄에 뽑히고 수찬・부교리를 지냈다. 다시 수찬이 되어 尹志述을 탄핵하다가 파직당했으나, 같은 해에 정미환국으로 소론이 집권하자 기용되어 교리・咸從府使・掌隷院判決使 등을 역임하였다. 약산의 절친한 벗이었으며, 아울러 약산과 함께 蔡彭胤・吳尙濂 등 南人詩脈을 계승한 시인으로 평가받았으며, 저서로 『菊圃集』・『菊圃瑣錄』 등을 남겼다.

48) 慕軒은 조선 후기의 문신 姜必愼(1687~1756)의 호로 본관은 晉州, 자는 思卿, 蔡彭胤의 문인이다. 문과에 급제하여 史官으로 있으면서 經筵에 자주 출입하였고, 李麟佐의 난에 수비책을 제시한 공로로 原從一等功臣에 책록되었다. 장령으로 있으면서 노론과 불화를 겪던 끝에 관직을 내놓고 고향으로 돌아가 오직 시문에만 전념했으며, 『慕軒集』을 남겼다.

49) 昚節齋는 조선 후기의 문신 李仁復(1683~1730)의 호로 본관은 全州, 자는 來初, 영의정 元翼의 5대손, 대사간 存道의 아들이다. 숙종 31년(1705)에 진사가 된 뒤 문음으로 入仕하여 河陽縣監을 거쳐 慶尙都事이던 숙종 40년에 증광문과에 갑과로 급제하여, 부수찬・수찬을 거쳐 형조참의・동부승지・사직이 되었다. 경종이 승하한 뒤 왕대비의 服制를 둘러싼 논란에서 3년복을 강력히 주장하였고, 영조 3년(1727) 공조참의에 이어서 예방승지를 거쳐 1729년 병조참판에 올랐으며, 작은 일로 체직되었다가 병으로 타계하였다.

2) 약산과 국포의 식감(識鑑)[50]

채문숙공[51]은 얼굴이 몹시 검었으나 문예가 어릴 때에 성취되었다. 약산 오충장공[52]이 한 번 보고 그릇으로 여겨 조카딸[53]을 아내로 삼게 하였다. 혼인하는[54] 날에 빙모[55]가 이불을 뒤집어쓰고, 딸을 초례(醮禮)[56]에 들여보내려 하지 않으니, 약산이 몸소 신부를 데리고 초례청[57]에 나가서 겨우 혼례를 이루었다. 이튿날에 약산이 칠언율시를 지어 면려하니, 문숙이 이렇게 화답하여 읊어서 올렸다.

오늘 용문[58]에서 명함을 드리는[59] 예절을 거치고 나서

---

50) 識鑑은 인재를 알아보는 능력이다.

51) 文肅公은 조선 후기의 문신 蔡濟恭(1720~1799)의 시호로 자는 伯圭, 본관은 平康, 호는 樊巖·樊翁, 중추부지사 膺一의 아들로 吳光運·姜樸에게 배웠다. 문신정시를 거쳐 翰林會圈에 뽑혀 史官이 되고, 부승지·대사간을 거쳐 도승지로 있을 대 세자폐위를 죽음을 무릅쓰고 막았다. 대사헌·양관제학을 거쳐 경기감사·함경감사, 병조·예조·호조의 판서 등을 역임한 뒤 동지사로 청나라에 다녀와서, 우빈객으로 世孫을 보도하였다. 정조 즉위 후 형조판서 겸 의금부판사로 思悼世子에게 해를 입힌 이들의 처단과 공노비의 폐단을 바로잡는 데 힘썼다. 洪國榮이 실각할 때 탄핵당하여 근교의 明德山에서 8년 동안 은거하다가, 특명으로 우의정이 되고 좌의정으로 승진하여 3년 동안 獨相으로 국정을 운영하였고, 영의정에 오른 뒤 華城築造에 진력하였다. 사후 僻派에 의해 추탈관작되었다가 나중에 신원되었다. 스승인 약산을 이은 淸南의 지도자로서 자파의 주장을 지키면서 탕평책을 뒷받침한 핵심적인 인물이다.『樊巖集』59권을 남겼다.

52) 忠莊公은 정조 12년(1788)에 오광운에게 내려진 시호이다.

53) 姪女는 조카딸로 약산의 아우 弼運의 장녀를 가리킨다. 吳弼運(1692~?)은 자가 季應으로 숙종 41년(1715) 式年進士試에 급제하여 司甕院의 直長·奉事을 지냈고, 병조참판을 지낸 申厚命의 딸에게 장가들었으며, 장녀가 蔡濟恭에게 출가하였다.

54) 委禽은 혼례의 納采의 의례에 기러기를 보냄인데, 여기에서는 혼례를 가리킨다.

55) 聘母는 丈母와 같은 말로 아내의 어머니이다.

56) 醮禮는 옛날의 婚禮儀式의 六禮의 하나인 親迎에서 奠雁禮 뒤에 이어지는 交拜禮와 合巹禮를 합쳐서 부르는 말로, 신랑과 신부가 처음으로 만나 백년해로를 서약한다는 의미를 지닌 것이다.

57) 醮禮廳은 초례를 신부의 집 대청이나 마당에 마련된 초례를 치르는 곳이다.

58) 龍門은 명망이 높은 사람의 집이다.

59) 修刺는 名啣(銜)을 갖추어 올림으로 남의 집을 방문하는 손님의 예의를 차림을 비유하

백년60)의 생관61)에서 백규62)를 거듭 외우는 마음을 다지리.63)

약산이 크게 칭찬을 하였다.

어느 날 국포 강공이 약산댁에 가서 자리 옆의 푸른 소나무를 그린 병풍을 가리키며 시를 지으라고 명하면서 운자(韻字)를 부르니 문숙이 즉석에서 이렇게 초하여 드렸다.

비록 앞의 산봉우리에 부딪혀 구부러질지라도
위를 향하여 오르려는 마음은 잊지 않았네.64)

국포가 보고서 나라의 그릇65)이라고 크게 칭찬하였다. 문숙이 이로부터 지우에 감동하여, 국옹의 문하를 출입하며 도움받음이 더욱 많아졌다. 현귀해지고 나서 관서66)에 관찰사67)로 갔을 때에, 드디어 천금을 들여서 『국포집』68)

는데, 여기에서는 약산에게 질녀서로서의 예의를 차렸음을 표현하고자 한 것이다.

60) 百年은 百年之約을 맺음을 뜻한다.

61) 甥館은 사위가 거처하는 곳이다.

62) 復圭는 三復白圭의 준말로 白圭章을 세 번 반복하여 외움인데, 『論語』「先進」에 "남용이 백규장을 세 번 반복하여 외우니, 공자께서 그 형의 딸로 아내를 삼게 하였다.(南容三復白圭, 孔子以其兄之子妻之.)"라는 글을 점화한 표현으로. 약산이 그 아우의 딸을 자신의 아내로 삼게 하였음을 비유하고자 한 표현이다. 백규장은 『詩經』「大雅」<抑>의 제5章이 "백규의 흠은, 오히려 갈아낼 수 있다네. 이 말의 흠은, 어찌할 수 없네.(白圭之玷, 尚可磨也. 斯言之玷, 不可為也.)"로 되어 있는 데서 붙은 이름이며, 白圭는 백옥으로 만든 禮器이다.

63) 『樊巖集』 권3에 실린 <委禽翌日, 敬次藥山先生, * 吳公光運. 見贈韻, 卻呈)>의 경련으로, 전문은 "蒼蒼藥峀竦千尋, 簪笏投如管氏金. 今日龍門修刺禮, 百年甥舘復圭心. 白雲湖外鄉山遠, 孤燭樓頭旅夢深. 珍重七言三致意, 省躬吾欲佩紳吟."으로 되어 있다.

64) 『樊巖集』 권3에 실린 <藥山宅菊圃令丈, * 姜公樸. 以青松障命題呼韻, 卽席草呈>의 경련으로, 전문은 "翠黛連窓窈作林, 小風吹雨一庭陰. 縱成屈曲當前障, 不忘升騰向上心. 闤闠敎遮煙色遠, 枝柯偸豁月光侵. 幽禽認是屛間畵, 怪底時時送好音."으로 되어 있다.

65) 國器는 나라를 다스릴 기량을 지닌 사람이다.

66) 關西는 摩天嶺 서쪽의 평안도와 지금의 평안남도 지역으로 대개 평안도를 가리킨다.

67) 按節은 按察使·觀察使를 말음이다.

68) 『菊圃集』은 姜樸(1690~1742)의 문집으로, 편자는 門人 蔡濟恭과 국포의 아들 必慎이

을 간행하였다.

蔡文肅公, 面甚黝黑而文藝夙就, 藥山吳忠章公, 一見器之, 妻以姪女. 委禽之日, 聘母蒙被, 不欲送女入醮. 藥山親自率新婦出廳, 僅以成禮. 明日藥山贈七言律以勖之, 文肅和進曰, "今日龍門修刺禮, 百年甥館復圭心." 藥山大加稱賞. 一日菊圃姜公到藥山宅, 指坐傍青松障, 命題呼韻, 文肅卽席草呈曰, "縱成屈曲當前障, 不忘乘騰向上心." 菊圃見之, 詡以國基. 文肅自是有知遇之感, 出入菊翁之門, 資益甚多. 及貴, 按關西節, 遂捐千金, 刊行菊圃集.

3) 영조의 지우(知遇)[69]를 얻은 약산의 춘첩자

오약산이 영조의 초원[70]을 맞이하여 올린 춘첩자에서 읊기를,

용의 해에 요임금 시절[71]의 위대함을 비로소 보는데
정월[72]에 한나라 조서[73]의 앞자리를 다시 붙잡았다네.[74]

라 하였는데, 원년이 갑진년이었기 때문이었다. 주상께서 비평하여 관주(貫珠)[75]를 치셨으니, 이로부터 특별한 대우를 받아[76] 벼슬길이 진보하여 마침

고, 간행연도는 영조 51년(1775)이며, 12권 6책으로 이루어져 있고, 권두에 채제공의 서문이 있다.

69) 知遇는 재능을 알아보고 잘 대우해 줌이다.

70) 初元은 제왕이 즉위한 첫 번째 해인데, 여기에서는 영조 즉위년인 1724년을 가리킨다.

71) 堯天은 堯임금 때와 같은 태평한 세상이나 시절이다.

72) 寅月은 음력 정월이다.

73) 紫誥는 천자의 명령을 적은 글인 詔書로, 비단주머니에 담아서 봉한 자리에 자줏빛 도장을 찍은 데서 생긴 말이다.

74) 02-33 <갑진년 대전의 춘접자(甲辰大殿春帖子)>의 頸聯인데, 거기에는 '始'가 '復', '重'이 '爭'으로 되어 있다.

75) 貫珠는 남의 글을 평가하여 잘 된 곳에 붓으로 치는 동그라미로 구슬을 실로 꿰어놓은 모양이기 때문에 생긴 말이다.

내 홍문관 제학[77]이 되었다.[78]

吳藥山, 當英宗初元, 進春帖曰, '辰年始見堯天大, 寅月重攀漢詔題.' 以初元甲辰故也. 上親加批貫, 自是眷遇進塗, 遂間官弘文提學.

4) 손와(損窩)[79] 좌상의 만사[80]

약산이 최석항(崔錫恒)을 애도한 시는 다음과 같다.

신축년[81]에는 나라를 한 손으로 지탱하느라고
오경[82] 삼점[83]에도 근심[84]으로 눈물을 흘리셨다네.
하늘과 땅이 흔들리매[85] 문을 급히 열고 나가고[86]
별과 달이 밝게 늘어선[87] 뒤에야 전각에서 천천히 내려오셨네.
백 명의 말[88]에도 목숨을 잊으심[89]에 종사[90]가 보존되었고

---

76) 眷遇는 임금의 특별한 대우를 받음이다.
77) 提學은 조선시대에 집현전·홍문관·예문관·규장각 등에 두었던 종2품 관직인데, 약산은 영조 12년(1736)에 홍문관 제학을 제수받았다.
78) 間은 끼어듦으로 어떤 일·장소에 참여하거나 도달함을 가리킨다.
79) 損窩는 조선 후기의 문신 崔錫恒(1654~1724)의 호로 본관은 全州, 자는 汝久, 다른 호는 遯窩이다. 별시문과에 등제하여 檢閱을 거쳐 正言으로 李翊을 탄핵한 일로 파직당하였고, 재기용된 뒤 경상도 관찰사가 되어 사리판단이 정확하여 감사 중 제1이라는 평을 들었다. 형조·이조·병조의 판서를 거쳐 좌참찬으로 辛壬士禍에서 노론을 실각시키는 데 큰 구실을 하고 우의정이 되었고, 摠裁官으로 『숙종실록』 편찬을 주도하고 좌의정에 올랐다. 『損窩遺稿』를 남겼다.
80) 이 작품은 『약산만고』에는 실려 있지 않다.
81) 辛丑년은 경종 원년(1721)으로 延礽君[뒤의 英祖]을 世弟로 책봉하는 문제를 두고 노론과 소론 사이에 심각한 정치적 갈등이 있었던 해이다.
82) 五更은 새벽 3시부터 5시까지의 시간이다.
83) 三點은 하룻밤을 5등분한 시간인 更을 다시 5등분한 세 번째 시간이다.
84) 垂垂는 근심하고 슬퍼하는 모양, 이어진 모양, 떨어지는 모양이다.
85) 震蕩은 흔들림이다.
86) 排闥은 排門과 같은 말로 문을 밀쳐서 엶이다.
87) 昭森은 밝게 늘어섬이다.

삼년 동안 힘을 다하셨음[91]은 귀신도 알리.
학가(鶴駕)[92]가 문에 이르러 조문하심을 보시라.
아직도 경전을 펼쳐 놓고[93] 강론하시던[94] 때와 같네.

藥山輓崔錫恒詩曰, "辛丑邦家隻手支, 五更三點淚垂垂. 乾坤震蕩排闥急, 星月昭森下殿遲. 百口忘生宗社在, 三年盡瘁鬼神知. 試瞻鶴駕臨門弔, 猶似橫經講肆時."[95]

3. 화앵첩[96]에 발하다[97][98]
猗畫櫻帖

위의「화앵첩(畫櫻帖)」은 계묘년[99] 봄에 내가 진사(進士)가 되어 목좌랑(睦佐郎) * 만중[100]이다. 과 윤장령(尹掌令) * 필병[101]이다. 제공과 함께 종산(鍾

88) 百口는 백 명의 사람, 또는 그 입·말이다.
89) 忘生은 忘生捨死의 준말로 목숨을 생각하지 않고 죽음을 두려워하지 않음이다.
90) 宗社는 宗廟와 社稷의 준말로 국가·왕실을 비유한다.
91) 盡瘁는 盡力과 같은 말로 있는 힘을 다함이다.
92) 鶴駕는 태자·세자의 수레인데, 여기에서는 世弟인 延礽君을 가리킨다.
93) 橫經은 經籍을 가로로 늘어놓음으로 受業·讀書를 비유한다.
94) 講肆는 강론하고 익힘, 또는 경전을 강론하는 집이다.
95) 이 작품에 대하여『損窩遺稿』권13의 崔昌億이 지은 행장에서는 기·함련만 인용하면서 "당시 사람들이 實錄으로 여겼다고 한다.(時以爲實錄云.)"라고 하였다.
96)「畫櫻帖」은 앵두를 그린 그림의 두루마리, 또는 그림을 그리고 시를 붙여 놓은 두루마리이다.
97) 猗는 書籍·詩文·書畫 따위의 뒤에 그 내용의 대강이나 관련사항을 간단히 적은 글인 跋을 뜻하는데, 猗·跋 두 글자가 다 넘어감을 뜻하는 데서 유래한다.
98) 丁若鏞의『與猶堂全書』제1집 권14에 실려 있다.
99) 癸卯年은 正祖 7년(1783)이다.
100) 睦萬中(1727~?)은 조선 후기의 문신으로 본관은 泗川, 자는 幼選, 호는 餘窩이다. 별시문과에 병과로 급제하여 都事로 문과중시에 장원하여 敦寧都正에 임명되었고, 泰山縣監으로 있을 때 불법을 자행한 일로 체포되어 문초를 당하였다. 攻西派 남인으로 정약용을 西學徒라고 공격하였으며, 대사간으로 있던 순조 1년(1801)에 있었던 辛酉邪獄에

山)[102]과 초수(苕水)[103] 사이에서 노닐 때에 얻은 여러 편의 시이다. 돌아가신 아버지께서 「화앵첩」이라고 이름을 붙이신 것은 진사에 급제하면 앵도연(櫻桃宴)[104]을 열어야 하지만, 그때는 절기가 아직 일러서 그림으로 대신해야겠다고 여기셨기 때문이다.

첩자(帖子)[105]가 만들어진 뒤에 번옹(樊翁)[106]께서 비평하셨으니, 거기에 주서(硃書)[107]한 글이 그것이다. 번옹이 첩을 나에게 돌려주시면서 "우리 무리[108]의 시맥(詩脈)[109]은 호주(湖洲)[110] * 채유후이다. 와 동주(東州)[111] * 이민

서 영의정 沈煥之와 함께 南人時派에 속하는 천주교도들에 대한 박해를 주도하고 판서에 올랐으며, 『餘窩集』을 남겼다.

101) 尹弼秉(1730~1810)은 조선 후기의 문신으로 본관은 坡平, 자는 彝仲, 호는 無號庵이다. 정시문과에 병과로 등제하여 정언·정랑·장령 등을 거쳐 중시에 급제하여 당상관에 올랐다. 참지·좌승지 등을 거쳐 대사간·형조참판을 지낸 뒤 관찰사로 나갔다가 파직되었다. 신유사옥 때 連名斥邪疏를 올리고 李家煥·李承薰의 가족을 노비로 삼아야 한다고 주장하는 등 서학배척에 힘썼다.

102) 鍾山은 경기도 廣州牧에 있는 산 이름이다.

103) 苕水는 경기도 廣州牧에 있는 시내 이름이다.

104) 櫻桃宴은 櫻桃會·含桃會과 같은 말로 進士試에 급제한 것을 축하하여 앵두가 익을 때에 벗들과 가지는 연회인데, 『與猶堂全書』 제1집 권1의 <陪家君出豆毛浦, 睦佐郎萬中亦至, 同赴苕川, 廣州尹爲送管絃一部, 舟中次睦丈韻>이라는 시에 "음악이 막 즐겁게 일어나니, 지난날에 앵두를 머금은 일이 기억나네.(絲竹欣初起, 櫻桃憶舊含.)"라는 구절이 있고, 그 주석에서 "옛날부터 진사가 되면 앵도회를 가졌다.(古進士有櫻桃會.)"라고 하였다.

105) 帖子는 시문을 적거나 그림을 그려 놓은 두루마리이다.

106) 樊翁은 조선 후기의 문신인 蔡濟恭(1720~1799)의 호이다.

107) 硃(朱)書는 朱墨으로 쓴 글씨인데, 주묵은 朱砂로 만든 붉은 먹이다.

108) 吾黨은 우리의 무리로 조선시대의 黨派 가운데 南人을 가리킨다.

109) 詩脈은 詩·詩人의 脈絡·系統이다.

110) 湖洲는 조선 후기의 문신 蔡裕後(1599~1660)의 호로 본관은 平康, 자는 伯昌이다. 인조 1년 改試文科에 장원으로 급제하여 賜暇讀書를 거친 뒤 교리·응교·사간 등을 지냈다. 병자호란 때 남한산성에 호종하였고, 예조참의로 光海君의 초상에 護喪을 맡아서 行喪擔軍에게 白巾을 쓰게 하였다고 탄핵받고 사임하였으며, 이조참의가 되어 姜嬪廢黜賜死敎文을 짓고서 매우 상심하였다. 대사간·부제학·대사성·대사간을 등을 거쳐, 효종이 즉위한 뒤 8년 동안 대제학을 지내면서 『仁祖實錄』·『宣祖修正實錄』의 편찬에 참여하였다. 예조판서·우참찬을 거쳐 이조판서에 오르고, 다시 예조판서가 되었으나 술에 취하여 失儀하였다고 탄핵받아 파직되었다. 顯宗 즉위 후에 撰集廳堂上으로 『孝宗實錄』의 편찬에 참여하고, 聖節使로 청나라에 다녀왔으며, 『湖洲集』을 남겼다.

111) 東州는 조선 후기의 문신 李敏求(1589~1670)의 호로 본관은 全州, 자는 子時로 이조판

구이다. 이래로 오직 송곡(松谷)[112] * 이서우이다. 께서 그 종법(宗法)[113]을 얻었네. 그러나 송곡의 시는 공교롭고 치밀하지만 심원한 운치는 적었네. 연초재(燕超齋)[114] * 오상렴이다. 는 송곡 문하의 안자(顔子)[115]이고, 희암(希菴)[116]

서 晬光의 아들이다. 증광문과에 장원급제하여 수찬·좌랑·지평 등을 거쳐 宣慰使로 일본사신을 접대하였다. 인조 즉위 후 사가독서한 뒤, 李适의 난에 도원수 張晩의 從事官이 되어 공을 세웠다. 대사간을 거쳐 정묘호란 때에는 병조참의로 세자를 호종하였다. 승지·이조참판을 거쳐 병자호란 때 江都檢察副使로 왕을 강화로 모시지 못한 일로 유배되었고, 해배 후에 부제학·대사성·도승지·예조참판 등을 지냈다. 저술을 좋아하여 『東州集』 『讀史隨筆』 『諫言龜鑑』 『唐律廣選』 등 四千卷을 지었으나 거의 다 병화에 소실되었다.

112) 松谷은 조선 후기의 문신 李瑞雨(1633~1709?)의 호로 본관은 羽溪, 자는 潤甫, 다른 호는 松坡이다. 증광문과에 갑과로 급제하여 許穆에게 文才로 천거받아 반정 후 大北出身으로는 처음으로 淸職을 받았다. 禮訟 때 西人의 미움을 받아 파직당했다가 복직되어 서장관으로 청나라에 다녀왔다. 경신환국 후 유배당하였다가 기사환국으로 남인이 집권하자 병조참의로 등용되었으며, 仁顯王后가 폐출될 때 승지로 숙종의 뜻을 따랐다. 함경도관찰사·예문관제학을 거쳐 황해도관찰사로 나갔으나 갑술환국으로 삭출되었으며, 뒤에 재상 崔錫鼎의 천거로 서용의 명령이 내려졌으나 나아가지는 못하였다. 『松坡集』을 남겼다.

113) 宗法은 宗派에 전수되는 법도·규칙이다.

114) 燕超齋는 조선 후기의 시인 吳尙濂(1680~1707)의 호로 본관은 同福, 자는 幼淸, 다른 호는 澤南·霽月이다. 서울에서 태어나서 낙향하는 부친을 따라 堤川縣에 가서 살았다. 생원과·진사과에 모두 2등으로 급제하였으나, 문과에 한 번 응시하여 낙방한 뒤에는 인근의 지기들과 교유하면서 학문·문학에 힘쓰면서 일생을 보냈고, 25세 때에 金履萬과 함께 擬古樂府 30수를 들고, 果川 淸溪山 밑에서 은거하던 南人詩壇의 종주 松谷 李瑞雨(1633~1709?)를 찾은 이래로 몇 차례 더 방문함으로써, 장래가 크게 촉망되는 시인으로 추허받은 바 있으나, 숙종 33년에 28세로 병사하였다. 『燕超齋遺稿』·『燕超齋遺稿』을 남겼다.

115) 顔子는 顔淵(521경~490경 B.C.)의 존칭이다. 춘추시대 말기 魯나라의 학자로 이름은 回, 자는 子淵, 孔子의 門徒이다. 공자로부터 하나를 들으면 열을 안다고 칭찬받았지만 32세에 요절하였는데, 그의 죽음을 두고 공자가 "하늘이 나를 버리는구나.(天喪予.)"라며 슬퍼하였다고 한다.

116) 希菴은 조선 후기의 문신 蔡彭胤(1669~1731)의 호로 본관은 平康, 자는 仲耆, 다른 호는 恩窩이다. 증광문과에 갑과로 등제하여 검열이 되고 이어서 곧 사가독서하였으며, 시로 숙종의 인정을 받아 禁中에 노닐 때에는 언제나 내시가 따라다니며 시를 베껴 올리는 등 詩名이 높았다. 東宮官을 거쳐 정언으로 있으면서 弘文錄에 올랐으나, 李珥·成渾의 文廟黜享을 주장한 李玄齡의 상소에 동참하였다고 하여 삭제되었다. 남인이었던 탓에 甲戌換局 후에 관직을 떠나 거의 야인으로 살다가 숙종 44년(1718)에 舒川郡守

＊ 채팽윤이다. 은 송곡 문하의 증자(曾子)[117]이신데, 이분들을 이어서 오직 약산(藥山) ＊ 오광운이다. 과 국포(菊圃) ＊ 강박이다. 께서 그 전통(傳統)[118]을 얻으셨고, 나 ＊ 나는 번옹 자신을 말한 것이다. 와 같은 사람은 몽서(夢瑞)[119] ＊ 간옹 이헌경이다. 와 법정(法正)[120] ＊ 정해좌(丁海左)이다. 에게도 미치지 못한다네. 그리하여 후진들은 의탁할 사람이 없으니, 자네는 마땅히 힘써야 할 것이네."라고 말씀하시기에, 내가 "어찌 감히 바랄 수 있겠습니까?" 하였다.

몇 년 뒤에 지은 시를 소매에 넣고서 노량촌(露梁村)[121]에 병거(屛居)[122]하

로 관직에 복귀한 뒤에 대사간·도승지·예문제학 등을 거쳐 병조참판을 마지막으로 타계하였다. 『希菴集』을 남겼고 『昭代風謠』의 편찬자라는 기록이 있으며, 글씨에도 빼어나서 海南의 頭輪山大花寺重創碑와 大興寺事蹟碑의 글씨가 남아 있다. 1698년경부터 寓居 詠恩窩에 서재를 연 데 이어, 東壁壇詩社를 열어 權賁·吳光運 등 청남계 신진들에게 학문과 문사를 가르쳤다.

117) 曾子는 춘추시대 말기 魯나라의 유학자인 曾參(505경~436 B.C.)의 존칭이며, 孔子의 제자로 字는 子輿이다. 『孝經』을 지었고, 『大學』의 저자라는 설이 있으며, 『大學』의 저자라는 설도 있다. 孔子의 후계자라 할 수 있다.

118) 傳統은 전해지는 系統·法統이다.

119) 夢瑞는 조선 후기의 문신 李獻慶(1719~1791)의 자로 본관은 全州, 초명은 星慶, 호는 艮翁으로 吳光運·姜樸에게 배웠다. 정시문과에 병과로 급제하여 정언·사서·지평·사간·집의·수찬을 거쳐 교리로 侍讀官을 겸임하였다. 동부승지에 발탁된 뒤에 참찬관 등을 거쳐 대사간에 올랐고, 70세일 때 연로함을 들어 은퇴를 청하였으나 허락받지 못하고, 한성판윤이 되어 耆老所에 들어갔다. 『艮翁集』 24권을 남겼다.

120) 法正은 조선 후기의 문신 丁範祖(1723~1801)의 자로 본관은 羅州, 호는 海左이다. 증광문과에 갑과로 급제하여 전적·좌랑 등을 거쳐 지평으로 있다가 왕명을 늦게 받든 일로 잠시 유배되었다. 이조좌랑에 서용된 뒤 현감을 거쳐 홍문록에 뽑히고 수찬이 되었으며, 동부승지가 되어 왕명으로 <建功歌>·<百韻古詩>를 지어 바침으로써 시명을 떨쳤다. 공조참의·군수·부사 등을 거쳐 대사간에 올랐다가 사직하였다. 대사헌에 임명되었으나 고령을 들어 致仕를 청하였으나 허락받지 못하고, 개성유수·이조참판 등을 거쳐 지돈령부사로 耆老社에 들어갔으며, 형조판서에 승진하여 지춘추관사를 겸임하였다. 78세까지 예문관·홍문관의 제학을 맡으면서 1800년 정조가 승하하자 正宗行狀撰述堂上으로 差定되었고, 찬집당상으로 『正宗實錄』 편찬에 참여하였으며, 『海左集』을 남겼다.

121) 露梁은 지금의 서울 銅雀區 露梁津洞 지역에 있던 나루터로 예로부터 渡津聚落이 발달하였던 곳이다. 원래 경기도 始興郡 北面에 속하였다가 1936년에 京城府에 편입되었다. 번암은 60세이던 정조 4년(1780)에 罷黜된 洪國榮에 和應한 역적이라고 탄핵받자 관직을 내놓고 鷺梁의 三湖에서 은거하였다.

122) 屛居는 물러나서 은거함, 또는 손님을 물리치고 홀로 사는 것이다.

시는 공을 방문하였더니, 공께서 “그대의 시가 지금은 괄목할 만하네.”라고 하셨으니, 그것들에 이 첩자의 시보다 나아진 점이 있음을 이르신 것이었다. 지금 번옹께서는 이미 돌아가셨으니, 이로 말미암아 두루마리를 어루만지며 슬퍼한다.

右晝櫻帖, 癸卯春余爲進士, 而睦佐卽[123] ＊萬中.・尹掌令 ＊弼秉. 諸公, 同遊於鍾山苕水之間, 所得諸詩也. 先君題之曰晝櫻帖, 以進士有櫻桃宴, 而今時尙早, 以晝代之也.

帖旣成, 樊翁爲之批評, 其硃書者是也. 樊翁還余以帖而語之曰, “吾黨詩脈, 自湖洲 ＊蔡裕後.・東州 ＊李敏求. 以來, 唯松谷 ＊李瑞雨. 得其宗, 而松谷之詩工緻少遠致, 燕超齋 ＊吳尙濂. 松門之顏子, 希菴 ＊蔡彭胤. 松門之曾子. 嗣此唯藥山 ＊吳光運.・菊圃 ＊姜樸. 得其傳, 若吾 ＊吾樊翁自道. 有不及夢瑞 ＊李艮翁獻慶・法正 ＊丁海左. 然後進無所託, 子其勉之.” 余曰, “何敢望焉?”

後數年袖所爲詩, 訪公於露梁村屛居之日, 公曰, “子詩今可刮目.” 謂其有進於斯帖也. 今樊翁已沒, 爲之撫卷而悽惋也.

4. 증자헌대부[124] 이조판서 행[125]가선대부[126] 사헌부 대사헌 겸 홍문관 제학 지춘추관사 약산 오공의 시장[127]
贈資憲大夫吏曹判書行嘉善大夫司憲府大司憲兼弘文館提學同知春秋館事藥山吳公諡狀[128]

123) 원전의 ‘卽’은 ‘郞’의 착오이다.
124) 資憲大夫는 조선시대 정2품 下階의 文散階 명칭이고, ‘贈’은 사후에 贈職한 데 따라 오른 품계이기 때문에 붙은 말이다.
125) 行은 官階보다 낮은 官職을 맡을 경우에 관직 위에 붙이던 말이며, 官階보다 관직이 높은 경우에는 守라고 하였다.
126) 嘉善大夫는 조선시대 종2품 下階의 文散階 명칭이다.
127) 諡狀은 나라에서 주는 諡號를 받기 위하여 대상이 될 사람의 행적과 공적을 적은 글이다.
128) 문인인 蔡濟恭(1720~1799)이 지은 글로 『樊巖集』 권42에 실려 있다.

동복(同福)[129]의 오씨(吳氏)는 고려의 시중(侍中)[130] 문헌공(文獻公) 대승(大陞)[131]의 후예이다. 문헌공이 돌을 쪼아 마흔여덟 개의 등(燈)[132]을 만들어 밤마다 하늘에 예를 올렸더니, 그 후손들이 번성하고 성대해져서, 고려로부터 성조(聖朝)[133]에 이르기까지 공경(公卿)[134]이 많이 나와[135] 끊이지 않았다.[136] 휘 백령(百齡)[137]은 호가 묵재(默齋)이고 관직은 이조판서·증영의정(贈領議政)에 이르렀는데, 백씨인 만취공(晩翠公) 억령(億齡公)[138]과 더불어 나란히 목릉(穆陵)[139]의 명신이시다. 이분이 휘 준(竣)[140]을 낳으셨는데, 호가 죽남

---

129) 同福은 지금의 전라남도 和順郡 同福面 지역에 두었던 현이다. 백제의 豆夫只縣을 신라 景德王 때 고쳐서 谷城郡의 領縣이 되었다. 高宗 32년(1895)에 군으로 승격되었다가 1914년에 화순군에 편입되었다.

130) 侍中은 고려시대 門下省·都簽議使司·都簽議府·門下府의 종1품 벼슬로 때에 따라 侍中 1인만을 두거나, 左侍中·右侍中 또는 侍中·守侍中 두었다.

131) 吳大陞은 족보에서 3世로서 侍中을 지냈다고 하였고, 許穆의 <吳判書神道碑銘>(『眉叟記言』 권16)에서도 이를 그대로 인용하고 있을 뿐, 史乘에는 기록이 보이지 않는다.

132) 四十八燈은 同福縣의 古蹟인 石燈 48개를 가리키는데, 『新增東國輿地勝覽』 권40의 同福縣 古蹟條 <石燈>에는 세종 때 동복현감을 지낸 金尙保의 記를 인용하여, 縣吏였던 吳大陞이 官道 남쪽에 석등 48개를 만들어 밤마다 불을 켜 놓고 하늘에 절하였더니, 그 內外의 자손들이 모두 출세하고 계속하여 재상에 올랐다는 전설이 실려 있다.

133) 聖朝는 聖君이 다스리는 朝廷으로, 흔히 當代의 王朝·朝廷를 가리킨다.

134) 公卿은 三公九卿의 준말로 高官을 가리킨다.

135) 磊落은 많이 쌓여 있는 모양이다.

136) 相望은 이어져서 끊이지 않음이다.

137) 吳百齡(1560~1633)은 조선 중기의 문신으로 자는 德耈, 호는 默齋, 直長 世賢의 아들이다. 1594년에 별시문과에 병과로 급제하여 정언·응교·사인 등을 거쳐, 광해군 때에 동부승지가 되어 福川君에 봉해졌으며, 千秋使로 明나라에 다녀왔다. 각조의 참판을 거쳐 1618년에 폐모 논의를 위한 庭請에 참여하지 않았다가 파직되어 은거하였다. 인조반정 후에 형조참판에 기용된 데 이어, 도승지·대사간·이조참판·대사성 등을 역임하였다. 李适의 난 때에 왕을 公州로 호종한 공으로 승진하여 이조판서를 지냈다.

138) 吳億齡(1552~1618)은 조선 중기의 문신으로 자는 大年, 호는 晩翠, 直長 世賢의 아들이다. 1582년에 등제하여 검열·이조정랑·사성을 역임하고, 1591년에 質正官으로 명나라에 다녀왔다. 이조참의·우부승지·대사성을 거쳐, 도승지·대사헌·이조참판을 지낸 뒤에, 부제학으로 있을 때에 청백리에 뽑혔고, 형조판서·우참찬·개성유수를 역임하였다. 1615년에 폐비를 반대하다가 탄핵당하자 사직하고 낙향하였다. 문장과 글씨에 능하였고, 『晩翠文集』을 남겼으며, 시호는 文肅이다.

139) 穆陵은 宣祖의 능호이다.

140) 吳竣(1587~1666)은 조선 후기의 문신·서예가로 자는 汝完, 호는 竹南, 이조참판 百齡

(竹南)이고 관직은 대종백(大宗伯)[141]과 양관제학(兩館提學)[142]을 지냈으니, 공께는 사세조(四世祖)이시다. 증대부(曾大父)[143] 휘 정한(挺漢)[144]께서는 의금부(義禁府)[145] 도사(都事)를 지내고 승지(承旨)에 증직되셨으며, 대부(大父)[146] 휘 시봉(始鳳)께서는 일찍 졸하고 이조참의(吏曹參議)에 증직되셨고, 부친 휘 상순(尙純)[147]께서는 돈녕부(敦寧府)[148] 도정(都正)을 지내고 이조판서(吏曹判書)에 증직되셨다. 광주안씨(廣州安氏) 증정부인(贈貞夫人)[149]께 장가드셨는데, 승지(承旨) 휘 후열(後說)[150]의 따님으로 숙종(肅宗) 기사년(1689)에 공을 낳으셨다.

공은 휘가 광운(光運), 자가 영백(永伯), 호가 약산(藥山)으로, 똑똑하고[151]

의 아들이다. 1618년 증광문과에 을과로 급제한 뒤, 주서를 거쳐 지평·장령·수찬 등을 지냈다. 병자호란 뒤인 1639년에 奏請副使가 되어 瀋陽에 다녀왔고, 1643년에 世祖의 즉위에 즈음하여 登極副使로, 1648년에는 冬至兼正朝聖節使로 淸에 다녀왔다. 1650년에 예조판서로서 知春秋館事가 되어 『仁祖實錄』의 편찬에 참여하였으며, 형조판서·대사헌 등을 거쳐 좌참찬·판중추부사에 이르렀다. 글씨에 능하여 三田島碑의 비문을 비롯한 수많은 비문을 썼고, 특히 王羲之體의 단아한 楷書를 잘 썼다. 저서로 『竹南堂集』이 있으며, 글씨로 忠武公李舜臣碑, 華嚴寺碧巖大師碑 등의 비문을 남겼다.

141) 大宗伯은 禮部尙書·禮曹判書의 별칭이다.

142) 兩館提學은 조선시대 弘文館·藝文館의 종2품 관직인 提學의 합칭이다.

143) 曾大父는 曾祖父이다.

144) 吳挺漢(1615~?)은 자는 雲章이며, 인조 11년(1633) 진사시에 3등 57위로 급제하여 의금부 도사를 지냈다.

145) 義禁府는 조선시대에 국왕의 명령에 따라 죄인을 심문하고, 조정의 大獄 및 中外의 어려운 일을 맡아보던 特別司法機關이다.

146) 大父는 祖父이다

147) 吳尙純(1661~1738)은 조선 후기의 문신으로 자는 卿一, 始鳳의 아들이다. 숙종 15년(1689) 진사시에 2등 9위로 급제하여, 蔭敍로 繕工監監役을 거쳐 돈녕부 都正을 지냈고 吏曹判書 兼 知義禁府事에 증직되었다.

148) 敦寧府는 조선시대에 宗親府에 속하지 않은 종친과 왕실의 외척을 예우하기 위하여 둔 관서이다.

149) 貞夫人은 조선시대에 2품의 문무관 부인에게 내리던 外命婦의 位號이다.

150) 安後說(1632~?)은 조선 후기의 문신으로 본관은 廣州, 자는 德雨, 호는 齋谷·劒南, 정랑 獻規의 아들이다. 1652년에 증광문과 을과로 급제하여, 설서·정언·지평을 거쳐 사가독서하였고, 實錄廳의 郎廳으로 『宣祖修正實錄』 편찬에 참여하였다. 부교리이던 때 경기도 암행어사를 지냈고, 현종 때에 교리·수찬·집의를 거쳐 연안부사로 나갔으며, 좌부승지·동부승지·병조참지를 역임했다.

총명함[152]이 또래[153]보다 매우 빼어나서 어릴 때부터 풍도(風度)가 높고[154] 자기를 드러내어[155] 결단코 평범한 사람[156]으로 자처하지[157] 않았으며, 성품이 또 악을 미워하고[158] 후회함이 없었다.[159] 일찍이 말하기를, "우리나라 사람들이 이백년 동안이나 당론(黨論)[160]을 서로 지키면서 날조하고[161] 결탁하기[162] 때문에 그 다툼이 조정에 가득하다. 그러나 만약 시말[163]을 궁구해 본다면, 바로 『춘추(春秋)』의 의로움이 없는 전쟁[164]이니, 참으로 언덕에 올라 홀로 설 수 있다면, 죄인에게는 죄를 주고 옳은 것은 옳다고 여겨서, 사사로움을 뒤섞지[165] 않을 것이니, 비록 문왕(文王)[166]의 사대부로 대우하지 않는다고 이르더라도 지나치지 않다. 그러므로 만약 옳다면, 비록 취향[167]이 연(燕)나라와 월(越)나라[168]처럼 다르더라도 옷깃을 여미고[169] 승복하지[170] 않음이 없고, 만약 그르다면 비록 지구(知舊)와 선배라 할지라도 분명한 말[171]

---

151) 淸明은 정신이 또렷함, 통찰력이 뛰어남이다.
152) 穎悟는 총명함이다.
153) 等夷는 同輩이다.
154) 標高는 風度가 높음이다.
155) 揭己는 자신을 드러내어 보임이다.
156) 流俗은 평범한 사람, 또는 평범하고 속됨이다.
157) 自居는 자처함, 스스로 그렇게 여김이다.
158) 疾惡은 악을 미워함이다.
159) 靡悔는 후회함이 없음이다.
160) 黨論은 朋黨 사이의 논쟁이다.
161) 醞釀은 捏造함, 無辜한 죄를 씌움이다.
162) 糾結은 서로 얽히고 설킴, 서로 결탁함이다.
163) 源委는 물의 발원지와 도착점으로 일의 시말·내막 등을 비유한다.
164) '春秋無義戰'은 『孟子』「盡心章 下」에서 맹자가 "『春秋』에는 의로운 전쟁은 없고, 저것이 이것보다 낫다는 것은 있다.(春秋無義戰, 彼善於此則有之矣.)"라고 한 말을 가리킨다.
165) 參錯은 뒤섞이어 어지러움, 뒤얽혀서 들쑥날쑥함이다.
166) 文王은 周나라를 세운 武王의 아버지로, 姓은 姬, 이름은 昌이다. 殷 紂王 때 西伯이 되어 백성을 仁慈로 다스리자 제후들이 모두 좇았으며, 武王이 殷을 멸망시키고 즉위하여 文王으로 추존하였다. 유가에서 숭앙되는 聖君의 하나이다.
167) 臭味는 냄새와 맛으로 기질·성향을 비유한다.
168) 燕越은 燕나라와 越나라의 합칭으로, 연이 가장 북쪽에 있던 나라이고, 월이 가장 남쪽에 있던 나라인 데서 유래하여, 서로 거리가 멂을 비유한다.
169) 斂衽은 옷깃을 단정히 여밈으로 공경함을 비유한다.
170) 傾服은 진심으로 感服하는 것이다.

로 책망하지[172] 않음이 없을 것이니, 이는 대개 천만인에게도 반드시 가는 용기[173] 때문이지, 몸이 낮은 데[174] 있어 저지당함[175]이 있기 때문이 아니다." 라고 하였다.

갑오년(1714)에 사마시[176]에 급제하고, 기해년(1719)에 절일제(節日製)[177]에 장원으로 뽑혔으며, 문과에 급제하여 괴원(槐院)[178]에 분속[179]되었다. 당시에 경묘(景廟)[180]께서 새로 즉위하시자, 사친(私親)[181]을 추숭하자고 말하는 이가 있으니, 공이 면전에서 배척하여 말하기를, "흐린 도랑이 앞에 있는데도 그대들이 바지를 걷고[182] 달려가니, 나는 그대들을 보고 싶지 않소."라고 하였다. 계묘년(1723)에 숙묘(肅廟)[183]의 실록을 편찬하기 위한 겸춘추(兼春秋)[184]가 되었고, 문신정시(文臣廷試)[185]에 합격하여 고비(皐比)[186]를 하사받았다. 저작(著作)[187]으로 승진하여 관례에 따라 봉상시(奉常寺)[188]의 직장

171) 顯言은 분명하게 말함, 분명한 말이다.
172) 詆斥은 큰 소리로 책망함이다.
173) '千萬人必往之勇'은 『孟子』「公孫丑 上」의 "스스로 반성해 보아서 곧지 아니하면, 비록 천만인이라도 내가 가서 대항할 것이다.(自反而不縮, 雖褐寬博, 吾往矣.)"라는 曾子의 말을 가리킨 것이다.
174) 韋布는 가죽띠와 베옷으로 흔히 가난한 선비나 상민을 비유한다.
175) 沮撓는 저지함, 방해함이다.
176) 司馬試는 조선시대 文科의 예비고사, 또는 성균관의 입학시험인 生員試·進士試를 통칭하는 말로 小科라고도 하였다.
177) 節製는 節日製의 준말로 조선시대에 조정에서 명절에 성균관의 유생에게 보이던 시험으로 합격자에게 殿試·覆試에 응시할 자격을 주었다.
178) 槐院은 조선시대에 외국과의 외교문서에 관한 일을 맡아보던 관서인 承文院의 별칭이다.
179) 分隷는 나뉘어 隷屬됨이다.
180) 景廟는 景宗의 경칭이다.
181) 私親은 庶子인 임금의 生親인데, 여기에서는 경종의 생모인 張禧嬪을 가리킨다.
182) 褰裳은 바지의 자락을 걷어올림으로 애씀을 비유한다.
183) 肅廟는 肅宗의 경칭이다.
184) 兼春秋는 조선시대 史官職의 하나로 春秋館에 속한 벼슬인데, 중앙에서는 六曹·弘文館·承政院·藝文館 등에 겸직으로 1인씩 두어 기록을 담당하게 하였다.
185) 文臣廷(庭)試는 조선시대에 당하관 문신을 대상으로 하여 殿庭에서 보이던 과거제도로 시험에 합격한 관리에게는 특전이 주어졌다.
186) 皐比는 범의 가죽이다.
187) 著作은 조선시대 홍문관·교서관·승문원의 정8품 관직이다.

(直長)[189]을 맡았고, 예조(禮曹)의 좌랑(佐郎)[190]이 되었다. 조금 지나서 시강원(侍講院)[191] 사서(司書)[192]로 옮겨지자, 소를 올려 성학(聖學)[193]을 면려하여 말하기를, "오늘날 동궁(東宮)[194]의 근본을 권면하고 인도함은 진실로 전하의 근학[195]에 달려 있습니다. 어리석은 신은 전하의 자질이 차분하고 부드러움[196]이 은(殷)나라 고종(高宗)[197]이 공손히 침묵을 지킴[198]과 꼭 같으시다[199]고 여깁니다. 그러나 천지에 유감스럽게도 간혹 사변(思辨)[200]의 공부가 부족하시니, 「열명(說命)」[201] 수편(首篇)의 사자(思字) 한 글자를 합쳐서 성학의 요긴함[202]에 착수[203]하십시오."라고 하였다. 당시에 영묘(英廟)[204]께서 동궁에서 날마다 서연(書筵)[205]을 여셨는데, 공이 분명하고 적절하게 강설하고, 글로 경계함[206]에 말이 완곡하면서도 곧으니, 동궁께서 그로 말미암아 흠모하셨다.[207] 얼마 뒤에 곧 교체를 청하였더니[208] 애써 만류하여 매우 고집하

---

188) 奉常寺는 조선시대에 국가의 제사 및 諡號·廟號 등의 제정을 담당하던 관부이다.
189) 直長은 조선시대에 중앙의 재정·물품 등을 담당하던 관아에 두던 종7품 관직이다.
190) 佐郎은 조선시대 六曹의 정6품 관직으로 행정실무를 총괄하였다.
191) 侍講院은 世子侍講院의 준말로 조선시대에 왕세자의 교육을 담당하던 관청이다.
192) 司書는 조선시대 世子侍講院의 정6품 관직으로 정원은 1명이었다.
193) 聖學은 聖人의 학문으로 孔子를 비롯한 성인이 닦은 학문인 儒學을 가리킨다.
194) 東宮은 世子가 거처하는 궁으로 흔히 세자를 비유한다.
195) 勤學은 부지런히 학문에 힘씀이다.
196) 沉潛은 성품이 차분하고 부드러움, 또는 심오하면서도 깊은 知德이다.
197) 高宗은 殷나라의 제22대 임금으로 이름은 武丁인데, 대외정복에 나서 영토를 크게 확장하는 등 정사를 잘 펴서 은나라의 최전성기를 이루었다.
198) 恭默은 공손히 침묵을 지킴, 경건하게 깊이 생각하며 말을 줄임인데, 『書經』「說命 上」에 "공경하여 잠자코 도를 생각하라.(恭默思道.)"라는 殷나라 高宗의 말이 있다.
199) 同符는 符節을 합친 것처럼 완전히 일치함이다.
200) 思辨(辯)은 생각하고 분석함이다.
201) 「說命」은 『書經』의 편명으로 상·중·하 3편으로 이루어져 있는데, 殷 高宗이 재상 傅說에게 명한 말을 기록한 것이다.
202) 喫緊은 아주 중요함이다.
203) 下手는 손을 댐, 착수함이다.
204) 英廟는 英祖의 경칭이다.
205) 書筵은 조선시대에 왕세자에게 經史와 治道를 進講함, 또는 그 자리이다.
206) 箴規(規)는 잘못을 바로잡도록 경계함이다.
207) 傾嚮은 마음이 쏠림, 흠모함이다.
208) 呈遞는 사정이 있어 다른 사람으로 갈아 임명하기를 청함이다.

시니, 뜻이 맞음[209]이 대개 이에서 비롯되었다. 충청도 도사(都事)[210]에 제수되었으나 부임하지 않았고, 봉양을 위하여 은산현(殷山縣)[211]에 수령(守令)으로 나갔다. 을사년(1725)에 관직을 버리고 돌아와서, 수의(繡衣)[212]를 포상하는 관례에 따라 표리(表裏)[213]를 하사받았다. 정미년(1727)에 지평(持平)[214]에 제배되어 소를 올려 시사를 진술하니, 말의 뜻이 매우 처완하고[215] 격절[216]하였으므로 식자들이 바르게 여겼다.[217] 숙묘와 경묘의 실록을 편찬할 도청(都廳)[218]의 낭청관(郎廳官)[219]으로 차출되고, 지제교(知製敎)[220]에 선임되었으며, 병조좌랑(兵曹佐郎)에 제배되었다.

무신년(1728)에 옥당(玉堂)[221]에 선발되어 수찬[222]과 교리[223]가 되고, 동학(東學)[224] 교수(敎授)[225]를 겸대하였다. 주상께서 사묘(私廟)[226]에 행행(行幸)

209) 契合은 意氣相投함이다.
210) 都事는 지방의 관찰사를 보좌하는 종5품 관직이다.
211) 殷山은 조선시대에 지금의 平安南道 殷山面에 두었던 縣이다.
212) 繡衣는 暗行御史의 별칭이다.
213) 表裏는 恩賜나 獻上으로 주는 옷의 겉감과 안감이다.
214) 持平은 조선시대에 時政을 논하고 풍속을 교정하며 백관을 糾察·彈劾하는 일을 맡아보던 관서인 司憲府의 정5품 관직이다.
215) 悽惋은 슬피 한탄함, 슬피 원망함이다.
216) 激切은 격렬하고 솔직함이다.
217) 약산은 영조 3년(1727)에 金昌集 등 老論四大臣에 대한 은전이 부당하다는 뜻의 소를 올렸는데, 영조는 이를 俗套라 지목하고 偏係로 배척하면서 사대신에 대하여 凶字를 쓰지 못하도록 명한 바 있다.
218) 都廳은 實錄廳의 별칭으로 조선시대에 실록을 편찬하기 위하여 임시로 설치되던 관청이다.
219) 郎廳은 郎官과 같은 말로 조선시대의 정5품 通德郎 이하의 당하관의 통칭이다.
220) 知製敎는 임금이 반포하는 敎書를 짓는 일을 맡은 관직인데, 集賢殿·홍문관·예문관 등의 관원이 겸임하는 경우와 6품 이상의 관원을 뽑아서 겸임시키는 경우가 있었는데, 전자를 外知製敎, 후자를 內知製敎라 하였다.
221) 玉堂은 조선시대에 궁중의 經書·史籍의 관리와 文翰의 처리 및 왕의 각종 자문에 응하는 일을 맡아보던 관서인 弘文館의 별칭이다.
222) 修撰은 조선시대 홍문관의 정5품 관직이다.
223) 校理는 홍문관의 정5품 관직이다.
224) 東學은 조선시대에 漢陽에 둔 四部學堂 가운데 東部 彰善坊에 있던 학당이다.
225) 敎授는 조선시대에 漢陽의 四學 및 都護府와 邑의 향교에 두었던 종6품 문관직으로 유학교육을 담당하였다.

하셨을 때에 여러 관료들과 함께[227] 차자(箚子)[228]를 올려 잠저(潛邸)[229]의 구사(丘史)[230]를 쫓아내어 엄숙한[231] 곳을 더럽히지 못하도록 주청하니, 주상께서 그 자리에서 명하여 진문(陣門)을 열고 모두 밖으로 몰아내게 하시니, 위사(衛士)[232] 가운데 서로 돌아보면서 흠탄하지[233] 않는 이가 없었다. 조금 지나서 당차(堂箚)[234]에 대한 비지(批旨)[235]로 조보(朝報)[236]를 내지 말라는 왕명이 있었기에, 공이 <옥당고사(玉堂故事)>[237]를 올리면서 말하기를, "사마광(司馬光)[238]은 아침과 낮에 한 일을 사람들에게 말하지 못한 것이 없었고, 조변(趙抃)[239]은 하루에 한 일을 향을 사르고 하늘에 고하였거늘, 하물며 왕자(王者)[240]가 한 나라를 집으로 삼고, 백성[241]을 자식으로 삼음이겠습니까?

---

226) 私廟는 嫡長子가 아닌 임금의 어버이의 혼령을 모신 사당이다.
227) 公同은 함께, 또는 共同이다.
228) 箚子는 임금에게 올리는 간단한 서식의 문서이다.
229) 潛邸는 군왕이 즉위하기 전에 살던 집이다.
230) 丘(驅)史는 고려·조선시대의 잡류직의 하나로 종친·공친·당상관, 또는 중앙관서에 소속되어 시종·잡무 등을 맡아보았다.
231) 肅穆은 엄숙하고 공손함이다.
232) 衛士는 호위하는 군사이다.
233) 欽歎은 흠모하고 감탄함, 또는 탄식함이다.
234) 堂箚는 옥당이 올린 箚子이다.
235) 批旨는 신하의 상소에 대하여 임금이 내린 批答의 말이다.
236) 朝報는 承政院에서 처리한 사항을 매일 아침에 기록하여 반포하는 官報로 奇別·爛報·朝紙라고도 하였다.
237) 玉堂故事는 北宋 仁宗 초에 儒臣에게 조서를 내려 唐나라 고사를 검토하여 날마다 5조목씩 올리게 한 데 이어, 元祐年間에 蘇子容이 經筵에서 고사와 같이 하기를 다시 청하여 講讀官에게 명하여 날마다 각각 漢나라와 당나라의 고사 세 조목씩 적어 올리라 한 데서 유래한 관행으로, 임금의 덕을 輔導하는 데 유익함이 적지 않았다. 우리나라에서도 숙종대의 金萬基·吳道一 이래 10여명이 이를 지어 올린 바 있는데, 오광운이 영조 4년에 지어서 영조께 올린 글은『약산만고』권10에 실려 있다.
238) 司馬光(1016~1086)은 중국 北宋 때의 학자·정치가·역사가로 자는 君實, 陝州 涑水鄕 출신이므로 涑水先生으로 불리었다. 仁宗 때에 등제하여 한림학사·어사중승을 지냈고, 王安石의 新法에 반대하다가 실각한 뒤에『資治通鑑』을 편찬하였다. 哲宗이 즉위한 뒤에 복직하여 문하시랑·상서좌복야를 지냈다. 시호는 文正이다.
239) 趙抃은 북송 때의 문신으로 자는 閱道, 호는 知非子, 시호는 淸獻이다. 인종 때에 등제하여 전중시어사·참지정사를 지냈다. 지위를 가리지 않고 탄핵하여 鐵面御史로 불리었고, 부임하는 곳마다 선정을 베풀었으며, 신법을 반대하다가 외직을 전전하였다.

도대체 한 말과 행한 일 가운데 어찌 가인과 자제에게 말하지 못할 것이 있겠습니까?" 하니 주상께서 가납하셨다. 일찍이 야대(夜對)[242]로 말미암아 나아가 말하기를, "신이 전에 동룡관(銅龍館)[243]에서 모실 때에 매번 전하를 뵈니 요(堯)·순(舜)이 될 것을 스스로 기대하셨는데, 임금이 되신 지 4년 동안에 요·순은 우선 말할 것도 없고, 아래로 한(漢)나라와 당(唐)나라의 철벽(哲辟)[244]에 견주더라도, 또한 미치지 못함이 있으십니다."라고 하였다. 주상께서 얼굴빛이 변하면서[245] 말씀하시기를, "주연(冑筵)[246]에서 권면하여 강설할 때에 유신이 나에게 바란 것이 어찌 오늘과 같았겠는가? 내가 학문의 역량[247]이 단단하지 못하여 유신(儒臣)[248]의 바람을 채우지 못하니 부끄러워할 만하오."라고 하셨다.

삼월에 봉조하(奉朝賀)[249] 최규서[250](崔奎瑞) 공이 향리로부터 급히 들어와서 변란을 보고하였다.[251] 당시에 태평한 시일이 오래 되자 아래위가 안일해져서[252] 곧장 양역(良役)[253]에서 도피하고자 한 자들이 조금씩 떼를 지어 모

---

240) 王者는 王道로 다스리는 군주이다.
241) 兆庶는 천자의 백성으로 백성을 가리킨다.
242) 夜對는 숙직하는 신하가 임금의 諮問에 대답함이다.
243) 銅龍館은 銅龍을 장식한 집으로 太子宮·世子宮을 가리킨다.
244) 哲辟은 明哲한 임금이다.
245) 動容은 감동하는 표정이다.
246) 冑筵은 書筵의 별칭이다.
247) 學力은 학문의 조예·수준이다.
248) 儒臣은 儒學에 造詣가 깊은 신하이다.
249) 奉朝賀는 조선시대의 전직 고급관료를 대우하던 일종의 勳號로, 職事는 없이 정해진 하례식에만 참여하면 품계에 따라 소정의 녹봉이 지급되던 자리였다.
250) 崔奎瑞(1650~1735)는 조선 후기의 문신으로 본관은 海州, 자는 文叔, 호는 艮齋), 三唐詩人 慶昌의 현손, 현감 碩儒의 아들이다. 1680년 별시문과에 병과로 급제하여, 대사간이 되어 장희빈의 왕비책봉에 반대했고, 1721년에 소론의 영수로서 우의정이 되어, 노론 4대신들의 건의로 실시된 세제의 대리청정을 철회시켰다. 1728년에 李麟佐 등이 密豊君 坦을 추대하여 일으킨 반란의 정보를 조정에 알림으로써 진압에 일조하였다.
251) 上變은 모반 따위의 變故를 조정에 보고함이다.
252) 忨愒(완게)는 목전의 안일만 탐하여 되는 대로 살아 감이다.
253) 良役은 조선시대에 16세부터 60세까지의 양인장정이 지는 徭賦·軍役 등의 國役인데, 임진왜란 이후에는 보통 군역을 가리킨다.

였으나[254], 변란(變亂)[255]에 응한 자들은 차출된 기읍(畿邑)[256]의 무인수령(武人守令)에 지나지 않았을 따름이었다. 공이 옥당(玉堂)에서 숙직을 하고 집에 돌아가서, 마을이 온통 비었다는 말을 듣고 크게 놀라서 근심하면서 수찬(修撰) 홍경보(洪慶輔)[257]에게 말하였다. "오늘의 변란은 있는 듯하기도 하고 없는 듯하기도[258] 하지만, 나는 그 뿌리[259]가 작지 않다고 봅니다. 지난해 겨울부터 인심이 어지러워져서[260] 한밤중에 물건을 지는[261] 일이 여러 번이었습니다. 지금은 경성(京城) 사람들이 이미 피란하였고, 봉조하의 상변이 또 마침 이르렀거늘, 조가(朝家)[262]에서는 어찌 이리 한가롭습니까?"[263] 이어서 홍과 함께 간찰(簡札)을 보내어 남상(南床)[264] 이종성(李鍾城)[265]을 맞이하여 말하였다. "우리나라의 백성들[266]은 지극히 어리석어 스스로 일어나서 일을 일으

---

254) 嘯聚는 불러모아 일어남으로 떼를 지어 도둑이 됨을 비유한다

255) 變亂은 전쟁, 폭동 등에 의하여 일어난 혼란인데, 여기에서는 영조 4년(1728)에 李麟佐 등 소론일파가 일으킨 이른바 戊申亂, 또는 李麟佐의 亂으로 불린 반란을 가리킨다.

256) 畿邑은 도성에서 관할하는 고을이다.

257) 洪景輔(1692~1745)는 조선 후기의 문신으로 본관은 豊山, 자는 大而, 호는 蒼厓, 重夏의 아들이다. 1723년 증광문과에 병과로 급제하여 정언·부수찬을 거쳐, 대사간·온성부사·우승지가 되었다. 전라도관찰사를 거쳐 冬至副使로 청나라에 다녀와서 대사헌으로 있을 때 인재등용에 무능한 대신들을 강하게 비판하였다. 병조참판·대사헌·경기감사를 역임한 뒤 대사간을 지냈다. 시호는 忠獻이다.

258) 若存若亡은 있는 것 같기도 하고 없는 것 같기도 함으로 헤아리기 어려움을 비유한다.

259) 根柢는 초목의 뿌리로 일의 바탕·기초를 비유한다.

260) 騷屑은 어지러움, 또는 어지럽힘이다.

261) 荷擔은 어깨에 물건을 멤으로 난리를 피함을 비유한다.

262) 朝家는 국가·조정이다.

263) 泄泄(예예)는 한가롭고 자유로운 모양, 또는 화락한 모양이다.

264) 南床은 홍문관의 정9품직인 正字의 별칭이다.

265) 李宗城(1692~1759)은 조선 후기의 문신으로 본관은 慶州, 자는 子固, 호는 梧川, 좌의정 台佐의 아들이다. 등제하여 경상도 암행어사로 민폐를 일소시켰고, 수찬·교리·승지·대사간 등을 거쳐 부제학이 되어 良役의 폐를 상소하였다. 탕평책에 반대하다가 파직되었고, 다시 기용되어 관찰사를 거쳐 이조판서가 되고, 예조판서·대사헌을 역임한 뒤 좌의정에 이어 영의정에 올랐으나, 세자의 처벌에 적극적이었던 金尙魯 등의 간계로 사직하였다가, 영중추부사가 되어 莊獻世子를 잘 보살폈다. 莊祖의 묘정에 배향되고, 『梧川集』을 남겼으며, 시호는 文忠이다.

266) 小民은 일반 백성, 庶民이다.

키지 못합니다. 만약 변란이 없으면 그만이지만, 있다면 반드시 사대부가 선동하였을 것이니, 이른바 진정시킨다는 것은 안으로는 조치하고[267] 밖으로는 안정시켜서[268] 인심을 편안하게 하고 화란을 평정함입니다.[269] 지금은 오로지 조치는 없이 진정시키기만 하니, 이는 안정을 욕심냄이요[270] 진정시키는 것이 아닙니다." 이공이 이를 대신에게 말하니, 대신이 드디어 공에게 구대(求對)[271]하라고 하였다. 그때는 밤이 이미 깊어져서 어촉(御燭)이 밝게 빛나는[272] 가운데 주상께서는 급함을 아뢴 글[273]을 서안에 펼쳐놓고, 세상의 변고를 탄식하신[274] 지 한참 지난 때였다. 이에 물으시기를, "옥당이 함께 들어옴은 무슨 까닭인가"라고 하시니, 대신이 말하기를, "오와 홍 두 신하가 방비가 소홀함[275]함이 크게 우려할 만하다고 하니 하문하심[276]이 마땅합니다." 하였다. 공이 나아가서 아뢰기를, "근래의 어지러움은 남쪽의 왜구와 북쪽의 오랑캐 때문이 아니요, 바나의 도적 때문도 아니고, 빈 땅에서 나는 소리가 시끄러운[277] 것이건만, 남녀가 이어져서[278] 떠납니다. 변서(變書)가 올라오기도 전에 도하(都下)[279]의 사녀(士女)[280]들이 어떻게 변란이 있음을 미리 알았겠습니까?[281] 이로써 보건대 오늘의 역변은 반드시 뿌리[282]가 있을 것입니다. 세도(世道)가 나쁘게 물들면[283] 변괴가 백 가지로 나타나서, 깊이 생각하

267) 設施는 施設과 같은 말로 처리함·조치함·실행함이다.
268) 鎭安은 안정시킴, 진정시킴이다.
269) 戡禍亂은 화란을 평정함이다.
270) 狃安은 안정을 탐함이다.
271) 求對는 請對와 같은 말로 신하가 임금께 奏對하기를 청함이다.
272) 熒煌은 밝게 빛남, 휘황찬란함이다.
273) 急書는 告急書의 준말로 급함을 알리는 글이다.
274) 嗟惋은 탄식하며 애석하게 여김이다.
275) 疎(疏)虞는 소홀하여 잘못을 저지름이다.
276) 下詢은 下問이다.
277) 洶洶은 소리가 시끄러움을 형용한다.
278) 駢闐은 죽 이어짐, 또는 한곳으로 모임으로 수효가 많음을 가리킨다.
279) 都下는 도읍·수도이다.
280) 士女는 일반백성이다.
281) 逆覩은 逆知와 같은 말로 미리 아는 것이다.
282) 根蔕는 식물의 뿌리나 줄기로 사물의 基本·基礎를 비유하며 根蒂라고도 한다.

지[284] 않고 근거가 없이도 추측할[285] 수 있는 것이 있으니, 다만 마땅히 그 방비의 도리를 다할 따름입니다. 지금 조가에서는 느긋하고[286] 한가하여[287] 마치 좀도둑이 저절로 일어났다가 저절로 사라질 것처럼 여깁니다. 설사 강호(羌胡)[288]가 하루아침에 도성[289]에서 일어나더라도, 오늘의 조치로야 과연 박멸할 수 있겠습니까? 또 역란이 어떠한 큰 변고이기에 변란이 보고된 지 이틀이 지났는데도, 아직 국청(鞫廳)[290]을 설치하지 않았는지를 신은 참으로 알지 못하겠습니다."라고 하였다. 홍공 또한 이어서 진달하니[291], 주상께서 말씀하셨다. "두 신하의 나라를 근심하는 정성은 가상하다고 할 만하다. 지금 마땅히 친국을 시행하겠다. 방비는 장차 어찌할까? 궁성은 과연 막을 수 있겠는가?" 여러 신하들이 모두 너무 지나치다고 말하니, 공이 말하기를, "신의 견해로는 궁성과 호위(扈衛)[292]에 지나침이 있음을 알지 못하겠습니다." 하니 주상께서 좇으시고, 특별히 공을 문사랑(問事郞)[293]으로 차출하셨다. 국청을 설치하기에 이르러 날이 벌써 환해져서, 그 요령(要領)[294]을 알 수 없었다. 김중만(金重萬)이라는 자가 상변하였는데, 죄수를 신문하기도 전에 어탑 앞의 여러 신하들이 오르내리는[295] 모습이 보이기에, 급히 뛰어 들어가서 물었더니, 여러 신하들이 밤이 깊은데도[296] 장전(帳殿)[297]에 계시므로 옥체를 손상

---

283) 陷溺은 차차 나쁘게 물듦, 나쁜 영향을 받음이다.
284) 思慮는 깊이 생각함, 숙고함이다.
285) 懸度(현탁)은 근거없이 추측함이다.
286) 雍容은 화락하고 느긋함, 또는 태연자약함이다.
287) 暇豫는 한가함, 또는 한가한 시간이다.
288) 羌胡는 羌族과 匈奴族, 또는 옛날에 중국의 북서쪽에 살던 이민족을 통칭한다.
289) 轂下는 임금이 타는 수레의 아래로 都城·京師를 비유한다.
290) 鞫廳은 조선시대에 왕명에 의하여 謀叛·大逆 등 국가적인 重罪人을 심문·재판하기 위하여 임시로 설치하던 기구나 장소이다.
291) 陳達은 진술하여 전달함이다.
292) 扈衛는 帝王을 수행하며 호위함이다.
293) 問事郞은 죄인의 取調書를 작성하여 읽어 주는 일을 맡은 임시벼슬이다.
294) 要領은 허리와 목으로 역모의 중요한 참여자를 비유한다.
295) 起伏(復)은 오르락내리락함, 또는 떠올랐다 가라앉았다 함이다.
296) 侵夜는 밤중, 또는 밤이 깊음이다.
297) 帳殿은 장막으로 만든 行宮이다

시킬까 두려우니 잠시 그만두시기를 청하였다고 대답하였다. 공이 말하기를, "국가의 안위는 틈이 머리카락 하나를 허용하지 않습니다.[298] 성체(聖體)의 하룻밤 수고로움은 작은 것이요, 종사의 만년의 근심은 큰 것입니다. 대신께서 나오셔서 자리에 임하도록 다시 청하시기를 바랍니다."라고 하였다. 대신이 급히 공과 함께 들어가서 다시 나오시기를 청하니, 주상께서 "어젯밤에 잠을 이루지 못하였더니[299] 괴로움이 심하오. 이미 잠시 파하라고 명하였으니, 내일 아침을 기다린들 어찌 늦겠소?"라고 말씀하셨다. 공이 나아가 말하기를, "일에는 크고 작음이 있고, 근심에는 가볍고 무거움이 있거늘, 어찌 오늘밤을 헛되이 보낼 수 있겠습니까? 기회를 놓치고[300] 국가의 방비를 느슨하게 함으로써, 도적의 형세가 모이도록[301] 하시겠습니까? 신은 감히 군부(君父)[302]께 고식(姑息)[303]의 애정을 두지 못하겠습니다."라고 하였다. 주상께서 "그대의 말이 옳다."라고 말씀하시고, 다시 나와서 국문에 임하시고서야 비로소 적의 실정을 알게 되었다. 이보다 앞서서 여러 신하 가운데 어떤 이는 구대하여 장황하게 말하고, 호종하여 호위하면서 놀라고 어수선하였는데[304], 김중만(金重萬)이 도적들이 흰옷을 입고 경성에 흘러들어 불을 놓을 술책을 지니고 있다고 아뢴 말을 듣기에 이르러서야, 비로소 공의 선견(先見)[305]에 탄복하였다. 도적이 평정된 뒤에 발탁되어 동부승지에 제배되었다. 해은(海恩) 오명항(吳明恒)[306]이 주상께 "오광운과 홍경보는 사직을 부축한 공로가 있으니, 책훈

298) 間不容髮은 머리카락 하나가 들어갈 틈이 없도록 좁음이다.
299) 失睡는 失眠과 같은 말로 잠을 이루지 못함이다.
300) 蹉過는 실수함, 기회를 놓침이다.
301) 團聚는 모임, 집합함이다.
302) 君父는 君王, 또는 군왕과 아버지이다.
303) 姑息은 임시방편이다.
304) 驚擾는 놀라고 어수선함이다.
305) 先見은 장래의 일을 미리 내다봄이다.
306) 吳明恒(1673~1728)은 조선 후기의 문신으로 본관은 海州, 자는 士常, 호는 慕菴·永慕堂, 영의정 允謙의 현손이다. 1705년에 등제하여 교리·부응교 등을 거쳐, 승지·관찰사를 지내고 사직으로 있다가, 소론이 실각하자 사직하였다. 정미환국으로 소론이 등용될 때에 복직하여 이조·병조의 판서를 역임하고, 四道都巡撫使를 맡아 李麟佐의 난

(策勳)[307]해야 마땅합니다."라고 아뢰었으나, 공이 힘껏 사양하고, 주상 또한 공의 뜻을 살피셔서, 일이 마침내 끝나 버렸다. 공훈이 있는 장수[308]로 안음(安陰)[309] 고현(古縣)에 사는 관리와 백성[310] 가운데 역적을 따른 자들을 죽이기를 청한 사람이 있기에, 공이 나아가 말하기를, "괴수는 죽이되 추종한 자는 용서함[311]은 성인의 가르침입니다. 한 현의 사람을 모두 죽여 없앰은 바로 전국시대의 비바람 속에서 사나운 장수[312]들이 하였던 것이니, 어찌 일찍이 성군인후(聖后仁君) 가운데 이런 정사를 편 분이 있었겠습니까? 송나라의 태조(太祖)[313]는 왕전빈(王全斌)[314]이 살륙하기를 좋아함을 경계하였으니, 우리 임금이 요·순이 되시기를 바라면서 어찌 송 태조가 하지 않았던 일을 권유할 수 있겠습니까?" 하니 주상께서 가납하셨다. 또 상주하여 말하기를, "남의 신하 된 자가 반역하면 반드시 주살해야 하지만, 역적이 아니라면 비록 간혹 국옥(鞫獄)[315]에 섞여 들어갔던 자라도, 한 번 벗어난 뒤에는 저절로 양민[316]이 되어야 마땅하거늘, 어찌 역적인 듯하기도 하고 역적이 아닌 듯하기도 한

을 토평하여 奮武功臣 1등이 되고 海恩府院君에 봉해졌다. 우찬성이 되자 자신도 이인좌와 같은 소론임을 자책하여 사퇴를 청하였으나 허락받지 못하고 우의정에 올랐고, 시호는 忠孝이다.

307) 策勳은 공훈을 책서에 기록함이다.

308) 勳帥는 공훈이 있는 장수인데, <變亂時記事>(『약산만고』 권11)로 보아 무신란 때에 中軍將으로 공을 세워 奮武功臣에 책록되고 咸寧君에 오른 무장 朴纘新을 가리킨다.

309) 安陰은 지금의 경상남도 咸陽郡 安義面에 두었던 縣이다.

310) 吏民은 官吏와 백성인데, 여기에서는 衙前과 백성을 가리킨다.

311) 殲魁赦從은 괴수는 모조리 죽이고 추종한 사람은 용서함인데, 『書經』「胤征」에 "저 괴수는 섬멸하고, 위협받아 좇은 자들은 죄를 다스리지 않으리.(殲厥渠居魁, 脅從罔治.)"란 말이 있다.

312) 鷙帥는 사나운 장수이다.

313) 太祖는 北宋의 시조 趙匡胤(927~976)인데, 河北省 涿州 출신으로 後周 世宗 때에 殿前都指揮使·殿前都點檢 등을 지냈고, 恭帝 때인 960년에 宋州歸德軍節度使로 있으면서 陳橋兵變을 일으켜 開封을 도읍으로 삼고 宋을 건국하였다.

314) 王全斌은 北宋의 太祖를 도와 蜀을 정벌하였던 장수인데, 태조가 촉을 정벌한 뒤에 그가 降兵을 많이 죽이고 재물과 부녀자를 약탈한 것을 나무라는 조서를 내린 바 있다.

315) 鞫獄은 審問하는 감옥이다.

316) 平人은 良民, 또는 죄가 없는 사람이다.

중립의 처지가 있겠습니까? 신이 생각하기에는 따로 한 책자를 만들어 모든 죄인을 나열하여 기록하되, 아무개가 어떤 일을 털어놓았음을 상세히 적어서, 죄를 범한 자로 하여금 하늘의 그물[317]에서 빠져나갈 수 없게 하시고, 벗어난 자는 어두운 구덩이에 있지 않게 함이 왕자(王者)의 정치입니다."라고 하니, 주상께서 좇으셨다. 뒤에 여러 죄수들을 정황을 살펴 처결할[318] 때에 너그럽게 놓여난[319] 사람이 많아지자, 신하 가운데 따지는 이가 있었기에, 문득 하교하여 말씀하시기를, "사람을 어두운 곳에 두어서는 안 된다. 내가 오광운의 말을 시행하고자 하였기 때문에 이와 같을 뿐이다."라고 하셨다.

그때에 조정의 논의가 조정하고 보합시킴[320]에 힘쓰니, 공이 소를 올려 말하였다. "당론을 일삼는 이들은 각각 그 사사로움을 따르면서, 각각 이기기에 힘씁니다. 어떤 이는 전날의 옳음에 기대어 오늘의 그름을 비호하고, 어떤 이는 지 일의 그름에 말미암아 이 일의 ~~옳음을~~ 가려 비립니다. 윗사람이 된 이는 공평하게 듣고 두루 관찰하며, 마음을 비우고 살피며 수평이 되게 재어서[321], 일호(一毫)[322]도 계책[323]에 휘감김[324]이 없고, 조금도 문방구(文房具)로 분식(粉飾)함[325]이 없어야 합니다. 옳은 것은 옳다고 하고, 그른 것은 그르다고 하여, 치우침[326]이 없게 된 뒤에야, 사람의 마음을 승복시킬 수 있습니다. 지금 때로는 시절의 추세에 이끌리고[327], 때로는 인정에 애써서 맞춤은 향곡(鄕曲)[328]의 원한을 지닌[329] 사람이 화해하여 유감을 푸는 것과 같으니,

---

317) 天網은 하늘이 惡人을 잡기 위해 쳐 놓은 그물이다.
318) 酌處는 정황을 헤아려 처리함이다.
319) 寬縱은 너그럽게 용납하여 석방함이다.
320) 保合은 안정시켜 화합하게 함이다.
321) 鑑空衡平은 마음을 비우고 살피며 수평이 되게 저울질함으로 공평하게 감별하고 평가함을 가리킨다.
322) 毫는 길이의 단위로 일촌의 천분지일, 또는 무게의 단위로 錢의 천분지일이다.
323) 機關은 計策이다.
324) 籠絡은 휘감음, 둘러쌈이다.
325) 粉飾은 분을 발라 치장을 함으로 겉을 꾸밈을 비유한다.
326) 偏倚는 한쪽으로 치우침이다.
327) 牽掣는 끌어당김, 견제함, 제약함이다.
328) 鄕曲은 고향, 또는 시골마을이다.

신은 탕평(蕩平)330)이 이루어질 수 있는 날이 없을 것을 두려워합니다." 주상께서 절실하다고 여겨 장려하셨다. 또 경연에서 상주하여 말하기를, "전하께서는 총명하게 살피심331)이 너무 지나쳐서 크게 품음332)의 체통(體統)에는 모자람이 있으며, 인자함에 남음이 있어서 강하고 굳셈333)의 도리에는 어긋남이 있으시니, 신은 삼가 홍(弘)과 의(毅)334) 두 글자를 바칩니다."라고 하니, 주상께서 훌륭하다고 칭찬하고 말씀하시기를 "마땅히 단단히 반성하겠소."335)라고 하셨다. 회맹하던336) 때에 주상께서 예방승지(禮房承旨)337)로 뽑으셨는데, 옛날의 관례로는 예방은 가자(加資)338)하게 되어 있었기에 주상의 뜻이 공에게 기운 것이었지만, 갑자기 나아감을 싫어하여 사양하였으므로 갈리었다.339)

기유년(1729)에 왕명을 받아 영남(嶺南)340)을 안핵(按覈)341)하였는데, 현(縣)과 도(道)에서 소를 올려342) 영남 땅의 사림(士林) 약간인을 천거하고, 탕평책의 진가(眞假)를 덧붙여 논하여 말하였다. "원컨대 전하께서는 거짓된 탕평의 이름을 쓰지 마소서. 뒷날에 뭇 아랫사람에게 속임을 당하고서 후회하실343) 것입니다." 주상께서 너그럽게 비답하시고344) 궁중에 보류하게345) 하

329) 仇怨은 仇恨과 같은 말로 이해관계로 인한 극심한 원한이다
330) 蕩平은 공평함이다.
331) 聰察은 슬기로워서 사리를 잘 살핌이다.
332) 含弘은 포용함이 넓고도 큼이다.
333) 剛毅는 의지가 굳셈이다.
334) 弘毅는 포부가 넓고 의지가 굳음이다.
335) 猛省은 단단히 반성함, 깊이 반성함이다.
336) 會盟은 회동하여 맹약을 체결함이다.
337) 禮房承旨는 조선시대에 承政院의 禮房을 맡아보던 승지로 右承旨를 가리킨다.
338) 加資는 옛날의 인사제도에서 관리의 임기가 차거나 근무성적이 좋을 때에 資級이나 品階를 올려 주던 일이다.
339) 辭遞는 사양하여 다른 사람으로 임명됨이다.
340) 嶺南은 鳥嶺의 남쪽이라는 뜻으로 慶尙道 지역을 가리킨다.
341) 按覈은 조사하고 검사함, 증거를 들어 彈劾함이다.
342) 陳蹠(疏)는 上疏이다.
343) 追悔는 後悔이다.
344) 優批는 優答과 같은 말로 너그러운 批答, 또는 너그럽게 비답함이다.
345) 留中은 신하의 상소문을 궁중에 보류하고 처리하지 않음으로, 내용이 마음에 들지 않아 해당관서에 보내어 처리하지 않고 기각함을 가리킨다.

고, 상현궁(上弦弓)을 내려 장려하셨다. 그것은 얼굴을 돌리신[346]일이니, 박사수(朴師洙)[347]가 주상 앞에서 기세를 올려[348] 배척하였기[349] 때문이다. 공이 말하기를 "신의 소에서 이른바 거짓 탕평이라 함은 다른 뜻이 아닙니다. 대저 탕평이라 이르는 것은 지극히 공정하고 사사로움이 없음을 이름이니. 남과 나, 저 사람과 이 사람, 멀고 가까움, 친하고 소원함, 높고 낮음, 귀하고 천함, 경성과 시골, 안과 밖이 없음입니다. 한 번 크게 공평하고 지극히 정당함으로 출발하여 조그만 사사로움도 없게 된 뒤에야, 비로소 탕평이라 이를 수 있습니다. 지금 박사수(朴師洙)가 다만 노론(老論)과 소론(少論)[350]을 보합시킴을 탕평인 줄 알고, 이를 제외하고는 탕평의 방도가 있음을 알지 못합니다. <홍범(洪範)>[351]에서 탕평을 말한 데에 노소를 보합시키는 뜻이 있음은 과연 압니다마는, 이 명분[352]을 준비하느라고 오늘을 기다렸다는 말씀입니까? 이는 뒷날에 화와 복에 따라 변덕스러워질[353] 것을 우려함[354]에 지나지 않습니다. 그러나 이를 위하여 저들이 언제 지극히 공평함과 진실한 마음[355]으로 나온

---

346) 反面은 얼굴을 돌림으로 마주 대하기를 꺼림을 비유한다.

347) 朴師洙(1686~1739)는 조선 후기의 문신으로 본관은 潘南, 호는 耐軒·耐齋, 대사헌 弼明의 아들이다. 1723년 증광문과에 장원급제하여 승지·대사성·대사헌·대사간을 거쳐 判決事로 있을 때 宋寅明과 함께 신임사화의 전말을 밝히는 『勘亂錄』을 찬수하라는 왕명을 받았고, 왕의 뜻에 따라 송인명과 함께 탕평책을 주도하였다. 황해도·평안도 관찰사, 예문관제학을 거쳐 호조판서를 지내고, 우참찬으로 있다가 죽었다. 竹書에 매우 뛰어났고, 시호는 文憲이다.

348) 盛氣는 旺盛한 기세이다.

349) 呵斥은 큰 소리로 꾸짖어 배척함이다.

350) 老論과 少論은 조선시대의 四色黨派)의 하나로 숙종 9년(1683) 南人에 대한 처벌문제로 西人에서 갈리어 나왔다.

351) <洪範>은 『書經』「周書」의 篇名으로, 武王이 殷을 이기고서 箕子를 찾아 天道를 물었을 때 箕子가 말한 내용인데, 그 안에 "치우침이 없고 편당이 없으면 임금의 도가 넓고 크며, 편당이 없고 치우침이 없으면 임금의 도가 공평하네.(無偏無黨, 王道蕩蕩, 無黨無偏, 王道平平.)"라는 내용이 있다.

352) 題目은 구실·명분이다.

353) 翻(飜)覆은 변화무쌍함, 변덕스러움이다.

354) 慮慽은 근심이다.

355) 血誠은 진심에서 우러나오는 정성, 또는 진실한 마음이다.

적이 있습니까? 신은 평생 동안 당론을 일삼지 않았고, 또한 시휘(時諱)[356]를 두려워하지 않았습니다. 이에 대신과 중신 가운데에는 공격하는 이가 많았지만, 주상께서는 풍원군(豊原郡) 조현명(趙顯命)[357]에게 말씀하시기를, '오광운이 소원하더라도[358] 말을 믿는 이와는 교제하는 것을 보고, 나는 그가 명류(名類[359])임을 안다.'라고 하셨습니다. 조정에서 어지럽게 번갈아 공격함[360]이 어찌 하지 말아야 할 일을 심하게 한 것이 아니겠습니까?"라고 하였다. 파주[361]목사(坡州牧使)·광주[362]부윤(廣州府尹)·승지(承旨)·형조참의(刑曹參議)를 잇달아 제수하였으나 모두 나아가지 않았다. 경술년(1730)에 승지에 제배된 것이 일곱 번이었으나 번번이 사양하여 갈리었다. 당시에 비국(備局)[363]이 궁방(宮房)[364]에서 해도(海島)를 절수(折受)하는[365] 것을 바로잡은 일을 주상께서 통절하게 질책하시고, 이어서 비국의 당상(堂上)[366]을 출보(黜補)[367]

356) 時諱는 時忌와 같은 말로 당시의 禁忌, 시대의 금기이다.

357) 趙顯命(1690~1752)은 조선 후기의 문신으로 본관은 豊壤, 자는 稚晦, 호는 歸鹿이다. 1719년에 급제하여 검열을 거쳐 兼說書로서 延礽君의 보호에 힘썼다. 영조 즉위 후 지평·교리를 거쳐 李麟佐의 난에 吳命恒의 종사관으로 공을 세워 공신이 되고 豊原君에 봉해졌으며, 대사헌·도승지를 거쳐 경상도·전라도 관찰사를 지냈다. 어영대장·부제학, 이조·병조·호조의 판서 등 요직을 역임한 뒤 우의정·좌의정을 거쳐 영의정으로 균역법 제정을 총괄하다가 閔百祥에게 탄핵받아 물러났다. 趙文明·宋寅明과 함께 영조조 전반의 탕평을 주도하였다. 『귀록집』을 남겼고, 『海東歌謠』에 시조 1수가 전해지며, 시호는 忠孝이다.

358) 疎逖은 疎遠함이다.

359) 名類(流)는 이름난 사람, 또는 그 부류이다.

360) 迭攻은 번갈아 공격함이다.

361) 坡州는 조선시대에 지금의 경기도 坡州市 지역에 두었던 牧이다.

362) 廣州는 조선시대에 지금의 경기도 廣州市 지역에 두었던 府이다.

363) 備局은 조선 중기 이후에 의정부를 대신하여 국정 전반을 총괄한 관청으로 備邊司·廟堂·籌司라고도 하였다. 조선 전기에는 외침이 있을 때 군사 문제를 논의하기 위한 임시기관으로 설치되었으나, 임진왜란 때 전쟁 수행을 위한 최고의 기관으로 기능이 강화되었다. 인조대 이후로는 국정 전반을 관장하고 정책도 결정하는 실질적인 최고의 관청이 되었다.

364) 宮房은 왕실의 일부인 宮室과 왕실에서 분가하여 독립한 대원군·왕자군·공주·옹주가 살던 집을 통칭한다.

365) 折受는 임금으로부터 땅이나 結稅를 자기 몫으로 잘라 받는 것이다.

366) 備堂은 備邊司의 堂上官으로 籌堂·籌司堂上이라고도 하였다.

시키자, 공이 상소하여 말하기를, "한가한 말을 한[368] 선비는 반드시 '일이 내사(內司)[369]의 절수에 연관되기 때문에 문득 엄교(嚴敎)[370]를 만났다.'라고 말할 테니, 그것이 성덕에 누를 끼침[371]은 마땅히 또 어찌하시겠습니까? 비국과 내사에 대한 가볍고 무거운 교지를 안팎의 부곽(郛郭)[372]에 분명하게 알리심[373]이 어찌 궁중과 부중(府中)[374]이 일체가 되어야 할 도리에만 달렸겠습니까?"라고 하니, 주상께서 온화한 비지로 답하셨다. 구월에 대부인의 상을 당하였다.[375] 신해년(1731)에 숙묘의 실록을 편차한 도청랑의 노고로 인하여 가선(嘉善)[376]에 올랐다. 임자년(1732)에 상례를 끝내고 부총관(副摠管)[377]을 배수하였다. 계축년(1733)에 동의금(同義禁)[378] · 한성우윤(漢城右尹)[379]을 제배하자 소를 올려 사양하고, 이어서 소회를 붙여 말하기를, "성지(聖志)를 분발하시고, 권강(權綱)[380]을 총괄하시며, 명절(名節)에 힘쓰소서."라고 하였다. 그 가운데 성지를 분발함에 대해서는 대략 이렇게 말하였다. "전하께서는 평소에 크게 실행하고자 하는 뜻을 지니고 있으십니다. 그러나 간혹 시운(時運)의 험준함[381]에 막히고, 간혹 받들어 보좌할 사람이 없음에 고달퍼져서, 주저

---

367) 黜補는 쫓아내어 다른 자리에 보임함이다.
368) 遊談은 교유하며 閑談을 나눔이다.
369) 內司는 內需司의 약칭으로 조선시대에 궁중에서 쓰는 미포 · 잡물 · 노비 등에 관한 일을 관장하던 관서이다.
370) 嚴敎는 임금의 峻嚴한 명령이나 말이다.
371) 貽累는 누를 끼침, 화를 일으킴이다.
372) 郛郭은 外城, 또는 외성과 내성[城郭 · 城市]이다.
373) 顯示는 드러냄, 분명히 알려 줌이다.
374) 宮府는 궁중과 부중의 합칭으로 궁중과 政府를 가리킨다.
375) 丁憂는 부모의 喪事를 당함으로 丁家艱 · 丁艱이라고도 하는데, 丁大夫人憂는 모친상을 당함이다.
376) 嘉善大夫는 조선시대 종2품 하계의 문산계 명칭이다.
377) 副摠管은 조선시대의 最高軍令機關인 五衛都摠府의 종2품 관직이다.
378) 同義禁은 특별사법기구인 同知義禁府事의 약칭으로 조선시대에 의금부에 둔 존2품의 관직이다.
379) 右尹은 조선시대 漢城府의 종2품 관직이다.
380) 權綱은 권력의 핵심, 나라를 다스리는 권한이다.
381) 阨塞는 험준한 곳, 또는 험준한 요새이다.

하여[382] 나태하신[383] 가운데 오늘에 이르셨습니다. 전하의 마음은 반드시 '대유(大猷)[384]가 이제 틀렸으니 당초의 계획은 어긋났으며, 나의 총명함과 나의 강단(剛斷)[385]을 가지고, 비록 임시방편[386]으로 끌어가더라도, 설마 위험과 혼란에야 이르랴?'라고 여기셨을 것입니다. 그래서 인재에 있어서는 그들이 명령을 받들고 교지를 받듦을 취하시고, 정사에 있어서는 그들이 구차스럽게 미봉함을 다행으로 여기셨습니다. 군신(群臣)과 백료(百僚)의 사사로운 뜻이 가득함[387]을 알지 못한 것이 아니면서도, 분발하여 힘써서[388] 쇄신(刷新)할[389] 방법은 생각하지 않으셨습니다. 흉년이 들어 백성이 궁곤하여 애통(哀痛)이 축적됨을 알지 못한 것이 아니면서도, 미려(尾閭)[390]를 크게 막을 방책은 생각하지 않으셨습니다. 어찌하여 전하께서는 분발하고자 하는 뜻이 없으십니까?" 그 가운데 권강을 총괄하시라는 데 대해서는 대략 이렇게 말하였다. "권세라는 것은 모습이 없는 물건입니다. 한 시절이 따르는 바와 한 시절이 두려워하는 바가 바로 권세가 있는 곳입니다. 위에서 총애를 심으면, 아래에서는 권력을 잡아서[391], 여러 방향으로 펼쳐놓고 온갖 계책으로[392] 감싸안으면, 종일토록 왕래하는[393] 자는 도당(徒黨)[394]이 되고 자손이 되는 데 지나지 않게 됩니다. 떨어뜨리고 두들겨서 깨뜨리지 않는[395] 계책은 국가를 위

---

382) 因循은 주저함, 망설임, 꾸물거림이다.
383) 怠惰는 게으름, 나태함, 해이해짐이다.
384) 大猷는 大道와 같은 말로 나라를 다스리는 큰 도리이다.
385) 剛斷은 果敢하게 결단함이다.
386) 牽補는 牽蘿補漏의 준말로 넝쿨을 끌어다 새는 곳을 메운다는 뜻으로, 일을 임시방편으로 구차스럽게 처리함을 비유한다.
387) 橫流는 가득함, 널리 퍼짐이다.
388) 赫勵는 분발하여 힘씀이다.
389) 振刷는 刷新・整肅이다.
390) 尾閭는 큰 바다 밑에 있는 海水가 끊임없이 샌다고 하는 곳이다.
391) 招權은 권력을 휘어잡음, 권세를 휘두름이다.
392) 牢籠은 籠絡과 같은 말로 감싸안음, 가둠, 포괄함이다.
393) 營營은 끊임없이 왕래함, 분주함, 쉬지 않고 애씀이다.
394) 徒黨은 문하생, 또는 패거리이다.
395) 顚撲不破는 아무리 떨어뜨리고 두들겨도 깨어지지 않음이다.

함이 아닙니다. 세력이 어찌 모여들지 않을 수 있으며, 권력이 어찌 무거워지지 않겠습니까? 세력이 모여들고 권력이 무거워지고 나면, 이익을 좋아하는 자가 어찌 붙좇지 않겠습니까? 외롭고 약한 자가 어찌 두려워하지 않겠습니까? 사대부의 마음이 다 병들고, 윗사람의 위복(威福)[396]이 몰래 옮겨져서, 인주께서 비록 하고자 하는 바가 있어도 이룰 수 없습니다."라고 하였다. 그 가운데 명절에 힘쓰라는 데 대해서는 대략 이렇게 말하였다. "근래에 사대부의 명예와 행실이 땅을 쓴 듯이[397] 사라져서, 그 가운데 높은 자는 모서리를 어루만지며[398] 몸을 보존하고[399] 부침하면서[400] 날을 보내고, 그 가운데 낮은 자는 환변(幻變)[401]을 기이한 재주로 여기고, 아부[402]를 잘 하는 일로 여겨서, 아침과 낮 사이에도 용모[403]가 황홀하며[404], 굽어보고 쳐다보는[405] 경각에도 종적이 흐릿하여[406], 기이하고 괴상함이 백 가지 모습을 다[407] 갖추고 있습니다. 설사 느리고 빠름이 있다 하더라도, 이는 모두 도적을 바라보다가 투항하는 자들이니, 태평하게 다스려 일이 없는 때에 이런 무리를 길러서 무엇에 쓰겠습니까?"라고 하였다.

주상께서 너그러운 비답으로 칭찬하며 장려하고서 소장을 궁중에 보류하게 하셨다. 이에 뭇 사람의 분노가 사방에서 일어나고, 상신(相臣)이 경연에서 논척하자, 공이 다시 소를 올려 말하였다. "저 견고한 성곽의 삼엄한 부오(部伍)[408]에 호령이 한 번 나오자 수많은 입이 뇌동(雷同)[409]하니, 참으로 이른바

396) 威福은 위력으로 복종시키고 은혜로 심복하게 함이다.
397) 掃地는 땅을 쓸어 깨끗이 함으로 흔적도 없게 됨을 비유한다.
398) 摸稜은 사물의 모서리를 만짐으로 시비를 명확하게 표명하지 않고 애매한 태도를 취함을 비유한다.
399) 容身은 몸을 보존함으로 구차하게 안일을 추구함을 비유한다.
400) 浮沈은 물결에 뜨고 가라앉음으로 시류에 따라 적당히 처신함을 비유한다.
401) 幻變은 變化이다.
402) 附麗는 의지하여 붙음, 의지하여 따름이다.
403) 頭面은 머리와 얼굴로 용모・생김새를 비유한다.
404) 恍惚은 변화가 빠름을 형용한다.
405) 俯仰은 한 번 내려다보고 한 번 쳐다봄으로 짧은 시간을 비유한다.
406) 漫漶은 흐릿하여 식별할 수 없음, 아득하여 분명하지 않음이다.
407) 但은 凡이다.

'다만 장군의 호령을 들을 뿐 천자의 조령(詔令)을 따르지 않는다'[410]는 것입니다. 같은 바는 도척(盜跖)[411]을 백이(伯夷)[412]로 여김이고, 다른 바는 흰 것을 검은 것이라고 함입니다. 선뜻 황극(皇極)[413]을 준칙(準則)으로 삼아 회귀(會歸)[414]하지는 못할망정, 반드시 황극을 굴복시켜 몸을 굽혀 따르게[415] 하고자 함이 이와 같음에 그치지 않으니, 속마음[416]을 자행하여[417] 위복이 아래로 옮겨짐에 이르지 않은 일이 얼마나 되겠습니까? 지금 성명(聖明)께서 밝게 임어하시고 위엄과 기강이 전과 같으니[418], 만약 한 사람을 지적하여 권신(權臣)이라 함은 실로 옳지 않겠으나, 만약 권중(權重)[419]이 한 쪽으로 기울었다고 함은 지나친 말이 아닙니다. 이런 풍속을 고치지 않으면 비록 요·순이라 할지라도 다스릴 길이 없을 테니, 이는 실로 나라를 다스리는[420] 대신이 마땅히 함께 미워해야 할 것입니다. 그런데도 도리어 신을 공격하여 남은 힘이 없게 함은 무엇 때문입니까?" 주상께서 비답을 내려 말씀하시기를, "아,

---

408) 部伍는 군대의 편제단위인 部曲과 行伍의 합칭으로 흔히 군대를 가리킨다.

409) 雷同은 줏대없이 남의 의견에 덩달아 찬동함으로 附和雷同이라고도 한다.

410) 이 구절은 前漢 文帝 6년(B.C. 174)에 흉노를 치러 출정하는 장군에게 문제가 "軍門에서는 장군의 명령을 따를 뿐 천자의 조령을 따르지 않는다.(軍門但聞將軍令, 不聞不聞天子詔.)"라고 하였다는 말을 인용한 것이다.

411) 盜跖(蹠)은 중국 春秋時代의 큰 도적으로, 孔子와 같은 시대의 魯나라 사람이다. 賢人 柳下惠의 동생인데, 그의 도당 9천명이 떼를 지어 전국을 휩쓸었다고 한다.

412) 伯夷는 殷末周初의 孤竹國의 왕자로 후사가 되지 않으려고 아우 叔齊와 함께 文王에게 의탁하였다가, 武王이 殷을 치고 周나라를 세우자 무도한 나라의 백성이 될 수 없다고 首陽山에 들어가 고사리를 먹다가 죽었으므로, 節義之士의 상징으로 추앙되었다.

413) 皇極은 제왕이 나라를 다스리는 표준이 될 만한 지극히 올바른 법도로 치우침이 없는 中正의 道를 가리킨다.

414) 會歸는 함께 지켜야 할 準則이나 공동의 표준인데, 『書經』「周書」<洪範>에서는 제왕이 제후와 신민을 모으는 준칙을 會, 제후와 신민이 제왕에게 귀순하는 준칙을 歸라고 하였다.

415) 俯從은 몸을 굽혀 따름이다.

416) 胸臆은 가슴 속 깊이 품은 생각으로 속마음, 진심을 가리킨다.

417) 肆行은 방자하게 행동함, 방자한 행동이다.

418) 自如는 전과 같음, 옛날과 같음이다.

419) 權重은 권력, 대권이다.

420) 體國은 나라를 세우거나 다스림이다.

말이 구투(舊套)에 미쳤음을 사람들이 모두 미워한다. 지난날의 경의 상소는 무엇을 요구하고 무엇을 바란 것인가? 세도를 근심함[421]이 경에게 무엇이 있는가?"라고 하셨다. 또 연신(筵臣)[422]에게 하교하여 말씀하시기를, "이 사람은 담장이 없어도 의지할 수 있고, 진취(進取)[423]를 단념한[424] 탓에 괴로운 심정을 드러낸 것이다."라고 하셨다. 이에 오원(吳瑗)[425]이 옥당관(玉堂官)으로서 공을 헐뜯자[426], 공이 여러 번 소를 올려 변무(辨誣)하니, 원이 마침내 스스로 복종하였다. 그러나 이로부터 더욱 벼슬살이를 즐기지 않아서, 잇달아 좌윤(左尹), 형조·예조참판(刑曹禮曹參判), 안변[427]부사(安邊府使), 동의금(同義禁), 부총관(副摠管), 홍문관제학(弘文館提學), 승문원제조(承文院提調)에 제배되었으나 모두 나아가지 않고, 도성 남쪽에서 문을 닫고 장차 세상사를 버릴 듯이 하였다. 그러나 경연관인 탓에 참여하여 주상께 『예기(禮記)』[428]를 강하는 것을 듣다가 「증자문(曾子問」'[429]에 이르자 차마 읽지 못하고 마침내 그만두었으니, 경묘의 강연이 이 편에서 끝났기 때문이었다. 공은 글썽글썽[430] 눈물을 흘리면서 말하기를, "요·순의 도리는 효성과 공손일 따름인데, 우리 임금님께서는 요·순이셨다. 임금은 계신데 신하가 없어 요·순의 다스

---

421) 囂囂는 근심하는 모양이다.
422) 筵臣은 經筵·書筵 등에서 경전을 강론하는 신하, 또는 경연 등에 참석하는 신하의 총칭이다.
423) 進取는 나아가서 뜻을 이루려고 노력함으로 관직에 나아감을 가리킨다.
424) 絶意는 마음을 끊음, 단념함이다.
425) 吳瑗(1700~1740)은 조선 후기의 문신으로 본관은 海州, 자는 伯玉, 호는 月谷, 어머니는 顯宗의 딸 明安公主이다. 1728년에 장원급제하여 정언으로 있을 때 탕평책을 반대하다가 삭직되었다. 冬至使의 書狀官으로 청나라에 다녀온 뒤 교리·이조좌랑·응교 등을 거쳐, 부제학·승지·공조참판 등을 역임하였다. 『월곡집』을 남겼고, 시호는 文穆이다.
426) 詆辱은 헐뜯고 모욕함이다.
427) 安邊은 조선시대에 지금의 평안북도 安邊郡 지역에 두었던 府이다.
428) 『禮記』는 五經의 하나로 유교의 기본경전이며 49편으로 이루어져 있다. 周代 말기와 秦漢代의 여러 유학자들의 古禮에 관한 학설을 輯錄한 것으로서, 일명 『小戴禮』, 『小戴禮記』라고도 한다.
429) 「曾子問」은 『禮記』의 제7편이다.
430) 汪然은 눈물이 글썽한 모양이다.

림을 드러내지 못하였다. 이것이 지사의 한이다."라고 하였다. 나라와 조정에 일이 있었기 때문에, 공이 이미 임금의 뜻을 거역하는 소를 마련하여[431], 다스림을 근심하고 위기를 예견하는[432] 뜻을 반복하여 정성을 다해[433] 펼쳤으니, 스스로 그만둘 수 없는 바가 있기 때문이었다.

정사년(1737) 가을에 주상께서 당쟁의 기습이 고쳐지지 않은 까닭에 마음[434]에 자극을 받아 격노하시니[435], 백료가 다 황송하여[436] 어찌할[437] 바를 모르자, 공이 군함(軍銜[438])을 지니고 광유(廣諭)[439]에 입참(入參)[440]하였다가, 드디어 나아가 엎드려서 말하였다. "예로부터 국가의 성쇠라는 것을 살펴보면 반드시 그 기상이 관대(寬大)하고[441] 안서(安徐)하면[442] 화평한 복을 누리지 않은 적이 없고, 급박하고 소란스러우면[443] 안정된 공업(功業)에 이를 수 있었던 적이 없습니다. 지금 전하의 기상(氣象)이 그 화평을 얻지 못하니, 전하의 마음이 그 화평을 얻지 못하십니다. 전하께서 화평할 수 없는 심기로 지극히 평정하기 어려운 세도를 평정하고자 하시니, 또한 어렵지 않겠습니

---

431) 治疏는 疏章을 마련함인데, 여기에서는 영조 12년(1736)에 李德壽의 추천으로 홍문관 提學이 되었으나, 당인이라는 논척을 받고 사직하면서 올린 소를 가리킨 듯하다.
432) 危明은 위기를 예견하는 지혜이다.
433) 勤懇은 정성을 다함이다.
434) 淵衷은 못처럼 깊은 속마음으로 深衷이라고도 한다.
435) 激惱는 자극받아 성냄, 자극하여 성나게 함이다.
436) 惶懼는 두려움, 황공함이다.
437) 失措는 놀라 허둥지둥하며 어찌할 바를 모름이다.
438) 軍銜은 군사에 관한 일을 맡아보는 벼슬의 직함인데, 오광운은 영조 12년(1736) 6월에 仁顯王后에게 죄를 지은 李玄逸의 아들인 李栽를 추천한 일로 탄핵받아 삭탈관직되었다가, 이듬해 8월에 廣諭에 참석하도록 파직한 사람도 서용하라는 명에 따라 趙顯命·金取魯·朴師洙 등과 함께 職牒을 돌려받았는데, 이때 1732년에 제수된 副摠管의 직위를 회복하였던 것으로 보인다.
439) 廣諭는 임금이 백관에게 널리 諭示함인데, 『영조실록』에 따르면 13년 8월 28일에 궁궐 正門에서 朝參을 받을 때 2품 이상과 3품 이하의 시종신을 다 모이게 하여 편당하지 말라는 유시를 내렸다.
440) 入參은 들어가 참여하는 것이다.
441) 寬大는 도량이 넓음, 너그럽고 厚德함이다.
442) 安徐는 침착하고 차분함이다.
443) 驚擾는 소란을 피워 놀라게 함이다.

까? 천하에 있어서는 안 될 것은 당론이고, 천하에 없어서는 안 될 것은 시비입니다. 당론을 깨뜨리고자 하면서, 아울러 시비와 혼돈시키니[444], 어수선하고[445] 어지러워져서[446] 그 폐단이 도리어 지난날보다 심함이 있습니다. 그러나 당론을 일삼는 자들[447]은 시비에 거짓으로 의탁하여[448], 시비를 밝힌 자 가운데 어떤 이는 당목(黨目)에 빠져 버리니, 그 서로 비슷함이 심하여 분별하기 어렵습니다. 전하께서 광유하신 뒤에도, 다시 지난날의 당론을 지니는 자는 전하의 신자(臣子)가 아닙니다. 그러나 하늘과 땅 사이를 채우고 있는 것은 일이요, 천하에 일이 없었던 시절은 있지 않으며, 일이 있으면 시비가 있습니다. 기왕의 논의가 설사 소멸되는 데로 귀결된다[449] 한들, 장래[450]의 시비가 온전할[451] 수 있겠습니까? 당(唐)나라 문종(文宗)[452]이 말하기를, "하북(河北)[453]의 도적[454]을 없애는 것은 쉽고, 조정의 붕당을 없애는 것은 어렵다."라고 하였으니, 신은 사서(史書)를 읽다가 이에 이르면, 문종에 대하여 탄식하고 통한(痛恨)하지[455] 않은 적이 없습니다. 황천(皇天)이 인주에게 내려준[456] 것이 어떤 일입니까? 표준(表準)[457]은 마음에 있고, 권병(權柄)[458]은 손에 있으며, 감화(感化)시키면 화합하고, 감독하면 두려워할 것이니, 도주(陶

---

444) 渾淪은 하늘과 땅이 나뉘기 전의 混沌狀態, 또는 물이 빙빙 도는 모양이다.
445) 泯泯은 어수선한 모양, 어지러운 모양이다.
446) 棼棼은 어지러운 모양, 또는 어지럽히는 모양이다.
447) 黨目은 朋黨의 名目·名稱이다.
448) 假託은 거짓으로 기대는 것으로, 가짜를 진짜인 것처럼 위장함, 또는 없는 일을 빌어 사실인 것처럼 꾸밈을 가리킨다.
449) 消融은 녹아 없어짐으로 없어지거나 사라짐을 비유한다.
450) 方來는 앞날·장래·미래이다.
451) 囫圇은 완전함, 또는 애매모호함이다.
452) 文宗은 唐나라의 제14대 황제로 穆宗의 둘째 아들인데, 환관의 횡포, 당쟁, 河北三鎭의 저항 등으로 인하여 재위 기간 내내 어려움을 겪었다.
453) 河北은 중국의 黃河 이북의 지역이다.
454) 河北賊은 唐末에 조정에 반기를 들었던 河北三鎭의 군사를 가리킨다.
455) 痛恨은 몹시 한탄스럽게 여김이다.
456) 付畀는 내려줌, 건네줌이다.
457) 表准(準)은 본보기가 되는 기준·규범이다.
458) 權柄(秉)은 권세의 칼자루로 권력을 가리킨다.

鑄)하고[459] 변화시킴을 어찌 추구하여 이루지 못하겠습니까? 그런데도 도리어 이러한 군박하고[460] 처절한 말을 꺼내어 뒷사람으로 하여금 슬퍼하게 하십니까? 전하께서는 마땅히 성내야 할 것에 성낼 수 있는데도 일찍이 가볍게 드러내지 않는 듯이 하시고, 그들이 마땅히 고집해야 할 것이라고 속이는 데 미혹되어,[461] 조정[462]의 결정을 어지럽게 바꾼[463] 지 이미 여러 해 되었거늘, 왜 오늘의 대고(大誥)[464]를 기다리셨습니까? 옛날에 명덕마황후(明德馬皇后)[465]가 일찍이 좌우를 돌아보며 더불어 말한 적이 없으니, 사신(史臣)이 그 원대한 식견을 찬양하였습니다. 신이 듣자니 근래에 하명을 기다린 여러 신하에 대하여 전하께서는 아무개는 오고 아무개는 오지 않은 것을 다 아셨다는데, 전하께서는 어디에서 들으셨습니까? 감사(監司)[466]가 좌우로 하여금 염문(廉問)하게[467] 함에도 또한 폐단이 있거늘, 하물며 당당한 천승(千乘)[468]의 지존이시겠습니까? 이런 길이 한번 열리고, 만약에 소인이 그 사이에 끼어든다면, 폐단이 장차 어떻겠습니까?"라고 하였다.

당시에 윤급(尹汲)[469]·한익모(韓翼謩)[470] 등이 서로 약속하지[471] 않은 일

459) 陶鑄는 거푸집을 만들어 器物을 鑄造하는 것으로 육성·양성을 비유한다.
460) 窘迫은 다급하고 곤란함이다.
461) 罔或(惑)은 속아서 미혹됨, 속여서 흐릿하게 함이다.
462) 朝著는 朝班·朝廷이다.
463) 撓改는 어지럽게 變改함이다.
464) 大誥는 『書經』 편명에서 유래하여, 천하의 사람들에게 널리 크게 고함, 또는 그런 글을 가리킨다.
465) 馬皇后는 後漢 明帝의 비로 援의 딸이다. 검약하고 겸손하여 덕이 후궁에서 으뜸이었으며, 시호는 明德이다.
466) 監司는 조선시대의 各道에 둔 지방장관인 觀察使의 다른 이름이다.
467) 廉問은 조사하여 審問함이다.
468) 千乘은 천 대의 兵車로 제후·제후국을 비유한다.
469) 尹汲(1697~1770)은 조선 후기의 문신으로 본관은 海平, 자는 景孺, 호는 近庵, 관찰사 世綏의 아들이다. 1725년에 정시문과에 급제하여 정언·수찬·교리를 역임하고, 우부승지·대사간·대사성·부제학을 거쳐 冬至兼謝恩副使로 청나라에 다녀온 뒤 이조판서·예문제학·대사헌을 지냈으며, 참찬에 올라 耆老所에 들어갔다. 글씨에 뛰어나 독특한 서체를 이룩하였다. 『近庵集』·『近庵燕行日記』를 남겼고, 시호는 文貞이다.
470) 韓翼謩(謨)(1703~?)는 조선 후기의 문신으로 본관은 淸州, 자는 敬甫, 호는 靜見이다. 1733년에 급제하여 정언·수찬·승지·대사간 등을 거쳐 예조판서에 올랐다. 판의금

로 국문을 받았기 때문에 공이 논급하니, 주상께서 모두 가납하시고, 절실하게 유념하겠다고 유시하셨다. 대사간(大司諫)에 제배되자 다섯 조목의 소를 올려 "규모(規模)[472]를 세워서 치체(治體)[473]를 결정하시라, 기교(機巧)[474]를 없애고 성실로 돌아가시라, 인욕(人慾)을 막아서 풍화(風化)를 바로잡으시라, 언로를 넓혀서 비익(裨益)[475]을 얻으시라, 성학(聖學)[476]에 힘써서 황극(皇極)을 세우시라."라고 하였는데, 주상께서 비답을 내리고 궁중에 보류하게 하셨다. 연달아서 형조참판 · 호조참판 · 도승지를 제배하였으나, 모두 나가지 않았다. 무오년(1738)에 부친상을 당하였다. 경신년(1740)에 상제가 끝나자 부총관을 배수받고, 만언소(萬言疏)[477]를 올려 당화(黨禍)의 원류를 통렬하게 분석하였는데, 말이 더욱 절실하였다. 또 존호(尊號)[478]의 일을 논하여 풍성한 제향(祭享)을 미리 크게 경계하였다. 주상께서 특별히 사대(賜對)[479]하셔서 고비를 하사하여 총애를 표하시고, 이어서 대사헌(大司憲)을 특제(特除)하셨으나 곧 교체되었다.

이보다 앞서서 공이 상복을 입고[480] 있던 때에, 비로소 목호룡(睦虎龍)[481]

부사로 思悼世子를 고변한 羅景彦을 사주한 배후를 철저히 가릴 것을 적극 주청하였고, 이어 대제학으로서 세자가 죽은 경위를 밝히는 교서의 작성을 끝내 거절하여 삭탈관직되었다. 뒤에 기개를 평가받아 좌의정에 擢拜되고 영의정에 올랐고, 시호는 文肅이다.

471) 胥命은 서로 약속함이다.
472) 規模는 모범 · 격식 · 본보기이다.
473) 治體는 나라를 다스리는 강령 · 요지이다.
474) 機巧는 거짓으로 교묘하게 속임, 또는 교활한 음모이다.
475) 裨益은 이익, 또는 이익이 됨이다.
476) 聖學은 聖人의 학문으로 孔子를 비롯한 성인이 닦은 학문인 儒學을 가리킨다.
477) 萬言疏는 일만 글자로 된 상소로 군왕에게 올리는 장편의 奏章을 가리킨다.
478) 尊號는 君王과 그 부모 · 妃嬪 등을 존숭하는 칭호인데, 여기에서는 영조의 생모인 淑嬪崔氏에 대한 칭호를 가리킨다.
479) 賜對는 임금이 신하를 불러 질문에 대답하게 함이다.
480) 憂服은 부모의 상을 당하여 상복을 입고 있음이다.
481) 睦虎龍(1684~1724)은 조선 후기의 地官으로 본관은 泗川, 참판 進恭의 후손, 南人의 庶孽이다. 종실 青陵君의 家僮으로 있으면서 風水術을 배워 地師가 되었는데, 처음에는 노론에 붙었다가, 경종 1년에 金一鏡 등의 老論四大臣이 실각하여 유배되고 소론정권이 들어서자, 소론에 가담하여 경종을 시해하려는 모의가 있었다는 이른바 三急手說을

의 도리에 어긋나는[482] 공초(供招)[483]가 임인국안(壬寅鞫案)[484]에 실려 왕부(王府)[485]에 갈무리되어 있다는 말을 듣고, 살고 싶지 않은 듯이 놀라고 비통해하면서[486] 이를 언급하여 한탄하기를, "당로자(當路者)[487]가 내가 말로 임금님을 섬긴다고 미워하니, 비록 나를 공격할 거리를 백단으로 찾겠지만, 내가 어찌 골수를 봉해 둔[488] 자라고 하여, 다시 우리 임금의 앞에 천명(闡明)하지 못하랴?" 하고 드디어 상소하여 임인국안을 이정(釐正)[489]하고 대고(大誥)를 찬술하여 백대(百代)에 밝게 드리우기를 청하였다. 십여일 뒤에 주상께서 대신과 경재(卿宰)[490]들에게 물으신 뒤에, 명하여 흉안(凶案)을 태우게 하고, 특별히 도승지에 제배하였는데, 공이 여덟 번이나 소명(召命)을 어기자, 홍주[491]목사(洪州牧使)로 출보(黜補)[492]하였다가 이듬해 봄에 내직으로 옮겼다.

이보다 앞서서 여러 번 문형(文衡)[493]의 천거에 들었는데, 이때에 이르러 주상께서 붓으로 권점(圈點)[494]을 쳐서 공의 이름 아래에 적으면서 말씀하시기를, "이 사람은 어찌 한 점뿐인가? 참으로 한심하도다."라고 하셨으니, 주상

告變하였다. 이로 인하여 逆謀로 지목된 60여명이 처벌되는 옥사와 李頤命 등 建儲四大臣이 사형당한 辛壬士禍가 일어났다. 그 공으로 扶社功臣과 東城君에 봉해지고 同知中樞府事에 올랐지만, 영조 즉위 후 무고임이 밝혀지자, 김일경과 함께 잡혀 옥중에서 급사한 뒤 효수되었다.

482) 不道는 도리에 어긋나는 것이다.
483) 供招는 범인이 범죄사실을 진술함, 또는 자백한 말이다.
484) 壬寅鞫案은 임인년에 일어난 옥사의 죄인과 관련자를 국문한 기록이다.
485) 王府는 대궐이다.
486) 驚痛은 놀라고 비통해함이다.
487) 當路者(子)는 중요한 지위에서 권력을 잡고 있는 사람이다.
488) 緘封骨髓는 자신의 골수를 꺼내어 봉해 둠으로 죽음을 각오함을 비유한다.
489) 釐正은 고증하여 바로잡음, 정비하여 개정함이다.
490) 卿宰는 제왕을 도와 국정을 담당하는 大臣이다.
491) 洪州는 지금의 충청남도 洪城郡 지역에 있던 목이다.
492) 黜補는 쫓아내어 다른 자리에 보임함이다.
493) 文衡은 문장의 저울대라는 뜻으로, 문장의 우열을 판정하여 선비를 뽑는 권력이나 지위를 가리키며, 조선시대의 弘文館·藝文館의 대제학의 별칭이다.
494) 圈點은 조선시대에 관료후보의 추천이나 어떤 사안의 결정을 위하여 대상자의 이름이나 사안 밑에 찍던 동그라미 형태의 점인데, 여기에서는 대제학을 추천하기 위하여 후보자의 이름을 나열해 놓고 의정대신·전임대제학이 찍던 권점인 文衡圈點을 가리킨다.

께서 공을 우대하심[495]이 이와 같았다. 공의 뜻이 염퇴(恬退)하여[496] 교야(郊野)[497]에서 배회하기로[498] 결심한 지 거의 열네 해나 되었는데, 이때에 이르러 임금의 우대가 더욱 융성해지니, 공 또한 감격하여 스스로 분발하였다. 잇달아서 대사간(大司諫)·예조참판·주사[499]당상(籌司堂上)·대사헌(大司憲)·홍문제학(弘文提學)·동춘추(同春秋)·좌윤·동의금·강원도구관당상(江原道勾管堂上)[500]을 제수받았고, 대사례[501]의궤[502](大射禮儀軌)를 의주(儀註)[503]하고, 태묘악장[504](太廟樂章)을 이정하며, 동몽강규(童蒙講規)[505]를 신명(申明)[506]하고, 어제문자[507]를 부집(裒集)[508]하며, 『소학(小學)』[509]을 참교(參校)[510]하라는 명령이 있었는데, 모두 다시 사양하지 않았다. 일을 만나면 더욱 말을 다하기를 꺼리지 않았는데, 당시에 사친을 추가로 높이자는 논의가 성행하고, 주상 또한 여러 차례 '효(孝)'라는 글자를 말씀하시니, 공이 마음으로 걱정하여 소를 올려, "제왕은 큰 효자가 되어야 마땅하고, 작은 효자가 되

---

495) 眷遇는 임금의 특별한 대우이다.
496) 恬退는 편안한 마음으로 은퇴함이다.
497) 郊野는 도성에서 사방 백리 이내의 지역인 郊와 삼백리 이내의 지역인 野의 합칭으로, 보통 도성의 바깥의 부근지역을 가리킨다.
498) 散跡은 방랑함, 정처없이 떠돌아다님이다.
499) 籌司는 備邊司의 별칭으로 備局·廟堂이라고도 하였는데, 조선 중기 이후 의정부를 대신하여 국정 전반을 총괄한 관청이다.
500) 勾(句)管堂上은 특정한 임무를 관장하는 堂上官인데, 지방의 狀啓·文簿는 본래 議政府의 소관이었으나, 備邊司가 설치된 中宗 12년(1517) 이후에는 八道勾管堂上이 관장하였다.
501) 大射禮는 나라에 행사가 있을 때에 임금이 신하들과 함께 활을 쏘는 의식이다.
502) 儀軌(軌)는 조선시대에 왕실이나 국가에 중요한 행사가 있었을 때에 후세에 참고할 수 있도록 그 절차·경비·인원·경과·論賞 등을 기록한 책이다.
503) 儀註는 의례의 절차, 또는 절차를 적은 문서인데, 여기에서는 그것을 작성함을 가리킨다.
504) 太廟樂章은 역대 제왕의 위패를 모시는 사당인 태묘의 제향을 드릴 때에 사용하는 음악의 歌詞이다.
505) 童蒙講規는 官學에서 아동들을 교육시키는 데 필요한 규범이다.
506) 申明은 분명히 밝힘이다.
507) 御製文字는 임금이 지은 글이다.
508) 裒集은 모아서 편집함이다.
509) 『小學』은 南宋의 劉子澄이 스승인 朱熹의 명을 받아 편찬한 修身書이다.
510) 參校는 대조하여 바로잡음이다.

어서는 안 되며, 삼대(三代)[511]를 본받음은 옳지만, 한·당(漢唐) 이후는 본받아서는 안 됩니다."라고 말하여, 조정의 신하들이 받들어 영합함이 번지는 것을 막았다. 계해년(1743) 정초[512]에 성변(星變)[513]이 생기자, 주상께서 오래 신린(臣隣)[514]을 접견하지 않으시니, 공이 상소하여 말하기를, "위와 아래[515]가 통하지 않음[516]을 『주역(周易)』[517]에서는 비(否)[518]라고 합니다. 삼양(三陽)[519]이 교태(交泰)하는[520] 이 달에 전하께서는 도리어 태(泰)[521]를 옮겨서 비(否)로 만드십니다. 천지의 위와 아래의 기운이 통하지 않으니, 어찌 성변이 없을 수 있겠습니까? 전하께서는 대개 평안하지 않은 일이 있으면 분산시키지[522] 못하고 매번 축적하기에[523] 힘쓰시니, 이는 병의 뿌리 가운데 큰 것입니다."라고 하니, 주상께서 "경이 나를 불러서 잠을 깨워[524] 주었소."라고 말씀하셨다. 이로부터 자주 인대(引對)[525]를 허락하시고 번번이 말씀하시기를, "내가 오광운의 말을 생각해 보니, 비괘(否卦)를 열고자 한 것이다."라고 하셨다. 예조참판으로 빈대(賓對)[526]에 들어가서 상주하여 말하기를, "근일에 사

---

511) 三代는 중국의 夏·殷·周의 세 왕조이다.
512) 歲首는 正初·年初로 대개 정월을 가리킨다.
513) 星變은 별이 보여 주는 이변으로 흔히 재앙이 일어날 조짐으로 받아들여졌다.
514) 臣隣은 신하와 백성이다.
515) 上下는 天地이다.
516) 不交는 서로 통하지 않음이다.
517) 『周易』은 儒家의 三經의 하나로 陰陽의 원리로 천지만물의 변화하는 현상을 설명하고 해석한 책인데, 원래 『易經』이었던 것이 周代에 大成되었기에 고쳐진 이름이다. 上古時代에 伏犧氏가 그린 卦를 周 文王이 총설하여 「卦辭」라 하였고, 周公이 그 六爻를 자세히 설명하여 「爻辭」라 하였는데, 孔子가 거기에 심오한 원리를 붙인 十翼을 추가했다고 한다.
518) 否(비)는 『周易』 六十四卦의 하나로 하늘과 땅의 음양의 기운이 서로 통하지 않아서 일이 잘 되지 않는 象이다.
519) 三陽은 동짓달·섣달에 이어 세 번째로 양이 생김으로 정월·봄철을 가리킨다.
520) 交泰는 천지의 기운이 잘 어울려 만물이 한껏 發揚함이다.
521) 泰는 六十四卦의 하나로 陰陽이 조화되어 만물이 막힘이 없어 잘 통하는 象이다.
522) 宣散은 분산이다.
523) 藏蓄은 거두어서 간직함, 축적함이다.
524) 喚醒은 불러서 잠을 깨우는 것이다.
525) 引對는 임금이 신하를 불러서 묻고 답하는 일이다.

대부들의 풍교가 땅을 쓸어낸 듯하여, 벼슬자리[527] 하나가 나오면 분경(奔競)[528]이 시장과 같고, 관절(關節)[529]이 문을 메우며, 전선(銓選)[530]을 장악한 자는 오로지 관절의 긴헐(緊歇)[531]을 살펴서 취하거나 버립니다. 신은 매번 정색(正色)[532]으로 입조(立朝)하여[533] 백관을 통솔하고[534] 대신을 질책하지만, 대신은 동솔할 수 없고, 백료는 사사로움을 따름[535]이 전과 같습니다."라고 하였다. 대신이 나아가 엎드려서 말하기를, "신은 예참의 상주에 부끄러움을 이기지 못하여 승복합니다.[536] 다만 '사(私)'라는 글자는 이미 과굴(窠窟)[537]을 이루었으므로 타파할 수 없습니다."라고 하였다. 주상께서 말씀하시기를, "이는 과인의 허물이니, 참으로 맹자(孟子)가 이른 사경(四境)의 안을 다스리지 못한다[538]는 것이요."라고 하셨다. 대사헌이 되었을 때에 천변(天變)[539]이 있어 장차 잔치를 베풀려고[540] 하니, 공이 소를 올려 말하였다. "이런 재앙을 만나 근심스럽고 두려운 때이니, 이것이 어찌 그만둘 수 있는 일이 아니고 그만두지 못할 일이겠습니까? 녹명(鹿鳴)[541]의 잔치[542]를 특명으로

---

526) 賓對는 매월 여섯 차례씩 議政大臣과 臺諫 · 玉堂의 관리들이 임금 앞에 나아가 중요한 정무를 아뢰는 일이다.

527) 窠는 관직의 闕員이다.

528) 奔競은 분주히 경쟁함, 다투어 명리를 구함으로 獵官運動을 가리킨다.

529) 關節은 몰래 뇌물을 먹여 관리를 매수하는 일이나 암암리에 행하는 내통이나 청탁, 또는 그 서신이다.

530) 銓選은 인물을 전형하여 뽑음이다.

531) 緊歇은 긴요함과 그렇지 않음이다.

532) 正色은 얼굴빛을 위엄 있게 하고 태도를 엄숙하게 함이다.

533) 立朝는 조정에 나아가 관리가 됨이다.

534) 董率은 통솔함, 지도함이다.

535) 循私는 사사로움을 좇음이다.

536) 愧服은 부끄럽게 여겨 굴복함이다.

537) 窠窟은 동물의 서식지로 악당이나 도둑의 무리가 본거지로 삼고 있는 곳을 비유하며 巢窟이라고도 한다.

538) '四境之內不治'는 『孟子』 「梁惠王 下」에서 맹자가 齊 宣王에게 "사경의 안이 다스려지지 못한다면 어떻게 하시겠습니까?(四境之內不治, 則如之何?)"라고 묻자, 왕이 좌우를 돌아보며 딴 말을 한 것을 가리킨다.

539) 天變은 日蝕 · 月蝕 · 星隕 등 천체의 현상이다.

540) 進宴은 잔치를 베풂이다.

정지시켜 성덕을 빛내셨으니, 나의 영고(寧考)[543]께서 풍재(風灾)로 인하여 잔치를 여는 것을 그만두시고, 잔치에 쓸 물품을 진휼하는[544] 도구로 쓰게 하신 일이 어찌 오늘에 마땅히 계술(繼述)해야[545] 할 일이 아니겠습니까?"라고 하였다. 소가 들어가자 주상께서 인견하고, 왕세자를 돌아보며 훈계하시기를, "나라에 직신(直臣)[546]이 있으면 나라를 흥하게 하고, 없으면 망하는 것이니, 오늘 특별히 도헌(都憲)[547]을 불러서 표리를 하사하는 것은 너로 하여금 충성을 표창하고 직언을 식별하는 도리를 알게 하기 위함이다."라고 하셨다. 이어서 손수 쓰신 글을 내리고 말씀하시기를, "경의 곧음을 가상하게 여기고 경의 충성을 표창하여, 특별히 표리 열 필을 하사하니 경은 받으라."라고 하셨다. 또 체차(遞差)하지 말고 공직하면서[548] 풍헌(風憲)[549]을 진려(振厲)하기[550]를 선정(先正)[551] 조광조(趙光祖)[552]처럼 하라고 명하셨다. 얼마 뒤에 대신(臺臣)[553] 조중회(趙仲晦)[554]가 소장을 올렸는데, 말이 육상묘(毓祥廟)[555]를 건드

541) <鹿鳴>은 『詩經』「小雅」의 편명으로 천자가 群臣 · 嘉賓에게 연회를 베풀 때에 썼던 음악의 가사이다.
542) 鹿鳴宴(筵)은 향시를 치른 뒤에 州縣의 長官이 급제자 · 고시관 등을 초대하여 베풀던 잔치인데, 거기서 『詩經』「小雅」의 <鹿鳴>을 읊었기 때문에 생긴 말이라고 한다.
543) 寧考는 돌아가신 아버지인데, 여기에서는 肅宗을 가리킨 듯하다.
544) 賑恤은 돈이나 재물을 베풀어 어려운 사람을 구제함이다.
545) 繼述은 先祖의 사업을 계승함이다.
546) 直臣은 바른말로 諫諍하는 신하이다.
547) 都憲은 대사헌의 별칭이다.
548) 供職은 직무를 맡아 책임을 다하는 것이다.
549) 風憲은 風紀와 法度이다.
550) 振厲는 분발하여 힘씀, 북돋움이다.
551) 先正은 전대의 훌륭한 신하이다.
552) 趙光祖(1482~1519)는 조선 전기의 문신으로 본관은 漢陽, 자는 孝直, 호는 靜庵, 金宏弼에게 수학하였다. 진사로 이조판서 安瑭에게 천거받아 출사했다가 등제하여 정언 · 교리 · 전한 등을 역임하고 부제학을 거쳐 대사헌이 되었다. 士林派의 지지를 바탕으로 하여 道學政治의 실현을 위해 힘쓰면서, 선현의 문묘종사, 鄕約의 보급, 賢良科의 실시 등을 실현시켰다. 반정공신의 삭훈, 昭格署의 폐지 등의 문제로 훈구파가 일으킨 己卯士禍로 綾州에 유배되었다가 사사되었다. 선조 초에 신원되어 영의정이 추증되고, 문묘에 종사되었으며, 수많은 祠宇에서 제향되었다. 『靜庵集』을 남겼고, 시호는 文正이다.
553) 臺臣은 臺諫이다.
554) 趙仲晦(1711~1782)는 조선 후기의 문신으로 본관은 咸安, 자는 益章이다. 등제하여 설

렸기에 주상께서 진노하여 합문(閤門[556])을 닫으시니[557], 조정의 논의가 두려워서 술렁거리면서[558], 모두 중회에게 죄를 주어 주상의 분노를 풀고자 하였다. 공이 홀로 불가하다는 뜻을 견지하여 소를 올려 힘껏 간하였지만, 비지가 오래 내려오지 않았다. 또 상소하여 말하기를, "신기(神器[559])라는 것은 열성(列聖[560])께서 창건하여 지키시고, 삼종(三宗[561])께서 맡기신 것이거늘, 전하께서는 어찌하여 신기를 희롱거리로 만드십니까? 명일은 바로 건인월(建寅月[562])이 드는 날이라, 삼양이 교태하고 만물[563])이 소생[564])하니, 이는 바로 우리 전하께서 체천(體天)하여[565] 시절에 대응하고, 깨달아 뉘우치며 고쳐나가실[566] 큰 기회입니다. 오늘은 억조창생의 생명이 나지도 않고 죽지도 않으며, 종사의 기세는 존속하지도 않고 망하지도 않으니, 태어나는 것도 명일이요, 죽는 것도 명일이며, 존속하는 것도 명일이고 망하는 것도 명일입니다. 만약 명일을 놓쳐 버린다면, 신은 영명한 군주가 망국의 군주가 됨을 견디지 못할 것이요, 신등은 망국의 대부가 될 것입니다."라고 하였다. 주상께서 크게 감동하여 곧 사륜(絲綸[567])을 내려 깨닫고 뉘우치는 뜻을 보이셨다. 갑자년

서·검열을 거쳐, 정언으로 왕의 私廟參禮를 간하다가 파직당했고, 복직 후 탕평책을 반대한 尹汲을 변호하다가 또 파직되었다가, 재기용되어 謝恩兼冬至使의 서장관으로 淸에 다녀온 뒤 승지·대사간을 역임했다. 승지로 莊獻世子를 옹호하여 극간하다가 유배되었고, 해배 후 도승지·대사헌을 거쳐 이조판서를 지냈다. 시호는 忠憲이다.

555) 毓祥廟는 肅宗의 후궁으로서 英祖의 생모인 淑嬪崔氏의 신주를 모신 사당인데, 영조 원년(1725)에 창건되어 淑嬪廟라 하다가 육상묘로 고쳐지고, 29년에 육상궁으로 높여졌다.

556) 閤門은 궁전의 옆문이다.

557) 閉閤은 閉閤思過의 준말로 합문을 닫고 자신의 잘못을 반성함이다.

558) 洶懼는 두려워하여 술렁거림이다.

559) 神器는 玉璽·寶鼎 등 나라를 상징하는 器物로 임금의 자리나 정권을 비유한다.

560) 列聖은 역대의 임금이다.

561) 三宗은 세 분의 임금인데, 여기에서는 조선조의 역대 임금 가운데 不遷之位인 世宗·宣祖·仁祖를 가리킨다.

562) 建寅은 月建이 寅인 달로 정월을 가리킨다.

563) 萬品은 萬物이다.

564) 昭蘇는 되살아남, 또는 생기를 회복함이다.

565) 體天은 天命에 의거함을 말한다.

566) 轉移는 고침, 개변함이다.

(1744) 가을에 주상께서 기로사(耆老司)[568]에 들어가시자, 지평(持平) 박성원(朴聖源)[569]의 논계(論啓)가 있었는데, 말이 자못 광망(狂妄)[570]하므로 주상께서 매우 노하여 성원을 절도(絶島)[571]에 찬배(竄配)[572]시키시니, 대각(臺閣)[573]이 모두 겁내어[574] 국문을 청하는 이도 있고, 천극(栫棘)[575]을 청하는 이도 있었다. 공이 상소하여 힘껏 구원하니, 대신 가운데 감탄하는 분이 있었다. 겨울에 개성유수(開城留守)[576]로 부임하였다.

을축년(1745) 7월에 경연에 올라가기 위하여 서울로 들어왔는데, 스무하룻날에 가벼운 병으로 약현(藥峴)[577]의 옛집에서 졸하였으니, 향수(享壽)는 쉰일곱 살이었다. 돌아가시기에 임박하였을 때에, 말이 사사로운 일에 미치지 않고, 오로지 나라의 은혜를 갚지 못한 것을 한탄하였다. 부음을 들으시고 주상께서 몹시 놀라서 슬퍼하시면서[578] 손으로 서안을 세 번 치시고 나서, 곧 애도하는 교령을 내려, "공적이 사직에 있으니 마땅히 상훈을 내렸어야 하거늘 내리지 못하였도다."라고 하시면서, 특별히 대총재(大冢宰)[579]를 증직하고 그 밖의 부의(賻儀)[580]도 모두 상례[581] 이상으로 내어주라고 유시하셨다. 계

567) 絲綸은 詔勅·敎令의 雅稱이다.

568) 耆老司는 조선시대에 연로한 정2품 이상의 문신들을 예우하기 위하여 설치한 일종의 경로당으로 耆老所·耆社라고도 하였다.

569) 朴聖源(1697~1757)은 조선 후기의 문신으로 본관은 密陽, 자는 士洙, 호는 謙齋이다. 1728년 별시문과에 급제하여 정자·감찰 등을 거쳐 지평으로 있을 때 왕이 耆老所에 들어감을 반대하다가 南海에 위리안치되었다가 2년 뒤에 풀려났다. 세손강서원 諭善이 되어 세손인 정조를 보도하였으며, 참판으로 치사하여 奉朝賀가 되었다. 『禮疑類輯』·『謙齋集』을 남겼고, 시호는 文憲이다.

570) 狂妄은 방자하게 제멋대로 행동함이다.

571) 絶島는 육지에서 멀리 떨어져 있는 섬으로 孤島라고도 한다.

572) 竄配는 流配이다.

573) 臺閣은 司憲府와 司諫院의 합칭이다.

574) 恇怯(怯)은 겁을 냄, 겁이 많음이다.

575) 栫棘은 圍籬安置이다.

576) 留守는 조선시대에 首都의 경비에 필요한 고을에 두었던 종2품직 지방관이다.

577) 藥峴은 지금의 서울 서소문 밖에 있던 마을 이름이다.

578) 震悼는 몹시 놀라고 슬퍼함이다.

579) 大冢宰는 吏曹判書의 별칭이다.

580) 賻賵은 賻儀이다.

복(啓覆)[582]하던 날에 몸소 송경(松京)의 문서를 보시고 감탄하여 말씀하시기를, "그 이름은 보지만 그 사람은 볼 수 없으니, 어찌 깊은 슬픔[583]을 견디랴?"라고 하셨다. 뒤에 합문(閤門)을 닫게 하신 때를 맞아서 교지를 내려 말씀하시기를, "만약 오광운으로 하여금 살아 있게 하였다면, 어찌 나로 하여금 이런 거조를 하게 하였으랴?"라고 하셨다. 고양(高陽)[584]의 다정산(多井山) 임좌(壬坐)[585]의 언덕에 장사지냈다.

공은 평소에 집에 있을 때[586]에 참참(斬斬)하게[587] 법도가 있어, 비록 자질들이라 하더라도 감히 사사롭지 못하였고, 부모를 섬기는 데에는 사랑하고 공경함을 지극히 갖추었다. 고로(孤露)[588]가 되었을 때에는, 새벽이면 반드시 사당에 참배하여 병이 심하지 않으면 그만두지 않았다. 사람을 보고 한 가지 기예가 있으면 장려하고 발탁하기[589]를 미치지 못할 듯이 하였고, 사람을 보고 옳지 않음이 있으면, 비록 평소에 친밀하였더라도 조금도 용서하지 않고[590] 쫓아내고 절교하였다. 조정에서 벼슬함에는 명절을 스스로 격려하면서 늘 말하였다. "권세가 귀결되는 바에 붙좇는 자는 소인이고 물리치는 자는 군자이다. 환관과 궁녀[591]와 통교하는 자는 소인이고, 그 이름도 모르는 자는 군자이다. 정후(正后)[592]를 폐하고 세움에 따지는 것은 충성이고, 따지지 않는 것은 불충이다. 국본(國本)을 흔듦에 따지는 것은 충성이고, 따지지 않는

---

581) 常典은 常例이다.

582) 啓覆은 조선시대의 형벌심리 제도의 하나로, 전국의 사형수에 대하여 승정원에서 그 명단과 죄목을 상주하여 다시 심리하던 일이다.

583) 感愴은 마음 속 깊이 슬퍼함이다.

584) 高陽은 서울 서북쪽의 경기도에 있던 郡이다.

585) 壬坐는 丙向과 같은 말로 남쪽으로 향하는 자리이다.

586) 居家는 집에서 지내는 일상생활이다.

587) 斬斬은 整然하고 엄숙한 모양이다.

588) 孤露는 감싸고 도와 줄 사람이 없는 외톨이로 아버지나 어머니, 또는 양친을 모두 여윈 사람을 가리킨다.

589) 獎拔은 장려하고 발탁함이다.

590) 無貸는 용서가 없음이다.

591) 宮妾은 궁녀이다.

592) 正后는 제왕의 正妻이다.

것은 불충이며, 찬성하는 자는 반역[593]이고, 찬성하는 자에게 편당하는 자는 흉당이다. 그 다음으로 사친(私親)을 과도하게 높임, 봉선(封禪)[594], 존호(尊號), 병단(兵端)[595], 궁액(宮掖)[596]과 외척에 대한 지나친 은혜, 토목공사, 사냥을 즐김[597]에 대하여 간언하는 자는 직신이고, 간언하는 않는 자는 아첨하는 자이다. 태평한 시절[598]의 사고(事故)는 대략 이것이 전부이고, 비록 이 밖에 생기는 것이 있더라도 비슷한 사물에 미룸[599]으로써 유추하여[600] 알 수 있다. 이런 까닭으로 모든 상소의 진술과 경연의 상주가 간절하여 마지 않아서[601], 위로는 어려운 일을 권면함[602]을 반드시 요·순으로 하고, 아래로는 자신을 헤아림[603]을 반드시 제일의(第一義)[604]로 하였다.

그 문장이 또한 그 말을 표현하기에 넉넉하였으므로, 임금의 뜻을 감동시켜 돌릴 수 있었으니, 주소(奏疏)가 나올 때마다 전하면서 외우지 않는 이가 없었다. 그러나 시정(時政)을 지적하고, 귀근(貴近)[605]을 큰 소리로 꾸짖음[606]에는 이따금 말이 초절(峭切)함[607]에 가까워, 조금도 감싸지[608] 않았다. 그러므로 비록 위로 영명한 군주의 지우를 입어 은수(恩數)[609]가 드물었지만[610],

---

593) 凶孽은 역적·반역자이다.
594) 封禪은 옛날에 帝王이 하늘과 땅에 제사지내던 큰 의식이다.
595) 兵端은 전쟁을 불러오는 事端이다.
596) 宮掖은 왕궁인데, 掖은 掖庭으로 妃嬪이 거처하는 곳이다.
597) 遊畋은 사냥을 즐김이다.
598) 平世는 태평한 시절·세상이다.
599) 觸類는 한 사물에 대한 지식을 터득하여 같은 종류의 다른 사물까지 미루어 앎으로, 觸類旁通·觸類而通·觸類而長이라고도 한다.
600) 反隅는 비유하여 유추함, 이것으로 저것을 앎인데, 『論語』「述而」의 "한 모서리를 들어 세 모서리를 알지 못한다면 다시 되풀이하지 않는다.(擧一隅不以三隅反 則不復也.)"라는 글에서 유래한 말이다.
601) 不啻는 마지 않음이다.
602) 責難은 어려운 일을 하도록 권면함이다
603) 自待는 자신을 어떤 사람으로 여겨 남을 대함이다.
604) 第一義는 가장 중요한 도리, 또는 가장 근본이 되는 의의이다.
605) 貴近은 지위가 높고 顯貴한 근신이다.
606) 詆呵는 큰 소리로 꾸짖음이다.
607) 峭切은 가파르고 급박함, 가파르고 엄함이다.
608) 回護는 감쌈, 庇護함이다.

당로자에게는 미움을 받았다. 재신(宰臣)의 반열에 스무 해나 있었으면서도 관위가 더 나아가지 못하였음은 이 때문이 아니랴? 공은 문장을 지음에 육경(六經)[611]을 근본으로 하여 백가(百家)[612]를 참조하였고, 성색(聲色)[613]에 얽매이지 않고 오로지 신회(神會)[614]를 위주로 하여, 높다랗게 일가를 이루었다. 그 각체가 모두 뛰어나서, 근대에서 찾더라도 견줄 만한 이가 드물며, 지은 경설(經說)·사평(史評)·시문 등 수십권이 집에 갈무리되어 있다.

배필은 안동권씨(安東權氏)이니, 참봉(參奉) 휘 경(經)의 딸이고, 대제학을 지내고 호가 하계(霞溪)이신 휘 유(愈)[615]의 손녀이다. 아들 둘을 낳았는데, 맏이 대관(大觀)[616]은 문과에 장원으로 급제하여 병조좌랑으로 있다가 스물넷에 요절하였다. 둘째인 대성(大成)[617]은 공께서 돌아가신 지 얼마 안 되어 이어서 요절하였다. 뒤에 친족의 아들 숙(璹)이 대관을 이어 후사가 되었는데, 영묘(英廟)의 명으로 벼슬길에 나아가서, 지금 군수(郡守)를 지내고 있다. 숙

609) 恩數는 은총의 등급이다.

610) 曠絶은 이제까지 없었음, 거의 없음이다.

611) 六經은 유교의 여섯 가지 경서로 『易經』·『書經』·詩經』·『春秋』·『禮記』·『樂記』를 가리키는데, 『樂記』는 전해지지 않고 오경만 남아 있다.

612) 百家는 諸子百家의 준말로 春秋戰國時代부터 漢初까지 활약했던 사상가들과 그 학술유파 및 저술을 총칭한다.

613) 聲色은 아름다운 소리와 빛깔인데, 여기에서는 詩의 聲律·色澤[화려한 표현]과 같은 形式·字句·修辭 등의 外樣을 가리킨다.

614) 神會는 정신을 알아봄, 정신이 서로 통함인데, 여기에서는 표현대상이 지닌 정신과 태도를 알아냄을 가리킨다.

615) 權愈(1633~1704)는 조선 중기의 문신으로 자는 退甫, 호는 霞谷·霞溪이다. 1665년에 별시문과에 병과로 급제하여, 여러 벼슬을 거쳐 1689년에 기사환국으로 남인이 집권하자, 대사간·예문관 대제학 등 요직을 맡고 지경연사에 올랐으나, 갑술환국으로 유배되었다. 閔黯이 文衡을 추천할 때, 그와 李瑞雨를 놓고 결정하지 못하여 명사들이 모인 자리에서 운을 내어 재주를 시험하였더니, 그가 즉석에서 시를 지어 좌중을 놀라게 함으로써 문형에 올랐다는 일화가 있다.

616) 吳大觀(1711~1734)은 조선 후기의 문신으로 자는 敬叔, 호는 玄溪이며, 蔡膺萬의 딸에게 장가들었다. 1732년에 정시문과에 장원으로 급제하여 병조좌랑으로 있다가 요절하였다.

617) 蔡濟恭의 <哀吳聖集>(『樊巖集』 권4)에 따르면 자는 聖集으로 1746년에 요절한 듯한데, <亡子行狀>(『약산만고』 권20)에서는 차자가 大復이라고 하였다.

은 아들 셋을 낳았는데, 맏이 원진(元鎭)은 일찍 죽었고, 다음은 형진(亨鎭)과 혁진(赫鎭)이다.

영조(英宗)[618] 31년 을해년(1755)에 역옥이 있었는데, 주상께서 공이 지난날에 올린 상소에 있는 '바깥으로는 거울의 표면처럼 고치고, 안으로는 용처럼 꼬리를 갈무리한다.'라는 말이 미래를 미리 짐작하기[619]를 시초(蓍草)[620]·채귀(蔡龜)[621]처럼 하였다고 하시면서, 추념하여 마지 않으시고, 특별히 제사를 올리게 하셨다. 금상[622] 무신년(1788)에 갑자(甲子)가 다시 돌아오자 지난 일을 회상하여[623] 특별히 윤음(綸音)[624]을 내려서, 여러 훈신의 지난날의 공적을 추서(追敍)[625]하시면서, "한 마디로 절충(折衝)[626]이라면 고참판 오광운과 고대사헌 홍경보가 있었으니, 두 신하의 충성은 원훈[627]에게 양보하지 않는다."[628]라고 말씀하시고, 아름다운 시호(諡號)를 특증(特贈)하여 그 충성을 빛나게 하셨다. 앞의 성군(聖君)과 뒤의 성군께서 지난날의 신하를 잊지 않으셔서 은총이 구원(九原)[629]에 미침은 신하와 백성을 감읍하게 하고, 후손들을 격려시키기에 넉넉하니, 아, 아름답도다. 이에 곧 남의 손을 빌려서[630] 글을 태상씨(太常氏)[631]에게 바친다.

618) 英宗은 英祖이다.
619) 逆覩(睹·睹)는 앞일을 미리 짐작함이다.
620) 蓍草는 점을 칠 때 쓰이던 풀 이름이다.
621) 蔡龜는 점을 칠 때 쓰이던 큰 거북이다.
622) 今上은 지금 임금으로 正祖를 가리킨다.
623) 感舊는 지난날을 그리워함, 옛일을 회상함이다.
624) 綸言은 綸音과 같은 말로 君王의 명령이다.
625) 追敍는 추후에 공적을 논하여 상이나 勳爵을 줌이다.
626) 折衝은 적군의 수레를 되돌리게 함으로 적군을 제압하여 승리함을 가리킨다.
627) 元勳은 아주 큰 공적을 세운 사람이다.
628) 不讓은 양보하지 않음으로 못하지 않음을 가리킨다.
629) 九原은 九泉과 같은 말로 墓地·黃泉을 가리킨다.
630) 藉手는 남의 손을 빌림, 남의 도움이나 힘을 빌림이다.
631) 太常은 고려시대에 국가의 祭禮를 주관하고 諡號와 廟號 등의 제정을 담당하던 관부인데, 여기에서는 조선시대에 諡號를 의론하여 정하던 관서인 奉常寺의 관원을 가리킨다.

同福之吳, 高麗侍中文獻公大陞之裔也. 文獻琢石作四十八燈, 夜輒禮天, 其後蕃而大, 自麗及聖朝, 公卿磊落相望. 有諱百齡, 號默齋, 官吏曹參判贈領議政, 與伯氏晚翠公億齡, 並爲穆陵名臣. 是生諱竣, 號竹南, 官大宗伯兩館提學, 於公爲四世祖也. 曾大父諱挺漢, 義禁府都事, 贈承旨, 大父諱始鳳, 早卒, 贈吏曹參議. 父諱尙純, 敦寧府都正, 贈吏曹判書, 娶廣州安氏, 贈貞夫人, 承旨諱後說之女, 以肅宗己巳生公.

公諱光運, 字永伯, 號藥山, 淸明穎悟, 絶出等夷, 自少標高揭己, 斷不以流俗自居. 性又嫉惡靡悔. 常以爲我國黨論, "二百年相守, 醞釀糾結, 其訟盈庭. 然苟究源委, 直春秋無義戰, 果能有登岸特立, 罪罪是是不以私參錯, 則雖謂之不待文王之士, 未爲過也. 以故苟是也, 雖臭味燕越, 未嘗不斂袵傾服. 苟非也. 雖知舊先輩, 未嘗不顯言詆斥, 盖其千萬人必往之勇, 不以身在韋布而有所沮撓也.

甲午, 中司馬, 己亥, 魁節製賜第, 分隷槐院. 時景廟新卽位, 人有說追崇私親者, 公面斥曰, "濁渠在前, 君輩褰裳以趍, 吾不欲見君輩也." 癸卯, 兼肅廟實錄春秋, 中文臣庭試, 受皐比賜. 陞著作例兼奉常直長, 爲禮曹佐郎. 俄移侍講院司書, 疏勉聖學曰, "今日勸導東宮之本, 實在於殿下之勤學. 臣愚以爲聖資沉潛, 同符殷高之恭默. 而天地有憾, 或欠思辨之工夫, 說命首篇一思字, 合爲聖學之喫緊下手者矣." 時, 英廟在東宮日開書筵, 公講說明剴, 因文箴規, 語婉而直, 東宮爲之傾嚮. 未幾將呈遞, 勉留甚摯, 契合盖始此也. 除忠淸都事不赴, 爲養宰殷山縣. 乙巳, 棄歸, 以繡衣褒, 賜表裏. 丁未, 拜持平, 疏陳時事, 辭意悲惋激切, 有識者韙之. 差肅廟景廟實錄都廳郎, 選知製敎, 拜兵曹佐郎.

戊申, 選玉堂爲修撰校理, 兼東學敎授. 上幸私廟, 公同諸僚箚請驅出潛邸丘史, 毋得穢肅穆之地, 上立命坼陣門, 盡驅之外, 衛士無不相顧欽歎. 俄有命堂箚批旨, 勿出朝報, 公上玉堂故事曰, "司馬光朝晝所爲無不可對人言者, 趙抃以一日所爲焚香告天, 矧乎王者以一國爲家, 兆庶爲子. 夫豈有發言行事而不可告語於家人子弟者哉?" 上嘉納. 嘗因夜對進曰, "臣昔侍銅龍, 每見殿下以堯舜自期, 臨御四年之間堯舜姑無論, 下比漢唐哲辟, 亦有不及者." 上動容曰, "胄筵勸講之時, 儒臣之望於予者, 豈如今日? 予學力未固, 不能塞儒臣之望, 可愧也.

三月, 奉朝賀崔公奎瑞, 自鄕疾馳入上變. 當是時, 昇平日久, 上下忨愒, 直以爲逃良役者爲小小嘯聚. 所以應變者, 不過差畿邑武守而已. 公直玉堂歸家, 聞閭里一空, 大驚憂, 謂洪修撰景輔曰, "今日之變, 若存若亡, 而余以爲其根柢不小. 自去年冬, 人心騷屑, 中夜荷擔者屢矣. 今則京632)城已避亂, 奉朝賀上變又適至, 朝家一何泄泄也?" 仍與洪簡, 邀李南床宗城, 語之曰, "我國小民至愚, 不能自立擧事. 若無變則已, 有之, 必士大夫煽動, 所謂鎭靜者, 內有設施, 外示鎭安, 以定人心而勘禍亂也. 今則以專無設施爲鎭靜, 此狃安也, 非鎭靜也." 李公以是言大臣, 大臣遂與公求對. 時夜已深, 御燭熒煌上展急書於案, 嗟惋世變者良久. 仍問曰, "玉堂同入何也?" 大臣曰, "吳洪兩臣, 以備禦踈虞, 爲大可慮, 下詢宜矣." 公進曰, "近來騷屑, 不曰南倭北虜, 不曰海浪寇, 空地洶洶, 男女騈闐而去. 變書未上前, 都下士女何以逆覩其有變也. 由此觀之, 今日逆變, 必有根蔕矣. 世道陷溺, 變恠百出, 有非思慮所可懸度, 惟當盡其備禦之道而已. 今朝家雍容暇豫, 視之若鼠竊者之自起自滅. 設使羌胡一朝起於轂下, 則以今日設施, 果能撲滅之乎? 且逆亂何等大變, 而變上二日, 尙不設鞫, 臣實未曉也." 洪公亦繼陳之, 上曰, "兩臣憂國之誠, 可嘉. 親鞫今當設行, 備禦將若何? 宮城果可衛乎?" 諸臣皆言過, 公曰, "以臣之見, 宮城扈衛, 未見其過也." 上從之, 特差公問郞. 比設鞫, 天已明, 未得其要領. 有金重萬者上變, 未及訊囚, 望見御榻前諸臣有起伏狀, 急趍入問之, 諸臣答以侵夜帳殿, 恐傷玉體, 請姑罷耳. 公曰, "國家安危, 間不容髮. 聖體一夜之勞小, 宗社萬年之憂大. 願大臣復請出臨也." 大臣亟與公同入請復出, 上曰, "昨夜失睡困惱甚. 旣命姑罷, 待明朝何晩." 公進曰, "事有大小, 憂有輕重, 豈可虛度今夜? 蹉過機會, 緩國家之備禦, 成賊勢之團聚乎? 臣不敢爲姑息之愛於君父矣." 上曰, "乃言是." 復出臨鞫, 始得賊情. 前此, 諸臣或以求對爲張皇, 扈衛爲驚擾者, 及聞金重萬所告賊以白衣流入放火京城之謀, 始服公先見. 賊平, 擢拜同副承旨. 吳海恩命恒白上曰, "吳光運・洪景輔有扶社稷功, 當策勳." 公力辭之, 上亦察公志事遂已. 有勳帥請屠殺安陰古縣吏民從逆者, 公進曰, "殲魁赦從, 聖訓也. 盡一縣屠滅, 乃是戰國風雨猛將鷙帥之所爲, 曷嘗有聖后仁君行

632) 원전의 '京'은 문맥이나 <變亂時記事>(『약산만고』 권11)로 보아 '傾'의 착오이다.

是政者乎? 宋祖戒王全斌喜殺, 當以堯舜望吾君, 豈可以宋祖所不爲勸之乎?" 上嘉納焉. 又奏曰, "人臣逆則必誅, 非逆則雖或混入鞫獄, 一脫自當爲平人, 安有似逆非逆而中立之地乎? 臣意則別作一冊子, 列錄諸罪人, 詳記某招某事, 使干犯者無得漏天網, 脫出者不在闇昧之科, 爲王者之政也." 上從之. 後因酌處諸囚多所寬縱, 臣下有爭之者, 輒敎曰, "人不可置之闇昧. 予欲施吳光運之言, 故如是耳."

時, 廷議務調停保合, 公疏言, "爲黨論者, 各循其私, 各務其勝, 或藉昨日之是而護今日之非, 或因彼事之非而掩此事之是. 爲上者公聽並觀, 鑑空衡平, 無一毫機關之籠絡, 無些皃文具之粉飾. 是者是之, 非者非之, 無所偏倚, 然後可以服人心也. 今乃或牽掣於時勢, 或勉副於人情, 有若鄕曲仇怨(怨)之人私和釋憾之爲, 則臣恐蕩平無可成之日也." 上褒之以切實." 又筵奏曰, "殿下聰察太過而有欠含弘之體, 慈仁有餘而有失剛毅之道, 臣謹以弘毅二字獻焉." 上稱善曰, "當猛省焉." 當會盟之時, 上以公差禮房承旨, 古例, 禮房加資, 上意屬於公, 公嫌驟晉辭遞.

己酉, 承命覈嶺南獄, 從縣道陳疏, 薦嶺士若干人, 附論蕩平眞假而曰, "願殿下無設假蕩平之名, 後日追悔於爲羣下所欺也." 上優批留中, 賜上弦弓以奬之. 其反面也, 朴師洙在上前, 盛氣呵斥. 公曰, "臣疏所謂假蕩平, 非他意也. 夫蕩平云者, 至公無私之謂也, 無物我彼此遠邇親踈尊卑貴賤京鄕內外. 一出於大公至正, 無少私僻, 然後始可謂蕩平. 今師洙但知老少保合爲蕩平, 外此則不知有蕩平之道, 洪範之說蕩平, 果知有老少保合, 准備此題目以待今日耶? 此不過以後日翻覆之慮怵於禍福. 而爲此爾何嘗出於至公血誠哉? 臣平生不爲黨論而亦不能畏時諱也. 於是大臣重臣攻之者衆, 上謂豐原君趙顯命曰, "吳光運以踈逖而言信用者之過, 予知其爲名類." 朝廷之紛然迭攻, 豈非不可之甚歟?" 連除坡州牧使・廣州府尹・承旨・刑曹參議, 皆不出. 庚戌, 拜承旨者七, 輒辭遞. 時, 備局格宮房海島折受, 上切責之, 仍黜補備堂. 公疏言, "今日遊談之士必曰事有關於內司折受, 輒遭嚴敎云爾, 則其貽累聖德, 當復如何. 備堂內司輕重之敎, 顯示內外之郛郭, 烏在乎宮府一體之義也." 上溫批以答. 九月, 丁大夫人憂. 辛亥, 以肅廟實錄都廳勞, 陞嘉善. 壬子, 服闋, 拜副摠管. 癸丑, 拜同義禁漢城右尹, 陳疏辭, 仍附所懷曰, "奮聖志也, 總權綱也, 勵名節也." 其奮聖志畧曰, "殿下素有大有爲之志, 而或沮於時運之阨塞, 或倦於承佐之無人, 因循怠惰, 以至今日. 殿下之心, 必以爲大猷已矣, 初計錯矣. 以予之聰明, 以予之剛斷, 雖使牽補, 豈至危亂? 故於人才則取其奉令而承教, 於政事則幸其苟且而彌縫. 非不知羣臣百僚私意橫流, 而不思所以赫勵振刷之道. 非不知歲饑民窮蓄積哀痛, 而不思所以大防尾閭之策. 何殿下無奮發之志也." 其總權綱畧曰, "權者無形之物也. 一世之所趨, 一世之所畏, 卽權之所存也. 樹寵於上, 招權於下. 多方布置, 百計牢籠, 終日營營者, 不過爲徒黨爲子孫. 顚撲不破計, 非爲國家也. 勢安得不歸? 權安得不重? 勢旣歸而權旣重, 則嗜利者安得不趨? 孤弱者安得不畏? 士大夫之心術盡病, 在上之威福潛移, 則人主雖欲有所爲而不可得矣. 其勵名節畧曰, "近來士大夫名行掃地, 其高者, 摸稜以容身, 浮沈以度日, 其下者, 以幻變爲奇才, 以附麗爲能事, 朝晝之間頭面恍惚, 俯仰之頃, 蹤跡漫漶, 奇奇恠恠, 百態但備. 設有緩急, 此皆望賊而投降者, 治平無事, 養此輩何爲哉?" 上優批嘉奬, 以疏留中. 於是衆怒四起, 相臣筵斥, 公更疏曰, "彼其堅城郭嚴部伍, 號令一出, 衆口雷同, 眞所謂但聞將軍令, 不聞天子詔者. 所同也以跖爲夷, 所異也以白爲黑. 不肯准皇極而會歸, 必欲屈皇極而俯從, 若此不已, 幾何不至於胷臆之肆行而威福之下移耶? 方今聖明赫臨, 威綱自如, 若指摘一人謂之權臣則固不可, 而若謂之權重一邊, 非過語也. 此俗不改則雖堯舜無以爲治, 此誠體國大臣之所當同嫉者. 而乃反攻臣不遺餘力, 何哉?" 上答曰, "噫! 語及舊套, 人皆惡之. 往者卿疏, 何求何望? 世道囂囂, 於卿何有?" 又敎于筵臣曰, "此人無墻壁可倚, 絶意進取, 以見苦心云." 於是吳瑗以玉堂詆辱公, 公屢疏以辨, 瑗卒自服. 然自是益不樂仕宦, 連拜左尹・刑曹禮曹參判・安邊府使・同義禁・副摠管・弘文館提學・承文院提調, 皆不就, 閉戶城南, 若將遺棄世事. 然間因經筵官, 聞上講禮記至曾子問, 不忍讀遂廢之, 以景廟講筵, 止於此篇也. 公汪然出涕曰, 堯舜之道, 孝悌而已. 吾君堯舜也. 有君無臣, 不見堯舜之治, 此志士之恨也. 以故國家朝有事, 公已午治疏, 憂治危明之意, 反復勤懇, 自有所不能已者.

丁巳秋, 上以黨習未悛, 淵衷激惱, 百僚皆惶懼失措. 公以軍銜入參廣諭, 遂進伏曰, "自古觀國家之盛衰者, 必觀其氣象, 未有寬大安徐而不享和平之福者, 未有迫急驚擾而能致鎭定之功者. 今殿下之氣不得其平, 則殿下之心, 不得其平矣. 殿下以不得平之心氣, 欲平至難平之世道, 不亦難乎? 天下之不可有者, 黨論也, 天下之不可無者, 是非也. 欲破黨論, 並與是非而混淪之, 則泯泯棼棼, 其弊反有甚於前日矣. 然而爲黨論者, 假托於是非, 明是非者或陷於黨目, 甚矣其相似而難辨也. 殿下廣諭之後, 復提既往之黨論者, 非殿下之臣子. 然盈天地間者事也, 天下未有無事時節, 有事則有是非. 既往之論議, 雖歸消融, 方來之是非, 其可囫圇乎? 唐文宗曰, "去河北賊易, 去朝廷朋黨難. 臣讀史至此, 未嘗不歎息痛恨於文宗也. 皇天之付界人主者何如哉? 表准在心, 權柄在手, 感之則和, 董之則威, 陶鑄變化, 何求不得? 而乃發此窘迫悽切之語, 使後人哀之耶? 殿下若能怒於所當怒而未嘗輕發, 執其所當執而罔或, 撓改朝著之定, 已有年矣, 何待今日之大誥乎? 昔明德馬皇后未嘗顧左右與言, 史臣贊其遠識. 臣伏聞頃日待命諸臣, 殿下悉知其某來某不來, 殿下何從而得之耶? 監司使左右廉問, 亦且有弊, 况堂堂千乘之尊乎? 此路一開, 萬一小人居其間, 則爲弊將何如?"

時, 尹汲・韓翼謩等, 以不胥命被鞫, 公論及之, 上皆嘉納, 諭之以體念焉. 拜大司諫, 陳五條疏, "曰立規模以定治體也, 曰去機巧以反誠實也, 曰遏人慾以正風化也, 曰恢言路以求裨益也, 曰務聖學以立皇極也." 上賜批命留中. 連拜刑曹參判・都承旨・戶曹參判, 皆不出. 戊午, 丁父憂. 庚甲服闋, 拜副摠管, 陳萬言疏, 痛劈黨禍源流, 語益切. 又論尊號事, 以豐亨豫大戒焉. 上特賜對, 錫皐比以寵之, 仍特除大司憲, 尋遞.

先是公在憂服也, 始聞虎龍不道之招載在壬寅鞫案, 藏之王府, 驚痛如不欲生, 及是歎曰, 當路者嫉我以言事君, 雖捃摭我百端, 吾豈不以緘封骨髓者, 更申吾君之前乎?" 遂疏請釐正壬寅鞫案, 撰大誥昭垂百代. 後十餘日, 上詢大臣卿宰, 命焚凶案, 特拜都承旨, 公違八召, 黜補洪州牧使. 明年春, 內遷.

前此嘗屢入文衡薦, 至是, 上以天筆加圈, 題公名下曰, "是何一點? 良可寒心." 上之眷遇公如此. 公志決恬退, 散跡郊野, 殆十四年, 至是聖眷益隆, 公亦感激自奮. 連有大司諫・禮曹參判・籌司堂上・大司憲・弘文提學・同春秋・左尹・同義禁・江原道勾管堂上, 大射禮儀註儀軌, 釐正太廟樂章, 申明童蒙講規, 裒集御製文字, 參校小學訓義之命而皆不復辭. 遇事益盡言不諱, 時, 追隆私親之議盛行, 上亦屢以孝字爲言. 公心憂之, 䟽言, "帝王當爲大孝, 不可爲小孝. 三代可法, 漢唐以下不可法." 以杜廷臣承迎之漸. 癸亥歲首有星變, 上久不接臣隣, 公䟽曰, "上下不交, 於易爲否. 當此三陽交泰之月, 殿下乃反轉泰爲否. 天地上下之氣不通, 安得無星變乎? 殿下凡有不平之事, 不肯宣散, 每以藏蓄爲務, 此病根之大者也." 上曰, "卿言喚醒予睡矣." 自是頻許引對, 輒曰, "予思吳光運之言, 欲開否卦也." 其以禮參入賓對也, 奏曰, "近日士大夫風敎掃地, 一窠出, 奔競如市, 關節塡門. 握銓者惟視關節之緊歇而取捨之矣. 臣每以正色立朝董率百官責大臣, 而大臣不能董率, 百僚之循私如前矣." 大臣進伏曰, "臣於禮參之奏. 不勝愧服但私字已成窠窟, 打破不得矣." 上曰, "此寡人之過, 實孟子所云四境之內不治者也." 其爲大司憲也, 有天變而將行進宴, 公䟽言, "當此遇灾憂懔之時, 斯豈非可已而不已者乎? 鹿鳴之宴, 特命停止, 以光聖德焉. 我寧考因風灾罷進宴, 以宴需作賑具, 豈非今日所當繼述者乎?" 䟽入, 上引見, 顧諭王世子曰, "有直臣則興國, 無直臣則亡, 今日特召都憲, 賜以表裏者, 使汝知表忠旌直之道也." 仍下手書曰, "嘉卿之直, 表卿之忠, 特賜表裏十端, 卿其領受焉." 又命勿遞供職, 振勵風憲, 如先正趙光祖焉. 未幾, 臺臣趙重晦上䟽, 語涉毓祥廟, 上震怒閉閤. 廷議洶懼, 皆欲請罪重晦, 以解上怒, 公獨持不可, 上䟽力諫, 批旨久不下. 又䟽曰, "神器者, 列聖之所創守也, 三宗之所付托也, 殿下奈何以神器爲戱耶? 明日乃建寅之日也, 三陽交泰, 萬品昭穌, 此正我殿下體天對時悔悟轉移之大機會也. 今日億兆之命, 不生不死, 宗社之勢, 不存不亡. 生亦明日, 死亦明日, 存亦明日, 亡亦明日. 若失明日, 臣不忍明君爲亡國之君, 臣等爲亡國之大夫也." 上大感動, 卽下綍綸, 示悔悟之意焉.甲子秋, 上入耆老司, 持平朴聖源有論啓, 語頗狂妄, 上怒甚, 竄聖源絶島. 臺閣皆恇㥘有請鞫問者, 有請栫棘者, 公上䟽力救之, 大臣有感歎者. 冬, 赴開城留守.

乙丑七月, 爲登筵入京, 二十一日, 以微恙卒于藥峴舊第, 壽五十七. 臨歿, 語不及私, 惟以未報國恩爲恨. 訃聞, 上大震悼, 手拍案者三, 卽下哀綸, "諭之以功存社稷, 當勳不勳." 特贈大冢宰, 他餘賻賵, 皆出常典之外. 及啓覆日, 親閱松京文書, 歎曰, "見其名不見其人, 曷勝感愴?" 後當閉閤之時, 敎曰, "若使吳光運在者, 豈使予作此擧也?" 葬于高陽多井壬坐之原.

公居家斬斬有法度, 雖子姪未敢干以私, 事父母愛敬備至. 及孤露, 晨必拜廟, 非甚病不廢. 見人有一藝, 奬拔如不及, 見人有不是, 雖常所親密, 逐絶無少貸. 立朝以名節自勵, 常曰權勢所歸, 附之者小人, 斥之者君子. 宦官宮妾, 通之者小人, 不知名者君子. 廢正立后, 則爭者忠, 不爭者不忠. 搖國本則, 爭者忠, 不爭者不忠, 贊成者凶孼, 黨於贊成者爲凶黨. 其次過隆私親也, 封禪也, 尊號也, 兵端也, 掖戚濫恩也, 土木也, 遊畋也, 諫者直, 不諫者諛. 平世事故, 畧盡於此, 雖有出於此外者, 可以觸類而反隅也. 以故凡於踈陳筵奏, 惓惓不置, 上以責難, 則必以堯舜焉, 下以自待, 則必以第一義焉.

其文章又足以達其辭, 故能感回人主意, 每奏疏出, 人莫不傳誦. 然指摘時政, 詆呵貴近, 往往有辭近峭切, 不少回護. 故雖上結明主之知, 恩數曠絶而見忤當路, 居宰列二十年, 位不加進者, 其不以此也歟? 公爲文章, 本之六經, 參以百家. 不拘聲色, 專以神會爲主, 卓然成一家, 其各體俱長, 求之近代, 罕與爲倫. 所著經說史評詩文數十卷藏于家.

配安東權氏, 參奉諱諲女, 大提學號霞溪諱愈孫. 生二子, 長大觀文科狀元兵曹佐郎, 二十四夭. 次大成, 公歿未期繼夭. 後以族子璹繼大觀後, 英廟命官之, 今經郡守. 璹生三子一 長元鎭早夭, 次亨鎭・赫鎭.

英宗三十一年乙亥, 有逆獄, 上以公前日疏中外革鏡面內藏龍尾之語, 逆覩方來, 如著如蔡, 追念不已, 特祭之. 今上戊申, 感舊甲重回, 特下綸音, 追敍諸勳臣舊績, 有曰, "片言折衝則有故參判吳光運・故大司憲洪景輔, 兩臣之忠, 不讓元勳." 特贈美謚以賁其忠. 前聖後聖之不忘舊臣, 恩及九原, 有足以感泣臣隣, 激勸來後, 嗚呼休哉. 玆庸藉手奉獻太常氏.

5. 졸기[633]
卒記

633) 『英祖實錄』 21년(1745) 7월 21일조 기사이다.

개성유수 오광운이 졸하였다. 부음을 듣고 주상께서 한참 동안 탄식하다가 말씀하시기를, "옛 사람이 이르기를, '남의 공은 잊기 쉽다.'라고 하였고, 진(晉) 문공(文公)[634] 또한 개지추(介之推)[635]를 잊었다. 오광운・홍경보[636]는 모두 국가에 공이 있었는데, 내가 믿는 사람이 서로 잇달아 작고하니, 어찌 슬프지 않겠는가?" 하였다. 비국[637]당상[638] 원경하(元景夏)[639]가 말하기를, "오광운은 재주와 학식이 아까워할 만할 뿐만 아니라, 평소에 나라를 위하는 정성 또한 지극하였습니다. 지난날 무신년[640]에 만약 광운이 진달하여 국청을 설치하지 않았더라면 국가를 보존함에 오늘이 있었을지 알 수 없습니다."

---

634) 文公은 춘추시대 晉나라의 제후로 獻公의 둘째 아들, 申生의 아우, 이름은 重耳이다. 헌공이 驪姬를 총애하여 태자 신생을 죽이자, 외국으로 망명하여 20여년 동안 타국을 전전하다가 秦 穆公의 도움으로 귀국하여 즉위하였다. 즉위 당시 이미 62세였으나, 齊 桓公의 뒤를 이어 春秋五霸의 1인이 되었다.

635) 介之推는 춘추시대 晉나라 사람으로 介子推라고도 하며, 之・子는 助字이다. 公子 重耳를 수행하여 19년 동안 망명생활을 하였는데, 먹을 것이 없어 자신의 허벅지살을 베어 국을 끓여 바치기도 하였다. 중이가 즉위한 뒤에 보답하지 않으매 은거했는데, 뒤늦게 잘못을 깨닫고 불렀으나 나오지 않다가 나오게 하려고 지른 산불에 타 죽었다. 寒食은 후인이 이를 기리려고 찬밥을 먹은 데서 생긴 절일이라고 한다.

636) 洪景輔(1692～1745)는 조선 후기의 문신으로 본관은 豊山, 자는 大而, 호는 蒼厓, 重夏의 아들이다. 1723년 증광문과에 병과로 급제하여 정언・부수찬을 거쳐, 대사간・온성부사・우승지가 되었다. 전라도관찰사를 거쳐 冬至副使로 淸에 다녀와서 대사헌으로 있을 때 인재등용에 무능한 대신들을 강하게 비판하였다. 병조참판・대사헌・경기감사를 역임한 뒤 대사간을 지냈다. 시호는 忠獻이다.

637) 備局은 備邊司의 별칭으로 조선 중기 이후 의정부를 대신하여 국정 전반을 총괄한 관청이며, 廟堂・籌司라고도 하였다. 조선 전기에는 외침이 있을 때 군사 문제를 논의하기 위한 임시기관으로 설치되었으나, 임진왜란 때 전쟁 수행을 위한 최고의 기관으로 기능이 강화되었고, 인조대 이후로는 국정 전반을 관장하고 정책도 결정하는 실질적인 최고의 관청이 되었다.

638) 堂上은 堂上官의 준말로 조선시대의 정3품 이상의 資級, 또는 그 자급의 벼슬아치이다.

639) 元景夏(1698～1761)는 조선 후기의 문신으로 본관은 原州, 자는 華伯, 호는 蒼霞・肥窩, 시호는 忠文, 효종의 부마 興平尉 夢麟의 손자, 목사 命龜의 아들이다. 정시문과에 장원으로 급제하여 正言을 거쳐 예문관제학・奉常寺提調・이조참판・부제학을 지냈다. 탕평책에 잘 호응하여 영조의 신임이 두터웠고, 판돈령부사로 致仕하여 奉朝賀가 되었다. 영의정에 추증되었고, 『蒼霞集』을 남겼다.

640) 戊申年은 영조 4년(1728)으로 李麟佐 등 소론일파가 일으킨 이른바 戊申亂을 일으킨 해이다.

하였다. 주상께서 말씀하시기를, “공이 사직에 있으니 마땅히 상훈을 내렸어야 하거늘 상훈을 내리지 못하였다. 오광운과 홍경보에게 함께 정경(正卿)[641]을 특별히 추증하고 상수(喪需)와 장수(葬需)를 상례대로 부의하는 것 외에도 특별히 보살피고 도와서 나의 뜻을 보여 주라.”라고 하였다.

오광운은 춘방(春坊)[642]에 있을 때부터 임금과 지우를 맺었다. 무신년의 변란 초기에는 주상께서 편안히 염려하지 않으셨는데, 오광운이 청대하여 화기(禍機)[643]가 매우 위태로움을 지적하였기에, 그날 밤에 비로소 국청(鞫廳)[644]을 설치하고 도적의 정세를 알아내어, 궁성을 호위(扈衛)하기[645]를 명하였으니, 이는 대개 오광운의 덕분이었다. 난리가 평정된 뒤에 주상께서 훈작에 봉하고자 하였으나 힘껏 사양하므로 그만두었다. 관직은 아경(亞卿)[646]과 양관(兩館)의 제학에 이르렀으며, 아는 것을 말하지 않음이 없어서, 전후의 장주(章奏)[647]가 모두 수만언이었다. 문장이 한 시절에 추앙받았고, 정국(政局)의 바깥에 있는 사람이면서도 문형원점(文衡圈點)[648]에 들었으니, 그가 존중받음이 이와 같았다.

開城留守吳光運卒. 訃聞上嗟惜良久曰, “古人云忘人之功易矣. 晉文公亦忘介之推矣. 吳光運・洪景輔, 皆有功於國家, 而予之所恃者相繼作故, 安得不愴悼也.” 備堂元景夏曰, “吳光運非獨才學可惜, 平日爲國之誠, 亦至矣. 向在戊申, 如非光運陳

641) 正卿은 上大夫 중에서 정사에 참여하는 사람으로 조선시대에는 정2품 이상의 관료를 가리킨다.
642) 春坊은 조선시대 世子侍講院의 별칭이다.
643) 禍機는 재앙을 부르는 계기이다.
644) 鞫廳은 조선시대에 왕명에 의하여 謀叛・大逆 등 국가적인 重罪人을 심문・재판하기 위하여 임시로 설치하던 기구나 장소이다.
645) 扈衛는 帝王을 수행하며 호위하는 일이다.
646) 亞卿은 正卿인 尙書・判書에 버금가는 벼슬이란 뜻으로 조선시대의 경우 六曹의 參判과 漢城府의 左・右尹을 가리킨다.
647) 章奏는 신하가 임금에게 올리는 문서이다.
648) 文衡圈點은 조선시대에 大提學을 선발할 때 후보자의 이름을 나열해 놓고 議政大臣과 前任 대제학이 모여 자신이 선호하는 후보자의 이름 밑에 그리던 둥근 점이다.

達設鞫, 國家之保有今日, 未可知也." 上曰, "功在社稷, 當勳而不勳, 吳光運·洪景輔, 并特贈正卿, 喪需葬需例賻外, 別而顧助, 以示予意."

吳光運自在春坊, 結知於上, 戊申變初, 上晏然不以爲慮, 光運請對指陳禍機甚殆. 其夜始設鞫, 鉤得賊情, 命扈衛宮城, 盖光運力也. 亂定, 上欲封勳, 力辭乃已. 官至亞卿兩館提學, 知無不言, 前後章奏, 凡屢萬言. 文章一世所推, 以局外人, 至入文衡圈, 其見重如此.

6. 약산 오공의 선견[649] 藥山吳公先見[650]

영종(英宗)[651] 정사년(丁巳年)[652] 가을에 내가 동학(同學) 연소자 4·5명과 함께 약산 선생을 모시고 앉아 있었다. 이날 주상께서 영희전(永禧殿)[653]에 참배[654]하러 가셨는데, 당시에 한 대신(大臣)[655]이 거듭 영상(領相)에 뽑히자[656], 의리를 내세워[657] 나아가지 않고 갓을 벗고 길 가[658]에 엎드려 있었는

649) 先見은 장래의 일을 미리 내다봄이다.
650) 『樊巖集』 권59에 실려 있다.
651) 英宗은 英祖이다.
652) 丁巳年은 영조 13년(1737)이다.
653) 永禧殿은 朝鮮조의 太祖·世祖·元宗·肅宗의 御眞을 모셨던 전각이다.
654) 展謁은 宮廟)·文廟·陵寢 등에 참배함이다.
655) 大臣은 李光佐(1674~1740)를 가리킨다. 본관은 慶州, 자는 尙輔, 호는 雲谷으로 좌의정 恒福의 현손이다. 별시문과에 장원급제하여, 부수찬·이조참의 등을 거쳐 동지사로 청나라에 다녀왔고, 尹宣擧 문집의 毁板을 반대하다가 파직되었다가 예조참판으로 복귀하였다. 세제의 대리청정을 취소시킨 뒤 소론이 집권하자 예조판서·병조판서·우의정을 거쳐 영의정에 올랐으나 노론의 집권으로 파직되었다. 정미환국 후 영의정에 복귀하여 摠裁官으로 『景宗實錄』·『肅宗實錄補闕正誤』의 편찬을 주관하였다. 치사하였다가 1737년에 다시 영의정이 되었으나, 朴東俊 등의 탄핵에 격분하여 단식하다가 죽었다. 『雲谷實記』를 남겼다.
656) 卜相은 재상을 가려뽑음이다.
657) 引義는 義理를 내세움이다.
658) 路左는 길의 가이다.

데, 주상께서 어연(御輦)[659]을 종루(鍾樓)[660]의 큰길[661]에 멈추게 하고 도승지 김유경(金有慶)[662]에게 명하여 손수 그 관(冠)을 씌워 주게 하셨다. 유경은 일찍이 이 재상을 역적이라 하며 여러 차례 상소로 다툰 사람인데, 이에 이르러 그 앞에 나아가 꿇어앉아서 주상의 명령을 받들어 공손하게 거행하였다.

또 예조판서 송진명(宋眞明)[663]에게 명하여 십여회에 이르도록 왕복하며 만나게 하여, 마침내 어가를 따르도록 한 뒤에야 마침내 출발하셨다. 빈객 가운데 그 광경을 보고 온 사람이 어연을 멈춘 때의 광경을 매우 자세히 말하였는데, 그 은우(恩遇)[664]가 융숭함을 찬탄하여[665] 말하면서 부러워하고 감탄하여 마지 않았다. 약옹(藥翁)[666]께서 좌객(坐客)들에게 말씀하시기를, "뒷날에 그런 직임에 이르러 그런 예우를 받을 이는 반드시 백규(伯圭)가 그 사람일 것이다." 하시고, 이어서 나를 돌아보며 말씀하시기를, "뒷날에 마땅히 나의 말을 생각하여 힘쓰고 힘쓰라." 하셨다. 백규는 나의 자인데, 당시에 나는 나이가 열여덟 살로 혼인한[667] 지도 오래 되지 않았을 때이니, 그러한 일을 어

---

659) 御輦은 임금이 타는 수레이다.

660) 鍾樓는 종을 걸어 놓는 누각으로 『新增東國輿地勝覽』에 따르면 태조 4년(1395)에 왕조의 功業을 후세에 알리고 통행금지 및 해제의 시각을 알리기 위하여 漢陽의 雲從街에 지었으며, 세종 때에 층루로 고쳐지었다고 한다.

661) 通街는 통구와 같은 말로 사방으로 통하는 큰길이다.

662) 金有慶(1669~1748)은 조선 후기의 문신으로 본관은 慶州, 자는 德裕, 호는 龍洲·龍谷, 시호는 孝貞.으로 증광문과에 병과로 급제하여, 수찬·사간·교리를 거쳐 대사헌·대사간·도승지·공조판서를 역임하고, 황해감사를 지낸 뒤 신임사화로 유배되었다. 영조 즉위 후 복관되어 대사헌을 지내고 冬至副使로 청나라에 다녀왔다. 정미환국 때에 제주도에 유배되었다가 소론이 물러난 뒤에 풀려나서 호조참판·부제학·평안도관찰사를 거쳐 대사헌이 되어 탕평책을 반대하는 노론 소장파를 옹호하다가 파직되었다.

663) 宋眞明(1688~1738)은 조선 후기의 문신으로 본관은 礪山, 자는 汝儒, 호는 疎亭으로 증광문과에 을과로 급제하여 검열·정언·부제학을 거쳐 대사헌·대사성·이조참판 등을 역임하고, 평안도·황해도·경기도의 관찰사를 지냈다. 영조 6년(1730)에 白頭山定界碑를 세운 청나라의 烏喇總管 穆克登이 보여 준 지도를 몰래 模寫하여 白頭山地圖를 제작하였으며, 예조판서·호조판서·이조판서를 거쳐 판의금부사에 이르렀다.

664) 恩遇는 임금에게 입는 知遇, 또는 임금이 알아 줌이다.

665) 嘖嘖은 讚嘆을 나타내는 感歎詞이다.

666) 藥翁은 藥山의 경칭이다.

667) 委禽은 혼례의 納采의 의례에 기러기를 보냄인데, 여기에서는 혼례를 가리킨다.

찌 일찍이 흐릿하게라도 근사하다고 생각한 적이 있으랴? 물러나서 한가하게 지내는 방으로 나가니, 동학의 여러 연소자의 기롱(譏弄)[668]과 조소(嘲笑)가 갖추어 이르렀지만, 나도 웃으면서 내버려 두었다.

그 뒤 쉰두 살 때인 금상 12년 무신년(戊申年)[669]에, 내가 예(羿)[670]의 화살을 맞아[671] 만 번 죽을 뻔한 처지에 있을 때에 특별히[672] 재상을 제배하시려고, 급한 명령으로 배명을 받으러[673] 빨리 나오라고 하셨다. 근시(近侍)의 발자취가 서로 이어지니, 내가 부득이 대궐문의 밖으로 달려가서 거적을 깔고[674] 엎드려 있노라니, 주상께서 연영문(延英門)[675]에 나오셔서 병조판서를 보내어 함께 들어오라고 하셨다. 내가 또 부득이 어좌 앞에 나아가 엎드려서 슬피 울면서[676] 공손하게 사양하고[677] 머리로 섬돌을 치니, 주상께서 승지와 사관(史官)[678]에게 명하여 머리를 잡아서 칠 수 없게 하시며, 은혜로운 유시(諭示)[679]가 거듭되고[680], "경이 나오지 않으면 비록 종일이 걸릴지라도, 내가 안으로 들어가지 않을 것이오."라고 유시하시기에 이르매, 또 부득이 공손히 명령을 받들었다.[681] 바로 그때에는 황공스럽고[682] 떨려서[683], 오내(五內)[684]

---

668) 譏弄은 비웃고 조롱함이다.
669) 戊申年은 정조 12년(1788)이다.
670) 羿는 활을 잘 쏘았다는 중국의 신화적인 神宮이다.
671) 羿彀는 羿의 화살이 미치는 곳으로 세상의 위기나 예교·형벌·법도의 구속을 비유한다.
672) 特地는 '특별히'이다.
673) 膺命은 명령을 받음이다.
674) 席藁는 거적을 깖으로 신하가 죄를 청함을 비유한다.
675) 延英門은 昌德宮의 承政院 남쪽에 있던 문이다.
676) 泣血은 몹시 슬프게 욺이다.
677) 遜辭는 공손하게 사양함, 또는 공손하게 말함이다.
678) 史官은 史書의 초고를 작성하는 관리인데, 광의로는 藝文館의 修撰官 이하 모든 관리를 말하고, 협의로는 史草 작성과 時政記 찬술에 전념하는 記事官인 奉教·待教·檢閱을 가리킨다.
679) 諭示는 윗사람이 아랫사람에게 지시함이다.
680) 荐疊은 거듭됨, 또는 거듭 쌓임이다.
681) 肅命은 공경하여 명령을 받음이다.
682) 惶隕은 두려워함, 당황함이다.
683) 震盪은 동요되어 불안함, 또는 흔들림이다.
684) 五臟은 五內와 같은 말로 사람의 배 안에 있는 心臟·肝臟·脾臟·肺臟·腎臟 등 다섯

가 진정되지 않았으므로, 생각이 다른 일에 미칠 겨를이 없었지만, 집으로 돌아오는 길에서 문득 약옹의 지난날의 말씀이 생각났다. 마치 오늘의 일을 미리 아신[685] 듯하였으니, 그 얼마나 기이한가? 내가 만약 말하지 않으면, 이는 선배의 선견지명(先見之明)[686]을 묻어 버리는 일이기에, 이 때문에 두려워하여 이와 같이 멋대로 적는다.

英宗丁巳秋, 余與同學年少四五人, 侍藥山吳公坐. 是日, 上詣永禧殿展謁, 時有一大臣, 重卜領相, 引義不出, 免冠伏於路左, 上駐輦鍾樓通街, 命都承旨金有慶, 手其冠冠之. 有慶嘗以此相爲逆, 屢疏以爭之者. 至是, 進跪於前, 奉上命擧行惟謹. 命禮曹判書宋眞明宣諭, 往復至十餘遭, 竟使隨駕然後始乃進發. 客有觀光而來者說駐輦時光景甚詳, 嘖嘖言其恩遇隆重, 艶歎不已. 藥翁謂坐客曰, "佗日當此任, 承如此禮遇者, 必伯規是也." 仍顧余曰, "後當思吾言, 勉之勉之." 盖伯規, 余之字也. 時余年十八, 委禽未久, 此何嘗依俙近似耶? 退以出燕居之室, 同學諸年少譏嘲備至, 余亦笑而任之.

後五十二歲今上十二年戊申, 余於羿彀萬死之中, 特地拜相, 旋命速出膺命. 近侍踵相接. 余不得已趨詣闕門外, 席藁以伏, 上出御延英門, 遣兵曹判書, 與之偕入. 余又不得已進伏御座前, 泣血辭遜, 以首叩陛. 上命承旨史官, 扼其首使不得叩, 恩諭荐疊, 至諭以卿不出, 雖終日予不還內. 又不得已肅命. 方其時惶隕震盪, 五內靡定, 未暇念及餘事, 還第之路, 忽思藥翁前言. 似是逆覩今日事, 何其異也? 余若不言, 是沒前輩先見之明, 爲是之懼, 漫記之如此.

7. 약산 선생의 만사, 일백이운
藥山先生挽, 一百二韻[687]

臟器를 가리킨다.

685) 逆覩는 앞으로 일어날 일을 미리 짐작함이다.

686) 先見之明은 앞일을 미리 내다보는 밝은 지혜이다.

삼한(三韓)의 기운은 처량하고
오수(五宿)688)의 운행은 아득하네.
예로부터 이지러진 세계에 사노라면
하늘이 고아한 현인을 돕지 않는다네.
부지(赴紙)689)가 신추(新秋)에 이르매 괴이쩍은데
시통(詩筒)을 지난달에 전해 드렸네.
대들보가 꺾이매 큰 집이 텅 비고
잉어690)가 횡사하자 깊은 못이 휑하네.
계엽(季葉)691)에 얻기 어려운 재사이시라
사림(詞林)692)은 사고(事故)에 멍해지네.
무더운 바다 밖에서 병으로 머물고
장기(瘴氣)693)를 띤 구름 옆에서 눈물을 뿌리셨네.
나라에 현량694)이 급히 필요하였기에

687) 門人 蔡濟恭이 지은 작품으로 『樊巖集』 권4 「丹丘錄 下」에 실려 있다. 百韻挽詩는 약산의 은문인 希菴 蔡彭胤이 스승 李瑞雨를 조상한 <松坡李參判輓>(『希菴集』 권13)을 처음 지은 이래로, 權萬 · 李獻慶 · 蔡濟恭 · 丁範祖 · 申光河 등이 남인계열 선배나 은문인 채팽윤 · 權萬 · 吳光運 · 申光洙 등을 애도함으로써 시사적 전통으로 자리잡았던 詩體인데, 나머지 6수는 모두 7언 백운시이고, 번암의 이 작품만 5언 102운시이다. 이 시는 수구에 압운하지 않고 下平聲先韻으로 일운도저한 5언배율인데, 마지막 2구를 제외하고는 對仗으로 하는 배율의 관례에 가깝게 결련을 포함한 3연 정도를 빼고는 모든 연이 대장으로 되어 있다. 또 대장 이외의 규칙은 율시를 따르는 법도도 지켜져서, 전체 204구 중 첫머리부터 200구까지는 축기식 율시의 평측법을 따른 다음, 마지막 4구는 율시의 경 · 미련의 염법을 취한 면모로 되어 있다.

688) 五宿는 五星 · 五斗와 같은 말로 水 · 木 · 金 · 火 · 土의 다섯 行星을 가리키며, 星命術에서 사람의 문명을 五星과 三命[생년 · 생월 · 생일]으로 점치는 데서 유래하여 사람의 운명을 비유한다.

689) 赴(訃)紙는 訃音을 적은 종이이다.

690) 鱧는 잉어과에 딸린 머리가 큰 물고기 이름이다.

691) 季葉은 季世와 같은 말로 말세, 또는 국운이 쇠퇴한 시기이다.

692) 詞林은 文壇이다.

693) 瘴氣는 열대림 지역이나 바다의 지열과 습기로 말미암아 생기는 毒氣이다.

694) 賢良은 덕행과 재능을 지닌 사람이다.

공은 일찍이 제회(際會)[695]를 오로지 하셨네.
세인의 총명함과는 참으로 차이가 있었고
기상의 빼어남[696]은 전에 없던 바였네.
가을철의 물에는 가슴을 환하게 열었고
봄날의 꽃에는 피부가 곱게 빛났네.
창자는 빛나는 비단[697]과 같은 문장을 쏟아내고
혀는 쏟아지는 강물[698]과 같은 담설을 뱉아내셨네.
태역(太易)[699]으로 음덕의 결실을 안배하고
유기(由基)[700]처럼 버들잎 과녁을 부수셨다네.
하・왕(何王)[701]에 늠름히 미치려 하였거늘
여・지(蜍志)[702]의 죽음을 누가 가엾게 여기랴?
예리한 정신으로 재빨리 나아가고

---

695) 際會는 때를 만남으로 신하가 어진 임금을 만남을 비유한다.
696) 超越은 높고 빼어남이다.
697) 錦腸은 비단과 같은 창자로 시문의 구상이나 표현이 훌륭함을 비유한다.
698) 懸河는 끊임없이 쏟아져 내려오는 강물로, 말이나 문장이 막힘이 없이 유창함을 비유한다.
699) 太易은 大易과 같은 말로 『周易』을 가리킨다.
700) 養由基는 춘추시대 楚나라의 大夫로 백보 밖에서 버들잎을 명중시킨 名弓이었다.
701) 何王은 何景明과 王世貞의 합칭이다. 何景明(1483~1521)은 明代 중엽의 문인으로 자는 仲默, 호는 大復, 信陽人이다. 진사시에 등제하여 중서사인・陝西提學副使를 역임했다. 처음에는 李東陽을 사사하였으나, 정치적 문제로 말미암아 문하를 떠났고, 李夢陽 등과 함께 '古文辭'로 불리었으며, 秦漢文과 盛唐詩를 전범으로 하는 복고적 문학운동을 제창하였다. 이몽양과 함께 何李로 병칭되었고, 『大復集』을 남겼다. 王世貞(1526~1590)은 明代 중엽의 문인으로 자는 元美, 호는 鳳州・弇州山人・弇園이며, 太倉人이다. 진사시에 등제하여 南京兵部尙書를 지냈다. 後七子의 맹주인 李攀龍과 함께 李王으로 불리면서 고문운동을 제창하고 문풍을 주도하였고, 李보다는 유연한 태도를 취하였으며, 만년에는 白居易・韓愈・柳宗元・蘇軾의 작품에도 심취하였다. 『王弇州山人四部稿』 174권과 『續稿』 207권을 남겼고, <金瓶梅>가 그의 작품이라는 설도 있다.
702) 蜍志는 曹蜍와 李志의 합칭으로 조여는 魏 武帝의 아들 중 유일하게 封王되지 못하였고, 이지는 西晉 때에 常侍・太守 등을 지냈으나 이렇다 할 치적이 없었는데, 南朝 宋 劉義慶의 『世說新語』 <品藻>에 "조여와 이지는 비록 살아 있더라도 비실비실함이 구천에 있는 사람과 같다.(蜍李志雖見在, 厭厭如九泉下人.)"라는 글이 있다.

굳센 기세로 거침없이 달리셨네.[703]

절로 골몰하여[704] 능히 펼치셨거늘

어찌 머뭇거리며[705] 그만둠이 있었으랴?

기기(騏驥)[706]의 발로 붉은 번개를 스치고

송골매의 발톱으로 금빛정기를 문지르셨네.

세인(世人)은 기구(箕裘)[707]의 전범(典範)을 의지하지 않았고

자신은 초(楚)나라 사람의 시끄러움[708]에 얽매이지 않으셨네.

중세(中歲)에는 비녀와 신발[709]을 거두었고

지금 조정에서는 옥돌을 떼어 놓으셨네.

검은 주머니[710]로 '후골(朽骨)[711]을 서리에 두기를 빌 때에는

연촉(蓮燭)[712]이 화전(花磚)[713]에 아롱거렸다네.

시절을 근심한 말은 간절하고[714]

강설(講說)한[715] 자리에서는 느긋하셨네.

계책은 난계(亂階)[716]를 물리치도록 크고

703) 橫驅는 거침없이 사방으로 내달림이다.
704) 汩沒은 한 가지 일에 몰두함이다.
705) 迍邅은 머뭇거리는 모양, 또는 머뭇거리며 나아가지 못함이다.
706) 騏驥는 하루에 천리를 달린다는 준마로 인재를 비유한다.
707) 箕裘는 키와 갖옷으로, 造弓匠의 아들은 키 만드는 일부터 배우고 대장장이의 아들은 갖옷 만드는 일부터 배운다는 데서 유래하여, 代代로 내려오는 家業을 비유한다.
708) 楚咻는 楚人咻의 준말로, 楚나라 사람이 주변에서 시끄럽게 지껄이면 齊나라 말을 아무리 가르쳐도 배울 수 없다고 한 『孟子』「滕文公 下」의 글에서 유래하여, 환경이 나쁘면 일을 성취할 수 없음을 비유한다.
709) 簪履는 簪屨와 같은 말로 冠에 꽂는 비녀와 신발이며, 흔히 쇄락한 舊臣을 비유한다.
710) 皁囊은 漢代에 신하가 비밀스러운 일을 상주하는 글을 넣는 데 쓰던 검은빛 비단 주머니로, 흔히 밀봉한 상주문을 비유한다.
711) 朽骨은 죽은 사람의 뼈, 또는 죽은 사람이다.
712) 蓮燭은 연꽃 모양으로 만든 밀초로 蓮炬라고도 한다.
713) 花磚은 무늬가 있는 벽돌이다.
714) 剴切은 절실함, 사리에 꼭 맞음이다.
715) 講道는 講說함, 또는 경전을 설명함이다.
716) 亂階는 禍亂의 실마리이다.

식견은 화기(禍機)[717]에 밝을 만큼 앞섰네.
금그릇[718]이 안정됨을 힘껏 도왔건만
철권(鐵券)[719]에 새겨짐은 명예롭게 사양하셨네.
봄날의 쌍궐(雙闕)[720]에서는 햇무리[721]가 걷히고
대낮의 만가(萬家)에서는 연기가 안온하였네.
일범(逸軌)[722]을 운소(雲霄)[723]에서 펼쳐서
아름다운 풀에 비와 이슬을 베푸셨네.
성심(聖心)에 늘 권우(眷遇)[724]가 있었기에
왕도(王道)가 오래 치우침이 없었네.[725]
광·급(匡汲)[726]이 모두 종사를 부축하니
당·우(唐虞)[727]가 또한 전하(氈廈)[728]를 지녔네.
오로지 봉륜(鳳綸)[729]에 달려 있기[730]에

---

717) 禍機는 재앙을 부르는 계기이다.
718) 金甌는 金으로 만든 그릇으로 국토, 또는 국토가 견고함을 비유한다.
719) 鐵券은 丹書鐵券의 준말로 쇳조각에 지워지지 않게 붉은 글씨로 공훈을 기록하여 공신에게 주어서 자손대대로 죄를 면하게 하던 증서이다.
720) 雙闕은 궁궐의 문 양쪽에 둔 樓觀으로 흔히 궁궐·도성을 비유한다.
721) 祲은 햇무리로 요사스러운 기운이나 재앙을 비유한다.
722) 逸軌은 逸軌와 같은 말로 뛰어난 규범, 고귀한 법도이다.
723) 雲霄는 구름 낀 하늘이다.
724) 眷遇는 제왕의 특별한 대우이다.
725) 無偏은 無偏無黨과 같은 말로 어느 한쪽에 치우치지 않고 공평함이다.
726) 匡汲은 前漢의 문신 匡衡과 汲黯의 합칭이다. 匡衡은 字가 稚圭로 諸經에 두루 통달하고 『詩經』의 강설에 뛰어났으며, 元帝 때에 太子少傅·丞相을 지내고 樂安侯에 봉해졌다. 그가 수학기에 가난하여 등불을 켤 수 없었기에 벽에 구멍을 뚫어 들어오는 이웃집의 불빛으로 글을 읽은 데서 유래하여 鑿壁偸光이라는 성어가 생겨났다. 汲黯은 자가 長孺로 景帝 때 太子司馬를 지내고, 武帝 때에 東海太守가 되어 치적을 쌓았으며, 황제의 면전에서 자주 직간하여 무제로부터 社稷之臣이라는 말을 들었다.
727) 唐虞는 堯임금과 舜임금의 합칭으로 堯임금이 陶唐氏이고 舜임금이 有虞氏인 데서 생긴 말인데, 여기에서는 帝王을 대유한다.
728) 氈廈는 중국의 북방에 살던 소수민족의 君長이 거주하던 모전으로 만든 큰 장막으로 王庭(廷)을 비유한다.
729) 鳳綸은 윤음의 미칭으로 帝王의 명령·말을 가리킨다.
730) 簡在는 '…에 달려 있음'이다.

문득 초이(貂珥)[731]로 높이 옮기셨네.[732]
사신의 수레가 남극성[733]으로 움직였는데[734]
강선루(降仙樓)[735]는 북두성[736]에 이어진다네.
언행은 응대[737]가 온화하였건만[738]
조정의 꾸짖음[739]은 절름발이[740]에게 죽으라는 것이었네.
계합(契合)[741]이 어지러이 이와 같아도
하정(遐情)[742]은 진실로 저곳에 있었다네.
초승(超陞)함[743]은 빈 자리[744]의 가의(賈誼)[745]와 같고
물러남은 급류의 전약수(錢若水)[746]와 비슷하였네.

---

731) 貂珥는 옛날에 侍中·常侍가 쓰던 담비의 꼬리를 꽂아 장식한 관으로 지위가 높은 近臣을 비유한다.
732) 喬遷은 높은 곳으로 옮김으로 昇進·移徙를 비유한다.
733) 南星은 南極星의 준말로 장수를 상징하는 별인데, 2월께에 남쪽 지평선 위로 보이는 남극 하늘에 가까이 있는 별로 南極老人星·老人星·壽星으로도 불리는데, 이것이 나타나면 나라가 태평하고 임금이 장수한다고 한다.
734) 이 구절은 영조 5년(1725)에 嶺南按覈使로 나간 일을 가리킨 것이다.
735) 降仙樓는 평안남도 成川郡 成川邑에 있는 누각으로 고려 忠惠王 4년(1343)에 府使 吳長松이 건립하였고, 조선 光海君 때 불에 탔다가 동왕 5년(1613)에 중건하였으며, 關西八景의 하나인데, 여기에서는 약산이 1724년 殷山縣監으로 있을 때에 關西地域을 유람한 일을 가리키고자 언급한 듯하다.
736) 北斗는 北斗星·北斗七星의 준말로 임금을 비유하는 별자리인데, 여기에서는 강선루가 북쪽에 있음을 아울러 비유하고자 한 重義的 표현이다.
737) 酬酢(酌)은 주객이 서로 술을 권함으로 응대함·교제함을 비유한다.
738) 藹는 온화하고 선량함이다.
739) 廷叱은 조정에서 꾸짖음이다.
740) 蹣蹇은 다리를 젊이다.
741) 契合은 意氣相投함이다.
742) 遐情은 고상한 마음이다.
743) 超陞은 등급을 뛰어넘어 승진함이다.
744) 虛席은 자리를 비워 놓음으로 흔히 어진 이를 예우함을 비유한다.
745) 賈生은 전한의 문인 賈誼(200~168 B.C.)의 별칭으로 賈太傅로도 불리었다. 文帝 때 太中大夫가 되었으며, 뒤에 長沙王의 太傅로 좌천되었다가 다시 梁懷王의 太傅가 되었다. 저서로 『新書』·『賈長沙集』이 있고, <治安策>·<過秦論>과 <弔屈原賦>가 유명하다.
746) 錢若水는 북송의 문신으로 자는 澹成·長卿, 시호는 宣靖으로 우간의대부·동지추밀원사를 지냈다. 어떤 道僧이 그를 두고 "이 사람은 급류 속에서 용감하게 물러날 수 있

가을에는 하복(荷服)[747]이 깨끗하였고[748]
늘그막에는 차조밭[749]에서 배회하셨네.
금시(金市)[750]의 옆에서 글을 읽고
약봉(藥峯)[751]의 꼭대기에서 넋을 단련하셨네.
틈틈이 시기와 참소가 생겼으니
대부분[752] 총애와 지우[753]에 말미암았다네.
조용한 섬돌은 누런 국화를 감싸고
트인 대문은 늙은 소나무에 이어져 있었네.
헛된 상념은 새벽문안[754]으로 없애고
넉넉한 기쁨은 빗속의 잠으로 모으셨네.
풍파(風波)에는 바로 지주(砥柱)요[755]
진찰(塵刹)[756]에는 곧 금선(金仙)[757]이셨네.

는 사람이다.(是急流中勇退人也.)"라고 평한 바 있었는데, 뒤에 40세도 안 되어 樞密副使에 이르더니 곧 물러났다는 일화가 북송 邵伯溫의 『聞見前錄』 권7에 나온다. 남송 戴復古의 시 <曾雲巢同相勉李玉澗不赴召>에 "해가 저무는데도 되돌아감은 나의 일이 아니지만, 급류에서 용감하게 물러남이야 어찌 어려움이 있으랴?(日暮倒行非我事, 急流勇退有何難?)"라는 구절이 있다.

747) 荷服은 荷衣와 같은 말로 연잎으로 만들었다는 전설상의 옷이며, 흔히 高士・隱士를 비유한다.

748) 蕭灑(洒)는 맑고 깨끗함으로 고상하여 속되지 않아서 세상사에 구애받지 않음을 가리킨다.

749) 朮(秫)田은 차조를 심은 밭인데, 『晉書』 <陶潛傳>에 도잠이 彭澤令이 되어 "나로 하여금 늘 술에 취하게 하면 족하다.(令吾常醉於酒足矣.)"라고 말하고 公田에 모두 차조[秫를] 심게 하려다가, 처자의 간청으로 일부에는 메벼[秔]을 심었다는 일화가 나온다.

750) 金市는 큰 城市 안의 金銀房이 모여 있는 저잣거리로 번화한 시가를 비유한다.

751) 藥峯은 藥山과 같은 말로 지금의 서울 서소문 밖에 있던 마을인 藥峴에 있던 산 이름이다.

752) 居多는 다수를 차지함이다.

753) 寵遇는 제왕의 寵愛와 知遇이다.

754) 晨省은 자식이 새벽에 양친을 살피며 안부를 여쭙는 예절이다.

755) 砥柱는 중국 河南省 三門峽市의 黃河의 물 안에 있는 산으로 거센 물 가운데에 우뚝 솟은 모양이 기둥과 같아서 붙은 이름이며, 중책을 맡거나 난국을 극복할 수 있는 역량이나 그것을 지닌 사람을 비유한다.

궁항(窮巷)[758]에는 참새그물[759]을 쳤건만

명장(名場)[760]에서는 비린내를 사모함[761]에 침을 뱉으셨네.

한 언덕에 전적(典籍)이 넉넉하니

세 당파[762]가 싸움[763]을 멈추었네.

예상(睿賞)[764]은 벼슬살이가 물풀이라 하시고

* 주상께서 일찍이 "오아무개는 오늘의 조정에서 부평과 같다."고 말씀하셨다.

여정(輿情)[765]은 들판을 건너는 배로 여겼네.

늘 외로이[766] 종적을 감추고[767]

또 심오하게[768] 저술(著述)하셨네.

법도를 둠은 과녁의 중심[769]을 명중함이었고

진기함을 봄[770]은 공작의 꼬리[771]가 드물었네.

---

756) 塵刹은 티끌처럼 수없이 많은 세계인데, 刹은 國土를 뜻하는 梵語의 假借이다.

757) 金仙은 부처이다.

758) 窮巷은 외지고 초라한 작은 거리나 동네로 흔히 빈궁한 집을 가리킨다.

759) 雀羅는 대문 앞에 친 참새그물로 前漢 武帝 때의 翟公이 廷尉가 되자 빈객이 문에 가득하다가 물러나니 문 밖에 참새그물을 칠 정도로 바뀌었는데, 다시 정위가 되자 빈객들이 오려고 하기에, 문에다 "한 번 죽고 한 번 삶에서 곧 交情을 알 수 있고, 한 번 가난해지고 한 번 부유해짐에서 곧 交態를 알 수 있다.(一死一生, 迺知交情, 一貧一富, 迺知交態.)"라고 크게 써 붙였다는 데서 유래하여, 방문객이 없어 문 앞이 쓸쓸함을 비유한다.

760) 名場은 명사들이 모이는 곳으로 흔히 과거시험장을 가리킨다.

761) 慕羶은 비린내를 사모함으로, 『莊子』「徐無鬼」의 "양고기는 개미를 사모하지 않으나, 개미는 양고기를 사모한다. 양고기는 누린내가 나기 때문이다. 舜임금에게는 누린내가 나는 행동이 있었기 때문에 백성들이 기뻐하였다. 그러므로 세 번 이사하여 도읍을 이루었고, 鄧이라는 마을에 이르렀을 때에는 십여만의 집이 생겼다.(羊肉不慕蟻, 蟻慕羊肉. 羊肉, 羶也. 舜有羶行, 百姓悅之. 故三徙成都, 至鄧之虛, 而十有萬家.)라는 글에서 유래하여, 좋아하여 모여듦을 비유한다.

762) 三黨은 세 개의 黨派로 조선 후기의 南人·老論·少論을 가리킨다.

763) 戈鋋은 창으로 전쟁을 비유한다.

764) 睿賞은 제왕의 玩賞, 또는 賞讚이다.

765) 輿情은 뭇 사람의 마음으로 民心·輿論을 가리킨다.

766) 兀兀은 고독한 모양이다.

767) 沈冥은 은거하여 종적을 감춤이다.

768) 玄玄은 심오하고 미묘한 모양이다.

769) 紅心은 과녁 한가운데의 붉은 점이다.

소리를 내면 사수(泗水)[772]의 경쇠[773]에 맞고
의론을 세우면[774] 옛날의 글[775]을 벗어났네.
장서(張鼠)[776]는 한 마디의 [777]말도 명확하고
후청(侯鯖)[778]은 기름진 맛을 갖추었네.
재주는 높아서 자질구레한 등급이 아니었고
마음으로 얻은[779] 것이라 참된 뜻[780]이 있었네.
광경은 없는 것 속의 경지요
재성(裁成)함[781]은 별난 저술의 세계였네.
방제(方諸)[782]에서 신괴(神怪)를 보고
횡벌(橫筏)[783]로 고금을 오르내리셨네.
모이는 곳에서는 원래 체대(砌臺)[784]를 싫어하고
홍수가 져도 작은 시내를 택하지 않으셨네.

---

770) 珍看은 珍玩과 같은 말로 玩賞이다.
771) 翠尾는 孔雀의 꼬리로 새의 푸른빛 꼬리의 범칭이다.
772) 泗水는 山東省 泗水縣의 동쪽에서 발원하여 淮河로 흘러 들어가는 강으로, 孔子가 강학하던 곳인 데서 유래하여 공자의 학문이나 학술의 고장을 비유한다.
773) 泗磬은 泗水의 磬鍾으로 孔子가 뜻한 바른 음악이나 시가를 비유한다.
774) 立意는 생각·의도를 정함, 또는 의론의 취지나 체계를 세움이다.
775) 陳編은 옛날의 서적이다.
776) 張鼠는 鴟張鼠伏의 준말로 올빼미처럼 날개를 폈다가 쥐처럼 숨음으로, 흔히 때로는 오만하게 날뛰고 때로는 몸을 숨김을 비유하는데, 여기에서는 시문의 語辭를 적절하게 배치함을 비유한다.
777) 單辭는 한 마디의 말, 간단한 말이다.
778) 侯鯖은 생선과 고기를 섞어서 지지고 볶은 붉은빛의 요리로 아주 맛 있는 음식을 대유한다.
779) 心得은 마음 속으로 체득함, 마음으로 깨달음이다.
780) 眞詮은 참된 뜻·도리, 또는 참된 깨달음이다.
781) 裁成은 마름질하여 이룸으로 시문을 짓거나 책을 편집하여 완성함을 비유한다.
782) 方諸는 전설상의 신선이 산다는 곳인데, 南朝 梁의 陶弘景의 『眞誥』에 따르면 正四方形이라서 붙은 이름으로 한 面이 千三百里, 높이가 九千丈이며, 그 동쪽·남쪽의 삼천리 떨어진 곳에도 각각 小方諸가 있어 한 면이 삼백리이고, 각각 靑君宮室이 있으며, 또한 仙人·靈鳥·靈獸들이 있다고 한다.
783) 橫筏은 멋대로 다니는 뗏목이다.
784) 砌臺는 王侯의 집에 설치한 展望臺이다.

천문(千門)에서는 닭과 개를 기이하게 여기지만

일리(一理)[785]를 물고기와 매[786]에서 살피셨다네.

단점(壇坫)[787]에는 전목(全目)[788]이 없어졌는데

활을 쏨[789]에는 누가 어깨를 나란히 하였던가?[790]

바깥에서 원조(援助)해 줄 사람이 없으니

자기 스스로 권도에 맞게[791] 하고자 하셨네.

어점(御點)[792]으로 추천하여 깃발을 올리셨는데

* 공의 문형의 권점에 주상께서 일찍이 어점(御點)을 보태셨다.

붕사(朋私)[793]를 꺼려 채찍을 잡으셨네.

숨어 산다고 어찌 급총서(汲冢書)[794]를 하찮게 여기셨으랴?

빛이 남은 회수(淮水)[795]의 빈주(玭珠)[796]와 다투려 하였네.

봉함한 상자에 삼매(三昧)[797]를 두었고

---

785) 一理는 한 가지 이치인데, 여기에서는 하나의 당연한 이치인 天理를 가리킨다.

786) 魚鳶은 『詩經』「大雅」<旱麓>의 "솔개는 날아 하늘에 이르고, 물고기는 연못에서 뛴다.(鳶飛戾天, 魚躍于淵.)"라는 구절에서 유래한 鳶飛魚躍의 준말로 천지 사이의 만물이 품부받은 本性에 따라 움직이는 天地調和의 妙用을 비유한다.

787) 壇坫은 문인들의 집회나 그 장소로 흔히 文壇·講壇을 비유한다.

788) 全目은 온전한 눈으로 眼目을 갖춘 사람을 비유한다.

789) 櫜鞬은 화살집과 활집으로 활을 쏨을 비유한다.

790) 並(竝)肩은 어깨를 나란히 함으로 대등함·동등함을 비유한다.

791) 中權은 하는 일이 權道에 부합함, 時宜·狀況에 맞음이다.

792) 圈點은 조선시대에 관료후보의 추천이나 어떤 사안의 결정을 위하여 대상자의 이름이나 사안 밑에 찍던 동그라미 형태의 점인데, 여기에서는 大提學을 추천하기 위하여 후보자의 이름을 나열해 놓고 의정대신·전임대제학이 찍던 권점인 文衡圈點을 가리킨다.

793) 朋黨은 利害를 같이 하는 사람끼리 어울려서 만든 집단, 또는 정치적 견해가 달라서 서로 배척하는 黨派이다.

794) 汲塚(冢)은 西晉代에 不準이 도굴한 지금의 河南省 衛輝市 서쪽의 汲郡에 있었던 옛 무덤인데, 여기에서는 거기서 출토된 先秦時代의 竹書를 가리킨다.

795) 淮水는 河南省 桐柏山에서 발원하여 安徽省을 거쳐 江蘇省 江都縣에서 長江으로 흘러들어가는 강이다.

796) 玭珠는 淮水에서 나는 소리가 나는 옥돌이다.

797) 三昧는 산란한 마음을 한 곳에 모아 움직이지 않게 하고, 마음을 바르게 하여 妄念에서 벗어나는 일이다.

텅 빈 마음은 팔연(八埏)[798]으로 날아갔다네.
집에 머물 때에는 늘 선비들을 사랑하여
깊숙한 뜰에 따로 몇 간[799]의 집을 여셨네.
업가(鄴架)[800]에는 책[801]이 가득하니
용문(龍門)[802]을 명주띠[803]를 맨 이들이 채웠다네.
무성한 월평(月評)[804]은 그치지 않고
엄밀한 시령(詩令)[805]은 피하기 어려웠네.
함장(函丈)[806]들과 다투느라 자리에 끼어들었는데
대바구니에 넣노라면 문득 종을 쳤다네.
두 가지 근심[807]에 따라 나아가고 물러나며
세 가지 즐거움[808]을 일컬으며 머뭇거리셨네.[809]
징사가 청명한[810] 때에는 산만한 자취를 거두고

---

798) 八埏은 八殥과 같은 말로 八方의 아주 먼 지방이다.
799) 椽은 집의 간살[일정한 규격으로 둘러막은 건물의 공간]이다.
800) 鄴架는 中唐의 鄴侯 李泌의 서재에 3만권의 책이 있었던 데서 유래하여 서가나 책을 보관하는 곳을 대유한다.
801) 牙籤은 象牙로 만든 書籤으로 흔히 책을 비유하는데, 서첨은 서적의 標題를 적은 꼬리표이다.
802) 龍門은 명망이 높은 사람이 집을 비유한다.
803) 組帶는 옛날에 선비가 매던 명주로 만든 허리띠로 선비를 비유한다.
804) 月旦은 月旦評의 준말로 後漢人 許劭가 매월 초하룻날에 鄕黨의 인물을 품평하였던 고사에서 유래하여 인물에 대한 품평을 가리킨다.
805) 詩令은 시를 지으라는 명령이다.
806) 函丈은 강석에서 거리를 一丈쯤 허용함으로 흔히 스승·어른·선배를 비유하는 경칭으로 쓰인다.
807) 二憂는 두 가지 걱정으로 北宋 范仲淹이 <岳陽樓記>에서 “높은 묘당에 있을 때에는 그 백성을 걱정하고, 먼 강호에 있을 때에는 그 임금을 걱정한다.(居廟堂之高, 則憂其民, 處江湖之遠, 則憂其君.)”라고 한 데 따라 임금과 백성에 대한 걱정을 가리킨다.
808) 三樂은 『孟子』「盡心 上」에서 맹자가 말한 세 가지 즐거움으로 부모가 다 살아 계시고 형제가 무고함, 하늘을 우러르고 땅을 내려보아도 부끄럽지 않음, 천하의 영재를 얻어 가르치고 기름을 가리킨다.
809) 盤旋은 머뭇거리면서 서성임이다.
810) 明時는 政事가 맑고 깨끗한 시절로 대개 자신이 섬기는 조정을 가리킨다.

깜깜한 방에서 충성스러운 마음을 태우셨네.
창황하게[811] 합문(閤門)[812]을 닫으신 일을 만나서는
성실하게[813] 뜻을 바꾸시도록[814] 따졌네.[815]
금지(禁地)[816]는 빗장이 쇠와 같고
영화로운 관원[817]은 간담이 납과 같았네.
피로 쓴 봉장(封章)[818]이 삼사(三事)[819]를 두렵게 하니
나라의 기맥(氣脈)이 한 마디 말에 이어졌네.
도를 지닌 몸이면서도 비록 은거하였지만
원안(袁安)[820]의 눈물이 절로 이어졌다네.[821]
문정공(文正公)[822]의 글로 마음을 바르게 하고
계손씨(季孫氏)[823]의 새매를 미워하셨네.

---

811) 蒼黃(惶)은 다급함이다.
812) 閤門은 궁전의 옆문이다.
813) 悃款은 誠心·誠意, 또는 성실하고 진지함이다.
814) 更絃(弦)은 줄을 바꿈으로 방법·태도를 바꿈, 또는 改革함을 비유한다.
815) 이 두 구절은 臺臣 趙仲晦가 淑嬪崔氏의 사당인 毓祥廟에 대한 상소를 올린 일로 주상이 진노하여 閤門을 닫아 버리자, 群臣이 죄를 주고자 하였으나, 대사헌이었던 약산이 상소하여 간곡하게 간함으로써 진정시킨 일을 읊은 듯하다.
816) 禁地는 일반인의 출입을 금지하는 장소로 대개 궁전·제왕의 東山을 가리킨다.
817) 榮班은 영예로운 반열로 높은 관직을 비유한다.
818) 血封은 瀝血封章의 준말로 핏방울이 떨어지는 봉장이다.
819) 三事는 『書經』「立政」에 나오는 세 관직인 任人·準夫·牧으로 정사·형옥·목민을 맡은 세 가지 벼슬아치를 가리킨다.
820) 袁安은 後漢의 文臣으로 자는 邵公, 汝陽人이며, 孝廉으로 천거되어 河南尹·太僕·司徒 등을 역임하였는데, 곤궁할 때에도 지조를 굳게 지켰고, 전횡을 일삼던 竇太后 일족에게 아부하지 않았다.
821) 漣은 눈물이 끊임없이 이어지는 모양이다.
822) 文正은 약산과 마찬가지로 청남의 영수였던 巨儒 許穆(1595~1682)의 시호인데, 본관은 陽川, 자는 和甫·文父, 호는 眉叟이다. 鄭逑에게 수학하고 孝宗 때에 掌令에 올라 慈懿大妃의 복제가 예에 어긋남을 논박하였고, 현종 때 禮訟에 패배하여 三陟府使로 쫓겨났다가 향리로 돌아갔으며, 숙종이 즉위하자 大司憲·右議政을 거쳐 判中樞府事에 이르러 宋時烈·許積을 탄핵하다가 왕의 노여움을 사서 쫓겨난 뒤 저술에 몰두하였다. 송시열에 대한 강경책을 주장함으로써 淸南의 영수가 되어 濁南의 영수 許積과 반목하였다. 성리학과 글씨에 뛰어났고 『記言』을 남겼다.

일의 바깥[824]에는 세밀한 경륜(經綸)[825]이 있고
가슴 속에는 작고 큰[826] 구멍이 있었네.
미나리 또한 훌륭하다고[827] 한들 무슨 상관이 있으랴?
정미(精微)한 식견으로 약물로 잘 치료하셨네.
지니신 걱정과 사랑에는 허물을 없애고
정밀한 연연(淵涓)[828]에는 잘못을 줄였네.
영신(佞臣)의 얼굴을 붉은 풀이라고 지목하고
마귀의 목을 추련(秋蓮)[829]으로 굴복시키셨네.
초심은 굳은 돌처럼 단단하였고
좌천된[830] 때에는 신선의 물오리[831]를 타고 날아오셨다네.
청헌(淸獻)[832]의 학을 번거롭히지 않았고
은산(殷山)[833]의 샘물을 거듭 읊으셨다네.

---

823) 季孫氏는 춘추시대 魯나라의 三桓의 1인으로 桓公의 넷째 아들인 季友의 후예이며, 대대로 노나라의 국정을 장악하며 도리에 어긋난 일을 많이 하였다.

824) 事外는 일의 밖에 있음으로 관계가 없는 처지를 가리킨다.

825) 經綸은 일을 조직적으로 계획함, 또는 그런 계획이다.

826) 細大는 작은 것과 큰 것, 또는 작은 일과 큰 일이다.

827) 芹亦美는 芹誠을 변용한 표현으로 미나리의 맛이 좋다고 여겨 제왕에게 바치는 작은 정성을 비유한다.

828) 淵涓은 깊은 못과 작은 시내로 사물에 彫刻해 놓은 형상인데, 淵涓蠖伏·淵涓蠖濩라고도 하며, 화려한 궁전을 비유한다.

829) 秋蓮은 蓮이 가을에 열매를 맺는 데서 유래하여 연·연꽃을 가리키는데, 여기에서는 칼을 휘두를 때 일어나는 빛인 劍花가 연꽃과 같음을 뜻한다. 李白의 악부시 <胡無人行>에 "허리춤에 꽂은 白羽箭은 유성과 같은데, 칼집에서 꺼낸 칼에서는 연꽃과 같은 검화가 빛나네.(流星白羽腰間插, 劍花秋蓮光出匣.)"라는 구절이 있다.

830) 左降은 왼쪽으로 내려감으로 左遷을 비유한다.

831) 仙鳧는 신선이 탄 물오리로 縣令을 비유하는데, 後漢의 河東人 王喬가 葉縣令으로 있을 때에 매월 朔望마다 입조하였는데, 수레나 말이 없이 두 마리의 집오리가 날아오는 것만 보이기에, 그물로 오리를 잡아 보니 한 짝의 신발만 있었다는 고사에서 유래한다.

832) 淸獻은 北宋의 宰相 趙抃의 시호인데, 그는 成都轉運使로 부임할 때에 거문고 하나와 학 한 마리만 지니고 갔을 만큼 청렴하였다.

833) 殷山은 조선시대에 지금의 平安南道 殷山面에 두었던 縣인데, 역산은 1724년에 은산현감을 지냈다.

편안히 앉지 못하고[834] 애써 겸허히 기다리셨거늘[835]

도성에 돌아왔다고 감히 조용하고 편안할[836] 수 있었으랴?

내직으로 옮기자 자경(資景)[837]이 아름다워졌으니

중비(中批)[838]의 총은이 해마다 이어졌다네.

* 공이 외직에 보임되었다가 간의[839]의 소명을 받았고, 곧 어사대부[840]에 제배되었다.

임금님의 포장(褒奬)[841]이 붉은 구름처럼 휘감고

은사(恩賜)하신 비단은 은한(銀漢)에서 빤 듯이 희었네.

인덕(仁德)의 광채에 기뻐서 봉황이 내려오고

수괴(水怪)[842]가 겁내어 무소뿔에 불을 붙였네.[843]

은혜의 물결이 먼 때까지 미침을 알고 싶으면

처음에 낚시질하신 물 가의 일원(一圓)에 가 보시라.

문원(文垣)[844]이 또한 길을 잃어[845] 버렸거니와

낭묘(廊廟)는 어쩔 수 없이 일을 망설이리.[846]

---

834) 側席은 자리에 똑바로 앉아 있지 못함으로 매우 걱정하여 편안하지 않음을 비유한다.
835) 虛佇는 겸허하게 기다림이다.
836) 靜便은 조용하고 편안함, 고요하고 아늑함이다.
837) 資景은 官職·品階의 光景·情況이다.
838) 中批는 제왕의 명령인데, 여기에서는 관직을 발령하는 敎旨를 가리킨다.
839) 諫議는 諫議大夫의 준말로 고려시대 中書門下省의 郎舍로 封駁과 諫爭을 담당하였던 종3품, 또는 종4품 관직인데, 여기에서는 약산이 1727년에 司憲府의 종5품직인 持平을 지낸 일을 가리킨다.
840) 御史大夫는 고려시대 御史臺의 長官으로 정3품직인데, 여기에서는 약산이 1737년에 司諫院의 長官인 대사간을 지낸 일을 가리킨다.
841) 褒奬은 표창하고 장려함이다.
842) 水怪는 물 속에 사는 괴물이다.
843) 犀燃은 犀燃牛渚의 준말로 말로 무소뿔에 불을 붙여 牛渚의 물 밑을 비추어 봄으로, 흔히 깊숙하고 미세한 곳까지 통찰함을 비유하며, 犀燃燭照·犀照牛渚라고도 한다. 牛渚는 牽牛星의 물 가이다.
844) 文垣은 文壇이다.
845) 蹭蹬은 험준한 곳에서 길을 잃음으로 세력을 잃음을 비유한다.
846) 遷延은 망설이거나 시간을 오래 끎이다.

훈의(訓義)[847]를 몸소 다스려 결정하셨는데[848]
신장(宸章)[849]을 홀로 감별하게 하셨네.[850]
옛 도읍지[851]에서 섬독(剡牘)[852]을 맡았던 때에는
남겨진 풍속을 장막을 걷고[853] 받아들이셨네.[854]
곧게 쏟아지는 연폭(淵瀑)[855]에는 무지개가 드리워지고
무성한 누대의 풀은 사슴을 덮었다네.[856]
따뜻한 봄날에는 마을[857]에 정사(政事)를 펴고
음산한 빗속에서는 산천을 그림으로 그리게 하셨네.

* 공이 개성부윤을 지낼 때에 화공에게 명하여 관방(關防)[858]의 요해[859]를 그림으로 그리게 하여 장차 주상께 상주하려 하였으나 이루지 못하였다.

단국(短局)[860]으로 풍도(風度)를 기대할 분이 사라지고
사문(斯文)의 일관(日觀)[861]이 떨어졌네.

---

847) 訓義는 字句의 뜻을 해석함이다.
848) 이 구절은 諡狀에서 「大射禮儀軌」를 儀註하고, 太廟樂章을 釐正하며, 『小學』을 參校하였다고 한 일을 가리킨 듯하다.
849) 宸章은 제왕이 지은 시문이다.
850) 이 구절은 諡狀에서 御製文字를 裒集하엿다고 한 일을 가리킨다.
851) 故都는 옛날의 도읍지인데, 여기에서는 고려의 도읍지인 개성의 留守를 지낸 일을 가리키고자 언급되었다.
852) 剡牘은 중국 剡溪에서 나는 藤·竹 등으로 만든 종이인 剡紙에 쓴 공문서·서신이다.
853) 褰帷는 휘장을 걷어올림으로, 後漢의 賈宗이 刺史가 되어 임지로 갈 때에 백성의 말을 듣고자 수레의 장막을 걷은 데서 유래하여, 관리가 백성의 고충을 헤아려 정사를 폄을 비유한다.
854) 이 두 구절은 「海東樂府」의 <女戴笠>, <杜門洞> 등을 지은 일을 가리킨다.
855) 淵瀑은 朴淵瀑布의 준말로 개성의 북쪽 16㎞ 지점인 박연리에 있는 폭포이다. 높이 37m, 너비 1.5m로 聖居山과 天磨山 사이의 험준한 골짜기로 흘러내리고, 북한의 천연기념물 제388호이며, 松都三絶의 하나이다.
856) 이 두 구절은 『大東詩選』에 실린 <泛槎亭>, <滿月臺>를 지은 일을 가리킨다.
857) 井落은 村落이다.
858) 關防은 관문과 방어지, 또는 적을 막아서 지킴이다.
859) 要害는 조금만 다쳐도 목숨에 장애를 주는 몸의 중요한 부분으로, 사물의 가장 주요한 곳이나 군사적인 요충지를 비유한다.
860) 短局은 짧은 국면·형세로 短命을 가리킨다.
861) 日觀은 일출을 봄인데, 여기에서는 그것으로 유명하여 붙은 泰山의 한 봉우리 이름을

일찍이 아름다운 옥과 같으심을 흠모하여

자주 복규(復圭)[862]의 시편을 드렸네.

도리(桃李)[863]를 심고 배양해 주고

가동(柯桐)이 침식되어 버려지지 않게 하셨네.

물에 잠겼던 칼날이 기상한 빛을 토하도록

풀무질을 시작하여 힘껏 도야하셨네.[864]

백설을 읊은 영(郢)의 노래[865]를 이으시니

황금을 건 연(燕)나라[866]의 예우로 복직시켰네.[867]

감히 착악수(斲堊手)[868]가 버려졌다고 말하랴?

특별히 통발을 잊음[869]에 이르신 분이라 함이 옳으리.

참된 비결은 중산(中散)[870]에게서 알고

신령스러운 산가지[871]는 악전(偓佺)[872]을 따르셨네.

가리킨다.

862) 復圭는 笏을 회복함으로 원래의 관작・직무를 회복함을 비유한다.

863) 桃李는 복숭아꽃과 오얏꽃으로 훌륭한 門人・後輩를 비유하는데, 여기에서는 科擧의 급제자를 가리킨다.

864) 陶甄은 도기를 구워 만듦으로 도야함, 교화함을 비유한다.

865) 郢歌는 춘추전국시대 楚나라의 수도인 郢邑에서 불렸던 고아한 가곡인 <白雪>을 가리키는데, <陽春白雪>이라고도 하였다.

866) 燕은 周代에 武王의 아우인 召公 奭이 분봉받아 지금의 河北省 일대에 세운 제후국으로 薊邑을 도읍지로 하였는데, 戰國七雄으로 위세를 떨치기도 하였지만 B.C. 222년에 秦에 멸망당하였다.

867) 이 구절은 燕나라의 昭王이 國都의 동남쪽에 黃金臺를 짓고서 천하의 賢士들을 招致하고자 황금을 쌓아 둔 일을 가리키고자 한 것이다.

868) 斲堊은 斲堊手의 준말로 白土에 새기는 솜씨이며 기예가 뛰어난 사람을 비유한다.

869) 忘筌은 물고기를 잡는 통발을 잊어 버림으로 목적을 이룬 뒤에 수단을 잊어 버림을 비유한다.

870) 中散은 옛날 중국의 文散階의 하나인 中散大夫의 준말인데, 여기에서는 삼국시대 위나라의 이 품계를 지녔던 嵇康을 가리킨다.

871) 靈籌는 神靈스러운 산가지로, 신선이 한 번 바다가 뽕나무밭으로 변할 때마다 산가지 하나씩을 놓았는데, 그것이 열 채의 집에 가득하였다는 北宋 蘇軾의 『東坡志林』의 글에서 유래하여, 장수를 축원함을 비유한다.

872) 偓佺은 陶唐氏 때의 신선으로 槐山에서 약초를 캐며 살았는데, 솔씨를 즐겨 먹었고, 몸

* 공이 일찍이 양생술을 배우셨다.

영남의 고을에 손님으로 갔을 때조차
또한 시전(詩箋)[873]이 든 서찰이 왔다네.
우리 도(道)가 지금 어떠한가?
서로 기약하여 더욱 힘써야 하리.
어찌하여 하늘은 국가를 저버렸는가?
문득 바람에 녹나무[874]가 넘어졌네.
다듬이질을 멈추고 조야(朝野)가 놀라며
상여가 지나가니 시전(市廛)에서 통곡하네.
옥음(玉音)으로 지난날의 공적[875]을 높이시니
화려한 증직으로 새 무덤으로 가심을 송별하네.

* 주상께서 연석(筵席)에서 특별히 공이 무신년에 도적을 토벌한 공로를 유념하여 정경(正卿)[876]으로 증직시키셨다.

한 몸으로 백명을 감당한 분이라고 통석(痛惜)하는데[877]
길은 천리인 듯 아득하네.
반열 중앙에는 정숭(鄭崇)[878]의 가죽신이 없는데
상여 뒤에서는 주(周)나라의 고기잡이[879]를 잃었다고 하네.

에 털이 났으며, 날아서 다니기도 하였다고 한다.

873) 詩箋은 시를 적은 종이이다.

874) 楠楩은 喬木인 楠木과 黃楩木으로 棟梁之材를 비유한다.

875) 舊伐은 지난날의 功績, 옛날의 공적이다.

876) 正卿은 上大夫 중에서 정사에 참여하는 사람으로 조선시대에는 정2품 이상의 관료를 가리킨다.

877) 痛惜은 매우 애석하게 여김이다.

878) 鄭崇은 後漢 哀帝 때의 관리로 자는 子游이며 尙書僕射를 지냈다. 외척과 폐행에 대한 총애를 간하다가 죄를 입고, 尙書令 趙昌에게 무고받아 하옥되어 죽음을 당하였다. 그는 직간을 잘 하기로 유명하여, 임금을 뵈러 대궐에 들어갈 때마다 가죽신을 끌며 걸었다는 일화가 『한서』 <정숭전>에 나온다.

879) 周畋은 周나라의 畋漁父로 위수에서 낚시질하며 소일하다가 文王을 만나 周가 천하의 주인이 되는 데 큰 공을 세웠던 太公望 呂尙을 가리킨다.

판향(瓣香)[880] 속에서는 건곤이 저물고
회관(灰管)[881]에서는 절서가 바뀌네.
더럽고 흐린 세상의 아홉 빛깔 안개를 넘어서
춤추듯이 날아서[882] 삼도(三島)[883]로 들어가시네.
새벽닭에게 인도받아 * 거성(去聲)이다.[884] 가지 못하고
마침내 흰말을 타고 돌아오게 되었네.
북쪽의 산에서는 저녁 피리소리가 들려오는데
한강(漢江)에는 외로운 배가 나와 있네.
부서진 수레에는 기러기의 발자국이 남아 있는데
차가운 꽃은 말안장을 비추네.
추사(秋社)[885]의 술자리에 가기를 머뭇거리는데[886]
저물녘의 매미는 구슬프게 우네.
풀에 묻힌 앞길에서 헤매노라니
빈 뜰에는 옛날의 학이 잇달아 오네.
부질없이 국사(國士)[887]에 대한 눈물이 넉넉한데
대들보 너머의 달은 흐르는 물[888]을 비추네.

蕭瑟三韓氣　　　　蒼茫五宿躔
古來於缺界　　　　天不佑高賢

---

880) 瓣香은 오이씨 모양으로 생긴 향으로 숭배하는 뜻으로 피우는 것이다.
881) 灰葭는 灰管과 같은 말로 갈대청을 태운 재를 律管에 채워서 절기를 변화를 측정하는 도구로, 계절의 순서나 절기를 비유한다.
882) 翩躚은 춤추듯이 가볍게 낢이다.
883) 三島는 三神山의 별칭이다.
884) '去聲'이라고 주석한 것은 측기식 율시의 首句에 해당하는 구절이어서 측성이 와야 할 자리일 뿐 아니라 의미상 '인도하다'를 뜻함을 지적하기 위함이다.
885) 秋社는 입추 뒤 다섯 번째 戊日에 土地神에게 올리는 가을철 제사이다.
886) 依遲는 선뜻 나서지 못하고 머뭇거리는 모양이다.
887) 國士는 한 나라에서 재능이 뛰어난 사람이다.
888) 潺湲은 물이 흐르는 모양, 또는 흐르는 소리이다.

赴紙新秋怪　詩筒去月傳
樑摧空巨室　鰌橫廓深淵
季葉才難得　詞林事惘然
病留炎海外　淚灑瘴雲邊
國以賢良急　公曾際會專
聰明世眞間　超越氣無前
秋水開襟照　春花暎肉姸
文章腸錦掞　談說舌河懸
太易排陰果　由基碎柳弦
何王凛將及　蜍志死誰憐
捷出精神銳　橫驅氣勢堅
自能伸汩沒　何有撥迍邅
赤電捎騏足　金精厲鶻拳
世丁[889]箕範隱　身不楚咻牽
中歲收簪履　當朝別珷璇
阜囊霜朽骨　蓮燭纈花磚
剴切憂時語　從容講道筵
籌摧亂階大　識炳禍機先
力贊金甌奠　名辭鐵劵鐫
春收雙闕禓　晝穩萬家煙
逸帆雲霄展　珍芼雨露宣
聖心常有眷　王道佇無偏
匡汲皆宗社　唐虞復厦氈
鳳綸惟簡在　貂珥倏喬遷
使轄南星動　仙樓北斗連

889) 의미맥락과 대우관계로 보아 원전의 '丁'은 '未'의 착오인 듯하다.

言行藹酬酢　廷叱死蹻騫[890]

契合紛如此　遐情實有焉

超同虛席賈　退似急流錢

蕭灑秋荷服　徘徊晚朮田

讀書金市側　鍊魄藥峯巓

間有猜讒發　居多寵遇緣

砌閒黃菊護　門豁老松纏

浮念刪晨省　餘歡囿雨眠

風波卽砥柱　塵刹乃金仙

竆巷容羅雀　名場唾慕羶

一丘饒典籍　三黨息戈鋋

睿賞官河草 * 上嘗曰, "吳某於今日朝廷, 似浮萍."　輿情野渡船.

沈冥恒兀兀　著述又玄玄

法在紅心破　珍看翠尾鮮

發聲諧泗磬　立意蛻陳編

張鼠單辭確　侯鯖衆膩全

才高不細級　心得有眞詮

光景無中境　裁成別著天

方諸神怪見　橫筏古今沿

湊處元嫌砌　洪來不擇涓

千門幻鷄犬　一理照魚鳶

壇坫無全目　櫜鞬孰並肩

非人作外援　自我擬中權

御點推揚幟 * 於公文衡之圈, 上嘗以御點加焉.　朋私忌著鞭

幽何屑汲塚　光欲鬪淮玭

890) 원전의 '騫'은 의미맥락으로 보아 '蹇'의 착오인 듯하다.

有篋緘三昧　翹心罄八埏
在家常愛士　深庭別開椽
鄴架牙籤滿　龍門組帶塡
月評森不已　詩令密難蠲
間席爭函丈　撞鍾輒應篿
二憂隨進退　三樂稱盤旋
漫跡明時倦　忠腸漆室煎
蒼黃逢閉閤　悃款責更絃
禁地扃如鐵　榮班膽似鉛
血封三事聳　邦脉一言綿
有道身雖隱　袁安涕自漣
格心文正筆　嫉惡季孫鸇
事外經綸密　胸中細大穿
何傷芹亦美　要見藥能痊
憂愛存無過　淵涓銳省愆
佞顔騂指草　魔領服秋蓮
介石初心固　仙鳧左降翩
不煩淸獻鶴　再詠隱[891]之泉
側席勤虛佇　還都敢靜便
內遷資景倩　中批寵延年
* 公之外補, 以諫議承召, 旋拜御史大夫.
袞奬紅雲裏　恩紬白漢湔
德輝忻鳳下　水怪怯犀燃
欲識恩波遠　初從釣渚圓
文垣亦蹭蹬　廊廟強遷延

891) 원전의 '隱'은 의미맥락으로 보아 '殷'의 착오인 듯하다.

訓義親經決　宸章獨遣銓
故都膺牘剡　遺俗入帷褰
淵瀑垂虹直　臺芽覆鹿芊
陽春布井落　陰雨繪山川
* 公之尹松, 命工畫關防要害, 將奏御未果.
短局風期歇　斯文日觀顚
早欽如玉美　多忝復主篇
桃李培成植　柯桐蝕未捐
沈鋩吐光怪　開鞴力陶甄
吟雪歌仍郢　懸金禮復燕
敢言拚斷堊　別是到忘筌
眞訣諳中散　靈籌倚偓佺
* 公嘗學養生訣.
客來猶嶺邑　書到又詩箋
吾道今何似　相期益勉旃
天胡負家國　風忽倒楠楩
輟杵驚朝野　過車哭市鄽
玉音提舊伐　華贈送新阡
* 上於筵中, 特念公戊申討賊之功, 贈正卿.
痛惜身堪百　微茫路恰千
班心未鄭履　車後失周畋
香瓣乾坤暮　灰葭節序嬗
九煙超穢濁　三島入翩躚
未先 * 去聲. 晨鷄往　終成素馬還
山陽來晚篴　江漢出孤舷
殘轂留鴻跡　寒花暎馬韉
依遲秋社燕　凄咽夕陽蟬

草沒前蹊惑　　　庭空舊鶴聯
空餘國士淚　　　樑月照潺湲

8. 문지
文指[1)2)]

문장을 짓는 데에는 육경(六經)[3)]을 근본으로 삼아야 한다. 근본이 서고 이치에 통달한 뒤에야 제자(諸子)[4)]를 널리 참구하고 백가(百家)[5)]를 포괄할 수 있기에, 육경이 만고에 문장의 원조가 되는 것이다. 그리고 「계사(繫辭」[6)]의 동탕함[7)]과 『서경(書經)』[8)]의 전아한 법도[9)]는 또 그 입론(立論)과 서사(敍事)의 원조이다. 『중용(中庸)』[10)]은 「계사」와 매우 비슷하니, 공자(孔子)[11)] 집안의 문

---

1) 『藥山漫稿』 권11에 실려 있다.
2) 指는 이끌어 가리킴·가르침을 뜻하는 指南, 또는 지향하는 의견·주장을 뜻하는 指論·指說의 준말로 쓰였는데, 이와 비슷한 성격의 글로는 唐 成伯璵의 『毛詩指說』, 明 邵經邦의 『律詩指南』이 있다.
3) 六經은 유교의 여섯 가지 경서로 『易經』·『書經』·『詩經』·『春秋』·『禮記』·『樂記』를 가리키는데, 『樂記』는 전해지지 않고 오경만 남아 있다.
4) 諸子는 春秋戰國時代부터 漢初까지 활약했던 학술유파, 학자, 저술을 총칭한다.
5) 百家는 春秋戰國時代부터 漢初까지 활약했던 학술유파들을 가리키는데, 대표적인 유파로는 儒家·道家·墨家·法家·陰陽家·名家·縱橫家·農家·兵家·小說家·雜家 등 十家가 있었고, 작은 것까지 합하면 百家가 넘었다.
6) 「繫辭」는 孔子가 『易經』을 설명한 글인 「繫辭上傳」·「繫辭下傳」의 합칭이다.
7) 動盪(蕩)은 심하게 요동함이다.
8) 『書經』은 유가의 五經의 하나로 堯舜時代와 三代의 정치사·政敎 등을 적은 기록인데, 삼대의 史官이 기록한 것을 孔子가 刪定했다고 하며, 『尙書』라고도 한다.
9) 典則은 典章과 법칙, 시문 등의 구성이나 법칙, 전아한 법칙이다.
10) 『中庸』은 四書의 하나로 孔子의 손자인 子思가 저자로 알려진 中庸不偏의 德을 주로 설명한 1권으로 된 책이다. 본래 『禮記』 49편 가운데 제31편이었는데, 그 내용이 성리학의 주요한 기반으로 인식되면서 程頤·朱熹에 의하여 독립적인 경전으로 자리잡았다.
11) 孔子(552~479 B.C.)는 춘추시대 魯나라의 대학자로 이름은 丘, 자는 仲尼이다. 많은 문인을 교육시키고 천하를 周遊하며 治國의 도를 설파하였고, 六經를 刪述하여 유가의 터전을 닦은 聖人이다.

체가 이와 같다. 『악기(樂記)』[12]는 누가 지은 것인지 알 수 없으나, 또한 「계사」와 『중용』의 문체이다. 좌씨(左氏)[13]는 고대로부터 멀지 않아 『서경』의 전칙(典則)을 깊이 얻었으니, 후세의 사령(辭令)[14]은 마땅히 좌씨를 종주로 삼아야 한다. 그러나 『국어(國語)』[15]는 말의 화려하고 전실함이 적으며, 힘이 약한[16] 글이 가득하고[17], 그 입론이 부회한[18] 것임을 싫어할 만하다. 『예기(禮記)』[19] 제편(諸篇)은 이와 서로 비슷한 점이 많으니, 대개 주나라 말기에는 문식(文飾)을 지나치게 숭상하였기[20] 때문에 그렇게 된 것이다. 정상(情狀)이 있어도 형체로 드러내지 못하여 사람들이 도(道)를 설명하지 못하였는데, 맹자(孟子)는 모습을 정교하게[21] 본뜨면서도[22] 평이한 말을 벗어나지 않아서, 다른 작가가 천 마디 말로도 다하지 못한 것을 「단궁(檀弓)」[23]의 한 구절[24]로

12) 『樂記』는 『禮記』의 편명으로 음악의 義理를 기술한 것이다.
13) 左氏는 기원전 5세기 무렵의 魯나라의 학자인 左丘明을 가리키는데, 孔子의 제자로 『春秋左氏傳』·『國語』의 지은이이다.
14) 辭令은 응대하는 말이나 글이다.
15) 『國語』는 춘추시대 말기 魯나라의 학자인 左丘明이 지은 史書로 『春秋外傳』이라고도 하며, 21편으로 이루어져 있다. 周 穆王부터 魯 悼公까지 오백여년의 역사를 기술한 책으로, 체계적이지 못한 반면에, 내용이 풍부하여 동일인이 지은 『春秋左氏傳』과 함께 춘추시대에 관한 중요한 사료이다.
16) 寡力은 힘이 적고 약함이다.
17) 彌漫은 널리 퍼져 있음, 가득함이다.
18) 傅會는 附會와 같은 말로 이치에 닿지 않는 것을 억지로 끌어다 맞춤이다.
19) 『禮記』는 五經의 하나로 秦漢時代의 古禮에 관한 說을 수록한 책이다. 漢 武帝 때에 河間의 獻王이 古書 131편을 편술한 뒤에, 214편으로 된 『大戴禮』와, 戴德이 그것을 85편으로 줄이고 宣帝 때에 그의 조카 戴聖이 다시 49편으로 줄인 『小戴禮』가 있다. 지금의 『禮記』는 『小戴禮』를 가리키며, 『周禮』·『儀禮』와 함께 三禮라고 한다.
20) 文勝은 문식을 지나치게 숭상함이다.
21) 玲瓏은 精巧한 모양이다.
22) 貌象은 사물이 모습, 또는 모습을 본뜸이다.
23) 「檀弓」은 『禮記』의 편명으로 상·하 2편으로 이루어져 있는데, 禮에 밝았던 魯나라 사람인 단궁이 묻는 글이 첫 머리에 실려 있어 편명으로 삼았으며, 喪禮에 관한 글이 대부분이다.
24) '檀弓一句'는 『禮記』 「檀弓 上」의 "자유가 말하기를, '심하도다, 유자의 말이 부자와 비슷함이여!'(子游曰, '甚哉, 有子之言似夫子也.')"를 인용한 『孟子』 「滕文公 上」의 "뒷날에 자하와 자장과 자유가 유약이 성인과 비슷하다고 여겨 공자를 섬기던 것과 같이

처리하면서도[25], 그 줄인[26] 흔적이 드러나지 않으니, 이는 그것이 글이 가는 길의 교량[27]이었기 때문이다.

『장자(莊子)』[28]를 읽는 사람은 말과 의상(意象)[29] 밖에서 활발하고 기민함을 얻을 수 있지만, 착상[30]이 민활하고 교묘하며, 그 응용함이 끝이 없으므로, 잘 배우지 않으면 광대놀음이 된다. 배움을 어떻게 해야 하는가? 퇴지(退之)[31]·자첨(子瞻)[32]과 같이 함이 옳다. 『전국책(戰國策)』[33]과 『한비자(韓非子)』[34]는 모두 이해(利害)에 대하여 설(說)하였는데, 『전국책』은 그 기운이 넘치고 『한비자』는 그 기교(機巧)가 각박하다. 『전국책』의 요점을 얻은 이는 소씨집안 부자[35]이고 『한비자』의 요점을 얻은 이는 조착(晁錯)[36]인데, 모두 대

섬기고자 하면서, 증자에게 강권하니 증자가 말하기를 "옳지 않다. 장강과 한수의 물로 씻고 가을볕에 말렸으므로 깨끗하여 더할 수 없다.(他, 日子夏子張子游, 以有若似聖人欲以所事孔子事之, 彊曽子, 曽子曰, '不可. 江漢以濯之, 秋陽以暴之, 皜皜乎不可尚已.')" 라는 구절을 가리킨 듯하다.

25) 了當은 처리함이다.

26) 裁減은 줄임·삭감함이다.

27) 津梁은 다리·교량이다.

28) 『莊子』는 戰國時代의 道家思想家인 莊周의 학설을 싣고 있는 책으로 『漢書』「藝文志」에서는 52편이라고 하였으나, 「內篇」 7편, 「外篇」 15편, 「雜篇」 11편 등 33편이 전해진다.

29) 意象은 의미, 또는 의도의 경계이다.

30) 匠心은 匠意와 같은 말로 着想이다.

31) 退之는 中唐의 문인인 韓愈(768~824)의 자이며, 선대가 昌黎에 살았으므로 昌黎先生으로 불리었고 시호는 文公이다. 등제하여 刑部侍郎을 지내다가 潮州刺史로 폄적되었으며, 복권되어 吏部侍郎에 이르렀다. 시문에 두루 능하였으며, 특히 문장에 뛰어난 대표적 古文家로서 후대에 唐宋八大家로 추앙받았다. 『韓昌黎先生集』을 남겼다.

32) 子瞻은 북송의 문인·학자 蘇軾(1036~1101)의 자로 호는 東坡이다. 舊法黨에 속했던 정치가로 한림학사를 지냈으며, 다양한 문체에 다 능통했던 시문의 거장으로 宋詩를 대표하는 시인일 뿐 아니라 대표적인 고문가로서 당송팔대가로 불리었으며, 『東坡全書』를 남겼다.

33) 『戰國策』은 前漢 때에 나온 책으로 전국시대와 秦初에 각국의 史官이나 策士가 저술한 것을 劉向이 집록했다고 전해지며, 그 시대의 역사를 이해하는 데 주요한 자료가 된다.

34) 『韓非子』는 전국시대 말의 法家思想家인 韓非(약 280~233 B.C.)의 저작을 수록한 책이다. 그는 韓나라 사람으로 李斯와 함께 荀子의 문인인데, 벼슬에 뜻이 있어 秦나라에 갔다가 이사의 모함을 받아 죽음을 당하였다.

35) 蘇氏父子는 北宋의 문장가 蘇洵·蘇軾·蘇轍 三父子로 三蘇로 불리었다.

36) 晁(鼂)錯(200~154 B.C.)은 前漢의 문인으로 先秦의 法家思想을 계승하여 지모가 많았

아(大雅)[37]에서 병통을 드러내었다. 사마천(司馬遷)[38]의 『사기(史記)』[39]를 읽는 자는 먼저 그 유룡(游龍)[40]과 같은 신기한 변화를 보고, 다음에 그 기세의 웅장함을 보며, 다음에 그 색택[41]의 깨끗함을 보고, 다음에 그 연파(烟波)의 담탕(澹宕)함[42]을 보아야 하는데, 그 도리에 어긋나는 점을 아끼면서도 그 악을 미워함이 옳다는 것을 알아야 한다. 유주(柳州)[43]는 그 깨끗함을 얻었으나 유룡은 얻지 못하였고, 육일(六一)[44]은 그 연파를 배웠으나 유룡과 기색은 모두 얻지 못하였다. 서한(西漢)은 풍기가 웅장하고 박눌하여, 문장 또한 그와 같았는데, 이백년 동안의 고문대책(高文大冊)[45] 가운데에는 반고(班固)[46]의

으므로 지혜의 주머니[智囊]로 불리었다. 文帝에게 누차 상언하였으나 중용되지 못하다가 景帝 때 어사대부에 올랐다. 문집 3권 『新書』 3권을 남겼으나 인몰하고 문장 10편이 현전한다. 언사가 날카롭고 간결하며 명백하고 유창하였다.

37) 大雅는 품격이 높고 바름이다.

38) 司馬遷(145~80 B.C.)은 漢나라 때의 역사가로 자는 子長, 흔히 太史公으로 불리었다. 20세 때 전국을 돌아다니며 지리·역사·고적·풍속 등을 익히고 민간전승을 채집하였고, 太史令이었던 부친의 일을 돕다가 부친을 이어서 태사령이 되었다. 기원전 98년 匈奴族에 항복한 장군 李陵을 변호하다가 武帝의 노여움을 사서 宮刑을 받았으나, 출옥 후 中書令에 임명되어 『史記』를 완성했다.

39) 『史記』는 後漢 武帝 때 司馬遷(145~80 B.C.)이 편찬한 최초의 기전체 사서로, 上古부터 무제 때까지 약 3천년 동안의 중국 역사를 기술한 책으로 후대 사서의 전범이 되었다.

40) 游龍은 돌아다니는 蛟龍이다.

41) 色澤은 색깔과 광택으로 글의 화려한 표현을 비유한다.

42) 澹宕은 출렁거림이다.

43) 柳州는 中唐의 문장가 柳宗元(773~819)의 별칭이다. 자는 子厚, 河東人이므로 흔히 柳河東으로 불리었다. 監察御史를 거쳐 禮部員外郎이 되어 王叔文의 개혁정치에 동참했다가 실패하여 柳州刺史로 폄적되어 거기서 죽었다. 학문과 시문에 다 능하였으며, 특히 우언의 형식을 빌린 문장으로 유명하여 韓愈와 함께 古文運動의 쌍벽을 이루고 당송팔대가로 불리었으며, 『河東先生集』을 남겼다.

44) 六一居士는 북송의 문장가 歐陽脩(1007~1072)의 호이다. 자는 永叔, 다른 호는 醉翁, 시호는 文忠이다. 范仲淹의 新政을 돕다가 폄적되었고, 뒤에 翰林學士로 『新唐書』 등 사서를 편찬하였다. 參知政事를 거쳐 太子少師로 치사했으며, 王安石의 新法을 반대하였다. 시문에 두루 능했으며, 宋代 古文運動을 주도했던 뛰어난 문장가로 당송팔대가로 불리었고, 『歐陽文忠公集』·『六一詩話』를 남겼다.

45) 高文大冊은 詔令·制誥 등 조정에서 반포하는 중요한 문서로 高文典冊이라고도 한다.

46) 班固(32~92)는 後漢의 역사가·문인으로 자는 孟堅, 섬서성 扶風人이다. 부친 班彪가 저술하던 『史記後傳』을 완성한 일로, 사사로이 역사를 편찬하였다는 죄를 입어 옥살

『한서(漢書)』[47]가 그 골력[48]을 다하였으니, 후세인들이 가까워질 수 있는 바가 아니다. 그러나 반고와 한나라를 싫어하였기 때문에, 절제하고[49] 재전(裁剸)함[50]이 묘한 데에 이른 뒤에야 반고를 알아보았으므로, 천방(天放)[51]과 같은 재주인데도 반고를 섬긴 이가 없었지만, 이보다 아래로 내려와서 인공을 이룬 이라면 반고를 경유하지 않을 수 없었다. 재상 동중서(董仲舒)[52]는 순수함에 가까우면서도 부연하여 산만하며, 양웅(揚雄)[53]은 기이함에 힘써서 간삽하고[54] 가시로 막은 듯하여, 모두 가생(賈生)[55]의 웅준함[56]만 못하다. 퇴지는 속박받지 않음[57]이 사마천 이후에 제일인자이다. 그러나 내룡(來龍)과 기색은 대략 같았으나, 순수함은 미치지 못하였고, 동상(董相)과 비슷하지만 기상이 방일함은 낫다. 재주가 반고・양웅보다 뛰어나면서도 시대에 묶였으므로, 골력은 끝내 한나라 사람보다 못하다.

이를 하다가 아우 班超의 상소로 풀려난 후, 왕명을 받아 『漢書』를 편찬했으며, <答賓戲>・『白虎通義』 등을 남겼다.

47) 『漢書』는 前漢의 역사를 기술한 기전체 사서로 원래 100권이었으나 120권으로 증보되었다. 후한의 班固가 편찬하고 그 누이인 班昭가 증보하였다.

48) 骨力은 정심과 힘이다.

49) 節制는 단속함, 억제함이다.

50) 裁剸은 재단함, 잘라냄, 다듬음이다.

51) 天放은 천연 그대로 놓아둠이다.

52) 董仲舒(179~104 B.C.)는 前漢의 유학자로 『春秋』의 해석에 밝아 公羊學派의 대표적 인물로 꼽힌다. 景帝 때 현량으로 뽑혀 博士가 되었고, 江都의 정승이 되었다가 公孫弘의 미움을 받아 膠西王의 정승으로 옮긴 후, 벼슬을 그만두고 저술에 힘썼다. 武帝에게 <天人三策>을 건의하여 유가사상이 통치이념이 되게 하였으며, 太學의 설립을 건의하였다. 저서로 『春秋繁露』・『董子文集』이 있다.

53) 揚(楊)雄(53~18 B.C.)은 前漢의 유학자로 字는 子雲, 蜀郡 成都 사람이다. 어릴 때부터 책을 널리 읽었고, 詞賦에 능했으나, 晩年에는 오직 經學에만 뜻을 기울였다. 『太玄經』・『揚子法言』・『方言』・『訓纂』・『州箴』 등 많은 책을 저술했는데, 특히 『太玄經』을 지어 숨어살면서 寂寞으로 덕을 지킨다고 하였다.

54) 艱澁은 문장이 어려워 이해하기 힘듦이다.

55) 賈生은 전한의 문인 賈誼(200~168 B.C.)의 별칭으로 賈太傅로도 불리었다. 文帝 때 太中大夫가 되었으며, 뒤에 長沙王의 太傅로 좌천되었다가 다시 梁懷王의 太傅가 되었다. 저서에 『新書』・『賈長沙集』이 있고, <治安策>・<過秦論>과 <弔屈原賦>가 유명하다.

56) 雄雋은 재주와 슬기가 뛰어남이다.

57) 不羈는 속박을 받지 않음이다.

유주는 『좌씨』·『국어』·『한비자』의 요점을 얻어 『비국어(非國語)』[58]를 지었으니, 거의 도둑이 주인을 미워한[59] 것이다. 육일은 퇴지의 적전(嫡傳)[60]이어서 화락하고[61] 공손함[62]에 뛰어나고, 한 사람이 노래함에 세 사람이 화창한[63] 의기가 있으나, 강노(强弩)의 마지막 기운[64]이 때때로 쇠약해짐[65]이 있어, 후세의 재주가 미약한 사람이 구양수를 배우면 곧 실패하고 말아서, 기가 꺾여[66] 상달(上達)하기[67]가 쉽지 않다. 자첨은 방자하여 얽매이지 않음이 유주보다 앞서지만, 고고(高古)함은 부족하고, 생동감은 모자라지 않으며, 육일에 비하여 아정함이 적다. 문호가 넓고 풍조[68]가 호일하여 아버지보다 더욱 진보하여 아득히[69] 미칠 수가 없다. 위에서 진술한 여러 군자들보다 요령을 얻어, 그 필력은 조화에 참여하고, 그 광염과 기개는 천하를 덮어씌울[70] 만하니, 진실로 백대에 사라지지 않을 문자이다. 이고(李翺)[71]의 조용함, 남풍(南

58) <非國語>는 柳宗遠이 지은 글의 제목으로 상·하 2편으로 이루어져 있는데, 左丘明의 『國語』 중에서 예순일곱 군데의 모순을 지적하여 『국어』를 비난한다는 뜻의 제목을 붙인 것이다.
59) 盜憎主人은 도둑이 주인을 미워하는 것으로, 간악한 사람이 정직한 사람을 미워함을 비유한다.
60) 嫡傳은 直系, 또는 직계의 後繼者이다.
61) 雍容은 화락하고 느긋함이다.
62) 揖遜은 읍하고 사양하는 것으로 공손함을 가리킨다.
63) 三嘆(歎)은 一唱三嘆의 준말로, 周나라 文王의 종묘에서 음악을 연주할 때 한 사람이 먼저 노래를 부르면 세 사람이 그것을 和唱하는 것으로, 『禮記』「樂記」의 "<청묘>를 탄 슬은 붉은 줄에다 구멍으로 소리가 소통되며, 한 사람이 먼저 노래하면 세 사람이 화창하니, 이는 선왕의 남긴 소리가 있음이다.(淸廟之瑟, 朱絃而疏越, 壹倡而三歎, 有遺音者矣.)"라는 글에서 나오는 宗廟樂歌의 가창방법인데, 여기에서는 읽는 표준이 될 만한 典雅한 시를 가리킨다.
64) 强弩之末은 강한 쇠뇌로 쏜 화살도 힘이 다하면 魯나라의 얇은 깁조차 뚫을 수 없음으로, 힘이 다 빠짐, 쇠미해짐을 비유한다.
65) 衰倦은 노쇠하여 나른함이다.
66) 委靡는 기가 꺾임, 풀이 죽음이다.
67) 上達은 위에 도달함, 발전함이다.
68) 風調는 시문의 풍격과 격조이다.
69) 莽蒼은 아득한 모양이다.
70) 籠盖(蓋)는 덮어씌움, 뒤덮음이다.
71) 李翺(772~841)는 中唐의 문인으로 자는 習之, 韓愈의 姪壻이다. 中書舍人·觀察使·節

豊)[72]의 질실함(質實)함[73], 임천(臨川)[74]의 교한(矯悍)함[75], 영빈(穎濱)[76]의 소창(疎暢)함[77]과 같은 것은 우익[78]이 되기에 족하다.

황명(皇明)[79] 이백년에는 손지재(遜志齋)[80]·양명(陽明)[81] 두 사람을 얻었으니, 모두 문을 근본으로 하였다. 그런데 손지재는 순후하지만 정채가 적고, 양명은 경발하지만[82] 역량이 가벼웠으니, 대개 자첨 이후에는 문장이 단절되었다 할 것이다. 엄주(弇州)[83]는 가짜를 잘라낸 것을 예스럽다고 여기고 잡다

度使 등을 지냈으며, 한유와 함께 『論語必解』를 지었고, 고문운동에 적극적으로 참여하였으며, 『復性書』를 통하여 道統의 회복을 주장하였다.

72) 南豊은 북송의 문인 曾鞏(1019~1983)의 호로 자는 子固이다. 문장에 뛰어나 구양수와 어깨를 겨루었으며, 당송팔대가의 한 사람으로 시문집 『元豊遺稿』을 남겼다.

73) 質實은 소박하고 진실함, 사실에 의거함이다.

74) 臨川은 북송의 문인 王安石(1021~1086)의 별칭으로 자는 介甫, 호는 半山이다. 神宗 때에 參知政事가 되어 新法으로 통칭되는 富國强兵의 개혁정책을 펴면서 정치적 고락을 겪은 끝에 고뇌 속에서 죽었다. 문장에 능하여 당송팔대가에 들었고, 시와 학문에도 뛰어났으며, 『周官新義』·『臨川先生文集』을 남겼다.

75) 矯悍은 민첩하고 사나움, 씩씩하고 사나움이다.

76) 穎濱은 북송의 문인 蘇轍(1039~11120의 호로 자는 子由, 호는 欒城,·穎濱遺老. 蘇洵의 아들, 蘇軾의 아우이다. 神宗 때 王安石의 신법에 반대하여 폄적되었다가 哲宗 때 右司諫·門下侍郞을 지낸 뒤 다시 폄적되었다. 古文에 능하여 당송팔대가에 들었으며, 『난성집』·『詩集傳』 등을 남겼다.

77) 疎暢함은 조리가 분명하고 환함, 또는 말이나 글이 거침이 없음이다.

78) 羽翼은 보좌하는 사람이나 집단, 또는 같은 무리·한 패이다.

79) 皇明은 明나라이다.

80) 遜志齋는 명나라 초기의 충신·학자인 方孝孺(1357~1402)의 호로 자는 希直, 시호는 文正, 宋濂의 문인이다. 洪武年間에 漢中府敎授, 建文年間에 侍講學士를 지냈다. 燕王[成祖]이 반란을 일으켜 즉위할 때에 등극을 반포하는 조서를 쓰게 하였으나 거부하여 종친·벗 등 873명과 함께 저자에서 사형당하였다. 『侯城集』·『손지재집』을 남겼다.

81) 陽明은 명나라 중기의 학자 王守仁(1472~1528)의 호로 자는 伯安, 시호는 文成이다. 28세에 진사에 합격하였으나 당시의 관학인 朱子學에 반대하고 陸象山의 학설을 계승하여 心卽理·知行合一을 요점으로 하는 陽明學을 수립하였다. 문인과의 대화를 기록한 『傳習錄』과 문집 『王文成公全書』를 남겼다.

82) 警發은 뛰어나게 奇拔함이다.

83) 弇州는 명나라 중엽의 문인 王世貞(1526~1590)의 호로 자는 元美, 호는 鳳州·弇州山人, 太倉 출신이며, 등제하여 南京兵部尙書를 지냈다. 後七子의 맹주인 李攀龍과 함께 李王으로 불리면서 고문운동을 제창하고 문풍을 주도하였고, 李보다는 유연한 태도를 취하였으며, 만년에는 白居易·韓愈·柳宗元·蘇軾의 작품에도 심취하였다. 『王弇州山

하게 모은[84] 것을 넉넉하다고 여겨 천하를 오도하였으니, 참으로 문장의 죄인이다. 비유하자면 야랑(夜郎)[85]의 왕이 황옥거(黃屋車)[86]를 타고 좌독(左纛)[87]을 건 것과 같으니, 지나친 도적질[88]을 비웃을 만하다. 그 금은주패(金銀珠貝)가 넉넉하지 않다고 이를 수는 없지만, 종주로 삼는 사람은 섬의 추장(酋長[89])이 아니면 오랑캐 장사꾼[90]일 것이다. 형천(荊川)[91]·준암(遵巖)[92]·진천(震川)[93]은 문장의 가는 길이 매우 가까워서, 어떤 이는 소가(小家)[94]의 생활을 다루고, 어떤 이는 시골훈장[95]의 기상을 지녔으니, 어찌 손꼽아 줄 만하랴? 녹문(鹿門)[96]은 힘껏 엄원(弇園)[97]을 꾸짖으면서 교연(矯然)히[98] 문로

人四部稿』 174권과 『續稿』 207권을 남겼고, <金瓶梅>가 그의 작품이라는 설도 있다.

84) 飣餖는 음식을 쟁반에 겹겹이 쌓음, 또는 그러한 음식으로 잡다하게 주워모음을 비유한다.

85) 夜郞은 漢代에 있었던 南夷의 나라로 貴州城의 서부, 廣西省의 북서부, 雲南省의 동북부 일대를 거점으로 하였는데, 武帝 때 한나라와 교섭하기 시작하여 成帝 때까지 지속되었다.

86) 黃屋車는 누런 비단으로 만든 덮개를 씌운 수레로 제왕의 수레를 가리킨다.

87) 左纛(좌독)은 천자의 수레에 꽂는 기로 검정소의 꼬리나 꿩의 꼬리로 만들어 수레의 횡목 왼쪽에 세웠다.

88) 僭竊은 지나치게 도적질함, 또는 그런 사람이다.

89) 島酋는 섬나라의 酋長이다.

90) 賈胡는 장사하는 胡人으로 흔히 남의 나라 장사꾼을 가리킨다.

91) 荊川은 명나라 중기의 문인인 唐順之(1506~1560)의 호로 자는 應德이다. 등제하여 한림원의 編修로 實錄校訂에 종사하고 巡撫의 올라 海上防衛에 힘쓰다가 병사하였다. 이름난 陽明學者이자 散文作家로서, 擬古派의 전성기에 현실적이고 정감을 담은 達意의 글을 중시하였다. 歸有光과 함께 唐宋古文을 애호하였고 『荊川集』을 남겼다.

92) 遵巖은 명나라 중기의 문인인 王愼中(1509~1559)의 호로 자는 道思, 호는 南江이며, 등제하여 河南 左參政을 지낸 뒤 귀향하였다. 처음에는 前七子를 따라 秦漢文을 숭상하였으나, 나중에는 歐·曾을 높이 평가하면서 唐宋派가 되어, 唐順之와 명성을 나란히 하였다. 嘉靖八才子의 1인으로 『遵巖集』을 남겼다.

93) 震川은 명나라 중기의 문인 歸有光(1506~1571)의 호로 자는 熙甫로 60세에 進士가 될 때까지 고향에서 私塾을 열어 제자를 길렀다. 복고파 가운데 唐順之·茅坤과 더불어 당송파의 대표적 인물이며. 明文的 개성과 唐宋文的 밀도를 지닌 산문을 많이 지었고, 『震文集』을 남겼다.

94) 小家는 가난한 평민의 집, 또는 신분이 낮은 사람의 집이다.

95) 村塾은 시골서당이다.

96) 鹿門은 명나라 후기의 문인 茅坤(1515~1601)의 호로 자는 順甫이며, 급제하여 禮部主

(門路)의 정종(正宗)을 자처하였으나, 내가 보기로는 그가 채색에 힘쓰고 성음을 과장하여 옛날의 도리를 모름은 마찬가지이다. 엄원은 녹문에게 자부하였고[99] 녹문은 엄원을 부연하여 펼쳤는데, 재주와 역량을 따질 것 같으면, 녹문이 오히려 엄원의 안에 있다.

목재(牧齋)[100]의 전기(傳奇)[101]는 천품(賤品)이다. 비록 간혹 광경을 모사함이 임리(淋漓)하고[102] 창광(猖狂)[103]하여, 또한 스스로 문장의 보취(步驟)[104]를 지녔지만, 문경(門徑)[105]이 낮고 더러우며, 사악한 마귀[106]가 뒤섞여 나아가서, 끝내 고아한 군자들에게는 추하여 올릴 수 없다. 천하의 글을 짓는[107] 이들이 엄주에게 한 번 죽음을 당하고, 우산에게 다시 도살을 당하였으니, 이는 또한 천지의 인문의 양구(陽九)[108]이다. 어느 시대에 어느 사람이 헤아릴 수 없는 힘을 지니고, 미친 물결의 방향을 돌릴지[109] 알 수 없다. 산곡이 동파에게 글을 짓는 법을 물었더니, 동파가 말하기를 "「단궁」을 숙독하면 저절로

事·吏部郎中 등을 역임하였다. 猺族의 반란을 진압하였고, 胡宗憲의 휘하에서 왜구평정을 도왔다. 전칠자의 文必秦漢에 반대하여 唐宋古文을 숭상하였으며, 『唐宋八大家文鈔』 144권을 편집하였고, 시문집 『玉芝山房稿』을 남겼다.

97) 弇園은 弇州의 별칭이다.

98) 矯然은 굳세고 꿋꿋한 모양이다.

99) 矜持는 우쭐하여 자신을 대단하게 여김, 자부함이다.

100) 牧齋는 명말청초의 문인 錢謙益(1582~1664)의 호로. 자는 受之, 다른 호는 牧翁·漁樵史·虞山이다. 등제하여 禮部尙書로 있을 때, 淸의 군대가 江南을 공략하자 항복하여 禮部右侍郎이 되었다가, 곧 병을 핑계로 낙향하여 그곳에서 죽었다. 詩文에 뛰어나 붓끝에 막힘이 없었고 매우 박학하였으며, 복고주의 시풍에 영향을 받았다. 『列朝詩集』을 편찬하였고, 『初學集』·『有學集』을 남겼다.

101) 傳奇는 小說文體의 하나로 六朝時代의 志怪가 발전한 것인데, 보통 唐宋時代에 문언체로 지은 단편소설을 가리킨다.

102) 淋漓는 길고 아름다운 모양, 풍부함이다.

103) 猖狂은 구속받지 않고 마음대로 함, 기세가 맹렬함이다.

104) 步驟는 천천히 걷고 빨리 걸음으로, 시문을 짓는 규모·법도를 비유한다.

105) 門徑은 문 앞의 길로 일의 방도·요령을 비유한다.

106) 邪魔는 妖怪이다.

107) 操觚는 簡札을 잡음으로 글을 지음을 가리킨다.

108) 陽九는 道教語로 하늘의 재앙이다.

109) 斡旋은 방향을 전환함, 전환함이다.

알 수 있소."라고 하였다. 동파의 문장이 행운유수와 같음이 「단궁」의 간엄(簡嚴)함[110]과 서로 비슷하지 않은 듯한데도, 그렇게 말한 것은 그가 문종자순(文從字順)함[111]을 얻었기 때문이니, 참으로 노(魯)나라의 남자[112]가 유하혜(柳下惠)[113]를 잘 배운 것이라고 할 것이다. 대개 주나라 · 한나라로부터 당나라 · 송나라까지 그 뛰어난 작품은 모두 신기(神氣)[114]가 있었으니, 전통을 이을[115] 것이 구두(句讀)[116]와 색상(色相)[117]의 안에 있는 것이 아님을 글을 짓는 이는 알지 않아서는 안 된다. 그러나 주나라는 스스로 주나라이고, 한나라는 스스로 한나라이며, 당나라는 스스로 당나라이고, 송나라는 스스로 송나라여서, 그 시대의 본색(本色)[118]을 또한 가릴 수 없다.

일찍이 바닷가 사람에게서 들으니 용이 올라감을 본 적이 여러 번이었는데, 어룡(魚龍)[119]은 짧고 넓어서 물고기의 형체를 다 벗어나지는 않았고, 사룡(蛇龍)[120]은 길고 좁아서 뱀의 형체를 다 벗어나지는 않았다고 한다. 변화

---

110) 簡嚴은 질박하면서도 근엄함, 簡約하고 嚴明함이다.
111) 文從字順은 문맥이 잘 통하고 용어가 적절함이다.
112) 魯男子는 춘추시대의 魯나라 사람인 顔叔子를 가리키는데, 여기에서는 『詩經』「小雅」<巷伯>의 "입을 크게 벌려, 남기성을 이루네.(哆兮侈兮, 成是南箕.)라는 구절을 毛傳에서 풀이하면서 제시한 다음의 일화를 가리키고자 한 것이다. 홀로 살던 젊은 남자인 안숙자의 집에 이웃의 젊은 과부가 폭풍우에 집이 무너져서 피해오니 안숙자가 받아들이지 않자, 부인이 柳下惠의 예를 들어 힐난하니 유하혜는 그럴 수 있었을지라도 자신을 그럴 수 없으므로 앞으로는 유하혜를 배우지 않겠노라고 말하였다.
113) 柳下惠는 춘추시대 魯나라의 大夫 展禽을 가리키는데, 柳下에 采邑을 가지고 있고 謚號가 惠인 데서 붙은 이름이다. 『孟子』「公孫丑 上」에 "柳下惠는 더러운 임금을 부끄럽게 여기지 않았고, 작은 관직을 낮다고 여기지 않았다. 나아가서 자신의 현명함을 숨기지 않고 반드시 자기의 올바른 도리로써 일했다. 버림을 받아도 원망하지 않았고, 곤궁하면서도 민망히 여기지 않았다."라 하고, "伯夷는 도량이 좁고, 柳下惠는 태도가 공손하지 않다. 도량이 좁고 태도가 공손하지 않음을 군자는 취하지 않는다."라는 글이 있다.
114) 神氣는 정신과 기운, 또는 정신의 기운이다.
115) 承傳은 傳統을 이음, 또는 이어받아 전함이다.
116) 句讀는 글 안에서 한 단락이 끊어지는 것으로, 문의가 끊어지는 곳을 句, 읽기 편하게 멈추는 곳을 讀라고 한다.
117) 色相은 사물의 생김새, 모양이다.
118) 本色은 본래의 색깔로 眞面目을 가리킨다.
119) 魚龍은 물고기가 변하여 된 용이다.

하여 용의 지극함에 이르더라도, 오히려 본색을 아주 벗어나지[121] 못한다. 대체로 오늘날의 사람이 물들고 익힌[122] 성기[123]로 한 번 변화시켜서 옛 사람의 궤도[124]를 따르고자 함은 또한 어려운 일이다. 그러나 사람의 영혼은 용보다 훨씬 영험하다. 또 문장은 마음의 소리[125]라서 형질(形質)[126]과는 다르니, 간혹 용보다 나아감에 변화가 무궁할는지 알 수 없다. 비록 용에서 그치게 할 뿐이라 하더라도, 물고기와 뱀이 되지 않아야 온전하니, 어찌 남의 위세를 빌려[127] 분식(粉飾)하는[128] 것과 함께 말할[129] 수 있으랴? * 물고기와 뱀은 우산의 무리를 가리키고, 호가는 엄주의 무리를 가리킨다.

爲文章, 以六經爲本. 本立而理達然後, 可以旁參諸子, 包括百家矣, 六經爲萬古文章之祖. 而繫辭之動盪, 書之典則, 又其立論叙事之祖也. 中庸酷肖繫辭, 孔子家文體如此. 樂記未知誰所作, 而亦繫辭中庸體也. 左氏去古未遠, 深得書之典則, 後世辭令, 當以左氏爲宗. 然國語藻華少實, 彌漫寡力, 而其立論傅會可厭. 禮記諸篇, 多與之相類, 盖周末文勝而然也. 有情而無形, 人不能說道者, 孟子貌象玲瓏, 而不出於平易之語, 他作家千言而不能盡者, 檀弓一句了當, 而不見其裁减之跡, 此其文路之津梁也歟.

讀莊子者, 得活機於言語意想之外, 則匠心敏妙, 其應不窮, 不善學則俳矣. 學之如何, 如退之子瞻可也. 戰國策韓非子, 皆說利害, 而戰國其氣溢, 韓非其機刻. 得之戰國者, 蘇家父子, 得之韓非者鼂錯, 皆見病於大雅. 讀史遷者, 先觀其游龍神變,

120) 蛇龍은 뱀이 변하여 된 용이다.,
121) 脫然은 초탈하여 구애됨이 없는 모양, 초연한 모양이다.
122) 薰習은 물들고 익힘이다.
123) 聲氣는 소리와 기운으로 문장의 聲韻과 氣勢를 가리킨다.
124) 軌轍은 수레바퀴의 자국으로 법도나 앞 사람이 한 일을 비유한다.
125) 心聲은 마음에서 나오는 소리로, 말, 또는 사상·감정의 文采를 가리킨다.
126) 形質은 외형, 또는 몸뚱이이다.
127) 狐假는 狐假虎威의 준말로 여우가 범의 위력을 빌어 다른 짐승을 위협함이며, 남의 권세를 빌어 위세를 부리는 것을 비유한다.
128) 粉飾은 분을 발라 치장을 함으로 문장의 수식과 윤색을 비유한다.
129) 同日而論은 같은 날에 논함으로 성질이 다른 것을 함께 논함을 비유한다.

次觀其氣雄, 次觀其色潔, 次觀其烟波之澹宕, 而其盭於道理者愛, 而知其惡可也. 柳州得其潔而不得其游龍, 六一學其烟波, 而游龍氣色俱未也. 西漢風氣雄樸, 文章亦如之, 二百年高文大冊, 固史盡之其骨力, 非後世所可幾. 然非固也漢也, 至於節制裁斢之妙而後知固也, 若天放之才, 無所事固, 而下此而致人工者, 不可不由固也. 董相近醇而敷衍散漫, 楊雄務奇而艱澁棘滯, 皆不如賈生之雄雋. 退之不羈, 史遷後一人. 而來[130]龍氣色大較, 不能及醇, 似董相而氣逸過之. 才勝固・雄而局於時代, 故骨力終遜於漢.

柳州得之左・國・韓非, 而作非國語, 殆盜憎主人也. 六一爲退之嫡傳, 長於雍容揖遜, 有一唱三歎之意, 而強弩末氣, 時有衰倦. 後世才弱者, 學歐鮮失, 而委靡未易上達. 子瞻, 放恣無碍過柳州, 而高古屈焉, 活動不乏, 軼六一而雅正歉焉. 門戶開拓, 風調豪逸, 加進於乃翁, 而莽蒼不逮. 要之乎上所陳諸君子者, 其筆力足以參造化, 其光燄氣槩, 足以籠盖天下, 眞百代不磨之文字也. 若李翶之從容, 南豊之質實, 臨川之矯悍, 穎濱之踈暢, 亦足爲羽翼.

皇明二百年, 得遜志・陽明二人, 皆有本之文也, 然遜志醇厚而精彩少, 陽明警發而力量輕, 大抵子瞻以後, 文章絶矣. 弇州勦贗爲古, 飣餖爲富, 以誤天下, 眞文章之罪人. 譬如夜郎王黃屋左纛僭竊可笑, 而其金銀珠貝. 不可謂不富, 宗之者非島酋則賈胡也. 荊川・遵巖・震川文路稍近, 或小家生活, 或村塾氣象, 何足數也? 鹿門力詆弇園, 矯然自處以門路之正, 而以吾觀之, 其務采色夸聲音, 不知古道則一也. 弇園矜持之鹿門, 而鹿門衍暢之弇園, 若論才力, 鹿門又在弇園之內也.

牧齋傳奇賤品耳, 雖或摸寫光景, 淋漓猖狂, 亦自有文章步驟. 而門逕卑汚, 邪魔雜進, 終不可薦醜於古雅君子. 天下操觚者, 一殺於弇州, 再屠於虞山, 此亦天地人文之陽九也. 未知何代何人, 有無量之力而斡旋狂瀾也. 山谷問作文法於東坡, 東坡曰, "熟讀檀弓, 自能知之." 東坡文行雲流水, 與檀弓簡嚴, 若不相似, 而云然者, 得其文從字順也, 眞魯男子之善學柳下也. 盖自周漢至唐宋, 其傑者皆有神氣, 承傳不在於句讀色相之內, 爲文者不可不知. 然周自周漢自漢, 唐自唐宋自宋, 其時代本

---

130) 원전의 匡角 위에 '來恐游'라고 주기되어 있는데 납득할 만한 소견이다.

色, 亦不可掩.

甞聞諸海濱人, 見龍升者屢矣, 魚龍短以廣, 未盡脫於魚之形, 蛇龍長以狹, 未盡脫於蛇之形, 變化而至於龍極矣, 猶不能脫然於本色. 夫以今人之薰習聲氣, 欲一變而追古人之軌轍, 亦難矣. 然人之靈, 靈於龍遠矣. 且文章心聲也, 與形質異, 或者進於龍而變化無窮, 未可知也. 雖使止於龍而已, 其不爲魚蛇則全矣, 豈可與狐假粉黛者, 同日道哉? ＊ 魚蛇指虞山輩, 狐假指弇州輩.

9. 시지
詩指[131)]

오언고시는 박고(樸高)하고[132)] 지취(旨趣)가 심원함을 숭상하므로, 한(漢)[133)] · 위(魏)[134)]를 배우고, 능하지 못하면 완적(阮籍)[135)] · 좌사(左思)[136)] · 포조(鮑照)[137)] · 사영운(謝靈運)[138)]을 배우며, 능하지 못하면 도잠(陶潛)[139)] · 위응물

131) 『藥山漫稿』 권11에 실려 있다.

132) 樸高는 質樸하고 高古함이다.

133) 漢은 對秦蜂起軍의 장수인 劉邦이 項羽의 군사를 물리치고 B.C. 202년에 長安을 도읍으로 하여 세운 왕조로, 왕망의 新朝 통치기간 16년을 경계선으로 하여 前漢과 後漢으로 나뉘며, 24명의 황제에 의하여 406년 동안 통치되었다.

134) 魏는 曹操의 아들인 曹丕가 220년에 漢을 대신하여 세워 洛陽을 도읍으로 하여 세운 나라로 司馬炎의 西晉에 멸망할 때까지 46년 동안 지속되었다.

135) 阮籍(210~263)은 삼국시대 魏나라의 문인으로 자는 嗣宗, 竹林七賢의 한 사람이며, 위나라에서 步兵校尉를 지냈으므로 阮步兵으로 불리었다. 5언시에 능하였고 <詠懷詩> 82수가 대표작이며, 명인이 편찬한 『阮步兵集』이 전해진다.

136) 左思(250년경~305년경)는 西晉의 문인으로 자는 太冲이며 秘書郎을 지냈다. 太康年間의 가장 뛰어난 시인으로 삼국인 魏 · 蜀 · 吳의 세 도읍을 읊은 <三都賦>를 지었고, 14수의 시가 현전하는데 <詠史> 8수가 가장 유명하며. 후인이 엮은 『左太冲集』이 전해진다.

137) 鮑照(405 또는 414~466) 南朝 宋나라의 시인으로, 臨海王의 아들 頊이 荊州를 다스릴 때 그 參軍을 지냈으므로 鮑參軍으로 불리었고, 사영운과 쌍벽을 이루었으므로 鮑謝로 일컬어졌다. 악부시에 능하였고 7언시의 발전에 기여한 것으로 평가받으며, 『鮑參軍集』이 전해진다.

138) 謝靈運(385~433)은 南朝 宋나라의 시인으로 아명은 客兒이며, 東晉의 名將의 謝玄의

(韋應物)140)을 배우고, 능하지 못한 뒤에야 두보(杜甫)141)・한유(韓愈)142)를 배운다. 칠언고시는 풍채가 화려하고 재식(才識)이 뛰어남143)을 숭상하므로, 이백(李白)144)・두보를 종주로 삼고, 고적(高適)145)・잠삼(岑參)146)・왕유(王

손자로 진에 의해 康樂公에 봉해졌으므로 謝康樂으로 불리었다. 뛰어난 산수시를 많이 지어 산수시의 개척자로 평가받았다. 원래 20권의 시집이 있었으나 일실되고, 明人이 유작을 모아 엮은 『謝康樂集』이 현전한다.

139) 陶潛(365~427)은 東晉 말의 시인으로 字는 元亮・淵明, 號는 五柳先生이다. 29세에 관직에 나갔다가 곧 사직하였고, 41세에 彭澤縣令이 되었으나 두 달 만에 사직하고 전원으로 돌아가 농사를 지으면서 시를 짓는 데 힘써, 魏晋時代 최고의 시인이 되었다. 대표작으로는 <歸去來辭>・<桃花園記>・<飮酒>・<歸田園居> 등이 있고, 『陶淵明集』을 남겼다.

140) 韋應物(737~791)은 中唐의 시인으로 蘇州刺史를 지냈기 때문에 韋蘇州로 불리었다. 산수전원을 많이 읊었고, 백성에 대한 관심과 관리를 풍자한 작품도 꽤 있으며, 5언시에 능하였고, 풍격이 도잠・맹호연과 유사하다는 평가를 받았다. 『韋蘇州集』이 전해진다.

141) 杜甫(712~770)는 盛唐의 시인으로 자는 子美, 호는 少陵이다. 청년기에 李白・高適 등과 교유하였고, 天寶 14년(755)에 參軍으로 입사하여 左拾遺로 있다가 言事로 좌천되자, 관직을 버리고 蜀의 成都에 초당을 짓고 살았다. 나중에 西川節度使의 막하에서 工部員外郞을 지냈으므로 杜工部로 불리었다. 『杜工部集』을 남겼고, 詩聖으로 불리면서 대표적 시인으로 칭송받았다.

142) 韓愈(768~824)는 中唐의 문인으로 자는 退之이고, 선대가 昌黎에 살았으므로 세인들이 昌黎先生이라 불렀으며, 시호는 文公이다. 등제하여 刑部侍郞을 지내다가 潮州刺史로 폄적되었으며, 복권되어 吏部侍郞에 이르렀다. 시문에 두루 능하였으며, 특히 문장에 뛰어난 대표적 古文家로서 후대에 唐宋八大家로 추앙받았다. 『韓昌黎先生集』을 남겼다.

143) 風華才長은 文采(彩)가 화려하고 才識이 빼어남을 뜻한 것으로 보이는데, "이백・두보의 가행은 웅장하고 호방하게 내달렸으니, 반드시 웅건한 필력과 박학한 재식을 지닌 이라야 뒤따를 수 있다.(.李杜歌行, 雄放馳騁, 必須健筆博才, 可以追躡.)"(<學詩準的>, 『澤堂集』 別集 권14)라는 李植의 말이 이런 이해에 참고가 된다.

144) 李白(701~762)은 盛唐의 시인으로 자는 太白, 호는 靑蓮居士이다. 吳筠의 천거로 한림원에 들어가서 賀知章에게서 謫仙人이라고 칭찬받았으며, 환관 高力士의 모함을 받아 3년 만에 장안을 떠났다. 安史의 난 때 永王의 반군에 가담했다가 유배되었다. 『李太白集』을 남겼으며, 대시인으로 詩仙으로 일컬어졌고, 杜甫와 함께 李杜로 병칭되었다.

145) 高適(702~765)은 성당의 시인으로 자는 達夫이다. 40세가 넘어 벼슬을 시작하여 散騎常侍를 지내고 渤海縣侯에 봉해졌다. 50세에 시를 짓기 시작하여 기상이 높고 웅대한 시풍을 보였고, 특히 邊塞詩에 뛰어나 岑參과 함께 高岑으로 불리었으며, 『高常侍集』을 남겼다.

146) 岑參(715~770)은 성당의 시인으로 江陵 출신이며, 29세에 벼슬을 시작하여 右補闕・嘉州刺史 등을 지냈다. 초기에는 화려한 시풍을 보였으나 安西四鎭節度使의 막부에서 벼

維)[147)] · 이하(李賀)[148)]로 돕는다.

오언절구는 현묘(玄妙)한[149)] 것이 상랑(爽朗)한[150)] 것보다 상품(上品)이므로, 우승(右丞)[151)]을 취하고 청련(青蓮)[152)]을 짝으로 삼는다. 칠언절구는 표일(飄逸)한[153)] 것이 완유(婉柔)한[154)] 것보다 나으므로, 청련을 표준으로 삼고, 다음을 소백(少伯)[155)]으로 하며, 소릉(少陵)[156)]은 금계(禁戒)[157)]로 삼아야 한다.[158)]

오언율시는 신경(神境)[159)]을 위주로 하므로, 소릉을 형범(型範)[160)]으로 삼고, 흥취는 왕유·맹호연(孟浩然)[161)]에게 기탁한다. 칠언율시는 격조(格調)[162)]

슬하면서 변새시를 많이 지어, 高適과 함께 高岑으로 불리었으며, 『岑嘉州集』을 남겼다.

147) 王維(701~761)는 盛唐의 시인으로 자는 摩詰이며, 만년의 우승을 지냈으므로 王右丞으로 불리었다. 산수시에 뛰어났을 뿐 아니라 南畵의 祖로 일컬어질 정도로 산수화에도 능하였다. 『王右丞集』이 전해진다.

148) 李賀(793~819)는 중당의 시인으로 자는 長吉이다. 7세 때에 韓愈·皇甫軾 앞에서 시를 지어 이름을 날렸고, 唐朝의 먼 종실이면서도 부친의 이름 李晉肅의 '晉'과 '進'의 음이 같은 것을 피하느라고 진사시에 응하지 않은 탓에 말직인 奉禮郎을 지내면서, 악부를 짓는 일에 종사하였으며, 『昌谷集』을 남겼다.

149) 玄妙는 사리가 미묘하여 헤아리기 어려움을 형용한다.

150) 爽朗은 상쾌함, 소탈함이다.

151) 右丞은 王維의 별칭이다.

152) 青蓮은 李白의 호이다.

153) 飄逸은 시원스러워 세속을 벗어남이다.

154) 婉柔는 온순하고 유약함이다.

155) 少伯은 성당의 시인 王昌齡(698~756)의 자로 南京 출신이며, 등제하여 江寧縣丞·龍標縣尉 등을 지내고, 安史의 난 때 귀향하다가 살해되었다. 7언절구에 뛰어나고, 樂府詩·邊塞詩를 즐겨 지었으며, 『王昌齡集』을 남겼다.

156) 少陵은 杜甫의 별칭이다.

157) 禁戒는 禁止하는 戒律이다.

158) 절구에 대한 이런 견해는 『詩法源流』를 비롯한 대개의 宋·元代의 詩法書가 절구를 율시를 반으로 자른 것으로 이해한 것과 달리, 明代의 詩話類에서는 그 기원을 古絶句에서 찾은 경향에 따라, 명 의고파가 『唐詩品彙』의 입장과 같이 李白·王維를 그 正宗으로 삼고 杜詩를 變體라 하여 배척한 태도를 수용한 것인데, 비슷한 견해를 "五言絶則無出右丞, 同時名作, 近於右丞者, 略取之. 七言絶則初唐不可學, 太白以下, 皆可取, 晩唐絶句亦佳. 竝抄誦數百首, 以爲準的."(<學詩準的>, 『澤堂集』 別集 권14)이라 한 李植에게서도 볼 수 있다.

159) 神境은 신묘한 경계·의경이다.

160) 型範은 典範·法式이다.

를 중시하므로, 왕유·이하·고적·잠삼을 준적(準的)[163]으로 삼고, 기골(氣骨)은 소릉을 참조한다. 배율은 두보를 추대하여 도료장(都料匠)[164]으로 삼은 다음에야, 웅혼하고 장려하며 청담하고 한원해져서[165], 관면(冠冕)[166]의 기상과 연하(烟霞)의 기질[167]을 잃지 않고, 소가(小家)[168]의 나쁜 길에 떨어지지 않는다.

자신의 기업(基業)[169]과 문호(門戶)[170]가 정해진 다음에는, 이보다 아래로 내려가서 중당·만당의 여러 작가와 송(宋)·원(元)·명(明)의 작자에 이르기까지 모두 그 장점을 취하고 그 정수를 채집하여, 자신의 재구(材具)[171]와 필로(筆路)[172]의 도구로 삼음이 옳다. 그러나 전유연(錢惟演)[173]·유균(劉筠)[174] 이상은 노추(鑪錘)[175]의 범위 안에 두어 그 전체를 취하고, 원진(元稹)[176]·백

161) 孟浩然(689~740)은 盛唐의 시인으로 襄陽 출신이므로 孟襄陽으로 불리었다. 세상에 뜻이 없어 鹿門山에서 은거하다가 40세에 비로소 경사에 나가서 王維 등과 사귀었다. 불우하고 고독한 생활을 하면서 속정을 떠난 한적한 자연의 정취를 사랑했는데, 그의 시는 이러한 자연을 주관적·동적으로 읊는 경향이 있어 비감하고 처량한 느낌을 준다. 『孟浩然集』을 남겼다.

162) 格調는 시의 율격과 성조, 또는 風格인데, 여기에서는 후자를 가리킨 듯하다.

163) 準的은 표준·과녁, 또는 표준이나 준칙으로 삼음이다.

164) 都料匠은 건축의 설계와 지휘를 맡은 사람, 또는 工匠의 우두머리이다.

165) 間(閒)遠은 한가롭고 고상함, 조용하고 깊숙함이다.

166) 冠冕은 제왕이나 벼슬아치들이 쓰던 관으로, 벼슬이나 벼슬아치를 가리킨다.

167) 煙霞之氣는 안개와 놀을 즐기는 기질이다.

168) 小家는 작은 작가이다.

169) 基業은 터를 닦아 일군 사업, 또는 기초가 되는 사업이다.

170) 門戶는 문, 또는 출입구로 사물이나 문제의 중요한 관건을 비유한다.

171) 材具는 재능이다.

172) 筆路는 筆法과 같은 말로 시문이나 서화의 창작기법이나 특색이다.

173) 錢惟演(962~1034)은 북송 초의 시인으로 자는 希聖이며, 五代 吳越王의 아들로 북송에서 右神武將軍을 거쳐 樞密使를 지냈다. 시작에 뛰어나 楊億·劉筠 등 17인과 수창한 시가 『西崑酬唱集』으로 간행됨으로써 西崑派로 불리고, 대우와 수식에 힘쓰는 그런 기교적인 시가 西崑體로 일컬어지게 하였으며, 유균과 錢劉로 병칭되었다.

174) 劉筠(?~?)은 북송 초의 시인으로 자는 子儀이며, 등제하여 仁宗 때에 한림학사·승지를 지내고 여러 차례 知貢擧를 맡았다. 晚唐 李商隱의 시풍을 숭상하여 楊億·錢惟演 등과 함께 매우 기교적인 시풍을 추구하면서 함께 수창하여 『西崑酬唱集』을 간행함으로써 西崑體를 유행하게 하였다.

175) 鑪錘는 갈고 두드림으로 다스림을 비유하는데, 여기에서는 詩句의 錬琢을 가리킨다.

거이(白居易)[177] 이하는 연탁의 범위 밖에 두되 취해야 할지 버려야 할지 살핌이 옳다. 소식(蘇軾)·황정견(黃庭堅)[178]·진사도(陳師道)[179]·육유(陸游)[180]는 서로 가까운 바가 의취(意趣)인데, 정사(情思)·성률(聲律)·색택(色澤)이 사실(事實)에 가려져서 비루함으로 흘렀다. 하경명(何景明)[181]·이몽양(李夢陽)[182]·창명(滄溟)[183]·엄원(弇園)[184]은 닮은 바가 성색(聲色)[185]인데, 정취

---

176) 元稹(779~831)은 중당의 시인으로 자는 微之이며, 15세의 나이로 明經科에 급제하여 監察御史·同平章事 등을 지냈다. 白居易와 함께 新樂府運動을 주도하고 수창을 많이 하여 元白으로 불리었다. 蘇軾은 <祭柳子玉文>에서 "원진은 경부하고 백거이는 비속하다.(元輕白俗.)"라고 한 바 있다.

177) 白居易(772~846)는 中唐 때의 문인으로 자는 樂天, 호는 香山居士이다. 등제한 뒤 陝西省 盩厔의 縣尉로 출사하여 翰林學士·左拾遺를 거쳐, 杭州·蘇州 등지의 수령을 역임한 뒤에 太子少傅·刑部尙書를 지냈다. 뛰어난 시인으로 사회시를 많이 지었으며, 대표적 작품인 <長恨歌>·<琵琶行> 등은 문사나 서민들 사이에 널리 애송되었다. 75권에 이르는 문집 『白氏長慶集』을 남겼다.

178) 黃庭堅(1045~1105)은 北宋의 시인으로 자는 魯直, 호는 山谷道人·涪翁이며, 등제하여 國子監敎授 등을 지내면서 蘇軾·文彦博 등에게서 재능을 인정받았다. 神宗實錄檢討官·起居舍人을 지내다가 신법당으로부터 實錄이 부실하다고 탄핵받아 폄적, 좌천을 겪다가 宜州에서 죽었다. 소동파를 추종하여 張耒·晁補之·秦觀과 함께 蘇門四學士로 불리었으며, 소동파에 버금갈 만큼 시에 뛰어나 蘇黃으로 병칭되었고, 형식주의적이고 난삽한 시를 추구하여 江西派의 창시자로 받들어졌다. 『豫章黃先生文集』·『山谷集』을 남겼다.

179) 陳師道(1053~1102)는 북송의 시인으로 자는 無己, 호는 后山이며, 어릴 때 曾鞏을 사사하였고, 蘇軾의 추천으로 西州敎授가 되었으며, 태학박사·비서성정자를 지냈다. 江西詩派의 대표적인 시인으로 黃庭堅의 영향을 많이 받았으나, 만년에는 지나치게 新奇를 추구하는 데 불만을 느껴 杜詩를 본받고자 노력하기도 하였다. 『后山集』·『后山詩話』를 남겼다.

180) 陸游(1125~1210)는 남송의 시인으로 자는 務觀, 호는 放翁이다. 北宋이 金나라에 망할 즈음에 태어나 벼슬살이를 하면서 對金抗爭을 강력히 주장하여 시련을 겪었으며, 현실주의적이고 낭만적인 애국시가를 많이 지었다. 9300여수의 시를 지은 남송 최고의 시인으로 『劍南詩集』을 남겼다.

181) 何景明(1483~1521)은 明代 중엽의 문인으로 자는 仲默, 호는 大復, 信陽人이다. 진사시에 등제하여 중서사인·陝西提學副使를 역임했다. 처음에는 李東陽을 사사하였으나, 정치적 문제로 말미암아 문하를 떠났고, 李夢陽 등과 함께 '古文辭'로 불리었으며, 秦漢文과 盛唐詩를 전범으로 하는 복고적 문학운동을 제창하였다. 이몽양과 함께 何李로 병칭되었고, 『大復集』을 남겼다.

182) 李夢陽(1475~1529)은 명나라 중엽의 문인으로 자는 獻吉, 호는 空同子이다. 何景明·

가 격률[186]에 갇혔다. 그러므로 위조하는 데로 들어가서 비루하고 바르지 않아서, 시도(詩道)[187]에 도움이 되지 않는다. 서곤체(西崑體)[188]는 주워모아서[189] 만든 둥근 부채[190]이므로, 강서파(江西派)[191]가 바로잡는다면서 치우치고[192] 생삽하게[193] 함으로써 격조를 훼손시키고 아취를 손상시켰으니, 그 잘못이 특히 심하다. 모두 취할 만한 것이 적고, 버려야 마땅한 것은 많다. 또 아래로 내려오면 소석(小石)[194]·장타유(張打油)[195]·<절양류>(折楊柳)>[196]

徐禎卿 등과 함께 시문의 복고를 주창하여 '文必秦漢, 詩必盛唐'을 주창하면서 문풍을 주도하여 前七子로 불리었다. 시에 있어서는 格調說을 표방하였으나, 복고풍 때문에 模擬剽窃로 비난받기도 하였다. 『李空同全集』 66권이 있다.

183) 滄溟은 명나라 중엽의 문인 李攀龍(1514～1570)의 호로 자는 于鱗이며, 등제하여 郎中·知府 등을 지냈다. 李夢陽·何景明 등 前七子의 復古說을 계승하여 王世貞·謝榛 등과 더불어 古文辭說을 제창하여 後七子로 불리었다. 秦漢의 古文과 漢魏·盛唐의 시를 숭상하고 宋元의 시를 배척하였다. 시는 격조가 높은 한편으로 모방이 심하다는 평을 들었다. 문집인 『李滄溟先生全集』과 편저인 『古今詩刪』을 남겼다.

184) 弇園은 명나라 중엽의 시인 王世貞의 호이다.

185) 聲色은 아름다운 소리와 빛깔인데, 여기에서는 시의 성률의 특색을 가리킨 듯하다.

186) 格律은 韻文의 字數·句數·對仗·平仄·押韻 등 형식적 요소에 대한 규칙이다.

187) 詩道는 시를 짓는 도리·규칙·방법이다.

188) 西崑體는 북송 초기에 楊億·錢惟演·劉筠 등이 晩唐 李商隱의 시를 숭상하여 유행시킨 시풍인데, 시어가 화려하고 전고를 많이 쓰며 묘한 對仗을 구사한 기교적인 특색을 지녔으나, 내용이 浮靡空虛한 결점을 지니고 있었다.

189) 飣餖는 음식을 쟁반에 겹겹이 쌓음, 또는 그러한 음식으로 잡다하게 주워모음을 비유한다.

190) 合扇은 團扇과 같은 말로 둥근 부채이다.

191) 江西派는 宋代에 유행하였던 중국의 詩派로 종주인 黃庭堅과 추종자가 대부분 江西 출신인 데서 생긴 말인데, 황정견·陳師道·陳與義 등 수십명이 시작에서 문자의 단련과 奇險한 풍격을 추구하고, 구절마다 유래를 가진 전인의 시구를 교묘하게 빌려 用事하는 경향을 보여 주었다.

192) 偏枯는 한쪽에 치우쳐 형평을 잃음이다.

193) 生拗는 拗澁과 같은 말로 생경하여 발음하기 어려움인데, 여기에서는 詩味가 생경하여 빡빡함을 가리킨다.

194) 小石調는 唐나라 때의 俗樂 중 燕樂의 商聲 第七調의 第五運이다.

195) 張打油는 唐나라 때의 시인으로 속어를 많이 사용하여 비속한 시를 지었다.

196) <折楊柳>는 樂府 橫吹曲으로 前漢의 張騫이 西域에서 들여온 <德摩訶兜勒曲>을 李延年이 변용하여 武樂으로 삼은 데 유래한다. 西晉 太康 말엽에는 병사들의 고통을 읊은 것이 유행하였고, 南朝·唐代에는 傷春·惜別을 노래한 작품이 많았으며, 특히 전장에

를 모았으니[197], 이부(俚夫)[198]가 손뼉을 치고 장사(莊士)[199]가 몰래 웃을 일이다. 한 번 이 소굴로 들어가면 다시는 더불어 시를 말할 수 없게 된다.

대체로 시에는 여섯 가지 사물이 있으니, 격(格)[200] · 조(調)[201] · 정(情)[202] · 성(聲)[203] · 색(色)[204] · 취(趣)[205]가 그것이다. 여섯 가지 중에서 하나라도 빠지면 시가 아니다. 격은 명당(明堂)[206]의 제도(制度)[207]와 같기를 바라고, 조는 화란(和鑾)[208]의 절주(節奏)[209]와 같기를 바라며, 정은 하늘과 땅의 기운이 어울려[210] 온갖 풀이 꽃봉오리를 머금은[211] 것과 같게 되기를 바라고, 성은 큰 종이 시원스럽게[212] 울리고 주현(朱絃)[213]이 소월(疎越)한[214] 것과 같기를 바라며, 색은 상서로운 해를 가린 상서로운 구름[215]과 성근 별 옆의 밝은 달[216]과 같기를 바라고, 취는 긴 낮[217]에 향연(香煙)[218]이 피어오르는 가

나간 낭군에 대한 그리움을 것이 많았다.

197) 원전의 '秦'은 문맥으로 보아 '奏'의 착오인 듯하다.

198) 俚夫는 평민사내, 또는 시골사내다.

199) 莊士는 품행이 단정한 선비, 正人君子이다.

200) 格은 風格이다.

201) 調는 시의 律調 · 韻律인데, 여기에서는 시의 압운을 가리킨 듯하다.

202) 情은 시의 情思로 시에 나타난 情趣 · 情意 · 情緖 등을 가리킨다.

203) 聲은 시의 聲調로 시의 평측을 가리킨다.

204) 色은 시의 色澤으로 시에 光澤이 나게 하는 修辭 · 表現을 가리킨다.

205) 趣는 시의 興趣인데, 여기에서는 시의 韻致 · 趣味를 가리킨다.

206) 明堂은 옛날에 제왕이 政敎를 펴고 典禮를 행하던 궁전이다.

207) 制度는 規程 · 規制로 규격과 격식을 가리키는데, 여기에서는 爵位의 높낮이에 따른 儀仗을 뜻한다. 『禮記』「明堂位」에 "명당이라는 것은 제후의 높고 낮음을 분명히 하는 것이다.(明堂也者, 明諸侯之尊卑也.)"라는 글이 있다.

208) 和鑾(鸞)은 수레에 달린 방울이다.

209) 節奏는 악곡의 長短과 拍子이다.

210) 氤氳(絪縕)은 天地의 陰陽의 二氣가 합쳐져서 어린 모양이다.

211) 含葩는 꽃봉오리가 막 피려 하는 것이다.

212) 弘亮은 크고 시원스러움이다.

213) 朱絃은 삶은 명주실로 만든 붉은 실로 된 琴의 絃으로, 琴 · 瑟 등의 현악기를 대유한다.

214) 疎越은 瑟의 共鳴板 밑의 구멍을 소통시켜 소리를 느리게 함으로, 소리가 은은하면서 담긴 뜻이 깊음을 비유한다.

215) 卿雲은 祥瑞로운 구름이다.

216) 朗月은 밝은 달이다.

217) 永晝는 긴 낮이다.

운데 새가 울고 꽃이 지며, 거문고를 안고 한가로운 구름과 날기에 지친 학[219]을 멀리 바라봄[220]과 같기를 바란다.

시에는 여섯 가지 경계해야 할 것이 있으니, 이속(俚俗)[221]·초급(噍急)[222]·유괴(幽怪)[223]·섬세(纖細)[224]·다인사(多引事)[225]·희영물(喜咏物)[226]이 그것이다. 여섯 가지 중에서 하나라도 범하면 시가 아니다. 이속은 아낙네가 소근거리며[227] 산업(産業)[228]을 말하고, 비굴하게 아첨하는[229] 자가 즐겁게[230] 명리를 말하는 것과 같은 것이다. 초급은 거리에서 아이들이 주먹을 쥐고 남에게 욕을 하고, 비천한 사내가 눈을 부릅뜨고[231] 나아가 싸우는 것과 같은 것이다. 유괴는 옛 보루에서 날아다니는 반딧불이와 음산한 언덕에서 춤추는 산요괴(山妖怪)[232]와 같은 것이다. 섬세는 거미줄과 곤충의 보금자리와 지렁이가 울고 매미가 지저귀는 것과 같은 것이다. 다인사는 귀부(鬼簿)[233]에서 집어내어 수달이 물고기를 늘어놓는[234] 부류와 같은 것이다. 희영물은 시편(詩篇)이 늙은 선비와 늙은 기녀와 같고, 시구(詩句)가 백사장의 새가 머리를

218) 爐薰은 향을 사름, 향로에서 피어오르는 향기이다.
219) 倦鶴은 날다가 지친 학이다.
220) 引睇(인제)는 멀리 바라봄이다.
221) 俚俗은 상스럽고 속됨이다.
222) 噍急은 噍殺(초쇄)와 같은 말로 음악의 박자가 매우 빠름인데, 여기에서는 시에 나타난 性情이 극단적이어서 思無邪·溫柔敦厚에 어긋남을 가리킨다.
223) 幽怪는 유령과 괴물이다.
224) 纖細는 가늘고 작음이다.
225) 引事는 용사와 같은 말로 故事를 인용함인데, 여기에서는 詩文을 지을 때 역사적 사실과 같은 前代에 있었던 일과 前人의 말·글을 이끌어다 씀으로써 자신의 논리를 보완하는 작법인 用事를 가리킨다.
226) 咏(詠)物은 사물에 대하여 읊는 것인데, 여기에서는 景物의 形似를 가리킨 듯하다.
227) 昵昵(일닐)은 친밀함·친근함이다.
228) 産業은 生業이다.
229) 夸毗는 비굴하게 아첨함이다.
230) 津津은 기쁨·즐거움이 충만한 모양이다.
231) 努眼은 화낸 눈, 성난 눈이다.
232) 魈는 山의 요괴이다.
233) 鬼簿는 鬼錄과 같은 말로 죽은 사람의 성명을 기록한 저승의 名簿이다.
234) 獺祭魚는 수달이 물고기를 잡아 祭床에 祭物을 진설하듯이 물 가에 늘어놓는 것이다.

끄덕거림과 같은 부류이다. 고사를 인용하고 사물을 읊조림 또한 각각의 시체 가운데 없을 수는 없지만, 다만 재료가 신운(神韻)235)에 방해가 되고, 작은 기교로 아도(雅道)236)를 손상시키는 것은 옳지 않다.

또 세인들은 흔히 의(意)237)를 정(情)238)으로 알고 미(味)239)를 취(趣)240)로 알지만 그릇된 것이다. 정은 허하고 의는 실하며, 정은 맑고 의는 흐리며, 취는 멀고 미는 가깝고, 취는 높고 미는 저속한 것이므로, 분별하지 않아서는 안 된다.241)

---

235) 神韻은 神妙한 韻致이다.
236) 雅道는 바른 도리・방법이다.
237) 意는 意境 또는 意象이다. 袁行霈, 姜英順 외 6인역, 『중국시가예술연구』(아세아문화사, 1990)에 의하면 의경은 시인의 主觀情意와 客觀物景이 상호융합되어 형성된 예술경계이다. 한편 의상은 주관적 정의에 녹아든 객관적 物象, 또는 객관적 물상에 힘입어 표현한 주관적 정의이다. 그리고 의경의 범위는 비교적 커서 보통 시 한 수 전체, 몇 구절, 혹은 한 구절 전체에서 조성된 境界이고, 의상은 단지 시가의 의경을 구성하는 몇 개의 구체적이며 세부적인 단위에 불과하다. 의가 어느 쪽을 뜻하든 形象을 지닌 것이므로 '意는 實하다'고 하였는데, 景物을 實, 情思를 虛로 보는 것은 周弼의 『三體唐詩』의 입장과도 같다. 또 '의는 흐리다'고 한 것은 '言盡而意不盡', '辭盡而意不盡'과 같이 원래 언어가 표상하고자 하는 의미가 '言外之味'를 지녀야 하는 점을 가리킨 말이지만, 여기에서는 시가 구축하는 意象이 '象(相)外之象(相)'을 지향해야 바람직함을 지적한 것으로 보인다.
238) 情은 情感・情思이다. 정사는 형상인 경물이 아니라 형상이 없는 생각이므로 허하다고 하였다. 그리고 '정은 맑다'고 한 것은 의상과 결합되지 않은 상태에 있는 정서는 언표에 그칠 뿐이어서 情 밖의 情 같은 것을 지니지 않기에 한계가 분명함을 지적한 것으로 보인다.
239) 味는 맛, 또는 냄새로 시에서 맛볼 수 있는 감각적인 느낌이다. 음식의 맛과 같이 감각적인 느낌이기에 '미는 가깝다', '미는 저속하다'고 하였다.
240) 趣는 興趣・韻致・旨趣이다. 흥취는 언어의 示唆性・暗示性, 또는 言外에서 오는 것이므로 '味外之旨', '韻外之致', '趣外之趣'와 같은 말에서 알 수 있는 것처럼 감각적인 느낌인 味를 넘어선 것을 지향해야 마땅하므로 '취는 멀다'. '취는 높다'고 하였다.
241) 이 단락 전체의 의미를 파악하기 위해서는 嚴羽가 『滄浪詩話』에서 말한 "시에는 별재가 있으므로 서책과 관계된 것이 아니고, 시에는 별취가 있으므로 이치에 관계된 것이 아니다. 그러나 글을 많이 읽고 궁리를 많이 하지 않으면 그 지극한 경지에 이르지 못한다. 이른바 이로를 따르지 않고 언전에 떨어지지 않은 것이 상등이다. 시는 성정을 읊는 것이니, 성당의 여러 시인들은 오직 흥취가 있는 곳을 따랐으므로, 영양이 나뭇가지에 뿔을 거는 것처럼 자취를 찾을 수 없다. 그러므로 그 묘처는 투명하고 영롱하

五言古, 尙樸高旨遠, 故學漢魏未能則阮・左・鮑・謝, 未能則陶・韋, 未能而後杜・韓. 七言古, 尙風華才長, 故以李・杜爲宗, 而輔以高・岑・王・李.

五言絶, 玄妙上於爽朗, 故取右丞而配以靑蓮. 七言絶, 飄逸長於婉柔. 故標靑蓮而次者少伯, 以少陵爲禁戒.

五言律主神境, 故型範少陵而輿趣寄於王・孟. 七言律重格調, 故準的王・李・高・岑而氣骨參之少陵. 排律推少陵爲都料匠, 然後雄渾壯麗, 淸淡閒遠, 不失冠冕之象烟霞之氣, 而不落小家惡道矣.

吾之基業門戶已定, 則下此而中晩諸家, 至宋元明作者, 皆可取其長而採其精, 以資吾材具筆路爾. 然自錢・劉以上, 寘之鑪錘之內而取其全體, 自元・白以下, 寘之鑪錘之外而審其取舍可也. 蘓・黃・陳・陸相近者趣, 而情聲色爲事實所揜, 故流於陋. 何・李・滄・弇所肖者聲色, 而情趣爲格律所牿. 故入於贋, 陋與贋, 詩道不由也.

西崑體飣餖合扇, 故江西派矯以偏祐生拗, 毁格傷雅, 其失尤甚. 皆可取者少, 而可棄者多. 又降而秦小石, 張打油, 劉折楊, 俚夫鼓掌, 莊士竊笑. 一入此窠, 不可復與言詩也. 大抵詩有六物. 格也調也情也聲也色也趣也, 六者闕其一, 非詩也. 格欲如明堂制度也, 調欲如和鑾節奏也, 情欲如天地氤氳, 百卉含葩也, 聲欲如大鍾弘亮, 朱絃踈越也, 色欲如瑞日卿雲踈星朗月也, 趣欲如永晝爐薰, 鳥啼花落, 抱琴引睇閒雲倦鶴也.

詩有六戒, 俚俗也, 噍急也, 幽怪也, 纖細也, 引事也, 喜咏物也, 六者犯其一, 非

여 가서 닿을 수가 없다. 공중의 소리, 相中의 빛, 물 속의 달, 거울 속의 모습과 같아서, 말은 다함이 있지만 뜻은 다함이 없다. 근래의 여러 사람들은 다만 기이하고 독특한 것으로 이해하여, 마침내 문자로 시를 짓고, 의론으로 시를 지으며, 재학으로 시를 짓는다. 어찌 공교롭지 않으리요마는, 끝내 옛 사람의 시는 아니다. 대개 한 사람이 노래하면 세 사람이 和唱하는 음률에는 부족함이 있다.(夫詩有別材, 非關書也, 詩有別趣, 非關理也. 然非多讀書多窮理, 則不能極其至. 所謂不涉理路, 不落言筌者, 上也. 詩者, 吟詠情性也, 盛唐諸人惟在興趣, 羚羊掛角, 無跡可求. 故其妙處透徹玲瓏, 不可湊泊, 如空中之音・相中之色・水中之月・鏡中之象, 言有盡而意無窮. 近代諸公乃作奇特解會, 遂以文字為詩, 以才學為詩, 以議論為詩. 夫豈不工一, 終非古人之詩也. 盖於一唱三歎之音, 有所歉焉.)" 라는 글을 참조할 필요가 있다.

詩也. 俚俗, 如婦女昵昵話産業, 夸毗子津津談名利也. 噍急, 如街童握拳罵人, 賤夫弩眼赴鬨也. 幽怪, 如古壘飛螢, 陰崖舞魈也. 纖細, 如蛛絲虫窠, 蚓鳴螗嘈也. 多引事, 如拈鬼簿獺祭魚之類也. 喜咏物, 篇如老儒老妓. 句如沙鳥點頭之類也. 引事咏物, 亦各體中不可無者, 但不當以材料累神韻, 小巧傷雅道爾. 且世人多有認意爲情, 認味爲趣者非也. 情虛而意實, 情淸而意濁, 趣遠而味近, 趣高而味俗, 不可不辨也.

10. 부지
賦指[242)]

굴삼려(屈三閭)[243)]는 천고의 일인자이니, 그 밖에는 부가 없다고 할 만하다. 사마상여(司馬相如)[244)]와 자운(子雲)[245)]은 배우(俳優)의 전각(篆刻)과 같아서, 구원(九畹)[246)]에 물을 주는[247)] 하인이 될 수도 없었으니, 방에 들어갔다[248)]는 평가[249)]는 어찌 그리 주제넘은가?[250)] 가태부(賈太傅)[251)]는 굴원을

---

242) 『藥山漫稿』 권11에 실려 있다.

243) 屈三閭는 전국시대 楚나라의 문장가인 屈平(343년경~277년경 B.C.)의 별칭으로 자는 原이다. 周나라 말기 楚의 왕족으로 懷王에게 간언을 하다가 도리어 讒訴를 받아 면직되었다. 頃襄王 때 유배되어 湘水 근처에서 방황하다가 스스로 汨羅水에 빠져 죽었으며, 楚辭의 대가로 <離騷>·<漁父歌> 등을 남겼다.

244) 司馬相如(179~117 B.C.)는 前漢의 문인으로 字는 長卿이며, 景帝를 섬겨 武騎常侍를 지내다가 병으로 사직하였고, 武帝에게 부를 지어 바치고 郎을 받았다. 辭賦에 능하여 漢·魏·六朝時代 문인의 모범이 되었고, <子虛賦>·<上林賦>·<大人賦>·<長門賦>·<哀秦二世賦 >등을 남겼는데, 모두 유려한 문장에 풍부한 서정이 깃들어 있어 걸작으로 평가받았다.

245) 子雲은 前漢의 학자·문인인 揚雄(53~18 B.C.)의 자이다. 어릴 때부터 책을 널리 읽었고, 詞賦에 능하여 <反離騷>·<廣賦>·<甘泉賦> 등을 지었으며, 晩年에는 오직 經學에만 뜻을 기울여, 『太玄經』·『揚子法言』·『方言』·『訓纂』·『州箴』 등 많은 책을 저술하였다.

246) 九畹은 난초를 심은 밭으로 흔히 난초를 비유하는데, 屈原의 <離騷>에 나오는 "나는 이미 九畹의 밭에서 난초를 가꾸었네.(余旣滋蘭之九畹兮.)"라는 구절에서 유래한다.

247) 灌圃는 밭에 물을 줌이다.

답습한 자[252]일 것이다. 도정절(陶靖節)[253]은 화이(和易)하고[254] 평담하며, <이소(離騷)>[255]의 그윽함을 배웠으니, 강요(江瑤)[256]의 관자(貫子)[257]가 여지(荔枝)[258]와 비슷함일 것이다. 퇴지(退之)[259]는 너무 느슨하고, 유주(柳州)[260]

---

248) 入室은 방에 들어갔다는 뜻으로 학문·기예가 심오한 경지에 이름을 비유하는데, 『論語』「先進」의 "유는 대청에 올라왔으나 방에는 들어오지 못하였다.(由也升堂矣, 未入於室也.)"라고 한 공자의 말에서 유래한다.

249) 入室之評은 初唐 盧照隣의 <駙馬都尉喬君集序>(『盧昇之集』 권6)에서 "성문에서는 부를 논하면서 사마상여를 방에 들어간 영웅이라고 하였다.(聖門論賦, 相如為入室之雄.)"라고 한 글을 가리킨다.

250) 僭越은 본분이나 처지를 벗어나 주제넘은 일을 함이다.

251) 賈太傅는 전한의 문인 賈誼(200~168 B.C.)의 별칭이며, 연소한 秀才라 하여 賈生으로도 불리었다. 文帝 때 太中大夫가 되었으며, 뒤에 長沙王의 太傅로 좌천되었다가 다시 梁懷王의 太傅가 되었다. 저서에 『新書』·『賈長沙集』이 있고, <治安策>·<過秦論>과 <弔屈原賦>가 유명하다.

252) 雲仍은 먼 후손·후계자, 또는 답습함이다.

253) 靖節은 東晉 말의 문인 陶潛(365~427)의 私諡이며, 字는 元亮·淵明, 號는 五柳先生이다. 29세에 관직에 나갔다가 곧 사직하였고 41세에 彭澤縣令이 되었으나 두 달 만에 사직하고 전원으로 돌아가 농사를 지으면서 시문에 힘써, 魏晋時代 최고의 시인이 되었다. <歸去來辭>·<感士不遇賦>·<閑情賦>와 『陶淵明集』을 남겼다.

254) 和易는 온화하고 평이함이다.

255) <離騷>는 『楚辭』의 편명으로 전국시대 楚나라의 문인 屈原의 대표작의 하나이며, '離騷'는 근심을 떠남, 근심을 만남 등의 뜻을 지녔다고 한다. 전편이 373구 2,490자에 이르는 장편으로, 작가가 유배생활을 하면서 느낀 암울한 정을 서술한 내용으로, 전편에 걸쳐 우수와 격정이 담겨 있다. 당시 강남일대의 남방을 대표한 운문으로서 짙은 서정성과 자유로운 형식을 특징으로 하고 있다,

256) 江瑤(珧)는 바닷조개의 일종으로 갯벌에 서식하며 그 貫子는 맛이 좋은데, 고유어로는 꼬막·살조개라고 한다.

257) 貫子는 조개껍대기에 조갯살이 붙어 있게 하는 단단한 힘살로 모양이 젖꼭지처럼 생겼으며, 貝殼筋·貝主·肉柱라고도 한다.

258) 荔枝는 박과에 따린 한해살이 덩쿨풀로 여름부터 가을까지 노란 꽃이 피고 길둥근 열매는 붉노랗게 익는다. 열대아시아 원산으로 열매껍질은 쓴 맛이 있고 어린 멸매는 먹는다.

259) 退之는 中唐의 문인인 韓愈(768~824)의 자로 선대가 昌黎에 살았으므로 昌黎先生으로 불리었고 시호는 文公이다. 등제하여 刑部侍郎을 지내다가 潮州刺史로 폄적되었으며, 복권되어 吏部侍郎에 이르렀다. 시문에 두루 능하였으며, 특히 문장에 뛰어난 唐宋八大家로 추앙받았다. 『韓昌黎先生集』과 <別知賦>·<感二鳥賦> 등 6편의 부를 남겼다.

260) 柳州는 中唐의 문장가 柳宗元(773~819)의 별칭으로 자는 子厚, 河東人이므로 흔히 柳河東으로 불리었다. 監察御史를 거쳐 禮部員外郎이 되어 王叔文의 개혁정치에 동참했

는 퇴지보다 낫지만, 국면이 좁고 성조(聲調)[261]가 급박하다. 동파(東坡)[262]의 <적벽부(赤壁賦)>는 부(賦)[263]로 지은 부(賦)이므로 <이소>와는 거리가 멀다. 그러나 그 속세를 벗어나서 우주를 좁게 여김과 허물을 벗은 매미[264]의 자유분방한[265] 기세는 <원유(遠游)>[266]의 우익(羽翼)[267]이 되기에 넉넉하며, 마음대로 돌아보고 구름에 닿은[268] 대인(大人)다움이야말로 참으로 선가(仙家)의 걸아(乞兒)와 같다. 문장은 신회(神會)[269]를 위주로 하므로 형색(形色)[270]에 구애받지 않는 것이니, 세상에 구방고(九方皐)[271]가 있다면, 반드시 나의 말을 인가(印可)할[272] 것이다.

屈三閭千古一人, 餘外無賦. 相如・子雲, 俳優篆刻, 無能爲九畹灌圃之僕隷, 入

다가 실패하여 柳州刺史로 폄적되어 거기서 죽었다. 학문과 시문에 다 능하였으며, 특히 우언의 형식을 빌린 문장으로 유명하여 韓愈와 함께 古文運動의 쌍벽을 이루었고, 『河東先生集』과 30여편의 辭賦를 남겼다.

261) 聲調는 시문의 가락, 또는 운률이다.

262) 東坡는 북송의 문인인 蘇軾(1036~1101)의 호이며 자는 子瞻이다. 구법당으로 한림학사를 지냈고, 다양한 문체에 다 능통했던 시문의 거장으로 宋詩를 대표하는 시인일 뿐 아니라 대표적인 고문가로서 당송팔대가로 불리었으며, 문집 『東坡全書』를 남겼고, <前赤壁賦>・<後赤壁賦> 등 23편의 부를 남겼다.

263) 賦는 『詩經』의 六義 가운데 하나로 사물이나 그것에 대한 느낌을 비유를 사용하지 않고 直敍하는 표현방법이며, 鋪陳이라고도 한다.

264) 蟬蛻(선세)는 매가 허물을 벗는 것으로 고결하여 속세의 더러움에 물들지 않음을 비유한다.

265) 揮霍은 아무런 구속없이 자유분방함, 거리낌없이 시원스러움이다.

266) <遠遊(游)>는 전국시대 楚나라의 문인 屈原이 지은 『楚辭』의 편명으로, 그가 너무 곧은 행실 때문에 세상에 용납받지 못하자, 仙人에 의탁하여 천지를 유력하여 가지 않은 곳이 없다는 뜻을 기술한 내용으로 되어 있다.

267) 羽翼은 같은 무리, 한 패이다.

268) 凌雲은 구름에 닿을 듯이 높이 솟음이다.

269) 神會는 정신을 알아봄, 정신이 서로 통함, 마음으로 깨달아 앎인데, 여기에서는 표현대상이 지닌 정신과 태도를 알아냄을 가리킨다.

270) 形色은 형태와 색채, 형태와 용모이다.

271) 九方皐는 춘추시대 秦나라의 穆公 때에 말을 잘 감별하던 사람이다.

272) 印可는 제자의 깨달음에 대한 스승의 인정을 뜻하는 佛敎語로 대개 認定함・同意함을 가리킨다.

室之評, 一何僭也? 賈太傅其屈之雲仍乎. 陶靖節以和易平淡, 學騷之幽, 其江瑤柱之似荔枝乎. 退之太緩, 柳州勝於退之, 而局小聲迫. 東坡赤壁, 以其賦爲賦, 去騷遠矣. 然其超塵埃隘宇宙, 蟬蛻揮霍之氣, 足爲遠游之羽, 從回視淩雲大人, 眞仙家之乞兒也. 文章以神會爲主, 不拘形色, 世有九方皐, 必印可吾言矣.

11. 소대풍요서 昭代風謠[273])序[274])

풍(風)[275])이 천하를 돌아다니다가 사람을 빌려 우는 것을 것을 요(謠)라고 일컬으니, 그것이 울림은 천성에 의한 것이다. 그러므로 사람의 성정(性情)에 쇠퇴와 융성[276])이 교체됨은 거울과 같다. 한번 사람에 의하여 잡박하여지면, 그 천성이 어지러워지니, 또 어찌 거울삼으랴? 그러나 풍요가 천하를 돌아다님은 변천함이 일정하지 않으니, 주(周)나라 때에는 풍요가 기호(岐鎬)[277])와 강한(江漢)[278])의 사이에서 일어났고, 한(漢)나라와 당(唐)나라의 풍요는 견위(汧渭)[279])와 이락(伊洛)[280])에 모였으며, 변송(汴宋)[281])이 남쪽으로 가자 그 풍요 또한 남쪽에서 일어났고, 오초(吳楚)[282])와 민월(閩越)[283])에서도 융성하였

273) 이 글에서는 委巷人의 詩選集인 『昭代風謠』의 편찬자를 蔡彭胤이라고 하였으나, 高時彦(1771～1734)이 편찬자라고 한 鄭元容의 <風謠三選序>로 인해 혼선이 있는데, 대체로 이 2인이 편찬을 주도한 뒤에 다른 사람들이 참여하여 완료한 끝에 1737년에 간행했으리라고 추정된다.
274) 『藥山漫稿』 권15에 실려 있다.
275) 風은 民謠, 또는 지방의 歌謠로 詩歌를 범칭한다.
276) 汙(汚)隆은 오르고 내림으로 쇠퇴와 융성을 비유한다.
277) 岐鎬는 岐州와 鎬京의 합칭으로 西周의 도읍지를 가리킨다.
278) 江漢은 長江과 그 지류인 漢水의 합칭으로 장강유역을 가리킨다.
279) 汧渭는 渭水와 그 지류인 汧水의 합칭으로 위수유역을 가리킨다.
280) 伊洛은 洛水와 그 상류인 伊水의 합칭으로 낙양지역을 가리킨다.
281) 汴宋은 河南省의 汴京[開封]을 首都로 하였던 宋나라로 北宋을 가리킨다.
282) 吳楚는 춘추시대 吳나라와 楚나라의 합칭으로 그 판도였던 지역이나 장강의 中下流 유역을 가리킨다.

다.[284] 명(明)나라가 일어나자, 발갈(勃碣)[285]의 사람들이 이조(摛藻)[286]로 명성을 드날려[287] 천하에 으뜸이 되었으니, 어찌 왕자(王者)의 도읍이 반드시 천지의 풍기(風氣)[288]가 모임을 독차지하여 사람들이 물들고[289] 보고 감동함이 또한 사방과 견줄 수 있는 바가 아님이 아니랴?

그러나 주나라의 풍요[290]는 모두에서 민간의 풍속에서 나왔으므로 그것들은 천성을 보존하고 있지만, 한나라 이후에는 흔히 사대부에게서 나온 탓에 천성을 보존하지 못하였다. 내가 한위(漢魏)의 시를 읽어 보니, <고시십구수(古詩十九首)>[291]와 그 밖의 고악부(古樂府) 가운데 무명씨가 지은 여러 편 같은 것들은 이연(犂然)히[292] 국풍(國風)의 말 밖의 뜻이 있었다. 비록 자건(子建)[293]의 풍골(風骨)[294]로도 아득히 미치지 못하였거늘, 하물며 나머지 사람들이랴? 나는 그 여항의 구요(謳謠)의 자연스러움에서 나온 것은 풍시(風詩)[295]와 잘 어울리지만, 한 번 사색을 거치게 되면 잃어 버리기 때문이라고

283) 閩越은 秦漢代에 福建省 북부와 浙江省 남부에서 살던 월족인데, 여기에서는 그 지역을 가리킨다.
284) 彬彬은 아름답고 성한 모양, 또는 文采와 바탕을 겸비함이다.
285) 勃(渤)碣은 渤海와 碣石山의 합칭으로 遼東地域을 가리킨다.
286) 摛藻는 文采를 펼침, 글솜씨를 발휘함이다.
287) 揚聲은 名聲을 드날림이다.
288) 風氣는 풍속・풍습이다.
289) 濡染은 물듦으로 남의 언행에 영향을 받음을 비유한다.
290) 周風은 周代의 國風으로 『詩經』에 실린 「周南」・「召南」・「邶風」・「鄘」・「衛風」・「王」・「鄭風」・「齊」・「魏風」・「唐」・「秦風」・「陳」・「檜風」・「曹風」・「豳風」의 15篇을 가리킨다.
291) <古詩十九首>는 南朝 梁나라의 昭明太子가 편찬한 『文選』 권19에 실린 5언고시 19수인데, 작자는 미상이며 後漢代의 작품으로 추정된다.
292) 犂然은 시원스럽게 의혹이 풀리는 모양이다.
293) 子建은 後漢末, 魏初의 문인 曹植(192~232)의 자로 魏 武帝 曹操의 셋째 아들이다. 형인 丕가 帝位에 오른 뒤에 陳王에 봉해졌으며, 문학적 재능이 뛰어나서 80여수의 시와 40여편의 산문을 남겼다. 鍾嶸의 『詩品』 권1에서는 “그 시의 근원은 국풍에서 나왔는데, 골기가 특별히 높다.(其源出於國風, 骨氣奇高.)”라는 글이 있다.
294) 風骨은 風力과 骨格인데, 풍력은 문학작품의 내면에 갖추어져 있는 왕성한 생명력으로 독자를 감동시킬 수 있는 힘이고, 골격은 문사의 표현이 분명하고 정확한 것을 뜻한다.
295) 風詩는 『詩經』의 國風, 또는 민가를 바탕으로 한 시이다.

생각한다.

우리 동방은 연도(燕都)[296]와 기미(箕尾)[297]의 분야(分野)[298]를 함께 하여, 세인들이 이르는 운한(雲漢)[299]의 말파(末派)[300]이니, 발갈로부터 일어난 명나라의 풍화(風化)를 동방이 본래 이미 가장 먼저 입었다. 지금 천하가 모두 주리(侏離)[301]가 되었지만, 발갈의 풍화가 강을 건너 옮겨져서 한 구역 문물의 나라를 양육시키고[302] 고무시켰으니[303], 또한 그 풍화를 거두어들이기를 추구할 곳은 한경(漢京)[304]이 바로 그곳이다. 저 화산(華山)[305]과 한수(漢水)의 빼어나게 아름답고 충화한[306] 기운으로 말미암아, 개벽(開闢)[307] 이래로 꽉 찼던[308] 향기로움[309]을 한 번 발산하여 소대(昭代)[310]의 문화를 열지 못하라?

게다가 기미와 운한의 궁색함을 진신 사대부[311]가 홀로 감당할 수 없었으므로, 위항(委巷)[312]의 규두(圭竇)[313]에게 이따금 영기(靈氣)가 모인[314] 바 있

---

296) 燕都는 淸나라의 수도인 燕京의 별칭이다.
297) 箕尾는 二十八宿에 속하는 별자리들인 箕宿와 尾宿의 합칭인데, 殷나라 高宗 때의 재상 傅說이 죽은 뒤에 정신이 箕宿와 尾宿 사이에 응결되었다는 고사에서 유래하여 사람이 죽는 것을 箕尾로 돌아간다고 한다.
298) 分野는 전국시대에 천문가들이 중국의 전토를 二十八宿에 벌여서 나눈 구역인데, 箕尾 分野는 燕州·幽州이다.
299) 雲漢은 銀河水이다.
300) 末派는 하류·지류이다.
301) 侏離는 오랑캐의 말이나 알아듣기 어려운 외국말, 또는 西戎의 음악으로 오랑캐나 오랑캐의 시가·음악을 비유한다.
302) 亭毒은 亭育과 같은 말로 양육함이다.
303) 煽鼓는 煽動하고 鼓舞함이다.
304) 漢京은 漢陽이다.
305) 華山은 漢陽의 鎭山인 三角山의 별칭이다.
306) 冲和는 담박하고 화평함이다.
307) 開闢은 天地가 처음으로 열림, 또는 새로운 시대가 열림이다.
308) 際天은 際地蟠天의 준말로 위로 하늘에 이르고 아래로 땅에 닿음이며, 미치지 않는 곳이 없음을 비유한다.
309) 肹蠁(힐향)은 소리의 울림이 널리 퍼짐, 또는 향기가 가득함이다.
310) 昭代는 昭世와 같은 말로 태평한 시대, 政事가 淸明한 시대이다.
311) 搢紳은 笏을 큰 띠에 꽂음으로 선비나 사대부를 비유한다.
312) 委巷은 구불구불한 골목길로 民間을 비유한다.

었다. 또 후세의 사대부들은 거업(擧業)[315]에 힘껏[316] 노력하느라고[317] 특히 그 천연을 보전하지 못하였으니, 이들을 제외하고는 먼 변방[318]의 산택[319]과 방외(方外)[320]에 고립되어 단절된[321] 사람의 말에 지나지 않아서, 아득히 왕화에 참여함을 상관하지 않았으니, 또한 어찌 풍요라 부르기에 족하랴? 우리나라의 여정(閭井)[322]에 사는 이들은 나라에 제도에 제한받아서 과거가 그 마음을 얽맴이 없고, 경화(京華)[323]에서 태어나니 또 방외에서 고절되는 병폐가 없으므로, 시사(詩社)[324]에서 한가하게 교유하면서 문화를 노래하고 읊을 수 있기에, 크게는 옛날의 작자를 따라 걸어 울연(蔚然)히[325] 가수(家數)[326]가 되고, 작게는 또한 아름답게[327] 강조(腔調)[328]를 이룰 수 있었다. 그 천성을 온전히 함을 요체로 하여 천기(天機)[329]를 발휘하여 찬탄하고 영탄함을 스스로 그만두지 못한 것은 참으로 기호와 강한의 유풍이다.

어떤 사람이 채희암(蔡希菴)[330]께서 선발하신 『소대풍요』를 손에 들고와서

---

313) 圭竇는 벽이나 담장에 홀의 모양으로 뚫은 구멍으로 미천한 사람의 집, 한미한 집안을 비유한다.
314) 鍾靈은 영험한 기운이 한데 모임이다.
315) 擧業은 과거에 응시하기 위한 공부이다.
316) 搰搰은 힘을 쓰는 모양, 노력하는 모양이다.
317) 用力은 힘을 씀, 기운·정력을 소모함이다.
318) 遐荒은 외지고 먼 변경의 땅이다.
319) 山澤은 山林과 川澤으로 흔히 山野를 가리킨다.
320) 方外는 세속적 예법의 바깥 영역으로 佛教·老莊 등 유가의 바깥을 가리킨다.
321) 孤絶은 고립되어 단절되거나 도움이 끊김이다.,
322) 閭井은 평민들이 사는 마을이다.
323) 京華는 큰 群衆이 사는 곳으로 京師·都城을 가리킨다.
324) 詩社는 시인들이 모여서 시를 짓거나 논의하기 위하여 결성한 단체이다.
325) 蔚然은 성대한 모양이다.
326) 家數는 기법·수단이다.
327) 嫋娜는 날씬하고 아름다운 모양이다.
328) 腔調는 노래의 曲調로 시문의 格調·聲律 등을 비유한다.
329) 天機는 일반적으로는 천부적인 지혜를 뜻하지만, 시창작의 근본과 연관될 때에는 자연스럽게 작동하는 기관, 창조적 움직임, 시를 발동시키는 작동처, 시를 창작하게 하는 시인 내외의 시스템 등 여러 가지로 해석된다.
330) 希菴은 조선 후기의 문신 蔡彭胤(1669~1731)의 호로 본관은 平康, 자는 仲耆, 다른 호는 恩窩이다. 증광문과에 갑과로 등제하여 검열이 되고 이어서 곧 사가독서하였으며,

나에게 보여 주면서 책의 첫머리에 실을 글을 요구하는데, 대개 도하(都下)[331]의 이항(里巷)[332]을 벗어나지 않는 이들의 작품이다. 아, 저 시를 진열하고자[333] 채집하여 바치는 법도가 폐지된 이래로 풍요가 세상에서 사라진 지 오래 되었는데, 이제야 비로소 보게 되니, 이는 바로 왕화의 단서이거늘, 어찌 필서(匹庶)[334]에게서 나왔다고 하여 소홀히 여길 수 있으랴? 천하의 풍요가 강한에서 이락으로 옮겨갔고, 이락에서 강좌(江左)[335]로 옮겨갔으며, 강좌에서 연갈(燕碣)[336]로 옮겨갔다가, 연갈에서 동방의 한경으로 옮겨왔다. 한경은 곧 마한(馬韓)[337]과 백제(百濟)[338]가 험준한 땅에 의지하여 말을 달리던 곳이라, 그 습속은 무기를 휘두르고 그 기풍은 큰 소리로 꾸짖는[339] 것이었다.

시로 숙종의 인정을 받아 禁中에 노닐 때에는 언제나 내시가 따라다니며 시를 베껴 올리는 등 詩名을 날렸다. 東宮官을 거쳐 정언으로 있으면서 弘文錄에 올랐으나, 李珥·成渾의 文廟黜享을 주장한 李玄齡의 상소에 동참하였다고 하여 삭제되었다. 남인이었던 탓에 甲戌換局 후에 관직을 떠나 거의 야인으로 살다가 숙종 44년(1718)에 舒川郡守로 관직에 복귀한 뒤에 대사간·도승지·예문제학 등을 거쳐 병조참판으로 있다가 타계하였다. 『希菴集』을 남겼고 『昭代風謠』의 편찬자라는 기록이 있으며, 글씨에도 빼어나서 海南의 頭輪山大花寺重創碑와 大興寺事蹟碑의 글씨가 남아 있다. 1698년경부터 寓居 詠恩窩에 서재를 열고 東壁壇詩社를 결성하여 權賁·吳光運 등 청남계 신진들에게 학문과 문사를 가르쳤다.

331) 都下는 도읍·수도이다.

332) 里巷은 마을의 거리·골목으로 마을을 대유한다.

333) 陳詩는 시를 채집하여 陳列함으로 민간의 시가를 채집하여 輿情·民風을 살핌을 비유하는데, 『禮記』「王制」에 "태사에게 명하여 시를 모아 진열하여 민풍을 살핀다.(命大師陳詩, 以觀民風.)라는 구절이 있다.

334) 匹庶는 庶人·平民이다.

335) 江左는 長江 하류의 동쪽으로 지금의 江蘇省 지역을 가리킨다.

336) 燕碣은 幽燕과 碣石山의 합칭으로 지금의 河北省 북부와 遼寧省 일대인데, 여기에서는 淸의 수도인 燕京 부근을 가리킨다.

337) 馬韓은 고대에 한반도 남부에 있던 세 나라인 三韓의 하나로 한반도 중부 이남지역인 京畿道 일부와 忠淸道·全羅道에 걸친 50여개의 소국의 연합체이며, 뒤에 百濟에 倂合되었다.

338) 百濟는 서력기원을 전후한 시기에 溫祚王이 慰禮城을 도읍으로 하여 세웠던 馬韓에 속한 소국으로, 나중에는 한반도 중부와 남서부를 차지하고 고구려·신라와 함께 三國時代를 이루었다.

339) 叱咤는 성내어 꾸짖음이다.

도대체 누가 소대에도 변하지 않아서, 이러한 문아(文雅)[340]의 풍속과 가요의 융성함을 이룩할 줄을 알았으랴? 풍요에는 일정한 소리가 없고, 백성에게는 일정한 감정이 없지만, 교화와 추이를 함께 한다. 이남(二南)[341] 이후에는 이남의 풍교를 회복한 것이 없다는 말을 나는 믿지 않는다. 어느 날 국가가 시를 진열하여 민풍을 보고자 한다면, 분명히 이남의 융성함을 회복할 것을 생각하여, 채집을 반드시 이 책에서 시작할 것이니, 그 관련되는 바가 어찌 작다고[342] 하랴? 이렇게 기록하여 악관(樂官)[343]의 고검(考檢)에 대비해 둔다.

風之行於天下, 假人以鳴曰謠, 其鳴也以天. 故人之性情, 代之汙隆, 如鏡焉, 一以人而雜之, 則其天汨矣, 又何以鏡焉? 然風之行於天下, 變遷不常, 周之時, 風自岐鎬江漢之間, 漢唐之風, 萃於汧渭伊洛, 汴宋之南也, 其風亦南, 吳楚閩越彬彬焉. 明興, 勃碣之人, 揚聲摛藻, 秀甲於天下, 豈非王者之都, 必占天地風氣之所聚, 而人物之擩染觀感, 又非四方所可比也?

然周之風, 皆出於民俗, 故其天全, 漢以後多出於士大夫, 故其天不全. 余讀漢魏詩, 如十九首及其他古樂府無名氏諸篇, 犂然有國風言外之旨, 雖以子建風骨, 邈然不能及, 况餘子乎? 余意其出於閭巷謳謠之自然者, 方叶於風詩, 而一涉思索則失之矣.

我東方與燕都, 同箕尾之分, 世所謂雲漢末派, 明風之自勃碣也, 東方固已首被矣. 今天下皆已侏離, 勃碣之風, 渡江以遷, 亭毒煽鼓於一區文物之邦. 而又求其風之所翕, 則漢京是已. 夫以華山漢水秀美冲和之氣, 開闢以來, 蟠際肹蠁, 不一泄以啓昭代之文化.

而又爲箕尾雲漢之所窮, 搢紳士不能獨當, 而委巷圭竇, 往往鍾靈焉. 且後世士大夫揩揩然用力於擧業, 尤不能全其天, 外乎此者, 不過遐荒山澤方外孤絶之語, 漠然

340) 文雅는 文敎, 또는 고상하고 우아함이다.
341) 二南은 『詩經』 國風의 편명인 「周南」과 「召南」의 합칭으로 周公·召公의 덕화가 남쪽에까지 행해졌음을 칭송한 노래들로 이루어져 있다.
342) 淺尠(천선)은 자질구레함, 사소함이다.
343) 樂官은 음악을 담당하는 관원·관서이다.

與玉[344]化不相關, 又烏足以爲風乎? 惟我國閭井之人, 限於國制, 科擧無所累其心, 生於京華, 又無方外孤絶之病, 得以遊閑詩社, 歌詠文化, 大者能追步古作者, 蔚然爲家數, 小者亦能嫋娜成腔調. 要之乎全其天性, 發之天機, 咨嗟詠歎, 不能自已者, 實岐鎬江漢之遺也.

有人手蔡希菴所選昭代風謠眎余, 求弁卷之文, 大抵不出於都下里巷之作也. 噫! 自夫陳觀採貢之法廢, 而風謠之絶於世久矣, 於今始見之, 此乃王化之端也, 烏可以出於匹庶而忽之乎? 天下之風, 自江漢而伊洛, 自伊洛而江左, 自江左而燕碣, 自燕碣而爲東方之漢京. 漢京者卽馬韓百濟據險躍馬之地, 其俗椎武, 其風叱咤. 夫孰知丕變於昭代, 而爲此文雅之俗歌謠之盛乎? 風無定聲, 民無定情, 一與敎化推移. 二南以後, 無復二南之風者, 吾不信也. 一日國家陳詩以觀民風, 赫然思復二南之隆, 則採之必自玆編始, 其所關, 夫豈淺尠也哉? 書此以備樂官之考.[345]

12. 연초재집서
燕超齋集序[346]

내가 유소년 시절에 종숙(宗叔)[347] 유청씨(幼淸氏)[348]가 약관에 문장을 지

344) 원전의 '玉'은 의미맥락으로 보아 '王'의 착오인 듯하다.

345) 영조 13년(1737)에 芸閣印書體字로 간행한 『昭代風謠』의 卷首에 실린 <昭代風謠序>는 "정사년(1737) 중춘에 약산 오광운이 서한다.(歲丁巳仲春, 藥山吳光運序.)"라는 글이 추가되어 있다.

346) 『藥山漫稿』 권15에 실려 있는데, 약산의 몰년인 영조 21년(1745)에 간행된 현전 芸閣木活字本 『燕超齋遺稿』에는 이 글이 실려 있지 않을 뿐 아니라, 李益炡의 跋에도 약산의 刪定을 거친 사실이 언급되어 있지 않다.

347) 宗叔은 족친인 숙부인데, 연초재는 默齋 吳百齡(1560~1633)의 차남 東巖 吳端(1592~1640)의 손자이고, 약산은 묵재의 장자 竹南 吳竣(1587~1666)의 현손이어서, 두 사람은 三從叔姪間이다.

348) 幼淸은 조선 후기의 문인 吳尙濂(1680~1707)의 자로 본관은 同福, 호는 燕超齋·澤南·霽月이며, 南人이었던 부친 始績이 庚申大黜陟(1680)과 伯兄 始壽의 賜死(1681)를 만나 낙향함에 따라 堤川縣 東面 百畝里에서 살았다. 숙종 25년(1699)에 생원과·진사과에 모두 2등으로 급제하였으나, 문과에 한 번 낙방한 뒤에는 인근의 선배 鄭奎祥·

어, 제천(堤川)[349]에 살면서도 이름이 경사(京師)를 진동시켰다는 말을 듣고 뵙기를 바랐더니, 어느 날 공께서 진사(進士)[350]가 되어 옥 같은 용모로 푸른 적삼[351]을 입고 나의 집에 들르셨다. 그 신(神)과 같은 풍골이 소연(翛然)[352]함이 땅을 밟지 않는 사람인 듯하고, 햇빛이 비치면 그 살갗 속을 꿰뚫을 듯 하였으며, 더불어 말을 할 때에는 온화함[353]이 향기로운 난초와 같았다. 4·5년 뒤에 공이 대책(對策)[354]을 보러 서울[355]에 오셨다가 뜻을 얻지 못하고, 돌아가는 길에 들르셨는데, 전날의 곱던 모습이 약간 시들었으나, 정신은 더욱 청아하셨다. 내가 두 번 뵙는 것으로 그친 채, 몇 년 뒤에 공께서 돌아가셨으니, 상서로운 난새와 봉황이 잠깐 사람세상에 스며들었다가 오래 머물지 못한 것과 같아서, 비록 날마다 뵙더라도 오히려 싫은 줄을 몰랐을 것이거늘, 하물며 한두 번 뵈었음에랴? 아, 안타까워할 만하다.

공의 시 가운데 널리 퍼진 것이 많아서 내가 외운 지 오래 되었는데, 뒤에 그 전집을 보니, 그 시가 그 사람됨과 매우 비슷하여, 마치 금방 다시 보는 듯하였다. 대개 사람은 천지의 기운을 받아서 태어나는데, 그 맑은 것을 얻으면 영재가 되고, 그 흐린 것을 얻으면 범인이 된다. 시는 사람에게서 나오는 것이므로, 그 맑고 흐림 또한 마찬가지여서, 억지로 그렇게 할 수는 없는 법

許奎, 동년배 金履萬·金文饒·韓叔道 등과 교유하면서 학문·문학에 힘쓰면서 일생을 보냈고, 25세이던 1704년에 동향의 지기 鶴皐 金履萬(1683~1758)과 함께 擬古樂府 30수를 들고, 果川 淸溪山 밑에서 은거하던 南人詩壇의 종주 松谷 李瑞雨(1633~1709?)를 찾은 이래로 몇 차례 더 방문함으로써, 장래가 크게 촉망되는 시인으로 추허받은 바 있으며, 숙종 33년에 28세로 병사하였다. 甥姪 李益炡(1699~1782)이 영조 21년(1745)에 간행한 芸閣木活字本인 시문집『燕超齋遺稿』5권과 국립도서관 소장인 필사본 시집『燕超齋遺稿』이 남아 있다.

349) 堤川은 조선시대에 지금의 충청북도 堤川市 지역에 두었던 현이다.
350) 進士는 조선시대에 詩賦의 창작능력을 시험한 小科인 進士試의 급제자이다.
351) 靑衫은 옛날에 학생·서생이 입던 푸른빛의 적삼으로 학생·서생을 비유한다.
352) 翛然(소연)은 얽매이지 않는 모양이다.
353) 藹藹는 온화한 모양, 따뜻한 모양이다.
354) 對策은 科擧에서 政事·經史 등의 設問에 대하여 논술하는 방식으로 치르던 시험과목으로 보통 終場에서 석차를 정하는 데 쓰였는데, 여기에서는 문과를 가리킨다.
355) 京師는 京華·都城이다.

이다. 제천에 이름난 의원 곽씨가 있어 공과 서로 친하였는데, 공을 병으로부터 일어나게 하지 못하고 탄식하여 말하기를, "이 분은 신선이니, 그 돌아감을 의술로는 어쩔 수 없다."라고 하였다. 곽씨는 의원인지라 시를 알지 못하였기에, 다만 그 사람만 보고서 신선으로 여겼던 것이다.

전배 가운데 공의 문장을 비평한 사람이 있어, "문은 한(漢)나라를 본받고, 시는 당(唐)나라를 본받았다."라고 말한 바 있다. 공의 문(文)과 시(詩)는 각각 당오(堂奧)[356]를 열었고, 공부가 모두 지극하였지만[357], 먼저 시로 한 시절을 경동(驚動)[358]시켰으므로, 문은 조금 가려진 듯하다. 공의 시는 표일(飄逸)하고[359] 한아(閑雅)하여[360] 당나라 사람에게서 나온 듯한 것이 매우 많다. 그러나 배워서 그렇게 된 것이 아니라, 시율(詩律)이 있은 이래로 오로지 당시(唐詩)가 가장 맑았기 때문에, 기(氣)가 그것과 서로 가까웠던 것이다. 일찍이 당나라의 시인을 보니 모두 궁곤하였고, 그 가운데 현달한 사람도 더러 있었지만, 송(宋)나라 · 명(明)나라로부터 금세까지는 문장지사(文章之士)가 현달한 이는 많고 궁곤한 이는 적었으니, 어쩌면 당나라 이후에는 시가 사람을 궁곤하게 하지 못하였는데도, 사람을 궁곤하게 할 수 있었던 것은 공의 시뿐이었단 말인가?

공께서 돌아가신 지 이십여년 만에 문장이 세상에 유행(流行)하지 못함을 공의 생질 이익정(李益炡)[361] 군이 슬퍼하여, 나에게 산정(刪定)[362]을 부탁하

---

356) 堂奧는 대청과 방의 남서쪽 구석으로 깊숙한 경지, 심오한 진리를 비유한다.
357) 俱到는 모두 빈틈이 없음이다.
358) 驚動은 놀라게 함, 마음을 뒤흔듦이다.
359) 飄逸은 세속을 벗어남, 세속 밖에 몸을 둠이다.
360) 閑雅는 행동거지 · 말이 얌전하고 고상함, 또는 문장 · 말이 우아함이다.
361) 李益炡(1699~1782)은 조선 후기의 문신으로 본관은 全州, 자는 明叔, 仁城君 珙의 현손, 密昌君 樴의 아들이다. 영조 12년에 정시문과에 병과로 등제하여 정언 · 집의 · 승지 · 예조참판 등을 거쳐 경기도관찰사로 나갔고, 병조참판에 이어 강화유수 · 대사헌 · 대사간을 역임한 뒤에 이조참판으로 동지사 겸 사은사의 부사로 청나라에 다녀왔다. 사행 중의 물의로 파직되었다가 복관되어 병조참판 · 대사간 · 대사헌 · 우참찬을 거쳐 예조판서를 역임하였고, 판의금부사 · 공조판서를 지낸 뒤 판돈령부사에 올랐으며, 시호는 靖簡이다. 吳尙濂의 甥姪로 『燕超齋遺稿』를 간행하였다.

여 상재(上梓)하고자363) 한다. 아, 공께서 이미 현달하지 못한 채 요절하여 세상에 뚜렷이 드러나지 못하시고, 다만 문장만 후세에 전해지게 되었으니, 나는 후세에 그 사람을 놓침이 곽씨가 시를 놓침과 같을 것을 두려워한다. 그러나 기가 맑은 분이 공이고, 공에게서 맑은 것이 소리이고, 소리 가운데 맑은 것이 시이니, 그 사람을 보고 반드시 그 시를 알지는 못할지라도, 그 시를 아는 사람은 반드시 그 사람을 알 것이다. 시는 공에게 있어서 삶과 같은 것이었으니, 곽씨의 소위 신선이란 것이 아니겠는가?

余幼小時, 聞宗叔幼淸氏弱冠爲文章, 居堤川, 名動京師, 願見焉. 日, 公成進士, 玉貌靑衫過余家, 見其神骨翛然, 若不躡地, 日照之, 若徹其皮裏, 與之語, 藹藹若芳蘭也. 後四五年, 公來京師對策, 不得意, 歸鞭過之, 昔之娟者, 若少萎焉, 精神益淸也. 余再見未饜也, 後數年公歿, 有如祥鸞瑞鳳, 暫襲於人間, 不可以久留, 雖日玩之, 尙不知饜, 况一再見乎? 吁, 其可恨也.

公之詩多流傳者, 余誦之久矣, 後見其全集, 甚矣, 其詩之似其人也, 若將復見之也. 盖人受天地之氣以生, 得其淸者爲英, 得其濁者爲凡. 詩出於人, 其淸濁亦如之, 不可强以爲也. 堤有名醫郭氏, 與公相善也, 不能起公病, 歎曰, "此人仙也, 其歸也, 不可以醫." 郭氏醫也, 不解詩, 故只見其人而仙之也.

前輩有評公文章者曰, "文漢詩唐." 公之文與詩, 各開堂奧, 工夫俱到, 而先以詩驚動一世, 故文若爲之少揜焉. 公之詩飄逸閑雅, 如出唐人者甚多. 然非學而然也, 自有詩律以來, 惟唐最淸, 故氣與之相近也.

嘗觀唐之詩人皆窮, 其達者僅僅而有, 宋明至今, 文章士多達而少窮, 豈唐後之詩, 不足以窮人, 而能窮人者, 公之詩耶.

公之歿二十餘年, 文章不能行于世, 公之甥李君益炡悲之, 屬余刪正以入梓. 噫, 公旣不達而夭, 不能著見于世, 只以文章垂後, 吾恐後世之失其人, 如郭氏之失其詩也. 然氣之淸者爲公, 公之淸者爲聲, 聲之淸者爲詩, 見其人, 未必得其詩, 得其詩

362) 刪定은 刪修와 같은 말로 글의 글자・구절을 깎고 다듬어서 정리함이다.
363) 入梓는 上梓와 같은 말로 書冊을 간행함이다.

者, 必得其人. 詩在公如生也, 郭所謂仙者非耶?

13. 백하[364]서축[365]발
白下書軸跋

"매실은 신맛에 그치지만 맛은 신맛 밖에 있고, 소금은 짠맛에 그치지만 맛은 짠 만 밖에 있다."[366] 이는 사공씨[367]의 시에 대한 평론이지만, 나는 서법에 대해서도 이렇게 이른다. 우리나라 사람의 글자의 형체는 산가지가 아

---

364) 白下는 조선 후기의 문신 尹淳(1680~1741)의 호로 본관은 海平, 자는 仲和, 다른 호는 鶴陰, 좌의정 斗壽의 5대손, 鄭齊斗의 문인이다. 증광문과에 등제하여 부수찬에 등용되었고, 사은사의 서장관으로 청나라에 다녀왔다. 영조 3년에 이조참판으로 대제학을 겸임하고, 李麟佐의 난 때에는 監護諸軍使를 지냈으며, 공조판서 · 예조판서 등을 거쳐 관찰사로 평안도 관내를 순찰하다가 객사하였다. 시문 · 서화에 다 능하였고, 특히 조선 후기를 대표할 만한 글씨의 대가로 歷代書法을 두루 익혀 조선적 서풍을 일으켰으며, 문하에서 李匡師가 배출되었다. 세속적 외형미를 배제한 蒼勁拔俗한 서법을 주장하였고, 王羲之 · 米芾의 영향을 크게 받았다거나 文徵明을 원류로 하였다고 지적되었다. 남긴 비갈로는 江華의 高麗山積石寺碑, 長湍의 參贊尹順之表, 楊州의 豐陵趙文命表, 廣州의 李判書玄錫碑, 領相洪瑞鳳碑, 左相李台佐表 등이 있고, 『白下集』을 남겼다.

365) 書軸은 잘 쓴 글씨를 모아 놓은 두루마리인데, 여기에서는 趙龜命의 <題白下書帖>(『東谿集』 권6)으로 보아 書帖을 가리킨 듯하다. 尹淳의 書帖으로는 필사본 『白下墨妙帖』이 전해진다.

366) 이 구절은 蘇軾의 <書黃子思詩集後>에 인용된 司空圖의 『二十四詩品』에 나오는 글인 "매실은 신 맛에 그치고, 소금은 짠 맛에 그칠 뿐이지만, 음식에 소금과 매실이 없어서는 안 되지만, 그 맛은 언제나 짜고 신 맛의 밖에 있다.(止於酸, 鹽止於鹹, 飮食不可無鹽梅, 而其味常在鹹酸之外.)"라는 글을 변용한 것이다.

367) 司空氏는 唐末의 시인 · 시론가인 司空圖(827~908)를 가리키는데, 자는 表聖, 山西省 永濟人이다. 懿宗 때 진사시의 급제하여 禮部郞中 · 中書舍人을 지낸 뒤 관직을 떠나 은거하며 시문의 창작에 힘썼다. 그가 지은 『二十四詩品』은 '雄渾'에서 '流動'에 이르는 24종의 시의 品格을 4언시를 통해 비유적으로 규정한 시론서로서, 시의 심미적 특질을 중시했던 皎然의 시론을 계승하여 味를 시의 중심적 요건으로 내세운 것이다. 이런 시론은 南宋의 嚴羽와 淸의 王士禎 등의 神韻派의 시론뿐만 아니라, 畵論 · 書論에 커다란 영향을 주었다. 이 밖에 <與王駕評詩書> · <與李生論詩書> 등의 시론과 시문집 『司空表聖文集』 10권을 남겼다.

니면 판대기여서, 옛날의 이른바 안개가 자욱하고 이슬이 맺히며 놀이 퍼지고 구름이 말리는 것과 같이, 모양이 끊어질 듯하다가 다시 이어지고, 형세가 기울어질 듯하다가 다시 반듯해져서, 기이한 모습과 빼어난 형태가 분방하게 말과 뜻의 밖에서 생기는 것을 얻어볼 수 없음을 감상하는 이들이 유감스럽게 여긴다. 홀로 백하의 글씨만이 단번에 동방의 서체의 누습을 씻었으니, 진(晉)나라와 당(唐)나라의 이름난 각자(刻字)와 섞어놓더라도 아마 분별할 이가 드물 것이다. 그가 점을 찍고 획을 끌어서 글씨를 이룸은 옛 사람의 겉모습[368] 안에서 그대로 따르지[369] 않고, 그 정신을 생각의 밖에서 전한 것이니, 내가 백하의 글씨를 좋아하는 것은 이 때문이다. 그러나 그것을 귀중하게 여기는 바는 다만 서가(書家)의 말 밖의 풍취에 그칠 따름이 아니라, 또한 풍취 밖의 풍취가 있어서, 그 글씨에 소쇄하게[370] 연하(煙(霞)의 기운[371])이 있기 때문이다. 정군경(鄭君敬) 또한 백하의 글씨를 아끼는 분인지라, 백하가 기뻐하여 군경을 위하여 글씨를 써 주었으니, 세상의 속인들이 아주 좋아하는[372] 여마(輿馬)[373] · 복완(服玩)[374] · 분대(粉黛)[375] · 사죽(絲竹)[376] · 규호(叫梟)[377] · 우로(盱盧)[378] · 견황(牽黃)[379] · 비창(臂蒼)[380]이라는 것은 모두 외물의 안에

368) 驪黃(이황)은 驪黃牝牡의 준말로 흑마와 황마의 암수이며, 사물의 본질이 아닌 표면적인 현상을 비유한다.
369) 柒柒(漆漆)은 공경하고 근신하는 모양이다.
370) 瀟灑는 맑고 서늘함, 시원스럽고 얽매임이 없음이다.
371) 煙霞之氣는 산수의 맑은 기운이다.
372) 嗜好는 특별히 좋아함이다.
373) 輿馬는 車馬와 같은 말로 수레와 말이다.
374) 服玩은 服飾과 愛玩으로 衣服 · 佩物 · 器物 등의 애완물을 가리킨다.
375) 粉黛는 얼굴에 바르는 脂粉과 눈썹을 그리는 먹으로 化粧 · 미인을 비유한다.
376) 絲竹은 현악기와 관악기로 악기 · 음악을 비유한다.
377) 叫梟는 옛날 중국의 賭博에서 가장 좋은 채인 梟가 나왔을 때 기뻐서 외침으로 노름에 이겨서 좋아함을 비유한다.
378) 盱盧는 樗蒲놀이에서 다섯 개의 면이 모두 검게 나오는 盧가 나오기를 눈을 부릅뜨고 봄인데, 그 때 환호하며 좋아함을 呼盧라고 한다.
379) 犬黃은 牽黃犬의 준말로 누런 사냥개를 끌고 사냥을 나감인데, 『史記』 <李斯傳>에 秦의 승상 이사가 사형당하려고 출옥할 때 아들에게 "내가 너와 함께 다시 누렁개를 끌고 上蔡의 동문으로 나가서 토끼를 잡고자 하였더니, 어찌 이룰 수 있겠느냐?"라고 하

서 골몰하는[381] 것이지만, 유독 글씨를 좋아하는 사람만이 풍취를 말의 밖에 둔다. 내가 군경과 하루의 서회(敍會)[382]도 없지만, 기쁘게 그 서축에 제사를 씀은 그의 풍취가 말의 밖에 있음을 알기 때문이다.

"梅止於酸而味在於酸之外, 塩止於鹹而味在於鹹之外." 此司空氏詩評, 而余於書法亦云. 東人字體, 非筭則板, 古所謂煙霏露結霞舒雲卷, 狀若斷而還連, 勢如斜而復整, 奇姿逸態, 橫生於言意之外者, 不可得而見也, 賞鑑家憾焉. 獨白下書, 一洗東體, 雜之晉唐名刻, 尠或辨之. 而其點曳裁成, 不硃硃於古人驪黃之內, 傳其神於意表, 余愛白下書以此. 然其所重, 不亶書家言外之趣而已, 又有趣外之趣, 以其書瀟灑有煙霞氣也. 鄭君敬亦愛白下書者, 白下喜爲君敬書, 世俗嗜好如輿馬服玩, 粉黛絲竹, 叫梟盱盧, 牽黃臂蒼者, 皆汩乎物之內, 獨嗜書者, 趣在言外. 余與君敬無一日之叙, 而喜爲之題其軸者, 得其趣於言外也. 叫梟盱盧揶.

14. 척사이창발
摭史俚唱[383]跋[384]

시와 역사는 도리가 하나로 통하는 것이니, 역사는 착함을 권면하고 악함을 징계하며, 시 또한 착함을 권면하고 악함을 징계한다. 시가 없어지자 『춘추(春秋)』가 지어진[385] 지 오래 되고 나서, 후세에 그 본보기를 얻은 것은 두보(杜甫)의 시사(詩史)[386]이니, 이는 시를 짓는 이의 사남(司南)[387]이다. 사가

였다는 글에서 유래한다.

380) 臂蒼은 臂蒼鷹의 준말로 사냥에 쓰는 매를 팔이나 어깨에 올려놓음이다.

381) 汩沒은 어떤 대상에 깊이 빠짐이다.

382) 敍會는 만나서 말을 나눔이다.

383) 摭史俚唱은 사적에서 가려뽑아 우리말로 노래함이다.

384) 『藥山漫稿』 권16에 실려 있다.

385) 이 구절은 『孟子』 「離婁 下」의 "왕자의 자취가 없어지니 시가 없어졌고, 시가 없어진 뒤에 『춘추』가 지어졌다.(王者之迹熄而詩亡, 詩亡然後春秋作.)"라는 구절을 인용한 것이다.

(史家)에게는 관직이 있지만 시인에게는 관직이 없으니, 관직이 없으면서도 역사책을 짓는 일은 성현이 아니고서는 할 수 없다. 시라는 것은 이항(里巷)의 아낙네와 어린아이도 지을 수 있으니, 이항의 구요(謳謠)는 모두 역사라 할 수 있다. 그러니 하물며 견문이 척당(倜儻)한[388] 선비가 난대(蘭臺)[389]의 세 치의 붓을 빌릴 수 없어서, 이미 그 재주를 쓸 곳이 없음을 답답하게 여기다가, 고금을 굽어보고 쳐다보면서 사물의 옳고 그름에 모두 느낌이 생긴 것이 많아져서, 마침내 운율(韻律)을 지닌 역사 속에서 노닐면서, 그 무료함을 펼치는 것이 어찌 해서는 안 될 일이랴?

『척사이창』이라는 것은 수성(隨城)[390]의 조일사(趙逸士)[391]가 지은 책이다. 일사는 시문을 잘 짓는 데다 특히 가행(歌行)[392]과 장편에 뛰어난데, 만년에 시사를 귀의처로 삼아서 사실(史實)에서 가려뽑아 제목을 삼음이 이서애(李西厓)[393]와 비슷하지만, 오로지 우리나라의 사적만을 채용하였다. 아, 우리나라 사람들의 귀가 중국에 의지한 지 오래 되었으니, 이 책에서 동국의 악부를 만들어낸 것은 특히 기묘하다. 동국에 소인인 이기(李芑)[394]라는 자가 있었는데,

---

386) 詩史는 시로 기술한 歷史인데, 『舊唐書』 <杜甫傳>에서는 "杜甫는 時事를 잘 진술하여 愷切精深하였으니, 천언만어에 이르러도 말이 조금도 쇠약해지지 않았으므로 시사라고 일컬어진다.(甫善陳時事, 愷切精深, 至千言萬語, 言不少衰, 號稱詩史.)"라 하였고, 南宋 魏慶之의 『詩人玉屑』에서도 "충분의 감격과 현인을 좋아하고 악인을 미워함이 한결같이 시에 나타나서, 그 시를 읽으면 그 시대를 알 수 있기에, 학사대부들이 시사라고 일컫는다.(忠憤感激, 好賢惡惡, 一見於詩, 讀之可以知世, 學士大夫謂之詩史.)"라고 하였다.

387) 司南은 司南車의 준말로 남쪽을 가리키는 기계를 설치한 수레인데, 사물의 준칙이나 정확한 指導를 비유한다.

388) 倜儻은 뜻이 크고 기개가 있음, 호방하고 기개가 있어서 얽매이지 않음이다.

389) 蘭臺는 漢代의 궁중의 藏書室, 또는 唐代의 秘書省인데, 여기에서는 史館을 비유한다.

390) 隨城은 경기도 水原의 별칭이다.

391) 逸士는 고결하고 빼어난 선비, 또는 벼슬하지 않고 은거하는 선비이다.

392) 歌行은 고대의 樂府詩體의 하나로 후대에는 악부에서 발전한 고시에도 적용되었는데, 句數·字數·押韻 등 형식적 제약이 비교적 약하였다.

393) 西厓는 중국 明代의 문인 李東陽(1447~1512)의 호로 자는 賓之, 湖南省 茶陵人이다. 평생 동안 관직에 나가지 않고 학문·문사에 힘썼고, 홀로 盛唐風을 추구하여 명대 의고파의 선구적 존재가 되었다. 『懷德堂集』·『懷德堂詩話』를 남겼고, 「古樂府」 100수가 유명하다.

늘 말하기를 "동국의 『통감(通鑑)』[395]을 누가 읽는 이가 있으랴?"라고 하였다. 소인이 역사를 두려워함이 이와 같았으니, 소인으로 하여금 거리낌이 없게 하고, 우리나라 사람으로 하여금 우리나라의 사적을 익히지 않게 함이 지나치다. 우리나라 사서는 문장이 거칠어서[396] 사람으로 하여금 보기 싫어하게 하거늘, 지금 훌륭한 시로 바꾸어 놓았으니, 감상할 사람이 반드시 많아서 이기와 같은 자도 아마 곧 두려움을 알게 될 것이다. 아, 이 책은 바로 동국의 중요한 전적인지라, 세인들이 바람·구름·달·이슬·벌레·물고기와 같은 사물을 읊은 것과 똑같이 보지 못할 것이다.

詩與史道通爲一, 史勸懲, 詩亦勸懲. 詩亡而春秋作尙矣, 後世之得其例者, 有杜甫詩史, 此作詩者之司南也. 史有官詩無官, 無官而作史, 非聖賢不可. 若詩者, 里巷婧孺皆可作, 里謳巷謠, 皆可以史也. 而況博聞倜儻之士, 不能借蘭臺三寸之管, 旣欝欝無所用其才, 俯仰今古, 多事物是非相感發, 遂乃遊戱於有韻之史, 以抒其無聊, 顧何不可?

撫史俚唱者, 隋城趙逸士之作也. 逸士工詩文, 尤長於歌行長篇, 晩以詩史爲歸, 撫實命題, 類李西崖, 而專用東事. 噫, 東之人耳食於中國久矣, 玆編之創製東樂府爲尤奇. 東有小人李芑者恒言曰, "東國通鑑, 誰讀之者?" 小人之畏史如此, 使小人無忌憚者, 東人不習東事之過也. 東史文章魯莽, 令人猒看, 今以好詩易之, 賞鑑者必衆, 如芑者庶將知懼矣. 嗚呼, 玆編也其東國之要典乎, 世不可與風雲月露虫魚物

394) 李芑(1476~1552)는 조선 중기의 문신으로 본관은 德水, 자는 文仲, 호는 敬敬齋이다. 연산군 때 식년문과에 등제하여 병마절도사를 거쳐, 正朝使로 명나라에 다녀왔다. 金安老의 탄핵으로 유배되었다가 풀려나서 예조참판을 거쳐 都元帥가 되어 야인의 침범을 막았다. 명종 즉위년에 우의정에 오르고, 을사사화 때 小尹 尹元衡과 손잡고 大尹을 몰아냈다. 保翼功臣으로 豊城府院君에 봉해지고, 좌의정을 거쳐 영의정에 올랐다가 병사했으며, 선조 초에 훈작이 삭탈되었다.

395) 『通鑑』은 北宋末 사람인 江贄가 엮은 『通鑑節要』의 준말로 司馬光이 편찬한 『資治通鑑』을 요약한 책이며, 옛날 초학자들이 역사공부의 교재로 사용되었는데, 여기에서는 史書를 대유한다.

396) 魯莽은 거칢이다.

類之詠同視之也.

15. 변란[397]시의 기사 變亂時記事[398]

무신년 2월에 홍문관(弘文館)[399] 수찬(修撰)[400]에 제배되어 처음으로 법연(法筵)[401]에 올라갔더니 주상께서 유시(諭示)하여[402] 말씀하시기를, "하번(下番)[403]이 춘방(春坊)[404]에 있을 때부터 내가 이미 문학(文學)[405]에 정명(精明)함[406]을 알았다."라고 하였다. 삼월에 승진하여 부교리(副校理)[407]에 제배되어 야대(夜對)한[408] 때에 조용히 진언하기를, "신은 어리석사오나[409] 전에 동룡관(銅龍館)[410]에서 시측하면서 전하를 뵐 때마다 개연(慨然)히[411] '순(舜)[412]

---

397) 變亂은 전쟁, 폭동 등에 의하여 일어난 혼란인데, 여기에서는 영조 4년(1728)에 李麟佐 등 소론일파가 일으킨 이른바 戊申亂, 또는 李麟佐의 亂으로 불린 반란을 가리킨다.
398) 『藥山漫稿』 권11 「雜著」에 실려 있는데, 원전에 5條로 분단되어 있으므로, 여기에서도 이를 따른다.
399) 弘文館은 조선시대에 궁중의 經書·史籍의 관리, 文翰의 처리 및 왕의 자문에 응하는 일을 맡아보던 관청으로 玉堂·玉署·瀛閣이라고도 하였고, 司憲府·司諫院과 더불어 言論三司로 일컬어졌으며, 淸要職의 상징으로 정승·판서 등 고관들이 으레 거치던 부서이다.
400) 修撰은 홍문관의 정6품 관직으로 정원은 2명이었다.
401) 法筵은 法度나 常規에 따라 차린 筵(宴)席이다.
402) 諭示는 윗사람이 아랫사람에게 지시함이다.
403) 下番은 交代勤務를 마치고 나온 사람, 또는 순번이 아래인 사람이다.
404) 春坊은 조선시대 世子侍講院의 별칭이다.
405) 文學은 문장과 학문이다.
406) 精明은 精通함이다.
407) 副校理는 홍문관의 종5품 관직으로 정원은 2명이었으며, 經筵侍讀官·春秋館記注官·知製敎를 겸하였다.
408) 夜對는 숙직하는 신하가 임금의 諮問에 대답함이다.
409) 無似는 賢人을 닮지 못한 못나고 어리석은 사람이라는 뜻으로, 자신을 낮추어 가리키는 말이다.
410) 銅龍館은 銅龍을 장식한 집으로 太子宮·世子宮을 가리킨다.
411) 慨然은 대범하고 시원스러운 모습이다.

은 어떤 사람이고 나는 어떤 사람인가' 하는 뜻이 있으시기에, 신은 기쁨을 스스로 이기지 못하여, 돌아가서 부모·형제·친척·교유(交游)에게 말하였습니다. 전하께서 즉위하신[413] 이래로 요[414]·순의 다스림을 보기를 바랐사옵니다마는, 앞뒤 4년 동안 전하께서 정사(政事)를 처결하심[415]이 요·순에 미치지 못함은 말할 것도 없고, 아래로 한(漢)나라와 당(唐)나라의 철벽(哲辟)[416]과 견주더라도 또한 미치지 못함이 있으시기에, 신은 몰래 전하의 요·순의 자질을 한탄하였습니다. 그러나 신과 같은 하찮은 학식[417]을 지닌 자가 강연(講筵)에서 함부로 우(竽)[418]를 잡고 보도(輔導)[419]를 잘하지 못하였기에 그렇게 된 것입니다."라고 하였다. 주상께서 얼굴빛이 변하면서[420] 말씀하시기를, "주연(胄筵)[421]에서 권면하여 강설할 때에 유신(儒臣)[422]이 나에게 바란 것이 어찌 오늘과 같을 줄을 알았겠는가? 나의 학문의 역량[423]이 단단하지 못하여 유신의 바람을 채우지 못하였으니, 부끄럽고 한탄스러움이 많소."라

---

412) 舜은 중국 고대의 신화적 임금으로 성은 姚, 이름은 重華이다. 有虞氏 부락의 추장이었으므로 虞舜이라고 한다. 堯에게서 禪讓받아 善治했으며, 堯와 함께 유가의 이상적 聖君으로 추앙된다.

413) 踐阼는 사당 앞의 두 계단 중에서 위에 있는 주인의 자리인 동쪽의 계단 阼階를 밟고 올라간다는 뜻으로 임금이 즉위함을 비유한다.

414) 堯는 중국 고대의 神話的 임금으로 이름은 放勛이며, 黃帝의 후예인 陶唐氏 부락의 추장이므로 唐堯라고도 한다. 어진 정치를 펴서 전쟁을 없애고 태평한 사회를 만듦으로써 임금으로 추대받았고, 왕위를 신하인 舜에게 禪讓하였다.

415) 施爲는 처리함, 실행함이다.

416) 哲辟은 明哲한 임금이다.

417) 蔑學은 대수롭지 않은 학식·학문이다.

418) 濫竽는 함부로 竽를 연주함으로『韓非子』「內儲說 上」의 다음 고사에서 유래하여, 재주·학문이 없는 사람을 비유한다. 전국시대 齊나라의 宣王이 竽의 합주를 듣기를 좋아하자 연주단을 300명으로 구성하였기에 연주에 서툰 南郭處士도 그 틈에 끼어 잘 지냈으나, 우의 독주를 듣기를 좋아한 湣王이 즉위하여 한 사람씩 연주하게 되자 처사가 도망가고 말았다.

419) 輔導는 도와서 이끎이다.

420) 動容은 감동하는 표정이다.

421) 胄筵은 書筵의 별칭이다.

422) 儒臣은 儒學에 造詣가 깊은 신하이다.

423) 學力은 학문의 조예·수준이다.

고 하셨다. 신이 말하기를 "전하의 이러한 일념이 곧 요·순으로 들어가는 문이니, 전하께서는 지금을 맨 처음[424]과 같이 보시고, 크게 분발하고 크게 애쓰셔서[425] 요·순을 스스로 기대하신다면, 어찌 미치지 못할 것을 걱정하겠습니까?"라고 하였다. 주상께서 말씀하시기를, "그 말이 좋으니, 절실하게 유념하지[426] 않을 수 있겠는가?"라 하였다.

戊申二月, 拜弘文館修撰, 初登法筵, 上諭之曰, "下番自春坊時, 予已知文義精明矣." 三月, 陞拜副校理, 夜對時從容進曰, "臣以無似, 昔侍銅龍, 每見殿下慨然有舜何人予何人之意, 臣喜不自勝, 歸語父母兄弟親戚交游. 及殿下卽祚以來, 庶幾見堯舜之治, 而前後四年之間, 殿下之政事施爲, 毋論不及於堯舜, 下比於漢唐哲辟, 亦有不及者, 臣竊痛殿下堯舜之資也. 而如臣蔑學者, 濫竽講筵, 不能輔導而然也." 上動容曰, "胄筵勸講之時, 儒臣之望於予者, 豈知如今日乎? 予學力未固, 前後施措, 不能塞儒臣之望, 愧歎多矣." 臣曰, "殿下此一念, 卽堯舜之門也, 殿下視今日如一初, 大奮發大作爲, 以堯舜自期, 則何憂不及也." 上曰, "其言好矣, 可不體念焉."

3월 열나흗날에 옥당에서 숙직하다가, 봉조하(奉朝賀)[427] 최규서(崔奎瑞)[428] 공이 용인(龍仁)[429]으로부터 급히 달려 경사(京師)에 들어와서 상변(上變)하였다[430]는 말을 들었다. 그때에 나는 이미 예니레 동안 숙직하느라고[431]

424) 一初는 맨 처음이다.

425) 作爲는 힘을 다함이다.

426) 體念은 절실하게 유념함이다.

427) 奉朝賀는 조선시대의 전직 고급관료를 대우하던 일종의 勳號로 職事는 없이 정해진 하례식에만 참여하면 품계에 따라 소정의 녹봉이 지급되던 자리였다.

428) 崔奎瑞(1650~1735)는 조선 후기의 문신으로 본관은 海州, 자는 文叔, 호는 艮齋, 三唐詩人 慶昌의 현손, 현감 碩儒의 아들이다. 1680년 별시문과에 병과로 급제하여, 대사간이 되어 장희빈의 왕비 책봉에 반대했고, 1721년에 소론의 영수로서 우의정이 되어, 노론 4대신들의 건의로 실시된 세제의 대리청정을 철회시켰다. 1728년에 李麟佐 등이 密豊君 坦을 추대하여 일으킨 반란의 정보를 조정에 알림으로써 진압에 일조하였다.

429) 龍仁은 지금의 경기도 龍仁市에 두었던 郡이다.

바깥의 일을 듣지 못하였는데, 숙직을 교대하고 집으로 돌아가서야 비로소 마을이 온통 비었음을 알고 물어 보았더니, 수삼일 전부터 포대기 등속을 지고 들고 늙은이를 부축하고 어린아이를 이끌고서 끊임없이[432] 떠났다고 하기에, 드디어 크게 놀라 말하기를, "봉조하께서 들어온 것이 인심을 놀라게[433] 한 것은 괴상하게 여길 게 없지만, 지금은 그렇지 않다. 상변하기 사흘 전에 사람들이 모두 피란하였으니, 이에는 반드시 그렇게 된 까닭이 있을 것이다. 봉조하의 상변은 조짐이 들어맞음[434]과 다름이 없다고[435] 여기기에 더욱 족하다."라고 하였다. 이날 밤에는 사벽(四壁)을 돌며 방황하면서 잠들지 못하였다. 이튿날 아침에 사람을 시켜 금중(禁中)[436]에 가서 물어 보게 하였더니, 국청(鞫廳)[437]을 설치하지도 않고 방비하는 군사를 두지도 않은 채 위아래가 평안하더라고[438] 하기에, 마침내 탄식하여 말하기를, "백년 동안의 승평(昇平)[439]으로 인심이 편안함에 익숙해져서[440] 이와 같은 일이 있게 되었다."라 하였다. 실록청(實錄廳)[441]에 나아가 여러 재상의 지시와 계획[442]을 살피고자 하다가, 길에서 홍대이(洪大而)[443]를 만나서 말하였다. "오늘의 변고는 있는

---

430) 上變은 모반 따위의 變故를 조정에 보고함이다.
431) 持被는 持被入直의 준말로 이불을 가지고 官署에 들어가서 숙직함이다.
432) 絡繹은 끊임없이 이어짐, 왕래가 끊이지 않음이다.
433) 驚動은 놀라게 함, 마음을 뒤흔듦이다.
434) 符驗은 증거, 또는 조짐이 들어맞음이다.
435) 不差는 어긋나지 않음, 차이가 없음이다.
436) 禁中은 궁중·대궐이다.
437) 鞫廳은 조선시대에 왕명에 의하여 謀叛·大逆 등 국가적인 重罪人을 심문·재판하기 위하여 임시로 설치하던 기구나 장소이다.
438) 晏如는 晏然과 같은 말로 평안함, 안정됨이다.
439) 昇平은 太平이다.
440) 狃安은 편안함에 익숙함이다.
441) 實錄廳은 조선시대에 실록을 편찬하기 위하여 임시로 설치되던 관청이다.
442) 指畫(劃)은 지시와 계획·책략이다.
443) 大而는 조선 후기의 문신 洪景輔(1692~1745)의 자로 본관은 豊山, 호는 蒼匡, 重夏의 아들이다. 1723년 증광문과에 병과로 급제하여 정언·부수찬을 거쳐, 대사간·온성부사·우승지가 되었다. 전라도관찰사를 거쳐 冬至副使로 청나라에 다녀와서 대사헌으로 있을 때 인재등용에 무능한 대신들을 강하게 비판하였다. 병조참판·대사헌·경기감사를 역임한 뒤 대사간을 지냈고, 시호는 忠獻이다.

듯하기도 하고 없는 듯하기도[444] 하지만, 나는 그 뿌리[445]가 작지 않다고 여깁니다. 지난해 겨울부터 인심이 어지러워서[446] 한밤중에 물건을 지고 떠난[447] 일이 여러 번 있었습니다. 지금은 온 도성[448] 사람들이 피란하자 봉조하의 상변이 또한 마침 이르렀지만, 봉조하가 속세를 하직한[449] 사람이라서 반드시 확실한[450] 것을 발고(發告)한 것이 아니라고 여기니, 조가(朝家)[451]가 어찌 이리[452] 한가롭습니까?[453] 나는 소장(疏章)을 올리고자[454] 하면 소를 올리기 위하여 글을 마련하고, 청대(請對)하고자[455] 하면 청대하여 매우 장황하게 말할 수 있지만, 나와 그대가 합사(合辭)하여[456] 남상(南床)[457] 이자고(李子固)[458]에게 말하여, 자고로 하여금 우리의 뜻을 대신께 말하게 함이 좋겠습니다. 나라의 안위는 대신에 달렸으니, 만약 묘당(廟堂)[459]이 잘 처리한다면, 우리들이 어찌 꼭 혀를 놀릴 게 있겠습니까?"라고 하였다. 곧 절간(折簡)[460]

---

444) 若存若亡은 있는 것 같기도 하고 없는 것 같기도 함으로 헤아리기 어려움을 비유한다.
445) 根柢(底)는 초목의 뿌리로 사물의 바탕·기초를 비유한다.
446) 騷屑은 어지러움, 또는 어지럽힘이다.
447) 荷擔은 어깨에 물건을 멤으로 避亂함을 비유한다.
448) 傾城은 온 城 안이다.
449) 謝世는 세상을 떠남으로 은퇴, 또는 죽음을 비유한다.
450) 眞的은 확실함, 분명함이다.
451) 朝家는 國家·朝廷이다.
452) 一何는 '어찌 그리, 그 얼마나'이다.
453) 泄泄(예예)는 느슨함, 또는 한가하고 자유로운 모양이다.
454) 陳疏(疏)는 上疏이다.
455) 請對는 신하가 임금께 奏對하기를 청함이다.
456) 合辭는 함께 말함이다.
457) 南床은 홍문관의 정9품직인 正字의 별칭이다.
458) 子固는 조선 후기의 문신 李宗城(1692~1759)의 자로 본관은 慶州, 호는 梧川, 좌의정 台佐의 아들이다. 등제하여 경상도 암행어사로 민폐를 일소시켰고, 수찬·교리·승지·대사간 등을 거쳐 부제학이 되어 良役의 폐를 상소했다. 탕평책에 반대하여 파직되었다가 재기용되어 관찰사를 거쳐 이조판서가 되고, 예조판서·대사헌을 역임한 뒤 좌의정에 이어 영의정에 올랐으나, 세자 처벌에 적극적이었던 金尙魯 등의 간계로 사직했다가, 영중추부사가 되어 莊獻世子를 잘 보살폈다. 莊祖의 묘정에 배향되고, 『오천집』을 남겼으며, 시호는 文忠이다.
459) 廟堂은 궁전의 외곽 건물과 太廟로 朝廷을 비유한다.
460) 折簡은 반쪽의 竹簡에 쓴 書信으로 간략하거나 예를 갖추지 않은 서신을 가리킨다.

으로 이자고를 부르니, 자고가 실록청에서 모일 것을 약속하였다. 드디어 대이와 나란히 사국(史局)461)에 나아가서 자고에게 아까 말하였던 것과 같이 일렀더니, 자고가 웃으면서 말하였다. "어찌하여 놀라게 하십니까? 이것은 양역(良役)462)을 도피한 자들을 조금 불러모아 일어난463) 일에 지나지 않을 뿐이거늘, 어찌 염려할 게 있겠습니까?" 내가 말하기를, "나는 도적을 근심하는 게 아니라, 조가에서 방어를 대비하지 않는 것이 크게 근심할 만하다고 여깁니다. 그대는 소민(小民)464)이 벌인 일이라고 말하지만, 사변(事變)465)이 소민에게서 나올지, 사대부에게서 나올지 또한 어찌 미리 알 수 있겠습니까? 또 우리나라의 소민들은 지극히 어리석어서, 마침내 스스로 일어나서 일을 일으키지 못합니다. 역변(逆變)466)이 없으면 그만이지만, 만약 있다면 반드시 사대부 가운데 선동한 자가 있었을 것입니다. 또 지난날467)에 한 편468)에서 역변을 일으켰는데, 저들이 단지 사대부가 아니었습니까?"라고 하였다. 자고가 말하기를 "그렇다면 오늘의 역변이 혹시 전에 역변을 일으킨 편에서 나온 것으로 추측하십니까?"469)라고 하였다. 내가 말하기를 "역변이 있으면, 반드시 어느 한 편을 의심하는 것은 그것 또한 당론(黨論)470)입니다. 세도(世道)가 무너지면471) 인심이 점차 나빠지고,472) 처지가 뒤바뀌어 형세가 궁곤해지면, 감히 다른 의도473)를 품게 마련입니다. 향래에 한 편이 범간(犯干)한 것은 다만

---

461) 史局은 史官이 史草를 작성하던 곳이다.
462) 良役은 조선시대에 16세부터 60세까지의 양인장정이 지는 徭賦·軍役 등의 國役인데, 임진왜란 이후에는 보통 군역을 가리킨다.
463) 嘯聚는 불러모아 일어남으로 떼를 지어 도적이 됨을 비유한다.
464) 小民은 일반백성, 庶民이다.
465) 事變은 天災·暴動 등의 큰 변고이다.
466) 逆變은 叛亂이다.
467) 向來는 從來·접때·지난번이다.
468) 一邊은 한 편, 한 부분이다.
469) 臆料는 짐작함이다.
470) 黨論은 朋黨 사이의 논쟁이다.
471) 斁敗는 무너짐, 파괴됨이다.
472) 陷溺은 차차 나쁘게 물듦이다.
473) 異圖는 다른 意圖로 반역을 도모하려는 의도를 가리킨다.

그들이 처한 바 때문에 그러하였을 뿐입니다. 시세(時勢)[474]와 지위(地位)[475]가 국면마다 모습이 다르거늘, 역적이 생겨남에 어찌 방향과 처소가 있겠습니까? 지금의 역변은 그 동서남북을 예측할 수 없는 점이 있지만, 다만 마땅히 엄중하고 조심스럽게 방비하면서, 그 변화를 관찰해야 합니다. 대비가 있으면 변고가 없을지라도 참으로 해로움이 없을 텐데, 만약 도적이 대비가 없는 가운데 나온다면 어찌하겠습니까? 또 연화(筵話)[476]를 듣자니 진정(鎭靜)[477]에 힘쓰기로 하였다는데, 대체로 이른바 진정이라는 것은 안으로는 조치함[478]이 있고 밖으로는 안정시킴[479]을 보여 줌으로써, 화난을 없애고 인심을 편안하게 하는 것입니다. 지금은 그렇지 아니하여, 조치함이 없이 진정시키고자 하니, 이는 편안함을 탐함이지[480] 진정시키는 것이 아닙니다. 그대는 어찌하여 영상(領相)[481]께 아뢰어 방비할 계책을 세우게 하지 않습니까?"라고 하였다. 영상께서 마침 실록청에 계시기에, 자고가 듣기를 마치고 대신께 갔다. 나와 대이는 함께 말을 타고 돌아가고자 하면서, 아직 문을 나가지 않고 있었는데, 대신께서 급히 사람을 보내어 서로 만나자고 하시기에, 마침내 대이와 더불어 함께 갔다. 대신께서 말씀하시기를, "잠깐 조카[482]의 말을 들으니 옥당이 근심함이 깊다는데, 혹시 들은 것이 있어서 그러한가?" 하셨다. 내가 말하기를 "만약 따로 들은 바가 있었다면, 마땅히 서둘러 청대할 것이지, 어찌 동료[483]에 의지하여 대신께 옮겨 알려[484] 드리고, 대신께 의지하여

474) 時勢는 시절의 추이, 시국의 형편이다.
475) 地位는 처지와 위치이다.
476) 筵話는 經筵에서 오간 말 · 이야기이다.
477) 鎭靜은 안정시킴이다.
478) 設施는 施設과 같은 말로 처리함 · 조치함 · 실행함이다.
479) 鎭物은 뭇 사람을 안정시킴 · 진정시킴이다.
480) 狃安은 편안함을 탐함이다.
481) 領議政은 의정부의 우두머리 관직이자 조선시대 최고의 중앙관직으로 정1품직인데, 여기에서는 李光佐를 가리킨다.
482) 李宗城이 영상의 재종형인 李台佐의 아들이기 때문에 한 말이다.
483) 僚席은 同僚이다.
484) 轉達은 말을 옮겨서 알림이다.

주상께 옮겨 알려 드리겠습니까? 다만 묘모(廟謨)[485]가 어쩌면 편안함을 탐함에 가까워서 방비함이 잘못을 범하도록[486] 크게 놓치고 있기에, 대략 어리석은 의견을 말하였을 뿐입니다."라고 하였다. 대신께서 "옥당이 이미 소견을 지니고 있다면, 어찌 청대하지 않음이 옳겠는가? 내가 마침 청대하고자 하니, 두 옥당도 함께 들어가는 게 좋겠네."라고 하셨다. 내가 말하기를 "아직도[487] 국청을 설치하지 않아서 일의 기틀이 매우 다급하므로, 옥당의 모든 관원이 한꺼번에 청대하는 것이 사체(事體)[488]에 합당하니, 나가서 동료들과 함께 상의하겠습니다."라고 하였다. 드디어 대이와 함께 대궐로 가서, 곧 제료(諸僚)[489]에게 간찰로 통지하였더니, 동료들이 일제히 모였기에, 마침내 대신과 여러 재상과 함께 들어갔다.

이때는 밤이 이미 깊어져서 어촉(御燭)이 밝게 빛나는[490] 가운데, 주상께서는 급서(急書)[491]을 향안(香案)[492]에 펼쳐놓고 세상의 변고를 탄식하고[493] 계셨는데, 곧 물으시기를 "옥당이 함께 들어옴은 무슨 까닭인가?" 하였다. 대신이 말씀하시기를 "오모와 홍모가 방비가 소홀함이[494] 크게 우려할 만하다고 합니다. 사람의 소견은 각각 깊고 얕음이 있어 같지 않아서. 신등의 사려가 주도(周到)하지[495] 못하오나, 유신들에게는 혹시 독특한 견해가 있는지 알지 못하오니, 두 신하에게 하문하심이 어떻겠습니까?"라고 하였다. 주상께서 "두 유신에게 어떤 소견이 있는지 앞으로 나와서 말하라." 하시기에, 내가 나아가 엎드려 말하였다. "백년의 승평으로 사람들의 마음이 어지러움[496]을 좋아함

485) 廟謨는 廟算·廟謀와 같은 말로 조정·제왕이 戰事에 대하여 진행하는 계획이다.
486) 疎虞는 소홀하여 잘못을 저지름이다.
487) 目今은 지금, 현재이다.
488) 事體는 일의 도리, 또는 체제·계통이다.
489) 諸僚는 同僚이다.
490) 熒煌은 밝게 빛남, 휘황찬란함이다.
491) 急書는 告急書의 준말로 급함을 알리는 글이다.
492) 香案은 書案의 미칭이다.
493) 嗟惋은 탄식하며 애석해함이다.
494) 疎(疏)虞는 소홀하여 잘못을 저지름이다.
495) 周到는 두루 마음을 써서 빈틈이 없음이다.

은 전에도 그러하였습니다. 그러나 간혹 남쪽의 왜로 말미암고, 간혹 북쪽의 오랑캐로 말미암으며, 간혹 바다를 유랑하는 배가 출몰함에 말미암아서 어지러워진 바는 모두 묘맥(苗脈)[497]이 있었습니다. 그러나 지난겨울에는 남쪽의 왜적 때문이 아니요, 북쪽의 오랑캐 때문이 아니며, 바다의 유랑하는 배 때문이 아니었건만, 괜히 소리가 시끄러웠습니다.[498] 신은 예니레 동안 쇄직(鎖直)하느라고[499] 아득히 바깥세상의 일을 듣지 못하였다가, 어제 비로소 나가서 마을이 온통 빈 것을 보았는데, 남녀가 죽 이어져서[500] 간 지 오래 되었다고 합니다. 변서(變書)가 올라오기 전에 도하(都下)[501]의 사녀(士女)[502]들이 어떻게 변란이 있을 것을 미리 알고[503] 먼저 급히 피하였겠습니까? 이로써 보건대 오늘의 역변은 반드시 뿌리[504]가 있을 것입니다. 또 어비곡(魚肥谷)[505]으로 결당(結黨)하러[506] 간 자들은 한 지병(枝兵)[507]에 지나지 않을 것이라고 여긴 탓에 조가에서 얕보고 근심하지 않습니다. 그러나 신의 어리석은 뜻으로 헤아리건대, 어비곡은 봉조하가 사는 곳인 까닭에 발각될 수 있었으나, 다른 곳에 또 어비곡이 없는지 어찌 알겠습니까? 그리고 봉조하의 충성과 용기가 없었다면, 누가 국가를 위하여 말하겠습니까? 어비곡의 적병(賊兵)은 생각건대 도적에게 응모한 자들에 지나지 않사오나, 도적의 형세의 대소와 강약을 어찌 이것으로 미루어 알 수 있겠습니까? 신이 잠깐 동료들과 응

---

496) 騷屑은 어지러움, 또는 어지럽힘이다.
497) 苗脈은 露頭와 鑛脈으로 사물의 근원을 비유하는데, 露頭는 얼굴을 드러냄이다.
498) 洶洶은 물이 용솟음치는 모양, 소리가 시끄러운 모양으로 민심이 소란스럽고 뒤숭숭함을 비유한다.
499) 鎖直은 여러 날 동안 출타하지 않고 숙직함이다.
500) 駢闐은 죽 이어짐, 또는 한곳으로 모임으로 수효가 많음을 가리킨다.
501) 都下는 도읍·수도이다.
502) 士女는 일반백성이다.
503) 逆覩은 逆知·逆覩와 같은 말로 미리 봄, 미리 앎이다.
504) 根蔕는 식물의 뿌리나 줄기로 사물의 基本·基礎를 비유하며 根蒂라고도 한다.
505) 魚肥谷은 경기도 龍仁郡에 있던 마을 이름으로 戊申亂을 上變한 崔奎瑞가 退歸한 집이 있었던 곳이다.
506) 結黨은 徒黨을 결성함이다.
507) 枝兵은 支流의 兵隊이다.

대해[508] 보았더니, 어떤 이는 양역을 도피한 무리라며 가벼이 여겼습니다마는, 신이 생각하기에는 소민들은 지극히 어리석으니 어찌 스스로 일으킬 수 있겠습니까? 역변이 없으면 그만이지만, 있다면 반드시 사대부가 주동하였을 것입니다. 또 지난날 역변을 일으킨 자를 의심하지만, 역적이 생겨남에 어찌 방위와 처소가 있겠습니까? 세도가 나쁘게 물들고 인심이 무너져서[509] 변고가 백 가지로 나타남은 깊이 생각하지[510] 않고 근거가 없이도 추측할[511] 수 있는 것이 있으니, 오로지 그 방비의 도리를 다함이 마땅할 따름입니다. 조가에서 지금 조치한 것은 기읍(圻邑)[512]의 수령(守令) 가운데 무변(武弁)[513]을 차출함에 지나지 않으니, 대개 화적(火賊)으로 볼 따름이기 때문입니다. 설사 강호(羌胡)[514]가 하루아침에 도성[515]에서 일어나더라도, 오늘의 조치로야 과연 경각(頃刻)에 박멸할 수 있겠습니까? 또 역란이 어떠한 큰 변고이기에 변란이 보고된 지 이틀이 지났건만, 아직도 국청을 설치하지 않았는지 신은 참으로 알지 못하겠습니다."라고 하였다. 홍대이가 진달한[516] 바도 나와 대략 같았다. 주상께서 말씀하시기를, "두 신하의 나라를 근심하는 정성이 가상하다고 할 만하다. 친국은 지금 마땅히 설행(設行)하겠노라. 비어(備禦)의 방법은 장차 어떻게 해야 하는가? 궁성은 호위(扈衛)[517]해야 하는가?" 하였다. 여러 신하들이 모두 궁성을 호위(扈衛)함은 너무 지나치다고 말하니, 영상께서 말씀하시기를, "염려가 이미 이에 이르렀거늘 어찌 지나치다고 이르는가?" 하였다. 내가 말하기를, "궁성을 호위함에 신이 생각하기에는 지나침이 있음을 알지 못하겠습니다." 하였다. 주상께서 말씀하시기를, "각(角)[518]을 불어

508) 酬酢(酌)은 짐작함, 헤아림, 또는 응대함이다.
509) 斁喪은 무너짐, 파괴됨이다.
510) 思慮는 깊이 생각함, 숙고함이다.
511) 懸度(현탁)은 근거없이 추측함이다.
512) 圻(畿)邑은 도성에서 관할하는 고을이다.
513) 武弁은 무관이다.
514) 羌胡는 羌族과 匈奴族, 또는 옛날에 중국의 북서쪽에 살던 이민족을 통칭한다.
515) 轂下는 임금이 타는 수레의 아래로 都城·京師를 비유한다.
516) 陳達은 진술하여 전달함이다.
517) 扈衛는 제왕을 수행하며 護衛함이다.

군사를 모으는가?" 하시자, 영상께서 "나팔을 불어 군사를 모으면 인심이 경동하기 쉬우니, 군문으로부터 분부하여 군사를 모아 호위(扈衛)함이 옳을 듯합니다." 하니 주상께서 좇으셨다. 또 하교하여 말씀하시기를, "문사낭청(問事郎廳)[519]은 모두 입시한 옥당의 관원으로 함이 옳을 것이오." 하였다. 국청을 설치하기에 이르자 날이 벌써 환해졌다.

열엿샛날 아침에 안호(安鎬)·안박(安鑮) 등 여러 사람을 국문하였더니, 아뢴 사람이 용인(龍仁)·진위(振威)[520] 지역에서 도적이 초모(招募)한[521] 자들에 지나지 않을 뿐이어서, 그 요령(要領)[522]을 알 수 없었다. 김중만(金重萬)이라는 자의 상변으로 신광원(愼光遠)·이유익(李有翼) 제적(諸賊)이 연루되었고, 광원이 민관효(閔觀孝)·이하(李河)·이지인(李志仁) 제적을 끌어들였다. 이날 내가 마침 문서를 점검하다가 어탑 앞에서 여러 신하들이 오르내리는[523] 모습을 바라보고 있노라니, 주상께서 문득 파하고 들어가셨다. 내가 급보(急步)로 나아가서 물었더니, 제신(諸臣)이 깊은 밤[524]에 죄수를 신문(訊問)하느라고 옥체가 손상되실 것을 두려워하여, 잠시 그만두시라고 청하자 주상께서 좇으셨다고 하기에, 내가 여러 신하에게 말하였다. "지난밤에 성상께서 잠을 이루지 못하셨고[525], 지금 또 밤이 깊어졌으니 신료(臣僚)의 우러러 염려함을 극단까지 허용합니다. 그러나 종사(宗社)의 안위의 기틀은 틈이 머리카락 하나를 허용하지 않으며[526], 국문하는 일은 아직 실마리도 잡지 못하였으므로, 비어의 계책은 우선 착수할 곳도 없거늘, 지금 들으니 민관효·이하를 모두 잡아왔다고 합니다. 지금 만약 면질(面質)하면[527] 도적의 실정을 알

---

518) 角은 짐승의 뿔로 만든 신호용 나팔이다.
519) 問事郎廳은 問事郎과 같은 말로 죄인의 取調書를 작성하여 읽어 주는 일을 맡은 임시 벼슬이다.
520) 振威는 지금의 경기도 平澤市 振威面에 두었던 縣이다.
521) 招募는 필요한 인원을 불러 모음이다.
522) 要領은 허리와 목으로 역모의 중요한 참여자를 비유한다.
523) 起伏(復)은 오르락내리락함, 또는 떠올랐다 가라앉았다 함이다.
524) 侵夜는 밤중, 밤이 깊음이다.
525) 失睡는 失眠과 같은 말로 잠을 이루지 못함이다.
526) 間不容髮은 머리카락 하나가 들어갈 틈이 없도록 좁음이다.

수 있을 것이요, 도적의 정황을 알고 나면 조치와 방비가 가능할 것이니, 그 시기(時機)가 급합니다. 성체(聖體)의 하룻밤 수고로움은 작은 것이요, 종사의 만년의 근심은 큰 것이니, 다시 청하여 나와서 자리에 임하시게 함이 마땅합니다."라고 하였다. 여러 신하 가운데 어떤 성을 내는 기색이 있는 분이 말하기를, "왜 파하시기 전에 말하지 않았소?"라고 하기에, 내가 말하기를 "내가 서 있었던 곳은 멀어서 듣지 못하였습니다. 지금 청대하고자 합니다."라고 하였다. 제신이 "대신께서 입대하여 다시 나와서 임하시기를 청하심이 옳습니다. 옥당이 어찌 꼭 청대해야 합니까?"라고 말하기에, 내가 드디어 대신의 앞으로 가서 말하였다. "여러 사람이 옥당의 청대를 번거롭게 여기니, 오늘밤 친림하시는 거조는 오로지 대감을 믿습니다."라고 하였다. 대신이 말씀하시기를 "여러 사람의 말이 그러한지는 내가 알지 못하지만, 옥당의 말이 옳으니, 모름지기 나와 함께 들어가세."라고 하였다. 대신 이하가 다시 나와서 친국에 임하시기를 청하니, 주상께서 말씀하시기를, "어젯밤에 잠을 이루지 못하였더니 괴로움이 심하오. 이미 잠깐 파하였으니, 내일 아침에 친국해도 늦지 않을 것이요"라고 말씀하셨다. 제신이 말하기를, "성교(聖敎)[528]가 이와 같으니, 어찌 감히 다시 청하겠소?" 하고 마침내 물러났다. 내가 나아가서 말하였다. "성궁(聖躬)[529]이 밤이 늦도록 노고하심은 신자(臣子) 된 자로 누군들 우러러 염려하지 않겠습니까? 다만 일에는 크고 작음이 있고, 근심에는 가볍고 무거움이 있거늘, 오늘이 어떠한 때입니까? 안위의 기틀은 호홀(毫忽)[530]에서 판가름날 텐데, 도적의 실정은 아직도 알아 내지 못하여 비어에 손을 대지 못하고 있건만, 지금 들으니 여러 죄수를 궐하에 붙잡아 왔다고 하니, 이는 바로 도적을 초모한 자를 빨리 색출할 기회이니, 어찌 오늘밤을 헛되이 보낼 수 있겠습니까? 기회를 놓쳐서[531] 국가의 비어를 느슨하게 함으로써, 도

527) 面質은 직접 訊問함이다.
528) 聖教는 제왕의 말・명령이다.
529) 聖躬은 제왕의 몸에 대한 존칭으로 흔히 제왕을 비유한다.
530) 毫忽은 사물의 수량을 재는 아주 작은 단위로 아주 작은 사물을 비유한다.
531) 蹉過는 실수함, 기회를 놓침이다.

적의 형세가 모이게[532] 하시겠습니까? 신은 감히 군부(君父)[533]께 고식(姑息)[534]의 애정을 두지 못하겠습니다. 곧 나와서 장전(帳殿)[535]에 임어하셔서, 새로 이른 여러 죄수를 국문하시면 매우 다행스럽겠습니다." 주상께서 "유신의 말이 옳다."라고 말씀하시고, 마침내 관효 등의 국문에 임하시자, 적의 실정을 모두 알게 되었다.[536]

三月十四日, 直玉堂, 聞奉朝賀崔公奎瑞自龍仁疾馳入京上變. 是時余持被已六七日矣, 不聞外間事, 替直歸家, 始知閭里一空, 問之, 則自數三日前, 負擡綑屬, 扶老携幼, 絡繹而行矣. 遂大驚曰, "奉朝賀入來, 則人心之驚動, 無足恠者, 而今則不然, 前上變三日, 人皆避亂, 是必有所由然矣, 奉朝賀之上變, 尤足以符驗不差矣." 是夜遶壁彷徨, 不能寐. 翌朝, 使人往禁中問之, 不設鞫不設備, 上下晏如也, 遂歎曰, "百年昇平, 人心之狃安, 有如此者." 欲赴實錄廳, 以觀諸宰所指畫, 歷路見洪大而曰, "今日之變, 若存若亡, 而余以爲其根柢不小. 自去年冬, 人心騷屑, 中夜荷擔者屢矣. 今則傾城已避亂, 奉朝賀上變又適至, 奉朝賀謝世人也, 非眞的必不發, 朝家一何泄泄也? 吾欲陳疏而陳疏爲文具, 欲請對而請對太張皇, 吾與君可合辭言及於李南床子固, 使子固以吾輩意言于大臣. 安危在大臣, 若廟堂善爲之, 吾輩何必掉舌也?" 卽折簡邀李子固, 子固約會于實錄聽, 遂與大而聯轡進史局, 謂子固, 如向所言者. 子固笑曰, "何驚動也? 此不過逃良役者小小嘯聚耳, 何足費慮?" 余曰, "吾非以盜賊爲憂, 以朝家無備禦, 爲大可憂耳. 君言小民所作爲, 而事變之出於小民, 出於士夫, 亦何可預知也? 且我國小民至愚, 終不能自樹立擧事. 無逆變則已, 若有之, 必有士夫煽動者耳. 且向來一邊爲逆, 彼獨非士夫耶?" 子固曰, "然則臆料今日之變, 或出於舊逆邊耶?" 余曰, "有逆變, 必疑一邊者, 是亦黨論也. 世道斁敗, 人心陷溺, 地逆勢窮, 則敢懷異圖. 向來一邊之所犯, 特以其所處者然耳, 時勢地位,

---

532) 團聚는 모임, 집합함이다.
533) 君父는 君王, 또는 군왕과 아버지이다.
534) 姑息은 임시방편이다.
535) 帳殿은 장막으로 만든 行宮이다
536) 備得은 모두 얻음, 갖추어 앎이다.

局局異面, 逆賊之生, 豈有方所? 卽今逆變, 其東西南北, 有不可逆料也, 第當嚴備謹防, 以觀其變. 有備而無變, 固無害也, 如賊出於無備何? 且聞筵話以鎭靜爲務, 夫所謂鎭靜者, 內有設施, 外示鎭物, 以銷禍難而定人心也. 今則不然, 以無設施爲鎭靜, 此則狃安而非鎭靜也, 君何不告于領相以爲備禦之策耶?" 領相方在肅廟實錄廳, 子固聽罷, 詣大臣. 余與大而共騎馬欲還, 未出門, 大臣急伻相邀, 遂與大而同造焉. 大臣曰, "俄聞姪言, 玉堂憂之深矣, 豈有所聞而然耶?" 余曰, "若別有所聞, 當汲汲請對矣, 豈借僚席而轉告于大臣? 借大臣而轉達于上耶. 但以廟謨或近於狃安, 備禦太失於踈虞, 故略陳愚見耳." 大臣曰, "玉堂旣有所見, 何可不請對? 吾方請對, 兩玉堂同入可也." 余曰, "目今鞫廳未設, 事機甚急, 玉堂諸員一齊請對, 事體當然, 出與同僚相議耳." 遂與大而詣闕, 仍簡通干諸僚, 諸僚齊會.

時夜已深, 御燭熒煌, 上展急書於香案, 嗟惋世變, 仍問曰, "玉堂同入何也?" 大臣進曰, "吳某・洪某以備禦踈虞, 爲大可慮. 人之所見, 各有深淺之不同, 臣等慮未到, 而儒臣或有獨見, 有未可知也, 問于兩臣何如?" 上曰, "兩儒臣有何所見, 前進言之." 余進伏曰, "百年昇平, 人心喜騷屑, 從前而然矣. 然或因南倭, 或因北虜, 或因海浪船出沒, 其所騷屑, 皆有苗脉. 而前冬則不曰南不曰北, 不曰海浪, 而空地洶洶. 臣鎖直六七日, 漠未聞外間事, 昨始出見, 閭里一空, 男女駢闐而去者久矣. 變書未上之前, 都下士女, 何以逆覩其有變而先爲奔避耶? 由此觀之, 今日逆變, 必有根蔕矣. 且魚肥谷結黨而去者, 不過一枝兵, 故朝家玩之不爲憂. 而以臣愚意度之, 魚肥谷, 有奉朝賀在, 故得以發覺, 安知他處又無魚肥谷? 而無奉朝賀之忠勇, 則誰肯爲國家言之, 魚肥谷賊兵? 想不過應募於賊者, 賊勢之大小強弱, 安能以此而推知乎? 臣俄與僚席酬酢, 或以逃良役輩輕之. 而臣則以爲小民至愚, 何能自辦? 無逆則已, 有則必士夫主之. 又以向來爲逆者疑之, 而逆賊之生, 豈有方所? 世道陷溺, 人心斁喪, 變故百出, 有非思慮所可懸度, 惟當盡其備禦之道而已. 朝家卽今設施, 不過圻邑守令以武弁差出, 盖以火賊視之耳. 設使羌胡一朝起於轂下, 則以今日設施, 果能撲滅於頃刻乎? 且逆亂何等大變, 而變上二日, 尙不設鞫, 臣實未曉也." 洪大而所達, 與余略同. 上曰, "兩臣憂國之誠可嘉, 親鞫今當設行. 備禦之道, 將若何? 宮城扈衛乎?" 諸臣皆曰, "宮城扈衛太過矣." 領相曰, "慮旣至此, 豈云過乎?"

余曰, "宮城巵衛, 臣意則未見其過也." 上曰, "吹角聚軍乎?" 領相曰, "吹角聚軍, 則人心易致驚動, 自軍門分付聚軍巵衛似可." 上從之, 又敎曰, "問事郞廳, 皆以入侍玉堂差出可也." 比設鞫, 天已明.

十六日朝也, 鞫問安鎬安鏄諸人, 而所告者不過龍仁・振威間爲賊招募者而已, 未能得其要領. 有金重萬者上變, 引愼光遠・李有翼諸賊, 光遠引閔觀孝・李河・李志仁諸賊. 是日余方點檢文書, 望見御榻前諸臣有起伏之狀, 上忽罷入, 余急步進詣問之, 則諸臣以侵夜訊囚, 恐傷玉體, 請姑罷, 上從之耳. 余謂諸臣曰, "昨夜聖上失睡, 今又侵夜, 則臣僚之仰慮, 容有其極乎? 然宗社安危之機, 間不容髮, 而鞫事尙未得端緖, 故備禦之策, 姑無着手處, 今聞閔觀孝・李河皆已拿來. 今若面質則可得賊情, 得賊情然後, 可以設施備禦, 其機急矣. 聖體一夜之勞小, 宗社萬年之憂大? 復請出臨爲當." 諸臣或有奮色者曰, "何不言之於未罷前耶?" 余曰, "吾立處遠, 未及聞之. 今欲請對耳?" 諸臣曰, "大臣入對復請出臨爲可, 玉堂何必請對乎?" 余遂詣大臣前曰, "諸人以玉堂請對爲煩, 今夜親臨之擧, 則專恃於大監矣." 大臣曰, "諸人之言, 吾未知其然矣, 玉堂之言爲是, 須與我同入." 大臣以下請復出臨親鞫, 上曰, "昨夜失睡, 困惱甚. 旣已姑罷, 明朝親鞫未晩." 諸臣曰, "聖敎如此, 安敢復請乎?" 遂退. 余進曰, "聖躬侵夜之勞, 爲臣子者, 孰不仰慮? 第事有大小, 憂有輕重, 今日何等時也? 安危之機, 判於毫忽, 賊情尙未鉤得, 備禦無以措手. 而卽聞諸囚拿來闕下, 此是緊出賊招者, 豈可虛度今夜, 蹉過機會, 緩國家之備禦, 成賊勢之團聚乎? 臣不敢爲姑息之愛於君父, 卽出臨帳殿, 鞫問新到諸囚幸甚." 上曰, "儒臣之言是矣." 遂出臨鞫問觀孝等, 備得賊情.

4월에 승지(承旨)[537]에 결원이 생기자, 주상께서 나에게 동부승지(同副承旨)[538]를 특별히 제수하셨다. 당시에 옥당의 관원으로 문사랑을 겸대(兼

537) 承旨는 조선시대에 承政院에 딸려 왕명의 출납을 담당하는 정3품 당상관으로 정원은 6명이었다.

538) 同副承旨는 여섯 승지 중에서 서열이 가장 낮은 관직으로 왕명의 출납과 工曹에 관한 일을 맡아보았다.

帶)[539]하고 있었기에, 금중(禁中)에서 바로 나가서 사양하는 소장을 올렸다. 역란을 평정한[540] 뒤에 여러 장신(將臣)[541]을 인견(引見)[542]하실 때에 함께 입시(入侍)[543]하였는데, 함녕군(咸寧君) 박찬신(朴纘新)[544]이 아뢰어 말하였다. "진위 · 양성(陽城)[545] 지역에서는 거의 모두 역모에 동참한 자들이고, 안음고현(安陰古縣)[546] 같은 곳은 관속과 거민(居民)을 막론하고 거의 모두 역도(逆徒)이므로, 용서할 만한 자가 하나도 없습니다. 고현 같은 곳은 한꺼번에 도살(屠殺)함이 법에 마땅한 까닭으로 감히 아룁니다." 어영대장(御營大將)[547] 조문명(趙文命)[548]이 말하기를, "안음과 같은 곳은 관속은 아리(衙吏)[549]로부터 소방자(小房子)[550]까지, 거민은 귀천과 노소를 막론하고 모두 적당(賊黨)에

539) 兼帶는 本職을 지니고 다른 관직을 겸임함이다.
540) 勘亂은 變亂을 평정함이다.
541) 將臣은 武將인 신하로 儒臣의 상대어이다.
542) 引見은 아랫사람을 불러서 접견함이다.
543) 入侍는 대궐에 들어가서 임금을 모심이다.
544) 朴纘新(1679~1755?)은 조선 후기의 무신으로 본관은 咸陽, 자는 君述, 절충장군 宗發의 아들이다. 숙종 8년(1702)에 通德郎으로 알성무과에 병과 제6위로 합격하여 충청수사 · 경상우병사를 지냈다. 무신란에 중군장으로 공을 세워 奮武功臣에 책록되고 咸恩君[뒤에 咸寧君으로 고쳐짐]에 봉해졌으며, 삼도순군통제사 · 포도대장 · 한성판윤 · 어영대장을 거쳐 좌포도대장으로 있다가 영조 31년에 羅州掛書事件에 연루되어 梟首당하였다.
545) 陽城은 지금의 경기도 安城市 陽城面 지역에 두었던 縣이다.
546) 安陰은 지금의 경상남도 咸陽郡 安義面에 두었던 현이다.
547) 御營大將은 조선시대에 임금을 호위하는 일을 맡았던 御營廳의 으뜸벼슬로 종2품 관직이다.
548) 趙文命(1680~1731)은 조선 후기의 문신으로 본관은 豊壤, 자는 叔章, 호는 鶴巖, 시호는 文忠이다. 증광문과에 병과로 급제하여 修撰 · 校理 등을 거쳐 이조참의가 되고, 당상으로 『景宗實錄』 편찬에 참여했으며, 도승지 · 어영대장에 이어 대사성 · 이조참판을 지냈다. 무신란을 평정한 공로로 奮武功臣이 되고 豊陵府院君에 봉해졌다. 병조판서 · 대제학 · 훈련대장을 거쳐 우의정으로 扈衛大將을 겸하였고, 사은사로 淸에 다녀온 뒤 좌의정에 올랐다. 영조의 蕩平策에 호응하여 불편부당한 인사관리에 힘썼고, 글씨에도 능하였으며, 영조의 廟庭에 배향되었다. 『鶴巖集』을 남겼고, 글씨로는 三忠祠事蹟碑 · 北伯郭再祐表가 있다.
549) 衙吏는 衙前과 같은 말로 지방의 고을에서 대를 이어 일하던 하급관리이다.
550) 小房子는 조선시대에 지방관아에서 심부름을 하던 어린 사내종이다.

들어갔으니, 만약 제거하지[551] 않으면 뒷날에 반드시 재앙이 될 터이므로 박찬신의 말이 옳습니다."라고 하였다. 신이 나가서 엎드려 말하였다. "안음에서 집집마다[552] 역도가 된 것은 신 또한 도순무사(都巡撫使)[553]에게서 들었습니다. 신자(臣子) 된 사람으로서 누군들 괴수와 추종자를 막론하고 그 살을 저며서 먹고 싶지 않겠습니까? 다만 이번의 역변이 전고(前古)[554]에 없었던 바이므로, 저 수천만을 다 죽이기는 어렵습니다. 『서경(書經)』에 이르기를, '저 괴수는 섬멸[555]하고, 협종(脅從)한[556] 자는 죄를 다스리지 않으리.'[557]라고 하였으니, 성현(聖賢)의 말씀은 참으로 만세의 법정(法程)[558]이거늘, 이것을 버리고 어찌 다른 도리가 있겠습니까? 심지어 한 현의 사람을 모두 도살한다는 것은 곧 전국시대(戰國時代)의 풍우(風雨) 속에서 사나운 장수[559]들이 하였던 짓이니, 어찌 일찍이 성제(聖帝)와 인군(仁君) 가운데 이런 정사를 행한 이가 있었겠습니까? 송(宋)나라의 태조(太祖)[560]는 오히려 왕전빈(王全斌)[561]이 살륙하기를 좋아함을 경계하였거늘, 하물며 요・순을 본받음을 송 태조만큼도 하지 못하시겠습니까? 신의 어리석은 소견으로는 장신(將臣)이 진달한 바는 그릅니다. 오늘날의 징치(懲治)[562]의 도리는 참으로 사족(士族)

551) 鋤去는 없앰, 제거함이다.
552) 比屋은 집이 서로 이어짐으로 집이 많음, 또는 '집집마다'를 뜻한다.
553) 都巡撫使는 조선시대에 전쟁이나 지방에 반란이 일어났을 때 군무를 맡기 위해 파견되던 관직 중 장관인데, 여기에서는 吳命恒을 가리킨다.
554) 前古는 지나간 옛날이다.
555) 殲은 모조리 죽임・없앰이다.
556) 脅從은 위협을 받아 추종함이다.
557) 이 구절은 『書經』「胤征」에 실린 것으로, 夏王 仲剛의 명을 받아 羲和를 토벌하러 갈 때에 胤侯가 서약한 내용이다.
558) 法程은 법칙・법식・법규이다.
559) 鷙帥는 사나운 장수이다.
560) 太祖는 北宋의 시조 趙匡胤(927~976)을 가리키는데, 河北省 涿州 출신으로 後周 世宗 때에 殿前都指揮使・殿前都點檢 등을 지냈고, 恭帝 때인 960년에 宋州歸德軍節度使로 있으면서 陳橋兵變을 일으켜 開封을 도읍으로 하여 宋을 건국하였다.
561) 王全斌은 北宋의 太祖를 도와 蜀을 정벌하였던 장수인데, 촉을 정벌한 뒤에 임금이 降兵을 많이 죽이고 재물과 부녀자를 약탈한 것을 나무라는 조서를 내린 바 있다.
562) 懲治는 處罰・懲罰이다.

에게는 엄하게 하고 백성에게는 느슨하게 함이 마땅합니다. 연하(輦下)[563]에서는 깨끗이 제거하고 원방(遠方)에서는 대략 제거하고 나서, 세월을 보내면서 휴양(休養)[564]하고 교도(敎導)[565]하면, 조정의 원기가 날로 튼튼해져서, 용사(龍蛇)[566]와 같은 적자(赤子)[567]라도 교화시키기 어렵지 않을 것입니다." 주상께서 말씀하시기를, "승선(承宣)[568]의 말이 적당하다.[569] 나의 뜻 또한 그러하다. 전국시대의 장수로 하여금 맡게 하였다면, 안음과 같은 곳은 반드시 도륙하였을 것이다. 그러나 왕자(王者)[570]가 어찌 그런 짓을 하겠는가?"라고 하였다. 며칠 뒤 소대(召對)한[571] 때에 진달하여 말하였다. "인신이 역심을 품고[572] 반역하면[573] 반드시 주살하지만, 반역이란 마음에 있는 것이니, 마음속에서 싹튼 자 또한 죽여서 용서함이 없어야 마땅하거늘, 하물며 사변을 일으키고 모략을 내어놓은 자이겠습니까? 정말로 역적이라면 만 번 죽이더라도 오히려 가벼울 터이고, 정말로 역적이 아니라면 비록 간혹 국옥(鞫獄)[574]에 섞여 들어갔을지라도, 벗어난 뒤에는 저절로 평인(平人)[575]이 되어야 마땅할 터이니, 역적이냐 역적이 아니냐 하는 것이 한 마디 말로 판가름나서 만리로 멀어지게 되거늘, 어찌 역적인 듯하기도 하고 역적이 아닌 듯하기도 한 중립의 처지가 있겠습니까? 지난날에 폐족(廢族)[576]이 서너 집안에 지나지 않지

563) 輦下는 제왕이 타는 수레의 밑으로 都城을 비유한다.
564) 休養은 백성의 부담을 덜어 주고 안정시킴으로써 民力을 기름이다.
565) 敎導는 가르쳐 인도함이다.
566) 龍蛇는 용과 뱀으로 몸을 보존하기 위하여 칩거하는 데서 연유하여 은거하는 사람을 비유한다.
567) 赤子는 어린아이로 백성을 비유한다.
568) 承宣은 承旨의 별칭이다.
569) 的當은 알맞음, 적당함이다.
570) 王者는 王道로 다스리는 군주이다.
571) 召對는 군주의 부름을 받고 나아가 물음에 대답함이다.
572) 無將은 逆心을 품음이다.
573) 將은 반역·반란, 또는 반란을 일으킴이다.
574) 鞫獄은 審問하는 감옥이다.
575) 平人은 良民, 죄가 없는 사람이다.
576) 廢族은 廢棄된 족속이다.

만, 또한 오늘의 역란을 선동하기에는 넉넉합니다. 더욱이 오늘날 몇 집안의 문호가 운상(霣喪)되고,[577] 몇 사람의 신명(身命)[578]이 오염되었습니다. 하루 아침에 거의 버려져 불치(不齒)[579]의 사람무리가 되고 말아서, 설사 생명을 보전할지라도 주륙당하는 것과 떨어짐이 한 치가 못 될지니, 이것이 과연 얼마나 요긴하여[580] 구별함에 신중하지 않을 수 없는 일입니까? 이번의 역변에는 사첩(史牒)[581]이 없는바, 반란을 일으킨 백성들은 제로(諸路)[582]에 두루 있고, 문안(文案)[583]은 집채와 같으며, 갇힌 죄수[584]는 감옥을 넘치니, 옥관(獄官)이 총명하더라도 아무개가 아무개의 공초에 나오고, 어떤 일에 연루되었는지 다 기억하기 어려울 만큼 기억력이 좋을[585] 수는 없으므로, 신문한 때에 간혹 구핵(鉤覈)한[586] 것을 놓쳤습니다. 그것을 구처(求處)한[587] 때에 성의(聖意)가 살리기를 좋아하심을 위주로 한 까닭에, 죽이고자 하면 평번(平反)[588]에 연루될까 두려워하고, 석방하고자 하면 마침내 의사(疑似)[589]에 걸릴까 하여, 헤아려 처결함[590]을 줄이기에 힘쓰지 않은 것이 많습니다. 이러한 무리들은 죄가 어둠[591] 속에 있으니, 어떻게 스스로 하늘과 땅 사이에 서 있을 수 있겠습니까? 신이 생각하기에는 따로 한 책자를 만들어 모든 죄인의 성명(姓名)을 나열하여 기록하되, 각자의 성명 아래에 어떤 일에 걸려서 아무개의 공

577) 霣喪은 위축되어 기운을 잃음이다.
578) 身名은 명예・명망이다.
579) 不齒는 같은 대열에 끼워 주지 않음이다.
580) 關頭는 상투를 잡고 나아감으로 분기점이나 요긴한 때를 비유한다.
581) 史牒은 史冊・史書이다.
582) 諸路는 모든 道路로 모든 道, 모든 地方을 가리킨다.
583) 文案은 文書이다.
584) 囚縶는 收監된 罪囚이다.
585) 强記는 기억력이 뛰어남이다.
586) 鉤覈은 調査이다.
587) 區處는 분별하여 처리함이다.
588) 平反(평번)은 잘못 판결한 罪案을 바로잡음이다.
589) 疑似는 의심스러움, 嫌疑이다.
590) 酌處는 정황을 헤아려 처리함이다.
591) 黯黮은 어두움, 몽매함이다.

초에 나오고, 혹은 한 사람의 공초에 나오며, 혹은 여러 도적의 공초에 번잡하게 나오는가를 적고, 상세히 기록하지 않음이 없게 함으로써, 심문한 조목을 다룰 때에 빠짐이 없게 하고, 반복하여 따져 물어서[592] 옥석을 분명히 구별함으로써, 죄를 범한 자로 하여금 하늘의 그물[593]에서 빠져나가지 못하게 하고, 벗어난 자로 하여금 어두운 구덩이에 있지 않게 하여, 다시 스스로 사람무리에 끼일 수 있게 함이 왕자의 정치입니다." 주상께서 옳게 여기시고, 따로 책자를 만들도록 명하여 좌의정 조태억(趙泰億)[594]으로 하여금 주관하게 하고, 따로 문사랑 하나를 선정하여 베껴내게 하셨다. 조금 지나서 좌의정의 병이 위중해지자 영상이 홀로 애쓰느라고[595] 겨를이 없었으나, 문사랑 서종옥(徐宗玉)[596]이 기록을 반도 베껴내지 못한 채 그만두었다.

四月承旨缺, 上特除爲同副承旨. 時以玉堂帶問事郎, 在禁中, 徑出陳辭疏. 勘亂後, 諸將臣引見時, 同爲入侍, 咸寧君朴纘新啓曰, "振威·陽城之間, 幾皆同參逆謀者, 若安陰古縣, 毋論官屬居民, 率皆爲逆, 無一人可恕者. 如古縣則一併屠殺, 於法爲當故敢啓." 禦營大將趙文命曰, "如安陰之地, 官屬則自衙吏至小房子, 居民則毋論貴賤老少, 盡入賊黨, 若不鋤去, 則後必爲梗, 朴纘新之言然矣." 臣進伏曰, "安陰之比屋爲逆, 臣亦聞之於都巡撫使矣. 爲臣子者, 孰不欲勿論魁從, 臠食其肉.

---

592) 究詰을 따져 물음, 조사하여 밝힘이다.

593) 天網은 하늘이 惡人을 잡기 위해 쳐 놓은 그물이다.

594) 趙泰億(1675~1728)은 조선 후기의 문신으로 본관은 楊州, 자는 大年, 호는 謙齋·胎祿堂, 시호는 文忠이다. 식년문과에 을과로 등제하고 문과중시에 급제하여, 우부승지·대사성 등을 거쳐 通信使로 일본에 다녀왔고, 예조참의·驪州牧使·경상도관찰사를 지냈으며, 호조참판으로 世弟冊封을 반대하여 철회시켰다. 辛壬士禍를 주도하여 정권을 잡은 뒤에, 공조·호조의 판서로 대제학을 겸하였다. 영조가 즉위할 때 卽位頒敎文을 작성하고, 우의정을 거쳐 좌의정에 올랐으나, 노론의 논척을 받아 삭직되었다가, 丁未換局으로 좌의정에 복귀하여 병으로 사직하였다. 草書·隸書를 잘 썼고, 翎毛도 잘 그렸으며, 『謙齋集』을 남겼다.

595) 獨賢은 홀로 애씀, 또는 홀로 수고로움이다.

596) 徐宗玉(1688~1745)은 조선 후기의 문신으로 본관은 達城, 자는 溫叔, 시호는 文敏이다. 영조 1년(1725) 정시문과에 을과로 등제하여 수찬·정언·부제학 등을 거쳐 승지·대사성·대사헌·제학을 지냈고, 함경도 감사에 이어 병조·이조·호조의 판서를 지냈다.

而第今逆變, 前古所無, 厥數千萬, 難以盡殺. 書曰, '殲厥渠魁, 脅[597]從罔治.' 聖賢之言, 實爲萬世法程, 舍此而豈有他道? 至於盡一縣而屠殺, 乃是戰國風雨, 猛將鷙帥之所爲也, 曷嘗有聖帝仁君行是政者乎? 宋太祖尙戒王全斌喜殺, 況以堯舜爲法, 而不爲宋太祖者乎? 以臣愚見, 將臣所達, 非矣. 今日懲治之道, 固當致嚴於士族而緩之於百姓, 精鋤於輦下而略之於遠方, 而磨以歲月, 休養敎導, 朝廷之元氣日壯, 則龍蛇赤子, 不難化矣." 上曰, "承宣所達的當, 予意亦然矣. 使戰國時將帥當之, 則如安陰之地, 必屠之矣. 然王者豈爲是哉?" 後數日召對時, 達曰, "人臣無將, 將則必誅, 將者心也, 萌於心者, 亦當殺無赦, 況作於事而發於謀乎? 果是逆則萬戮猶輕, 果是非逆, 則雖或混入鞫獄, 脫出之後, 自當爲平人. 逆與非逆, 一言之判, 而萬里之遠, 安有似逆非逆而中立之地乎? 向來敝族不過四五家, 而亦足以煽今日之亂, 況今日幾家之門戶賈喪, 幾人之身名染汚? 一朝垂棄, 不齒人類, 設使生全, 其去誅戮, 不能以寸. 此果何等關頭而不爲致愼於區別耶? 今番逆變, 史牒所無, 叛亂之民, 遍於諸路, 文案如屋, 囚繫溢圄, 獄官之聰明, 有難盡記某人之出於某招, 坐於某事, 不能強記, 故訊問之際, 或失鉤覈. 及其區處之時, 聖意主於好生, 故欲殺則恐累平反, 欲釋則終涉疑似, 務爲未減酌處者衆矣. 此等之類, 罪在黯黮之中, 何以自立於天地之間乎? 臣意以爲別作一冊子, 列錄諸罪人姓名, 而各人姓名之下, 書以坐某事出某招, 或出於一人之招, 或雜出於諸賊之招者, 無不詳記, 使問目之時, 無所遺漏, 反復究詰, 明卞玉石, 使干犯者無得以漏天網, 使脫出者不在闇昧之科, 復得自齒於人類, 爲王者之政也." 上然之, 命別作冊子, 使左議政趙泰億主之, 別定一問事郎, 寫出矣. 頃之, 左議政病重, 領相獨賢無暇, 問郞徐宗玉錄出未半而罷.

그 뒤에 주상께서 여러 죄수를 헤아려 처결하시면서 관대하게 풀어[598] 준 자가 많았으므로, 제신(諸臣)이 가볍게 석방해서는 안 된다고 다투어 고집하자, 주상께서 말씀하셨다. "지난날에 오광운이 인신(人臣) 거운데 역적은 반드시 주살해야 하지만, 역적이 아닌 자는 절로 마땅히 양민이 되게 하여 어둠

597) 원전의 '脅'은 문맥으로 보아 '脅'의 착오이다.
598) 寬縱은 너그럽게 용납하여 석방함이다.

속에 두어서는 안 됩니다 운운하였다. 그 말이 적당하기에 내가 시행하고자 한 때문에 이와 같이 되었다."라고 하셨다.

其後上酌處諸囚, 多有寬縱, 諸臣爭執以爲不可輕釋, 上曰, "頃者吳光運以爲人臣逆則必誅, 非逆則自當爲平人, 不可置之闇黮之中云云. 其言的當, 予欲施之故如是耳."

어느 날 경연에서 진달하였다. "우리나라의 당론은 수백년의 고질적인 폐단이어서, 참으로 전고에 없던 바입니다. 사대부가 태어나서는 당론과 함께 태어나고, 자라서는 당론과 함께 성장하고, 늙어서는 또 당론 속에 죽습니다. 살에 침투하고 골수에 스며들며 고황(膏肓)[599]에 갈무리되어서, 교령(敎令)[600]으로 꺾을 수 있고, 형벌로 막을 수 있는 것이 아니므로, 만약 한 커다란 세변(世變)을 겪고 한 벌의 염통과 창자를 바꾸지 않고서는 변화시키기 어렵습니다. 오늘의 역란이 그것이 어떠한 세변입니까? 그 재앙은 당론에 근본을 둔 것이니, 사대부가 된 자들은 또한 배꼽을 물어뜯어야[601] 마땅할 것입니다. 이에 이르러서도 여전히 지난날의 풍습을 따르면서 고치고자[602] 생각하지 않는 자는 전하의 신하가 아닙니다. 새로 난리를 겪고 나서 좋은 실마리가 풍성하니, 이는 참으로 형세를 타고 이치를 따라 놓쳐서는 안 될 기회입니다. 다만 전하께서 바른 마음으로 조정을 바로잡음에 달려 있으니, 엎드려 바라건대 유념하소서." 주상께서 좋은 말이라고 칭찬하시는 말이 끝나자 말자, 병조판서 조문명(趙文命)이 나아가서 말하였다. "오늘의 급선무는 보합(保合)[603]

599) 膏肓은 심장과 격막 사이의 침이나 약으로 고치지 못하는 부분으로, 고칠 수 없는 병을 비유한다.

600) 敎令은 제왕의 명령이다.

601) 噬臍는 噬臍無及의 준말로 배꼽을 물어뜯으려고 해도 닿지 않음이며, 후회하여 어찌할 수 없음, 후회하여도 때가 늦음을 비유한다.

602) 改圖는 계책을 고치거나 바꿈이다.

603) 保合은 안정시켜 화합하게 함이다.

에 있으니, 제신에게 분문(奔問)하여[604] 선뜻 국사(國事)에 동참하게 하지 않으면, 차제(次第)가 지나가고[605] 말 것이니, 어찌 걱정하지 않을 수 있겠습니까? 신은 보합은 분수(分數)[606]를 줄이는 데 있다고 생각합니다 운운." 하였다. 신이 나아가 말하였다. "천하에는 일정(一定)한[607] 시비(是非)가 있거늘, 시비가 어찌 바뀔 이치가 있겠습니까? 다만 당론이 생긴 이래로 그들의 이른바 시비라는 것에는 거의 환공(桓公)[608]·문공(文公)[609]의 거짓된 인의(仁義)가 많습니다. 그러므로 한 사람의 몸이면서도 간혹 어제는 옳다고 하다가, 오늘은 그르다고 함이 있고, 한 사람의 말이면서도 간혹 저 일에서는 그르다고 하고, 이 일에서는 옳다고 함이 있습니다. 당론을 일삼는 이들은 각기 사사로움을 따르면서, 각기 이기기에 힘씁니다. 어떤 이는 어제의 옳음에 기대어 오늘의 그름을 비호하고, 어떤 이는 저 일의 그름에 말미암아 이 일의 옳음을 가립니다. 그 사람에게 본래 참된 시비(是非)가 없으니, 그 일에 어찌 참된 시비가 있겠습니까? 그 시비를 보면 풍수(風水)[610]를 살핌과 같아서, 반 걸음[611] 사이에도 도국(圖局)[612]이 각각 다르고, 또 시와 비 가운데에는 각자 분수(分數)[613]가 있어서, 비(非)에는 십분(十分)[614]의 비가 있고, 또 팔구분의

604) 奔問은 급히 달려가서 위문함이다.
605) 邁邁는 지나가는 모양이다.
606) 分數는 數量인데, 여기에서는 당색별로 관원의 숫자를 안배해야 蕩平이 가능하다는 뜻을 가리키고자 한 말인 듯하다.
607) 一定은 한결같이 변함이 없음이다.
608) 桓公은 춘추시대의 齊나라의 제후로 이름은 小白으로 襄公의 아우이다. 莒나라로 망명하였다가 양공이 시해당한 뒤 귀국하여 즉위해서, 鮑叔牙의 건의로 管仲을 등용하여 霸業을 이루어 春秋五霸의 하나가 되었다.
609) 文公은 춘추시대 晉나라의 제후로 이름은 重耳, 獻公의 둘째 아들이다. 형인 태자 申生을 죽음을 당하자 망명하여 20여년 동안 제후국들을 전전하다가 귀국하여 懷公을 쫓아내고 즉위하여, 현신들을 등용하여 선정을 펴고 패업을 쌓아 齊 桓公의 뒤를 이어 春秋五霸의 하나가 되었다.
610) 風水는 바람과 물로 집터·묘지 등의 좋고 나쁨을 살피는 조건을 가리킨다.
611) 跬步는 반 걸음으로 매우 가까운 거리를 비유한다.
612) 圖局은 규모와 형세이다.
613) 分數는 數量이다.
614) 十分은 충분함, 또는 완전함이다.

비가 있으며, 시(是)에는 십분의 시가 있고, 또 팔구분의 시가 있습니다. 일정한 천리(天理)[615]가 있은 이래로 처음부터 비는 인력으로 용납할 수 없는 것이거늘, 비가 십분인 것은 줄여서 구분이라 하고, 비가 팔분인 것은 늘여서 구분이라 하니, 천리 가운데 팔분이 그르기도 하고 십분이 그르기도 함은 참으로 저절로 그러한[616] 것입니다. 그것을 늘이고 줄여서, 어찌 사람의 마음을 복종시킬 수 있겠습니까? 윗사람이 된 이는 마땅히 공평하게 듣고 아울러 살펴서, 옳은 것은 옳다고 하고, 그른 것은 그르다고 하여, 그 분수를 따라서 칭성(秤星)[617]에 맡겨서, 한 번 천리의 바름에서 출발하면, 일호(一毫)[618]의 사의(私意)[619]도 그 사이에 뒤섞이지[620] 않도록 중정(中正)하게[621] 처분하여, 치우친[622] 바가 없은 뒤에야 인심을 승복시킬 수 있습니다. 비록 낮은 사람[623]을 상대하더라도, 참으로 능히 순연한 천리로 일마다 합당하게[624] 하면, 사나운 마음[625]을 지닌 자도 끝내 반드시 마음으로 복종할 것입니다. 더욱이 인주(人主)가 본보기[626]가 되는 위치에서 참으로 능히 처분을 마땅하게 하여[627] 지극히 공평하고 사사로움이 없게 하면, 비록 그 폐고(蔽痼)[628]가 이미 깊어진 탓에 경각(頃刻) 안에 지나가면서 교화되지는[629] 못할지라도, 한 가지 일

615) 天理는 사람으로서 지켜야 할 도리, 또는 宋代 性理學者들이 말하는 영원불변의 도덕 법칙이다.
616) 自如는 自然과 같은 말로 저절로 그러함이다.
617) 秤星은 저울의 눈금이다.
618) 毫는 길이의 단위로 일촌의 천분지일, 또는 무게의 단위로 錢의 천분지일이다.
619) 私意는 私欲(慾)과 같은 말로 사람의 사사로운 욕심으로 純善한 마음인 天理에 대비되는 성리학적 용어이다.
620) 參錯은 뒤섞여서 어지러움, 뒤얽혀서 들쑥날쑥함이다.
621) 中正은 어느 쪽에도 치우침이 없이 바름이다.
622) 偏倚는 한쪽으로 치우침이다.
623) 以下는 신분이나 지위가 낮음이다.
624) 得當은 합당함, 알맞음이다.
625) 狠心은 도리에 어긋나고 사나운 마음씨이다.
626) 表率은 모범·귀감이다.
627) 得宜는 합당함을 얻음, 적당함이다.
628) 蔽痼는 弊端, 또는 病痛과 痼疾病이다.
629) 過化는 그곳을 지나가기만 해도 교화됨으로 聖人의 교화력을 비유한다.

두 가지 일이 누적됨에 이르고, 하루와 이틀이 유구함에 이르면, 저절로 침윤되어 교화됨으로써 마음으로 복종할 것입니다. 그렇게 하지 않고 혹시 안배(安排)하는[630] 사사로움을 헤아려서[631] 그 중간으로 시행하더라도, 우두머리가 바르지 않으면 처분이 어긋나기 쉽습니다. 사람의 감정에는 모두 공평하지 않음이 있어서, 비록 임금의 위세와 존엄으로도 힘으로 제압할 수는 없습니다. 성상의 탕평(蕩平)[632]의 교령이 지극한 성의에서 나오지 않은 것은 아니지만, 다만 성학(聖學)[633]에는 아직도 미진한 곳이 있는 까닭에, 명령을 내리실[634] 때에 간혹 사지(私智)와 기교(機巧)와 권도(權道)[635]를 쓰십니다. 대체로 한 번 천리에서 출발하실 수 있으시면서도, 때로는 시절의 형세에 얽매이고[636], 때로는 인정에 힘껏 부응하셨으므로, 전하께서는 4년 동안이나 성려(聖慮)를 헛되이 수고롭히셨건만, 탕평의 효험이 아득하기가 바람을 잡는 것과 같음은 이 때문입니다. 지금 만약 탕평의 효과에 급하여, 옳고 그름의 진실은 우선 제쳐 두고[637], 이쪽과 저쪽으로 의론하는[638] 데로 나아가서, 왼쪽과 오른쪽으로 미봉(彌縫)[639]하여 조정(調停)하고 보화(保和)[640]하는 방책으로 삼는 것은 향곡(鄕曲)[641]의 원한을 지닌[642] 사람이 사사롭게 화해하여 유감을 푸는 것과 같아서, 신은 탕평 두 글자가 이루어질 수 있는 날이 없을까 두려워합니다. 천하의 시비는 원래 흐리멍텅하여[643] 알기 어려운 것이 아니

---

630) 安排는 알맞게 배치하거나 늘어놓음인데, 여기에서는 관직의 임명을 가리킨다.
631) 計較는 따짐, 또는 헤아리고 비교함이다.
632) 蕩平은 인재등용의 공평함이다.
633) 聖學은 聖人의 학문으로 孔子를 비롯한 성인이 닦은 학문인 儒學을 가리킨다.
634) 號令은 명령을 내림이다.
635) 機權은 機巧와 權道로 교묘한 지혜와 임시방편을 가리킨다.
636) 牽掣는 이끌림, 얽매임이다.
637) 姑捨는 우선 버려 둠, 잠시 버려 둠이다.
638) 言議는 議論이다.
639) 彌縫은 縫合함으로 잘못을 바로잡지 않고 임시변통으로 때움을 비유한다.
640) 保和는 保合과 같은 말로 안정시켜 화합하게 함이다.
641) 鄕曲은 고향, 또는 시골마을이다.
642) 仇怨은 仇恨과 같은 말로 이해관계로 인한 극심한 원한이다
643) 隱晦는 자취·뜻을 명확히 드러내지 않음이다.

어서, 비록 신등의 노망(魯莽)한[644] 학식으로도, 참으로 그 눈을 공정하게 하고 그 마음을 공평하게 하면 볼 수 있으므로, 거의 시비의 진면목을 얻을 수 있거늘, 하물며 전하의 성학(聖學)의 고명하심이 천고(千古)를 평단(評斷)함[645]에 호리(毫釐)[646]의 차이도 나지 않으시면서, 어찌 다만 한 시절의 시비에 의현(疑眩)되는[647] 바가 있으시겠습니까? 다만 출발함이 천리의 바름에서 나오지 않으실 것을 걱정할 뿐입니다.

엎드려 바라옵건대 천리와 사욕의 분별을 근엄(謹嚴)하게 하시고, 본원(本源)의 바탕으로 마음을 비우고 공평하게 살피셔서[648], 일호도 기관(機關)[649]에 농락(籠絡)되지[650] 마시고, 조금도[651] 문구(文具)[652]로 분식(粉飾)함[653]이 없이, 옳은 것은 옳다고 하시고, 그른 것은 그르다고 하시며, 갑이란 자의 어떤 일은 옳고 어떤 일은 그르다고 하시고, 을이란 자의 어떤 말은 그르고 어떤 말은 옳다고 하시옵소서. 간혹 순연(純然)히 옳은 것도 있고, 간혹 순연히 그른 것도 있으며, 때로는 옳은 것 가운데 그른 것이 있고, 간혹 그른 것 가운데 옳은 것도 있습니다. 크게 공평하고 지극히 공정하셔서, 늘[654] 여정(輿情)[655]에 부합되게 지성으로 측은하게[656] 여기셔서, 사람들을 감복시키기에 넉넉함이 있으시면, 어찌 인심이 복종하지 않고 탕평을 이루기 어렵겠습니까?" 주상께서 말씀하시기를 "분수를 줄인다는 주장은 일찍이 경연에서 이미 발단(發端)된[657] 것이고, 병판 또한 말하였소, 분수를 논한 주장은 승선이 진

---

644) 魯莽은 거칢, 또는 무모함이다.
645) 評斷은 평가하여 판정함이다.
646) 毫釐는 길이와 무게의 아주 작은 단위로 아주 짧은 거리나 무게를 비유한다.
647) 疑眩은 의혹을 지녀서 혼란을 일으킴이다.
648) 鑑空衡平은 마음을 비우고 공평하게 살핌이다.
649) 機關은 計策이다.
650) 籠絡은 휘감음, 둘러쌈이다.
651) 些兒는 '조금, 얼마, 약간, 小量'을 뜻하는 白話이다.
652) 文具는 文房具이다.
653) 粉飾은 분을 발라 치장을 하는 것으로 겉을 꾸밈을 가리킨다.
654) 動은 '움직이기만 하면'의 뜻으로 '늘, 걸핏하면'을 비유한다.
655) 輿情은 뭇 사람의 마음으로 民心·輿論을 가리킨다.
656) 惻怛은 불쌍하게 여김, 측은하게 여김이다.

달한 바가 절실하니, 마땅히 유념하겠소."라고 하였다.

一日筵中達曰, "我國黨論, 數百年痼弊, 實前古所無. 士大夫生而與黨論俱生, 長而與黨論俱長, 老且死於黨論之中. 侵肌浹髓, 藏在膏肓, 非敎令之所可曉, 刑罰之所可禁, 若非經得一大世變, 換得一副心腸, 難以化也. 今日逆亂, 此何等世變? 而其禍本於黨論, 爲士大夫者, 亦可以噬臍也. 於此而猶踵前習, 不思改圖者, 非殿下之臣子也. 新經亂離, 善端藹然, 此政乘勢順理, 不可失之機. 而只在殿下之正心以正朝廷, 伏願留意焉." 上稱善畢, 兵曹判書趙文命進曰, "今日急務, 在於保合, 而奔問諸臣, 不肯與同國事, 次第邁邁而去, 豈不可悶乎? 臣以爲保合, 在於減分數也云云." 臣進曰, "天下有一定之是非, 是非豈有移易之理? 而第自黨論以來, 其所謂是非, 率多桓文之假仁義. 故一人之身, 而或有是於昨日而非於今日者, 一人之言, 而或有非於彼事而是於此事者. 爲黨論者, 各循其私, 各務其勝. 或藉昨日之是而護今日之非, 或因彼事之非而掩此事之是. 其人則固無眞是非, 而其事則豈無[658] 眞是非乎? 觀其是非, 如觀風水, 跬步之間, 圖局各異, 又於是非中, 各自有分數, 非有十分非. 又有八九分非焉, 是有十分是, 又有八九分是焉. 自有一定之天理, 初非人力所可容爲, 非十分者, 減之爲九分, 非八分者, 增之爲九分, 則天理中八分非十分非, 固自如也. 其增其減, 何足以服人心乎? 爲上者當公聽並觀, 是者是之, 非者非之, 隨其分數, 任之秤星, 一出天理之正, 不以一毫私意參錯於其間, 處分中正, 無所偏倚, 然後可以服人心也. 雖於敵以下, 苟能純然天理, 事事得當, 則狠心者終必心服. 況人主居表率之地, 苟能處分得宜, 至公無私, 則雖其蔽痼已深, 不能遍化於頃刻之內, 而一事二事, 至於積累, 一日二日, 至於悠久, 自然浸化而心服矣. 不然而或以計較安排之私, 行於其間, 則頭顱不正, 處分易錯. 人情皆有不平, 雖以人主之威尊, 而不可以力制矣. 聖上蕩平之敎, 非不出於至誠, 而第其聖學, 猶有未盡處, 故號令之際, 或用私智機權. 夫能一出於天理, 或牽掣於時勢, 或勉副於人情, 殿下虛勤聖慮於四年之間, 而蕩平之效, 茫如捕風者以此也. 今若急於蕩平之效, 姑

657) 發端은 開始·始作이다.
658) 원전의 '無'는 문맥으로 보아 '有'의 착오인 듯하다.

捨是非之眞, 就彼此言議之間, 左右彌縫, 以爲調停保和之策, 如鄕曲仇怨之人, 私和釋憾之爲, 則臣恐蕩平二字, 無可成之日也. 天下是非, 元非隱晦而難知, 雖以臣等魯莽之學, 苟能公其眼平其心見之, 則庶可得是非之眞面目, 況殿下聖學高明? 評斷千古, 毫釐不差, 豈獨於一世是非, 而有所疑眩哉? 但恐發之者未必出於天理之正也. 伏願致謹於天理私意之辨, 使本源之地鑑空衡平, 無一毫機關之籠絡, 無些兒文具之粉飾, 是者是之, 非者非之, 甲者某事是而某事非, 乙者某言非而某言是. 或有純然而是者, 或有純然而非者, 或有是中有非者, 或有非中有是者. 大公至正, 動合輿情, 至誠惻怛, 有足感人, 則何憂乎人心之不服而蕩平之難成乎?" 上曰, "减分數之說, 曾於筵中, 已有發端者, 而兵判又言矣. 論分數之說, 承宣所達切實, 當留意焉."

16. 광유[659]시의 기사
廣諭時記事[660]

정사년[661] 8월 열여드렛날[662]에 주상께서 인정문(仁政門)[663]에 임어하여 조참(朝參)[664]을 받으신 뒤에, 도승지(都承旨)[665]로 하여금 광유(廣諭)를 읽게 하셨다. 문무백관이 교명(敎命)을 듣고 나서 예를 필하고, 3품 이하의 관원들은 해산하여 물러난[666] 뒤에 주상께서 희정당(熙政堂)[667]으로 환어(還御)하셔

---

659) 廣諭는 임금이 백관에게 널리 諭示함인데, 여기에서는 영조 13년 8월 28일 조참 후에 2품 이상과 3품 이하의 시종신을 다 모이게 하여 지나간 일은 混沌으로 돌리고 이제부터 開闢이니 偏黨하지 말라는 유시를 내린 일을 가리킨다.

660) 『藥山漫稿』 권10 「雜著」에 실려 있다.

661) 丁巳年은 英祖 13년(1737)이다.

662) 『영조실록』에는 8월 28일 조참을 받은 뒤에 廣諭를 내린 것으로 기록되어 있다.

663) 仁政門은 조선시대의 대궐 昌德宮의 法殿인 仁政殿의 正門으로 남쪽에 있었다.

664) 朝參은 매월 5일·11일·21일·25일에 모든 文武官員이 검은 옷을 입고 勤政殿이나 仁政殿에서 임금에게 문안드리고, 政事를 아뢰던 일이다.

665) 都承旨는 조선시대에 왕명의 출납을 맡아보던 承政院의 6명의 승지 중 으뜸벼슬로 정3품 堂上官이었다.

서, 2품 이상의 문신만 입대(入對)[668]하라고 명하시니 군신(群臣)이 나아가 부복하고 나서, 주상께서 말씀하시기를, "대신들은 먼저 고개를 들고 나의 옆에 누가 있는지를 보라?"라고 하였다. 모든 신하들이 각각 쳐다보니 동궁(東宮)[669]께서 남색도포에 검은 가죽신 차림으로 머리에는 당계(唐髻)[670]를 쓰고 주상이 앉으신 탑상(榻床) 옆에 앉아 계시는데, 용장(龍章)[671]의 일표(日表)[672]와 천질(天質)[673]이 자연스러우셨다. 뭇 신하들이 목을 빼어들고[674] 다투어 먼저 보느라고 온 전당(殿堂)이 유쾌해져서 기쁜 기색이 손으로 움켜잡을 듯해지자, 주상께서 말씀하셨다. "뭇 신하들이 당론(黨論)[675]으로 나를 저버리니, 나는 참으로 뭇 신하들의 낯을 볼 뜻이 없소. 동궁을 나오게 하여 보여 준 것은 임금과 신하가 좋은 얼굴로 서로 보기 위함이었소." 이어서 어린 환관(宦官)에게 명하여 선온(宣醞)을 내리게[676] 하시고, 주상께서 말씀하시기를 "나의 교명을 따르지 않을 사람은 마시지 말라. 이 술을 마신 사람은 돌아가서 자자손손(子子孫孫)이 당론을 일삼지 말라고 말하라."라고 하였다. 뭇 신하들이 차례대로 마시고 술잔이 광운(光運)에게 이르기에, 광운은 절하고 마시고 나서 일어났다가 엎드려 말하였다.

"오늘 온 전당에 있는 사람이 조용히 덕음(德音)[677]을 듣잡고 동궁의 총명하신[678] 자질을 우러러보면서, 깨닫지 못하는 사이에 손과 발이 춤을 추었습니다.[679] 그리고 태화탕(太和湯)[680] 한 잔이 서캐와 이[681] 같은 미천한 신하

---

666) 罷退는 해산하여 물러남이다.
667) 熙政堂은 조선시대의 대궐인 昌德宮의 寢殿이다.
668) 入對는 신하가 궐내에 들어가서 임금의 諮問에 응함이다.
669) 東宮은 태자·세자가 거처하는 궁전으로 태자·세자를 대유한다.
670) 唐髻는 조선시대에 元子가 머리에 얹었던 낭자머리이다.
671) 龍章은 용을 그리거나 수놓은 옷이다.
672) 日表는 儀表이다.
673) 天質은 타고난 바탕이다.
674) 延頸은 목을 빼어듦이다.
675) 黨論은 朋黨 사이의 논쟁이다.
676) 宣醞은 임금이 신하에게 술을 내려주는 것, 또는 그 술이다.
677) 德音은 仁德에 부합하는 말·명령이다.
678) 岐嶷은 어린 나이에 총명함이다.

에게도 이르니, 신은 속마음[682]으로 감격하여 감히 진달할 것이 있사온데, 오늘은 기상이 매우 좋으니 신은 기상을 가지고 말씀드리겠습니다. 무릇 국가의 성쇠라는 것를 보려면 반드시 그 기상을 보아야 하는데, 그 기상이 관대(寬大)하고[683] 안서(安徐)하면서도[684] 화평한 복을 누리지 않은 나라는 없었고, 급박하고[685] 소란스러우면서도[686] 안정된 공업(功業)에 이를 수 있었던 나라는 없었습니다. 전하의 근래[687]의 거조(擧操)는 어찌하여 뭇 아랫사람들이 따르지 않으면서도[688] 죄를 범하게 하지 않은 것이 없으십니까? 그런데 요·순의 시절인들 또한 어찌 따르지 않은 신하가 없었겠습니까마는, 요·순이 어찌 이런 일로 정전(正殿)을 피한[689] 적이 있었습니까? 반경(盤庚)[690]의 시절인들 또한 어찌 따르지 않은 신하가 없었겠습니까마는, 반경이 어찌 이런 일로 합문(閤門)[691]을 닫은[692] 적이 있었습니까? 성주(成周)[693]의 시절인들 또한 어찌 따르지 않은 백성이 없었겠습니까마는, 성왕(成王)[694]이 어찌 이런 일로 음식을 물리친 적이 있었습니까? 요·순과 반경과 성주가 따르지 않는 신하를 구처(區處)하고[695] 효유(曉諭)하던[696] 때에 그 기상의 관대하고

---

679) 舞蹈는 손발을 움직여 춤을 춤으로, 신하가 제왕에게 하례를 올릴 때 의례적으로 쓰던 말이다.
680) 太和湯은 사람의 마음을 태평하게 하는 국물로 술을 비유한다.
681) 蟣虱은 서캐와 이로 보잘것없거나 미천함을 비유한다.
682) 愚衷은 자신의 속마음의 겸칭이다.
683) 寬大는 도량이 넓음, 너그럽고 厚德함이다.
684) 安徐는 침착하고 차분함이다.
685) 迫急은 急迫과 같은 말로 몹시 급함이다.
686) 驚擾는 소란을 피워 놀라게 함이다.
687) 頃日은 근래, 요즈음이다.
688) 不率은 따르지 않음, 복종하지 않음이다.
689) 避殿은 避正殿의 준말로 나라에 변고가 있을 때에 제왕이 근신하는 뜻으로 정전을 떠남이다.
690) 盤庚은 殷나라의 17대 임금으로 도읍을 殷으로 옮기고 백성을 잘 다스려 국운을 부흥시킨 殷朝 중흥의 明主이다.
691) 閤門은 궁전의 옆문이다.
692) 閉閤은 閉閤思過의 준말로 합문을 닫고 자신의 잘못을 반성함이다.
693) 成周는 周나라 초기에 周公이 成王을 도와 흥성하였던 시대이다.
694) 成王은 周나라의 제2대 임금으로 武王의 아들이다.

화평함이 참으로 어떠하였습니까? 제갈양(諸葛亮)[697]이 말하기를, "나의 마음은 저울과 같다."고 하였습니다. 제갈양이 사람을 복종킨 것은 그 공평함 때문이거늘, 하물며 인주(人主)의 존귀한 분으로서 지극히 공평함으로 아랫사람을 다스림이겠습니까? 전하의 기상이 화평을 얻지 못하면, 전하의 마음도 화평을 얻지 못하십니다. 전하께서는 화평을 얻지 못한 심기로 지극히 평정하기 어려운 세도(世道)를 평정하고자 하시니, 또한 어렵지 않겠습니까? 천하에 있어서는 안 될 것이 당론이고, 천하에 없어서는 안 될 것이 시비입니다. 당론을 깨뜨리고자 하시면서, 아울러 시비와 혼륜(渾淪)시키시니[698], 어수선하고[699] 어지러워져서[700] 그 폐단이 도리어 지난날보다 심함이 있습니다. 그러나 당론을 일삼는 자들은 시비에 거짓으로 의탁하여[701], 시비를 밝힌 자들 가운데 어떤 이는 당목(黨目)[702]에 빠져 버림이 심하니, 서로 비슷하여 분별하기 어렵습니다. 전하께서 광유하신 뒤에도, 다시 기왕(旣往)의 당론을 유지하는 자는 전하의 신자(臣子)가 아닙니다. 그러나 하늘과 땅 사이를 채우는 것이 일이요, 천하에는 일이 없었던 시절이 있지 않으며, 일이 있으면 시비가 있습니다. 기왕의 논의가 비록 소멸하는[703] 데로 귀결될지라도, 장래[704]의 시비가 온전할[705] 수 있겠습니까? 전하의 권형(權衡)[706]이 지극히 중정(中正)하

695) 區處는 분별하여 처리함이다.
696) 曉諭는 깨닫도록 타이름이다.
697) 諸葛亮은 蜀漢의 전략가·재상으로 자는 孔明, 세칭 臥龍으로 불리었다. 先帝 劉備의 三顧草廬로 출사하여 赤壁大戰에서 큰 공을 세웠고, 촉한 건국 후 승상이 되었다. 선제의 사후에도 국정을 맡아 부국강병을 꾀했으나 對魏戰에서 전사했으며, 『諸葛亮集』을 남겼다.
698) 渾淪은 하늘과 땅이 나뉘기 전의 混沌狀態, 또는 물이 빙빙 도는 모양이다.
699) 泯泯은 어수선한 모양, 어지러운 모양이다.
700) 棼棼은 어지러운 모양, 또는 어지럽히는 모양이다.
701) 假託은 거짓으로 기댐으로 가짜를 진짜인 것처럼 위장함, 또는 없는 일을 빌어 사실인 것처럼 꾸밈을 가리킨다.
702) 黨目은 朋黨의 名目·名稱이다.
703) 消融은 녹아 없어짐으로 없어지거나 사라짐을 비유한다.
704) 方來는 앞날·장래·미래이다.
705) 囫圇은 완전함, 또는 애매모호함이다.
706) 權衡은 저울추와 저울대로 사물의 均衡을 비유한다.

지[707] 않으면, 어떻게 그 황극(皇極)[708]을 세우겠습니까? 전하께서 다만 뭇 아랫사람을 책려(策勵)하실[709] 뿐만 아니라, 또한 그 근본을 돌이켜 찾기를 바라셔서, 먼저 사기(辭氣)[710]를 좇아 성찰하시고, 능히 마음을 다잡음[711]을 더하시며, 태화(泰和)[712]를 함양하여 황극을 세우시면, 마음이 화평해지고 기분이 화평해지며, 기분이 화평해지면 천지의 화평함이 따를 것이니, 하물며 사람에 대한 것이겠습니까? 당(唐)나라 문종(文宗)[713]이 말하기를, "하북(河北)[714]의 도적[715]을 없애는 것은 쉽고, 조정의 붕당을 없애는 것은 어렵다." 라고 하였으니, 신은 사서(史書)를 읽다가 이 대목에 이르면, 문종에 대하여 탄식하고 통한(痛恨)하지[716] 않은 적이 없습니다. 황천(皇天)이 임금에게 내려준[717] 것이 어떤 일입니까? 표준(表準)[718]은 마음에 있고, 권병(權柄)[719]은 손에 있으며, 감화(感化)시키면 화합하고 감독하면 두려워할 것이니, 도주(陶鑄)하고[720] 변화시킴을 어찌 추구하여 이루지 못하겠습니까? 그런데도 도리어 이러한 군박하고[721] 처절한 말을 꺼내어 뒷사람으로 하여금 슬퍼하게 하십니까? 전하께서 때로는 국문(鞫問)을 명하고 때로는 정형(正刑)[722]을 명하

---

707) 中正은 어느 쪽에도 치우침이 없이 바름이다.
708) 皇極은 제왕이 나라를 다스리는 표준이 될 만한 지극히 올바른 법도로, 치우침이 없는 中正의 道를 가리킨다.
709) 策勵는 다그쳐서 노력하게 함이다.
710) 辭氣는 語氣이다.
711) 操存은 마음을 다잡아 보존함이다.
712) 泰和는 하늘과 땅 사이의 조화롭고 온화한 元氣이다.
713) 文宗은 唐나라의 제14대 황제로 穆宗의 둘째 아들인데, 환관의 횡포, 당쟁, 河北三鎭의 저항 등으로 인하여 재위 기간 내내 어려움을 겪었다.
714) 河北은 중국의 黃河 이북의 지역이다.
715) 河北賊은 唐末에 조정에 반기를 들었던 河北三鎭의 군사를 가리킨다.
716) 痛恨은 몹시 한탄스럽게 여김이다.
717) 付畀는 내려줌, 건네줌이다.
718) 表準(准)은 본보기가 되는 기준·규범이다.
719) 權柄(秉)은 권세의 칼자루로 권력을 가리킨다.
720) 陶鑄는 거푸집을 만들어 器物을 鑄造함으로 육성·양성을 비유한다.
721) 窘迫은 다급하고 곤란함이다.
722) 正刑은 법에 따라 死刑을 집행함이다.

였다가 바로 광구(匡救)[723]하셨으니, 비록 이미 고치신[724] 일이기는 하지만, 결국은 오늘의 당론의 신하를 죽일 수 없게 할 것입니다. 맹자(孟子)가 말하기를, "장차 지금의 제후를 주살(誅殺)하겠는가? 가르쳐도 고치지 않은 뒤에 죽이겠는가?"[725]라고 하였습니다. 전하께서는 당론의 신하에 대하여 가르치지 않고 죽일 수 있으십니까? 전하께서 가르치는 방법이라는 것은 말로 가르침에 지나지 않는데도 몸소 가르치신 적이 없으니, 어찌 갑자기 죽이시겠습니까? 진실로 전하께서 몸소 가르쳐서 물이 든[726] 지 여러 해 지난 뒤에도, 여전히 공공을 배반하고 당론에 죽는 자가 있다면, 참으로 죽이셔도 좋을 것입니다. 어찌 갑자기 감당할 수 없는 위엄을 시행하셨다가, 곧 윤음으로 나온 것처럼 도로 거두어들여서, 뭇 아랫사람들로 하여금 위엄을 깔보게[727] 하여 왕강(王綱)[728]에 손상이 있게 하실 수 있겠습니까? 부필(富弼)[729]이 말하기를, "인군(人君)은 하늘과 같아서 뭇 아랫사람들로 하여금 엿보아 짐작하게[730] 해서는 안 된다."고 하였습니다. 전하께서는 평소에 위엄과 분노를 가볍고 급작스럽게 드러냈다가 없애거나[731] 뒤집으시므로, 소인들이 내심(內心)으로 망녕되게 서로 엿보아 헤아리고서, 전하께서 덕을 지키심[732]이 굳지 못하다고 이르니, 전하의 처분이 쉽게 저지될 것을 두려워합니다. 기미(幾微)[733]를 헤

723) 匡救는 잘못을 바로잡아 구제함이다.
724) 反汗은 앞서 내린 명령을 취소하거나 고침으로, 흘린 땀을 되돌릴 수 없다는 데서 생긴 말이다.
725) 『孟子』「萬章 下」에 나오는 글이다.
726) 浸漬는 물들임으로 교화하거나 영향을 미침을 비유한다.
727) 玩威는 威嚴을 깔봄이다.
728) 王綱은 왕의 紀綱이다.
729) 富弼은 북송의 문신으로 자는 彦國, 河南人이다. 인종 때 추밀부사를 거쳐 평장사가 되어 文彦博과 이름을 나란히 하여 富文으로 일컬어졌고, 英宗 때 추밀사가 되어 鄭國公에 봉해졌다. 신법에 반대하여 은퇴하려 하다가 도리어 司空에 승진되고 韓國公에 봉해졌으며, 시호는 文忠이다.
730) 窺測은 엿보아 헤아림이다.
731) 銷刻은 깎아 없앰이다.
732) 執德은 덕을 굳게 지킴이다.
733) 幾微는 어떤 일이 일어날 낌새이다.

아려 영합하신[734] 때에는 문득 요행을 바라는 마음이 생겨나서, 십년 동안이나 붕괴되고 혼란스러진[735] 탓에 마침내 안정되지 않았습니다. 참으로 전하께서 마땅히 성내야 할 것에 성내어야 하는데도, 일찍이 가볍게 드러내지 않으셨고, 그들이 마땅히 고집해야 한다고 속이는 데 미혹되어, 조정[736]의 결정을 어지럽게 변개하신[737] 지 이미 여러 해 되었거늘, 왜 오늘의 대고(大誥)[738]를 기다리셨습니까? 또 신에게는 구구한 우려스러운 마음이 있습니다. 옛날에 명덕마황후(明德馬皇后)[739]가 일찍이 좌우를 돌아보며 더불어 말한 적이 없으니, 사신(史臣)이 그 원대한 식견[740]을 찬양하였습니다. 신이 들으니 지난날에 하명을 기다린 여러 신하에 대하여, 전하께서는 아무개는 오고 아무개는 오지 않은 것을 다 아셨다는데, 전하께서는 어디에서 들으셨습니까? 감사(監司)[741]가 좌우로 하여금 염문(廉問)하게[742] 함에도 또한 폐단이 있거늘, 하물며 당당한 천승(千乘)[743]의 지존이시겠습니까? 이런 길이 한번 열리고, 만일 소인이 그 사이에 끼어든다면, 폐단이 됨이 장차 어떻겠습니까? 엎드려 바라옵건대 지금 이후[744]로는 깊이 경계를 더하소서."라고 하였다. 주상께서 모두 가납하시고 체념(體念)[745]하겠다고 하교하셨다.

영의정(領議政) 이광좌(李光佐)[746]가 말하기를, "신등은 온 종일[747] 입시하

---

734) 揣摩는 상대방의 뜻을 헤아려 迎合함이다.
735) 橫潰는 물이 둑을 터뜨리고 마구 흐름으로 붕괴되어 혼란해짐을 비유한다.
736) 朝著는 朝班·朝廷이다.
737) 撓改는 어지럽게 변개함이다.
738) 大誥는 『書經』 편명에서 유래하여, 천하의 사람들에게 널리 크게 고함, 또는 그런 글을 가리킨다.
739) 馬皇后는 後漢 明帝의 비로 援의 딸이다. 검약하고 겸손하여 덕이 후궁에서 으뜸이었으며, 시호는 明德이다.
740) 遠識은 높고 먼 식견이다.
741) 監司는 조선시대의 各道에 둔 지방장관인 觀察使의 다른 이름이다.
742) 廉問은 조사하여 審問함이다.
743) 千乘은 천 대의 兵車로 제후·제후국을 비유한다.
744) 以往은 以後이다.
745) 體念은 절실하게 유념함이다.
746) 李光佐(1674~1740)는 조선 후기의 문신으로 본관은 慶州, 자는 尙輔, 호는 雲谷으로 좌의정 恒福의 현손이다. 별시문과에 장원급제하여, 부수찬·이조참의 등을 거쳐 동지사

여도 성덕(聖德)에 비익(裨益)[748]됨이 없사오나, 오광운은 소원한[749] 신하로서 우연히 연석(筵席)에 올랐는데도 그 진달한 바가 모두 절실하고 진지한 주장이니, 전하께서 모으신[750] 외정(外廷)의 여러 신하들이 이미 효험을 첫날부터 드러내었습니다."라고 하였다. 우의정(右議政) 송인명(宋寅明)[751]이 말하기를, "오광운이 진달한 바는 가모(嘉謨)[752]가 아닌 것이 없사오며, 초반의 시비를 혼륜해서는 안 된다는 주장은 특히 절실합니다."라고 하였다. 이종성(李宗城)[753]이 말하기를, "오광운의 말은 모두 개절(剴切)[754]하오나, 그 가운데 인주는 하늘과 같아서 뭇 아랫사람들로 하여금 엿보아 헤아리게 해서는 안 된다는 주장은 권수(權數)[755]에 관련되니 자병(疵病)[756]이 없지 않은 듯합니다."

로 청나라에 다녀왔고, 尹宣擧 문집의 毁板을 반대하다가 파직되었다가 예조참판으로 복귀하였다. 세제의 대리청정을 취소시킨 뒤 소론이 집권하자 예조판서·병조판서·우의정을 거쳐 영의정에 올랐으나 노론의 집권으로 파직되었다. 정미환국 후 영의정에 복귀하여 摠裁官으로 『景宗實錄』·『肅宗實錄補闕正誤』의 편찬을 주관했다. 치사하였다가 1737년에 다시 영의정이 되었으나, 朴東俊 등의 탄핵에 격분하여 단식하다가 죽었고, 시호는 文忠, 『雲谷實記』를 남겼다.

747) 鎭日은 終日이다.

748) 裨益은 이익, 또는 이익이 됨이다.

749) 疎(疏)逖은 疎遠함, 閑散함이다.

750) 萃集은 모음, 또는 한데 모임이다.

751) 宋寅明(1689~1749)은 조선 후기의 문신으로 본관은 礪山, 자는 聖賓, 호는 藏密軒이다. 증광문과에 등제하여 검열을 거쳐 설서로 있다가, 영조가 즉위하자 충청도관찰사에 기용되었다. 동부승지일 때에 朋黨의 금지를 건의하여 蕩平策에 적극적으로 협조했다. 이조판서가 되어 노·소론 중에서 온건한 사람들을 중용하였고, 우의정을 거쳐 좌의정에 올라 탕평책에 박차를 가하여 국가의 기강을 튼튼히 하였으며, 왕명으로 朴師洙와 함께 辛壬士禍의 전말을 기록한 『勘亂錄』을 편찬하였고, 사후에 영의정이 추증되었으며, 시호는 忠憲이다.

752) 嘉謨는 훌륭한 계책이다.

753) 李宗城(1692~1759)은 조선 후기의 문신으로 본관은 慶州, 자는 子固, 호는 梧川, 좌의정 台佐의 아들이다. 등제하여 경상도 암행어사로 민폐를 일소시켰고, 수찬·교리·승지·대사간 등을 거쳐 부제학이 되어 良役의 폐를 상소하였다. 탕평책에 반대하다가 파직되었고, 다시 기용되어 관찰사를 거쳐 이조판서가 되었으며, 예조판서·대사헌을 역임한 뒤 좌의정에 이어 영의정에 올랐으나, 세자의 처벌에 적극적이었던 金尙魯 등의 간계로 사직하였다가, 영중추부사가 되어 莊獻世子를 잘 보살폈다. 莊祖의 묘정에 배향되고, 『梧川集』을 남겼으며, 시호는 文忠이다.

754) 剴切은 절실함, 사리에 꼭 맞음이다.

라고 하였다. 영상이 말하기를, "이종성의 말은 거의 오광운의 본의를 놓친 것입니다."라 하니, 병조판서 조현명(趙顯命)[757]이 "오광운의 본의는 반드시 그와 같지 않을 것입니다."라고 하였다. 광운이 일어났다가 엎드려서 말하였다. "신의 뜻은 전하의 심원한 연목(淵穆)[758]이 하늘이 확연함[759]과 같기를 바란 것이옵고, 좁은 소견[760]으로 뭇 아랫사람들의 정면(情面)[761]에 대하여 잡백(雜伯)[762]이 우민(愚民)을 상대하는 술책을 쓰고자 한 것이 아닙니다. 이종성은 신의 말을 잘못 안 것입니다." 옥당 김한철(金漢喆)[763]이 말하였다. "오광운의 말은 모두 칩론(縶論)[764]입니다. 그러나 신료들은 각각 직책이 있사온데, 지금 광운은 군함(軍啣)[765]을 지닌 채 입시하였습니다. 이미 경연관

---

755) 權數는 권력을 잡는 술수·요령이다.

756) 疵病은 흠·결점이다.

757) 趙顯命(1690~1752)은 조선 후기의 문신으로 본관은 豊壤, 자는 稚晦, 호는 歸鹿이다. 1719년에 급제하여 검열·교리 등을 거쳐 李麟佐의 난에 吳命恒의 종사관으로 공을 세워 공신이 되고 豊原君에 봉해졌으며, 대사헌·도승지를 거쳐 경상도·전라도 관찰사를 지냈다. 어영대장·부제학, 이조·병조·호조의 판서 등 요직을 역임한 뒤, 우의정·좌의정을 거쳐 영의정으로 균역법 제정을 총괄하다가 閔百祥에게 탄핵받아 물러났다. 趙文明·宋寅明과 함께 영조조 전반의 노소탕평을 주도하였다. 『歸鹿集』을 남겼고, 『海東歌謠』에 시조 1수가 전해지며, 시호는 忠孝이다. 문집 권16에 <贈吏曹判書吳公神道碑銘>이 실려 있다.

758) 淵穆은 마음·생각이 깊음이다.

759) 廓然은 遠大한 모양, 또는 텅 빈 모양이다.

760) 規規는 천박하고 고루한 모양, 식견이 좁고 융통성이 없는 모양이다.

761) 情面은 情分과 顔面이다.

762) 雜伯은 잡스러운 盟主·覇者이다.

763) 金漢喆(1701~1759)은 조선 후기의 문신으로 본관은 慶州, 자는 士迪, 호는 可軒이다. 정시문과에 병과로 급제하여 검열·지평·정언 등을 거쳐 교리를 지냈고, 大蕩平을 내세우면서 몰래 새로운 당을 만든다고 元景夏를 탄핵하였다가 역공받아 삭직되었다. 재기용되어 수찬·헌납 등을 지낸 뒤, 東萊府使로 나갔다가 돌아가서 승지를 거쳐 도승지가 되었다. 경기감사·이조참판을 거쳐 대사간·대사성·대사헌을 지낸 뒤 우참찬에 이르렀고, 시호는 孝簡이다.

764) 縶論은 얽매이게 하는 주장·의견이다.

765) 軍銜은 군사에 관한 일을 맡아보는 벼슬의 직함인데, 오광운은 영조 12년(1736) 6월에 仁顯王后에게 죄를 지은 李玄逸의 아들인 李栽를 추천한 일로 탄핵받아 삭탈관직되었다가, 이듬해 8월에 廣諭에 참석하도록 파직한 사람도 서용하라는 명에 따라 趙顯命·金取魯·朴師洙 등과 함께 職牒을 돌려받았는데, 이때 1732년에 제수된 副摠管의 직위

(經筵官)[766]이 아니요, 또 간관(諫官)[767]도 아닙니다. 연주(筵奏)[768]는 소장(疏章)과 다른 것인데도, 사설이 너무 기니, 청컨대 추고(推考)[769]하소서." 주상께서 말씀하시기를, "이것이 어찌 추고할 일이겠는가?" 하니, 우상이 "산반이 조정의 시비를 논하였으니, 지위를 벗어난 일이라고 이를 수 있습니다마는, 군덕(君德)의 궐실(闕失)[770]을 논함 같은 것이야 어찌 불가할 것이 있겠습니까? 옥당의 말은 옳지 않습니다. 앞 자리의 여러 신하 가운데에는 옥당이 아닌 사람이 많습니다."라고 말하였다. 한철이 사사롭게 말하기를, "나는 그 말이 옳지 않다는 것이 아니다. 다만 그것이 너무 긴 것을 싫어하였을 뿐이다." 하였다. 끝나려고 할 때에 주상께서 좌의정 김재로(金在魯)[771]에게 말씀하시기를, "나는 영상과 경의 손을 잡고자 하니, 채근하여[772] 교령(敎令)을 준수할[773] 것을 기약하시오. 오광운이 진달한 경계가 이와 같음에 나는 박절한 거조를 하고 싶지 않소. 우선 경이 천천히 스스로 깨닫기를 기다릴 따름이오." 라고 하였다. 모든 신하들이 해산하여 물러났다.

를 회복하였던 것으로 보인다.

766) 經筵官은 제왕에게 학문을 강의하는 일을 맡은 관원이다.

767) 諫官은 諫言을 맡은 관원으로 조선시대의 司諫院·司憲府의 관리이다.

768) 筵奏는 經筵·召對 등 임금을 대면하는 자리에서 時事·政策 등에 관한 의견을 직접 아룀이다.

769) 推考는 罪過가 있는 관원을 신문하여 그 죄상을 따지고 살핌이다.

770) 闕失은 잘못·過失이다.

771) 金在魯(1682~1759)는 조선 후기의 문신으로 본관은 淸風, 자는 仲禮, 호는 淸沙·虛舟子, 우의정 構의 아들이다. 춘당대문과에 을과로 급제하여 지평·수찬 등을 거쳐 부수찬으로 있을 때, 선현을 무고한 소론 柳鳳輝·鄭栻 등을 탄핵하여 파직되게 하였다. 참의·부제학·개성유수를 지낸 뒤, 신임사화 때 門外黜送되었다가 蔚山에 안치되었고, 풀려나서 대사간에 등용되었으나 정미환국으로 다시 파직되었다. 李麟佐의 난이 일어나자 충주목사로 기용되었고, 實錄都廳堂上으로 『景宗修正實錄』 편찬에 참여하였다. 우의정·좌의정을 거쳐 판중추부사로 奏請使가 되어 淸에 가서 新刊된 『明史』를 구해 온 뒤 영의정에 올랐다. 영조의 廟庭에 배향되었고, 시호는 忠靖이며, 『闡義昭鑑諺解』·『爛餘』를 남겼다.

772) 敦迫은 채근하고 다그침이다.

773) 遵敎는 교령이나 가르침을 준수함이다.

丁巳八月十八日, 上御仁政門, 受朝參, 使都承旨讀廣諭. 文武百官聽敎訖, 禮畢, 三品以下罷退, 上還御熙政堂, 只命文臣二品以上入對, 羣臣進伏訖, 上曰, "大臣先擡視予傍有誰?" 諸臣各瞻仰, 東宮藍袍黑靴, 頭戴唐髻, 坐御床側, 龍章日表, 天質自然. 羣臣延頸之餘, 爭先覩之, 爲快一堂, 喜氣可掬, 上曰, "羣臣以黨論負予, 予實無對羣臣之顔. 出示東宮者, 欲君臣好顔相視也." 仍命小宦宣醞, 上曰。, "遵予敎者勿飮. 飮此盃者, 歸語子子孫孫勿爲黨論也." 羣臣以次飮, 盃至光運, 光運拜飮訖, 起伏曰,

"今日一堂從容仰聆德音, 瞻望東宮歧嶷之質, 不覺手足蹈舞. 而太和湯一盃, 至及於蟣虱賤臣, 臣愚衷所激, 敢有所達, 今日氣象甚好, 臣請以氣象言之. 凡觀國家之盛衰者, 必觀其氣象, 未有寬大安徐而不享和平之福者, 未有迫急驚擾而能致鎭定之功者. 殿下頃日之擧, 何莫非羣下不率之罪? 而堯舜之時, 亦豈無不率之臣乎, 堯舜何曾以此而避殿也? 盤庚之時, 亦豈無不率之臣乎, 盤庚何曾以此而閉閤也? 成周之時, 亦豈無不率之民乎, 成王何曾以此而却膳也? 堯舜盤庚成周之區處曉諭不率之臣民也, 其氣象之寬平, 果何如哉? 諸葛亮曰, "我心如秤." 諸葛亮之服人者, 以其平也, 況以人主之尊, 而以至平御下哉? 殿下之氣, 不得其平, 則殿下之心, 不得其平矣. 殿下以不得平之心氣, 欲平至難平之世道, 不亦難乎? 天下之不可有者黨論也, 天下之不可無者是非也. 欲破黨論, 而並與是非而混侖之, 則泯泯棼棼, 其弊反有甚於前日矣. 然而爲黨論者, 假托於是非, 明是非者, 或陷於黨目甚矣, 其相似而難辨也. 殿下廣諭之後, 復提旣往之黨論者, 非殿下臣子也. 然盈天下之間者事也, 天下未有無事時節, 有事則有是非. 旣往之論議, 雖歸消融, 方來之是非, 其可囫圇乎? 非殿下權衡之至中, 何以建其極乎? 殿下非但策勵羣下, 亦望反求其本, 先從辭氣而省察, 克加心志之操存, 涵養泰和, 以建皇極, 則心和而氣和, 氣和而天地之和應之, 而況於人乎? 唐文宗曰, "去河北賊易, 去朝廷朋黨難." 臣讀史至此, 未嘗不歎息痛恨於文宗也. 皇天之付畀人主者, 何如哉? 表準在心, 權柄在手, 感之則和, 董之則威, 陶鑄變化, 何求不得? 而乃發此窘迫凄切之語, 使後人哀之耶? 殿下或命鞫問, 或命正刑, 旋因匡救, 雖已反汗, 而叵則以爲今日黨論之臣, 不可殺也. 孟子曰, "將比今之諸侯而誅之乎? 敎之不改而後誅之乎?" 殿下之於黨論之臣, 不敎而殺之可乎?殿下所以敎之者, 不過以言敎也, 未嘗以身敎也, 何遽殺之乎? 誠殿

下以身敎之, 浸漬有年而後, 猶有背公死黨者, 眞殺之可也. 何可遽施無當之威, 旋收如綸之出, 使羣下玩威而王綱有損乎? 富弼曰, "人君如天, 不可使羣下窺測." 殿下平日威怒輕遽, 銷刻顚倒, 小人之腹妄相窺測, 謂殿下執德之不固, 疑殿下處分之易撓. 揣摩幾微之際, 輒生僥倖之心, 十年橫潰, 汔未底定. 誠殿下怒於所當怒而未嘗輕發, 執其所當執而罔或撓改, 朝著之定, 已有年矣, 何待今日之大誥乎? 且臣有區區憂慮之忱. 昔明德馬皇后未嘗顧左右與言, 史臣贊其遠識. 臣伏聞頃日待命諸臣, 殿下悉知其某來某不來, 殿下何從而得之耶? 監司使左右廉問, 亦且有弊, 況堂堂萬乘之尊乎? 此路一開, 萬一小人居其間, 則爲弊將何如? 伏願從今以往, 深加戒焉." 上皆嘉納, 以體念爲敎.

領議政李光佐曰, "臣等鎭日入侍, 無所裨益於聖德, 而吳光運以疎逖之臣, 偶然登筵, 其所陳達, 皆是切摯之論, 殿下萃集在外諸臣, 效已著於初日矣." 右議政宋寅明曰, "吳光運所達, 無非嘉謨, 而初段是非不可混淪之說, 尤切實矣." 李宗城曰, "吳光運之言, 皆剴切, 而其中人主如天, 不可使羣下窺測之說, 似涉權數, 不無疵病矣." 領相曰, "李宗城之言, 殆失吳光運本意矣." 兵曹判書趙顯命曰, "吳光運本意, 必不如是矣." 光運起伏曰, "臣意願殿下深遠淵穆如天之廓然, 不規規於羣下情面, 非欲用雜伯愚民之術也, 李宗城不曉臣言矣." 玉堂金漢喆曰, "吳光運之言, 皆是繁論. 然臣僚各有職責, 今光運以軍銜入侍. 旣非經筵, 又非諫官. 筵奏異於疏章, 辭說太長, 請推考." 上曰, "此豈推考者乎?" 右相曰, "以散班論朝廷是非, 則謂之出位亦可也, 若論君德闕失, 何不可之有? 玉堂之言不然矣, 前席諸臣, 多有非玉堂者." 漢喆私曰, "吾非以其言爲不當, 但嫌其太長爾." 臨罷, 上謂左議政金在魯曰, "予欲握領相與卿手, 敦迫以遵敎爲期, 吳光運陳戒如此, 予不欲爲迫切之擧. 姑徐以待卿自悟爾." 諸臣罷退.

17. 자우[1] · 방서[2] · 영백[3] · 자화[4]를 유별하다[5]

1) 子羽는 1703년작인 <癸未八月十七日, 將覲杜陵, 留別書齋諸君>(『希菴集』 권8) 이래로 20

留別子羽邦瑞永伯子和[6]

나는 군자(君子)[7]에게서 즐거움을 취하고자

고문(高門)[8]에서 영재를 얻었네.[9]

여제에 諸生으로 나타나는 희암의 문인으로 성이 權氏라는 것 외에는 자세한 행적을 알 수 없다. 李瀷의 『星湖僿說』 권13 <松都夢詩>에서는 亡友인 上舍 權子羽가 蔡仲耆 학사에게서 시를 배웠는데, 그 시에서 '쇠잔한 꽃은 나무를 사모하여 얽매여 있는데, 가랑비는 봄을 데리고 쓸쓸히 돌아가네.(殘花戀樹羈縻在, 小雨將春寂寞歸.)'라고 하였다.

2) 邦瑞는 조선 후기의 문신 權賁(1689~?)의 자로 본관은 安東, 다른 자는 德益, 장령 贇의 아우이다. 숙종 45년(1719) 증광시에 갑과 2위로 등제하여 扶安縣監 · 지평 · 헌납 · 장령 · 行副護軍을 거쳐 사간을 지냈으며, 영조 13년(1737)에 重試에 급제하였다. 1704년작인 <權生德益冠命, 名賁, 字邦瑞, 詩以勉之>(『희암집』 권9) 이래로 30여회 나타나는 희암의 문인이다.

3) 永伯은 吳光運의 자로 초자는 愶鐵이다. 1702년작인 <次韻和諸生待吳愶鐵不來聯句之作>(『희암집』 권8)에 처음 나타나는 것으로 보아 14세 이전부터 서재에 출입하였음을 알 수 있는데, 희암의 시 20여제에 제생으로 나타난다.

4) 子和는 1704년작인 이 賦가 지어진 무렵부터 13제에 제생으로 나타나는 희암의 문인으로, <程谷秋思, 賦長相思, 寄諸生>(『희암집』 권12)을 통해 성이 睦氏임이 드러날 뿐 자세한 행적을 알기 어렵다.

5) 留別은 남겨 두고 떠난다는 뜻으로 작별의 대상에게 시문을 남김을 가리킨다.

6) 『希菴集』 권1에 실려 있다. 이 작품은 희암이 숙종 32년(1706) 5월에 藍浦縣監으로 부임하느라고 書齋에서 여러 해 동안 훈도해 왔던 諸生과 헤어질 수밖에 없게 되자, 문생들의 슬픔을 달래고 면학을 당부하기 위하여 지은 賦이다. 희암은 남인이었던 탓에 숙종 20년(1694)의 甲戌換局 이후 오래 야인으로 있었는데, 1698년경부터 藥院 서쪽에 있던 寓居 詠恩窩에 書齋를 열어 權賁 · 吳光運 · 睦敎詩 등 淸南系의 學童 · 新進士人 20여명을 문인으로 두고 학문을 가르쳤다. 1701년경부터는 東壁壇詩社를 결성하여 문생과의 酬唱에도 힘을 기울였는데, 『희암집』에는 이들에게 詩作修鍊을 시키기 위한 의도를 겸하였을 것으로 보이는 관련시 100여제가 실려 있다. 행적을 알 수 있는 이들을 포함하여 李福喜 · 權基龍 · 韓德玄 · 權天得 · 權子羽 · 睦子和 · 權世聖 · 李福喜 · 權基龍 · 韓德玄 · 權天得 · 茂弘 · 功彦 · 闕聞 · 樂聞 · 元生 · 權生 등 20명 이상의 문생이 있었음이 확인된다. 菊圃 姜樸은 당대 이래로 수학기부터 희암을 사사했던 門人이라고 알려져 왔고, 심경호의 「조선 후기 시사와 동호인 집단의 문화활동」(『민족문화연구』 31, 고려대 민족문화연구원, 1996) 176면에서도 "吳光運과 姜樸은 希菴 蔡彭胤의 문인이다. 藥峴에서 가까이 거주하였으며, 채팽윤의 東壁壇 詩社에 참여하였다."라고 하였음에도 불구하고, 관련시문에 전혀 등장하지 않는 점이 흥미롭다.

7) 君子는 덕망이 높고 인품이 뛰어난 사람이다.

8) 高門은 높고 큰 대문으로 훌륭한 집 · 家門이나 부귀한 집을 비유한다.

분란을 겪고 나서 이런 준자(畯資)[10]를 지니거니와
또 연원(淵源)[11]을 소중하게 여긴다네.
저자[12]의 오른쪽에 있는 나의 거친 밭에
아름다운 난초와 구리때[13]가 뿌리를 의탁하였네.[14]
고우(膏雨)[15]가 자욱하게 내리고
강일(羌日)[16]이 때맞추어 번식하도록 기르네.
아침에는 함지(咸池)[17]로 말을 몰고[18]
낮에는 곤륜(昆侖)[19]에서 꼴을 먹이네.
수없는 날[20]에 갈기가 터럭이 되니
용솟음치는 큰 물결에 자빠지고 마네.
다박머리를 늘어뜨린 때에 처음 만났는데

---

9) 이 두 구절은 천하의 영재를 얻어 가르치는 것이 군자의 세 가지 즐거움 가운데 하나라고 한 孟子의 말을 인용한 것인데, 『孟子』 「盡心 上」에 "군자에게는 세 가지 즐거움이 있지만, 천하에 왕 노릇을 하는 것은 그 안에 있지 않다. 부모께서 다 살아 계시고 형제에게 변고가 없는 것이 첫 번째 즐거움이다. 하늘을 우러러 부끄럽지 않고 땅을 굽어보아 부끄럽지 않은 것이 두 번째 즐거움이다. 천하의 영재를 얻어서 가르치고 기르는 것이 세 번째 즐거움이다. 군자에게는 세 가지 즐거움이 있지만, 천하에 왕 노릇을 하는 것은 그 안에 있지 않다.(君子有三樂, 而王天下不與存焉. 父母俱存, 兄弟無故, 一樂也. 仰不愧於天, 俯不怍於人, 二樂也. 得天下英才而敎育之, 三樂也. 君子有三樂, 而王天下不與存焉.)"라는 글이 실려 있다.

10) 畯(俊)資는 뛰어난 資産이다.

11) 淵源은 물의 근원으로 학문·기예를 스승에게서 배워 계승함을 비유한다.

12) 闤은 저자의 담장으로 저잣거리·시가를 비유한다.

13) 茝(채)는 향초 이름으로 고유어로는 구리때라 하며, 그 뿌리인 白芷는 頭痛·腰痛 등의 약재로 쓰인다.

14) 이 두 구절은 『楚辭』 <離騷>의 "나는 이미 九畹의 밭에서 난초를 가꾸었네.(余既滋蘭之九畹兮.)"라는 구절을 점화한 것이다.

15) 膏雨는 농작물이 잘 자라도록 제때에 내리는 비이다.

16) 羌日은 밝은 햇빛이다.

17) 咸池는 해가 지고 나서 목욕하는 곳이라고 하는 중국 西海의 큰 못이다.

18) 騰駕는 車馬를 몰아 달려감, 또는 牛馬를 몰아 수레를 끌게 함이다.

19) 昆侖(崑崙)은 중국 西藏에 있는 산으로 아름다운 옥이 많이 났던 곳이다.

20) 不日은 날짜로 셀 수 없는 기간이다.

곧 아내를 지니더니 더욱 독실해졌네.

진기한 것을 쌓으려고 강석(講席)에서 좇지만

문 안에 이르면 은의가 같다네.

한자(韓子)[21]의 으스댐[22]을 업신여기며

땀 흘리며 각축하여 달려 좇아가라.[23]

구구(歐九)[24]는 소식(蘇軾)[25]에게 양보함이 많았다는[26]

장자(長者)의 한 마디 말이 있었네.

마른 죽간[27]이 어찌 사람을 핍박하랴?

호해(湖海)[28]와 같은 기상을 지닌 우번(右藩)[29]을 바라라.

한묵(翰墨)[30]을 멈추고 자유롭게 다니며[31]

---

21) 韓子는 中唐의 문인·학자인 韓愈(768~824)의 존칭으로, 자는 退之, 선대가 昌黎에 살았으므로 昌黎先生으로 불리었고, 시호는 文公이다. 등제하여 刑部侍郎을 지내다가 潮州刺史로 폄적되었으며, 복권되어 吏部侍郎에 이르렀다. 시문에 두루 능하였으며, 특히 문장에 뛰어난 대표적 古文家로서 후대에 唐宋八大家로 추앙받았다. 『韓昌黎先生集』을 남겼다.

22) 沾沾은 으스대는 모양, 자득하는 모양이다.

23) 追奔은 달려 좇아감, 도망치는 적병을 추격함이다.

24) 歐九는 歐氏家의 형제 중 아홉 번째 서열이라는 뜻으로, 남송의 문인 劉克莊이 北宋의 문인·학자 歐陽脩(1007~1072)를 가리켜 쓴 말이다. 자는 永叔, 호는 醉翁·六一居士, 시호는 文忠이다. 范仲淹의 新政을 돕다가 폄적되었고, 뒤에 翰林學士로 『新唐書』·『新五代史』를 편찬했으며, 參知政事를 거쳐 太子少師로 치사했고, 王安石의 新法을 반대하였다. 시문에 두루 능했으며, 古文運動을 주도한 뛰어난 문장가로 당송팔대가로 추앙받았다. 『歐陽文忠公集』·『六一詩話』를 남겼다.

25) 蘇軾(1036~1101)은 북송의 문인·학자로 자는 子瞻, 호는 東坡이다. 舊法黨에 속했던 정치가로 한림학사를 지냈고, 衆體에 두루 능통했던 시문의 거장으로 宋詩를 대표하는 시인일 뿐 아니라 당송팔대가로 추앙받은 뛰어난 고문가였으며, 『東坡全書』를 남겼다.

26) 이 구절은 南宋 周必大가 <侍讀學士劉公真贊>(『文忠集』 권9)에서 "학문이 구구와 같으면서도 그 해박함이 蘇二처럼 빼어남에 감탄하였다.(問學如歐九, 而咨其博英傑如蘇二.)"라고 한 말을 가리킨 듯하다. 蘇二는 蘇氏家의 형제 중 두 번째 서열이라는 뜻으로 北宋의 문인 黃庭堅이 蘇軾을 가리켜 쓴 말이다.

27) 枯竹은 낡고 헌 竹簡으로 오래 된 서책을 비유한다.

28) 湖海는 호수와 바다로 호방하고 의협심이 강한 氣象을 비유한다.

29) 右藩은 右藩輔의 준말로 나라를 보위하는 左·右의 重臣 중의 하나를 가리킨다.

단점(壇坫)[32]을 순회하며 의지하라.[33]
구름이 빽빽하게 뭉쳐져서[34] 하늘을 불태우면
어지러운 소나기[35]가 물동이를 뒤집은[36] 듯이 쏟아지리.
강성(江城)[37]으로 가는 나를 전송해 주느라고
은옥(銀屋)[38]이 언덕으로 범람함[39]과 같음에 놀라네.
저는 말로 곧 갔다가 다시 돌아올 테니
넋을 놓음[40]을 잠시 늦추어 두라.
사슴과 돼지[41]와 길이 무리짓고자 함이 아니니
작별의 잔[42]을 들고 슬퍼하지[43] 말라.
비록 산천의 경역(境域)은 멀지만
시서(詩書)[44]의 도의(道義)는 본래부터 있다네.
바라건대 본래의 마음[45]으로 힘써서
밤낮으로[46] 소업(素業)[47]을 궁구(窮究)하라.

---

30) 翰墨은 붓과 먹으로 글을 짓거나 글씨를 씀을 비유한다.
31) 芒洋(羊)은 자유로운 모양, 자유롭게 다니는 모양이다.
32) 壇坫은 문인들의 모임, 또는 모이는 장소이다.
33) 攀援은 의지함, 의지하여 따름이다.
34) 屯雲은 잔뜩 뭉쳐진 구름이다.
35) 甚雨는 소나기 · 큰비이다.
36) 飜盆은 물동이를 뒤집어엎음으로 비 · 눈이 많이 내림을 비유한다.
37) 江城은 강 가에 있는 성인데, 여기에서는 희암이 縣監으로 갈 藍浦를 가리킨다.
38) 銀屋은 은빛의 집으로 높이 솟구치는 흰 물결을 비유하는데, 李白의 <司馬将軍歌>에 "강의 흰 물결은 은빛집과 같은데, 몸은 하괴에 자리한 옥장에 거처하네.(江中白浪如銀屋, 身居玉帳臨河魁.)"라는 연이 있다.
39) 襄原은 襄陵과 같은 말로 큰물이 져서 언덕 위로 범람함이다.
40) 銷魂은 넋이 나감, 정신을 잃음으로 몹시 슬퍼함을 비유한다.
41) 鹿豕는 사슴과 돼지로 山野의 무지한 동물이나 어리석은 사람을 비유한다.
42) 離罇은 이별의 술잔이다.
43) 戚戚은 근심하고 슬퍼함이다.
44) 詩書는 『詩經』과 『書經』의 합칭으로 유가의 學問 · 禮敎을 대유한다.
45) 本地는 본래의 심성이다.
46) 明昏은 밝고 어두움이다.
47) 素業은 선대로부터 내려온 家業으로 흔히 儒業을 가리킨다.

해는 어둑하게[48] 부곽(郛郭)[49]에서 지는데
울타리에는 무성한[50] 버드나무가 드리워져 있네.
마음 속에 새겨서 갈무리하여 두고
나이[51]가 들더라도 잊지 말라.

余取樂於君子　得英才於高門
紛旣有此晙資　又重之以淵源
疏余畹於右闐　美蘭茝之託根
膏雨靄以萃之　羌日遂以時繁
朝騰駕於咸池　云晝秣於昆侖
鬐爲毛之不日　倒洪波之泅渾
始垂髫而相得　迨有室而彌敦
從席上而蓄珍　卽門內而等恩
薄韓子之沾沾　角汗藉而追奔
多歐九之遜軾　有長者之一言
何枯竹之迫人　屬湖海之右藩
輟翰墨而芒洋　巡壇坫而攀援
屯雲鬱而蒸霄　甚雨滔以飜盆
媵余行於江城　駭銀屋之襄原
蹇將去而復還　聊以緩夫銷魂
非鹿豕之長羣　無戚戚於離罇
雖山川之境邈　固詩書之道存
願努力於本地　竟素業於明昏

48) 黭黭(암암)은 어둑어둑함, 어두컴컴함이다.
49) 郛郭은 外城이다.
50) 肺肺는 무성한 모양이다.
51) 年勢는 나이, 또는 해・세월이다.

日黯黯而下郛　楊肺肺而垂樊
鏤中心而藏之　亘年歲而不可諼

부록

제2부

吳光運의 詩認識에 관한 硏究

1. 서언

藥山 吳光運(1689~1745)은 蔡裕後·李敏求·李瑞雨·吳尙濂·蔡彭胤의 계보를 계승한 南人詩脈의 嫡嗣[1]로 공인되다시피 하였던 시인이다. 이는 그에게 호감만 지녔으리라고 보기 어려운 姜浚欽(1768~1833)[2]이 蔡濟恭(1720~1799)과 비슷한 견해를 드러낸 점이나, 舊韓末까지의 歷代詩를 選輯한 『大東詩選』에 시가 9제나 선발되어 있는 점에서도 뒷받침된다.[3] 이처럼 18세기 전

1) 丁若鏞, <猗畫櫻帖>, 『與猶堂全書』 제1집 권14, "樊翁還余以帖而語之曰, '吾黨詩脈, 自湖洲·東州以來, 唯松谷得其宗, 而松谷之詩工緻少遠致, 燕超齋松門之顔子, 希菴松門之曾子. 嗣此唯藥山·菊圃得其傳, 若吾有不及夢瑞·法正.'"

2) 『三溟詩話』의 저자 강준흠은 睦萬中·李基慶과 함께 攻西派 南人이었던 탓에 僻派가 집권한 뒤에도 순탄한 관직생활을 했는데, 그는 茶山의 解配를 극렬히 반대했는가 하면, 樊巖을 모함하였다는 혐의를 받기도 했는데, 『삼명시화』에서는 "英廟初年, 蔡希菴·金三淵詩爲大家, 其後則姜菊圃·李淸潭·李槎川爲名家, 又其後則李艮翁·睦餘窩爲大家, 丁海左·蔡及第爲名家, 皆是家數.", "英廟初年, 號多詩人, 如淸潭李佐郞·菊圃姜學士·慕軒姜司書·藥山吳參判·脊節齋李參判, 才氣相上下, 互相唱酬, 淸潭之名, 太掩諸子."라 하여, 非南人인 삼연·사천과 벗인 여와를 포함시킨 점 외에는 번암과 별로 차이가 없는 시각을 드러내었다.

3) 李瑞雨(1633~1709?) 10제, 金昌協(1651~1708) 14제, 金昌翕(1653~1722) 7제, 洪世泰(1653~1725) 22제, 蔡彭胤(1669~1731) 5제, 李秉淵(1671~1751) 15제, 吳尙濂(1680~1707) 10제, 姜樸(1690~1742) 8제로 나타나는데, 위항인인 柳下에 특히 후하고 삼연·희암에 다소 박한 점을 뺀다면 객관성을 지닌 수치일 것이다.

반에 위세를 떨쳤던 金昌翕(1653~1722)을 정점으로 한 白嶽詩壇의 대척점에 있었던 남인시단의 맹주였다는 사실에서 약산에 대한 당대의 평가가 만만치 않았으리라는 것을 짐작할 수 있다. 그러나 약산에 대한 전대의 詩話類 등의 평가는 인색하여, 『三溟詩話』에서 英祖 초기 시단의 명가 5인[4] 중의 하나로 거명하고 2則[5]을 그에게만 할애한 것을 제외하면, 당자에 대한 挽詞·諡狀·神道碑銘에 기술된 개괄적인 찬사가 보일 뿐이다. 이는 남인시인에 대하여 크게 배려하였던 『詩話彙成』·『星湖僿說』 등의 범위에 들지 않은 점과 관련이 깊겠지만, 詩評家들에게 주목받지 못하였던 점 또한 부인하기 어렵게 하는 현상이라 할 것이다.

약산이 관심의 대상이 되지 못한 점은 오늘날에도 크게 다르지 않다. 유일한 漢詩通史에서는 그를 '白岳詩壇과 眞詩運動'에 포함시켜 1면 남짓에 걸쳐 다루면서 "眞情의 유로를 중시하는 시문학을 실천"한 시인으로 평가하는[6] 데 그쳤고, 18세기의 詩史만을 다룬 책에서는 거명조차 하지 않았다.[7] 또 「海東樂府」 28수는 비교적 일찍이 주목받은[8] 데 이어 근래에도 따로 검토된[9] 바 있지만, 여타의 시문들은 근년에 이르러서야 검토되기 시작하였다.

약산을 개별적으로 다룬 첫 연구에 의하면 그의 시는 情趣를 중시하는 시관을 기반으로 하여 대상에 대한 경이로움을 주로 형상화하는 시적 특질을 지녔다[10]고 한다. 그리고 17세기 후반~18세기 초반의 남인계열의 산문론을 검토한 글에 따르면, 약산은 六經과 先秦兩漢의 고문을 숭상하였던 明代 前後

---

4) 姜浚欽, 『三溟詩話』. "英廟初年, 號多詩人, 如淸潭李佐郎菊圃姜學士慕軒姜司書藥山吳參判脊節齋李參判, 才氣相上下, 互相唱酬, 淸潭之名, 太掩諸子."

5) 蔡濟恭의 그릇을 알아본 일화, 英祖의 知遇를 입은 春帖子 聯句의 인용, 左相 崔錫恒의 挽詞 7언율시의 인용 등이다.

6) 閔丙秀, 『韓國漢詩史』(태학사, 1996), 380면.

7) 안대회, 『18세기 한국한시사 연구』(소명출판, 1999).

8) 金榮淑, 『朝鮮時代 詠史樂府 硏究』(영남대 박사논문, 1989).

9) 전혜영, 「藥山 吳光運의 「海東樂府」 硏究」, 『韓國漢詩硏究』 17(韓國漢詩學會, 2009).

10) 金宗鎭, 「吳光運의 시에 있어서 정취와 상상력에 대하여」, 『東岳語文論集』 36(東岳語文學會, 2000) ; 「藥山 吳光運 시의 문예미학적 특징: 경이로움과 정취를 중심으로」, 『韓國漢文學硏究』 34(韓國漢文學會, 2004).

七子와 유사한 산문관을 뚜렷이 지니고 창작에도 힘쓴 문장가[11]였으며, 시론이라 할 수 있는 <詩指>(『藥山漫稿』 권11)를 따로 살핀 논문에서는 시의 창작에 필수적인 요소로 格·調·情·聲·色·趣를 표방한 가운데, 특히 '정'과 '취'를 강조하였던[12] 시인으로 이해하였다. 약산의 문학을 시를 중심으로 하여 비교적 넓은 범위로 다룬 연구는 최근에야 이루어진 바 있는데, 기존연구에서 제기된 산문론·시론을 거의 추수하면서, 시세계를 영물시·술회시·교유시·영사악부로 나누어 범박하게 살피는 데 그쳤다.[13]

약산의 문학, 특히 시에 대한 연구는 늦게 시작된 셈으로는 여러 차례 이루어졌다고 할 수 있지만, 「해동악부」에 대한 접근을 제외하면 불충분한 점이 많은 것으로 보인다. 시에 대한 인식은 실상을 피상적으로 살피면서도 그 배경과 의의는 전혀 고려하지 못하였으며, 시세계 또한 시인식과 밀착시켜 전반적으로 다루지 못함으로써 특징적 면모를 드러내지 못하였기 때문이다. 이는 그의 시인식과 시세계를 전반적이고도 깊이 있게 살피는 일이 긴요함을 단적으로 입증하는 일이므로, 이 글에서는 우선 그의 시론을 그 원류와 의의까지 고려하면서 자세히 살핌으로써, 시세계를 본격적으로 다루기 위한 근거를 마련해 보고자 한다.

2. 散文論의 槪略과 그 意義

오광운은 五代祖 默齋 吳百齡(1560～1633), 高祖 竹南 吳竣(1587～1666), 三從叔 燕超齋 吳尙濂(1680～1707) 등의 家學傳統을 물려받은 가운데, 어릴 때부터 시단의 宗匠이었던 希菴 蔡彭胤(1669～1731)을 사사하며 시문에 대한 수련

11) 송혁기, 「17세기 후반~18세기 초 許穆系列 南人文壇의 散文論」, 『민족문학사연구』 27(민족문학사학회, 2006).

12) 김명환, 「藥山 吳光運의 詩創作論 -<詩指>를 중심으로」, 『泰東古典硏究』 23(翰林大 泰東古典硏究所, 2007).

13) 吳孝眞, 「藥山 吳光運의 詩世界 硏究」(성신여대 석사논문, 2009).

에 힘썼다. 그가 10여세인 1700년경부터 甲戌換局으로 벼슬길이 막혀 寓居에 서재를 열고 東壁壇詩社를 결성하여 淸南系 신진의 시업을 지도하던 희암의 훈도를 받으며 시작에 열중한 사실은 희암의 시편들에 자세히 나타나 있으며, 자신도 어릴 때부터 큰 가르침을 받은 은의를 술회한 바 있다.[14] 약산이 청장년기에도 시업에 매진하였으리라는 것은 이웃하여 살았던 菊圃 姜樸(1690~1742) 등과 西泉梅花社를 결성하여 중심적으로 활약한 데서 짐작할 수 있다. 문학의 갈래를 크게 文·詩·賦로 나누어 각각에 대한 기본적 인식과 창작의 지침을 자세히 피력한 <文指>·<詩指>·<賦指>[15](이상 『藥山漫稿』 권11)는 그러한 전문가적 노력에서 얻은 指論이라 할 것이다.

이 가운데 가장 긴 글로 1,200자에 달하는 <문지>는 산문의 학습·창작에서 전범으로 삼아야 할 대상과 본받아야 할 요체에 대한 뚜렷한 소신을 개진한 글이다. 이 논문은 약산의 시인식을 구체적으로 검토하는 데 목표를 둔 것이지만, 당시의 重文輕詩的 풍조로 보아 산문에 대한 입장이 더 기본적 성격을 지닐 것을 고려하여, 이에 대하여 간략히 살펴보기로 한다.

이 글의 첫머리는 다음과 같이 시작된다.

> 문장을 짓는 데에는 六經을 근본으로 삼아야 한다. 근본이 서고 이치에 통달한 뒤에야 諸子를 널리 참구하고 百家를 포괄할 수 있기에, 육경이 만고에 문장의 조종이 되는 것이다.[16]

문장의 최고의 전범을 六經에 두고, 그 다음의 전범을 先秦의 諸子百家에 두어야 한다는 입장이 뚜렷이 피력되어 있다. 이어진 글에서는 육경 가운데

---

14) <祭恩窩先生文>, 『약산만고』 권17. (이하 『약산만고』의 인용은 필자명, 서명 없이 책의 卷數만 밝힘.) "門生於童年, 摳衣於先生之門, 未幾而先生出宰湖邑, 仍家於湖, 遂不克卒業."

15) 指는 이끌어 가리키거나 가르침을 뜻하는 指南, 또는 지향하는 의견·주장을 뜻하는 指論·指說의 준말로 보인다. 「詩指」와 유사한 용례로는 唐人 成伯璵의 『毛詩指說』, 明人 邵經邦의 『律詩指南』이 있다.

16) <文指>, 권11. "爲文章, 以六經爲本. 本立而理達然後, 可以旁參諸子, 包括百家矣, 六經爲萬古文章之祖. 而繫辭之動盪, 書之典則, 又其立論叙事之祖也."

「繫辭」·『書經』·『中庸』·『樂記』·『禮記』의 특장을 구체적으로 지적한 데 이어, 旁參하고 포괄해야 할 諸子百家에 대해서는『孟子』·『國語』·『莊子』·『戰國策』·『韓非子』 등을 들면서, 그 장처만을 지적하는 데 그치지 않고, 그것들을 배워 창작의 성취를 이룬 명가들로 韓愈·蘇軾·蘇氏父子·晁錯 등의 장단점을 언급함으로써 후대의 추이에 대한 깊은 안목을 아울러 밝혔다.

이 글은 제자백가 다음의 전범으로 兩漢의 고문을 들면서 논의한 데로 이어진다. 西漢의『史記』의 장처가 游龍·色澤·烟波라면서, 柳宗遠은 유룡만을 얻고 歐陽脩는 색택만을 얻었음을 지적하는 등 후인의 득실을 살폈다. 그리고 東漢 2백년의 高文大冊인『漢書』는 골력이 뛰어나기 때문에 재능을 지닌 이는 배우지 않았으나 人工을 이룬 이들은 모두 배웠다고 하고, 이어서 董仲舒·揚雄·賈誼의 장단점에 대해서도 간략하게 언급하였다.

漢代 이후의 문장에 대한 자세한 시각도 나타나 있다. 먼저 韓愈를 司馬遷 이후의 제일인자로 보면서도 骨力이 漢人보다 못하다고 한 것을 비롯하여, 柳宗遠·歐陽脩·蘇軾·李翺·曾鞏·王安石·蘇轍 등 唐宋의 명가들에 대해서도 간략하게 장처만을 언급하거나 포폄을 가하였다. 그 과정에서 특히 눈에 띄는 점은 구양수를 두고 "육일은 퇴지의 嫡傳이어서 화락하고 공손함에 뛰어나고, 한 사람이 노래함에 세 사람이 화창한 의기가 있으나, 强弩의 마지막 기운이 때때로 쇠약해짐이 있어, 후세의 재주가 미약한 사람이 구양수를 배우면 곧 실패하고 말아서, 기가 꺾여 上達하기가 쉽지 않다."17)라고 폄평한 점이라 할 수 있다.

또 明代의 대표적 문장가들에 대한 견해도 제시되어 있는데, 方孝孺·王守仁은 포폄을 섞어 언급하고, 唐宋派인 唐順之·王愼中·歸有光·茅坤은 두드러진 결점만을 지적하였다. 특히 秦漢派인 王世貞을 가장 긍정적으로 평가하면서도, 잡다하게 모은 것을 넉넉하다고 여겨서 천하를 오도한 문장의 죄인이라고 매도한 점이 눈길을 끈다. 淸代의 문장가로는 錢謙益만을 들었는데,

17) "六一爲退之嫡傳, 長於雍容揖遜, 有一唱三歎之意, 而強弩末氣, 時有衰倦. 後世才弱者, 學歐鮮失, 而委靡未易上達."

그의 傳奇에 장점이 있지만 고아한 군자에게는 보일 수 없는 賤品이라고 혹평하였다. 이와 같은 왕세정에 대한 두드러진 엇갈리는 태도는 前後七子의 문장에 모의가 심한 것에는 반대하여 創新의 필요성을 인정함을 전제로 하여 왕세정을 중심으로 한 명대 秦漢派 의고주의자들의 문장론을 수용하겠다는 뜻으로 읽혀지므로, 문장론의 골격은 왕세정과 가장 가깝다는 것을 반증하는 것으로 볼 수 있다.

秦漢代까지의 고문만을 전범으로 삼아서 무엇을 학습하고 무엇을 본받아야 할 것인가에 대한 指南은 <文指>의 마지막 단락에 밝혀져 있다.

> 대개 주나라 · 한나라로부터 당나라 · 송나라까지 그 뛰어난 작품은 모두 神氣가 있었으니, 전통을 이을 것이 句讀와 色相의 안에 있는 것이 아님을 글을 짓는 이가 알지 않아서는 안 된다. 그래서 주나라는 스스로 주나라이고, 한나라는 스스로 한나라이며, 당나라는 스스로 당나라이고, 송나라는 스스로 송나라여서, 그 시대의 本色을 또한 가릴 수 없다. 일찍이 바닷가 사람에게서 들으니 용이 올라가는 것을 본 적이 여러 번이었는데, 魚龍은 짧고 넓어서 물고기의 형체를 다 벗어나지는 않았고, 蛇龍은 길고 좁아서 뱀의 형체를 다 벗어나지는 않았다고 한다. 변화하여 용의 지극함에 이르더라도, 오히려 본색을 아주 벗어나지는 못한다.18)

산문의 학습 · 창작의 요점에 대한 소신으로 두 가지를 들고 있다. 하나는 뛰어난 문장이란 變化不測한 龍보다도 더 신령스러울 수 있는 뛰어난 '神氣'를 지닌 것이므로, 후인은 마땅히 法古의 초점을 그것에 두어야 하고, 구두 · 형색을 배우려고 해서는 안 된다는 것이다. 전범으로 삼아야 할 문장에서 배울 것이 옛 사람의 정신 · 영감에 바탕을 둔 古氣일 뿐 자구와 같은 외양이 아니라는 것이다.

다른 하나는 문장이란 시대마다 본색을 지니고 있다는 생각이다. 문장은

18) "盖自周漢至唐宋, 其傑者皆有神氣, 承傳不在於句讀色相之內, 爲文者不可不知. 然周自周漢自漢, 唐自唐宋自宋, 其時代本色, 亦不可掩. 嘗聞諸海濱人, 見龍升者屢矣, 魚龍短以廣, 未盡脫於魚之形, 蛇龍長以狹, 未盡脫於蛇之形, 變化而至於龍極矣, 猶不能脫然於本色."

시대마다 특수한 풍상을 지진 것이므로 반드시 그것을 살펴야 한다는 것이다. 그러므로 이 또한 정신의 문제여서 표현방법이나 기교가 아니라 시대의 신기를 본받아야 마땅할 것이다. 문장의 핵심적 요소가 작가의 마음과 시대의 본색이라는 생각은 <六寓堂集序>[19]에도 나타나 있는 점으로 보아, 문장에서 배우고 본떠야 할 것은 작가와 시대의 개성적 정신이요, 명의 의고파가 빠졌던 자구의 모의가 아님을 이렇게 강조하였다고 볼 수 있을 것이다.

약산이 지녔던 산문의 학습·창작의 전범에 대한 소신이 口號에 그치지 않고 실천으로 이어졌음은 육경을 근본으로 하고 백가를 참조하여 한결같이 순아하고 정수한 데로 나갔다[20]고 한 趙顯命의 말에서 짐작할 수 있고, 배우고 본받아야 할 요체에 대한 주장 또한 그러하다는 것은 樊巖이 '신기'의 다른 표현이라 할 '神會'를 들면서, "공은 문장을 지음에 六經을 근본으로 하고 百家를 참조하였고, 聲色에 얽매이지 않고 오로지 神會를 위주로 하여, 높다랗게 일가를 이루었다."[21]고 평가한 데서 입증된다.

산문에 대한 약산의 이와 같은 인식은 다음과 같은 배경과 의의를 지닌 것으로 볼 수 있다.

첫째, '世降俗末'의 尙古主義的 입장을 견지함으로써 漢代 이후의 문장에 대하여 부정적 인식을 드러내고 있다는 점이다. 문장이 하대로 내려올수록 하강한다는 이런 상고적 인식은 육경과 선진·양한의 고문을 전범으로 내세우면서 당송고문을 폄하하였다는 점에서는, 왕세정을 매도한 태도가 공존함에도 불구하고 명대 의고파의 관점과 다를 바 없다.[22]

둘째, 국내적으로 볼 때에 이러한 사유가 그의 독자적 시각이라기보다 眉叟 許穆(1595~1682) 이래로 近畿南人이 견지하였던 문장관의 연장선상에 있

19) <六寓堂集序>, 권15. "評騭文章者二科, 一則以其世, 一則以其心."

20) 趙顯命, <贈吏曹判書吳公神道碑銘>, 『歸鹿集』 권16. "公爲文章, 本之六經, 而參以百家, 一出於馴雅精粹."

21) 蔡濟恭, <(전략) 司憲府大司憲兼弘文館提學·同知春秋館事藥山吳公諡狀>, 『樊巖集』 권42. "公爲文章, 本之六經, 參以百家. 不拘聲色, 專以神會爲主, 卓然成一家."

22) 전반적으로 왕세정과 유사하면서도 『漢書』에 대해서만 褒貶이 상반된 차이가 있다.

는 한편으로, 미수의 소박한 상고취향에 비해서는 古道・古雅를 기준으로 한 散文史 전체에 대한 깊이 있는 비평을 수반하고 있어 진전된 입장으로 평가할 수 있다는 점이다.

셋째, 영조 초기의 李麟佐의 난과 탕평정국을 맞아 淸南의 지도자로서 노론과 특히 첨예하게 대립하였던 약산의 정치적 입장을 고려하면, 淸代 桐城派의 입장을 수용하여 당송고문을 긍정적으로 평가하면서 韓歐正脈을 내세웠던 農巖 金昌協(1651~1708) 등 노론계열의 산문론을 반대하여 양한까지의 고문만을 인정하려는 淸南의 대립적 입장이라는 의의를 지닌다는 점이다.[23]

위에서 살핀 약산의 산문론이 지닌 특성・배경・의의가 시에 대한 기본적 인식과 學詩・詩作의 요체에 대한 구체적 방법론의 배경과 방향을 이해하는 데 중요한 바탕이 됨은 말할 것도 없다.

3. 詩에 대한 基本的 認識

17~8세기의의 우리 詩史는 17세기 초중반에 東溟 鄭斗卿을 중심으로 한 명나라 七子派의 의고적 시론을 수용한 시인들에 의하여 漢・魏詩와 盛唐詩의 격조와 기상을 따르고자 하는 의고적 시풍이 성행하였고, 이를 이은 17세기 후반 및 18세기 초반에 竟陵派의 性靈說을 수용한 農巖 金昌協 형제를 중심으로 한 일군의 시인들이 이를 비판하고, 시작의 정도는 性靈에 근원을 두고 眞機를 활용하여 眞態를 드러내는 데 있다는 眞詩論을 주창하면서, 자연스러운 정감을 토로하고 대상을 진실하게 묘사하는 경향을 보였던 것으로 이해된다.[24] 이런 흐름을 몸소 겪으면서 18세기 전반에 주로 시작활동을 하였던 약산이 어떤 자세를 지녔을까 하는 것을 살피는 데에는 학시의 전범, 작시의 목표, 작시방법상의 요건, 작시의 금기 등의 문제에 대하여 두루 구체적인 입

23) 송혁기, 앞의 논문, 105면 참조.

24) 閔丙秀, 「朝鮮 後期 詩論 硏究」, 『한국문화연구』 11(서울대 한국문화연구소, 1990) 참조.

장을 밝힌 <詩指>라는 850여자에 이르는 긴 글이 남아 있어 특히 도움이 된다. 그러므로 여기에서는 이 글을 중심으로 하고, 여타의 시문들을 참고하면서 이를 살펴보기로 한다.

1) 學詩·作詩의 典範

산문론에서 육경 및 선진양한의 고문을 학습과 창작의 전범으로 삼아야 한다고 주장한 바와 같이, 시에 있어서도 약산은 명대의 의고파가 산문의 전범으로 내세웠던 구호인 '文必秦漢'에 상응하는 상고적 자세를 분명히 드러내었는데, 다음은 그런 입장이 뚜렷이 드러나 있는 <昭代風謠序>의 한 단락이다.

> 그러나 周나라의 풍요는 모두 민간의 풍속에서 나왔으므로, 그것들은 천성을 보전하고 있지만, 漢나라 이후에는 흔히 사대부에게서 나온 탓에 천성을 보전하지 못하였다. 내가 漢·魏의 시를 읽어 보니, 「古詩十九首」와 그 밖의 古樂府 가운데 無名氏가 지은 여러 편 같은 것들은 犂然히 國風의 말 밖의 뜻이 있었다. 비록 子建의 風骨로도 아득히 미치지 못하였거늘, 하물며 나머지 사람들이랴? 나는 여항의 謳謠의 자연스러움에서 나온 것은 風詩와 잘 어울리지만, 한 번 사색을 거치게 되면 잃어 버리기 때문이라고 생각한다.25)

시의 이상적 경지를 춘추시대에 엮어진 『詩經』 중에서도 민간의 노래라 할 수 있는 國風으로 보면서, 그 기준으로 '天', 즉 저절로 이루어져서 말을 꾸민 흔적이 없고 소박한 정서에 담긴 자연스러움에서 찾았다. 그리고 『詩經』 이후의 시 중에서는 漢·魏의 고시를 전범으로 보고서, 민간의 노래를 주된 기반으로 한 <古詩十九首>와 같은 무명씨의 작품들에 함유된 천성이 보전된 작품들을 들었다. 그러나 창작시가 주류를 이루게 된 漢代 이후에는 魏나라의

---

25) <昭代風謠序>, 권15. "然周之風, 皆出於民俗, 故其天全. 漢以後多出於士大夫, 故其天不全. 余讀漢魏詩, 如十九首及其他古樂府無名氏諸篇, 犂然有國風言外之旨. 雖以子建風骨, 邈然不能及, 況餘子乎? 余意其出於閭巷謳謠之自然者, 方叶於風詩, 而一涉思索則失之矣."

曹植과 같은 뛰어난 풍골을 지닌 시인조차 그런 천연성이 부족하기 때문에 모범으로 삼기에는 부족하다고 하였다. 결국 民歌와 같은 질박한 표현과 진솔한 정서를 지닌 시를 격식과 수사를 갖춘 시보다 높이 평가하는 관점을 취함으로써, 『시경』의 국풍을 시의 최고의 경지로 보고, 한・위의 고시를 그 다음 경지로 보는 의고주의를 취한 셈이다. 이것이 南宋의 嚴羽와 명대의 前後七子 이래의 의고주의자들이 이미 강조한 바 있었던 입장인 데서 짐작할 수 있는 것처럼, 약산 역시 그들처럼 5언고시 이외의 전범으로는 '詩必盛唐論'을 견지하였음이 다음 글에 나타나 있다.

> 오언고시는 樸高하고 旨趣가 심원함을 숭상하므로, 漢・魏를 배우고, 능하지 못하면 阮籍・左思・鮑照・謝靈運을 배우며, 능하지 못하면 陶潛・韋應物을 배우고, 능하지 못한 뒤에야 杜甫・韓愈를 배운다. 칠언고시는 풍채가 화려하고 才識이 뛰어남을 숭상하므로, 李白・두보를 종주로 삼고, 高適・岑參・王維・李賀로 돕는다. 오언절구는 玄妙한 것이 爽朗한 것보다 上品이므로, 右丞을 취하고 靑蓮을 짝으로 삼는다. 칠언절구는 飄逸한 것이 婉柔한 것보다 나으므로, 청련을 표준으로 삼고, 다음을 少伯으로 하며, 少陵은 禁戒로 삼아야 한다. 오언율시는 神境을 위주로 하므로, 소릉을 型範으로 삼고, 흥취는 왕유・孟浩然에게 기탁한다. 칠언율시는 格調를 중시하므로, 왕유・이하・고적・잠삼을 準的으로 삼고, 氣骨은 소릉을 참조한다. 배율은 두보를 추대하여 都料匠으로 삼은 다음에야, 웅혼하고 장려하며 청담하고 한원해져서, 冠冕의 기상과 烟霞의 기질을 잃지 않고, 小家의 나쁜 길에 떨어지지 않는다.26)

위의 글에서는 크게 두 가지 소신을 확인할 수 있다. 하나는 시체별로 중점

---

26) <詩指>, 권11. "五言古, 尙樸高旨遠. 故學漢魏未能則阮・左・鮑・謝, 未能則陶・韋, 未能而後杜・韓. 七言古, 尙風華才長. 故以李・杜爲宗, 而輔以高・岑・王・李. 五言絶, 玄妙上於爽朗. 故取右丞而配以靑蓮. 七言絶, 飄逸長於婉柔. 故標靑蓮而次者少伯, 以少陵爲禁戒. 五言律主神境, 故型範少陵而興趣寄於王・孟. 七言律重格調. 故準的王・李・高・岑而氣骨參之少陵. 排律推少陵爲都料匠, 然後雄渾壯麗淸淡閒遠, 不失冠冕之象烟霞之氣, 而不落小家惡道矣."

적으로 추구해야 지향이 무엇인가를 지적한 것이고, 다른 하나는 역시 시체별로 전범으로 삼아야 할 시대와 시인을 지목한 것이다. 전자에 대해서는 창작의 궁극적 지향과 연관된 문제이므로 다음 절에서 살피기로 하고, 여기에서는 학시의 전범에 대해서만 살펴보기로 한다.

약산은 학시의 전범을 시체별로 언급하면서 5언고시를 가장 먼저 논의하고 있다. 이는 『시경』과 악부를 기원으로 하여 성립된 5언고시가 가장 먼저 발생한 시체라는 점뿐만 아니라, <소대풍요서>에도 나타난 바와 같이 자연스러운 정서와 표현에 의하여 응축된 古氣를 특히 높이 평가하는 입장에 말미암은 것이다. 이는 唐代에 와서 창작이 일반화된 7언고시를 두고 풍채가 화려하고 재주가 뛰어난 것을 숭상한다고 한 점과 대비해 보면 극명하게 드러난다. 결국 5언고시는 한·위의 시를 이상적 경지로 보고 배우되, 그것에 미치지 못하면 六朝·初唐으로 내려가면서 본받아야 한다는 것이다. 그리고 7언고시는 이·두를 비롯한 성당인을 주로 배워야 하며, 근체시인 율시·절구의 경우에는 당시를 배우되, 두보의 7언절구를 본받을 할 경우에는 잘못 배워서 결점으로 귀결되지 말라고 경계하는 말을 특별히 덧붙였다.

唐代에 성립된 시체인 근체시에 대한 학시의 전범을 당나라, 특히 성당에서 찾은 것은 의고파인 그로서는 당연한 태도라 할 것이다. 특히 모든 시체에서 전범으로 삼자고 내세운 시인이 거의 다 성당인인 데서 엄우 이래로 성당시를 최고의 경지로 보았던 입장이 답습되고 있음을 확인할 수 있다. 그런 가운데서 특히 주목되는 것은 절구의 경우, 5언은 왕유·이백을 내세우고 두보는 배제하였는가 하면, 7언은 왕창령·이백을 내세우면서 두보는 차선으로 배우되 금계로 삼아야 한다고 특기한 점이다. 이는 두보의 절구를 變體로 본데 말미암은 태도로, 명의 의고파 가운데 후칠자의 영수인 王世貞의 『藝苑巵言』에 드러난 입장과 가까운 것이라 할 수 있다.27) 결국 근본적으로는 『시경』

27) 절구에 대한 이런 견해는 『詩法源流』를 비롯한 대개의 宋·元代의 詩法書가 절구를 율시를 반으로 자른 시체로 이해한 것과 달리, 明代의 詩話類에서는 그 기원을 古絶句에서 찾은 추세에 따라, 명나라의 의고파가 『唐詩品彙』의 입장과 같이 李白·王維를 그

과 한·위시의 天然的 古氣를 따르고자 하면서도, 사대부 시인으로서는 그런 시를 짓기 어려운 현실을 인정하여, 차선책으로 고기를 본받고자 노력한 唐人의 人工에 근접하고자 노력할 수밖에 없다는 입장을 밝힌 셈이다. 다음은 위의 글에 이어진 것으로 성당 이후의 시에 대하여 어떤 입장을 지녔는지를 구체적으로 밝힌 대목이다.

> 자신의 基業과 門戶가 정해진 다음에는, 이보다 아래로 내려가서 중당·만당의 여러 작가와 宋·元·明의 작자에 이르기까지 모두 그 장점을 취하고 그 정수를 채집하여, 자신의 材具와 筆路의 도구로 삼음이 옳다. 그러나 錢惟演·劉筠 이상은 鑪錘의 범위 안에 두어 그 전체를 취하고, 元稹·白居易 이하는 연탁의 범위 밖에 두되 취해야 할지 버려야 할지 살핌이 옳다. 蘇軾·黃庭堅·陳師道·陸游는 서로 가까운 바가 意趣인데, 情思·聲律·色澤이 事實에 가려져서 비루함으로 흘렀다. 何景明·李夢陽·滄溟·弇園은 닮은 바가 聲色인데, 정취가 격률에 갇혔다. 그러므로 위조하는 데로 들어가서 비루하고 바르지 않아서, 詩道에 도움이 되지 않는다. 西崑體는 주워모아서 만든 둥근 부채이므로, 江西派가 바로잡는다면서 치우치고 생삽하게 함으로써 격조를 훼손시키고 아취를 손상시켰으니, 그 잘못이 특히 심하다. 모두 취할 만한 것이 적고, 버려야 마땅한 것은 많다. 또 아래로 내려오면 小石·張打油·<折楊柳>를 모았으니, 俚夫가 손뼉을 치고 莊士가 몰래 웃을 일이다. 한 번 이 소굴로 들어가면 다시는 더불어 시를 말할 수 없게 된다.[28]

正宗으로 삼고 杜詩를 變體라 하여 배척한 태도를 수용한 것임을 張裕昇, 「17세기 古詩 硏究」(한국정신문화연구원 석사논문, 2001), 40면에서 이미 밝힌 바 있다. 위의 글과 비슷한 견해는 "五言絶則無出右丞, 同時名作, 近於右丞者, 略取之. 七言絶則初唐不可學, 太白以下, 皆可取, 晩唐絶句亦佳. 竝抄誦數百首, 以爲準的."이라 한 李植의 「學詩準的」(『澤堂集』 別集 권14)에서도 볼 수 있다.

28) <시지>. "吾之基業門戶已定, 則下此而中晩諸家, 至宋元明作者, 皆可取其長而採其精, 以資吾材具筆路爾. 然自錢·劉以上, 寘之鑪錘之內而取其全體, 自元·白以下, 寘之鑪錘之外而審其取舍可也. 蘓·黃·陳·陸相近者趣, 而情聲色爲事實所揜, 故流於陋. 何·李·滄·弇所肖者聲色, 而情趣爲格律所牿. 故入於贗, 陋與贗, 詩道不由也. 西崑體飣餖合扇, 故江西派矯以偏祜生拗, 毁格傷雅, 其失尤甚. 皆可取者少, 而可棄者多. 又降而秦小石, 張打油, 劉折楊, 俚夫鼓掌, 莊士竊笑. 一入此窠, 不可復與言詩也."

기본적 목표라 할 성당까지의 시를 배우고 따르는 지향을 基業이라 하고, 그것을 위하여 시체별로 어떤 시인을 전범으로 삼아야 하느냐 하는 선택의 문제를 門戶라고 일컬은 셈인데, 그것이 결정된 이후의 세부적 지침을 이렇게 규정하였다. 그런 기본방향이 정해진 다음에는 中唐 이후 明代까지의 뛰어난 시인들의 장점과 정수를 취하여 나의 재능, 즉 자질의 자료로 삼고, 필법, 즉 作法의 도구로 삼아야 한다. 이는 성당 이후의 시는 기본적 목표가 아니라 실천적 수단으로 선택되어야 한다는 견해라 할 수 있다. 특히 北宋 초의 西崑派인 劉筠 이상, 즉 晩唐까지의 시인들은 배워서 鍊琢의 수단으로 삼되, 中唐의 元稹·白居易의 경유에는 輕薄하고 卑俗함이 심하니 따르지 말아야 한다고 특기하였다. 그리고 송대·명대 시인들의 시는 취하지 말 것이며, 특히 서곤파·강서파의 시를 가까이 하지 말아야 한다고 하였다.

이를 통해 그가 唐代 이후의 시풍을 경시하여 추종하지 않으려는 입장을 뚜렷이 지녔음을 분명히 알 수 있다. 결국 『시경』과 한·위시의 天然에서 우러나온 古氣를 배우는 것을 지상의 목표로 설정하고, 육조·당의 시, 특히 성당시의 기상·풍격·의경·기교 등을 배우는 것을 부차적 지향으로 설정하였으며, 당시의 경우 만당까지는 연탁의 수법을 배우는 지침으로 삼되, 당시 중의 원·백과 宋代 이하의 시는 수사적 기교조차도 따르지 말아야 한다는 입장을 취한 셈이다. 따로 언급하지는 않았지만, 산문의 경우처럼 전범을 배움에 있어서 형식·기법 등 외면적인 측면보다는 기상·풍격과 같은 내면적 세계를 취해야 한다는 기조를 전제한 발언일 것임은 물론이다.[29]

약산이 드러낸 시창작의 전범에 대한 입장은 엄우의 주장과 이를 계승한 명 의고파 가운데 王世貞·李攀龍·何景明 등의 입장을 두루 수용한 결과로 보이며, 아울러 17세기 이래의 조선조 시단의 일반적 풍상뿐만 아니라 남인 시인들이 공유하였던 풍조와도 궤도를 같이 한 것이므로 독창적인 것은 아니

29) 전범에 대한 입장이 李攀龍의 <選唐詩序>(『滄溟集』 권15), 何景明의 <海叟集序>(『大復集』 권34)과 <明月篇, 并序>(『대복집』 권14)와 유사한 점이 많은 데서 전후칠자의 영향을 확인할 수 있다.

다. 그러나 시체별로 제시된 매우 깊이 있고 자세한 지침에 대한 견해는 다른 시인에게서 찾기 어려운 특별한 예라는 의의를 지닌 것으로 평가할 수 있다.

2) 作詩의 窮極的 志向

오광운이 시의 학습·창작에서 무엇을 가장 중시하였는가 하는 문제에 대해서는 300자에 가까운 긴 제목을 지닌 시의 뒤에 붙여 둔 菊圃 姜樸에게 준 서간에서, "시도에서 소중하게 여기는 것은 한 번 노래함에 세 사람이 감탄하여 따르는 것이요, 뜻이 말 밖에 있음이며, 바로 말로 표현하는 것은 시가 아니다."[30]라고 하였던 말을 중요한 근거로 들면서, '일반적인 분위기와는 다르게 인간의 감정에 신선함, 또는 아름다움이나 기이함 등으로 다가오는 詩的 境界'를 '情趣'로 보았다면서 약산이 이러한 정취를 주로 추구하는 시관을 지녔다는 주장[31]이 제기된 바 있고, 이를 대체로 수용하면서 '神韻을 통한 言外之趣와 趣外之趣'의 경지를 드러내고자 하는 시의식을 지녔다[32]는 견해가 뒤따랐다. 이러한 이해에 상당한 근거가 있는 것은 분명하지만, 논리적 순서에 따라 기술되지 않은 매우 긴 글인 <詩指>의 전체적 맥락과 <소대풍요서>와 같은 다른 요긴한 글에 나타난 요점을 두루 살펴 통합적으로 해석한 결과로 보기는 어려운 듯하다. 그러므로 여기에서는 필자 나름대로 강조점과 선후를 조정하여 약산의 시관의 핵심을 신운 및 흥취와 격조의 추구, 풍격과 기상의 중시라는 두 개의 관점에서 자세히 검토하기로 한다.

① 神韻과 興趣의 추구

약산은 시의 근본문제 내지 본질에 대하여 뚜렷한 진술을 남기지 않았다.

30) <藥山再桃菊老, 菊老偃旗息鼓, 曠日無聲. (중략) 然余不以一矢相加遺者, 欲不戰以詘人也, 遂磨墨楯鼻以檄菊老>, 권4. "詩道所貴, 一唱三嘆, 意在言外, 直說非詩."

31) 金宗鎭, 「藥山 吳光運 시의 문예미학적 특징: 경이로움과 정취를 중심으로」, 335~7면.

32) 오효진, 앞의 논문, 20~7면 참조.

다만 "노래가 천하를 돌아다니다가 사람을 빌려 울리는 것을 謠라고 일컫는데, 그것이 울림은 천성에 의한 것이다. 그러므로 사람의 性情에 쇠퇴와 융성이 교체됨은 거울과 같다."라 하거나, "그 천성을 온전히 함을 요체로 하여 천기에서 발한 것을 찬탄하고 영탄함을 스스로 그만두지 못하는 것은 참으로 岐鎬와 江漢의 유풍이다."[33]라고 한 점으로 보아, "시는 성정의 발로요 천기의 유동이다."[34]라고 한 농암의 입장과 별로 차이가 없는 듯이 보인다. 그러나 性情論과 天機論의 절충[35]으로 이해된 농암과 똑같은 입장을 드러낸 것으로 보기는 어렵다. 약산이 같은 글에서 이렇게 말한 의도는 성정론과 천기론을 함께 개진하는 데 있는 것이 아니라, 발원처나 작동기관인 性情·天機의 '天', 즉 자연스러움을 강조하는 데 있다고 생각되기 때문이다. 그러므로 "인물은 씩씩하고 호기로워 변새의 기상을 지닌 이가 많은데, 산천은 기이하고 수려하여 性靈을 지니고 있네."[36]라고 한 데 쓰인 '성령'을 '성정'·'천기'의 자리에 두어도 자연스러운 내면세계를 뜻한다는 점에는 차이가 없을 것이다. 이로써 본다면 약산은 시의 본질을 성정·천기·성령에서 두루 찾은 시론가라 할 수 있을 것이다.

한편, 약산이 <文指>에서 산문작품의 가장 핵심적 요소가 神氣라고 하였던 것과 유사한 생각은 "문장은 神會를 위주로 하므로 形色에 구애받아서는 안되니, 세상에 九方皐가 있다 하더라도 반드시 나의 말을 印可할 것이다."[37]라고 한 바와 같이 <賦指>에도 나타난다. 賦의 창작에 핵심적으로 요구되는 요건이 修辭·形似와 같은 형색이 아니라 정신의 집중, 또는 영감과 대상의 만남을 뜻하는 神會라는 것이다. 賦가 흔히 산문으로 이해됨을 감안하면 일관성을 지닌 말임을 확인할 수 있는 한편으로, 그것이 운문과 산문의 중간적 성격을 띤 갈래라는 점에서는 시에도 적용될 것을 추측할 수 있거니와, 과연 「시

33) <소대풍요서>. "要之乎全其天性, 發之天機, 咨嗟詠歎, 不能自已者, 實岐鎬江漢之遺也."
34) 金昌協, 「雜識外篇」, 『農巖集』 권34. "詩者, 性情之發, 天機之動."
35) 조동일 『한국문학통사』 3(지식산업사, 1984), 126면.
36) <行到箕城>, 권2. "麁豪人物多邊氣, 奇秀雲山有性靈."
37) <賦指>, 권11. "文章以神會爲主, 不拘形色, 世有九方皐, 必印可吾言矣."

지」에도 그런 대목이 있다.

> 고사를 인용하고 사물을 읊조림 또한 각각의 시체 가운데 없을 수는 없지만, 다만 재료가 神韻에 방해가 되고 작은 기교로 雅道를 손상시키는 것은 옳지 않다.[38)]

작시의 여섯 가지 禁忌인 '六戒' 중 '多引事'·'喜咏物'을 비유적으로 설명한 다음에 한 말인데, 용사와 영물의 필요성을 인정하면서도 그것이 '神韻'에 방해가 되어서는 안 된다고 하였다. 여기서 쓴 '신운'은 咏物 즉 形似와 상대적으로 쓰인 말이라는 점에서는 '神情'을 뜻한 말로 볼 수 있지만, '雅道', 즉 詩道와 대등한 차원에서 썼다는 점에서는 시의 궁극적 지향과도 연관된 말이라 할 수 있다. 후자로 볼 경우에는 淸初의 시인 王士禛(1634~1711)의 神韻說과 연관될 수 있지만, 이 대목에서만 사용한 말이어서 관련 여부는 알기 어렵다. 그러나 神韻說과 상통하는 의미를 지닐 수 있다는 것을 왕사정에게 영향을 주었던 晩唐의 司空圖와 南宋의 嚴羽가 강조하였던 言外之趣·味外之味·韻外之致·趣外之趣 등 무한한 흥취를 가리킨 말을 약산도 흔히 썼던 데서 짐작할 수 있다.

> 홀로 백하의 글씨만이 단번에 동방의 서체의 누습을 씻었으니, 晉나라와 唐나라의 이름난 刻字와 섞어놓더라도 아마 분별할 이가 드물 것이다. 그가 점을 찍고 획을 끌어서 글씨를 이룸은 옛 사람의 겉모습 안에서 그대로 따르지 않고, 그 정신을 생각의 밖에서 전한 것이니, 내가 백하의 글씨를 좋아하는 것은 이 때문이다. 그러나 그것을 귀중하게 여기는 바는 다만 書家의 말 밖의 풍취에 그칠 따름이 아니라, 또한 풍취 밖의 풍취가 있어서, 그 글씨에 소쇄하게 煙霞의 기운이 있기 때문이다.[39)]

---

38) <시지>, 권11. "引事咏物, 亦各體中不可無者, 但不當以材料累神韻, 小巧傷雅道爾."
39) <白下書軸跋>, 권16. "獨白下書, 一洗東體, 雜之晉唐名刻, 尠或辨之. 而其點曳裁成, 不𥗾𥗾於古人驪黃之內, 傳其神於意表, 余愛白下書以此. 然其所重, 不亶書家言外之趣而已, 又有趣外之趣, 以其書瀟灑有煙霞氣也."

위의 글은 비록 書道를 논한 것이기는 하지만, 서법의 요체를 古人의 격식을 따른 데서 찾지 않고 글씨를 쓴 이의 개성적 정신에서 찾으면서, 글자 밖의 풍취뿐만 아니라 풍취 밖의 풍취까지 강조한 점은 분명히 시가 추구해야 할 지향으로 논의되어 왔던 말 바깥의 의미인 '言外之味'와 흥취 바깥의 흥취인 '趣外之趣'에서 유래한 것임이 명백하다. 다음 글은 시에서 이러한 뜻을 분명히 강조한 예이다.

> 또 세인들은 흔히 意를 情으로 알고 味를 趣로 알지만 그릇된 것이다. 정은 허하고 의는 실하며, 정은 맑고 의는 흐리며, 취는 멀고 미는 가깝고, 취는 높고 미는 저속한 것이므로, 분별하지 않아서는 안 된다.[40)]

시에 관한 소신을 집약적으로 밝히고자 한 글의 맨 마지막에 제시한 견해이므로 매우 강세가 놓인 것으로 보아도 좋을 터인데, 압축적이면서도 추상적인 어휘들을 사용하면서 시의 미묘한 이치를 말하고 있으므로, 사용된 어휘의 정확한 의미부터 파악할 필요가 있다.

---

40) 이 단락 전체의 의미파악에는 嚴羽가 『滄浪詩話』에서 말한 "시에는 별재가 있으므로 서책과 관계된 것이 아니고, 시에는 별취가 있으므로 이치에 관계된 것이 아니다. 그러나 글을 많이 읽고 궁리를 많이 하지 않으면 그 지극한 경지에 이르지 못한다. 이른바 이로를 따르지 않고 언전에 떨어지지 않은 것이 상등이다. 시는 성정을 읊는 것이니, 성당의 여러 시인들은 오직 흥취가 있는 곳을 따랐으므로, 영양이 나뭇가지에 뿔을 거는 것처럼 자취를 찾을 수 없다. 그러므로 그 묘처는 투명하고 영롱하여 가서 닿을 수가 없다. 공중의 소리, 相中의 빛, 물 속의 달, 거울 속의 모습과 같아서, 말은 다함이 있지만 뜻은 다함이 없다. 근래의 여러 사람들은 다만 기이하고 독특한 것으로 이해하여, 마침내 문자로 시를 짓고, 의론으로 시를 지으며, 재학으로 시를 짓는다. 어찌 공교롭지 않으리요마는, 끝내 옛 사람의 시는 아니다. 대개 한 번 노래하며 세 사람이 따라서 감탄하는 음률에는 부족함이 있다.(夫詩有別材, 非關書也, 詩有別趣, 非關理也. 然非多讀書多窮理, 則不能極其至. 所謂不涉理路, 不落言筌者, 上也. 詩者, 吟詠情性也, 盛唐諸人惟在興趣, 羚羊掛角, 無跡可求. 故其妙處透徹玲瓏, 不可湊泊, 如空中之音・相中之色・水中之月・鏡中之象, 言有盡而意無窮. 近代諸公乃作奇特解會, 遂以文字為詩, 以才學為詩, 以議論為詩. 夫豈不工一, 終非古人之詩也. 蓋於一唱三歎之音, 有所歉焉.)"라는 글이 중요한 참고가 된다.

위의 글에서 말한 意는 意境 또는 意象이라 할 수 있다. 袁行霈에 의하면 의경은 작자의 主觀情意와 客觀物境(景)이 상호융합되어 형성된 예술경계[41]이고, 의상은 주관적 정의에 녹아든 객관적 物象, 또는 객관적 물상에 힘입어 표현한 주관적 정의[42]이다. 그리고 의경의 범위는 비교적 커서 보통 시 한 수 전체, 몇 구절, 한 구절 전체에서 조성된 境界에 걸쳐 있지만, 의상은 그보다 작은 단위로서 의경을 구성하는 몇 개의 구체적이며 세부적인 단위라 할 수 있다.[43] 의경이든 의상이든 形象을 지닌 것이기 때문에 약산은 '意는 實하다'고 하였는데, 景物을 實이라 하고 情思를 虛라고 한 것은 周弼의 『三體唐詩』의 입장과도 같다. 또 '의는 흐리다'고 한 것은 '言盡而意不盡', '辭盡而意不盡'과 같이 원래 언어가 표상하고자 하는 의미가 '言外之味'를 지녀야 하는 점을 가리킨 말이지만, 여기에서는 시에 구축되는 意象이 '象(相)外之象(相)'을 지향해야 바람직함을 지적하고자 한 뜻일 것이다.

그리고 이 글에서 말한 情은 情感・情思이다. 정사는 경물을 매개로 한 형상을 지니지 않은 상태의 생각이나 느낌이기에 허하다고 하였는데, 그것이 '맑다'고 한 것은 의상에 이르지 않은 정서는 언표에 그칠 뿐이어서, 情 밖의 情 같은 것을 지닐 수 없기에 그 한계가 분명함을 지적한 것으로 보인다.

또 味의 원래의 뜻이 맛이나 냄새인 점을 감안하면, 味는 시를 읽고 맛볼 수 있는 감각적인 느낌을 말할 것이다. 그러므로 시의 맛과 같은 느낌에 해당하는 것이기에 '미는 가깝다', '미는 저속하다'고 하였다.

마지막으로 언급된 趣는 興趣・韻致・旨趣이다. 시의 흥취는 언어의 示唆性・暗示性, 또는 말의 밖에서 오는 것이므로 '味外之旨', '韻外之致', '趣外之趣'와 같은 말들에서 짐작되듯이, 감각적 느낌인 味를 넘어선 심원한 旨趣를 지향함이 이상적이므로 '취는 멀다', '취는 높다'고 하였다.

이렇게 읽으면 위의 글은 시가 궁극적으로 추구하는 것이 情景이 융합된

---

41) 袁行霈, 姜英順 외 6인역, 『中國詩歌藝術硏究』(아세아문화사, 1990), 47면.
42) 위의 책, 94면.
43) 위의 책, 96면.

의경・운치를 바탕으로 한 '언외지취・운외지치・취외지취'로 이름붙일 수 있는 무한한 '흥취'임을 말하고자 한 것이고, 다른 대목에 나오는 '신운' 또한 그러한 흥취를 지닌 시의 운치를 가리키므로, 그가 5언율시가 '신경을 위주로 한다(主神境)'고 한 神境이나 경물시의 光景의 상대어인 神情과 그다지 다를 바 없는 말임을 알 수 있다. 결국 약산은 神韻・神情으로 인한 무한한 흥취를 지닌 시를 시의 바람직한 경지로 보는 시관을 지녔음을 알 수 있다. 이런 생각에는 사공도・엄우뿐 아니라 명 의고파의 양향이 작용하였다고 볼 수 있지만, 形神俱妙를 특별히 강조하였던 三淵一派처럼 公安派・竟陵派와 맥이 닿아 있다고 보기는 어려울 것이다.

② 風格의 중시

이미 인용하였던 <시지>의 첫머리에서 시체별로 중점적으로 추구해야 지향이 무엇인가를 지적한 대목은 다음과 같이 요약할 수 있다.

> 5언고시: 질박하고 고고하여 지취가 심원한 것을 숭상함(尙樸高旨遠)
>
> 7언고시: 풍채가 화려하고 재주가 뛰어난 것을 숭상함(尙風華才長)
>
> 5언절구: 玄妙한 것이 爽朗한 것보다 上品임(玄妙上於爽朗)
>
> 7언절구: 표일한 것이 완유한 것보다 나음(飄逸長於婉柔)
>
> 5언율시: 신경을 위주로 하므로 두보를 전범으로 삼고 흥취는 왕유・맹호연에게 의탁함(主神境, 典範少陵, 興趣寄於王孟)
>
> 7언율시: 격조를 중시하므로 왕유・이하・고적・잠삼을 표준으로 하고, 기골은 소릉을 참고함(重格調, 故準的王・李・高・岑, 而氣骨參之少陵)
>
> 배율: 웅혼하고 장려하며 청담하고 한원하여 冠冕의 기상과 烟霞의 기질을 잃지 말아야 함(雄渾壯麗淸淡閒遠, 不失冠冕之象烟霞之氣)

시체별로 전범으로 삼아야 시대와 시인을 달리 선택한 가운데, 본받아할 핵심적 요건으로 제시한 樸高, 旨遠, 風華, 才長, 玄妙, 爽朗, 飄逸, 婉柔, 神境, 興趣, 格調, 氣骨, 冠冕之象, 烟霞之氣 등의 要語 가운데에는, 風格(品格)과 연관된 말이 7회로 가장 많고, 氣象과 연관된 말이 3회, 興趣와 연관된 말이 2회, 文彩·格調와 연관된 말이 각각 1회씩 나온다. 이를 통하여 시의 풍격·기상·흥취와 같은 요건을 중시하는 시각이 드러난 셈인데, 기상이 풍격과 직결되는 요소임을 고려하면, 풍격을 흥취에 못지않게 중시하는 입장을 지녔음을 입증한다고 할 것이다. 그가 시의 풍격을 중시하는 시관을 지녔다는 것은 <소대풍요서>에서 『시경』과 한·위의 시를 최고의 전범으로 삼는 근거로 '천연'을 든 것처럼 그것들이 질박한 표현에 의한 예스러운 풍격을 지닌 점을 가장 높이 평가하기 때문임은 말할 나위가 없다. 그리고 '風華才長'이 대체로 풍격과 文彩의 재능을 가리킨[44] 말이고, '격조'가 格律과 聲調의 준말임을 감안하면, 수사·성률과 같은 형식적 요건 또한 중시하기는 하지만, 풍격·흥취보다는 부차적인 문제로 인식하고 있다는 것 또한 알 수 있다. 아울러 7언고시·7언율시와 같이 唐代부터 성행한 시체의 경우에 특히 그런 요건의 필요성을 더 크게 인정하는 시각을 지녔음이 드러난다. 결국 약산이 시에서 가장 중시한 문제는 신운과 함께 빼어난 기상·기골을 바탕으로 한 심원함, 예스러움, 자연스러움과 같은 뛰어난 風格이라고 할 것이다.

시에서 궁극적으로 지향해야 할 요소로 신운에 말미암은 무한한 흥취를 첫 번째로 들고, 뛰어난 기상을 바탕으로 한 빼어난 풍격을 다음으로 든 약산의 시관은 여러 외래적 溯源과 국내적 연관을 지니는 한편으로, 독자성도 꽤 지닌 것이라 할 수 있다. 특히 당대에 큰 흐름을 이루었던 神情과 形似의 융합을 지향하고 사실·현실의 쇄말성을 포괄하고자 하였던 농암일파의 眞詩論에 대한 경쟁의식으로 인하여 형사와 현실성보다는 神情에 무게를 두는 입장을

44) 風華才長은 文采(彩)가 화려하고 才識이 빼어남을 뜻한 것으로 보이는데, "이백·두보의 가행은 웅장하고 호방하게 내달렸으니, 반드시 웅건한 필력과 박학한 재식을 지닌 이라야 뒤따를 수 있다.(.李杜歌行, 雄放馳騁, 必須健筆博才, 可以追躡.)"(<學詩準的>, 『澤堂集』 別集 권14)라는 李植의 말이 이런 이해에 참고가 된다.

취하고자 한 의도와 무관하지 않을 것으로 보이기 때문이다. 이런 추정에는 약산의 詩師였던 희암이 농암의 시를 경시하였다[45]고 한 일화와 신간된 『三淵集』을 보니 <赤池歌>가 썩 瑰偉하지는 않기에 짓는다고 한 「적지가」의 詩序[46]에 나타난 의식의 저변이 참고가 될 것이다.[47]

3) 作詩의 實際的 要件

시의 이상적인 전범을 『시경』과 한·위시에 두고 차선의 전범을 성당시에 두어 열심히 학습하고, 구경적 지향을 흥취를 통한 신운과 뛰어난 풍격에 두어 창작에 힘쓴다고 하여, 현실적으로 좋은 시가 이루어지는 것은 아니다. 시에 본연적으로 요구되는 여러 가지 격식과 관습이 구속하기 때문이다. 약산 또한 이를 절감하였을 것이므로, 같은 글에서 다음과 같이 창작에 실제적으로 요구되는 필수적 요건들을 제시하고 그 요점을 비유적으로 설명하였다.

> 대체로 시에는 여섯 가지 사물이 있으니, 格·調·情·聲·色·趣가 그것이다. 여섯 가지 중에서 하나라도 빠지면 시가 아니다. 격은 明堂의 制度와 같기를 바라고, 조는 和鑾의 節奏와 같기를 바라며, 정은 하늘과 땅의 기운이 어울려 온갖 풀이 꽃봉오리를 머금은 것과 같게 되기를 바라고, 성은 큰 종이 시원스럽게 울리고 朱

---

45) 강준흠, 『삼명시화』. "蔡希菴嘗輕視農岩之詩, 但稱'水螢飛忽忽, 村犬吠荒荒.'一句云."

46) <赤池歌>, 권2. "새로 간행된 『삼연집』을 보니 <적지가>가 있는데, 곧 度祖의 사적을 읊은 것으로 애석하게도 그 문사가 매우 괴위하지는 않기에, 마침내 옆에 있는 사람을 시켜 붓을 적시게 하여 되는 대로 지어 입으로 불렀다.(偶閱新行三淵集, 有赤池歌, 卽度祖射龍事, 惜其詞不甚瑰偉. 遂倩傍人濡筆, 漫興口呼.)"

47) 三淵의 <赤池歌>는 『三淵集』 권13에 실려 있는 52구로 이루어진 7언고시이고, 약산의 시는 46구로 이루어진 7언고시이다. 삼연의 작품은 제1~20구에서 도조의 사적을 서술·묘사한 데 이어, 제21~34구에서 도조의 업적에 대하여 칭송·감회를 토로하고 나서, 제35~52구에서는 現地守令과의 연회를 읊은 것이고, 약산의 작품은 제1~34구에서 도조의 사적을 서술·묘사한 다음에 나머지 12구에 칭송·감회를 덧붙인 것이다. 삼연의 시를 불만스럽게 여겨 지은 탓인지, 기록·상상력에 의존하여 지으면서도 운건한 기상과 호방한 필세를 바탕으로 하여, 서사와 묘사의 결합방식을 달리 하고 史實에 대한 해석에 큰 무게를 두고 있다.

> 絃이 疏越한 것과 같기를 바라며, 색은 상서로운 해를 가린 상서로운 구름과 성근 별 옆의 밝은 달과 같기를 바라고, 취는 긴 낮에 香煙이 피어오르는 가운데 새가 울고 꽃이 지며, 거문고를 안고 한가로운 구름과 날기에 지친 학을 멀리 바라봄과 같기를 바란다.48)

시에 필수적으로 요구되는 여섯 가지 요건을 '六事'라 하고서 '格'을 가장 먼저 들었으니, '격'을 창작의 실제에서 매우 중시하는 시론을 지녔음을 드러낸 셈이다. 존비를 상징하는 儀仗인 명당에 비유한 점으로 보아, '格'은 작품의 우열을 결정하는 준거인 품격·풍격을 가리킨 것으로 보인다. 그가 시의 궁극적 지향의 하나로 풍격을 내세웠을 뿐 아니라, 작품을 이루는 제반요소들이 어울려 빚어내는 총체적인 미감을 뜻하는 風格 내지 品格이 전대에 흔히 작품의 우열을 논하는 비평의 기준이 되었음을 고려하면, 그가 풍격을 창작의 실제에서 가장 먼저 고려해야 할 사항으로 인식한 것은 마땅하다 할 것이다.

두 번째로는 '調'를 들면서 그것을 옛날에 마차에 달던 방울인 和鑾에 비유하였다. 수레에 매다는 방울 가운데 수레 앞의 횡목[軾]에 매단 것을 和라 하고, 재갈[鑣]에 매단 것을 鑾이라 하는데, '調'는 이것이 잘 어울려 아름다운 화음을 이루는 것과 같아야 한다고 하였으니, 조는 율조, 즉 소리의 고저장단의 어울림인 平仄에 의하여 형성되는 음악성을 가리킬 것이다. 한시가 중국어의 성조를 활용함을 기본으로 한다는 점을 중시한 셈인데, 앞에서 이미 부차적이기는 하지만 성률 또한 중요한 요건으로 인식하였다고 한 시각을 다시 확인할 수 있다.

세 번째로는 '情'을 들면서 後漢 張衡이 「思玄賦」에서 『周易』 「繫辭下傳」의 "천지의 기운이 교감하여 만물이 변화하고 精純해진다.(天地絪縕, 萬物化醇.)"

---

48) <시지>. "大抵詩有六物, 格也調也情也聲也色也趣也. 六者闕其一, 非詩也. 格欲如明堂制度也, 調欲如和鑾節奏也, 情欲如天地氤氳, 百卉含葩也, 聲欲如大鍾弘亮, 朱絃疏越也, 色欲如瑞日卿雲踈星朗月也, 趣欲如永晝爐薰, 鳥啼花落, 抱琴引睇閒雲倦鶴也."

라는 구절을 활용하여, "하늘과 땅의 기가 교감하니 온갖 풀이 꽃을 머금네.(天地烟熅 百卉含葩)"라고 점화한 구절을 인용하였다. 여기서 말한 정은 말할 것도 없이 시에 나타나지 않을 수 없게 마련인 情感·情思이다. 그것이 음양의 기운이 조화를 이루어 온갖 풀이 꽃을 피우게 하는 것과 같아야 한다고 하였으니, 孔子 이래의 정감의 溫柔敦厚를 중시한 관점임을 알 수 있다.

네 번째로는 '聲'을 들었는데, 붉은 명주실로 만든 琴의 絃인 朱絃이 疏越, 즉 共鳴板 밑의 구멍을 소통시켜 소리를 느리게 한다고 하였다. 소월이 소리가 은은하면서 담긴 뜻이 깊음을 비유하는 말이고, 「樂記」에 "청정한 태묘의 슬은 현이 붉은데, 퉁기면 바닥의 구멍으로 소리가 통하니, 한 사람이 노래하면 세 사람이 따라서 찬탄하여 남은 음향이 있다."[49]라는 글이 있음을 고려하면, 이는 시의 押韻에 의한 음성적 조화와 그로 인해 생긴 음향적 여운을 가리킨 것으로 볼 수 있다.

다섯 번째로는 色을 들면서, 상서로운 해를 가린 상서로운 구름과 성근 별 옆의 밝은 달과 같기를 바란다고 하였다. 색은 색채이니 말할 것도 없이 鍾嶸의 『詩品』에서 화려한 修辭를 가리켜 丹彩라 하였던 말처럼 시의 詞彩를 말할 것이므로, 시에 色澤이 나게 하는 修辭·表現을 가리킨다. 이는 작시에서 한 자의 形·音·意 세 가지 요소를 적절히 잘 운용함으로써 작자가 표현하고자 하는 감정이나 경물들을 화려하고 아름답게 수식하는 표현적인 기교 또한 필수적으로 요구된다는 인식인 셈이다.

마지막으로는 趣를 들었는데, 그것이 긴 낮에 香煙이 피어오르는 가운데 새가 울고 꽃이 지며, 거문고를 안고 날기에 지친 학을 멀리 바라봄과 같기를 바란다고 하였다. 시의 구경적 요소로 인식하였던 興趣를 창작의 실제적 과정에서 다시 한 번 강조하고자 한 것으로, 마지막으로 든 데서 시의 귀결점을 유념하라는 배려를 엿볼 수 있다고 할 것이다.

<시지>의 '六事'를 논한 부분에서 우리는 다시 한 번 약산이 시는 흥취를

49) 『禮記』「樂記」. "淸廟之瑟, 朱絃而疏越, 壹倡而三嘆, 有遺音者矣."

바탕으로 한 신운과 풍격을 중시하는 한편으로, 律調·聲韻·色澤과 같은 형식적 요건 또한 부차적으로나마 중요하게 인식하는 시관을 지녔음을 확인할 수 있다. 이를 통하여 그가 정취를 중시한다거나 신운과 흥취를 중시하는 시 인식을 지녔다는 이해가 단순하게 파악한 결과임을 확인할 수 있다고 할 것이다.

4) 作詩의 禁忌事項

시의 창작에는 해야 할 일만 있는 게 아니라 하지 말아야 할 일도 있게 마련이다. 약산은 기법·소재·표현태도 등의 다양한 요인에서 요구되는 그러한 금기사항들에 대해서도 유념하여, 그 가운데 중요하다고 인식한 여섯 가지 사항들을 경계할 요건이라는 의미에서 '六戒'라고 이름붙여 다음과 같이 제시하면서 간략한 설명을 붙여 놓았다.

> 시에는 여섯 가지 경계해야 할 것이 있으니, 俚俗·噍急·幽怪·纖細·多引事·喜咏物이 그것이다. 여섯 가지 중에서 하나라도 범하면 시가 아니다. 이속은 아낙네가 소근거리며 產業을 말하고, 비굴하게 아첨하는 자가 즐겁게 명리를 말하는 것과 같은 것이다. 초급은 거리에서 아이들이 주먹을 쥐고 남에게 욕을 하고, 비천한 사내가 눈을 부릅뜨고 나아가 싸우는 것과 같은 것이다. 유괴는 옛 보루에서 날아다니는 반딧불이와 음산한 언덕에서 춤추는 山妖怪와 같은 것이다. 섬세는 거미줄과 곤충의 보금자리와 지렁이가 울고 매미가 지저귀는 것과 같은 것이다. 다인사는 鬼簿에서 집어내어 수달이 물고기를 늘어놓는 부류와 같은 것이다. 희영물은 詩篇이 늙은 선비와 늙은 기녀와 같고, 詩句가 백사장의 새가 머리를 끄덕거림과 같은 부류이다. 고사를 인용하고 사물을 읊조림 또한 각각의 시체 가운데 없을 수는 없지만, 다만 재료가 神韻에 방해가 되고 작은 기교로 雅道를 손상시키는 것은 옳지 않다.[50]

---

50) <시지>. "詩有六戒, 俚俗也, 噍急也, 幽怪也, 纖細也, 引事也, 喜咏物也, 六者犯其一, 非詩也. 俚俗, 如婦女呢呢話産業, 夸毗子津津談名利也. 噍急, 如街童握拳罵人, 賤夫努眼赴鬨也. 幽怪, 如古壘飛螢, 陰崖舞魈也. 纖細, 如蛛絲虫窠, 蚓鳴螗嘈也. 多引事, 如拈鬼簿獺祭魚之類也. 喜咏物, 篇如老儒老妓. 句如沙鳥點頭之類也. 引事咏物, 亦各體中不可無者, 但不

가장 먼저 든 俚俗은 상스럽고 속됨을 뜻하니, 생활에서 쓰는 구어적인 말이나 명리를 추구하는 비속한 심성을 엿보게 하는 말을 씀을 가리킨다. 噍急은 噍殺와 같은 말로 음악의 박자가 매우 빠름을 가리키는데, 여기에서는 시에 나타난 情思가 극단적이어서 性情의 思無邪・溫柔敦厚에 어긋남으로써 詩敎의 전통에서 벗어남을 가리킨다. 시에 나타난 정서나 어조가 시비・비방을 일삼거나 극단적인 것을 경계하고자 한 것이다. 幽怪는 유령과 괴물이니 음산하고 괴이하여 얼굴을 찌푸리게 하는 의경을 제시하지 말라고 지적한 말일 것이다. 纖細는 온갖 잡다한 주변의 사물을 소재로 도입하는 쇄말성을 피하라고 한 말이다. 多引事는 故事를 많이 도입하거나 전거수사를 과도하게 구사하는 것이다. 喜咏物은 사물을 묘사하기를 좋아함인데, 그 예로 든 늙은 선비와 늙은 기녀가 삶에 대한 전망이라고는 없이 상투적으로 사물에 대응하는 존재임을 고려하면, 대상을 피상적으로 관찰하여 외양의 묘사에만 치중함을 피하라는 말을 하고자 한 것으로 보인다.

약산이 열거한 여섯 가지 경계해야 할 것들은 대체로 전대부터 흔히 지적되어 온 사항들이다. 그러나 이 가운데 俚俗・噍急・幽怪・纖細 등이 明末・淸初의 시문을 부정적으로 평가할 때 흔히 쓰인 말들인 점을 고려하면, 경릉파의 영향을 받은 주류적 詩壇의 奇詭尖新과 寒瘦枯槁로 흐른 시풍에 대한 비판의식과 무관하지 않은 것으로 보인다. 正祖가 당대의 문풍을 우려하여 명・청[51]과 三淵[52]의 시문을 언급하거나, 李天輔가 스승을 잘못 배운 속폐를 언급할[53] 때 쓰인 어휘에 유사한 것들이 보이는 것이 참조가 될 것이다.

當以材料累神韻, 小巧傷雅道爾."

51) 正祖, 「日得錄」 4, 『弘齋全書』 권164. 敎筵臣曰, 文章與世道上下, 代各不同, 而至於明末之文, 噍殺促急傾巧破碎, 不忍正視."

52) 같은 글. "近世言詩者, 輒推故處士金昌翕, 而予則以爲非治世之音. 其所謂膾炙人口者, 純是沈鬱牢騷意態, 絶無冲和平淡氣象. 以鐘鼎子弟, 作窮廬口氣, 固若有不期然而然. 而後生少年, 切不宜倣學."

53) 李天輔, <鄭元伯書帖跋>, 『晋菴集』 권7. "嘗謂今之爲詩者, 不步趨三淵, 則人爭怪之. 而無三淵學識, 而徒學其奇, 故適足以受其病, 詩之衰, 三淵又不得辭其責矣."

4. 결론

약산 오광운은 南人詩脈의 정통으로 인식되었던 18세기 초반의 주요한 시인임에도 불구하고 전대의 비평과 오늘날의 연구에서 대체로 소외되었다. 약산의 문학에 대한 본격적 연구는 비교적 늦게 시작되었음에도 불구하고, 산문론, 「해동악부」, 시에 대한 인식, 시창작론, 시세계 등에 걸쳐 두루 성과가 있었으나, 그 결과가 만족스러운 수준에 이르지는 못한 것으로 보인다. 그의 시인식과 시세계를 전반적이고도 깊이 있게 살피기 위한 바탕으로 약산의 시에 대한 기본적 인식과 창작지침에 대하여 살핀 이 글은 다음과 같이 요약된다.

<文指>·<詩指>·<賦指>는 약산의 가학전통과 유년기 이래의 시문에 대한 정진의 소산이라 할 수 있는데, 이 중 「문지」는 산문의 학습·창작에서 전범으로 삼아야 할 대상과 본받아야 할 요체에 대한 소신을 개진한 글로서, 육경을 최고의 전범으로 삼고 先秦의 諸子百家와 兩漢의 명가들을 그 다음 전범으로 하여 작가의 神氣와 시대의 본색을 배워서 본떠야 하고, 聲色에 얽매여 자구를 모의하는 데 빠져서는 안 된다는 입장을 개진하고 있다. 문장에 대한 약산의 世降俗末的 尙古主義는 王世貞을 중심으로 한 明 의고파의 영향과 眉叟 이래의 近畿南人 산문론의 계승이라는 배경과 미수보다는 진전된 깊이를 지닌다는 의의를 지니며, 아울러 韓·歐정맥을 인정한 老論의 입장에 상응하는 淸南의 산문론이라는 의의를 지닌다. 이러한 산문론은 시론의 바탕으로 작용하였을 것으로 보인다.

약산은 산문의 경우와 유사하게 시의 전범을 『시경』의 國風과 漢·魏古詩에 두고, 그 주된 이유로 표현·정서의 天然性을 내세웠다. 이런 입장은 南宋 이래의 중국의 의고주의자에 기원을 둔 것이므로, 약산 또한 그들처럼 5언고시 이외의 전범으로는 성당시를 내세웠다. 그는 7언고시와 근체시의 전범을 이백·두보 중심의 성당시에서 찾았지만, 절구의 경우에는 두시를 변체로 보아 배제하였다. 약산은 전범으로 삼을 시대와 시인을 정한 다음에는 中唐 이후 明代까지의 명가들의 장점·정수를 취하여 활용해야 함을 주장함으로써

성당 이후의 시를 도외시하지는 않았으나, 서곤파·강서파는 배우지 말아야 함을 강조하였다. 이러한 입장은 嚴羽와 何景明·李攀龍·王世貞 등 명 의고파의 입장을 두루 수용한 결과이자 17세기 이래의 조선조 시단의 풍상과 방향을 같이 한 것이지만, 시체별로 제시된 깊이 있고 자세한 견해는 상당한 의의를 지닌다고 평가할 수 있다.

약산이 시가 궁극적으로 지향해야 할 바를 情趣, 또는 神韻을 통한 言外之趣·趣外之趣에서 찾은 선례도 있지만, 이는 논리적 순서대로 기술되지 않은 <詩指>의 맥락과 다른 요긴한 글들로 보아 부분적인 파악의 결과로 보인다. 약산은 작품의 핵심요소를 산문에서 神氣, 賦에서 神會라 한 것과 마찬가지로, 시에서는 神韻을 내세웠다. 그는 신운을 시각을 달리 해서는 言外之趣·, 韻外之致·趣外之趣로 이름붙일 수 있는 무한한 흥취로 보기도 한 점으로 보아, 그는 무한한 흥취를 통한 神韻·神情을 지닌 시를 가장 바람직한 시로 보았다고 이해할 수 있다. 또 그는 신운·흥취 다음으로 기상·기골을 바탕으로 한 뛰어난 풍격을 중시하는 입장을 드러내었다. 결국 약산이 시에서 가장 중시한 요소는 신운, 흥취, 풍격이었다고 할 것이다. 이러한 시인식은 중국·국내의 영향을 두루 받은 결과인 한편으로 形似와 神情의 융합과 현실의 형상화를 강조한 三淵一派의 眞詩論을 의식하여 형사와 현실성보다 신정에 무게를 두고자 한 입장으로 보인다.

약산은 시의 궁극적 목표를 달성하기 위한 작시의 실제적 요건도 제시하였는데, 六事로 든 格·調·情·聲·色·趣는 각각 品格(風格)·律調·情感[情思]·聲韻·色澤[詞彩]·興趣를 가리킨 것으로, 목표인 풍격·흥취를 맨 앞과 맨 뒤에 둔 데에 강조점이 나타나 있으며, 聲律·修辭와 같은 형식적 요건도 중시한 데서 시작의 실제에 대한 배려를 엿볼 수 있다.

약산은 시의 창작과정에서 요구되는 부분적이거나 지엽적인 금기사항 또한 간과하지 않고, 六戒로 俚俗·噍急·幽怪·纖細·多引事·喜咏物을 제시함으로써, 작은 폐단으로 말미암아 흥취·품격을 손상시키지 말아야 한다는 견해를 드러내었다. 이러한 금기는 대체로 당대의 시풍을 비판하기 위한 지적으로 보인다.

이로써 보면 그는 이상적 전범, 궁극적 목표, 실천적 지침, 지엽적 금기사항 등을 고루 배려하는 포괄적 시론을 전개한 시인이었다고 할 것이다. 이런 시인식의 기본적 사유는 중국에 기원을 두었을 뿐 아니라, 당대의 우리나라 시인들과도 대체로 상통하는 것이므로 창의적이라 하기 어렵다. 그러나 시체별로 지향의 요점과 전범을 특정하여 구체적으로 제시하고, 작시의 실제적 요건·금기를 자세히 논의한 데서 드러난 체계적이고 깊이 있는 견해는 유례를 찾기 어려울 만큼 독자성을 지닌 것이라고 평가할 수 있다.

약산이 시문을 통틀어 상고적 입장을 기반으로 한 가운데, 시의 경우 특히 이상적 전범의 경지에 근접하기 위한 구체적이고 세부적인 창작방법까지 제시한 시인식의 소유자라는 특성은 그의 시편들을 통해서도 입증되어야 마땅할 것이다. 그러나 그의 현전시를 일별할 때 드러나는 몇 가지 두드러진 피상적 특성들[54]을 통하여, 그가 한·위시에서 배운 바는 5언고시를 중심으로, 성당시에서 배운 바는 주로 7언율시·7언고시를 중심으로 하여, 그 풍격·흥취를 실천적으로 구현하고자 하지 않았겠는가 짐작할 뿐, 필자로서는 지금 그런 일을 당장 감당할 준비가 되어 있지 않다는 것을 밝히며, 이를 뒷날의 과제로 미루기로 한다.

<『고시가연구』 25 (2010) 수록>

54) 450여수에 이르는 현전시 가운데 7언율시가 163수, 5언고시가 56수로 매우 비중이 높은 점, 5언절구 33수 중 古絶句가 절반이 넘는 점, 陳子昂의 <感遇三十八首>를 본뜨고자 한 것으로 보이는 <感遇> 28수와 144운에 이르는 5언고시 <述哀>의 존재, 7언장편 영사시 <赤池歌>·<山海關歌>와 7언고풍 <效長安古意>·<近別離>·<行路難>(3수) 등의 존재 등을 말한다.

吳光運의 〈感遇〉 28首 硏究

1. 서언

藥山 吳光運(1689~1745)은 海東樂府體로 주목받은[1] 것을 빼면, '情趣'를 중시하여 대상에 대한 느낌과 상상력에 바탕을 둔 경이로움을 주로 형상화한 시인[2]으로 설명되면서 처음 논의의 대상이 된 문인이다. 이어서 '정'과 '취', '神韻'을 표방하고 시의 六事로 格·調·情·聲·色·趣를 강조한 시인[3]이나 明代 秦漢派의 이론을 수용하여 六經·先秦兩漢의 고문을 숭상한 산문론자[4]로 이해된 바 있다. 필자 또한 漢魏詩·盛唐詩를 전범으로 삼는 尙古主義를 기반으로 하여, 시의 궁극적 지향을 神韻·興趣·風格에 두면서, 격조·수사·성률 또한 경시하지 않은 시인식을 지녔고, 이는 三淵一派의 이른바 眞詩論보다는 의고적이면서 形似·現實性에 무게를 덜 둔 입장이라고 파악한 바 있다.[5] 산문론·시론에 집중된 이런 논의와 달리 시세계를 전반적으로 검토

---

1) 金榮淑, 『朝鮮時代 詠史樂府 硏究』(영남대 박사논문, 1989).
2) 金宗鎭, 「吳光運의 시에 있어서 정취와 상상력에 대하여」, 『東岳語文論集』 36(동악어문학회, 2000).
3) 김명환, 「藥山 吳光運의 詩創作論 -<詩指>를 중심으로」, 『泰東古典硏究』 23(한림대 태동고전연구소, 2007).
4) 송혁기, 「17세기 후반~18세기 초 許穆系列 南人文壇의 散文論」, 『민족문학사연구』 27(민족문학사학회, 2006).
5) 呂運弼, 「藥山의 詩認識에 관한 硏究」, 『고시가연구』 26(한국고시가학회, 2010).

한 사례도 있지만, 시론에 대한 그 동안의 주장을 수용하여 영물시·술회시·교유시·영사악부를 범박하게 살피는[6] 데 그치고 만 아쉬움이 있다. 시론과 시작을 유기적으로 연결시켜 다루는 진전된 논의가 요구된다 할 것이다. 이 글에서는 이를 감안하여 시인이 역점을 둔 산물로 보이는 <感遇> 연작 28수를 시인식 및 5언영회시의 전통과 연결시켜 검토해 보기로 한다.

2. 약산의 詩觀과 詩世界의 概況

약산은 散文觀을 구체적으로 피력한 글인 <文指>에서 "문장을 짓는 것은 六經을 근본으로 삼아야 한다. 근본이 서고 이치에 통달한 뒤에야 諸子를 널리 참구하고 百家를 포괄할 수 있으므로, 육경이 만고에 문장의 조종이 된다."[7]라 하고, 육경·諸子百家·『史記』·『漢書』의 장처를 지적한 데 이어, 班固·董仲舒·揚雄·賈誼의 장단점을 언급한 바 있다. 그리고 漢代 이후의 명가들에 대해서도 비평한 가운데, '司馬遷 이후의 제일인자'인 韓愈의 骨力을 폄하하고, '退之의 嫡傳'인 歐陽脩의 문장이 때때로 强弩의 마지막 기운이 쇠약해진 데 불과하다고 혹평하였다. '文必秦漢'을 표방한 明代 秦漢派와 대동소이한 주장인 이러한 尙古的 관점은 시에도 적용되었는데, 다음은 그런 예인 <昭代風謠序>의 한 단락이다.

> 그러나 周나라의 풍요는 모두 민간의 풍속에서 나왔으므로, 그것들은 천성을 보전하고 있지만, 漢나라 이후에는 흔히 사대부에게서 나온 탓에 천성을 보전하지 못하였다. 내가 漢·魏의 시를 읽어 보니, 「古詩十九首」와 그 밖의 古樂府 가운데 無名氏가 지은 여러 편 같은 것들은 犖然히 國風의 말 밖의 뜻이 있었다. 비록 子建의 風骨로도 아득히 미치지 못하였거늘, 하물며 나머지 사람들이랴? 나는 여항의 謳謠

6) 吳孝眞, 「藥山 吳光運의 詩世界 硏究」(성신여대 석사논문, 2009).

7) <文指>, 『藥山漫稿』 권11. "爲文章, 以六經爲本. 本立而理達然後, 可以旁參諸子, 包括百家矣, 六經爲萬古文章之祖. 而繫辭之動盪, 書之典則, 又其立論叙事之祖也."

의 자연스러움에서 나온 것은 風詩와 잘 어울리지만, 한 번 사색을 거치게 되면 잃어버리기 때문이라고 생각한다.8)

시의 이상적 경지를 『詩經』의 民歌라 할 수 있는 國風으로 보면서, 이유로 '天', 즉 저절로 이루어진 데서 말미암은 자연스러움을 들었다. 또 그 이후의 시로는 漢魏古詩를 전범으로 들고, 역시 민가를 주된 기반으로 한 <古詩十九首>와 같은 작품들에 함유된 천성에서 근거를 찾았다. 그러나 지식인의 창작시가 주류를 이루게 되자, 風骨이 奇高한 魏의 曹植조차 천연성 내지 진실성이 결여되었으므로 모범으로 삼기에는 부족하다고 하였다. 민가와 같은 질박한 표현과 진솔한 정서를 기반으로 한 시를 격식·수사를 갖춘 시보다 고평하여 국풍을 시의 최고의 경지로 보고, 한위고시를 그 다음 경지로 본 이런 입장은 明의 의고파와 같이 '詩必盛唐論'으로 이어지는데, 다음은 시론을 밝힌 글인 <詩指>의 古詩觀을 밝힌 대목이다.

오언고시는 樸高하고 旨趣가 심원함을 숭상하므로, 漢·魏를 배우고, 능하지 못하면 阮籍·左思·鮑照·謝靈運을 배우며, 능하지 못하면 陶潛·韋應物을 배우고, 능하지 못한 뒤에야 杜甫·韓愈를 배운다. 칠언고시는 풍채가 화려하고 才識이 뛰어남을 숭상하므로, 李白·두보를 종주로 삼고, 高適·岑參·王維·李賀로 돕는다.9)

시체별로 주된 지향과 전범시인을 지목하였는데, 지향의 요점으로 5언고시는 질박하고 고고한 風格·興趣를 들고, 7언고시는 風采, 즉 화려한 風格·文采와 才識을 들었다. 그리고 5언고시의 준범으로 할 시인으로는 한·위·西晉·南朝의 완적·좌사·포조·사영운을 우선적으로 배우고, 그 풍격에 미치

8) <昭代風謠序>, 『藥山漫稿』 권15. "然周之風, 皆出於民俗, 故其天全. 漢以後多出於士大夫, 故其天不全. 余讀漢魏詩, 如十九首及其他古樂府無名氏諸篇, 犁然有國風言外之旨. 雖以子建風骨, 邈然不能及, 況餘子乎? 余意其出於閭巷謳謠之自然者, 方叶於風詩, 而一涉思索則失之矣."

9) <詩指>, 『藥山漫稿』 권15. "五言古, 尙樸高旨遠. 故學漢魏未能則阮·左·鮑·謝, 未能則陶·韋, 未能而後杜·韓. 七言古, 尙風華才長. 故以李·杜爲宗, 而輔以高·岑·王·李."

기 어려우면 東晉·初唐의 도잠·위응물을 배우며, 그것도 어려우면 盛唐의 두보·한유를 배워야 한다고 하였다. 또 唐代에 와서야 창작이 활발해진 7언고시의 경우에는 이백·두보를 전범으로 내세우고, 그 풍격·문채·학식을 본받기 어려우면, 성당의 고적·잠삼·왕유·이하를 차선의 제시했다. 이어서 근체시에 대해서도 유사한 주장을 펼쳤는데, 5언절구는 왕유·이백, 7언절구는 이백·왕창령, 5언율시는 두보·왕유·맹호연, 7언율시는 왕유·이하·고적·岑參·두보, 배율은 두보를 전범으로 삼아야 한다고 하여, 성당시를 최고의 경지로 인정하는 입장을 분명히 하였다. 이 대목에서도 시체별 지향점을 아울러 지적하였는데, 특기할 만한 사실은 절구의 경우 杜詩를 變體로 보아 禁戒로 삼아야 한다고 지적한 점이다.10)

약산의 이와 같은 시인식은 그 결과물인 작품을 통해서도 검증되어야 마땅할 터이므로, 우선 현전시의 전반적 면모를 개관하면서 몇 가지 두드러진 양상부터 살펴보기로 한다.

『藥山漫稿』는 深齋 曺兢燮(1873~1933)의 교정을 거쳐, 1924년에 20권 9책으로 간행한 목판본인데, 50세 때의 自編稿를 대본으로 한 탓에 51세 이후의 시문은 실려 있지 않다.11) 시는 권2~5에 실려 있는데, 권2에 80제 131수, 권3에 99제 171수, 권4에는 74제 123수, 권5에는 「해동악부」 28제 28수가 실려 있어, 모두 281제 453수이다. 시체별로는 5언절구 15제 33수, 7언절구 57제 112수, 5언율시 25제 41수, 7언율시 117제 163수, 5언고시 23제 56수, 7언고시 16제 20수, 잡언고시 27제 27수, 7언배율 1제 1수이다.

이러한 시체별 양상에서 먼저 눈에 띄는 점은 7언율시의 선호도가 매우 높

10) 위의 글. "五言絶, 玄妙上於爽朗. 故取右丞而配以靑蓮. 七言絶, 飄逸長於婉柔. 故標靑蓮而次者少伯, 以少陵爲禁戒. 五言律主神境, 故型範少陵而興趣寄於王·孟. 七言律重格調. 故準的王·李·高·岑而氣骨參之少陵. 排律推少陵爲都料匠, 然後雄渾壯麗淸淡閒遠, 不失冠冕之象烟霞之氣, 而不落小家惡道矣."

11) <漫稿引>에서 밝힌 25권과 5권의 차이가 나는 가운데 書簡이 1편도 없는 점, 『大東詩選』에 실린 시 중 3제만 문집의 것이고, <江浦漁火> 등 6제는 실려 있지 않은 점으로 보아, 50세까지의 글 일부와 50세 이후의 글을 정리한 초고가 따로 있었을 것으로 보이지만, 현재로서는 더 이상의 징표를 찾을 수 없다.

은 점이므로, 그 중심을 이루는 應酬詩·交遊施·述懷詩·景物詩·挽詩 등이 주목되어야 하겠지만, 7언근체가 선호됨은 당대의 일반적 현상이므로 거기서 약산만의 특성을 어떻게 찾을까 하는 것이 관건이다. 다음으로는 5언고시의 비중이 매우 높은 가운데 漢魏風骨을 추구한 작품들이 중심을 이루는 점을 중시해야 할 것으로 보인다. 이 밖에 7언 盛唐歌行의 모의, 의고악부·영사시·古絶句에 의한 고풍의 추구, 海東樂府體를 비롯한 영사시·악부시·기속시·경물시 등 고·근체를 두루 활용한 조선적인 시의 천착 등도 간과하기 어려운 것으로 보인다. 다른 경향에 대한 검토는 별고로 미루기로 하고, 여기에서는 5언고시인 <感遇> 28수를 통하여 고풍을 추구한 양상에 대해서만 살펴보기로 한다.

3. 連作詠懷詩의 傳統과 <感遇>의 志向點

1) 中國의 5언 連作詠懷詩

<古詩十九首>(『文選』 권29)는 대체로 後漢의 亂政·賊亂·饑荒으로 인한 백성들의 고난을 담은 민가가 지식인에 의하여 기록, 또는 개작된 것으로 추정되는 5언고시이다. 鍾嶸에게서 “문장이 따뜻하면서도 아름답고, 뜻이 슬프면서도 심원하며, 마음을 놀라게 하고 넋을 움직이니, 거의 한 글자가 천금의 값에 가깝다고 할 만하다.”[12]고 찬양받은 이 작품의 시사적 의의는 國風·古樂府를 계승하여 후한 말 이후 개인작 연작5언시가 개화할 바탕을 마련한 데서 찾을 수 있다.[13]

이를 계승하여 영회시의 새 전통을 창출한 시인은 삼국 魏의 阮籍(210~63)이다. 그의 <詠懷詩八十二首>는 亂世를 살면서 患亂을 염려한 시인이 옛일에

12) 鍾嶸, 『詩品』. “文温以麗, 意悲而遠, 驚心動魄, 可謂幾乎一字千金.”

13) 金學主, 『中國文學史』(신아사, 1989), 150~55면 참조.

기탁하여 불만을 토로하거나 현실을 풍자한 작품들로서, 풍자의 의도를 지닌 경우에도 완곡하고 우회적 표현을 구사하였다. 이 작품은 <고시십구수>와 建安詩를 계승하여 개인작인 연작 영회시의 진일보한 세계를 펼친 의의를 지닌다. 左思(250~305)의 <詠史>(8수), 陶潛(365~427)의 <擬古>(9수)·雜詩>(12수), 鮑照(405~466)의 <擬古>(8수) 등은 이를 이은 걸작들이다.

初唐의 陳子昂(661~702)은 궁정시를 중심으로 한 齊梁의 餘風을 배격하고 建安·正始年間의 風骨을 본뜨는 데 힘쓴 결과, 初唐에서 盛唐으로 넘어가는 시기의 시풍을 雅正하게 전환시키는 데 커다란 역할을 한 시인이다. 그의 대표작인 <感遇三十八首>는 주변의 사물이나 옛일에 의탁하여 일상적 감회를 읊으면서, 현실에 대한 비판, 불우한 삶에 대한 불평, 은일의 지향, 변새에 대한 감회 등으로 주제의 시각을 넓힌 작품으로, <고시십구수>·<영회>를 계승하여 연작 영회시의 새 지평을 열었다고 평가된다. 다소 후배인 張九齡(678~740)의 <감우> 12수도 유사한 성향의 작품이다.

연작 영회시의 작품세계를 더욱 확대한 작품은 성당 李白(701~762)의 <古風五十九首>이다. 첫수에서 종래의 시풍을 비판하면서 法古創新의 수법으로 淸眞을 추구하여 詩道를 부흥시키고자 하는 뜻을 밝힌 이 작품은 詠史·論詩와 같은 새로운 제재들을 추가하여 확대된 작품세계를 보여 주었다. 朱熹(1130~1200) 또한 詩序로 <감우>를 의작함을 밝히면서 <齋居感懷二十首>를 지어, 연작 영회시의 전통을 이었다. 選體의 가치를 새롭게 평가한 자세에도 말미암은 이 작품은 영회시의 시세계를 哲理·觀物 등을 읊는 쪽으로 넓힘으로써, 說理性이 확대되는 데 큰 영향력을 행사하였다.[14]

2) 韓國의 連作詠懷詩 槪況

<고시십구수>를 비롯한 5언고풍 연작 영회시는 이른 때부터 우리나라에

14) 張裕昇, 「17세기 古詩 硏究」(한국정신문화연구원 석사논문, 2001), 13~4면.

영향을 미쳤을 것으로 보이지만, 조선조 이전의 의작 사례는 보기 어렵다. 李穡의 <題朴摠郎詩卷十九首>(『牧隱詩藁』 권12), 李崇仁의 <秋夜感懷十首>(『陶隱集』 권1), 元天錫의 <正初齋居四首>(『耘谷行錄』 권4)는 연작 7언율시[15]이기는 하지만, 진자앙의 <감우>와 작품세계가 상통하는 가운데, <고풍>과 <재거감흥>에서 볼 수 있는 詩文 · 學問 · 異端 · 觀物에 대한 논의를 포함하고 있어, 5언 영회시 전통과 무관하지 않은 작품으로 보인다.

<고시십구수>를 의작한 가장 이른 사례는 金時習의 <古風十九首>(『梅月堂集』 권1)로 보이며, 柳夢寅의 <擬古詩十九體>(『於于集』 권2), 申欽의 <後十九首>(『象村稿』 권6), 南公轍의 <擬古十九首>(『潁翁再續藁 권1), 權斗經의 <擬古詩十五首>(『蒼雪齋集』 권2), 洪奭周의 <和憲仲步古詩十九首韻>(『淵泉集』 권3) 등이 이후의 두드러진 사례이다. 완적의 <영회>는 편수가 많고 작가의 사유 · 행적에 禮敎를 벗어난 점이 있는 탓인지 <고시십구수>보다 영향이 적었던 듯하다. 鄭道傳의 <送金先生落第南歸, 次阮嗣宗感懷韻>(『三峯集』 권1)이 이른 예, 申晸의 <次阮步兵詠懷韻, 十七首>(『汾厓遺稿』 권2)가 두드러진 예인데, 尹鉉의 <次阮嗣宗詠懷>(『菊磵集』 권중)처럼 몇 수씩 차운하거나 의작한 사례는 꽤 있었을 것으로 보인다.

진자앙의 <감우>는 林椿의 글[16]로 보아, 고려 중엽 이전부터 영향을 미쳤을 듯하지만, 이른 의작은 16세기에야 확인된다. 崔慶昌의 <感遇十首, 寄鄭季涵>(『孤竹遺稿』)이 그 예인데, 이후 許篈 · 許楚姬로부터 18세기의 金祖淳 · 權克中에 이르기까지 20여명의 시인에 의하여 꾸준히 지어졌다. 가장 두드러진 사례는 申欽의 <次陳子昂感遇三十六首>(『상촌고』 권6), 徐命膺의 <和陳子昂感遇詩韻三十六首, 幷序>(『保晩齋集』 권2)이며, 10수 이상 남긴 시인들로 申翊

---

15) 이런 점에서 古詩로 의심할 수 있지만, 목은의 경우 제1수에서 제6 · 7구의 제2자에 평측을 달리 함으로써 失黏을 범한 점, 제2수 제3 · 4구의 제2자를 모두 仄聲으로 하여 失對를 범한 점을 빼면 율시의 廉法 · 押韻法에 맞으므로, 19수 모두 평성 山韻으로 일관한 5언율시로 보아야 할 것이다.

16) 林椿, <上安西大判陳郎中光脩啓>, 『西河集』 권6. “李太白獨擅歌詞, 人稱國手, 陳子昂復興騷雅, 世號文宗.”

聖・鄭弘溟・金昌翕 등이 있다. 약산의 28수 또한 시인의 시론이나 작품의 실상으로 보아 중요한 사례라 할 수 있다.[17)]

이백의 <고풍> 59수도 麗朝부터 영향을 미친 듯한데, 李齊賢의 <古風七首>(『益齋亂藁』 권3)와 『牧隱詩藁』에서 산견되는 허다한 <古風>이란 제목의 5언시 대부분이 그 예이다. 조선시대에도 李春英의 <古風次友人五首>(『體素集』 권중)처럼 '고풍'이 제목에 포함된 5언시 중에는 영향이 짐작되는 예가 흔히 있지만, 여러 수로 의작한 작품은 없었던 듯하다. 朱子의 <재거감흥>의 반향 또한 커서, 1553년에 李楨이 간행한 『齋居感興註解』를 등 4회의 간행사실[18)]이 확인되며, 李萬敷의 <感興續篇>(『息山集』 속집 권1)와 같은 전편의 의작사례는 드물지만, 李象靖의 <春日齋居, 用晦庵韻>(『大山集』 권1)처럼 몇 수의 차운・의작은 흔히 있었을 것으로 보인다.

이로써 보면 중국의 대표적 5언 연작 영회시들은 두루 큰 영향을 미쳤다고 평가할 수 있지만, <고시십구수>와 <감우>, 특히 후자는 의도적 차운・의작을 크게 유발했으므로, 그 중 두드러진 예인 申欽의 <次陳子昂感遇三十六首>, 徐命膺의 <和陳子昂感遇詩韻三十六首>, 약산의 <감우> 2제 28수는 우리 시사에서 일정한 의의를 지닌다고 볼 수 있을 것이다.

3) 〈感遇〉 擬作의 中心的 志向

'感遇'란 "마음에 느낌이 있어서 말에 의탁하여 그 뜻을 펼친 것을 이른다. 또 마음으로 느끼고 눈길에 부딪혀서 마음 속에서 생겨난 감정을 말에 부친 것을 이른다."[19)]라는 풀이처럼 사물로 말미암아 흥기된 느낌을 읊은 시를 가

---

17) 신흠・서명응은 모두 『陳拾遺集』이 아니라 『唐詩品彙』와 같은 선집에 실린 작품에 화운한 탓에 작품의 숫자와 운이 모두 『당시품휘』의 것과 같다.

18) 심경호, 「조선판본 <齋居感興詩>와 <武夷櫂歌>」, 『국문학 연구와 문헌학』(태학사, 2002), 317~41면.

19) 楊士弘 편, 『唐音』 권2. "感遇云者, 謂有感於心而寓於言以攄其意也. 又云感之於心遇之於目, 情發於中而寄於言."

리킬 때 쓰인 말로, 이를 시제로 쓴 것은 陳子昻이 첫 사례라 할 수 있다. 그는 則天武后 치하에서 적극적으로 벼슬살이를 하다가 지나친 專制에 환멸을 느끼고 낙향하여 살았는데, <감우>는 그런 삶을 살던 시기의 일상적인 정회를 담고자 한 것이다. 따라서 시절을 잘못 만나 실의에 빠진 선비가 사물에서 촉발된 느낌을 읊은 점에서 董仲舒의 <士不遇賦>, 司馬遷의 <悲士不遇賦>와 유사한 작의를 지녔다고 할 수 있다. 완적의 <영회>와 이백의 <고풍> 또한 창작배경은 이와 유사하다.

약산의 <感遇九首>는 시국에 대한 불만으로 殷山縣監을 사직하고 칩거하던 1726년 말경에 지어진 작품이고, <感遇十九首>는 전년에 당색으로 비난받자 홍문관제학·승문원제조에 나가지 않은 데 이어, 密庵 李栽(1657~1730)를 추천한 일로 삭관되었는가 하면, 대사간·도승지·호조참판 같은 요직에도 취임하지 않았던 1737년에 지어진 작품이다. 그러므로 당쟁 때문에 부침하면서 시절을 한탄하던 상황의 소산으로 볼 수 있으므로, 완적·진자앙·이백의 작품과 창작배경이 상통한다.

그러나 전편을 일별하면, 자신의 삶에 대한 근심이 지배적이지 않은 점에서 <영회>와 다르고, 詩道의 부흥을 꾀하지는 않은 점에서 <고풍>과 다르며, 哲理·觀物을 포함하지 않은 점에서 <재거감흥>과 다른 반면에, 처지에 대한 한탄, 현실에 대한 불만·비판, 선경에 대한 동경을 중심적 주제로 한 가운데, '論道匡君·以義補國·以道隱身'[20]의 뜻을 표한 점에서 <감우>와 유사하다. 이런 경향은 진자앙을 작시의 전범으로 꼽지 않은 채 「史評」에서 찬양했을[21] 뿐임에도 불구하고, 이 작품을 주로 <감우>와 연관시켜 읽게 하며, 한·위시를 크게 숭상한 자세 또한 이를 뒷받침한다. 그러므로 이를 검토하기 위한 단서를 진자앙의 시인식에서 모색해 보기로 한다.

---

20) '論道匡君'은 『陳拾遺集』 권7의 <登薊城西北樓送崔著作入都序>에서, '以義補國·以道隱身'은 <嘉馬參軍相遇醉歌序>에서 쓴 말이다.

21) 「史評」, 『약산만고』 권14. "陳子昻, 陳說武氏, 其身旣失, 其言雖美, 安用之? 狄仁傑爲唐社稷, 不可與子昻比, 然北面武氏, 非第一等人."

> 문장의 도가 피폐해진 지 오백년이나 되었다. 漢魏의 풍골이 晉宋에는 전해지지 않았으나, 문헌에는 징험할 만한 것이 있다. 내가 일찍이 한가한 때에 齊梁의 시를 살펴보니, 文彩의 화려함을 다투어 번거롭기만 하고 興寄가 도무지 없음을 매번 길게 탄식하면서 옛 사람을 사모하였고, 늘 머뭇거리면서 쇠퇴해져서 風雅가 일어나지 않을 것을 걱정하여 잠을 이루지 못하였다.[22)]

漢魏詩의 '風骨'과 '興起'을 찬양하고, 齊梁의 유풍을 개탄한 글이다. <감우>의 창작동기에 대한 언급을 남기지 않았음을 감안하면, '漢魏之風'으로 칭송받은 시인의 대표작에 대한 창작의도를 표방한 글로 볼 수 있으므로, 요점을 자세히 살피기로 한다. 핵심어인 '風骨'과 '興寄'를 자세히 이해하면, 그가 지향한 한위풍의 요점을 분명히 알 수 있을 것이기 때문이다.

風骨은 劉勰의 『文心雕龍』에서 처음 쓰인 말로 風과 骨의 합성어이다. "『詩』에는 六義가 있는데, 풍이 그 첫 번째이다. 이는 곧 감화의 본원이고, 志氣의 符節이다."[23)]라는 劉勰의 말에서, 風이 시문의 감화력을 뜻함을 알 수 있다. 그리고 "풍력을 골간으로 삼고, 단채로 윤색한다."[24)]고 한 鍾嶸의 '단채'가 辭藻를 뜻한다는 데서도, 풍과 風力이 같은 말로서 독자를 감화시키는 사상·감정 등의 역량을 가리킴이 드러난다. 또 "시를 읊고 글을 늘어놓음에는 골보다 앞세울 것이 없으므로, 문사에 골이 필요함은 인체에 골격을 세움과 같다."[25)] 고 한 데서, 골이 詩辭의 분명하고 정확한 표현을 뜻하며, 종영은 이를 화려함을 중시하여 '단채'라고 말했다는 것을 짐작할 수 있다.

결국 풍골은 詩作의 생명이 뛰어난 감화력과 훌륭한 표현임을 가리키고자 한 말인 셈인데, 그 근본은 氣[26)]이므로 氣骨과 유사한 개념이다. 따라서 작품

---

22) 진자앙, <與東方左史虬修竹篇, 并書>, 『진습유집』 권1. "文章道弊五百年矣. 漢魏風骨晉宋莫傳, 然而文獻有可徵者. 僕嘗暇時觀齊梁間詩, 彩麗競繁而興寄都絶, 每以永嘆思古人, 常恐逶迤頹靡風雅不作以耿耿也."

23) 劉勰, 『文心雕龍』「風骨」. "詩總六義, 風冠其首, 斯乃化感之本源, 志氣之符契也."

24) 鍾嶸, 『詩品』. 권1. "干之以風力, 潤之以丹采."

25) 유협, 『문심조룡』「풍골」. "沉吟鋪辭, 莫先於骨, 故辭之待骨, 如體之樹骸."

26) 같은 곳. "氣是風骨之本."

의 총체적 미감을 뜻하는 風格과는 함의가 다르지만, 시대・작가의 특성을 총체적으로 가리킬 때에는 별로 차이가 없는 말이라고 할 수 있다.

풍골을 시문의 핵심요소로 들면서 建安年間(196~220)의 詩歌를 특별히 고평한 유협은 "그 시문을 살펴보면 본래 慷慨함을 좋아했으니, 참으로 대대로 난리가 지속되어 風氣가 쇠퇴해지고 습속이 원망에 빠지며, 아울러 志慮가 깊어지고 運筆이 길어진 까닭에, 기개가 강직해지고 憤氣가 많아졌다."[27]고 하였다. 또 '건안풍력'을 처음으로 제창했던 종영[28]은 '建安之傑'인 曹植의 시풍을 "骨氣가 기이하고 고매하며, 辭彩가 화려하고 풍부하며, 情趣는 高雅와 怨望을 아우르고, 體裁는 文과 質로 가득하여, 찬란함이 고금에 넘치고, 탁월하게 무리에서 빼어났다."[29]고 평가했다. 또 南宋 嚴羽는 "黃初年間(220~26) 이후에는 완적의 <영회>만이 극히 고고하여 건안의 풍골이 있었다."[30], 또는 "건안의 시는 全美함이 기상에 있으니, 지엽에서 훌륭함을 찾아 지적할 수는 없다."[31]고 하거나, "한위고시는 기상이 혼돈하여 구절을 가지고 지적하기 어렵다."[32]라 했는가 하면, 明人 陳沂는 우유・혼후[33]를 든 바 있다. 따라서 '漢魏風骨'이란 바로 建安詩歌의 그런 풍골・풍력・골기・기상 등이 집약된 말이며, 약산의 '子建風骨'도 마찬가지이다. 이로써 본다면 건안시의 풍골이란 대체로 전란으로 인하여 풍속이 쇠퇴하고 원망이 팽배함에 따라 시인들이 웅건한 기상을 바탕으로 한 비분강개를 중심으로 한 정서를 高古하고 질박한 표현으로 형상화함으로써 감흥력을 극대화시킨 시풍을 가리킨다고 정리할 수 있다.

---

27) 유협, 『문심조룡』「時序」. "觀其時文, 雅好慷慨, 良由世積亂離, 風衰俗怨, 並志深而筆長, 故梗概而多氣也."
28) 종영, 『시품』. 권1. "詩皆平典似道德論, 建安風力盡矣."
29) 같은 곳. "骨氣奇高, 詞彩華茂, 情兼雅怨, 體被文質, 粲溢今古, 卓爾不羣."
30) 嚴羽, 『滄浪詩話』. "黃初之後, 惟阮籍詠懷之作, 極為高古, 有建安風骨."
31) 위의 책. "建安之詩, 全在氣象, 不可尋枝摘葉."
32) 위의 책. "漢魏古詩, 氣象混沌, 難以句摘."
33) 陳沂, 『拘虛詩談』. "五言古, 唐人雖名家, 終非所長, 蓋漢魏優游渾厚之意, 喪於齊梁. 以後至唐, 僅能承其藻麗以入於律, 爲一代之盛耳."

진자앙은 齊梁詩에 '興寄'가 도무지 없음을 크게 탄식했는데, '都絶'되었다고 우려한 '흥기'는 종영이 "張華의 詩는 그 근원이 王粲에게서 나왔는데, 그 文體는 화려하고 곱지만, 興託은 뛰어나지 못하다."[34]라고 한 글의 '興託'과 같은 말이다. 양인이 똑같이 文采와 대비시켜 언급한 데서 그것이 시의 내용이나 효용과 관련된 말임이 드러난다. '흥기'의 문자적 의미는 外物에 寄託된 興이지만, 이치로는 외물로 인하여 흥이 일어남[起興]을 뜻하며, 이 '흥'은 우선 『詩經』의 해석과정에서 제기된 표현수법 내지 修辭의 문제이다.

『詩經』 六義 중의 比·興은 "比라는 것은 사물에 비겨 견주는 것이고, 興이라는 것은 일을 사물에 기탁하는 것이다."[35]라는 풀이처럼 後漢代까지는 애매하게 이해되었는데, 이를 좀더 분명하게 설명한 사람은 유협이다.

> 比라는 것은 붙이는 것이고 興이라는 것은 일으키는 것이다. 이치를 붙인다는 것은 아주 비슷한 것으로 일을 가리키는 것이고, 感情을 일으킨다는 것은 어렴풋한 것에 기대어 뜻을 본뜨는 것이다. 감정을 일으키므로 興의 文體가 성립되고 이치를 붙이므로 比의 體例가 생겼다. 比는 쌓인 憤氣를 분명히 지적하여 말하는 것이고, 興은 에두른 비유로 바꾸어 의탁하여 풍자하는 것이다. 대개 시절마다 뜻이 같지 않기 때문에 詩人의 지향이 두 가지가 있게 된 것이다."[36]

윗글에 따르면 比는 유사한 사물을 취하여 이치를 붙임으로써 대상의 의미를 보충하는 방법이고, 興은 어렴풋한 것에 기대어 감정을 우회적으로 제시하는 방법이다. 이를 형상을 취함을 비라 하고, 의미를 취함을 흥이라 한다고 한 견해를 보태어 풀이하면, 比는 사물의 형태·색깔과 같은 분명한 요소에 견주어진 비유여서 의미가 쉽게 파악되지만, 흥은 심상·느낌 같은 분명치

---

34) 종영, 『시품』 권2. "晉司空張華詩, 其源出於王粲, 其體華艶, 興託不奇."

35) 『周禮注疏』 卷23. "比者, 比方於物也, 興者, 托事於物."

36) 유협, 『문심조룡』 「比興」. "比者附也, 興者起也. 附理者, 切類以指事, 起情者, 依倣以擬義. 起情故興體以立, 附理故比例以生. 比則畜憤以斥言, 興則環譬以託諷. 蓋隨時之義不一, 故詩人之志有二也."

않은 요소에 견주어진 우의적 비유·상징이어서 의미가 암시될 뿐인 수사법이라 할 수 있다. 유협은 이에 보태어 비는 쌓인 분노를 분명히 지적하여 말하고(畜憤斥言), 興은 에두른 비유에 의탁하여 풍자하는(環譬託諷) 데 쓰인다고 하여, 비를 諷刺, 흥을 讚美의 기법으로 보았던 鄭玄과 달리 그 효용을 풍유로만 설명하였는데, 이는 鍾嶸에게도 거의 그대로 수용되었다. 특히 그는 흥을 사물로 말미암아 감정이 일어난 것으로 이해하고, 이를 잘 살린 음영성정의 시가 독자를 강하게 감동시킬 수 있는 '滋味'를 지님으로써 최고의 경지에 이른 작품이라고 주장하였다. 따라서 종영과 정신적·혈연적 관계를 지닌 진자앙[37]의 '흥기' 또한 우의적 비유, 풍유적 효용, 시적 흥취와 두루 연관된 말이라 할 수 있다.

이제까지 살핀 바를 통하여, 진자앙이 건안시가가 비·흥의 표현수법으로 시인의 불우한 삶을 한탄하고 타락한 세태와 문란한 정치현실을 풍유하며 이상적 사회를 동경하는 뜻을 형상화함으로써 높은 흥취를 지녔던 풍골을 높이 평가하는 입장이었음을 알 수 있다. 따라서 그 영향을 받은 것으로 보이는 약산의 <감우>에서 검증할 필요가 있는 문제는 풍력의 측면이라 할 주제·기상의 양상, 골격의 측면인 文體·句法·對仗 등 표현적 특질, 흥기의 측면인 풍유를 중심으로 한 비유의 양상이라고 정리할 수 있다.

4. <感遇> 28수의 漢魏詩的 性格

1) 主題

明人 譚元春이 "자앙의 <감우>의 여러 시편에는 丹書와 같은 것도 있고, 『周易』을 주석한 것 같은 것도 있으며, 역사를 읊은 것과 같은 것도 있고, 『산해

37) 敏澤, 유병례 외 4인 옮김, 『中國文學理論批評史 -魏晋南北朝篇』(성신여대 출판부, 2008), 247면.

경』을 읽는 듯한 것도 있어, 기이하고 오묘한 변화를 짐작할 수가 없으니, 참으로 또한 하나의 천지이다."[38]라고 한 대로 <감우>의 주제는 懷才不遇의 한탄, 현실에 대한 비판이나 불만의 토로, 仙境의 추구, 변새의 감회 등 넓은 범위에 걸쳐 있다.

약산의 의작에서 볼 수 있는 주제적 양상도 변새에 대한 감회를 토로한 작품이 없을 뿐 진자앙의 작품과 대동소이하여. 현실에 대한 비판 및 불만의 토로, 회재불우의 한탄, 선경 및 이상적 사회에 대한 동경 등 크게 세 가지 범주로 나뉜다. 영사시로 볼 수 있는 19-6처럼 이 셋으로 포괄하기 어렵거나 두 범주에 다 연관되는 작품이 있지만, 이렇게 나누어도 전반적 양상을 살피는 데에 어려움이 생기지는 않을 것으로 보인다.

現實에 대한 不滿・批判을 주제로 한 것들은 세부적으로 군신・붕우・남녀의 불화, 人心의 타락, 道義의 파탄 등에 대한 불만을 토로하거나 비판한 것 등으로 다양하며, 이에 속하는 작품은 9-7・9, 19-2・3・4・6・7・13・18로 모두 9수이다. 다음은 19-4이다.

駟驖[39]이 끄는 수레가 덜컹거릴 때에
천지에는 뉘엿뉘엿 해가 저물었다네.
東山에서 날마다 힘을 다하셨건만
제비와 참새는 여전히 재잘거렸네.
대청에 올라 각자 아양을 떤들
누가 선뜻 말로 깨우쳐 주었으랴?
하늘로 솟은 누각과 궁궐에서는
향기로운 안개에 싸여 노래하고 춤추었네.
그 안에 있는 빼어나게 아름다운 여자는
비단과 흰 명주로 만든 옷을 입었네.

---

38) 譚元春 편, 『唐詩歸』 권2. "子昂感遇諸詩, 有似丹書者, 有似易注者, 有似詠史者, 有似讀山海經者. 奇奧變化, 莫可端倪, 眞又是一天地矣."

39) 駟驖은 한 수레에 메운 네 필의 구렁말[적흑색말]로, 『詩經』 「秦風」의 편명이기도 한데, 秦 襄公이 田狩와 園囿에 격식을 갖춘 것을 찬양한 노래라고 한다.

약한 것의 고기를 강한 것이 통째로 삼킴은
금수와 사람이 다 싫어한다네.
子順[40]은 마침내 베개를 높이 베고 눕고
魯仲連[41]은 東海로 나아갔네.
갈대[42]로 불리는 사람도
같은 취향을 지닌 이가 아니랴?

駟驖車粼粼　天地晻嵫暮
山東日匍匐　燕雀尙呴呴
上堂各自媚　誰肯相言諭
樓闕入靑天　歌舞籠香霧
中有長姣女　被服羅與素
弱肉强呑食　禽獸且人惡
子順遂高臥　仲連東海赴
蒹葭所謂人　無乃是同趣

제3구의 '東山'은 周 武王의 아우 周公이 조카 成王의 섭정으로 있을 때 사악한 아우 管叔·蔡叔이 퍼뜨린 유언비어로 왕의 의심을 받게 되자 군사를 이끌고 갔던 곳인데, 그가 돌아가서 勞軍하면서 지은 노래가 『詩經』「豳風」의 <東山>이다. 이를 고려하면 이 시의 주지는 燕雀으로 비유된 소인이 참언을 일삼고 약한 백성을 수탈하면서, 駟驖이 끄는 수레를 타고 사치를 누리고 미

40) 子順은 전국시대 魯나라 사람으로 孔子의 6세손인 孔斌의 자인데, 魏나라의 임금에게 초빙받아 재상이 되었으나 상언한 말이 채택되지 않자, "말이 쓰이지 않는데도 관직에 있음은 시위소찬하는 것이다.(言不用居官食祿是尸位素餐矣.)"라고 말하고 병을 이유로 사직하였으며, 魏 安釐王이 천하의 高士가 누구인지 묻자, "세상에는 그런 사람이 없지만, 그래도 그에 버금가는 사람이라면 노중련일 것이다."라고 말하였다

41) 魯仲連은 戰國時代 齊나라 사람으로 뛰어난 언변으로 각국에 다니며 분쟁을 해결하고 위난을 구제했으며, 齊의 田單이 燕의 聊城을 공격할 때 공을 세웠으나 작위를 받지 않고 떠났고, 秦에게 포위된 趙가 그의 義를 내세운 언변 덕분에 위기를 벗어나자, 趙의 平原君이 관작을 주려고 했으나 거절한 뒤 다시는 만나지 않고서, 문득 동해로 떠났다.

42) 蒹葭(겸가)는 갈대로 신분이 미천한 사람을 비유한다.

녀들과 연회하며 향락으로 소일하였던 데 반하여, 군자는 쫓겨나서 백성을 구제하는 데 진력한 현실을 풍유하고, 그런 세상에서 떠나고 싶은 마음은 전국시대 齊의 의사 魯仲連이나 魏의 재상 子順뿐 아니라 신분이 미천한 사람도 지닐 것이라는 회포를 토로한 작품으로 이해할 수 있다. 따라서 주제는 국가의 안위와 민생의 안정을 도외시한 채 당파의 이익과 개인의 복록이나 추구하는 당대의 관료사회의 불의에 대한 풍유라 할 수 있다. 이런 주제는 "화려한 집에서는 玳瑁의 잔치를 열어, 燕나라와 趙나라의 기생이 시중을 들게 하네. 이미 문득 주인을 바꾸었거니와, 뒷사람들 또한 이와 같다네. 참으로 쇠와 돌 같은 굳음이 없건만, 단아한 웃음은 어찌 그리 믿음직스러운가? 살아서는 끝까지 몸에서 향기를 풍기지만, 죽은 뒤에는 나쁜 냄새를 일으킨다네.(華堂玳瑁筵, 作使燕趙妓. 忽焉已易主, 後人復如此. 諒無金石固, 矜咳一何恃. 生時竟體香, 死後猶臭起.)"라고 읊은 19-7에서도 볼 수 있다.

약산의 <감우>에는 재능·포부를 지닌 志士가 시절을 잘못 만나거나 군왕의 지우를 입지 못한 데 대한 한탄을 주제로 한 작품의 비중이 높다. 懷才不遇에 대한 한탄을 주제로 한 것으로는 9-1·3·4·5·8, 19-5·9·16·17 등 9수를 들 수 있는데, 다음에 드는 19-16은 그 중 두드러진 예이다.

> 외로운 뿌리에 의탁한 난초는
> 잡다한 풀들과 밭두렁에서 함께 자라네.
> 나무꾼이 어찌 난초를 알랴?
> 곧 가리지 않고 낫질할 듯하였네.
> 군자가 보고 탄식하면서
> 아름다운 누대 옆으로 옮겼다네.
> 가지와 잎이 날로 매우 무성해지자
> 온화한 바람에 아름다운 모습이 떠오르네
> 지금의 풍속은 國香[43]을 천하게 여기니
> 홀로 완상함을 아는 이가 없네.

---

43) 國香은 한 나라에서 가장 좋은 향기라는 뜻으로 흔히 난초·매화나 名花를 가리킨다.

무성하여 가슴과 소매에 가득하니
남아 있도록 지닐 것을 생각하네.
늦도록 향기를 아끼지 않음을
嗟賞하면서 마음을 억누르네.
푸른 구름이 하늘 끝을 가로지를 때에는
아름다운 모습이 또 얼마나 지극한가?

幽蘭托孤根　雜卉同其陌
薪者豈知蘭　手鎌將不擇
君子見之歎　移向瑤臺側
枝葉日峻茂　光風泛顔色
時俗賤國香　獨賞無人識
采采盈懷袖　將以遺所憶
不惜馨香晩　所嗟賞心隔
碧雲橫天末　嬋媛復何極

『孔子家語』의 “지초와 난초는 깊은 숲에서 생장하지만, 옆에 사람이 없다고 해서 향기롭지 않는 일이 없다.(芝蘭生於深林, 不以無人而不芳.)”는 예처럼 흔히 才器·德行을 지닌 이를 비유한 데서 유래하여, 난초는 진자앙의 <감우> 제2수 이래로 장구령의 <감우> 제1수, 이백의 <고풍> 제38수 등에서 지속적으로 읊어진 제재이다. 이 시는 화자인 ‘군자’가 잡초와 섞여 있던 난초를 제자리에 옮겨심은 뒤에 여름이 되어 아름다운 자태를 뽐내고 그윽한 향기를 발산하자 홀로 아낀 일을 평담하게 서술하고 나서, 그런 즐거움을 아는 이가 없는 세태를 한탄하였다. 잡초로 소인을 비유하고 난초로 군자를 비유함은 진부한 표현이지만, 군자를 표상하는 난초를 서정자아인 ‘군자’가 다시 벗삼는다고 한 데에 표현의 묘가 있다. 난초가 비흥의 대상이면서 자아의 상징이라는 이중적 심상으로 형상화되었으므로, “길고긴 여름날이 저물자, 하늘하늘 가을바람이 불어오네. 다 시들어 떨어지는 계절이 되었거늘, 꽃다운 마음은 끝내 무엇을 이루었는가?(遲遲白日晩, 嫋嫋秋風生. 歲華盡搖落, 芳意竟

何成?)”라고 비유로만 쓰인 진자앙의 작품과 비교할 때, 표현상으로는 기교적인 면모를 지녔다고 볼 수 있다. 유사한 주제는 “작은 풀이 그늘진 골짜기에서 생장하면서도, 오히려 봄의 따뜻한 기운에 보답하기를 바라네.(寸草生陰谷, 猶願報陽春.)”로 시작되는 골짜기의 풀을 제재로 한 19-13에도 나타나 있다. 다음은 보검을 제재로 한 9-8이다.

옥으로 장식한 轆轤의 보검[44]이
황금을 물들인 실로 동여져 있네.
감히 잡고 구름을 자르려는 게 아니요
본래 마음을 비추고자 지닌 것이네.
오늘 아침에는 매우 괴상하게도
우렁차게 용의 울음을 토하네.
용이 욺이 어찌 그리 쉬운 일이랴?
좋은 시절에 고대하여도 생기지 않네.
당초에 鑄造할 때를 기억하지 못하는가?
날 위에 忍字를 새겼다네.

寶劍玉轆轤　紹繚用黃金
匪敢持截雲　本擬持照心
今朝殊作恠　隱隱吐龍吟
龍吟一何易　良時苦未至
不記初鑄時　刃上銘忍字

보검은 이미 이백의 <고풍> 제15수에서도 유사하게 다루어진 바 있는데, 轆轤劒은 인재를 비유하고 龍은 그 정신을 비유한다고 볼 수 있다. 어느 날 보검이 갑자기 용의 울음소리를 낸 것이 기이하다 하고서, 鑄造할 때 날에 새긴 忍字를 기억하지 못한 때문일 것이라는 상상적 해석을 덧붙임으로써, 쓰

44) 轆轤劒은 칼자루 끝에 옥으로 도르레의 원리를 이용하여 물을 긷는 장치인 轆轤의 모양을 장식한 보검이다.

일 곳을 찾아 주지 않는 세상에 대한 강개한 울분을 토로하였다. 능력이 있어도 匣 속에 들어 있기만 하여 쓰일 기회가 없게 되면 칼도 울음을 토한다는 한탄에 강한 寓意的 감흥이 깃들어 있다.

避世求仙과 이상사회의 동경이라는 주제는 현실에 대한 불만의 역설적 토로로 해석될 수 있는데, 피세구선의 의지를 읊은 예로는 9-6. 19-1・11・12・14・15가 있고, 성현의 출현에 대한 염원을 토로한 예로는 19-8이 있으며, 태고의 순박한 사회에 대한 동경을 표출한 예로는 19-19가 있어, 모두 8수가 해당한다. 다음은 선경에 대한 동경을 읊은 19-1이다.

瑤臺[45]는 얼마나 높다란가?
높은 언덕은 울창하게 우뚝하네.
나에게 패옥의 우아함이 어울리고
그로 말미암아 고운 웃음이 깨끗하네.
아침에는 廣都[46]에서 술을 마시며 전별하고
밤에는 汪氏[47]의 언덕에서 자네.
옥을 실은 전나무 배가
어찌 빨리 지나가지 않으랴?
析木[48]이 가득한 나루에는
낮밤으로 바람과 물결이 이네.
어찌 나의 길을 늦추지 않으랴?
옷을 적신들 또 어떠랴?
먼 데서 너의 아름다움을 바라보면서
어쩔 줄 모르며 큰 소리로 노래를 부르네.
匏葉의 노래[49]로 보내는 세월이 괴롭건만

45) 瑤臺는 신선들이 사는 玉으로 만든 집, 또는 훌륭한 궁전이다.
46) 廣都는 都廣과 같은 말로 『山海經』「海內經」에 나오는 전설상의 땅 이름이다.
47) 汪氏는 중국의 서해 밖에 있다는 전설상의 나라 이름이다.
48) 析木은 쪼갠 나무토막으로 땔감을 가리킨다.
49) 匏葉은 <匏有苦葉>의 준말로 『詩經』「邶風」의 편명인데, 衛나라 宣公과 그 부인이 음란한 짓을 하는 것을 풍자한 내용이다.

무성한 나무는 언덕의 가운데에 있네.

瑤臺何偃蹇　高丘鬱嵯峨
宜余佩玉儺　因之巧笑瑳[50)]
朝飮廣都餞　夕宿汪氏坡
玉馱與檜楫　豈不遄經過
盈盈析木津　日夕有風波
不瑕濡余軌　漸裳又若何
迢遆望余美　屛營發浩歌
冉冉苦匏葉　靑靑在中阿

瑤臺・廣都・汪氏와 같은 선경과 관련된 말을 두루 들면서 거기서 얽매이지 않고 노니는 즐거움을 몽환경처럼 술회한 뒤, 말미에 『詩經』 「邶風」의 衛宣公과 그 부인의 음란함을 풍자한 노래인 <匏有苦葉>을 읊으며 보내는 세월이 괴롭다는 뜻을 덧붙였다. 마지막의 말을 현실이 그런 꿈을 허용하지 않아 괴롭다는 뜻으로 읽으면, 선경을 동경하는 주제를 지닌 시로 볼 수 있다. 진자앙의 제12・31수처럼 요대를 속세의 왕궁을 비유한 말로 이해하여, 신선과 같은 삶을 누리는 寵臣을 비꼰 시로 읽는 것은 둘째 연의 '宜余佩玉儺'가 허용하지 않는 듯하다. 다음은 후자에 해당하는 19-19이다.

나그네가 탄 混莽[51)]이라는 새는
無窮鄕[52)]을 출입한다네.
만리를 흐르는 물에 갓끈을 씻고
머리카락을 말리며 大荒[53)]에 서 있네.
아침해가 扶桑에서 나와서

50) 원전의 玉邊에 差가 결합된 글자는 압운이나 의미맥락으로 보아, 애교스럽게 웃는 모습이나 희고 깨끗한 모양을 뜻하는 '瑳'의 착오인 듯하다.
51) 混莽은 混茫(茫)과 같은 말로 천지가 나뉘기 전의 혼돈상태이다.
52) 無窮鄕은 끝이 없는 도의 경지를 지닌 영역이다.
53) 大荒은 아득히 먼 곳, 또는 海外로 해와 달이 뜨는 곳이라고 한다.

나의 구름으로 짠 비단옷을 비추네.
수많은 패물은 짙은 향기를 풍기고
초목은 回光[54]에 빛나네.
앞에는 만고의 세월이 멀고
뒤로는 천세의 세월이 기네.
몸은 浩蕩하여 얽매임이 없는데
前脩[55]와 함께 다투네.
바람 앞에서 문득 잠을 깨고 보니
서쪽으로 가는 배는 참으로 蒼凉하네.
즐겁게 太和[56]를 따르면서
애오라지 길이 슬퍼하지 않으리.

客乘混莽鳥　出入無窮鄉
濯纓萬里流　晞髮立大荒
暾出扶桑間　照我雲錦裳
雜佩紛馥郁　草木昭回光
前有萬古遠　後有千世長
浩蕩身無碍　前脩共頡頏
臨風忽傾寤　西汎正蒼凉
歡言剩太和　聊以不永傷

신화적 공간인 混莽·大荒·扶桑·無窮鄕에서 萬古·千世와 같은 무한한 시간을 누리고 萬里라는 광막한 거리를 누비면서 얽매임이 살았던 태고의 소박하고 얽매임이 없던 無爲人의 삶을 동경하는 뜻을 읊고 있다. 특히 結句의 "즐겁게 太和를 따르면서, 애오라지 길이 슬퍼하지 않으리."라는 진술에 그것이 현실의 속박에서 탈출하고자 하는 욕구로 인해 표출된 것임이 나타나 있어, 이런 주제가 현실에 대한 불만의 토로라는 주제와 반어적 관계임이 드러난다.

---

54) 回光은 해가 지기 직전에 잠시 반짝이는 빛이다.
55) 前脩(修)는 덕을 쌓은 전대의 군자·현인이다.
56) 太和는 천지 사이의 온화한 기운이다.

2) 風骨

앞에서 건안시의 특징적 풍골·풍력으로 慷慨·剛直·雅健·高古·混沌·渾厚·優游 등을 지적한 바 있는데, 약산 자신은 국풍과 한위시를 전범으로 내세우면서 5언고시는 高古하고 質樸하여 의경이 심원해야 한다고 말한 바 있다. 이를 종합하면 약산이 <감우>를 통하여 내세우고자 한 풍격은 剛直·慷慨·渾厚·高古 등으로 볼 수 있으므로, 이를 중심으로 대략 검증해 보기로 한다. 먼저 강개한 情調가 두드러진 예인 19-9이다.

> 문에는 만리를 온 손님이 있는데
> 冠佩가 어찌 저리 어설픈가?
> 대청에 가득한 이들은 모두 아름다운 차림이지만
> 나에게는 이 사람만 마음에 드네.
> 어찌 그대에게 옷이 없으랴?
> 모시옷으로 봉양받았다네.
> 둥근 옷깃은 그대의 도덕을 상징하고
> 큰 소매는 그대의 儀表를 나타내네.
> 吳山[57]은 아득히 얼마나 떨어져 있는가?
> 溱水[58]는 전과 같이 흐르리.
> 뜬 구름처럼 바람이 한 번 불면 사라지니
> 얼굴을 마주하기를 어찌 기약할 수 있으랴?
> 사람은 하늘과 땅 사이에 살면서
> 한결같은 마음으로 서로 알아줌을 귀하게 여긴다네.
> 바라노니 두 마리 黃鵠[59]이 되어
> 八極으로 길이 따르세나.

---

57) 吳山은 춘추시대 吳나라 지역에 있는 산을 가리키는데, 吳氏의 시조인 季札이 오나라 사람이기 때문에 언급한 듯하다.

58) 溱水는 河南省 密縣의 북동쪽 聖水峪에서 발원하여 洧水와 합류하여 賈魯河로 흘러 들어가는 강이다.

59) 黃鵠은 한 번 날아 천리를 올라간다고 하는 신선이 타는 큰 새로 烏孫公主라고도 한다.

門有萬里客　冠佩何陸離
滿堂皆美人　與余獨相宜
豈曰子無衣　紵衣以奉之
圓領象君德　大袖章君儀
吳山杳幾許　溱水流如斯
浮雲一飄失　會面安可期
人生天地間　一心貴相知
願爲雙黃鵠　八極長追隨

먼 곳을 유랑하다가 초라한 차림새로 찾아온 벗에 기탁하여 때를 만나지 못한 志士의 삶에 울분을 토로한 내용이므로, 회재불우의 한탄을 주제로 한 작품이라 할 수 있다. 도덕과 위의가 화려한 복장의 빈객들만 못하지 않은데도 현실에 용납받지 못하고 떠돌며 사는 벗의 고난을 동정한 나머지 黃棔처 八極까지 도피하고 싶다는 비분을 강한 어조로 표출하고 있어, 한위시의 비분강개를 엿볼 수 있다. 오씨의 시조인 계찰이 살았던 吳山을 끌어들인 점에서 보면, 벗은 시인을 가탁한 인물일 수도 있으니, 悲凉한 정서가 더욱 커졌다고 할 것이다.

끝없이 넓고 큰 천지에는
신의 조화가 한없이 성대하네.
누가 하늘과 땅이 큼을 알랴?
黃鶴이 날개를 펴고 배회하네.
밤에는 서쪽에 있는 若木의 꽃60)에서 자고
아침에는 동쪽의 扶桑으로 가네.
한 번 올라가면 마음대로 하여

60) 若華는 若木의 꽃인데, 若木은 『山海經』「大荒北經」에 나오는 전설적인 나무 이름인데, 大荒 안의 衡石山・九陰山・泂(灰)野山에서 생장하는 赤樹・靑葉・赤華의 나무이다. 楚辭 <天問>에 "해도 뜨지 않았건만, 약화는 얼마나 빛나는가?(羲和之未揚, 若華何光?)" 라는 구절이 있다.

간혹 만리에서 방황하기도 한다네.
씽씽매미는 언덕에서 시끄럽고
땅강아지와 개미는 번잡스레 바쁘네.
小人은 수레와 말을 과시하는데
黃雀[61]은 느릅나무와 다목에 앉네.
하늘에는 또 무엇이 있는가?
밤낮으로 싸라기눈과 서리를 갈무리하네.
멀리 가서 굽어보지 말라.
굽어보면 슬픔과 괴로움이 많으니까.

天地莽蕩蕩　神化浩無方
孰知天地大　黃鶴翅旁羊
暮宿西若華　朝遊東扶桑
一擧從心志　萬里或彷徨
擾擾蟪蛄墟　紛紛螻蟻忙
小人矜車馬　黃雀搶楡枋
蒼然復何有　日夜歸霰霜
去去勿臨睨　臨睨多惻傷

부귀영화에 매몰되어 마음의 평화를 누리지 못하고 분주하게 사는 소인들을 땅강아지와 개미처럼 하찮게 보면서, 무한하게 넓고 큰 천지를 무대로 삼아 신선처럼 황학을 타고, 해가 뜨는 부상과 약목이 꽃을 피우는 大荒과 같은 끝없이 먼 곳까지 가서 逍遙하고자 하는 큰 포부를 읊고 있다. 결련의 "멀리 가서 굽어보지 말라. 굽어보면 슬픔과 괴로움이 많을 테니까."라는 말이 세속의 고뇌로부터 초극하고자 하는 꿈임을 알게 하지만, 지은이의 강직하고 웅건한 기상을 두드러지게 지닌 점 또한 인정하지 않을 수 없게 하는 작품이라 할 것이다. 다음은 渾厚한 풍격의 예로 볼 수 있는 19-6이다.

61) 黃雀은 참샛과에 딸린 작은 새로 麻雀·瓦雀이라고도 하며, 사람에 의지하여 사는 습성이 있고, 울음소리가 맑고 고와서 흔히 觀賞鳥로 기른다.

온갖 바람이 우주에 흩어지는데
뭇 구멍이 모두 바람의 소굴이네.
우환 속에서 보내는 인생에
누가 실마리를 잡을 수 있었던가?
여러 姬氏[62]는 羋氏[63]를 두려워하였는데
미씨가 쇠약해지자 秦나라가 더욱 사나워졌네.
晉나라의 근심은 欒과 郤[64]에 있었고
趙나라와 魏나라는 전철이 지나쳤지.
鐵木[65]이 바야흐로 높이 뛰어오르자
南朝는 金나라가 멸망함을 축하하였네.
군자는 自强을 귀하게 여길 뿐
禍의 구멍을 막으려 하지 않았네.
누가 감히 下民을 업신여겨
바삐 상두(桑土)[66]를 허물었던가?
저 滄浪의 물을 보라.
스스로 더럽고 깨끗한 물을 다 받아들인다네.

吹萬散宇宙　衆竅皆風穴
人生憂患中　端倪誰能挈
諸姬畏羋氏　羋衰秦益烈
晉憂在欒郤　趙魏甚前轍
鐵木方高躍　南朝賀金滅
君子貴自强　禍竇非所窒
下民孰敢侮　桑土薄言撤

62) 姬는 周나라 天子의 성씨인데, 여기에서는 주나라를 가리킨다.
63) 羋(미)는 춘추시대 楚王의 성씨인데, 여기에서는 초나라를 가리킨다.
64) 欒은 춘추시대 晉의 고을 이름으로 지금의 河北省 趙縣의 북서쪽에 있었고, 郤또한 晉의 고을 이름으로 지금의 山西省 沁水 하류지역에 있었다.
65) 鐵木은 鐵木眞의 준말로 元나라의 太祖 칭기즈칸[成吉思汗]의 이름인 테무진의 漢字譯이다.
66) 桑土는 桑土綢繆의 준말로 새가 비가 오기 전에 뽕나무 뿌리의 껍질을 물어다 둥지를 빈틈없이 단속하는 데서 유래하여 재앙을 방지함을 비유한다.

睠彼滄浪水　自取有汚潔

중국에서 있었던 전국시대부터 元代까지의 무력에 의한 왕조교체를 약술하고 나서, 군자라면 그런 약육강식에 협조하여 下民에게 해를 입히지 말고, 自强不息에 힘써서 淸濁을 다 받아들일 수 있는 넓은 도량을 지녀야 한다는 정회를 덧붙였다. 詠史詩로 볼 수도 있는 작품으로 28수 가운데 당대현실에 대한 풍유적 성격이 비교적 약한 예인데, 그런 옛일로 인한 감흥을 渾厚, 즉 웅혼하고 중후한 풍격으로 읊은 작품이다. 다음은 19-5이다.

꽃은 빗속에서 빛나고
하늘 밖의 산봉우리는 우뚝하네.
백여 자나 되는 雙闕[67]에서는
상서로운 구름이 鹵仗[68]을 받드네.
탁 트인 데 늘어선 甲第들은
모두 공로가 큰 장수와 재상의 것이네.
구경하는 이들이 길을 메우는데
수레의 덮개는 얼마나 펄럭이는가?
왼쪽을 보면 봄볕이 생겨나고
오른쪽을 보면 물결이 이네.
음악으로 손님들을 즐겁게 하면서
백년 동안 질탕함을 마음대로 하네.
쓸쓸하였던 顔眞卿이여!
천자도 형편을 몰랐다네.
청운의 뜻을 품은 이에게 말을 부치나니
길러진다고 쓰이는 게 아니라네.

灼灼雨中花　立立天外嶂

67) 雙闕은 대궐 앞 망루의 좌우의 문으로 대궐을 가리킨다.
68) 鹵仗은 鹵簿와 같은 말로 제왕이 거둥할 때 扈從하는 儀仗隊이다.

雙闕百餘尺 霱雲捧鹵仗
爽塏列甲第 赫赫皆將相
觀者塞道路 軒盖何影颺
左顧生春陽 右顧起波浪
笙歌娛賓客 百年恣跌蕩
寂寂顔眞卿 天子不識狀
寄語靑雲子 所用非所養

현실에 대한 불만을 풍유적으로 읊은 작품인데, 앞의 12구에서는 나라에 큰 공을 세운 將相의 위의가 풍성한 행차와 질탕한 연회를 흥청거리는 어조로 묘사함으로써 찬양하거나 축하하는 듯이 표현하였다. 그러나 安祿山의 亂에 大功을 세워 太子太史·魯郡公에 올랐지만 乞米帖을 보내야 했던 顔眞卿(709~785)의 가난을 언급한 13~14구로 인하여 정조가 일변되어, 앞의 말이 풍자를 위한 반어임이 드러난다. 특히 제16구 "所用非所養"은 『韓非子』[69]를 인용한 진자앙의 上言[70]을 다시 인용한 말이어서, 창작의도가 압축된 언표이다. 강건한 기상과 함께 첩자의 빈용, '灼灼雨中花 立立天外嶂.'의 連珠對와 '左顧生春陽, 右顧起波浪.'의 同字對對仗 사용, 『韓非子』의 인용, 진자앙·안진경의 고사도입 등에 의한 高古한 풍격을 볼 수 있는 예라 할 수 있다. 자구의 조탁에 힘쓰지 않고 질박하고 예스러운 구법을 써서 高古한 풍격을 지니도록 한 것은 28수 전반에서 볼 수 있는 특성이기도 한다.

3) 表現的 特質

약산의 <감우>는 영회연작의 전범인 文選體의 형식적 특징을 거의 그대로 수용하였으므로, 句式이 <감우9수>는 16구 2수, 12구 3수, 10구 1수, 8구 3수

---

69) 『韓非子』「顯學」. "所養者非所用, 所用者非所養. 此所以亂也."
70) 진자앙, <上軍國基要事>, 『진습유집』 권8. "臣聞所養非所用, 所用非所養, 理家必弊在國必危, 故明君不畜無用之臣, 慈父不畜無益之子."

로 이루어져 있고, <감우19수>는 모두 16구로 되어 있다. 연작 영회시들이 보였던 6~40구에 걸친 융통성이 컸던 句式을 좁혀서 실험한 것으로 볼 수 있다.71) 이 시는 문체·구법·대장 등의 표현수법에서도 선체의 특성을 두드러지게 원용하였는데, 우선 9-6을 통해 대략적 양상을 살펴보자.

수레는 멀리 말을 따르고
배는 느리게 물을 건너네.
貴人은 신선이 되기를 바라는데
신선이 되고자 함에는 무슨 뜻이 있는가?
그 집에는 금과 옥이 가득한데
버리고는 차마 죽지 못한다네.
그대가 참으로 신선이 되려면
금옥을 헌 신짝처럼 버려야 하리.

杳杳車從馬　超超舟渡水
貴人欲得仙　欲仙有何意
金玉滿其堂　不忍捨之死
使汝果得仙　金玉棄如屣

주제가 避世求仙인지 구선에 대한 비판인지 애매한 작품이거니와, 이 시는 문체·구법·對仗 등에서 두루 선체적 특징을 지니고 있다. 代詞 '其·之'의

71) <고시십구수>는 10구 5수, 16구 4수, 8구 3수, 14·18·20구 각 2수, 12구 1수로 구수의 폭을 8~20구로 한 가운데 10구·16구가 주류를 이루고, <영회> 10구 28수, 12구 25수, 14구 12수, 8구 7수, 16구 5수, 6구 3수, 8구 2수의 순서로 그 폭은 같은 가운데 10구와 12구 형식이 애용되었다. 진자앙의 <감우>는 폭을 8~20구로 하여 8구 16수, 10구 6수, 12구 12수, 14구 1수, 16구 2수, 20구 1수의 분포로 되어 있어 8구의 선호도가 높아졌고, 장구령의 <감우>는 8구 4수, 10구 4수, 12구 2수, 16구 1수, 18구 1수의 양상을 보였다. 특히 <고풍> 59수는 8구 14수, 10구 18수, 12구 10수, 14구 10수, 18구 1수, 22구 2수, 24구 3수, 40구 1수로 되어 있어 40구 같은 장형이 채택되어 폭과 융통성이 다 커지고, 특별히 선호도가 높은 형식이 없을 뿐 아니라, 16·20구는 없는 점이 눈에 띈다.

사용으로 대표되는 산문적 문체, 첩자 '杳杳 · 超超'와 제3구의 '欲得仙'을 제4구의 '欲仙'으로 받은 連環句의 사용에서 두드러진 구법, 허두의 첩어를 이용한 連珠對의 구사 등 선체의 수법이 포괄적으로 보인다. 이러한 표현적 양상을 문체 · 구법 · 對仗으로 나누어 검토해 보기로 한다.

근체시와 가장 거리가 먼 속성인 산문적 문체의 면모를 連介詞, 代詞, 副詞語, 語氣詞의 사용에 국한하여 살핀다. 먼저 다음 예와 같이 與 · 而 · 以 · 之 등의 연개사가 많이 사용된 점을 들 수 있다.

與: 9-4 與君南浦別 ; 9-9 與君朝暮看 ; 19-2趙武與屈建
而: 9-2 而今誰呵嗔 ; 19-12 而人稟淑靈
以: 9-3 可以爲馬糧, 以我同袍志, 贈以鐵裲襠 ; 19-2 摟伐日以張 ; 19-13 何以得情眞
之: 9-4 日暮天之末

代詞인 其 · 之 · 彼 · 所 역시 다음 예처럼 자주 사용되어 있다.

其: 9-2 神仙畫其堂 ; 9-6 金玉滿其堂 ; 19-2 君子正其義
之: 9-1 志士聞之悲 ; 9-6 不忍捨之死 ; 9-7 期君共斬之 ; 19-1 因之巧笑瑳
彼: 19-13 彼哉再醮婦
此: 9-9 此物不忍對 ; 19-7 後人復如此 ; 19-13 此義安足陳
所: 9-9 昔日歡所贈 ; 19-2 所以孟夫子 ; 19-3 蒹葭所謂人; 19-5 所用非所養 ; 19-16 將以遺所憶, 所嗟賞心隔

다음은 산문적 부사어, 또는 부사어+대사의 용례이다.

何: 9-1 秋風何嫋嫋, 鳥尾何荒荒 ; 9-2 何惜廣餘光 ; 19-1 瑤臺何偃蹇 ; 19-5 軒盖何影颻 ; 19-4 何爲又損傷
一何: 9-8 龍吟一何易 ; 19-2 聖心一何長 ; 19-4 鳳來一何遲 ; 19-12 雲星一何明
中有: 19-3 中有長姣女 上有: 19-4 上有百尺柯
無乃: 9-4 無乃有損傷 ; 19-3 無乃是同趣因之: 19-1 因之巧笑瑳

忽焉: 19-7 忽焉已易主復何: 19-15 蒼然復何有
聊以: 19-19 聊以不永傷. 安得: 9-4 安得掇明月豈不: 19-1 豈不遄經過

마지막으로 어기사와 『詩經』에서 유래한 허사를 쓴 예이다.

哉: 19-13 彼哉再醮婦, 固哉高叟詩言: 19-19 歡言爽刂太和 ; 19-6 桑土薄言撤

다음으로 한·위시와 유사한 구법양상을 1인칭의 노출, 연환구 내지 蟬聯體, 첩어 및 連綿語 등이 빈용된 사례로 나누어 예를 들어 둔다.

1인칭 노출
19-9 與余獨相宜, 余獨何爲者 ; 19-19 照我雲錦裳
연환구
9-6 貴人欲得仙, 欲仙有何意 ; 19-6 諸姬畏芈氏, 芈衰秦益烈 ; 19-10 乃與今人遇, 今人奈隔塵
첩어
9-1 嫋嫋, 荒荒 ; 9-2 藹藹, 灼灼 ; 9-6 杳杳, 超超 ; 9-9 角角 ; 19-1 盈盈, 冉冉, 青青 ; 19-2 戚戚, 糾糾 ; 19-3 粼粼 呴呴 ; 19-4 枝枝, 葉葉 ; 19-5 灼灼, 立立, 赫赫 ; 19-7 浩浩, 嗤嗤 ; 19-10 鬱鬱, 依依 ; 19-12 漠漠, 煌煌 ; 19-13 淒淒 ; 19-15 蕩蕩, 擾擾, 紛紛 ; 19-16 采采
연면어
9-2 雪霜 ; 9-5 蹉跎 ; 9-7 躑躅 ; 9-9 螭蟠 ; 19-1 偃蹇, 嵯峨. 迢遞 ; 19-3 匍匐, 崦嵫, 蒹葭; 19-15 蟪蛄, 螻蟻, 霰霜 ; 19-16 嬋媛

마지막으로 同字對와 連珠對(垂珠對)를 빈용함으로써 고풍을 본뜨고자 한 사례를 살펴보기로 한다. 對仗은 율시의 성립 이후에 필수화된 것이므로 고시에는 사용하지 않아도 되는 장치이지만, 5언고시는 애초부터 대장을 기피하지 않았다. 唐代 이후의 5언고시에 대장이 다용된 것이 齊·梁의 유풍72)이라는 지적도 있으나, 上下句에 같은 글자를 사용한 同字對, 상하구에 첩자를 사용한 연주대는 한위시에 이미 두드러졌던 경향이다.[73] 약산의 <감우>는 198연 중 38연에 대장이 사용되어 있어 비교적 많이 쓴 경향으로 보아야 할 듯한데, 이 중 동자대로 고풍을 본뜬 예는 다음과 같다.

> 9-3 千里遠行役, 十里近送將. ; 9-5 汀洲蘭有秀, 春山木有枝. ; 9-8 匪敢持截雲, 本擬持照心. ; 19-5 左顧生春陽, 右顧起波浪. ; 19-9 圓領象君德, 大袖章君儀. 19-11 魚龍在其下, 日月生其巔. ; 19-15 擾擾蟪蛄墟, 紛紛螻蟻忙. ; 19-17 綢髮不云旟, 垂帶不謂悸. ; 19-19 前有萬古遠, 後有千世長.

一字만 같은 예이지만, 二字가 같은 19-10의 "古人同我心, 後人通我神.", 三字가 같은 19-10의 "生不及古人, 死不待後人." 같은 예도 있어 동자대를 매우 선호했음을 알 수 있다. 또 연주대가 빈용되어 1수에 두 연인 경우도 2수나 있는데, 그 예는 아래와 같다.

> 9-1 秋風何嫋嫋, 鳥尾何荒荒. ; 9-2 藹藹艷陽輝, 灼灼桃李芳. ; 9-6 杳杳車從馬, 超超舟渡水. ; 19-2 戚戚周京道, 糾糾葛屨霜. ; 19-4 枝枝中琴瑟, 葉葉含宮商. ; 19-5 灼灼雨中花, 立立天外嶂. ; 19-10 藹藹對妻子, 依依顧松筠.; 19-12 漠漠玄谷內, 煌煌紫芝莖. ; 19-15 擾擾蟪蛄墟, 紛紛螻蟻忙.

연주대를 1회 사용한 연이 9연에 이르고, 19-1은 "瑤臺何偃蹇, 高丘藹嵯峨", "冉冉苦匏葉, 靑靑在中阿.", 19-3은 "駟驖車粼粼, 天地晻藹暮.", "山東日匍匐, 燕雀尙呴呴."과 같이 2연에 쓰였다. 연면대는 거의 쓰지 않아서 19-15의 "擾擾蟪蛄墟, 紛紛螻蟻忙."로 연주대와 함께 구사된 예만 보인다.

---

72) 王力, 송동준 역, 『중국시율학』 2(소명출판, 2005), 401면.

73) <고시십구수>에만 同字對로 "兎絲生有時, 夫婦會有宜.", "去者日以疎, 來者日以親.", "三五明月滿, 四五蟾兎缺.", "上言長相思, 下言久離別.", 連珠對로 "青青河畔草, 鬱鬱園中柳.", "盈盈樓上女, 皎皎當牕牖.", "青青陵上栢, 磊磊澗中石.", "迢迢牽牛星, 皎皎河漢女.", "纖纖擢素手, 札札弄機杼."와 같은 예가 있다.

4) 興寄의 樣相

앞에서 比·興 가운데 뜻하고자 하는 바와 불분명한 관계에 있는 사물에 의탁된 비유인 흥에 의한 풍유를 검토할 필요가 있음을 지적한 바 있는데, 이제 그 실상을 작품을 통하여 확인해 보기로 한다. 다음은 9-4이다.

그대와 南浦[74]에서 작별하건만
이별의 노래를 길게 부를 수 없네.
좋은 운수가 그대를 따르지 않으니
눈과 서리를 밟으며 힘써야 하리.
눈과 서리는 사람을 가엾게 여기지 않기에
바로 몸을 손상시키게 되리.
해가 저문 하늘 끝에서
누구로 하여금 진심을 알리게 할까?
어찌하면 밝은 달을 따서
길이 中堂에 걸어둘 수 있으랴?
그대의 얼굴을 보는 듯하도록
늘상 달빛을 안고 싶네.

與君南浦別　離歌不能長
嘉運不汝從　黽勉蹋雪霜
雪霜不憐人　無乃有損傷
日暮天之末　誰使告心腸
安得掇明月　長時掛中堂

---

74) 南浦는 남쪽의 포구·물 가로 흔히 이별을 대유하며, 『楚辭』 <河伯>에 “그대와 서로 손잡고 동쪽으로 가서, 미인을 남포에서 송별하네.(子交手兮東行, 送美人兮南浦.)”, 南朝 宋 江淹의 <別賦>에 “그대를 남포에서 보내느라고, 슬퍼함이 어떠한가?(送君南浦, 傷如之何?)”, 高麗 鄭知常의 <送人>에 “비가 그친 긴 둑에 풀빛이 더욱 짙은데, 남포에서 그대를 송별하느라고 슬픈 노래가 진동하네.(雨歇長堤草色多, 送君南浦動悲歌.)”라는 구절이 있다.

如見君容顔　起居抱月光

首句인 '與君南浦別'은 南朝 宋人 江淹의 <別賦>나 高麗 鄭知常의 <送人>처럼 『楚辭』 <河伯>의 "그대는 서로 손잡고 동쪽으로 가서, 남포에서 미인을 송별하네.(子交手兮東行, 送美人兮南浦.)"라는 구절에서 인유한 어구이지만, 수사적 화려함을 위한 모의가 아니므로 문제삼을 게 못 된다. 주안점이 한·위 시의 풍골과 흥기에 있는 작품이기 때문이다.

이 시의 興寄의 대상은 '그대(君)'로 볼 수 있는데, 관계가 불분명한 사물에 우의적으로 의탁된다고 한 바와 같이, 그대가 무엇을 하는 사람인지, 누구에게서 버림받아 어디로 가는지, 화자와 어떤 관계인지 알려 주는 징표는 나타나 있지 않다. 다만 南浦에서 화자와 작별하고 나면 고생하면서 몸이 손상될 수 있는 사람이며, 진심으로 걱정하고 그리워하기에, 할 수만 있다면 그 표상인 달을 따서 대청에 걸어두고 얼굴을 보듯이 늘 보고 싶은 대상으로 나타나 있을 뿐이다. 그러나 그 과정에서 제시된 '南浦', '雪霜', '天末', '心腸', '明月'은 관계가 분명한 사물에 견주어진 比여서, 그 보조관념이 각각 이별의 장소, 고난, 극히 먼 곳, 진심, 원만한 인품임을 쉬 알 수 있으므로, 정체가 우회적으로 드러나 있다. 짐작건대 시인처럼 벼슬살이를 하던 지기로 잘못이 없는데도 큰 죄를 입어 언제 풀릴지 기약도 없이 극변으로 찬배되는 사람 때문에 일어난 감회를 이렇게 읊었을 것이다. 결국 시인이 당쟁으로 인하여 겪은 고초로 인한 느낌을 '그대'에 가탁하여 우의적으로 읊은 시라 할 것이다. 이런 표현으로 불러일으키고자 한 흥취가 무한한지는 속단할 수 없지만, 그것이 한위시나 진자장의 <감우>와 유사한 흥기에 의한 풍유, 雅健·高古·優游한 풍격, 강개한 정서를 지닌 작품임은 분명하다고 평가할 수 있다. 다음에는 19-8을 살펴보기로 한다.

바람이 늘 아름다운 화훼를 꺾으니
하늘에 닿는 것은 나쁜 나무뿐이네.
조화옹은 재주와 지혜를 꺼리고

인생은 용렬하고 녹록함을 귀하게 여기네.
옛날에 顔淵은 목숨이 짧았고
仲尼는 무역에 능하지 못하였네.
만고에 언덕과 들판에서는
봄풀이 누레지고 푸르러지네.
왜 사람의 세상에는
鸑鷟[75]이 전혀 오지 않는가?
비록 잠시만 오지 않더라도
다만 어지럽고 흐림에 물들까 두렵네.
날마다 지저귀는 백 가지 새들이
유독 어지러운 날개를 빠르게 움직이네.
그래서 소리쳐 丹丘에 부치노니
어느 때에나 한 번 돌아오시려나?

風折常佳卉　連雲是惡木
造化忌才明　人生貴庸碌
顔淵昔短命　仲尼不能贖
萬古丘原上　春草黃復綠
所以人間世　絕無來鸑鷟
縱來不須臾　惟恐染棼濁
百鳥日啁啾　羽翼紛獨遫
因聲寄丹丘　何時一來復

앞의 작품과 달리 대상을 작중에 직접 드러내지 않은 채 '丹丘'에서 누군가가 다시 오기를 바란다고 하였다. 흥기의 대상을 짐작하려면 관련이 깊은 比를 먼저 살펴야 할 텐데, 그런 말로는 代喩인 '顔淵 · 仲尼', 隱喩인 鸑鷟 · 丹丘가 있어, 오래 전에 죽어 신선과 같은 존재가 되어 봉황의 일종인 악착의 祥瑞를 따라 다시 오시기를 바라는 이임이 드러난다. 따라서 이 시는 재주와 지

75) 鸑鷟은 전설적인 瑞鳥인 봉황의 일종이다.

혜를 가진 이가 배척당하고 새처럼 지저귀는 소인만 득세하는 세상을 미워하지만, 자신은 무력하여 어찌할 길이 없으니 공자와 같은 성현이 나타나서 바로잡아 주기를 바라는 마음을 읊은 것으로 이해할 수 있다. 결국 인재등용과 상벌이 그릇된 정치현실에 대한 불만을 풍유하고자 한 작품이라 할 것이다. 역시 이렇게 추구된 흥취와 함께 한위고시나 진자앙의 시에서 볼 수 있는 강건한 기상, 강개한 정서, 질박한 시어 등의 특성이 나타나 있음을 확인할 수 있는 예이다.

<감우>의 흥기의 양상을 비교적 단순한 표현원리로 이루어진 두 작품을 통하여 살폈는데, 나머지 작품도 방법적으로는 이와 크게 다르지 않다. 그러므로 흥기의 대상이 사람, 또는 난초·보검과 같은 비유적 사물로 설정되어 있고, 그 성격이 다시 신선·성현·지사 등 긍정적 인물과 소인·악인·權貴 등 부정적 인물로 양분된다는 전반적 실상만 언급해 두기로 한다.

5. 결론

약산은 『시경』의 국풍과 한위고시를 시의 최고의 전범으로 삼고, 성당시를 그 다음 전범으로 삼는 관점을 바탕으로 하여, 7언율시를 가장 선호한 가운데, 5언고시에 의한 漢·魏風骨의 추구를 비롯한 고풍의 추구와 조선적인 시의 탐구에 주력하였던 시인이다.

<古詩十九首>를 계승하여 阮籍의 <詠懷詩>가 지어진 이래로 陳子昂의 <感遇>, 李白의 <古風>, 朱熹의 <齋居感懷>가 이어지면서 작품세계가 확대되었던 5언고풍의 개인작 연작 영회시는 우리나라에 큰 영향을 미쳤다. 이에 대한 허다한 의작·차운 중 약산의 <감우> 28수는 매우 두드러진 사례이다.

<감우>는 失意之士가 한위시의 風骨·興寄를 본떠 사물에서 촉발된 감회를 읊은 점에서 진자앙의 <감우>의 영향을 받은 듯하므로, 약산의 <감우>에서 검증해야 할 문제는 건안시와 상통할 수 있는 風力의 측면인 주제·풍격

의 양상, 骨格의 측면인 표현적 특질, 흥기의 측면인 비유의 양상이라 할 수 있다.

<감우>의 주제적 양상은 진자앙의 <감우>와 유사한데, 현실에 대한 비판 · 불만을 주제로 한 작품은 9수, 회재불우를 한탄한 작품은 9수, 피세구선 및 이상사회에 대한 동경을 주제로 한 작품은 8수 정도이다. <감우>는 건안시의 高古 · 渾厚한 풍격, 강개한 정서, 강건한 기상을 바탕으로 한 작품이 주류를 이룬다. 또 連介詞 · 代詞 · 副詞語 · 語氣詞 등에 의한 산문적 문체, 1인칭의 노출 · 연환구 · 첩어 · 連綿語 등을 빈용한 구법, 同字對 · 連珠對에 의한 고풍의 추구 등 文選體의 표현적 특징이 두드러지다.

<감우>에는 강개한 정조, 강직 · 혼후한 기상, 고고한 풍격을 지닌 시가 지배적이다. 또 이 작품은 관계가 불분명한 사물에 의탁된 비유인 興에 의한 興寄를 중요한 표현수법으로 삼았는데, 흥기의 대상은 사람, 또는 난초 · 보검과 같은 비유적 사물로 설정되고, 그 성격은 신선 · 성현 · 지사 등 긍정적 인물과 소인 · 악인 · 權貴 등 부정적 인물로 양분된다.

이러한 흥기에 의한 풍유는 이 작품이 한위시와 유사한 정조 · 기상에 의한 풍격, 질박한 표현과 함께 깊은 흥취를 함유하게 함으로써 높은 감흥력을 지니게 할 뿐 아니라 당대 현실에 대한 풍자의 효과를 얻는 데 크게 기여하였다고 평가할 수 있다.

<『韓國漢詩硏究』 18 (2010) 수록>

藥山 吳光運의 詩世界

1. 서언

본관이 同福, 자가 永伯, 호가 藥山인 吳光運(1689~1745)은 白沙·漢陰의 忠藎, 谿谷·澤堂의 文辭, 磻溪·拙修齋의 學識[1]에다 李麟佐亂의 조기진압에 큰 공적이 있었지만, 淸南 門外派의 중심인물[2]로 줄곧 노론의 배척을 받은 나머지 참판·제학에 이른 채 삶을 마쳤던 불우한 문신이다. 1924년에 이르러서야 6대손 吳炳序가 深齋 曺兢燮(1873~1933)의 교정을 거쳐 목판본으로 간행한 『藥山漫稿』은 권1에 賦 6편, 권2~5에 詩 281제, 권6~20에 文 138편[3]을 싣고 있다.[4] 시는 시체별로 5언절구 15제 33수, 7언절구 57제 112수, 5언율시

1) 曺兢燮, <藥山漫稿跋>. "然若白沙漢陰之忠藎, 谿谷澤堂之文辭, 磻溪拙修之學識, 爲擧國之所同聲賢予, 而無彼是甲乙之間焉."

2) 南夏正, 『桐巢漫錄』 권3. "景廟壬寅間, 又有一種新論, 藥峰台主之, 李仁福(sic.復)·李重煥若干人倡之. 其論以眉叟爲宗, 割去驪社及睦·閔·柳三家, 要自別於庚申己巳諸人云者, 此爲門外派."

3) 1편으로 계산한 「書筵講義」는 17條, 「玉堂故事」는 2조, 「問答」은 2조, 「策題」는 2조, 「經說」은 60여조, 「史評」은 200여조로 이루어져 있다.

4) 50세에 문집을 자편하면서 지은 自序 <漫稿引>에서 "이에 다만 보태고 깎아낸 것만을 남겨 그 차서를 다스려서, 쉰 살 이전에 지은 賦·詩·文 각체로 제한하였는데, 모두 25권이다(於是就加刪存, 釐其序次, 斷自五十以前賦詩文各體, 凡二十五卷.)"라고 하였지만, 書簡이 전혀 없이 20권으로 남아 있는 점, 『大東詩選』 권6에 실린 <江浦漁火>·<採蓮曲>·<放衙>·<記景>·<泛槎亭>·<滿月臺>가 문집 밖에서 선입된 점 등으로 보아,

25제 41수, 7언율시 117제 163수, 5언고시 23제 56수, 7언고시 15제 19수, 잡언고시 27제 27수, 7언배율 1제 1수로 모두 281제 453수이다.

이러한 시체별 양상에서 먼저 주목되는 것은 7언율시에 대한 선호도가 매우 높은 점이므로 그 중심을 이루는 술회시·응수시·만시 등을 주목해야 마땅하겠지만, 7언근체가 애용됨은 조선조 일반의 경향이라 거기서 시인의 특성을 찾기가 쉽지 않을 듯하다. 다음으로 눈에 띄는 점은 고시가 103수로 전체의 1/4에 이를 만큼 비중이 높은 가운데 <감우> 28수 등 5언고시를 통한 漢魏風骨의 추구, 7언가행·의고악부·영사시·古絶句 등을 통한 고풍의 추구와 「해동악부」를 비롯한 고시·근체시를 두루 활용한 조선의 역사·풍속·경물에 대한 탐구의 경향을 보였던 점으로 보인다.

약산은 <文指>(『약산만고』 권11)에서 六經을 최고의 전범, 先秦의 諸子百家와 兩漢名家의 古文을 그 다음 전범으로 하여 작가의 神氣와 시대의 本色을 배워서 본떠야 하고, 色相에 얽매여서는 안 된다는 散文觀을 개진한 바 있다. 明代 의고파의 文必秦漢論과 같은 이러한 尙古的 입장은 시에서도 견지되었음을 <詩指>(권11)를 통해 분명히 알 수 있다.

그는 시의 최고의 전범을 『詩經』의 國風과 漢魏古詩에 두면서 그 天然性을 이유로 내세웠다. 이 또한 南宋 이래의 중국 의고주의자들에 기원을 둔 입장이므로, 5언고시 이외의 전범으로는 성당시를 내세웠다. 그는 7언고시와 근체시의 전범을 이백·두보 중심의 성당시에서 찾았지만, 절구의 경우에는 두시를 변체로 보아 배제하였다. 약산은 전범의식을 지니고 시에서 궁극적으로 지향할 바로 神韻을 내세웠고, 이를 言外之趣·,韻外之致·趣外之趣로 부르기도 한 흥취로 보기도 하였다. 神韻·神情에 의한 무한한 흥취를 지닌 시를 최고의 경지로 보았다고 이해할 수 있다. 그 다음으로는 氣象·氣骨을 바탕으로 한 뛰어난 풍격을 중시하는 입장을 드러내었다. 결국 약산이 시에서 중시한 문제는 신운·흥취·풍격이었다고 할 것이다.

50세까지의 글 일부와 50세 이후의 글은 『大東詩選』에 실린 것 외에는 산일된 결과로 보아야 할 듯하다.

시의 대략적 양상과 시론을 고려할 때, 약산이 두드러지게 흥취·풍격 중심의 고풍을 추구한 가운데 조선적인 제재를 즐겨 다룬 경향을 지닌 점을 주목할 만하다. 그러므로 여기에서는 그러한 양상을 7언고풍·고절구·의고악부·영사시 등을 통한 고풍의 추구와 영사악부·기속시·영사시·경물시 등을 통한 조선적인 시의 지향이라는 두 가지 측면으로 나누어 살펴보기로 한다.

2. 古風追求의 樣相

1) 古絶句 및 擬古樂府

약산의 근체시는 5언절구 15제 33수, 7언절구 57제 112수, 5언율시 25제 41수, 7언율시 117제 163수의 양상으로 되어 있어, 절구보다 율시를 훨씬 선호하였음을 알 수 있는데, 5언절구 가운에 古體絶句의 비중이 매우 높은 점을 우선 주목할 만하다.

古絶句는 <古絶句四首>(『玉臺新詠』 권10)라는 詩題에서 이미 쓰인 말이지만, 이를 詩體의 하나로 인정함은 절구를 清 仇兆鰲의 『杜詩詳注』처럼 律詩의 절반을 截取한 것으로 보지 않고, 清 董文煥의 『聲調四譜』처럼 더 줄일 수 없도록 줄인 最短詩形으로 보는 입장에서 나온 견해이다. 王力은 古體絶句가 율시보다 먼저 생긴 시체로서, 평성운·측성운이 다 있는 가운데 측성운이 다소 많으며, 율시에 요구되는 평측규율의 제한을 받지 않는다고 설명하였다.[5] 결국 고절구는 가장 간단한 고체시이므로 唐代 이후의 절구 중 근체의 평측을 어긴 拗絶 또한 단편의 고시·고풍으로 볼 수 있다.

5) 王力, 송동준 역, 『중국시율학』 1(소명출판, 2005), 102면에 따르면 고체절구는 율시보다 먼저 생긴 것으로 평성운·측성운의 시가 다 있는 가운데 측성운이 다소 많으며, 구 안의 평측도 율시의 평측규율의 제한을 받지 않는 데 대하여, 근체절구는 율시보다 나중에 생긴 것으로 원칙적으로 평성운만을 사용하므로 측성운의 시는 드물며, 구 안의 평측 또한 율시의 평측규율의 제한을 받는다.

약산의 5언절구 33수 중에는 측운시가 9수인 가운데, 下三仄·下三平·失粘·失對 등 근체시의 斂法을 현저히 어긴 작품이 20여수에 이르는 반면에, 근체절구로 볼 수 있는 작품은 13수 정도에 불과하다.

이로써 보면 약산은 5언의 경우에는 고절구를 근체보다 선호함으로써 고풍을 추구하고자 한 경향을 지녔던 시인이라 할 수 있다. 다음은 근체시의 관례대로 평성운을 쓰면서 평측규율도 넓은 의미의 실점만 생긴 가운데 高古한 풍격을 구사한 <七夕>(권2)이다.

은한은 고요히 넘실거리고
별들은 선명하게 밝네.
이 사이에서 무슨 일이 있는가?
세상사람의 감정은 천고에 같으리.

河漢溶溶靜　星辰的的明
此中有何事　千古世人情

疊語·連綿語를 이용한 對仗으로 연 시상을 수사적 의문으로 전환시킨 뒤, 즉답을 회피한 마무리로 言外之趣를 유발시킨 수법에서 選體와 같은 풍모를 엿볼 수 있다. 근체절구보다는 고악부에 훨씬 가까운 풍격을 지닌 가운데, <시지>에서 "5언절구는 玄妙한 것이 爽朗한 것보다 上品이다.(五言絶, 玄妙上於爽朗.)"라고 한 소신을 엿볼 수 있는 작품이라 할 것이다.

다음은 31~2세경에 지어졌을 것으로 보이는 작품이자, 『大東詩選』에도 선발되어 있는 <春閨怨>(권2)이다.

누각 앞의 황금빛 버들은
본래 낭군을 위하여 심은 것이네.
낭군이 가시자 말을 매지 않으니
고요하여 꾀꼬리들만 오네.

樓前金色柳　本意爲郎栽
郎遊不繫馬　寂寂小鶯來

연속된 5제가 모두 비슷한 성향의 5언절구인 점으로 보아 연작으로 지어진 작품들인 듯한데, 하삼평 · 하삼측을 범한 平聲先韻의 <塞下曲> 다음에 실려 있다. 이 작품은 평운시이기는 하지만, 제2구의 '意'가 측성이고 제3구의 '遊'가 평성이어서 失粘을 범하였고, '爲郎栽'에는 下三平이 일어났으며, 제3구의 '不繫馬'에는 下三仄이 범해져 있으니, 고절구로 보아야 할 작품이다. 여성화자를 내세워 멀리 간 낭군을 기다리는 간절한 심정을 고백하게 하는 수법을 써서 고절구체 악부의 餘響을 실감케 한 작품으로, "화려한 수사를 빌리지 않고서도 님을 그리는 여성의 진정을 직절하게 전달해 주고 있다."6)라고 평가된 바 있다. 질박한 구법으로 형사와 흥취를 잘 조화시킴으로써 불러일으키는 감흥이 만만치 않다. 다음은 측운시의 예이다.

그대는 절로 그대의 사위를 아끼고
나는 절로 나의 며느리를 아끼네.
며느리를 아낌은 딸과 같음이 마땅한데
사위를 아낌이 아들과 같으실까?

君自愛君婿　我自愛我婦
愛婦當如女　愛婿如子否

아들의 장인이자 姪壻에다 門人인 樊巖의 仲父라서 겹사돈인 蔡膺萬(1677~?)에게 부친 <寄蔡綏彦>(권3)의 제2수로 上聲旨韻의 측운시이다. 기 · 승구 모두 측성으로 이루어진 五仄體인 탓에 저절로 하삼측이 2회 생겼을 뿐 아니라, '君 · 我 · 自 · 婦 · 婿 · 如'를 각각 2회, '愛'를 4회 쓰는 무리를 범하면서

6) 閔丙秀, 『韓國漢詩史』(태학사, 1996), 381면.

근체시의 금기를 범한 탓에, 역시 저절로 실대가 2회 일어나고 말았다. 이 시는 제1 · 3수도 측운시인 데다, 실점 · 실대 · 하삼측이 일어나게 하였고, 허사인 '之'나 의문복사 '何如'를 사용하였는가 하면, '家 · 一 · 當'을 2회씩 쓰고 있어, 전편을 고절구로 지으려는 의도를 명백히 지니고 지은 작품으로 볼 수 있다. 그러면서 앞의 작품과 마찬가지로 비유나 묘사 없이 평담하고 직절한 서술에 의존함으로써, 시인이 5언고시는 질박하고 고고하여 심원한 의경을 지향한다고 하였던 데 부합하는 작품이 되었다. 이러한 경향은 평성운을 사용한 작품이면서도, 평담한 구법으로 고졸한 의경을 형성시킴으로써 흥취를 담은 <奉板輿二首>(권2)[7]의 경우도 비슷하다.

약산은 의고악부라 할 작품을 문과에 등제한 1719년 전후의 작품으로 보이는 고절구 <새하곡> · <춘규원> 외에는 <采蓮曲. 次鄭知常韻二首>(권2)과 <近別離>(권4) 정도밖에는 남기지 않았다.[8] 다음은 鄭知常의 <送人>에 차운한 작품인 <채련곡>의 제2수이다.

'한 번 헤어져 龍沙로 가신 세월이 오래 되었기에
배 위에서 연밥을 딸 때마다 吳歌[9]를 부른답니다.
백번씩 싸우는 남정네는 마음이 어찌 그리 씩씩합니까?
저는 약한 바람에 흰 물결만 일어도 절로 놀라건만.'

一別龍沙歲月多　采蓮舟上唱吳歌
男兒百戰心何壯　妾自微風畏白波

---

7) 전문은 "安得分形影, 作吾兩箇身. 一留陪嚴親, 一行隨慈親."와 "影中又有影, 願作三箇身. 一身奉君王, 兩身侍兩親."이다.

8) <漁父> · <牧童> · <詠秦>은 <새하곡> · <춘규원>에 이어져서 나란히 실린 점과 시체가 같다는 점에서, <採蓮曲> 바로 앞의 <箕城艶曲> 또한 같은 이유로 의고악부로 볼 수 있을 듯하다.

9) 吳歌는 중국의 강남지역인 吳의 民歌데인, 五代人 劉兼의 시 <錢塘霽望>에 "연밥을 따던 여자들이 흩어지자 오의 노래는 끝나고, 비취를 줍던 사람들이 돌아가자 초나라의 비는 개네.(採蓮女散吳歌闋, 拾翠人歸楚雨晴.)"라는 구절이 있다.

<채련곡>은 樂府 淸商曲辭의 하나로 “강남에서는 연꽃을 딸 만한데, 연잎은 얼마나 빽빽한가?(江南可採蓮, 蓮葉何田田?)”라는 구절로 시작되는 漢代의 <江南曲>에 근원을 둔 것으로, 南朝 梁 武帝의 <江南弄> 이후 <採蓮曲>·<採菱曲> 등의 제목으로 된 무수한 작품이 지어졌다. 이 작품의 첫수에서는 전통대로 남녀의 염정을 다소 포함시켰지만, 위의 시는 承句만 <채련곡>의 情調를 유지하였을 뿐 ‘龍沙’로 보낸 남편을 그리워하는 마음을 주제로 함으로써 <채련곡>보다는 邊塞樂府의 성격을 지니고 있다. 起句 ‘一別龍沙歲月多’가 王建의 <寄分司張郎中>의 ‘一別京華年歲久’의 구법을 본뜬 데다, ‘龍沙’·‘吳歌’와 같은 고악부의 시어를 그대로 쓰고, 五代人 劉兼의 <錢塘霽望>의 “연밥을 따는 여자들이 흩어지자 오땅의 노래는 끝나고, 비취를 줍는 사람들이 돌아가자 초나라의 비는 개네.(採蓮女散吳歌闋, 拾翠人歸楚雨晴.)”라는 연이 연상되도록 형상화한 데서 고풍을 살리고자 한 면모를 볼 수 있고, 성격이 다른 두 악부제를 결합시킨 法古創新的 솜씨 또한 돋보이는 작품이다. 다음은 <近別離>(권4)이다.

‘가까이 이별하여 왔나니
가까워서 은한의 물 가에 있는 玉宇의 옆이랍니다.
반짝거리는 은한이 옥우를 가리고 있으니
雙星[10]은 묵묵히 멀리 서로 바라보기만 하지요.
멀리 헤어진다 해도 어찌할 수 없지만
가까이 헤어지고서도 늘 서로 그리워합니다.
長信宮[11]에는 가을바람이 그치지 않으니
차가운 마음이 옥처럼 빛남을 부질없이 스스로 느낍니다.
꽃 같은 궁녀 삼천명이
자태가 적합한들 끝내 알아 줄 이가 누구이겠습니까?

---

10) 雙星은 牽牛星과 織女星이다.
11) 長信宮은 漢代에 太皇太后가 거처하던 궁궐로 태황태후의 거처나 황후의 거처를 대유한다.

임금님의 은총은 바뀌지 않건만 저의 얼굴은 바뀌고
해와 달이 서쪽으로 달리니 낮과 밤이 교체됩니다.
해는 밝디밝게 저의 마음을 비추는데
달이 빛남은 어느 때에나 그치겠습니까?
하늘에는 구름이 언덕처럼 솟아오르고
弱水는 아득히 구만리나 된답니다.
멀리 헤어져도 어찌할 수 없지만
가까이 헤어졌다고 어찌 생각이 그치겠습니까?
은한이 맑고도 얕다고 말씀하시지 마소서.
치마를 걷고 발을 적심을 저는 부끄러워한답니다.'

近別離　　近在銀漢之浦玉宇之傍
銀漢盈盈玉宇隔　雙星脉脉遙相望
遠別離無奈何　　近別離長相思
秋風嫋嫋長信宮　玉暎氷心空自知
如花宮女三千人　畢竟當熊知是誰
君恩不改妾顏改　日月西馳晝夜敓
日明明兮照妾心　月耿耿兮何時掇
白雲在天丘陵出　弱水茫茫九萬里
遠別離無奈何　　近別離心何已
莫道銀漢淸且淺　褰裳濡足妾所耻

<近別離>는 樂府 雜曲歌辭인 南朝 江淹의 <古別離>에 기원을 둔 樂府題로 唐代에 특히 의작이 많이 지어진 바[12] 있다. 위의 작품은 7언을 위주로 한 장단구인 점, 시제인 '近別離'로 시작한 점, 楚辭를 본떠서 '兮'를 사용한 점, 환운과 통운[13]을 쓴 점, 句式 등이 모두 유사한 점으로 보아, 舜임금과 헤어진

12) 沈佺期・李益・孟郊・白居易에 의하여 같은 제목으로 의작되었으며, <長別離>(吳邁遠), <遠別離>(李白), <久別離>・<潛別離>(白居易) 등도 같은 부류이다. 시체는 일정하지 않으며, 우리나라에는 成俔의 <遠別離>가 이른 예이다.

13) 平聲庚韻, 平聲陽韻, 平聲之韻, 平聲支韻, 平聲脂韻, 入聲末韻, 上聲止韻의 7운으로 되어

二妃의 심정을 형상화한 李白의 <遠別離>를 형식적 전범으로 삼은 듯하다. 그러나 제재상으로는 제목처럼 멀리 헤어진 게 아니라, 가까운 '장신궁'으로 와서 임을 그리워하는 궁녀의 심회를 다루고 있어, 前漢 成帝 때의 후궁인 班婕妤의 <怨歌行>의 情調를 차용한 작품으로 볼 수 있다. 제3·4구인 "銀漢盈盈玉宇隔, 雙星脉脉遙相望."은 <古詩十九首> 제10수의 낙구인 "盈盈一水間, 脈脈不得語."을, 제19구 "莫道銀漢淸且淺"은 같은 작품의 "河漢淸且淺"을, 제7구 "秋風嫋嫋長信宮"은 初唐 陳子昂의 <感遇三十八首>의 제2수의 "嫋嫋秋風生"을 점화하거나 도습한 것이다. 그리고 제3·4구, 13·14구의 連珠對와 첩어의 빈용은 선체와 흡사한 구법이며, '君恩不改', '妾顔改', '長相思', '玉瑛氷心' 등도 여성의 정회를 읊은 시에 상투적으로 등장하는 시어이다. 이로써 보면 전대의 <遠別離>, <昭君怨>, <長相思> 등을 두루 점화하여 고풍을 살리고자 한 예라 할 것이다. 특히 '君恩不改妾顔改', '遠別離無奈何? 近別離長相思', '日明明兮照妾心, 月耿耿兮何時掇?'의 대장은 진부한 느낌을 주지 않으면서 큰 감흥을 불러일으키는 조어력을 보여 준 대목이라고 평가할 수 있다.

2) 詠史詩와 古歌行

약산은 「해동악부」 이외에는 별로 역사적 제재를 다루지 않았으므로, 영사시라 할 것이 절구인 <詠秦>(권2), <授兒光武紀, 詠嚴光>·<楚懷王孫心牧羊, (중략) 遂題一絶示之>(이상 권5) 등 3제와 7언가행체인 <赤池歌>·<山海關歌> 등 2제에 불과하다.[14] 上代부터 唐代까지의 중국사에 대한 평설인 「史評」(『약산만고』 권13·14)을 200여則이나 지은 데서 엿볼 수 있는 역사에 대한 특별

있는데, 庚·陽, 之·支·脂는 傍韻이다.

14) 권2의 <福淸縣府城外東山, (중략), 遂步元亮桃源詩韻>과 이를 확대시킨 <榴花洞絶句>(15수)도 넓은 의미로는 영사시로 볼 수 있지만, 역사적 관심보다는 현실에 대한 불만을 역설적으로 표출한 詠求詩로 보아야 할 듯하다. 5언고시 <感遇九首>(권3)·<感遇十九首>(권4)에도 영사적 성격의 작품이 몇 수 있지만, 풍유적 의도로 지은 영회시로 보는 게 온당할 듯하다.

한 관심과는 거리가 있다고 할 것이다.

근체로 된 영사시 가운데 <咏秦>(권2)은 秦나라가 인재를 함부로 죽인 사적을 읊은 <아들에게 「광무제기」를 가르치고 나서 엄광을 읊다(授兒光武紀, 咏嚴光)>(권4)는 漢 武帝와 嚴光의 고사를 다룬 시로, 둘 다 널리 알려진 단순한 사적을 상투적으로 영탄한 그친 작품이라고 평가할 수 있다. 그러나 <초나라 회왕의 손자 심은 양을 치고, 유분자는 소를 치다가 어느날 갑자기 남에게 끌려갔으니, 어찌 기이한 재주와 책략이 있었으랴? 아들이 사서를 읽다가 분자가 부절을 깨물어서 버렸다는 데 이르러 실소하여 마지 않기에, 드디어 절구 한 수를 지어 보여 주다(楚懷王孫心牧羊, 劉盆子牧牛, 一日爲人所拉去, 豈有奇才遠略? 兒子讀至盆子嚙棄符, 失笑不已, 遂題一絶示之)>(권4)는 이와 달리 史實의 서술과 의론을 효과적으로 결합시킨 예이다.

> 영웅호걸이 大澤鄕[15]에서 창과 방패를 휘두르는데도
> 오히려 자신이 금지옥엽임을 영광스럽게 여겼다네.
> 초나라와 한나라의 산하에 풀이 시든 뒤에는
> 소와 양을 치던 이 속에서 贗王이 많이 나왔다네.
>
> 英豪大澤奮干戈　猶自榮觀玉葉柯
> 楚漢山河衰草後　牛羊口下贗王多

수구입운한 下平聲歌韻의 7절로 둘째아들 大成에게 역사와 시를 함께 가르치고자 지은 작품으로, 秦나라를 넘어뜨리기 위하여 봉기한 項梁에 의하여 楚王으로 옹립되었던 懷王의 손자 熊心과 漢의 帝位를 簒奪하고 新나라를 세운 王莽을 꺾고자 봉기한 赤眉賊 樊崇의 추대를 받아 제위에 올랐던 城陽景王 章의 후손 劉盆子의 고사를 통합하여, 위급한 시절에 추대된 목동 출신 임금의 사적을 풍유하였다. 사적을 압축적인 비유를 통해 제시한 기・승구의 서술이

15) 大澤鄕은 지금의 安徽省 宿縣의 남쪽, 蘄縣 서쪽의 小劉村에 있던 지명으로, 秦末에 陳勝・吳廣이 蜂起하였던 곳이다.

전아할 뿐 아니라, 결구인 "牛羊口下贗王多"의 궁벽한 전거를 끌어와서 풍자한 기교가 범상하지 않다. '牛羊口下'는 『史記』 <商君列傳>에 나오는 말로 秦의 명신 百里奚가 繆公에게 발탁되기 전에 초나라에 숨어살면서 남에게 고용되어 소를 먹이던 신분을 '소의 입 밑(牛口之下)'이라 한 말에서 유래하므로, 賢臣의 심상을 배면에 깔고 贗王을 골계화한 표현이다. 따라서 '우양지하'라는 詩眼으로 말미암아 言外之趣라 할 흥취를 지니게 되었다. 英豪·大澤·玉葉柯·楚漢과 같은 투어를 많이 쓴 평범성을 불식시킨 精切한 用事이자 고풍을 살린 구절이라고 평가할 수 있을 것이다.

다음에는 30운에 이르는 대장편 가행인 <山海關歌>를 살펴보기로 한다.

이 시에는 다음과 같은 요지의 500자가 넘는 序가 붙어 있다. 집에 묵었던 손님 중에 명나라 유민에게서 崇禎 17년(1644)의 일을 자세히 들은 이가 있어, 吳三桂가 胡族에게 항복하고 清軍이 李自成軍을 물리친 경위에 대하여 들었다. 청나라가 오의 항복을 쉬 받아들이지 않고 全軍을 삭발시킨 뒤에야 허락했으며, 吳軍을 앞세워 승기를 잡고 나서 공격하는 병법을 써서 명을 멸망시켰다. 오가 그 전에 流賊을 멸망시킬 기회가 있었는데도 아무 계책이 없었고, 나중에는 항복하여 오랑캐를 이끌었으니 명을 망하게 한 것은 李가 아니라 吳라고 해석한다. 사서에 없는 이야기를 듣고 분격하여 뒷날의 군왕에게 경계가 되게 하고자 이 시를 짓는다.

上聲麌韻으로 일운도저한 7언고시로 제7운만 去聲遇韻인 '怒'를 썼는데, 이는 출운이 아니라 唐人들도 '麌韻'에 通押하였던 글자[16]이다. 60구에 이르는 이 시의 의미구조는 4단락으로 나누어진다. 첫 단락은 제 1~12구로 오삼계의 항복이 주지인데, 險關을 열자 '虜酋'가 기뻐하면서 薙髮시킨 장면은 "오랑캐의 칼이 봄철의 파처럼 머리털을 자를 때에, 三桂는 장막 밑에서 꽁무니를 쳐들고 머리를 숙였네. 수만 개의 상투를 성 안에서 성 밖으로 던지니, 지는 잎과 날리는 공처럼 수없이 떨어졌네. 성 안에서는 漢人들이 통곡하는 소리

---

16) 왕력, 앞의 책 2, 86면.

가 하늘에 가득하고, 성 밖에서는 淸人들이 다투어 손뼉을 쳤다네.(虜劒截髮如春葱, 三桂尻高帳下頮. 城中萬髻擲城外, 落葉飛毬墮無數. 城中漢人哭沸天, 城外淸人手爭拊.)"라고 묘사되어 있다.

다음은 청군의 입관을 읊은 둘째 단락(제13~22구), 오군과 이군의 전투를 읊은 셋째 단락(제23~34구)에 이어진 넷째 단락(제35~42구)이다.

잠깐 사이에 문득 한쪽이 쇠약해졌음이 보이자 말자
몸을 날려 말에 올라 북을 크게 쳤네.
크고 빠른 북소리가 산하를 진동시키는 가운데
만 필의 말이 똑 같은 걸음으로 풍우처럼 달렸네.
처녀와 달아나는 토끼[17]가 참으로 좋은 비유이니
오랑캐란 어떤 놈들이기에 이와 같은 병법을 지녔던가?
동쪽과 서쪽에서 차고 밟으면서 도적들을 다 죽이니
짓밟은 창자와 디딘 피가 들판에 가득하였네.

須臾乍見一邊靡　飛身上馬大擊鼓
鼓聲砰急山河震　萬馬一足騰風雨
處女脫兎眞善喩　何物胡兒乃爾武.
東西蹴踏賊殺盡　蹈腸履血滿野土

청군이 합세한 전투를 묘사한 대목인데, 원래는 오삼계도 공격할 엄두를 내지 못할 만큼 강했으나 청군도 온 것을 알고 사기가 죽은 이군이 오군과의 싸움에서 약세를 보인 틈을 타서, 청의 대장이 독전하면서 합세하자 일시에 전세가 기울어져서 壞滅되는 장면을 핍진하게 묘사하고 있다. 들은 이야기로 상상하여 형사하는 일이 부질없음을 깨달은 나머지, '처녀와 달아나는 토끼'가 참으로 좋은 비유라 하고 말았다. '處女脫兎'의 비유는 『孫子』「九地」의

17) 處女脫兎의 비유는 『孫子』「九地」의 "처음에는 처녀가 적군의 집 문을 열듯이 하고, 나중에는 토끼가 달아나듯이 해야 적이 버티지 못한다.(始如處女敵人開户, 後如脫兎, 敵不及拒.)"라는 글을 가리킨다.

“처음에는 처녀가 적군에게 문을 열듯이 하고, 나중에는 토끼가 달아나듯이 해야 적이 버티지 못한다.(始如處女敵人開户, 後如脫兎, 敵不及拒.)”라고 한 글을 가리킨다. 앞에 살핀 전투나 이 대목의 전투 모두 상상력에 의한 형사가 뛰어나다[18]고 할 수 있지만, 근본적 작의가 전투의 묘사에 있지 않기에 압축적 비유로 제시하고 말았을 것이다. ‘何物胡兒’라는 경멸적인 호칭으로 청에 대한 강한 적대감을 드러낸 점이 주목된다. 다음은 오삼계로 인하여 명이 망한 史實에 대한 의론과 감회를 펼친 마지막 단락(제42~60구)이다.

아! 적을 다 죽인 것을 통쾌하다고 일컫지 말라.
결국 천지를 건 한 판의 도박이었다네.
赤眉軍[19]과 黃巢[20]는 쉬 쳐서 없앴지만
戎狄[21]과 豺狼[22]은 믿어서는 안 될 것이었네.
羌[23]과 髳[24]와 微[25]와 盧[26]는 또 검증된 바 없는 것들이라
덕이 武王과 다른 이는 모두 모욕을 당하였네.[27]

---

18) 金宗鎭, 「吳光運의 시에 있어서 정취와 상상력에 대하여」, 『東岳語文論集』 36(동악어문학회, 2000), 344~5면.

19) 赤眉는 前漢 말에 王莽이 세운 新나라에 반기를 든 농민봉기군으로 눈썹에 漢을 상징하는 붉은 칠을 하였기 때문에 붙은 이름이다. 여성인 呂母와 樊崇의 연합군이 산동 일대에서 세력을 얻고 나서 長安을 함락시키고 新朝를 무너뜨렸으나, 後漢의 시조 劉秀의 군사에 패하여 세력을 잃었다.

20) 黃巢(?~884)는 唐末의 농민반란군을 이끌었던 장수로 乾符 2년(875)에 난을 일으켜 먼저 起義한 王仙芝의 군대와 연합하였고, 왕선지의 사후 영수에 추대되었다. 낙양을 함락시킨 데 이어 장안에 진입하여 僖宗을 몰아내고 즉위하여 국호를 大齊라 하였다. 장안에서 철수한 이듬해인 884년 관군에게 대패하였고, 자신마저 죽음으로써 세력을 잃었으나, 당 왕조에 심대한 타격을 가하였다.

21) 戎狄은 중국 서쪽의 이민족인 戎族과 북쪽의 이민족인 狄族 합칭으로, 흔히 漢族이 오랑캐를 가리킬 때 쓰는 말이다.

22) 豺狼은 승냥이와 이리로, 흔히 흉포한 사람을 비유한다.

23) 羌族은 중국의 甘肅·青海·四川 일대에 살던 유목민족으로 西羌이라고도 하였다.

24) 髳族은 중국의 남서쪽 지역에 살던 소수민족이다.

25) 微는 『書經』 「周書」 <牧誓>에 나오는 나라 이름으로 四川省 巴縣에 있었다.

26) 盧는 『書經』 「周書」 <牧誓>에 나오는 나라 이름으로 湖北省 南漳縣의 북쪽에 있었다.

27) 이 구절은 武王이 殷나라의 紂王을 치러 나가기 전에서 異民族인 庸·蜀·羌·髳·

周는 隗[28]와 狄에 의지하고 晉은 契丹[29]에 의지하였으니
지나간 자취가 거울과 같아 알아낼 수 있다네.
삼계는 머리털을 뽑히더라도 죄를 사면받기 어렵나니
도둑을 이끌어 방에 들여 도둑이 주인이 되게 하였네.
아! 제왕은 자기의 집에서 살기를 좋아하지만
임시로 거처하는 가난뱅이는 담장을 수리하지 않는다네.
萬里長城은 허공에 높다란데
西湖[30]는 언제나 雲霧를 토해내리.
성벽 위의 밝은 달을 누가 차마 보랴?
성 위의 갈대피리 소리는 매우 구슬프리.
성을 지키는 이들은 千秋萬世토록
華와 夷의 큰 문호를 잘 지켜야 하리.

嗚呼賊殺盡莫稱快　天地公然一擲賭
赤眉黃巢易撲滅　戎狄豺狼不可怙
羌擊微盧且莫證　德非武王皆受侮
周依隗狄晉契丹　前轍如鏡可看取
擢桂之髮罪難贖　引盜入室盜作主
嗚呼帝王好家居　窶子居停不修堵
萬里長城虛突兀　西湖雲氣何時吐
城頭明月誰忍看　城上蘆笳哀怨苦
千秋萬世守城者　珍重華夷大門戶

사실을 서사적으로 제시한 데 이어, 의론·해석을 바탕으로 하여 사실에

微·盧·彭·濮族에게 훈시하여 승복시켰음을 가리키고자 한 것이다.

28) 隗는 춘추시대에 湖北省 秭歸縣 동쪽에 있었던 나라 이름이다.

29) 契丹은 5세기 중엽부터 내몽골의 시라무렌(Siramuren)江 유역에 나타나 살던 유목민족으로 몽골계와 퉁구스계의 혼혈종족이다. 926년에 발해를 멸망시키고 화북의 燕雲 16州를 획득하였으며, 947년에 국호를 遼로 개칭한 다음 계속 남진정책을 펴다가, 12세기 초 金나라의 성장으로 말미암아 세력이 약화되어 다시 부족 상태로 분열하였다.

30) 西湖는 북경 서북쪽에 있는 호수로 昆明湖라고도 한다.

대한 감회를 토로한 대목으로, 夷狄의 포용에 실패한 明朝와 불충을 저지른 오삼계를 비판하고, 아울러 신의와 덕성이 결여된 호족이 중원을 지배함을 한탄한 내용이다. 이를 "지금 땅은 中華이지만 사람은 翟의 모습이고, 겉으로는 上國이지만 속으로는 仇敵이니, 盟好는 믿기에 부족하고 강대함은 두려워할 만하여, 저들은 바로 높은 데서 우리나라를 藩服으로 내려다본다."31)라고 한 약산의 對淸意識과 함께 살피면, 오삼계의 사적에 기탁하여 명의 멸망을 안타까워하고 청이 천하의 주인이 된 것을 한탄하는 마음을 작의로 하였음을 알 수 있다.32) 이로써 보면, 尊明攘淸的 사유를 창작배경으로 하여 오삼계의 불충과 청의 패도를 풍유함을 주제로 한 작품이라고 볼 수 있을 것이다. 당색에 대한 공격 때문에 은거하였던 1735년에 지어진 작품임을 고려하면, 이러한 풍유는 당대의 정치현실과도 무관하지 않을 것이다. 그러나 이러한 주제의식보다는 호방한 기상, 웅건한 필세, 풍부한 전고, 화려한 文采 등 성당가행의 미덕을 두루 지닌 점을 높이 평가할 수 있다.

약산은 7언고시를 그다지 선호하지 않은 탓인지, 영사시 · 기속시 · 의고악부 등을 빼면 <效長安古意>(권2), <送安州牧使鄭來仲><靜女歌, 示大觀> · <行路難三首>(이상 권3), <白鷗歌三首> · <菊圃子愛菊不愛梅, (후략)>(3수, 권4) 등 10여수의 고가행을 남기는 데 그쳤다. 다음은 <靜女歌>이다.

> 서북쪽의 높은 누각은 하늘로 들어가고
> 열두 폭 緗綺로 만든 발은 붉은 놀을 끼고 있네.
> 그 안에서 한 여인이 조용하고 고움을 드날리는데
> 옥 같은 얼굴과 붉은 입술로 아름다움이 세상에서 빼어나다네.

---

31) <送南有能泰良赴燕序>, 『藥山漫稿』 권15. "今也地華而人翟須, 須上國而內仇敵, 盟好之不足恃, 強大之有足畏, 而彼乃巍然俯我以藩服."

32) 蔡濟恭이 1778년 중국에 사신으로 다녀올 때 지은 <山海關歌>(『樊巖集』 권13)에서 "嗚呼人謀不臧天亦何? 開門虜入如風飈. 躪殺盜賊雖快意, 其奈拱手獻天位. 遂令天下髮盡薙, 載籍以來無此事. 三桂之罪何獨誅? 爲叢敺雀嗟明季."라 하여, 비슷한 의도를 드러낸 바 있다.

수놓은 겹치마에다 鸞釵를 꽂고 雀扇을 든 모습은
雲屛과 繡幙으로 겹겹이 가려져 있네.
찡그리지도 않고 웃지도 않으면서 옷차림을 가지런히 하니
마을사람이 어찌 아름다운 용모를 엿볼 수 있으랴?
봄바람 속에서는 동쪽의 뜰에서 벗과 답청을 하고
가을달 아래에서는 서쪽의 강에서 미인과 연밥을 따네.
날마다 繡閤 앞을 지나다니면서
내가 芳年에 홀로 집을 지키는 것을 비웃는다네.
패옥을 짤랑거리며 유모에 의지하여 가고
섬돌을 내려가서 손수 난초의 꽃을 따네.
향기는 소매 안에 있어 다만 스스로 알 뿐이건만
혹시 바람에 말미암아 가깝고 먼 데서 맡을까 두려워한다네.

西北高樓入青天　緗簾十二夾丹霞
中有一人淸揚婉　玉貌朱唇絶世姱
鸞釵雀扇繡袂裙　雲屛繡幙重重遮
不嚬不笑整巾帶　隣里那得窺容華
春風東園踏青伴　秋月西江採蓮娃
日日經過繡閤前　笑我芳年獨守家
環珮珊珊待姆行　下階手摘幽蘭花
馨香在袖秪自知　或恐因風聞邇遐

정숙한 여자를 뜻하는 靜女는 無道한 衛나라의 임금과 無德한 부인을 비난한 『詩經』「邶風」의 편명이기도 한데, 이를 제명으로 한 시는 唐 張南容[33]의 <靜女歌>가 유일하였던 듯하다. 장남용의 시는 5언 6운과 7언 2운으로 된 장단구로 入聲職韻, 入聲覺韻, 平聲庚韻, 平聲淸韻으로 전운되어 있고, 옛 사람의 법도에 맞는 動止를 지니고 시서·방직에 능한 정녀가 단장과 출입을 도외시

33) 『全唐詩』·『唐詩品彙』 등에 이 작품만 전해지는 시인으로 『唐詩品彙』「姓氏爵里詳節」에 이백 바로 다음에 나오는 점으로 보아 盛唐人인 듯한데, 『文苑英華』에서는 畢耀의 <情人玉淸歌>를 그의 작품이라고 하였다.

하고 고요히 지내는 미덕을 찬양한 내용으로 되어 있다.

약산의 윗시는 平聲麻韻으로 일운도저한 고풍으로 제5연의 韻脚인 '娃'는 佳韻에 속하지만 『奎章全韻』에서 麻韻으로 通韻字라 한 점으로 보아 出韻은 아니다. 齊言으로 일운도저한 점에서는 장남용의 시와 다르지만, 구식과 내용이 비슷한 데서 그것을 부연하여 지었으리라는 것을 짐작할 수 있다. 모두 의 2구에서 공간배경을 묘사로 제시하고, 다음 2구에서 주인공의 전반적 미덕을 서술한 뒤에, 다음 10구에서 거의 묘사에 의지하면서 미태와 행지를 자세히 열거하고 나서, 결구에서 인품을 評結하는 수법을 썼다. 행지를 드러내기 위한 '中有一人', 1인칭이 노출된 '笑我芳年', 부정어를 거듭 쓴 '不嚬不笑'와 같은 시어는 고시 특유의 어법이지만, 전반적으로 화려한 수사와 감각적 시어로 된 데다, 제5연의 대장을 비롯한 곳곳에 조직적인 기교가 베풀어져 있다. 이러한 경향을 '不嚬不笑'가 晩唐 薛維翰의 악부시 <古歌二首>의 "不嚬復不語", '環珮珊珊'이 晩唐 許渾의 <秋日候扇>의 "環珮珊珊月下樓"과 무관하지 않을 것으로 보이는 점과 함께 살피면, 晩唐人 李商隱에 연유한 西崑派의 화려한 수사와 정치한 조직에 힘썼던 시풍을 연상시킨다. 여인의 삶을 제재로 하여 아들에게 시를 가르치고자 한 의도가 좀 특수한 방식으로 고풍을 추구하게 한 게 아닌가 한다.

다음에는 <行路難>의 제3수를 살펴보기로 한다.

그대는 보지 못하였는가?
陳餘[34]가 지난날에는 張耳[35]를 좋아하였음을.
또 보지 못하였는가?

---

34) 陳餘는 전국시대 말기의 장수로 魏나라의 大梁 출신이다. 張耳와 함께 陳나라에 망명하였다가 陳勝·吳廣을 섬겨 左右校尉가 되고, 趙나라를 정벌하여 조왕 武臣 밑에서 대장군이 되었다. 무신이 죽자 趙歇을 왕으로 세우고 자신도 代王에 올랐으며, 뒤에 漢나라 韓信의 부하가 된 지기 陳餘에게 죽음을 당하였다.

35) 張耳는 전국시대 말기의 장수로 魏나라의 大梁 출신이다. 魏의 外黃令으로 있을 때 陳餘와 절친하였지만, 사이가 나빠지자 漢나라로 도망하여 韓信의 부하가 되었다가, 泜水 싸움에서 진여를 죽였다. 趙王에 봉해졌고, 시호는 景이다.

朱穆[36]이 당시에는 伯宗[37]을 사랑하였음을.
그대에게는 白璧의 무거움을 인정하는 마음이 있고
나에게는 푸른 소나무에 견줄 만한 心肝이 있다네.
그대는 나에게 일곱 현을 지닌 綠綺琴[38]을 주고
나는 그대에게 석 자의 芙蓉劍[39]을 주네.
琴의 곡조는 <高山>과 <(流水>[40]이고
칼의 기운은 구불구불한 두 마리 용의 모습이네
南山의 이마가 흰 호랑이를 두려워하지 않나니
四海의 남아는 그대와 나뿐이라네.
하루아침에 금의 마음이 전날과 달라지고

---

36) 朱穆은 後漢 말의 문신으로 貞宣先生이라는 私諡를 받은 頡의 아들, 자는 公叔이며, 문인들로부터 文忠先生이라는 私諡를 받았다. 孝廉으로 천거되어 侍御史에 발탁되었고, 桓帝 永興初에 冀州刺史로 나갔고 尙書를 역임하였다. 당시 사람들의 交友가 돈독하지 못해 가볍게 벗을 버리는 것을 미워하여 <絶交論>을 지었다.

37) 伯宗은 후한 말의 관리로 성이 劉이고 녹봉 이천석을 받는 관직에 있었다는 것 외에는 알려진 행적이 없고, 다만 朱穆에게서 <與劉伯宗絶交書>·<與劉伯宗絶交詩>를 받은 사실만 확인된다. 대략적 내용만 남은 <與劉伯宗絶交書>의 핵심은 불우한 처지에 있던 유백종이 주목을 찾아왔을 때에는 직접 만나 주었으나, 자신이 유리한 처지에 있게 되자 태도를 돌변하였으므로 다음과 같이 말한 데 있다. "족하께서 이천석의 관리가 되고, 나는 그 밑에서 낭관이 되자, 곧 도리어 計吏에 말미암아 배알하고 서로 만났습니다. 족하는 아마 丞尉의 무리이고, 나는 아마 그 밑의 백성이어서, 이렇게 배알함을 榮寵으로 여겨야 한다는 것이겠지요? 아! 유백종이 인의의 도리에 얼마나 박합니까? (足下為二千石. 我下為郎, 乃反因計吏以謁相與. 足下豈丞尉之徒, 我豈足下部民, 欲以此謁為榮寵乎? 咄! 劉伯宗, 於仁義道何其薄哉?)"

38) 綠綺琴은 前漢 때에 梁王이 <玉如意賦>를 지은 司馬相如를 표창하여 하사하였던 琴 이름이다.

39) 芙蓉劍은 날이 날카로운 칼이다.

40) <高山>과 <流水>는 『列子』「湯問」의 다음과 같은 글에서 유래한 春秋時代 楚나라의 악사로 거문고의 명인이었던 伯牙가 연주하였다고 하는 악곡의 이름이다. 백아는 거문고를 잘 터고, 鍾子期는 듣기를 잘하였다. 백아가 거문고를 타면서 뜻을 높은 산에 두면, 鍾子期가 말하기를 "훌륭하도다, 태산과 같이 높도다."라 하고, 뜻을 흐르는 물에 두면, 종자기가 말하기를, "훌륭하도다, 강하와 같이 넓고 크도다."라고 하여, 백아가 생각하는 바를 종자기가 반드시 알았다.(伯牙善鼓琴, 鍾子期善聽. 伯牙鼓琴, 志在登高山, 鍾子期曰, "善哉! 峩峩兮若泰山." 志在流水, 鍾子期曰, "善哉! 洋洋兮若江河." 伯牙所念, 鍾子期必得之.)

칼 또한 쓸쓸하게 顏容이 없어졌네.
연달아 쌓이던 황금은 침상머리에서 다 없어지고
白眼으로 멀리 하는 이를 길거리에서 만나네.
어찌하여 광막한 들판에서 금을 안고 칼을 차고서
한 번 타고 한 번 쓰다듬으면서 心胸을 씻어내지 않는가?

君不見陳餘昔日好張耳　又不見朱穆當時喜伯宗
君有然諾重白璧　儂有心肝比青松
君贈儂七絃綠綺琴　儂贈君三尺劒芙蓉
琴調高山與流水　劒氣蜿蜿作雙龍
不怕南山白額虎　四海男兒君與儂
一朝琴心與前異　劒亦索莫無顏容
黃金滚滚床頭盡　白眼悠悠陌上逢
何不抱琴携劒廣莫野　一彈一撫滌心胷

<行路難>은 樂府 雜曲歌辭로 南朝 宋의 鮑照의 <擬行路難十八首> 이래로 무수히 의작된 가운데 唐의 吳均·李白 등의 작품이 유명하며, 대체로 세상살이의 어려움이나 이별의 슬픔을 주된 내용으로 한 시제이다. 약산의 <행로난>은 이백의 작품처럼 3수로 된 연작시인데, 3수나 지은 점이나 권3의 맨 끝에 편차해 둔 데서, 무게를 둔 작품임을 짐작할 수 있다. 위의 시는 제3수로 上平聲冬韻으로 一韻到底하였는데, 蕩平의 반대자인 老論 吳瑗(1700~1740)에게서 영조의 탕평책에 영합한다는 공격을 받아 관직에 나아가지 않은 데 이어, 장남 대관을 잃은 슬픔을 당하였던 1735년 하반기에 지어진 작품이다. 이 작품은 漢·楚가 천하를 쟁패할 때에 오랜 지기였던 陳餘와 張耳가 적이 되고, 후한 말에 伯宗이 은의를 저버린 일로 朱穆에게서 절교당한 고사를 들어, 勢利에 붙좇으며 지기를 저버리는 세태를 강개하게 개탄하는 뜻을 주제로 하였다. 이를 형상화함에 있어서 웅건한 기상을 바탕으로 隱喩·引喩를 적절히 활용한 강건한 필세를 구사함으로써, 성당가행의 풍격에 근접하고자 한 면모를 엿볼 수 있다. 자신이 7언가행은 이백·두보를 종주로 삼아 風華才長[41]을

숭상해야 한다고 말한 대로, 기세·필력에 의한 변화를 통하여 웅건·화려한 풍격을 잘 구현했다고 볼 수 있을 것이다.

다음에는 34운의 장편가행인 <장안고의를 본뜨다(效長安古意)>를 살펴보기로 한다. 이 시는 平聲先韻(4), 入月(4), 平陽(1), 去送(1), 平冬(1), 上有(1), 去寘(2), 上腫(1), 平東(1), 入虞(4), 入侵(2), 入藥(2), 平尤(2), 平支(2), 去暮(2), 平歌(2), 平安(2)으로 괄호 속의 횟수만큼 압운되어 있어, 34운에 17종의 운각이 사용될 만큼 빈번하게 換韻된 시이다. 4구마다 환운된 것이 3회, 2운마다 된 것이 8회, 1운마다 된 것이 6회이며, 대체로 평성→측성, 측성→평성의 방식이지만, 그렇지 않은 곳도 있다. 따라서 환운방식은 규칙적이라기보다 임의적이라 할 수 있으며, 이런 불규칙성은 轉韻에 있어서는 이 시가 성당 이전의 고풍이 아니라 성당 이후의 신식고풍에 속한다는 것을 알게 한다.

<長安古意>라는 표제의 7언고시로 가장 이른 것은 初唐四傑의 하나인 盧照鱗(637년경~680년경)의 33운이 첫 작품인데, 南朝 梁 簡文帝 이래로 무수히 지어졌던 악부시제 <長安道>의 작의를 계승한 것이다. 그러나 후대의 의작은 흔치 않아서 明 洪武年間의 문신인 周是修의 『芻蕘集』에 실린 31운시가 유일한 듯하며, 조선조에도 西堂 李德壽의 장인인 姜晉相의 사위 鄭麟重이 "어릴 때에 시에 능하다는 명성이 있어, 당나라 사람의 <장안고의>를 차운하여 한 시절에 전송되었다.(幼有能詩聲, 次唐人長安古意, 一時傳誦.)"는 기록이 보일 뿐, 다른 시인이 지은 것은 보기 어렵다. 이 작품은 악부시이자 고풍이지만 장편이므로 고풍으로 다루는 게 좋을 듯하다.

<효장안고의>의 의미맥락은 ① 장안의 유래(제1~8구), ② 장안의 융성(제9~36구), ③ 無道·사치로 인한 장안의 몰락(제37~60구), ④ 흥망성쇠에 대한

41) 風華才長은 풍격이 화려함과 文采(彩)의 재주가 뛰어남, 또는 박학한 재능을 가리킨 표현으로 기세·필력에 의한 변화를 통하여 웅건·화려한 풍격을 지향해야 함을 뜻하고자 한 말로 보이는데, 이를 이해하기 위해서는 李植의 "이백·두보의 가행은 웅장하고 호방하게 내달린 것이어서, 반드시 웅건한 필력과 박학한 재주를 지닌 사람만이 본받을 수 있다.(.李杜歌行, 雄放馳騁, 必須健筆博才, 可以追躡.)"(<學詩準的>, 『澤堂集』 別集 권14)라는 글이 참고가 된다.

회포(제61~68구)로 나누어 살필 수 있다. 다음은 서두 부분이다.

> 長安의 큰 길은 푸른 하늘과 같은데
> 龍首山과 終南山이 灞水와 渭水처럼 얽혀 있다네.
> 周나라 문명의 옛 풍속이 진(秦)나라의 날뮘에서 회복시키니
> 유풍이 楚의 屈原과 齊의 田橫에게서 나타났네.
> 천 길이나 되는 백 개의 雉堞을 지닌 金墉[42]은 우뚝하고
> 五劇[43]과 三條路[44]가 교외의 길로 이어지네.
> 천지에는 唐나라의 해와 달이 높이 걸리고
> 關山에는 漢나라의 바람과 안개가 다하지 않았네.
>
> 長安大道如靑天　龍首終南灞渭纏
> 舊俗周文復秦勇　遺風楚屈與齊田
> 千尋百雉金墉屹　五劇三條紫陌連
> 天地高懸唐日月　關山不盡漢風烟

平聲先韻으로 된 단락으로 장안의 지세·내력 및 漢·唐의 도성이 된 경과를 개략적으로 서술하였는데, 周代의 문명과 屈原·田橫의 유풍을 지적함으로써 올바른 융성과 관련된 시상이 전개될 것을 암시했다. 이런 시에서 으레 쓰이는 수법이 답습된 대목이라 시적 특성을 따질 여지가 적다.

이어진 28구에서는 장안의 융성을 다각도로 서술·묘사하였는데, 위용을 지닌 궁궐·도성에서 君侯·將相이 화려하게 사는 가운데 융성한 문물과 순후한 풍속을 자랑한 모습을 중후하고도 화려한 필세로 그리고 있어, 성당가행을 본뜨고자 한 표현상의 미덕이 엿보인다. 다음은 세 번째 단락이다.

> 저녁에는 붉은 탄환이 긴 옷을 피로 물들이더니

42) 金墉은 金城과 같은 말로 쇠로 만든 것처럼 견고한 성이다.
43) 五劇은 다섯 방향으로 통하는 길이다.
44) 三條는 三條路의 준말로 세 줄기의 큰 길이다.

새벽에는 서리 같은 칼날이 武元衡의 두개골을 잘랐네.
닭싸움으로 멋대로 도박하느라고 천금을 다 없애고
바다를 움직이고 산을 옮기려고 큰 쓸개를 바쳤네.
秦·虢[45]의 향기로운 자리에서는 桂酒를 따르고
金·張[46]의 화려한 연회에는 蘭膏燈이 빽빽하였네.
길거리에는 버드나무를 스치는 이는 張京兆[47]요
저자길 가에서 꽃에 미혹되는 이는 李翰林[48]이었네.
수놓은 비단을 두른 누각에서는 계수나무를 쪼개고 황금을 태우며
피리소리와 노래가 있는 장막에서는 벌이 시끄럽고 나비가 머물렀네.
백옥으로 침상을 삼으니 홀로 잠을 치욕으로 여기고
황금으로 주발을 만들매 외롭게 마심을 부끄러워하였네.
백년을 모두 웃는 가운데 끝마치고
죽기 전에는 한 시각이라도 선뜻 그치지 않았네.
사람마다 부유함을 찾느라고 푸른 바다를 좁게 여기고
선비마다 영화를 탐닉하느라고 밝은 해가 옮겨가듯이 하였네.
田·竇[49]의 문정에는 달이 찼다가 이지러지고

---

45) 秦·虢은 唐 玄宗의 황후였던 楊貴妃의 언니들의 封號인 秦國夫人과 虢國夫人의 합칭인데, 진국부인은 여덟째 언니였고 괵국부인은 셋째 언니였다.

46) 金·張은 前漢 때의 寵臣인 金日磾와 張安世의 합칭으로, 흔히 현달한 관리를 대유한다. 金日磾는 匈奴 休屠王의 太子로 武帝初에 귀부하였는데, 累遷하여 侍中에 올라 수십년 동안 보필하면서 과실이 없어 車騎將軍이 되고, 武帝로부터 霍光과 함께 輔政하도록 遺詔를 받았다. 張安世는 郎으로 있다가 없어진 책 세 상자[亡書三篋]의 일에 대한 武帝의 물음에 자세히 응답하였는데, 책을 찾은 뒤에 조금도 틀리지 않음을 안 무제가 기이하게 여겨 尙書令에 발탁한 데 이어 光祿大夫를 제수하였고, 昭帝 때에 右將軍에 오르고 富平侯에 봉해졌으며, 宣帝 때 定策의 공으로 大司馬를 제수받았다.

47) 京兆는 京師와 같은 말로 首都를 뜻하는데, 여기에서는 수도의 시장인 京兆尹을 가리키며, 張京兆는 漢 宣帝 때 경조윤을 지낸 張敞을 가리킨다.

48) 李翰林은 吳筠의 천거로 翰林院에서 일한 데서 생긴 盛唐 때의 시인 李白의 별칭이다.

49) 田·竇는 前漢 때의 田蚡과 竇嬰의 합칭인데, 이들은 황실의 척족으로 늘 서로 권력을 다투었다. 전분은 景帝의 비 王皇后의 同母異父弟로 두영의 盛時에는 아비처럼 섬기다가 竇太后의 사후에 丞相·武安侯로 권력을 얻자 두영·灌夫를 무고하여 죽게 하였다. 竇嬰은 文帝의 비 竇皇后의 조카로 경제 때 대장군이 되어 吳楚七國의 난을 평정하고 魏其侯에 봉해졌다. 武帝 때 승상이 되어 儒學을 높이다가 황후의 노여움을 사서 파직되고, 뒤에 전분의 모함을 받아 죽었다.

牛・李[50]의 대청자리에는 꽃이 활짝 피었다가 시들었네.
높은 수레가 길 위에서 엎어짐을 보자 말자
또 큰 집이 하늘 가운데에서 위태로워짐을 보네.
스스로 功業이 河山같이 비호한다고 말하고
스스로 繁華가 金石처럼 단단하다고 일렀네.
하산과 금석을 누가 자부할 수 있으랴?
부귀와 호사는 어린아이라도 잠을 깨어서도 꿈꾼다네.

風烟日月迷城闕　隋氏籧廬太倏忽
金舾上矗翬飛逈　繡闥中開龍氣發
繪畫麒麟壯劒佩　神仙瀛舘輝簪笏
樓前紫馬來逶迤　陌上班騅去滅沒
兩騎相逢揖路傍　下車共入王侯堂
庭前七十紫鴛鴦　帳額一百金鳳凰
鳳凰鴛鴦宛相遇　寶帳流蘇垂戶牖
虹矗銀橋素月中　露凄金掌秋風後
秋風一曲興衰異　漢火生輝唐葉墜
蘭宮絃管夜喧天　槐路風塵晝羃地
羃地喧天樂不窮　千門萬戶春玲瓏
錦帆乘風太液浪　鑾輿避暑翠微宮
新豊二月宴枌楡　宣德三元結綵珠
萬方樂事神京最　八節遺風歷代殊
赤丸暮染袁絲血　霜鋩曉斷元衡顱
鬪雞縱博千金盡　轉海移山大膽輸
秦虢芳茵桂酒斟　金張綺宴蘭燈深
街頭柳拂張京兆　市上花迷李翰林

50) 牛・李는 唐나라 貞元年間의 재상인 牛僧孺와 李德裕의 합칭인데, 이들은 穆宗 때부터 宣宗 때까지 이어진 牛李黨爭을 일으킨 당파의 수령들이다. 우승유는 文宗 때 兵部尙書同平章事로 있으면서 李派에게 배척받았고, 武宗 때에 폄적되었다가 宣宗 때 복권되었다. 이덕유는 中書門下平章事로 있을 때에 牛黨을 견제하였지만, 선종이 즉위하여 우당이 득세하자 수차 폄적되던 끝에 적소에서 죽었다.

斫桂燒金錦繡閤　蜂喧蝶駐笙歌幕
白玉爲床恥獨眠　黃金作盌羞孤酌
百歲皆從笑裏過　一時不肯死前休
人人求富滄溟窄　士士耽榮白日流
田竇門庭月滿虧　牛李堂筵花盛衰
纔見高車道上覆　復看豊屋天中危
自言功業河山護　自謂繁華金石固
河山金石誰能恃　富貴豪奢幼夢寤

唐 憲宗朝의 충신으로 사술로 병권을 잡아 반란을 일으켰던 吳元濟의 사면을 반대한 武元衡의 죽음을 언급하는 것으로 시작하여, 도박 · 사치 · 낭비 등의 면모와 漢 宣帝 때 京兆尹을 지낸 張敞의 치적과 李白의 풍류를 교차시킨 뒤에, 다시 향락 · 탐욕이 난무하는 모습을 묘사하고 척신 田蚡 · 竇嬰의 전횡과 牛僧孺 · 李德裕의 당쟁을 질타하면서, 功業 · 繁華로 끝이 없을 듯하던 장안이 몰락에 이르는 과정을 그렸다. 이 대목의 표현은 성당 7언고풍의 학식 · 문채에다 섬세한 감각까지 갖추어 표현한 미덕을 본떴다고 할 만하지만, 선정 · 미풍 같은 장점과 사치 · 향락 같은 단점으로 구분하여 조리 있게 읊지 않고 중복적으로 무질서하게 늘어놓은 점은 칭찬하기 어렵다.

다음은 이제까지의 장안의 역사에 대한 서술 · 묘사 · 서사에 이어서 의론과 영회를 드러낸 마지막 단락이다.

누각에서 노래하고 臺榭에서 춤추더니 이제 어찌 되었는가?
鳳殿과 龍樓 또한 기장과 벼일 뿐이네.
지난날 大都會의 문물이란 것은
푸른 눈동자의 胡雛[51])를 槖駞로 기른 것이네.
華岳[52])에 서린 빽빽하게 푸르디푸른 기운이

51) 胡雛는 호인의 아이, 또는 호인의 노복이다.
52) 華岳(嶽)은 漢陽의 鎭山인 華山의 별칭으로 三角山이라고도 하였다.

천년만세에 이를지라도 작은 장안일 따름이네.
북쪽을 바라보며 슬프게 <下泉>[53]의 노래를 부르노라니
星文[54]과 地脉이 東韓으로 쏟아지네.

歌臺舞榭今如何　鳳殿龍樓亦黍禾
昔時文物大都會　碧眼胡雛牧橐駞
欝欝葱葱華岳盤　千年萬歲小長安
北望悲歌下泉什　星文地脉注東韓

군왕·장상의 바람직한 소임은 '黍禾'로 비유된 백성을 사랑하여 이끄는 데 있으므로 외양적 문물의 융성에는 가치를 둘 게 없다는 의론과 회포를 드러내고, 조선의 앞날도 여기서 교훈을 얻어야 한다는 뜻을 토로하였다. 그래서 밝은 임금이 나타나기를 염원한 노래인 『詩經』「曹風」의 <下泉>을 언급하였으니, 이는 조선이 중국에 못지 않은 소중화적 역사·문화의 소유자라는 의식에 바탕을 둔 풍유라 할 수 있다.

3. 朝鮮의 歷史와 情景에 대한 探究

1) 詠史詩

「海東樂府」는 약산의 문학적 성과 가운데 맨 먼저 주목받았을[55] 뿐 아니라 지속적으로 관심의 대상[56]이 된 탓에, 그 주제·형식·표현의 특성과 문학사

53) <下泉>은 『詩經』「曹風」의 편명으로 조나라 사람들이 악정을 미워하여 明王과 賢相에 의하여 잘 다스려졌던 시대를 그리워한 노래라고 한다.
54) 星文은 별빛, 별의 현상이다.
55) 金榮淑, 「朝鮮時代詠史樂府硏究」(영남대 박사논문, 1989).
56) 申章燮, 「詠史樂府 작가의 古代史 認識에 대하여」, 『겨레어문학』 25(겨레어문학회, 2000) ; 전혜영, 「藥山 吳光運의 「海東樂府」 硏究」, 『韓國漢詩硏究』 17(韓國漢詩學會,

적 의의 등이 대체로 밝혀진 바 있다. 이 연작시의 창작배경으로는 明 李東陽의 「古樂府」의 영향, 金宗直의 「東都樂府」 이래의 海東樂府體의 전통계승, 조선 후기의 역사의식의 성장, 隨城 趙逸士의 『摭史俚唱』의 영향 등이 지적된 바 있다.[57]

약산은 명대 의고파의 詩觀을 추종하면서도 "何景明·李夢陽·滄溟·弇園의 닮은 점이 성색이지만, 정취가 격률에 갇혀서, 위조하는 데로 들어간 탓에 비루하고 좋지 않아서, 詩道에 도움이 되지 않는다."[58]라고 말한 바 있다. 이는 전범에 대한 모의를 경계하고 法古創新을 지향하는 시인식으로서 「해동악부」와 같이 한국적 제재를 독창적인 형식·표현을 추구한 작품의 배경으로 작용하였을 것으로 짐작된다. 또 그는 "우리 동방은 燕都와 箕尾의 分野를 함께 하여, 세인들의 이른바 雲漢의 末派이니, 渤海와 碣石山에서 일어난 明나라의 풍화를 동방이 본래 이미 가장 먼저 입었다. 지금 천하가 모두 오랑캐가 되었지만, 渤碣의 風化가 강을 건너 옮겨와서 한 구역 문물의 나라를 양육시키고 고무시켰으니, 그 풍화를 거두어들이기를 추구할 곳은 漢京이 바로 그곳이다."[59]라고 한 바와 같이, 沈光世의 경우[60]처럼 자국의 역사·문화에 대한 자부심를 강하게 지니기도 하였다. 이를 고려하면 그 창작동기는 중국·한국의 악부시 전통과 당대의 자국사에 대한 고조된 관심과 같은 외적인 요인과 약산의 시인식과 조선의 역사·문화에 대한 의식이라는 내부적 요인이 함께 작용한 데서 찾아야 할 것이다. 그리고 창작시기는 영향을 받았을 것으로 추정되는 『摭史俚唱』의 발문을 쓴 시기가 1737~8년으로 짐작되는[61] 점으

2009).

57) 심경호, 「海東樂府體」, 『한국 한시의 이해』(태학사, 2000), 175면 및 「姜樸과 남인문단의 형성」, 같은 책, 433면,

58) <詩指>. "何·李·滄·弇所肖者聲色, 而情趣爲格律所牿. 故入於贋, 陋與贋, 詩道不由也"

59) <昭代風謠序>, 『藥山漫稿』 권15. "我東方與燕都, 同箕尾之分, 世所謂雲漢末派, 明風之自勃碣也, 東方固已首被矣. 今天下皆已侏離, 勃碣之風, 渡江以遷, 亭毒煽鼓於一區文物之邦. 而又求其風之所翕, 則漢京是已."

60) 沈光世, <海東樂府序>, 『休翁集』 권3. "間閱東史, 就其中可以贊詠鑑戒者, 除出若干條, 作爲歌詩, 名曰海東樂府."

로 보아, 작품의 편차에 부합하는 시기인 50세경이었을 것이다.

표제는 <太白檀>과 같은 三字題로 통일되어 있고, 이는 전대의 沈光世·李瀷·林昌澤과 같은 방식이지만, <撫史俚唱跋>에 '李西厓'가 언급된 점으로 보아, 李東陽의 「古樂府」의 영향을 받았을 것이다. 그러나 史蹟의 成語를 그대로 쓴 <憂息曲>·<黃昌舞>와 선인의 창의적 제명인 <城上拜>(심광세)·<上書莊>(이익)·<王毋去>(임창택) 등을 제외한 <林中雞>·<斬馬巷>·<朝蜀槎>·<聖帝帶>·<女戴笠> 등은 창의성이 인정된다. 이 시의의 제재는 신라가 14개, 고려가 7개로 28수의 3/4을 차지하고, 단군조선(1개)·기자조선(1개)·백제(2개)·고구려(3)는 7개에 불과하다. 이는 시인의 鑑戒史觀과 사료의 양, 시간의 근접성, 신라정통론, 勝國에 대한 관심 등이 두루 작용한 결과일 것이다.

이 연작시에는 작품마다 本詞 앞에 小序가 붙어 있는데, 개별작품의 주제는 서와 본사를 아울러 살펴야 파악할 수 있다. 주제는 업적·품행·능력 등에 대한 찬양이 16수에 이르는데, 이를 세분해서 살피면 忠節(<憂息曲>·<黃昌舞>·<王毋去>·<陽山歌>·<斬馬巷>·<百死歌>·<杜門洞>·<落花巖>·<女戴笠>), 度量(<城上拜>·<朝蜀槎>·<月明巷>), 偉業(<薩水捷>·文曲星>), 才能(<玄鶴琴>), 孝行(<破鏡合>)으로 나눌 수 있다. 다음으로 비중이 높은 주제는 史蹟의 神異性에 대한 감탄으로 <聖母祠>·<林中雞>·<萬波息笛>·<上書莊>·< 朝天石>·<昌瑾鏡> 등이 이에 해당한다. 이 밖의 주제는 창업의 神聖性·悠久性에 대한 자부심의 토로(<太伯檀>·<黃河歌>)와 亡國·無道에 대한 경계(<絶影馬>·<鮑石亭>·<釣龍臺>·<聖帝帶>) 등이다. 이런 주제들은

---

61) <昭代風謠補跋>은 『소대풍요』 卷尾의 "丁巳淸明翌日, 藥山吳光運跋"에서 1737년작임이 드러나고, 다음 글인 <白下書軸跋>도 <題白下書帖>(『東谿集』 권6)의 저자 趙龜命(1693~1737)의 몰년을 통해 같은 해의 글임을 알 수 있으며, <척사이창발> 뒤에 실린 <題李醫歷試漫筆>은 본문의 "及策名登朝二十年"에서 1738년작임이 드러난다. 이를 통해 권5에 따로 편차된 「해동악부」가 권4의 마지막 부분이 지어진 1738년 초와 같은 때의 작품임을 짐작할 수 있으므로, 李瀷(1681~1763)·林昌澤(1682~1723)의 「海東樂府」가 시의 마지막 부분에 별도로 편차된 점은 고려할 필요가 없으며, <만고인>을 근거로 문집을 편집할 때 의도적으로 새로 지었을 것이라고 한 추정(전혜영, 앞의 논문, 184~5면)이 틀리기만 한 것은 아님을 알 수 있다.

긍정적 사적을 읊은 작품들을 모두 찬양으로 잡은 결과이지만, "커다랗게 넘실거리며 德澤으로 적시면서, 천추만세토록 이처럼 흐르시라.(浩浩漾漾涵德澤, 千秋萬歲流如此.)"라고 염원한 <黃河歌>의 경우처럼, 그 중 일부는 小康을 면치 못하는 당대에 과거의 영광이 재현되기를 염원하는 부차적 주제를 함께 지닌 것으로 볼 수 있다.

「해동악부」는 대체로 세 가지 형식적·표현적 특성을 지닌 연작시로 설명할 수 있다. 첫째, 8구의 句式으로 이루어진 작품이 17수로 가장 많고, 9구가 4수, 6구·10구가 각 3수, 12구가 1수인 데서 드러나는 바와 같이 비교적 단형의 데서 생긴 서사성의 결여를 들 수 있다. 영사시가 이야기의 제시·서술과 사실에 대한 의론을 기본적인 대립항으로 삼는[62] 점을 고려할 때, 단형성이 서사보다는 서술을 중심으로 한 찬영·懷古를 지향한 가운데 부분적으로 사실에 대한 의론·해석·감회 등을 포함하게 하였다고 볼 수 있다. <文曲聲>을 들면서 살펴보기로 한다.

> 上淸에서는 문곡성이요
> 下界에서는 강감찬이었네.
> 누가 억지로 天文을 풀이하였던가?
> 사람으로 볼 것이 아니라 별로 보아야 한다네.
> 별인지 사람인지 나는 알지 못하지만
> 어찌하면 다시 살아나서 광휘가 한 번 발산하랴?
> 별이여 별이여! 상청으로 돌아간 지 칠백년이나 지났거늘
> 왜 다시 와서 왕업을 돕지 않으시는가?

> 上淸文曲星　　下界姜邯贊
> 何人強解天文　　不以人看以星看
> 星耶人耶吾不知　　再造光輝一何煥
> 星乎星乎歸去上淸七百年　　何不重來王業贊

62) 심경호, 앞의 논문, 187면.

去聲翰韻으로 일운도저한 잡언이다. 姜邯贊의 출생에 대한 전설을 환기시키는 것으로 파제하고, 생애·업적과 연관된 이야기라 할 것이 없이 전설의 핵심화소에 대한 해석으로 시상을 이은 뒤에, 그런 위인이 출현하지 않는 데 대한 안타까움을 덧붙여서 시상을 마무리하였다. 敍事가 없으므로 詩序로 기이한 출생에 대한 전설만으로는 찬양과 회포를 충분히 이해하기 어렵다 하겠는데, 대상에 대한 서사적 표현보다는 짧은 형식과 질박한 표현으로 감흥을 자아내겠다는 작시의도 때문이라 할 것이다.

둘째로는 형식적 다양성이 크다는 점이다.[63] 齊言體는 <鮑石亭>[64]뿐이고, 나머지는 모두 장단구인 가운데, 8구의 구식으로 된 작품이 16수, 9구가 4수, 10구가 4수, 6구사 3수, 10구가 4수여서, 대개 율시 정도의 길이이면서도 구식의 다양성이 크다. 구절별 字數도 매우 다양하여, 총236구의 글자수 분포가 7언구 136개, 5언구 58개, 6언구 27개, 3언구 6개, 4언구 3개, 11언구 2개, 8언구 1개, 9언구 1개, 10언구 1개이다. 이런 양상을 통하여 7언을 중심으로 하면서도 字數變容이 심하였음을 알 수 있다.

用韻方式도 매우 다양하다. 隔句押韻한 것은 10수에 불과하고, 격구압운과 每句押韻을 혼용한 작품이 17수에 이르며, 柏梁體式으로 매구압운한 작품도 入聲陌韻을 취한 가운데 제8구에서 한 번 出韻한 <聖母祠> 1수가 있다. 또 一韻到底한 것이 17수, 轉韻한 것이 11수인데, 전운의 경우 네 종류의 운각을 사용한 것이 1수, 세 종류가 4수, 두 종류가 6수로 다양하다. 또 전운이 평성 안에서만 생긴 작품이 4수, 측성 안에서만 생긴 작품이 1수이고, 평성과 측성을 오간 작품이 6수에 이르며, 일운도저의 경우 출운도 간혹 있다. 이와 같은 구식과 운율의 다양성은 악부시적 형태, 리듬감과 함께 표현적 자유를 누리고자 한 의도의 소산으로, 시인이 추구한 고풍의 폭이 최대한 확대되게 한 요소라 할 수 있다. 이러한 용운의 실상을 제8수 <왕께서는 가지 마소서(王毋去)>

63) 형식에 대한 통계와 해석에 대해서는 전혜영, 앞의 논문 참조.

64) 平聲先韻으로 一韻到底한 8구형식인데, 下三平·下三仄·孤仄을 1회씩, 失黏을 3회 범한 점과 수련만 대장을 쓴 점으로 보아 7언고시로 보아야 옳을 것이다.

를 통해 살펴보기로 한다.

> 六飛[65])를 몰고 가서 놓은 불[66])로 건곤을 불태우면서
> 군왕은 대낮에도 사냥하기를 좋아하였네.
> ‘왕께서는 가지 마소서’, ‘왕께서는 가지 마소서.’
> 들판의 풀 속에서 부르는 듯하였네.
> ‘옛 사람은 주검으로 간하였지만[67])
> 이제 신은 무덤으로 간합니다.’
> 임금의 마음이 구슬퍼져서 수레를 돌렸으니
> 살았을 때의 사냥을 간하는 글[68])보다 훨씬 나았다네.
>
> 火焚乾坤騰六飛　白日君王好打圍.
> 王毋去王毋去　野田草間若有喚.
> 昔人以尸諫　今臣以塚諫.
> 宸心惻然廻鑾輿　絶勝生前諫獵書.

直諫을 잘 했던 중신 金后稷의 생시에 獵諫을 듣지 않아 실망시켰던 신라 진평왕이 塚諫까지 하자 회개하였다는 시서를 붙인 시로, 5언~8언을 자유롭게 사용한 구식에다 4연에 불과한 시에 圍(平聲微韻)·喚(去聲翰韻)·諫(去聲諫韻)·書(平聲魚韻)으로 평성·측성을 오가면서 전운하여 형태의 변화와 음악성을 추구되어 있음을 볼 수 있다. 5언 4구, 7언 4구로 이루어진 <月明巷>도 老(上聲皓韻)·奇(平聲支韻)·波·多(平聲歌韻)의 구식과 전운의 묘를 살린 작품이다.

셋째, 독백의 도입, 시점의 변화, 반복구의 사용 등 여러 가지 표현기교를

---

65) 六飛는 제왕의 수레를 나는 듯이 끄는 여섯 마리의 말로 제왕의 자리나 권위를 비유한다.
66) 獵火는 사냥할 때 짐승을 몰려고 놓는 불이다.
67) 尸諫은 죽은 뒤에 자기의 시체를 벌여 놓게 함으로써 임금에게 간함, 또는 죽음으로써 간함이다.
68) 諫獵書는 前漢의 司馬相如가 武帝에게 사냥에 빠지지 않도록 간한 上奏文이다.

활용하여 흥취를 높이고자 한 점이다. 영사시의 史實의 서술, 褒貶·懷古·詠嘆, 의론·해석은 시인의 시점에서 이루어지게 마련이지만, 연작의 경우 그러한 획일성은 감흥을 떨어뜨릴 수밖에 없다. 이 작품에 서사적 주인공의 독백을 도입하거나 서술과 대화를 병용하여 시점의 변화를 추구한 작품이 9수에 이르는 것은 시인이 그런 문제의식에 말미암을 것이다. 이 작품의 <黃昌舞>·<破鏡合>·<落花巖>·<女戴笠>은 전체가 黃昌郎·薛氏女·百濟宮女·高麗遺女의 독백으로 이루어져 있으며, <王毋去>·<月明巷>·<城上拜>·<絶影馬>에는 일부에 인물의 독백이 도입되어 있고, <百死歌>는 6구 중 4구에 <丹心歌>가 역해되어 있다. 다음은 <女戴笠>이다.

> '검은 머리카락 위에 푸른 대삿갓을 쓴 것은
> 푸른 하늘을 보기가 두렵고 사람을 보기가 두렵기 때문입니다.
> 남들은 보고서 응당 고려의 치장이라 웃을 테지만
> 이제 치장이 천해진 것은 몸 또한 천해졌기 때문이지요.
> 금빛병풍과 수놓은 장막에서는 살지 못할지라도
> 비단버선은 쌓여 있건만 서리와 이슬을 밟는답니다.
> 길에서 벼슬아치를 만나면 몸을 돌리고 우니
> 너희 집 부형들도 전에는 이와 같았건만 하네요.'

> 靑箬笠綠雲鬟　怕見蒼天怕人見
> 人見應笑高麗粧　粧賤如今身亦賤
> 金屛繡幙不得住　羅襪盈盈霜露履
> 路逢冠盖廻身泣　儂家父兄昔如此

앞의 2연은 去聲霰韻, 뒤의 2연은 上聲紙韻으로 전운된 시이다. 고려가 멸망한 뒤 皁隷로 전락한 松京의 士類·世族의 부녀자들이 얼굴을 드러내지 않으려고 대껍질로 만든 삿갓을 쓰고 출입하였고, 아직도 그 遺習이 있다는 引이 붙어 있는 작품이다. 勝國의 부녀자까지 국가에 대한 의리를 실천한 미풍을 인물의 상상적 독백에 의지하여 제시함으로써 교훈시의 딱딱함을 없앤 반면에, 흥취를 높였다고 할 것이다. 이러한 시적 효과는 시점의 변화를 통하여 추구되기도 하였으니, "처용이 와서 소매를 너울거리며 춤추는 모습은, 바로 上雲樂을 지은 康老였다네."라는 서술에 이어진 나머지 6구를 처용이 임금에게 한 독백으로 처리함으로써, 희곡의 지문-대사의 수법을 쓴 <월명항>이 그 예이다. 시점의 변화를 이용하여 사실의 서술과 해석이 교체되게 함으로써 흥취를 높인 예라고 할 수 있다.

반복구를 사용하여 감흥을 높이고자 한 사례로는 <황창무>의 "臣有劒, 身有劒.", <왕무거>의 "王毋去., 王毋去."가 두드러진데, 이 밖에도 반복어 및 반복구의 용례가 다음과 같이 십여 군데가 넘는 데서 작품 전반의 주요기법으로 원용되었음을 알 수 있다.

<聖母祠> : 仙桃山神仙宅, 仙桃花發不知夕.
<憂息曲> : 一花鳥啣來, 一花猶掛扶桑枝.
<黃昌舞> : 百濟市上霜雪翻, 百濟宮中血雨飛.
<朝蜀槎> : 使乎使乎乘槎去
<上書莊> : 松靑且莫喜, 葉黃且莫傷. 黃葉昔日靑, 靑松有時黃.
<釣龍臺> : 龍不神兮徒喪身, 孰謂龍不神, 龍神豈曾昧天命?
<落花巖> : 文臣足武臣足, 傾國傾城我能爲.
<薩水捷> : 浿水薩水多鬼神, 浿水北流薩水西.
<昌瑾鏡> : 鏡乎鏡乎太神奇. 浿江水一條帶, 金鰲山一條帶, 白馬江一條帶.
<文曲星> : 星乎星乎歸去上淸七百年.

마지막으로 다음에 드는 <태백단>에서 볼 수 있는 산문적 문체와 고악부·漢魏詩에서 선호되었던 고풍적 구법을 들 수 있다.

太白山에는 박달나무가 푸르게 무성하였는데
심은 사람이 누구인가? 盤古氏[69]라네.

69) 盤古는 천지가 개벽하던 시초에 이 세상에 나와 군림한 중국 太古의 신화상의 천자로, 죽은 뒤에 눈은 日月이 되고 혈액은 江河가 되고 毛髮은 草木이 되었다고 한다.

가지는 일천 길로 높고
향기는 삼천리 밖에서도 맡았네.
飈輪[70]과 龍馬를 타던 임금이 머물렀는데
몸에는 扶桑[71]의 고치로 만든 황금빛 襖子를 입으셨네.
손으로 雲漢을 잘라[72] 물줄기의 흐름을 끝낸 이가
堯임금인지 舜임금인지 나는 듣지 못하였거늘
아득한 雲海 아래에 神市를 열었다네.

鬱鬱蒼蒼太伯檀　問誰栽者盤古氏
枝聳一千仞　香聞三千里
飈輪龍馬君所止　身披扶桑黃襖子
手抉雲漢末派水　堯耶舜耶吾不聞　漠漠雲海開神市

檀君이 堯·舜과 동시대의 임금이라는 자부심을 토로한 <太白檀>인데, 虛詞 '耶'와 代詞 '所'에 의한 산문적 문체와 첩자 '鬱鬱·蒼蒼·漠漠'의 사용, 제2연의 상·하구에 다 '千'을 쓴 同字對 등을 통하여 고풍을 추구한 점이 두드러지다. 이런 특성을 허사·連介詞·대사 등에 의한 산문 문체, 첩자의 사용과 連珠對·동자대의 애용 등 對仗의 이용으로 나누어 예거한다.

먼저 허사·연개사·대사 등의 용례를 제시한다.

허사: 堯耶舜耶吾不聞(<太白檀>) / 毋兮毋兮收淚覗(<黃昌舞>) / 四鬼雄兮死不孤(<陽山歌>) / 使乎使乎乘槎去(<朝蜀槎>) / 王不辟兮將失國, 龍不神兮徒喪身.(<釣龍臺>) / 鏡乎鏡乎太神奇(<昌瑾鏡>) / 星耶人耶吾不知. 星乎星乎歸去.(<文曲星>) / 魄兮有也無(<百死歌>)

70) 飈(飇)輪은 飈車와 같은 말로 바람이 끈다는 神車이다.
71) 扶桑은 『山海經』「海外東經」에서 동쪽바다의 해 돋는 곳인 湯谷에 있다고 한 큰 신령스러운 뽕나무이다.
72) 手抉雲漢은 손으로 은하수를 자름인데, 蘇軾의 <潮州韓文公廟碑>에 "공은 옛날에 백운향에서 용을 타고, 손으로 운한을 잘라 하늘의 문장을 나누어 받았네.(公昔騎龍白雲鄉, 手抉雲漢分天章.)"라는 글이 있다.

연개사: 留與子孫指邦歷(<聖母祠>) / 昔人以尸諫, 今臣以塚諫.(<王毋去>) / 不以人看以星看(<文曲星>)

대사: 風吹各散之(<憂息曲>) / 萬折江何之(<朝蜀槎>) / 其死其生妾知之(<落花巖>)

부사어+대사: 鷄鳴一何長(<林中雞>) / 甄萱竪子一何愚(<絶影馬>) / 再造光輝一何煥(<文曲星>)

다음은 첩어·일반대장·연주대·동자대의 용례이다.

첩어: 鬱鬱·蒼蒼·漠漠(<太白檀>) / 浩浩漾漾(<黃河歌>) / 峩峩(<聖母祠 >) / 娟娟·漠漠·長長·綿綿(<林中雞>) / 翛翛·飛飛(<憂息曲>) / 愔愔·蒼蒼(<玄鶴琴>) / 蒼蒼(<上書莊>) / 濛濛·簇簇·騰騰(<鮑石亭>) / 冥冥(<昌瑾鏡>) / 盈盈(<女戴笠>) / 箇箇·深深(<杜門洞>)

일반대장: 君旣代父身, 妾敢愛吾軀.(<破鏡合>) / 杳杳新羅國, 深深智異山.(<玄鶴琴>) / 黃葉昔日青, 青松有時黃.(<上書莊>) / 王不辟兮將失國, 龍不神兮徒喪身.(<釣龍臺> / 渠知杜門死, 不知開門生.(<杜門洞>)

연주대: 杳杳新羅國, 深深智異山.(<玄鶴琴>) / 香霧濛濛花簇簇. 鐵騎騰騰踏華筵.(<鮑石亭>

동자대: 昔見大同江, 不見黃河水.(<黃河歌>) / 花令我憂息, 鳥令我心悲.(<憂息曲>) / 昔人以尸諫, 今臣以塚諫.(<王毋去>) / 分鏡妾爲父, 合鏡妾逢夫.(<破鏡合>) / 石鮑有尾難掉水, 金鰲有骨莫柱天.(<鮑石亭>) / 松青且莫喜, 葉黃且莫傷.(<上書莊>) / 昔何心獻馬, 今何心還馬. 濟若亡非馬也, 麗若興非馬也.(<絶影馬>) / 浿江水一條帶, 金鰲山一條帶, 白馬江一條帶.(<昌瑾鏡>) / 上淸文曲星, 下界姜邯贊.(<文曲星>)

隔句對: 天若不事大, 北拱星何爲. 地若不事大, 萬折江何之.(<朝蜀槎>) / 相枕白骨箇箇香, 長與日月爭光晶. 落花芳草深深洞, 到此春風亦不情.(<杜門洞>)

「해동악부」 이외의 우라나라 제재를 다룬 영사시는 <赤池歌>(권4)뿐이다. 이 작품에는 같은 표제의 三淵 金昌翕의 시가 '썩 괴위하지는 않기에(不甚瑰偉瑰偉)' 짓는다는 은근히 경쟁의식을 토로한 詩序[73]가 붙어 있는데, 그 本詞

73) "偶閱新行三淵集, 有赤池歌, 卽度祖射龍事. 惜其詞不甚瑰偉. 遂倩傍人濡筆, 漫興口呼."

는 다음과 같다.

'사람의 싸움을 용은 돌아보지 않았거늘
용의 싸움을 어찌 나에게 아뢰었던가?
채찍의 길이가 용의 배에도 미치지 못하기에
꿈에 용에게 말하고서 깬 뒤에 가지 않았다네.
날아다니는 새가 사람에게 의지하면 사람 또한 사랑하거늘
하물며 네가 삼백 가지 鱗虫 가운데 으뜸임에랴?'
鵲血弓74)에 시위를 얹으며 활에 위력이 있기에
神人께서 메고 나가시자 귀신 또한 사라졌네.
악어가 조용해지고 자라가 잠자니 鏡面처럼 잠잠하였는데
신령의 뜻은 아득하고 구름만 늘어서 있었네.
물 속에 문득 기이한 빛이 완연하더니
천둥과 벼락을 끼고 두 마리 용이 나왔네.
날리는 물망울이 거꾸로 사십리나 솟아오르고
삼천 자나 되는 성난 파도가 일어났다네.
왼쪽을 바라보니 다갈색이요 오른쪽은 먹빛과 같았으니
바로 潢池75)로 晉의 성채를 겁박함이었네.
그렇지 않다면 黑鵝軍76)과 縞素兵77)이

---

74) 鵲血은 좋은 활이다.
75) 潢池는 연못으로 좁은 땅을 비유하는데, 여기에서는 潢池弄兵을 가리킨다. 황지농병은 좁은 땅에서 군사를 일으킴인데, 『漢書』「循吏傳」 <龔遂>에 渤海郡에 흉년이 들어 도적이 일어나자 宣帝가 龔遂를 태수로 삼고 잘 다스릴 방도를 묻자, 龔遂가 "바닷가가 너무 멀어서 성스러운 교화에 젖지 못하고, 그 백성들이 배고픔과 추위에 괴로운데도 관리들이 구휼하지 않기 때문에, 폐하의 적자로 하여금 좁은 땅에서 폐하의 군대를 일으키게 한 것입니다.(海瀕遐遠, 不霑聖化, 其民困於飢寒而吏不恤, 故使陛下赤子, 盜弄陛下之兵於潢池中耳.)"라고 한 데서 유래하여, 군사를 동원하여 반란을 일으킴을 비유한다.
76) 黑鵝軍은 춘추시대 魯나라 昭公 21년 11월에 망명하였던 宋나라의 공자 城이 거느린 군대와 송의 권신인 華氏의 군대가 싸울 때에 공자의 軍陣인 鸛陣과 鵝陣 가운데 아진의 군대를 가리킨다.
77) 縞素兵은 흰 명주로 된 옷을 입은 병사라는 뜻으로, 漢王 劉邦이 巴蜀에서 項羽의 군대를 칠 때에 항우가 楚의 義帝를 죽인 것을 기화로 發喪하여 군사들을 흰 명주로 만든 상복을 입힌 일에 연유하여 생긴 말이다.

깃발과 북으로 서로 맞서며 빛을 쏘아댄 것이리.
共工[78]의 머리가 하늘의 기둥에 닿은 것이 장관이 아니요
큰 고래가 푸른 바다의 물결을 헤침이 참으로 작은 연극이었다네.
天吳[79]와 海若[80]은 모두 달아나서 숨고
산야의 늙은이와 시골의 백성은 감히 보지 못하였네.
큰 산기슭에 바람과 우레가 요란해도 정신이 양양하여
우뚝 서서 크게 노래하며 도마뱀과 땅거미를 보듯이 하였네.
병사들을 유인하여 흩어지고 모이게 하며 적의 형편을 엿보면서
구름 끝에서 구부정하게 등뼈를 드러내었네.
성내어 玄甲[81]을 펼치며 그 틈으로 들어가서
流星이 표적을 맞추듯이 하니 그 소리가 부지직 하였네.
번개에 부서지고 우레에 죽으니 산이 무너지는 듯하고
구름이 무너지고 안개가 나뉘니 땅이 갈라지는 듯하였네.
부서지고 잘린 갈기를 감히 들어올리지 못하고
꿈틀거리며 열 길이나 되는 물 속으로 떨어졌네.
싸움에 이기고 나서 흰 수염을 하늘에 높이 치켜올리니
冥冥이 사람에 감동하매 諾責[82]도 없었네.
바람과 구름이 길이 窟宅을 높이 보호하니
만고에 적지는 물결이 일도록 크게 샘솟으리.
나는 이 이야기를 듣고 매우 奇絶하다고 부르짖었거니와
더욱이 못에 가면 心魄이 장쾌해지리.
용이여, 절대로 하늘의 공적[83]으로 자기가 보답받지 말지니

---

78) 共工은 『書經』 「舜典」에서 堯임금 때에 舜임금에게 쫓겨나거나 죽음을 당하였다고 한 四凶 가운데 한 사람인데, 『淮南子』 「天文訓」에서는 "옛날에 공공과 전욱이 황제가 되기를 다투다가 노하여 부주산에 부딪혀 하늘의 기둥이 부러지고 땅을 맨 바가 끊어졌다.(昔者共工與顓頊爭爲帝 怒而觸不周之山, 天柱折, 地維絶.)"라고 하였다.
79) 天吳는 『山海經』 「海外東經」에 나오는 朝陽의 골짜기에 있었던 水神으로며, 사람의 얼굴에 머리가 여덟 개이고 호랑이의 몸에 꼬리가 열 개라고 하는데, 옛날에 흔히 그 모습을 옷감에 繡로 놓았다.
80) 海若은 楚辭 <遠游>에 나오는 전설적인 海神이다.
81) 玄甲은 동물의 검은 껍질이나 비늘이다.
82) 諾責은 승낙한 말을 이행하지 않아 문책당함이다.
83) 貪天은 貪天之功의 준말로 하늘이 이룬 功을 자신의 공적으로 돌리는 것으로, 남의 공

累仁積德에 말미암아 왕업이 열렸다네.
아, 聖祖께서 화살 세 개를 얻으신 곳은
바로 肅愼[84]에 있었던 옛집이었도다.
아, 첫 번째 화살은 당시에 못의 용을 쏜 것이요
아, 두 번째 화살은 태조께서 몹시 성내어 定國하신 것이네.
아, 세 번째 화살은 우리 神孫께서 천시를 기다리도록 남기신 것이니
북쪽으로 天狼星[85]을 쏘아 사막을 안정시키시라.

人鬪龍不覿　　龍鬪胡我白
鞭長不及龍之腹　　夢與龍語覺莫適
飛鳥依人人亦憐　　矧爾三百鱗虫伯
鵲血調弓弓有威　　神人帶出鬼辟易
鼉靜黿睡鏡面平　　靈意蒼茫雲脉脉
宛在中流忽異色　　霹靂挾出龍二隻
飛沫倒射四十里　　怒濤起立三千尺
左望如荼[86]右如墨　　無乃潢池刦晉柵
不然黑鵝軍縞素兵　　旗鼓相當光注射
共工頭觸天柱非壯觀　　長鯨跋浪滄溟眞小劇
天吳海若皆走藏　　野老村氓不敢脈.
風雷大麓神揚揚　　玉立高歌視蜥蜴.
誘兵開合伺敵便　　雲邊揭出穹窿脊
玄甲怒張八有間　　流星應的其聲砉
電碎雷死若山崩　　雲陷霧裂如地坼
殘鬐敗鬣不敢掀　　十丈蜿蜒水心擲
戰勝霜髯拂天高　　感人冥冥無諸責

로를 가로챔을 비유하기도 한다.

84) 肅愼은 고대에 함경도 지역에 있었던 나라 이름인데, 여기에서는 함경도를 가리킨다.

85) 天狼은 물개자리에 속한 매우 밝은 恒星으로, 보통 침략을 관장한다고 하여 잔혹한 침략자를 비유한다.

86) 奎章閣本 原典 匡郭 위의 '荼는 茶인 듯하다.(荼恐茶)'라는 교정기록은 씀바귀[荼]의 잎이 푸른빛이고 꽃이 노란빛인 점으로 보아 수용하기 어렵다.

風雲長護窟宅尊　　澎湃蕩潏萬古赤
我聞此語叫奇絶　　何況臨池壯心魄
龍乎且莫貪天爲己報　　累仁積德開王迹
嗚呼聖祖得三矢　　乃於肅愼之遺宅
嗚呼一矢兮當日射淵龍　　嗚呼二矢兮太祖定國斯怒赫
嗚呼三矢兮遺我神孫待天時　　北射天狼靜沙磧

赤池는 함경도 慶興의 큰 못으로 이태조의 조부인 度祖가 현몽한 白龍의 화신인 노인의 하소연에 따라 그 거처를 뺏으려는 黑龍을 활로 쏘아 죽였더니, 백룡이 자손의 큰 경사를 예언했다는 기이한 일화를 지닌 곳이다.

이 시는 삼연시와 같이 入聲陌韻으로 일운도저한 23운의 장편가행이다. 작품의 의미구조는 도조의 사적을 읊은 단락(제1~36구)과 사적에 대한 감회를 읊은 단락(제1~36구)으로 나눌 수 있다. 앞 단락에 기술된 사적이 敍事를 줄기로 하지만, 줄거리의 완결성을 추구하지 않고 흑룡과의 싸움을 장면화하는 데 치중하면서, 흑룡을 叛民을 상징하는 존재로 암시한 사실의 해석이 곁들여진 점이 주목된다. 뒷 단락에 제시된 감회는 기이함의 찬영보다는 화살을 3개로 나누어 점층적으로 의미를 부여한 수법으로 그 의미를 해석하는 데에 무게를 두고 있다.

이 시는 7언을 중심으로 하면서도 5언구 2개, 9언구 3개, 10언구 1개, 12언구 2개를 활용하여 변화와 기세를 적극적으로 추구하였다. 그리고 '鵲血調弓弓有威', '飛鳥依人人亦憐'의 連環句, '龍乎'와 4회의 '嗚呼'로 이끈 감탄구, 결미의 '嗚呼一矢兮', '嗚呼二矢兮', '嗚呼三矢兮'의 반복구, 揚揚·冥冥의 첩자 사용 등에서도 기세를 추구한 구법이 보인다. 표현면에서는 풍부한 전고의 활용, '飛沫倒射四十里, 怒濤起立三千尺.', '共工頭觸天柱非壯觀, 長鯨跋浪滄溟眞小劇.', '風雷大麓神揚揚, 玉立高歌視蜥蜴.', '電碎雷死若山崩, 雲陷霧裂如地坼'에서 볼 수 있는 일운도저 7언고시의 관례를 넘는 대장의 빈용, '飛沫倒射四十里, 怒濤起立三千尺.'의 과장법을 비롯한 화려한 수사기교가 주목된다. 이런 구법과 표현은 호방한 기상, 강건한 필세를 동반함으로써 풍격을 돋보이게 한 요인이라 할 수 있다.

약산은 시서에서 삼연의 <적지가>가 썩 괴위하지는 않기에 짓는다고 하였다. 瑰偉는 용모·재주·사업·文詞 등이 아름답고 기이함을 뜻하니, 삼연의 시에 대한 불만을 이렇게 말했을 것이다. 삼연시를 좋게 평가하지 않은 점이 스승 希菴이 農巖詩를 낮게 평가하였다[87]는 사례와 유사하여 흥미로우므로, 삼연의 작품과 간략히 대비해 볼 필요를 느낀다. 삼연의 <적지가>는 『三淵集』 권13에 실려 있는 26운으로 된 7언고시로 그가 64세이던 숙종 42년(1716) 2월~4월에 함경도를 유람할 때 지어졌다. 이 시도 入聲陌韻으로 일운도저하였는데, 잡언을 사용하지 않은 점은 약산과 다르다. 제1~20구에서 도조의 사적을 서술·묘사한 데 이어, 제21~34구에서 그 업적에 대한 칭송·감회를 토로하고 나서, 제35~52구에는 現地守令과의 연회에 대한 소회를 덧붙였다. 대체로 볼 때 약산보다 3운이 더 많은 26운의 장편이면서도 수령과의 酬酌이 너무 길게 蛇足처럼 되었는가 하면, 사적의 서술도 알려진 일화를 평면적 서사에 의존하여 형상화했으며, 구법·표현에서도 변화나 다양성이 두드러지지는 않은 양상을 보이 뿐 아니라, 기상·필세도 강건한 면모를 지녔다고 평가하기는 어려운 듯하다. 그러므로 "역사의 저편을 회고하고, 그에 대한 자신의 감회를 생동감 있게 그려낸 수작"[88]으로 평가할 수도 있겠지만, 奇偉하다고 보기는 어려운 점이 있다. 이에 반하여 압운을 같게 한 경쟁의식의 소산인 약산의 작품은 시상의 전개방식과 사실의 해석·의론과 같은 내용적 측면부터 기상·필세·구법·수사 등에 이르기까지, 두루 그것과 구별되는 장점을 지닌 것으로 보인다. 7언장편에 요구되는 변화·기세로 호방하고 웅건한 풍격을 구현함으로써, 적어도 이 제재에서는 삼연을 능가했다고 평가할 수 있을 것이다. 우리 역사를 제재로 한 고풍의 추구라는 의의를 아울러 지님은 물론이다.

---

87) 姜浚欽, 『三溟詩話』. "蔡希菴嘗輕視農巖之詩, 但稱'水螢飛忽忽, 村犬吠荒荒.'一句云."
88) 金南基, 「三淵 金昌翕의 詩文學 研究」(서울대 박사논문, 2001), 126면.

2) 紀俗詩

姜浚欽의 『三溟詩話』에는 18세기의 남인계열 시인인 姜樸·姜必愼·睦萬中·姜㰖의 漢陽의 풍속을 제재로 한 시가 90여수나 인용되어 있어, 그것들이 이목을 모으면서 고평되었음을 엿볼 수 있는데, 약산이 남긴 기속시들도 그것들에 못지 않은 면모를 지니고 있어 주목할 만하다. 풍속의 범위를 다소 좁혀서 살필 경우에 유의할 만한 작품으로는 권2의 <大妃殿端午帖字>, <京都八景> 중의 <西江漕泊>·<南渡行人>, <洗印紅>, <西京遊冶>, <箕城艶曲>, 권3의 <田家卽事五首>, <世綵歌>, <送安州牧使鄭來仲>, 권4의 <浴佛俗節, 携諸君上山觀燈> 등이 있다.

약산이 이러한 시들을 지은 동기는 그의 시인식과 우리 문화에 관한 사유라는 두 측면에서 생각해 볼 수 있다. 우선 작시의 전범을 『시경』의 국풍과 한위고시에 두면서 그 근거를 민간의 풍속에서 나온 탓에 천성을 보전한[89] 데서 찾은 시관이 창작의 바탕으로 작용하였을 것이다. 다음으로는 明의 풍화를 청나라보다 먼저 입었다고 인식한 문화적 자부심[90]이 주요하게 작용하였으리라고 짐작할 수 있다. 그의 기속시는 대체로 백성의 미풍을 읊은 것들과 관리의 폐습을 읊은 것으로 나뉘는데 다음은 전자에 해당하는 <田家卽事五首> 중 제1수이다.

> 복령과 종다래끼와 생선 상인이 팔을 흔들며 지나가는데
> 어린아이는 울면서 할아버지와 할머니를 괴롭히네.
> 할아비와 할미는 머리를 긁으며 아이를 달래고는
> 주머니에 없다던 돈으로 새로 도롱이를 사네.

---

89) <昭代風謠序>, 『藥山漫稿』 권15. "然周之風, 皆出於民俗, 故其天全."

90) 같은 글, "我東方與燕都, 同箕尾之分, 世所謂雲漢末派, 明風之自勃碣也, 東方固已首被矣. 今天下皆已侏離, 勃碣之風, 渡江以遷, 亭毒煽鼓於一區文物之邦. 而又求其風之所翕, 則漢京是已. 夫以華山漢水秀美沖和之氣, 開闢以來, 蟠際肸蠁, 不一泄以啓昭代之文化."

笭箵魚商掉臂過　小兒啼哭惱翁婆
翁婆搔首向兒說　囊裏零錢新買簑

약재·기물·생선 등 일용품 상인을 맞은 농가의 정경을 卽事詩답게 소묘화처럼 가볍게 묘사한 소품이다. 손주가 먹을 것을 사 달라고 떼쓰지만, 넉넉지 않은 살림이라 못 들어 주고 달래기만 하는 아픔을 겪으면서도, 농사일에 꼭 필요한 도롱이를 사고 마는 민풍을 보이는 대로 형사만 하였지만, 배면에 민풍에 대한 애정어린 시선이 깔려 있다. 그러나 악부의 雜歌謠에 해당하는 <箕城艷曲>(권2)에 나타난 시선은 이와 다소 다르다.

남아는 저마다 변방의 말을 쓰는데
여자는 사람마다 서울말을 하네.
똑같이 먼 데서 온 사람이거늘 어찌 저럴 수 있는가?
蕭郎[91])은 漢陽에서 온 이가 많건만.

男兒箇箇邊方語　女子人人京國聲
同是遠人那得爾　蕭郎多自漢陽城

36세이던 1724년에 殷山縣監으로 나갔을 때에 지은 28제 가운데 서북지역의 승경·풍속 등을 읊은 작품 중 하나이다. 제3구에 下三仄이 범해진 것을 빼면 首句入韻하지 않은 下平聲庚韻의 정격절구이지만, 기·승구에 連珠對를 도입하며 '人人'을 쓰고서 전구에 또 '人'을 쓴 데서 고악부의 면모를 볼 수 있다. 한양에서 간 관리·상인과 기생들이 어울리는 음풍을 넌지시 풍유한 작품이기는 하지만, 이보다는 古都의 내력이 오랜 풍속을 애정을 가지고 기

91) 蕭郎은 아름다운 남자, 또는 여자와 사랑에 빠진 남자를 가리키는데, 唐 元和年間의 秀才 崔郊가 사모하는 하녀에게 준 <贈去婢>의 "문에서 기다리다가 한 번 들어가니 바다처럼 깊기에, 이로부터 소랑은 행인이 되었다네.(侯門一入深如海, 從此蕭郎是路人.)라는 구절에서 유래한다.

록하는 데 무게를 둔 악부적 기속시로 볼 수 있을 것이다. 이와 유사한 제재를 읊은 20韻의 5언고풍인 <서경의 유야랑(西京遊冶)>에서는 莫愁・蘇小와 같은 기녀들이 단장하기만 좋아하고 일하지 않으면서도 비단옷을 입고 살고, 監司・使臣들이 이들과 어우러져 유람과 잔치로 소일하는 관민의 풍속을 묘사하고 나서, "達士는 즐거움이 극도에 이름을 두려워하고, 군자는 지나치게 편안함을 경계한다네. 어떤 사람이 호미를 잡고 고생하는가? 어떤 사람이 북을 만지느라고[92] 바쁜가? 어떤 사람이 백번이나 기운 옷을 입는가? 藜藿[93]을 膏粱으로 여긴다네. 井田에서 잡초가 생장하기에, 잠이 깨어 탄식하노라니 나의 마음이 슬프네.(達士懼樂極, 君子戒太康. 何人把鋤苦? 何人弄杼忙? 何人衣百結, 藜藿當膏粱. 草萊生井田, 寤歎我心傷.)"라고 강개한 정회를 토로하였다. 기속보다는 풍유에 무게가 놓인 점에서 앞의 작품과는 차이가 있다. 다음 작품은 官風을 비판적으로 읊은 <洗印紅>이다.

지난해에 관인을 씻었는데
올해에도 관인을 씻네.
절대로 자주 씻지 말라.
도장이 이지러져서 글자가 흐릿해지니까.
도장이 이지러짐은 그래도 괜찮거니와
백성이 이지러지면 누가 補修하랴?
지나간 인주는 전부터 종이에 있나니
번번이 찍은 것이 천장백장이나 되네.
장마다 백성을 근심하게 하고
장마다 백성을 울게 하였다네.
새로운 인주가 또 종이에 찍혔는데
새 종이는 새 명령을 시행하라는 것이네.
인주는 씻겨도 검은 빛은 씻기지 않기에

92) 弄杼는 베틀의 북을 만지작거린다는 뜻으로 베를 짬을 가리킨다.
93) 藜藿은 명아주와 콩잎으로 변변치 못한 거친 음식을 비유한다.

새로운 명령이 지난날의 명령과 같다네.

去年洗印紅　今年洗印紅
且莫頻洗紅　印刓字朦朧
印刓尙云可　民刓誰補葺
舊紅曾在紙　番番千百葉
葉葉使民愁　葉葉使民泣
新紅又在紙　新紙行新令
洗紅不洗黑　新令如舊政

이 시에는 守宰가 御史의 논핵으로 자주 교체되지만 迎送하는 데 동원되는 백성을 힘들게 하기만 할 뿐 나은 수령이 오는 것도 아닌 폐단이 근본이 아니라 말단을 바로잡기 때문이라면서, 외읍에 나가서 새로 도임한 수재가 관인의 인주를 씻고 확인하는 풍습을 보았기에 노래로 읊는다는 뜻의 시서가 붙어 있다. 이 작품은 시인이 지방관아에 있을 때에 목도한 일을 제재로 하여, 해마다 수령이 교대하느라고 관인을 씻지만 백성을 위한 정사는 나아지지 않으니, 관인과 함께 백성의 삶이 이지러질 뿐 아니라, 자세가 똑같은 수령이 계속 부임하여 명령을 내리느라고 종이와 인주만 없애는 폐습을 요지로 하고 있다. 시의 문면은 지방관아의 폐습을 묘사나 비유 없이 서술에 의존하여 기록한 것이지만, 비판은 그것에 그치지 않고 국정을 풍유하는 데로 확대될 수 있는 성격의 시이다. 약산의 시 중에서는 현실정치에 대한 시적 발언이 두드러진 예로서, 평담한 산문적 구법으로 5언고시에 요구되는 高古한 풍격을 잘 구사한 작품으로 평가할 수 있다.

민풍과 吏風을 함께 다루어진 예로는 <送安州牧使鄭來仲>(권3)이 있는데, 전반부의 제3~8연에서 "土官은 烏紗帽에 紅團領 차림인데, 기녀는 치마를 끌면서 碧葡萄酒를 마시네. 手下의 親兵은 기상이 호탕하고 씩씩한데, 큰 키에다 闕服[94]을 입고 수놓은 蝨弧[95]를 드네. 시장에는 江南에서 온 기묘한 무늬의 비단이 쌓여 있고, 사람은 薊州 이북에서 난 玉勒을 물린 말을 몬다네. 戶

ㅁ마다 쇠를 녹이느라고 봄날의 낮이 다 가고, 집집마다 돈꿰미를 계산하느라고 긴 밤을 다 보내네. 물 가의 여염에서는 오리싸움이 한창인데, 넓은 들판에서는 피리를 불며 양떼를 기르네. 紅粧은 百祥樓에서 거문고를 타고, 누각 위의 연회하는 손들은 붉은 양탄자에 앉아 있네.(安州富麗稱雄都, 安州府內多歡娛. 多少臺觀壯邊望, 十千夫家足官租. 土官烏帽紅團領, 妓女裙拖碧葡萄. 手下親兵氣麄豪, 罽服長身繡盞弧. 奇文市積江南錦, 玉勒人控薊北駒. 戶戶銷金遲日過, 家家筭緡長夜徂. 臨水閭閻鬪鴨欄, 曠野笳笛牧羊徒. 紅粧揳琴百祥樓, 樓上宴客紅氍毹.)"라고 읊은 것처럼, 무사가 많이 주둔했던 평안도 북서부의 雄鎭 安州의 백성과 군사의 생업 · 복장 · 연회 등 온갖 풍습이 그림처럼 생생하게 묘사되어 있어, 시인의 觀風意識의 일단이 나타나 있음을 볼 수 있다.

3) 景物詩

약산도 시인들의 통례대로 경물시를 적지 않게 지었고, 그 중에는 5언절구 <汎湖八景>(권2), 7언절구 <過滿月臺>(권2), 5언고시 <百祥樓>(권2)와 같이 다른 시체를 선택하거나 <榴花洞絶句十五首>(권2)처럼 실경이 아니라 상상적 仙境을 제재로 삼은 예들이 있지만, 경물시에 선호되는 시체인 7언율시가 가장 흔하다. 7언율시 160여수 가운데 경물시의 비중이 그리 높은 편은 아니지만, 거기에는 한양 · 평양 · 개성 등 도읍지의 승경에 특별한 관심이 반영된 작품들이 있어, 우리 역사 · 풍속을 읊은 시들과 유사한 현상이라는 점과 시인이 가장 선호한 시체의 실상을 검증할 수 있다는 점에서 주목할 만하다. 그런 작품 중 가장 두드러진 예로는 <京都八景> · <艾倉道中記所見> · <降仙樓> · <練光亭> · <登浮碧樓> · <遊永明寺>(이상 권2), <中興洞得村字> · <安東映湖樓次板上韻>(이상 권3) 등과 대동시선』에만 실린 <記景> · <泛槎亭> · <滿月臺> 등을 들 수 있다.

---

94) 罽服(계복)은 毛織物인 絨緞으로 만든 옷이다.
95) 盞弧는 춘추시대에 鄭나라에 있었던 활 이름이다.

다음은 황해도 殷山의 縣監으로 나갔던 1724~5년에 지은 작품으로 현전시 가운데 초기작이라 할 수 있는 <練光亭二首> 중 제2수이다.

난간에 기대어 흰 명주가 가로지름을 보고 한 번 웃노라니
십리에 이르는 안개 속 모래밭이 섬을 두르고 있네.
해와 달이 맑고 밝은 箕子의 나라요
산과 시내가 크고 고운 大同江의 성이네.
용은 한가하여 걸핏하면 붉은 누각의 그림자를 안고
갈매기는 익숙한데도 도리어 옥피리 소리에 놀라네.
저물녘에 술이 깨어 층계를 내려가노라니
맑은 시냇가의 향기로운 풀도 뜻을 말하는 듯하네.

憑欄一笑練光橫　十里烟沙島嶼縈
日月淸明箕子國　山河壯麗大同城
龍閑愛抱朱樓影　鷗慣猶驚玉笛聲
酒醒斜陽下梯去　晴川芳草若爲情

표제인 練光亭은 대동강에 접한 평양성 위에 있는 정자로 고구려가 성을 건설할 때 처음 세워졌는데, 작시 당시의 정자는 顯宗 11년(1670)에 지은 것으로 '天下第一江山'이란 현판이 걸려 있었으며, 關西八景의 하나였던 만큼 수많은 사람들이 즐겨 찾던 곳이다. 下平聲 庚韻으로 된 正格이다.

이 시의 서정적 자아는 연광정 대청 위에서 원근의 경물을 바라보고 있다. 수련에서 흔히 제목의 뜻을 풀이하는 통례대로 표백한 명주처럼 흰빛으로 흐르는 강과 안개에 싸인 모래밭의 먼 모습을 묘사하여 破題하는 章法을 썼다. 함련은 이를 이어받아 句中對를 지닌 對仗으로 음악성을 살리면서 원경과 古都에 대한 情思를 교융시켜 흥취를 표현하고자 하였다. 출구의 '日月淸明'이 政事가 맑았음을, 하구의 '山河壯麗'가 멸망한 古都를 비유한 중의적 표현인데서 箕子朝鮮에 대한 애정어린 懷古의 정회를 엿볼 수 있다.

경련에서는 근경으로 눈을 돌림으로써 전환이 일어났다. 가까운 곳의 상상

적 허경을 묘사하되, 전련의 장대함과 차이를 두어 섬세함에 밀착될 수 있는 부사 '愛', '猶'를 쓰는 세심한 배려를 하였다. 함·경련이 경물로만 이루어진 四實體가 범하기 쉬운 중복성을 함련에는 정과 경을 교융시킴으로써 없앴을 뿐 아니라, 두 연 사이에 원경-근경, 웅장-섬려로 대비되게 한 조화로 안정감을 지니게 하였다. 또 율시의 정격대로 양련에 다 對仗을 쓰면서 경련은 상하구가 '日月淸明'과 '山河壯麗'이라는 當句對를 내포한 가운데 同義連綿名詞+同義連綿形容詞+고유명사로, 경련은 주어+서술어+부사어+서술어+목적어(명사관형어+명사)로 이루어진 공교로운 문법구조의 기교가 구사되어 있다. '龍閑愛抱', '鷗慣猶驚'은 주어에 술어가 2회 연계된 遞繫式 표현이어서 당시풍의 속어구문의 묘미를 잘 살린 점도 평가할 만하다.

미련은 출구에서 앞의 세 연과 시점을 달리 하여 이동하는 서정적 자아의 행위를 서술한 데 이어, 대구에서는 풀이 감정을 말하려는 듯하다는 의인화 환 직유를 써서 흥취를 드러내었다. 대구의 '若爲情'에서 말은 끝나도 뜻은 끝나지 않고 여운을 지니게 한 결구의 통례적 수법을 엿볼 수 있다.

수련이 起, 함련이 承, 경련이 轉, 미련이 合에 해당하는 正格의 기승전결식 장법을 쓴 이 작품의 전반부에는 비교적 웅건한 기상이 나타나 있고, 경물시의 미덕이라 할 정경의 교융도 적절히 이루어져 있으며, 특히 기자조선의 유교적 교화를 상징하는 고도라는 데 대한 긍정적 역사의식을 저변으로 하고 있다는 점에서, 약산이 경물을 대하는 태도의 한 특성을 엿볼 수 있는 작품이라 할 수 있다.

다음은 中期의 작품인 <中興洞得村字>이다.

> 금빛 연꽃 세 가지가 太元에 꽂혀 있는데
> 우르렁거리는 玉洞은 스스로 한 건곤이네.
> 공중에 있는 절에는 신이 獅子의 자리를 부축하고
> 나무 끝에 있는 마을에는 벌의 집이 낭떠러지에 붙어 있네.
> 구름이 가고 물이 흐르는 溫祚의 나라요
> 새가 울고 꽃이 피는 北城의 문이네.

수많은 바위를 다 유력하고 나서 招提에서 쉬면서
오늘밤에는 달이 술잔에 가득할 것을 미리 기뻐하네.

三朶金蓮挿太元　訇然玉洞自乾坤
神扶獅座空中寺　崖着蜂房木末村
雲去水流溫祚國　鳥啼花落北城門
千巖歷盡招提歇　預喜今宵月滿樽

中(重)興洞은 三角山 서남의 高陽쪽에 있던 골짜기로 泉石이 幽邃·淸絶하고 中興寺가 있었던 승지였는데, 仄起式 上平聲元韻으로 이루어진 작품으로 '村'을 꼭 韻脚에 포함시키도록 요구받은 限韻詩이다.

수련의 출구에서 제목인 삼각산 중흥동의 뜻을 풀이하면서 멀리서 보이는 세 봉우리를 하늘에 꽂힌 연꽃 세 가지로 비유한 참신한 감각을 드러낸 뒤에, 하구에서 그곳이 별천지일 것이라는 말로 시상을 이었다. 함련은 상구에서 가까운 데서 본 절의 모습에다 신이 떠받친다는 상상적인 뜻을 덧붙였고, 하구에서는 부근의 절벽에 있는 벌집을 그리면서 그것이 나무 끝의 마을에 있다는 해석을 곁들였다. 역시 경물에다 감정을 투영한 연인데, 벌집이 있는 곳이니 마을이라고 한 '木末村'은 세밀한 관찰과 통찰력에서 나온 어구여서 전인의 시에서 볼 수 없는 독창적 의경이라 할 수 있다. 그리고 부사어인 '空中寺', '木末村'을 句末에 둔 도치문을 써서 필세의 힘을 지니게 하였다. 경련은 함련에 앞서서 본 경물을 그린 내용으로 볼 수 있어, 두 연 사이에 行程의 순서를 뒤집은 묘미가 엿보이는데, 출구에는 멀리 보이는 구름과 물을, 하구에는 가까이 보이는 새와 꽃을 끌어들임으로써, 함련처럼 원근이 대비되게 했고, 앞의 시처럼 경물에다 '온조의 나라'와 '도읍 북성의 문'으로 우리 역사에 대한 情思를 덧붙였다. 고금의 情景을 이런 방식으로 布置함이 약산의 詩法의 일단임을 엿보게 하며, 이 연도 도치문으로 되어 있어, 倒裝句로 변화와 필세를 추구한 것이 이 작품의 하나의 특징이라 할 만하다. 또 함련에서는 정적인 경물을 그린 반면에 경련은 동적인 경물을 그렸고, 경련 출구의 '雲去水流'는 큰 동작을 지닌 묘사이며, 대구의 '鳥啼花落'은 작은 동작을 지닌 묘사라는 점에서도 변화를 꾀한 양상을 볼 수 있다. 이 연도 앞의 작품처럼 '雲去水流', '鳥啼花落'이라는 진부한 표현이기는 하지만 운율감을 지닌 구중대를 함유한 대장을 쓴 점이 눈에 띈다. 그러나 '溫祚國'과 '北城門'은 지나치게 느슨한 대우여서 '百濟國' 같은 말로 방위인 '북'에 대하여 숫자 '백'으로 隣對라도 되게 한 것만 못한 흠을 지녔음을 지적할 수 있다.

미련의 출구는 비로소 앞의 경물과 감정이 낮에 있었던 일임을 밝힌 대목이어서 전환의 역할을 한 부분이라 할 수 있으므로, 율시장법의 변격을 볼 수 있다. 하구의 다가올 밤의 음주를 미리 기뻐한다는 서술은 겉으로는 감정을 다 발산한 듯하면서도, '預'를 통해 흥취의 여운이 남도록 한 깔끔한 마무리 수법이 발휘된 곳이며, 특히 '今宵'는 시간적 · 공간적으로 멀거나 감각적으로 추상적이었던 앞의 심상들을 가깝고 구체적인 것으로 수렴하는 역할을 한 글자로 볼 수 있다.

이로써 보면 이 시는 원근과 動靜의 대비, 행정의 역전, 장법의 변화, 참신한 의경, 구중대를 내포한 대장의 운용, 전아한 필세 등 장점을 많이 지닌 경물시라고 볼 수 있으며, 앞의 작품과 마찬가지로 경물과 우리 역사와의 관련에 대한 자부심이 깃들어 있는 점도 눈여겨볼 만하다. 다음은 만년의 작품으로 보이는 <滿月臺>이다.

前朝의 舊物인 높은 산악은 있건만
수없이 많았던 人家는 어디에 있는가?
대(臺)의 사슴이 낳은 새끼는 낮이 고요할 때에 울고
궁녀가 변한 나비는 봄이 온 것을 기억하네.
격구를 하던 마당에서는 이따금 산운이 일어나고
기린이 살던 동산은 쓸쓸히 석양이 처량하네.
오백년 동안에 무슨 사업을 남겼던가?
떨기가 쇠잔해진 소나무의 모습이 잔 하나도 채우지 못하네.

前朝舊物岳崔嵬　萬戶千門安在哉
臺鹿生麑鳴晝寂　宮娥化蝶記春來
毬庭往往山雲起　麟苑荒荒夕照哀
五百年間何事業　叢殘松色不盈杯

『대동시선』에만 실려 있는 작품으로 약산이 개성유수로 있었던 해이자 작고한 해인 1745년 상반기에 지어진 시인 듯하다. 표제인 滿月臺는 開城의 松嶽山 남반에 있었던 고려의 궁궐터로 919년 정월에 태조가 창건한 이래로 국왕의 주된 거처였던 곳인데, 궁궐은 공민왕 10년(1361)에 홍건적에게 개경이 함락될 때 소실되고 터만 남았다. 평기식 上平聲灰韻의 정격이다.

파제를 함련으로 넘긴 채 수련의 출구에서는 만당 崔塗의 <繡嶺宮>의 결련 출구 "前朝舊物東流在"(『三體唐詩』 권4)를 점화하여 강개한 어조로 흥망에 대한 무상감을 토로하고서, 하구에서는 李白의 <上皇西巡南京歌十首> 중 제2수의 기·승구 "九天開出一成都, 萬戶千門入畫圖."나 <桂殿秋>의 함련 "曲終却從仙官去, 萬戶千門惟月明."을 점화하여 그것을 더욱 강조한 심회를 수사적 의문으로 발하였다. 강개한 풍격을 지닌 점과 대구의 가행체에서 흔히 볼 수 있는 구법으로 정감을 발산한 데에 시인이 한위시·성당시를 숭상한 자취가 뚜렷하다. 함련에서는 근경을 미세하게 묘사하였는데, 사슴·나비는 흥을 의탁한 외물이어서 묘사보다는 情思를 담는 데 무게가 주어져 있다. 경련에서는 원경인 구름과 저녁햇빛을 묘사하였는데, 첩자 '往往', '荒荒'을 구사하여 강한 리듬감과 함께 허무한 심상이 강조되도록 하였다. 또 함·경련에 모두 대장을 써서 유사한 정감을 표출하였지만, 근경의 애상과 원경의 허무감, 실경과 허경이 대조되도록 배려하였고, 함련은 流水對를 쓰고 경련은 連珠對를 써서 변화를 추구한 가운데, 수련의 강한 어세와 조화를 이루도록 필세를 완화시킨 점에 묘미가 있는 것으로 보인다. 이 작품 역시 미련 출구에서 전환이 이루어졌는데, 다시 강개한 어조로 흥망성쇠의 무상감이 자명한 답으로 도출될 수사적 의문을 발함으로써 정조가 수련과 상응하게 하였다. 이 구절은 제재나 수련 및 함·경련과의 호응이 매우 자연스러워 杜牧의 <登樂遊原>의 전·결구인 "看取漢家何事業? 五陵無樹起秋風." 같은 데서 점화한 것을 흠잡기 어렵게 한다. 미련의 소나무에 의탁한 흥취 또한 강한 여운을 지닌 표현이므로, 시인 자신이 <시지>에서 "취는 높고 미는 낮은 것이므로 분별하지 않아서는 안 된다.(趣遠而味近, 趣高而味俗.)"라 하여, 감각적인 느낌인 味를 넘어서서 '味外之旨'에 해당하는 흥취를 지닌 시가 바람직하다고 한 소신을 확인할 수 있게 한다. 앞에서 지적한 장처들과 함께 허무감을 기반으로 한 이러한 흥취가 우리의 역사에 대한 애정과 잘 어우러져 있는 점이 이 시를 사람들의 입에 오르내리게 하였기에 선집에 실리게 되었을 것이다.

이 작품과 마찬가지로 만년에 개경에서 지은 시로 보이는 <泛槎亭>은 파제를 경련의 대구로 미룬 채, 기·함련에서 바로 "무지개가 드리워지고 천둥이 다투는 가운데 설화는 펄럭거리고, 靈湫에 통쾌하게 쏟아지는 물소리가 지축을 뒤집네. 조화를 보노라면 모든 것이 바로 氣인데, 廖空의 소리를 듣노라면 본래부터 시끄러움이 없네.(虹垂霆鬪雪花翻 快倒靈湫地軸掀. 造化看來渾是氣, 廖空聽去本無喧.)"라고 관물로 인한 깨달음을 토로하고 나서, "물에 가거든 매우 기묘하다고 외치지 말라. 늙은 용이 잠긴 곳이니 우선 근원을 찾아야 하리.(莫向臨流叫奇絶, 老龍潛處且尋源.)"라고 시상을 닫은 작품이다. 수련에만 경물을 두었을 뿐, 나머지 연에서는 모두 寫意로 일관한 특이한 경물시로서, 웅장한 필력과 혼후한 기상으로 觀物로 말미암은 심원한 흥취를 표출하는 데 주력하였다. 기상·필세·흥취뿐만 아니라 정감을 안으로 가다듬지 않고 마음껏 발산한 점까지 성당풍에 가까우니, 『대동시선』에 선발된 데 까닭이 있다고 할 것이다.

4. 결어

약산은 7언율시와 각체고시에 치중하여 神韻·神情에 의한 興趣와 氣象·

筆勢를 기반으로 한 風格을 중심으로 하는 시를 지향하고, 고체를 위주로 하여 고풍을 두드러지게 추구하면서, 아울러 고근체를 모두 택하여 조선적인 고풍을 탐구하는 데에도 적극적이었던 시인이다.

그가 5언고절, 의고악부, 영사시, 고가행을 통하여 고풍을 추구한 양상과 영사악부 및 영사시, 기속시, 경물시에서 조선적인 역사·정경을 탐구한 양상을 세부적으로 검토한 결과는 한위시·성당시를 숭상하고 신운·흥취·풍격을 중시하였던 시인식과 괴리되지 않은 성과에 이른 면모를 지닌 것으로 볼 수 있다. 약산이 추구한 시 전반의 고풍의 실상은 당대의 매우 두드러진 사례라고 평가할 수 있으며, 특히 조선적인 시의 모색은 바로 뒷세대가 조선시·조선풍으로 특기한 경향의 훌륭한 선구적 사례라는 의의를 지니며, 거기에 현실적 풍유가 흔히 내포된 점 또한 간과하기 어렵다.

<『韓國漢詩作家研究』 15 (2011) 수록>

원시제목 색인

항목 색인

【ㄷ】

【ㅁ】

【ㅂ】

【ㅅ】

【ㅇ】

【ㅈ】

【ㅊ】

【ㅌ】

여운필 呂運弼

서울대학교 인문대학 국어국문학과 졸업

동 대학원 석사·박사과정 수료. 문학박사

현재 신라대학교 국어국문학과 교수

저서 『李穡의 詩文學 硏究』, 『高麗後期 漢詩의 硏究』, 『韓國 中世의 漢詩 硏究』, 『역주 고려사 악지』, 『역주 목은시고』 1~12권(공저) 외 논저 다수

역주 약산시부 2

초판 1쇄 인쇄 2012년 12월 5일
초판 1쇄 발행 2012년 12월 10일

저 자 여 운 필(呂運弼)

발행인 박 성 복

발행처 도서출판 월인

서울시 강북구 노해로25길 61(수유2동 252-9)

등록번호 제6-0364호

등록일자 1998년 5월 4일

대표전화 (02) 912-5000

팩스 (02) 900-5036

홈페이지 http://www.worin.net

ISBN 978-89-8477-525-1 94810
ISBN 978-89-8477-523-7 94810 (세트)

가격 30,000원